सुशासन

सुशासन

भ्रष्टाचार–मुक्त लोक सेवाओं का प्रदाता

एन. भास्कर राव

SAGE | bhasha

Los Angeles | London | New Delhi
Singapore | Washington DC | Melbourne

Originally Published in 2013 in English by
SAGE Publications India Pvt Ltd as *Good Governance: Delivering Corruption-free Public Services*

This edition published in 2017 by

SAGE | bhasha

SAGE Publications India Pvt Ltd
B1/I-1 Mohan Cooperative Industrial Area
Mathura Road, New Delhi 110 044, India
www.sagepub.in

SAGE Publications Inc
2455 Teller Road
Thousand Oaks, California 91320, USA

SAGE Publications Ltd
1 Oliver's Yard, 55 City Road
London EC1Y 1SP, United Kingdom

SAGE Publications Asia-Pacific Pte Ltd
3 Church Street
#10-04 Samsung Hub
Singapore 049483

Published by Vivek Mehra for SAGE Publications India Pvt Ltd, typeset in 12/14 pt Kruti Dev 010 by Diligent Typesetter India Pvt Ltd, Delhi and printed at Repro India Ltd., Mumbai.

ISBN: 978-93-859-8548-5 (PB)

Translator: Kuldeep Seth
SAGE Team: Syed Husain Naqvi, Vinayak Dubey

मेरे माता–पिता के लिए

एक स्वतंत्रता सेनानी और जीवनशैली से एक सच्चे गांधीवादी, मेरे पिता और दूसरों की सेवा की असीम इच्छा रखने वाली, एक सच्ची धर्मनिरपेक्ष मेरी मां के लिए। उन्होंने मेरा पालन–पोषण इस तरह किया, जिससे मैं जान सका कि सामाजिक चिंताएं क्या होती हैं और जीवन में सादगी होने का क्या अर्थ है।

अनुक्रमणिका

सारणियां

चित्र

प्राक्कथन

डॉ. एन. भास्कर राव एक अनूठे व्यक्ति हैं। वे न केवल मीडिया अध्ययन के क्षेत्र में बल्कि सुधार की आवश्यकता वाले विशिष्ट क्षेत्रों में भी सिविल सोसाइटी के द्वारा कार्यवाही प्रारंभ करवाए जाने में अग्रणी रहे हैं।

डॉ. भास्कर राव से मेरा परिचय सन् 1993 में हुआ जब मुझे भारत सरकार के दूरसंचार आयोग के अध्यक्ष तथा दूरसंचार विभाग के सचिव के पद पर नियुक्त किया गया था। उस समय वह दूरसंचार विभाग के सामाजिक अंकेक्षण दल की अध्यक्षता कर रहे थे। इस दल में न्यायमूर्ति पी.एन. भगवती तथा खुशवंत सिंह जैसे प्रतिष्ठित लोग शामिल थे। दूरसंचार विभाग द्वारा प्रदान की जाने वाली टेलीफोन तथा अन्य सेवाओं के सम्बन्ध में नागरिकों की क्या धारणाएं हैं, इसे जानने हेतु सामाजिक अंकेक्षण को एक उपकरण के रूप में प्रयुक्त किए जाने सम्बन्धी यह एक प्रयोग था। यह आर्थिक उदारवाद के पहले का दौर था। दूरसंचार सेवाएं शताब्दी पुराने एकाधिकार के अधीन थीं। सामाजिक अंकेक्षण दल का गठन किया जाना ही अपने आप में एक नवाचार था। यह उस नाटकीय परिवर्तन का एक भाग था जिसे एक शताब्दी पुराने डाक एवं टेलीग्राफ विभाग में उस समय लागू किया गया था जब सैम पित्रोदा नामक तूफानी शख्सियत, जो राजीव गांधी से प्रभावित थे, को सरकार द्वारा नियुक्त किया गया था।

डॉ. भास्कर राव का दल विभिन्न राज्यों में यात्राएं किया करता था, टेलीफोन सेवाओं के उपभोक्ताओं से उनकी राय जाना करता था और मूल्यवान सुझाव प्रस्तुत किया करता था। मुझे यह ज्ञात नहीं है कि इनमें से कितने सुझावों पर अमल किया गया।

उसी समय से सिविल सोसाइटी को सक्रिय करते हुए बेहतर शासन के लिए प्रयास किए जाने की दिशा में डॉ. भास्कर राव ने अपने इस पहलकारी एवं सक्रियतावादी दृष्टिकोण को जारी रखा है। सेंटर फॉर मीडिया स्टडीज (सीएमएस), जिसके कि वे अध्यक्ष हैं, ने विशेषतौर पर एक ऐसे क्षेत्र में उद्धारक के समान सेवा की है जिसमें आजतक बहुत अधिक साहित्य उपलब्ध नहीं है। यह हमारे देश में सार्वजनिक जीवन में भ्रष्टाचार का क्षेत्र है। केन्द्रीय सतर्कता

आयुक्त के रूप में सन् 1998–99 के दौरान मैंने उनसे निवेदन किया था कि वे सार्वजनिक कार्यालयों में एग्जिट पोल संपन्न करें तथा भारत सरकार के विभिन्न संगठनों में भ्रष्टाचार के स्तर का निर्धारण करें तथा, यदि संभव हो, भ्रष्टाचार धारणा सूचकांक के संदर्भों में राज्यों का श्रेणीकरण भी करें। जिस बात ने मुझे यह सुझाव देने के लिए प्रेरित किया वह थी ट्रांसपरेन्सी इंटरनेशनल के द्वारा विभिन्न देशों का वार्षिक 'करप्शन पर्सेप्शन इंडेक्स' प्रस्तुत किया जाना। जहाँ तक भ्रष्टाचार से निपटने के लिए विश्व–स्तरीय नीतियों का सम्बन्ध है, ट्रांसपरेन्सी इंटरनेशनल अभी तक की सर्वाधिक अधिकृत उद्घोषणा के रूप में उभर का सामने आ चुकी है। डॉ. राव ने मेरे सुझाव पर कार्य प्रारंभ करते हुए विभिन्न राज्यों में भ्रष्टाचार पर अध्ययन करना प्रारंभ कर दिया जिसके अंतर्गत दैनिक आधार पर आम नागरिकों के साथ संपर्क में आने वाले संगठनों पर ध्यान केन्द्रित किया गया था। बाद में ट्रांसपरेन्सी इंटरनेशनल की भारत स्थित शाखा की ओर से उन्होंने विभिन्न राज्यों में 'करप्शन पर्सेप्शन इंडेक्स' (सीपीआई) का श्रेणीकरण किए जाने का कार्य संभाल लिया।

डॉ. भास्कर राव द्वारा प्रस्तुत यह पुस्तक हमारे देश में सार्वजनिक जीवन में भ्रष्टाचार के मुद्दे पर जारी रहने वाली बहस में एक महत्वपूर्ण योगदान है।

यह इस विषय, जिसपर अनेकों लोग लिख चुके हैं, एक 'और' पुस्तक मात्र नहीं है। बल्कि यह उन परिशिष्टियों के रूप में अपना ऐसा अद्वितीय योगदान प्रस्तुत करती है जो ट्रांसपरेन्सी इंटरनेशनल (भारत शाखा) की ओर से सीएमएस द्वारा विगत तीन वर्षों के दौरान किए गए जमीनी अध्ययन के महत्वपूर्ण बिन्दुओं पर प्रकाश डालते हैं।

जैसा कि डॉ. भास्कर राव प्रस्तावना में स्पष्ट करते हैं, भ्रष्टाचार हमारे देश में सर्वत्र घुसपैठ करने वाली और एक दीर्घकालिक समस्या रही है। इससे निपटने के लिए हम विभिन्न प्रकार के दृष्टिकोणों एवं समाधानों का परीक्षण करते रहे हैं। लेकिन इसके लिए कोई त्वरित उपाय उपलब्ध नहीं हो सका है। जैसा कि वे प्रस्तावना में कहते हैं :

> पंचायतों को अधिकार सौंपे जाने से इस प्रवृत्ति को रोके जाने की आशा की गई थी, बाद में कंप्यूटरीकरण और फिर हाल के समय में सूचना का अधिकार अधिनियम, सार्वजनिक–निजी सहभागिता तथा नवीनतम बायोमेट्रिक एवं आधार संख्या का क्रम था। इन सबके द्वारा भी भ्रष्टाचार को सीमित किए जाने की आशा की गई थी। कल लोकपाल और शिकायत निवारण अधिनियम का क्रम होगा। ये सब महत्वपूर्ण हैं और लंबे समय से लंबित पहल हैं। किन्तु अकेले यही सब मिलकर किसी सुधार का प्रदर्शन नहीं कर सकेंगे.....। यह पुस्तक ऐसी ही एक प्रवृत्ति को हासिल किए जाने की दिशा में ध्यान केन्द्रित रणनीति के

> लिए किया गया एक प्रयास है। भ्रष्टाचार पर विगत कई वर्षों के दौरान बड़ी संख्या में पुस्तकें सामने आ चुकी हैं, परंतु क्या उनसे कोई अंतर आ सका है, इस बात में संदेह है। और फिर भी मैं इस पुस्तक को तैयार करने की दिशा में आगे बढ़ा हूँ।

इसी प्रवाह को जारी रखते हुए वे आगे लिखते हैं:

> देश में भ्रष्टाचार की घटनाओं को साँड को सींग से पकड़े जाने वाले दृष्टिकोण को अपनाए बिना, अर्थात्, शीर्ष स्तर पर सरकार के ऊँचे विभागों, राजनीतिक नेतृत्व, और उद्योग, जिनमें सभी प्रकार का बड़ा पैसा और भ्रष्टाचार संलिप्त है, में व्याप्त भ्रष्टाचार से निपटे बिना समाप्त नहीं किया जा सकता। जहाँ यही अंतिम लक्ष्य होना चाहिए, वहीं क्या नागरिकों को इन्हें हासिल किए जाने की प्रतीक्षा करनी चाहिए? अथवा हमें पहले नागरिकों के एक बड़े भाग की संलिप्तता वाली उन आधारभूत सार्वजनिक सेवाओं के साथ प्रारंभ करते हुए भ्रष्टाचार को समाप्त करने के निर्णय का प्रदर्शन करना चाहिए? प्रस्तुत पुस्तक इसी प्रक्रिया को प्रारंभ करने का एक प्रयास है।

एक प्रकार, से यह पुस्तक सही समय पर सामने आई है, एक ऐसे समय पर जब देश में व्यापक भ्रष्टाचार के विरुद्ध देश के आम आदमी तथा मध्यवर्ग के लोगों की भावनाओं को अभिव्यक्ति किए जाने की दिशा में किए गए दो महान प्रयासों को देखा गया है। लोकपाल विधेयक पर अन्ना हजारे द्वारा की गई पहल तथा बाबा रामदेव द्वारा खरबों डॉलर की रकम को विदेशों में जमा किए जाने के मामले को उजागर किए जाने के निष्फल प्रयासों ने भ्रष्टाचार को अभिव्यक्त किए जाने तथा सरकार द्वारा तैयार की जाने वाली नीतियों को प्रभावित किए जाने का प्रयास किए जाने में सिविल सोसाइटी की भूमिका को केन्द्र में ला दिया है।

प्रस्तुत पुस्तक, जो एक ऐसे लेखक के द्वारा लिखी गई है जो जमीनी अध्ययन संपन्न करने का व्यक्तिगत अनुभव रखने के साथ–साथ मीडिया के अध्ययन के भी विशेषज्ञ हैं, वास्तव में अमूल्य है।

इसी प्रस्तावना में, डॉ भास्कर राव यह कहते हैं:

> मैं यह तर्क देता रहा हूँ कि मास मीडिया (और अब सूचना एवं संचार प्रौद्योगिकी) में वह सब हासिल कर सकने की क्षमता विद्यमान है जिन्हें हासिल किए जाने में सरकारें दशकों से विफल रहीं हैं। इसमें आवर्ती आधार पर जनसंख्या के आधे से भी अधिक भाग को प्रभावित करने वाला सार्वजनिक सेवाओं का भ्रष्टाचार शामिल है। मीडिया के द्वारा जो कुछ भी किए जाने की

आवश्यकता है वह भ्रष्टाचार का प्रचार करने के स्थान पर भ्रष्टाचार को समाप्त करने की मंशा और उद्देश्य के साथ उसका कवरेज किया जाना, जैसा कि वे कभी–कभी करते भी हैं।

भ्रष्टाचार को उजागर किए जाने तथा इससे निपटने में देश के प्रति योगदान किए जाने में सिविल सोसाइटी तथा मीडिया की भूमिका पर विभिन्न कोणों से बहस की जा सकती है।

एक लोकसेवक के रूप में मैंने सरकार में 42 वर्षों से भी अधिक का समय व्यतीत किया है और स्वाभाविक रूप से मेरे दृष्टिकोण पक्षपातपूर्ण हो सकते हैं। मुझे लगता है कि मेरे जैसा कोई भी अंदरूनी व्यक्ति, जो एक नौकरशाह रहा हो और जो यह जानता हो कि तंत्र किस प्रकार से कार्य करता है, के पास उस मीडिया एवं सिविल सोसाइटी की तुलना में अधिक जानकारियाँ होती है जो इस बात की विस्तृत समझ नहीं रखते कि नौकरशाही तंत्र की गत्यात्मकता और कार्यप्रणाली किस प्रकार से संचालित होती है। मेरे दृष्टिकोण में, यदि ईमानदार लोकसेवक सुशासन लाए जाने तथा भ्रष्टाचार को समाप्त किए जाने के प्रयास में पाँचवे स्तंभ बन जाएं तो भ्रष्टाचार पर रोक लगाए जाने में वे बाहरी एजेन्सियों की तुलना में कहीं बेहतर योग्यता वाले लोग सिद्ध हो सकेंगे।

उदाहरण के लिए, यदि अन्ना हजारे के आंदोलन में एक ऐसे समग्र–समेकित लोकपाल की माँग किए जाने की बात की जाए जो निम्नतम नौकरशाही से लेकर शीर्ष पर स्थित सभी प्रकार के संगठनों को अपने दायरे में लाता हो, तो प्रथम दृष्टया तौर पर यह एक अव्यवहारिक प्रस्ताव है। कोई भी ऐसा व्यक्ति, जो यह समझता है कि सरकारी तंत्र किस प्रकार से कार्य करता है, अभिलेखों के रखरखाव तथा उद्देश्यपरकता के लिए प्रस्तावों को क्रियान्वित किए जाने में कितना समय लगता है, तथा नौकरशाही की संस्कृति को समझता है, यह अनुभव करेगा कि जितना बड़ा संगठन होगा और जितना बड़ा दायरा होगा संचालन की गति का उतना ही मंद होना अनिवार्य है। कम से कम तबतक जबतक संगठन के द्वारा प्रक्रिया को गति प्रदान करने के लिए स्वयं को सजगतापूर्वक आधुनिक प्रौद्योगिकी जैसे सूचना प्रौद्योगिकी के अधिकतम लाभ प्राप्त किए जाने हेतु तैयार न किया गया हो।

इन सबके बावजूद, अन्ना हजारे के आंदोलन ने इस तथ्य को सबके समक्ष ला दिया है कि जनता की राजनीतिक इच्छा का किसी न किसी रूप में अभिव्यक्ति होना निश्चित होता है जो सरकार को अपने कदम पीछे हटाने तथा आवश्यक सुधारात्मक उपाय अपनाने के लिए बाध्य कर देती है।

अंतिम विश्लेषण के रूप में, यह कानून, नियम तथा संगठनों की व्यवस्थाएं नहीं हैं जो यह सुनिश्चित कर सकें कि हम एक भ्रष्टाचारमुक्त शासन प्राप्त कर सकते हैं। ये ऐसे सही लोग हैं जो सही पदों पर आसीन हैं और अपेक्षाकृत एक स्वच्छ भारत का निर्माण कर सकते हैं। यह सुनिश्चित करने के लिए कि सही पदों पर हमेशा ही सही लोग आसीन हों, हमें अपनी व्यवस्था में 2–टी सिद्धांत का निर्माण किए जाने में अवश्य ही सक्षम होना होगा। इनमें से पहला 'टी' है ट्रांसपरेन्सी अर्थात् पारदर्शिता का जिसका सम्बन्ध शैक्षिक योग्यता एवं चयन प्रक्रिया के साथ है। दूसरे 'टी' की व्यवस्था स्वयं चयन प्रक्रिया के अंदर ही की जानी चाहिए। चयन प्रक्रिया में 'टीआईएनए' (टीना) अर्थात् सही व्यक्ति को चुने जाने के अलावा और कोई विकल्प नहीं का कारक विद्यमान होना चाहिए।

आज जहाँ तक भारत सरकार में केन्द्रीय सतर्कता आयुक्त के पद के लिए किसी व्यक्ति का चयन किए जाने की बात है, ऐसा ही 2–टी सिद्धांत आज एक वास्तविकता बन चुका है। हवाला मामले में न्यायमूर्ति वर्मा तथा पी.जे. थॉमस मामले में न्यायमूर्ति कपाडिया के द्वारा दिए गए निर्णयों को धन्यवाद दिया जाना चाहिए कि केन्द्रीय सतर्कता आयुक्त के पद के लिए मात्र एक ऐसे व्यक्ति, जिसका एक उत्कृष्ट ट्रैक–रिकार्ड रहा हो तथा जो निष्कलंक रूप से ईमानदार रहा हो, के ही नाम पर विचार किया जा सकता है। उसका चयन एक समिति के द्वारा किया जाना होता है जिसमें प्रधानमंत्री, गृहमंत्री, तथा लोकसभा में विपक्ष के नेता शामिल होते हैं। इसका अर्थ यह है कि ऐसे व्यक्ति को राजनीतिक रूप से तटस्थ होना चाहिए और किसी भी राजनीतिक दल का पक्षधर नहीं होना चाहिए। इसके साथ–साथ, किसी व्यक्ति के केन्द्रीय सतर्कता आयुक्त के रूप में चुन लिए जाने के बाद सेवा की शर्त यह है कि उसे मात्र एक कार्यकाल दिया जाएगा और इसीलिए वह दूसरे कार्यकाल हेतु प्रयास नहीं कर सकता। बात यहीं समाप्त नहीं होती। अपना कार्यकाल पूरा कर लेने के उपरांत उसपर केन्द्र अथवा राज्य सरकारों में लाभ के किसी भी पद को धारण करने के लिए स्थाई तौर पर प्रतिबंध लागू हो जाता है। वह राज्यपाल, उप–राष्ट्रपति अथवा राष्ट्रपति जैसे किसी भी संवैधानिक पद के लिए विचार किए जाने हेतु अयोग्य हो जाता है। इससे यह सुनिश्चित होता है कि केन्द्रीय सतर्कता आयुक्त की चयन प्रक्रिया पारदर्शी है तथा अन्य शर्तें टीआईएनए अर्थात् टीना (और कोई विकल्प नहीं) कारक को लागू कर देती हैं। परिणामस्वरूप, आज, केन्द्रीय सतर्कता आयुक्त के पद के लिए दक्षता एवं ईमानदारी के सही गुणों से युक्त एक सही व्यक्ति को चुने जाने के अलावा और कोई विकल्प उपलब्ध नहीं है।

सुझाव के साथ–साथ मेरा प्रश्न यह है कि क्या हम शासन की व्यवस्था में सभी जगहों पर इस सिद्धांत को लागू कर सकते हैं और परिवर्तन ला सकते

हैं? यही वह बिन्दु है जहाँ परिवर्तन लाए जाने के लिए प्रत्येक लोकसेवक, चाहे वह किसी भी पद पर हो, उस सीमा तक अपने विवेक का उपयोग कर सकता है जहाँ तक उसका प्रभाव लागू होता हो।

भ्रष्टाचार की घटनाओं से निपटने पर जारी रहने वाली राष्ट्रीय बहस में डॉ. भास्कर राव के द्वारा एक समयोचित तथा मूल्यवान योगदान किया गया है।

यह सही समय पर सामने आई एक पुस्तक है जिसका अध्ययन एवं प्रसंशा व्यापक आधार पर की जानी चाहिए। मैं डॉ. भास्कर राव को उनके द्वारा किए गए इस उत्कृष्ट प्रयास हेतु बधाई देता हूँ।

एन. विट्ठल
आई.ए.एस. (सेवानिवृत्त)
भूतपूर्व मुख्य सतर्कता आयुक्त, भारत सरकार

प्रस्तावना

लगभग 25 वर्ष पूर्व तत्कालीन प्रधानमंत्री राजीव गाँधी ने भ्रष्टाचार के मुद्दे को एक राष्ट्रीय समस्या के रूप में उठाया था। उन्होंने कहा था कि सरकार के द्वारा व्यय किए जाने वाले प्रत्येक रुपए में से मात्र 20 पैसा ही जमीनी स्तर पर उन लोगों तक पहुँच पाता है जिनके लिए इसे व्यय किया जाता है। आज भी राजीव गाँधी के इस महत्वपूर्ण प्रेक्षण को सत्ताधारी एवं सत्ता के बाहर बैठे हुए नेताओं के द्वारा उद्धृत किया जाना जारी है। किन्तु क्या भ्रष्टाचार के सम्बन्ध में कुछ करने के लिए यह एक राष्ट्र के रूप में हमें उकसा सका है? तबसे लेकर आजतक योजना आयोग जैसी सम्बन्धित संस्थाओं के द्वारा कौन–कौन सी विशिष्ट पहलें की गई हैं? *पंचायतों* को अधिकारों के हस्तांतरण किए जाने से इस प्रवृत्ति पर रोक लगाए जाने की आशा की गई थी; बाद में कंप्यूटरीकरण का क्रम था, और हाल ही में सूचना का अधिकार, सार्वजनिक–निजी साझेदारी, तथा अब बायोमेट्रिक एवं आधार संख्या (यूआईडी), इन सभी के द्वारा भी भ्रष्टाचार को सीमित किए जाने की आशा की गई थी। कल लोकपाल तथा शिकायत निवारण अधिनियम का क्रम होगा। ये सभी महत्वपूर्ण तथा लंबे समय से लंबित पहल हैं। किन्तु अकेले ये ही किसी विपरीत प्रवृत्ति का प्रदर्शन करने में सहायता नहीं कर सकेंगी। प्रत्येक बार हम तैयार होते हुए प्रतीत होते हैं और अपनी कमर कस लेते हैं, एक अथवा ऐसा ही दूसरा कोई प्रयास करते हुए जैसा कि केन्द्रीय सतर्कता आयुक्त के द्वारा हाल ही में ''भ्रष्टाचारमुक्त भारत का स्वप्न'' पूरा किए जाने के लिए हाल ही में किए गए आह्वाहन के मामले में हुआ है। ऐसी चुनिंदा सार्वजनिक सेवाओं, जो भ्रष्टाचार के जाल में उलझी हुई हैं तथा नागरिकों की समग्र ''धारणाओं'' में योगदान करती हैं, के लिए सामानान्तर रूप से एक रणनीतिक दृष्टिकोण के साथ गंभीर प्रयास किए जाने चाहिए। यह पुस्तक ऐसी ही एक प्रवृत्ति हासिल कर पाने की दिशा में एक ध्यान–केन्द्रित रणनीति के लिए किया गया एक प्रयास है। विगत अनेकों वर्षों में भ्रष्टाचार पर बड़ी संख्या में पुस्तकें प्रकाशित हुई हैं। यह संदेहपूर्ण है कि क्या वे कुछ अंतर ला सकी हैं। और इसके बावजूद भी मैंने इस पुस्तक को तैयार किया है।

टाइम्स ऑफ इंडिया के एक संपादकीय (11 नवम्बर, 2010) के द्वारा सार प्रस्तुत किया गया कि–

> भ्रष्टाचार को दैनिक जीवन के एक अनिवार्य एवं अपरिहार्य भाग के रूप में माना जाने लगा है। हमने सब जगह और सभी लोगों में भ्रष्टाचार को स्वीकार करना और उसकी आशा करना सीख लिया है; हमारे राजनीतिक वर्ग में, हमारी नौकरशाही में, न्यायपालिका के सदस्यों के बीच, शैक्षणिक एवं चिकित्सा संस्थानों में, और यहाँ तक कि तथाकथित ''देवपुरुषों......'' में भी। हमने स्वयं को हर जगह भ्रष्टाचार को सहन कर लेने का आदी बना लिया है।

फिर हम क्या करें? क्या हम प्रयास छोड़ दें? सी.ए.जी. (नियंत्रक एवं महालेखापरीक्षक) की 150वीं वर्षगाँठ (16 नवम्बर, 2010) के अवसर पर बोलते समय पूर्व प्रधानमंत्री डॉ. मनमोहन सिंह ने कहा था कि ''ऐसे कीमती वस्तुएं या बड़े खर्च जिनपर बड़ी मात्रा में सार्वजनिक धन का व्यय किया जाता है'' को ऐसे प्रकरण होना चाहिए जिनका परीक्षण सी.ए.जी. को करना चाहिए, परंतु उन्होंने यह भी कहा कि ''यदि बड़े और व्यवस्थित मुद्दों पर समुचित ध्यान दिया जाता है तो हमें और अधिक लाभ हो सकता है।'' ''भ्रष्टाचार के कैंसर'' के विरुद्ध बोलते हुए पूर्व प्रधानमंत्री ने इसे ''बढ़ती हुई अपेक्षाओं के ज्वार'' के एक परिणाम के रूप में वर्णित किया था, जबकि उसी मंच से कांग्रेस पार्टी की अध्यक्षा ने इस घटना को ''सामाजिक टकराव में वृद्धि'' तथा ''घूस एवं लालच'' में वृद्धि के एक परिणाम होने का रोना रोया था (19 नवम्बर, 2010)।

देश में भ्रष्टाचार की घटनाओं को साँड को सींग से पकड़े जाने वाले दृष्टिकोण को अपनाए बिना, अर्थात्, शीर्ष स्तर पर सरकार के ऊँचे विभागों, राजनीतिक नेतृत्व, और उद्योग, जिनमें सभी प्रकार का बड़ा पैसा और भ्रष्टाचार संलिप्त है, में व्याप्त भ्रष्टाचार से निपटे बिना समाप्त नहीं किया जा सकता। जहाँ यही अंतिम लक्ष्य होना चाहिए, वहीं क्या नागरिकों को इन्हें हासिल किए जाने की प्रतीक्षा करनी चाहिए? अथवा सबसे पहले हमें नागरिकों के एक बड़े भाग की संलिप्तता वाली उन आधारभूत सार्वजनिक सेवाओं के साथ प्रारंभ करते हुए भ्रष्टाचार को समाप्त करने के निर्णय का प्रदर्शन करना चाहिए? प्रस्तुत पुस्तक इसी प्रक्रिया को प्रारंभ करने का एक प्रयास है। निश्चित रूप से ऐसे अनेकों लोग हैं जो यह तर्क देते हैं कि संचालन के स्तर पर ईमानदार नेताओं को लाए बिना भ्रष्टाचार को समाप्त नहीं किया जा सकता। हाँ, हमें ईमानदार नेता ही चाहिए, किन्तु क्या हमें उस दिन की प्रतीक्षा करनी चाहिए अथवा जो कुछ भी संभव एवं व्यावहारिक है उससे कार्य प्रारंभ कर देना चाहिए? फिर आज नई तकनीकें उपलब्ध हैं। इनके अनुप्रयोगों ने ईमानदार नेताओं की प्रतीक्षा किए

बिना ही परिवर्तन की संभावनाओं को प्रदर्शित कर दिया है। इसलिए भी क्योंकि आज के दिन प्रचलन में रहने वाला व्यवहार–परिवर्तन मॉडल है, पहले माँग (बनाना)। अंततः ये नागरिक ही होंगे जिन्हें सार्वजनिक सेवाओं में शून्य भ्रष्टाचार को सुनिश्चित करना और उसे कायम रखना होगा।

प्रस्तुत पुस्तक उसी दुविधा और उस चुनौती के बारे में है। भ्रष्टाचार पर इतने अधिक शोध, विश्लेषण और अंतदृष्टियाँ उपलब्ध हैं कि सामान्य भ्रष्टाचार अथवा यहाँ तक कि विशिष्ट संदर्भों में भी भ्रष्टाचार के सम्बन्ध में ऐसा शायद ही कुछ शेष बचा हो जिसके बारे में हमें जानकारी न हो। और इसके बाद भी अभी तक हम एक परिणामदायक रूपरेखा तैयार कर पाने में समर्थ नहीं हो सके हैं। हमें नागरिकों की धारणाओं तथा अनुभवों दोनों के ही सम्बन्ध में प्रवृत्ति के विपरीत दिशा में परिवर्तित होने का प्रदर्शन करने की आवश्यकता है। मैं यह तर्क देता रहा हूँ कि मास मीडिया (और अब सूचना एवं संचार प्रौद्योगिकी) के पास मात्र कुछ वर्षों में वह सब कुछ हासिल कर पाने की क्षमता है जिसे प्राप्त कर पाने में सरकारें दशकों से विफल रहीं हैं। इसमें आवर्ती आधार पर जनसंख्या के आधे से भी अधिक भाग को प्रभावित करने वाली सार्वजनिक सेवाओं में व्याप्त भ्रष्टाचार शामिल है। मीडिया के द्वारा जो कुछ भी किए जाने की आवश्यकता है वह है भ्रष्टाचार का प्रचार न करके भ्रष्टचार को समाप्त किए जाने की एक मंशा और उद्देश्य के साथ कवरेज किया जाना, जैसा कि वह कभी–कभी करता भी है।

भ्रष्टाचार से संघर्ष करने के लिए कुछ भी न किए जाने की लागत बहुत ऊँची है और यदि प्रयास आधे–अधूरे मन से किए गए हों तो इसके परिणाम और भी अधिक घातक हैं। परंतु, इसी के साथ–साथ, यदि प्रयास गंभीरतापूर्वक एवं रणनीति से युक्त हों तो भ्रष्टाचार को सीमित किए जाने की संभावनाएं भी बहुत अधिक होती हैं। प्रस्तुत पुस्तक में यह प्रस्तावित किया गया है कि हमें भ्रष्टाचार के विरुद्ध संघर्ष का त्याग नहीं करना चाहिए, जैसा कि हम प्रायः ही सोचने लग जाते हैं। परंतु भ्रष्टाचार के विरुद्ध संघर्ष को रणनीतिक, ध्यान–केन्द्रित तथा बहुआयामी होना होगा। इसके लिए यह सुझाव दिया जाता है कि हमें पहले नागरिकों से सम्बन्ध रखने वाली सार्वजनिक सेवाओं में व्याप्त भ्रष्टाचार पर ध्यान केन्द्रित करना होगा। भ्रष्टाचार को सीमित किए जाने में धारणाओं की संवेदनशील भूमिका के प्रति हमें जागरूक रहना चाहिए।

एक ग्रामीण बालक से सामाजिक शोधकर्ता बनने तक के मेरे जीवन में मेरी चिंताओं ने ही मुझे विगत कई वर्षों से सीएमएस में इस शोध के लिए तैयार किया है। सर्वप्रथम, घटना को समझने के लिए एक समुचित पद्धति को विकसित किए जाने में और, फिर, अग्रसक्रिय पहल किए जाने के लिए

अंतदृष्टियाँ प्राप्त किए जाने में। प्रस्तुत पुस्तक सीएमएस इंडिया करप्शन सर्वेक्षणों के उन चक्रों में से प्रत्येक तथा विशेषज्ञों एवं अनुभवी पदाधिकारियों के साथ की गई परिचर्चाओं से लाभान्वित हुई है। मैं विशेषतौर पर श्री एन. विट्ठल तथा एडमिरल (सेवानिवृत्त) आर.एच. तहिलियानी का उल्लेख करना पसंद करूँगा। जिन लोगों ने सन् 2000 से सीएमएस के सर्वेक्षणों के विभिन्न चक्रों की रिपोर्टों का अवलोकन नहीं किया है, उनके लाभार्थ इनमें से प्रत्येक रिपोर्ट के मुख्य बिन्दुओं को इस पुस्तक में उल्लिखित किया गया है। उन्हें इसलिए भी उल्लिखित किया गया है क्योंकि इनमें से प्रत्येक रिपोर्ट कहीं न कहीं प्रासंगिक हैं और ऐसे विशिष्ट पहलुओं से युक्त हैं जो अंतदृष्टियों में वृद्धि करती हैं।

एक राष्ट्र के रूप में भ्रष्टाचार की महामारी जैसी समस्या का सामना हम उस समय भी बिना किसी विशेष अंतर के करते प्रतीत होते हैं जब नागरिकों का एक बड़ा वर्ग इससे प्रभावित हो रहा है। सुधारात्मक उपाय बहुत अधिक सामान्य रहे हैं और किसी एक सेवा अथवा निश्चित अवधि अथवा किसी एक स्थान तक ही सीमित रहे हैं। मैं तर्क देता रहा हूँ कि एक घटना के रूप में भ्रष्टाचार के दो पहलू होते हैं, और उस प्रक्रिया अर्थात् धारणा तथा अनुभव में, इनमें से प्रत्येक एक दूसरे को कायम रखता है और प्रत्येक स्वयं को नए रूप में सामने लाता है, अथवा नवस्फूर्ति प्रदान करता है। जबतक हम दोनों ही पहलुओं को समझ और पहचान नहीं लेते तबतक हम फ्रैंकेनस्टीन तक नहीं पहुँच सकते। धारणा तथा अनुभव एक ही घटना के दो अलग–अलग पहलू हैं। दोनों के लिए विशिष्ट किन्तु समानान्तर एवं समकालिक प्रयासों की आवश्यकता होती है। गहन धारणाओं के कारण भ्रष्टाचार को अनुमोदित अथवा एक मजबूरी के रूप में तथा कार्य करवाने के एक कुशल तरीके के रूप में स्वीकार कर लिया जाता है।

आभार

इस पुस्तक के मेरे लेखन में अनेक लोगों ने योगदान दिया है। ये भारत के मुख्य सतर्कता आयुक्त के रूप में श्री एन. विट्ठल थे जिन्होंने विशिष्ट परिस्थितियों के अंतर्गत भ्रष्टाचार को समाप्त करने की चुनौती प्रस्तुत करते हुए मुझे इस अभियान में शामिल किया (सन् 2000)। सीएमएस की निदेशक सुश्री पी.एन. वासन्ती एवं उनका दल, जिन्होंने वित्तीय परिणामों की परवाह किए बिना और एक महत्वपूर्ण शोध संस्थान के रूप में अन्य सुअवसरों का त्याग करते हुए भ्रष्टाचार पर वार्षिक सर्वेक्षणों के लिए अथक प्रयास किए। नवीन सुरापाणिनि, आलोक श्रीवास्तव तथा सीएमएस के अनेकों अन्य शोधकर्तागण जिन्होंने पीईई मॉडल को विकसित करने में एक दशक से भी अधिक समय तक मेरी सहायता की। एडमिरल आर.एच. तहिलियानी एवं श्री अरुण दुग्गल, तत्कालीन ट्रांसपरेन्सी इंटरनेशनल इंडिया से सम्बद्ध, सीएमएस के प्रयासों में सहयोग एवं बड़े पैमाने पर सहायता करने के लिए आगे आए।

फिर अनेकों अन्य विद्वान भी साथ थे जैसे प्रोफेसर प्रदीप एन. खांडवाला, भूतपूर्व डीन, आईआईएम–अहमदाबाद, श्री बी.जी. देशमुख, भूतपूर्व मंत्रिमंडलीय सचिव जैसे प्रशासक तथा डॉ. जयप्रकाश नारायण, श्री हर्ष मंदर, श्री अरविन्द केजरीवाल जैसे कार्यकर्ता, श्री प्रशांत भूषण, श्री संजय पारिख एवं अन्य जैसे कानूनी दिग्गज। अंततः, श्रेय जाता है सी.एम.एस. के रेगी वी. जॉन को जिन्होंने वर्षों तक के मेरे लेखों को सहेजा और संजोया है।

1 परिचय

यही पुस्तक क्यों?

भ्रष्टाचार पर फिर एक पुस्तक क्यों? वो भी ये वाली? अनेकों लेखकों द्वारा लिखी गई पुस्तकों का ढेर तो पहले से ही लगा हुआ है और भ्रष्टाचार पर तो पहले ही बहुत कुछ लिखा जा चुका है। फिर इससे क्या अंतर पड़ने वाला है? नागरिकों के एक बहुत बड़े भाग की धारणा यह है कि देश में भ्रष्टाचार बढ़ रहा है। विधायी एवं न्यायिक क्षेत्रों सहित अन्य क्षेत्रों में इस विषय पर इतनी अधिक सार्वजनिक बहस हो चुकी है जितनी देश में पहले कभी भी नहीं हुई थी। यहाँ तक कि सरकार के अंदर और बाहर भ्रष्टाचार को रोकने और उसे समाप्त करने के लिए विशिष्ट संस्थाओं एवं एजेन्सियों का गठन किया जा चुका है। हाल ही के वर्षों के दौरान मीडिया भी भ्रष्टाचार पर पहले की अपेक्षा कई गुना अधिक कवरेज करता रहा है। और इसके बावजूद भी भ्रष्टाचार में कोई उल्लेखनीय कमी नहीं आई है, यहाँ तक कि गरीबों के लिए उपलब्ध कराई गई सार्वजनिक सेवाओं में भी।

क्या कुछ ऐसा भी है जो भारत में भ्रष्टाचार के सम्बन्ध में ज्ञात न हो? फिर हम भ्रष्टाचार को रोक पाने और समाप्त कर पाने में क्यों सक्षम नहीं हो पाते? क्या हम इसे जड़ से उखाड़ फेंकने के प्रति गंभीर अथवा सुनिश्चित नहीं हैं? कम से कम आधारभूत सार्वजनिक सेवाओं, जिनका सम्बन्ध नागरिकों के एक बहुत बड़े वर्ग से है, के संदर्भ में तो कुछ अलग साक्ष्य प्राप्त किए जा सकते थे। क्या कुछ छूट रहा है? इस घटना से प्राप्त ज्ञान यह है कि भ्रष्टाचार के सम्बन्ध में और अधिक जान लेना ही सबकुछ नहीं है और यह इसमें कमी आने की गारंटी नहीं प्रदान करता। भ्रष्टाचार को एक ही बार में ख़ारिज नहीं किया जा सकता।

प्रकटतः, यह किसी भी अन्य संक्रामक रोग के समान ही छूत वाला रोग है (जैसा कि सन् 2002 के प्रारंभ में सर्वोच्च न्यायालय के द्वारा भी प्रेक्षित किया जा चुका है)। परंतु ऐसे रोगों की उत्पत्ति का एक समय–चक्र होता है और उनसे निपटने के लिए चिकित्सकीय देखभाल एवं रोकथाम तथा उपचारात्मक उपाय भी उपलब्ध होते हैं। प्रतीत होता है कि भ्रष्टाचार के साथ ऐसा कुछ भी नहीं है। भ्रष्टाचार के सम्बन्ध में बातें इस प्रकार से की जाती हैं जैसे न तो इसे

रोका जा सकता है और न ही इसकी कोई चिकित्सा उपलब्ध है। इसके स्थान पर, एक सामाजिक मजबूरी के रूप में देखे जाने की सीमा तक तथा प्रतिस्पर्धा एवं कार्य करवाए जाने अथवा करने के एक तरीके के रूप में भ्रष्टाचार का व्यापक बने रहना जारी है।

ट्रांसपरेन्सी इंटरनेशनल भ्रष्टाचार के सम्बन्ध में देशों का वर्गीकरण करता रहा है जो एक ''संवेदी सूचकांक'' मॉडल पर आधारित है। भ्रष्टाचार के मामले में यह कुछ नेताओं की धारणाओं के आधार पर देशों का वर्गीकरण करता है। नेता, नियोजक, निर्णयकर्ता, तथा मीडिया इन वर्गीकरणों के सम्बन्ध में चर्चाएं करने में व्यस्त रहते हैं। यह सूचकांक एक अच्छी पहल है। वार्षिक आधार पर यह समस्या के विस्तार का स्मरण करवाता है। बातें करना और उदाहरण देना अत्यंत सरल है। हालांकि, ऐसे परिदृश्य के अंतर्गत विभिन्न देश सामान्य बातों से परे नहीं जा सकते, बल्कि, वे इस बात के प्रति अधिक चिंतित रहते हैं कि संवेदी सूचकांक में किस प्रकार से उनकी स्थिति बेहतर प्रदर्शित हो अथवा उसमें सुधार किया जाए। यहाँ तक कि समाचार मीडिया ने भी भ्रष्टाचार की घटनाओं में संलिप्त महत्वपूर्ण पहलुओं अथवा उससे सम्बद्ध मुद्दों के बजाए ऐसे वर्गीकरणों के आधार पर ही देश में भ्रष्टाचार पर सार्वजनिक बहस करना प्रारंभ कर दिया है। अतः, ऐसा किए जाने में रोकथाम सम्बन्धी पहलों तथा लोगों को अनुभव करवाए जाने एवं इस सम्बन्ध में कुछ किए जाने पर अधिक ध्यान दिया जा रहा है।

इस पुस्तक के उद्देश्यों में से एक भ्रष्टाचार के विषय पर भारत के राज्यों का वर्गीकरण करना नहीं है, न ही देश में भ्रष्टाचार की व्यापकता का अनुमान लगाया जाना है; बल्कि, यह पुस्तक यह समझने का एक प्रयास है कि हम परिणाम प्राप्त किए जाने के साथ भ्रष्टाचार से निपट पाने में सक्षम क्यों नहीं हो सके हैं और हमें इसके लिए किस प्रकार से आगे बढ़ना चाहिए–विशेषतौर पर गरीबों, *आम आदमी*, तथा देश के अधिकांश नागरिकों को प्रभावित करने वाली दर्जन भर सार्वजनिक सेवाओं के संदर्भ में। ऐसे एक दृष्टिकोण को उत्तम शासन के लिए की जाने वाली चिंता हेतु एक और अधिक महत्वपूर्ण पहला कदम होना चाहिए। इसी खोज में, यह पुस्तक संक्षेप में कतिपय ऐसे कारकों पर चर्चा करने का प्रयास करती है, जो भ्रष्टाचार पर अंकुश लगाए जाने तथा उसे नियंत्रित करने सम्बन्धी प्रयासों को बाधित करते हैं। एक मूलभूत धारणा यह है कि ''इस कठिन स्थिति का सामना किए जाने में'' हितधारकों के एक केन्द्रित दृष्टिकोण, विशिष्ट पहल, तथा सतत् प्रयासों के सफल होने की संभावना अधिक है। इस पुस्तक में किए गए विश्लेषण आँकड़ों की एक श्रृंखला पर आधारित हैं जो मुख्यतः सेंटर फॉर मीडिया स्टडीज द्वारा सन् 2000 से गत दशक के दौरान किए गए भारत भ्रष्टाचार सर्वेक्षण[1] से प्राप्त किए गए हैं। इन सर्वेक्षणों से प्राप्त

किए गए समस्त भारी–भरकम आँकड़ों को मात्र इस कारण से प्रस्तुत नहीं किया गया है कि सांख्यकीय, जो चाहे कितनी भी विश्वसनीय क्यों न हो, सार्वजनिक बहसों को दिग्भ्रमित करने तथा उन क्षेत्रों से ध्यान हटाए जाने की प्रवृत्ति रखती हैं, जहाँ कार्यवाही किए जाने की सर्वाधिक आवश्यकता है। इन सार्वजनिक सेवाओं के मामले में जमीनी स्तर पर प्राप्त किए गए प्राथमिक आँकड़े एक ही अवधि से सम्बन्धित नहीं हैं। फिर भी, सार्वजनिक सेवाओं तथा विशिष्ट संदर्भों में सुधार हेतु अंतर्दृष्टि प्राप्त करने हेतु ये पर्याप्त हैं। हालांकि किए गए समस्त जमीनी सर्वेक्षण अधिकांशतः लोगों की राय पर आधारित हैं, तथापि धारणा–आधारित दृष्टिकोण, विशेषतौर पर, प्रायः एक मरीचिका का पीछा किए जाने के बराबर होते हैं। अतः, धारणा तथा अनुभव–आधारित आँकड़ों, यदि एक साथ लिए गए हों, से इस खोज में बेहतर सहायता प्राप्त होने की संभावना है।

भ्रष्टाचार पर अनेकों पुस्तकें

भ्रष्टाचार पर अनेकों पुस्तकें उपलब्ध हैं और वे या तो भ्रष्टाचार के एक परिप्रेक्ष्य को बाहर लाती हैं अथवा उसके किसी अन्य आयाम को सामने रखती हैं। किन्तु इनमें से अधिकांश न तो पाठकों/नागरिकों को उकसा सकी हैं और न ही हितधारकों को इस सम्बन्ध में गंभीरतापूर्वक कुछ करने के लिए प्रेरित कर सकी हैं। मोटे तौर पर, भ्रष्टाचार पर ये असंख्य पुस्तकें चार प्रकार की श्रेणियों में आती हैं।

इनमें से पहली श्रेणी में वे हैं जो किसी न किसी सेवानिवृत्त नौकरशाह अथवा सरकार में किसी न किसी समय पर किसी न किसी पद पर विराजमान रह चुके व्यक्ति के द्वारा लिखी गई हैं। इन लोगों की पुस्तकें अधिकांशतः उनके अनुभवों का वर्णन हैं, जो भ्रष्टाचार को संलिप्त करने वाले अथवा उसका कारण रहे विशिष्ट प्रकरणों की स्मृतियाँ भर हैं। ये पुस्तकें एक बड़ी समस्या को बेहतर तरीके से समझे जाने के लिए अंतर्दृष्टि प्रदान करती हैं, परंतु अधिकांश किसी तरीके के द्वारा सुधार को लागू किए जाने में सहायता नहीं प्रदान करतीं। सीबीआई, आईबी, सीएजी अथवा केन्द्रीय सतर्कता आयोग (सीवीसी) के किसी भी भूतपूर्व अधिकारी के द्वारा किसी ऐसी पुस्तक लिखे जाने का कोई भी उदाहरण मुश्किल से ही मौजूद होगा जिसने कुछ परिणाम प्रस्तुत किए हों। ऐसी पुस्तकें, जिनके प्रकाशन अथवा लेखन ने भ्रष्टाचार पर की जा रही बहस को आगे बढ़ाए जाने में सहायता प्रदान की तथा कुछ हद तक चिन्तित जनता को संवेदनशील बना दिया था, में

शामिल थीं भूतपूर्व मुख्य सतर्कता आयुक्त एन. विट्टल द्वारा लिखी पुस्तकें। परंतु ऐसा लोकप्रिय समाचार मीडिया में विट्टल के द्वारा सतत् आधार पर लेखन किए जाने तथा एक ईमानदार अधिकारी के रूप में उनके निजी व्यक्तित्व और विभिन्न सार्वजनिक मंचों पर एक अत्यंत लोकप्रिय वक्ता होने के कारण और अधिक संभव हो सका था।

दूसरी श्रेणी के अंतर्गत वे पुस्तकें आती हैं जिनका लेखन ऐसे पत्रकारों के द्वारा किया गया है जिन्होंने पूर्व में भ्रष्टाचार से सम्बन्धित किसी न किसी मामले अथवा विवाद को कवर किया था। इन सभी पुस्तकों द्वारा भ्रष्टाचार को उजागर करने पर जोर दिया गया था—चाहे वह बोफोर्स का मामला रहा हो अथवा कोई अन्य। उनमें से बहुत कम लोगों ने भ्रष्टाचार पर ऐसा कुछ लिखा है जिसे एक विवशता के रूप में देखा जाता हो और जिसमें सामाजिक क्षेत्र की योजनाओं के संदर्भ में नागरिकों का एक बड़ा वर्ग संलिप्त होता हो। तहलका मामले ने इस तरीके से नए मार्ग खोल दिए हैं कि ऐसी कवरेज व्यवस्था को भ्रष्टाचार से बचाने अथवा उसे दुरुस्त करने के लिए की जाने वाली पहलों को प्रेरित कर सकती है, किन्तु तब से भ्रष्टाचार की समग्र संभावनाओं के सम्बन्ध में कुछ भी परिवर्तन नहीं हो सका है। तथापि, इन पुस्तकों ने जनता के एक बहुत बड़े वर्ग को संवेदनशील बनाए जाने में सहायता प्रदान की है और किसी न किसी समय पर कुछ वर्गों को उकसाया भी है।

तीसरी श्रेणी में आने वाली पुस्तकें शिक्षाविदों के द्वारा लिखी गई हैं, जिनमें से कुछ, जैसे प्रदीप एन. खांडवाला (आईआईएम–ए के भूतपूर्व डीन) के द्वारा लिखी गई एक पुस्तक, भ्रष्टाचार के निरपेक्ष एवं ''व्यवस्थागत'' विचार के लिए सर्वग्राही है, जो अधिकांशतः सुशासन[2] के अध्ययन को आगे बढ़ाए जाने का कार्य करती हैं। इन पुस्तकों में कुछ सार्वजनिक सेवाओं, जिनमें सार्वजनिक वितरण प्रणाली (पीडीएस), राष्ट्रीय ग्रामीण रोजगार योजना (नरेगा) तथा अन्य मामले भी शामिल हैं, में व्याप्त भ्रष्टाचार से निपटने हेतु किए जा सकने वाले कार्यों के विकल्प एवं सर्वोत्तम विधियाँ उपलब्ध करा सकने की क्षमता विद्यमान हैं।

पुस्तकों की चौथी श्रेणी में ऐसी पुस्तकें शामिल हैं जिन्हें शोधकर्ताओं अथवा शोध एजेन्सियों एवं संयुक्त राष्ट्रसंघ विकास कार्यक्रम (यूएनडीपी), विश्व बैंक,[3] अथवा ट्रांसपरेन्सी इंटरनेशनल जैसी राष्ट्रीय अथवा अंतरराष्ट्रीय एजेन्सियों के द्वारा तैयार किया गया है। इनके द्वारा किए गए शोधों की रिपोर्टें अनुवर्ती कार्यवाही, विशेषतौर पर सरकार द्वारा कार्यवाही किए जाने के अवसर प्रस्तुत करती हैं। यूएनडीपी के द्वारा किया गया ऐसा ही एक प्रकाशन था—*टैकलिंग करप्शन, ट्रांसफार्मिंग लाइव्सः एक्सलरेटिंग ह्यूमन डेवलपमेंट इन एशिया एंड द पेसिफिक*।[4] यद्यपि यह प्रकाशन दक्षिण एशियाई देशों में किए गए अनुभवों पर आधारित है, तथापि यह कुछ दक्षिण एशियाई देशों में किए

गए विभिन्न अध्ययनों की संयुक्त प्रकृति के व्यापक विश्लेषण को प्रस्तुत करता है। सीएमएस पब्लिकेशंस, हालांकि बहुत अधिक वितरित एवं चर्चित नहीं हैं, भारत में संभवतः अपने प्रकार का ऐसा इकलौता प्रकाशन है जो प्राथमिक आँकड़ों तथा स्वतंत्र विश्लेषण पर आधारित है। इन अध्ययनों की सीमाएं यह हैं कि ये सभी वार्षिक अध्ययन परिवर्तनों एवं प्रवृत्तियों के एक कठोर विश्लेषण के लिए अनुकूल नहीं हैं। जैसे, विगत कुछ वर्षों के दौरान, गरीबों के एक बड़े वर्ग को संलिप्त करने वाली लोकप्रिय प्रमुख सरकारी योजनाओं में भ्रष्टाचार को उजागर करने हेतु कई नाटकीय पहलें की जा चुकी हैं।

प्रस्तुत पुस्तक एक अलग ही दृष्टिकोण से भ्रष्टाचार के मुद्दे को सम्बोधित किए जाने हेतु एक व्यापक रूपरेखा प्रस्तुत करती है, जैसे कि सरकार को इसके सम्बन्ध में क्या कुछ करना चाहिए, नागरिकों एवं सिविल सोसाइटी को कौन सी पहल करनी चाहिए, और समाचार मीडिया किस प्रकार से एक अग्रसक्रिय एवं सहयोगी भूमिका की खोज कर सकता है। एक "परिचालनात्मक शोध रिपोर्ट" के रूप में यह पुस्तक शोध के निष्कर्षों के प्रभावों को स्पष्ट करती है, सुधारों का आरेखण करती है और सेवा–विशिष्ट निरोधात्मक पहलों का सुझाव देती है। प्रस्तुत पुस्तक सीएमएस द्वारा अनेकों वर्षों तक संपन्न किए गए जमीनी शोध की रिपोर्टों तक ही सीमित नहीं है। यह इससे आगे कहीं दूर तक जाती है और अन्य अध्ययनों द्वारा प्राप्त की गई अंतर्दृष्टियों को भी शामिल करती है। शोध सम्बन्धी कुछ निष्कर्षों का विश्लेषण प्रस्तुत पुस्तक में पहली बार किया गया है। यह पुस्तक किसी एक अकेले अध्ययन के बजाए प्रवृत्तियों पर अधिक भरोसा करती है। सन् 2005 एवं 2008 में, जब हमने इंडिया करप्शन स्टडी की रूपरेखा तैयार की थी, हम आशा कर रहे थे कि सूचना का अधिकार (आरटीआई), सिटीजन चार्टर, सामाजिक अंकेक्षण तथा सूचना प्रौद्योगिकी को अपनाए जाने जैसी पहलें सार्वजनिक सेवाओं की सुपुर्दगी से सम्बन्धित भ्रष्टाचार के स्तरों में कुछ अंतर अवश्य ला सकेंगी। हालांकि, ऐसा अनुभव हुआ कि ऐसी पहलों से सम्बन्धित कुछ दिखाई पड़ सकने योग्य अंतरों का ज्ञान तभी प्राप्त हो सकता है जब किसी व्यक्ति के द्वारा एक निश्चित अवधि के अंदर विद्यमान प्रवृत्ति का अध्ययन किया गया हो। उदाहरणार्थ, सन् 2002, 2003 तथा 2005 में सीएमएस द्वारा किए गए अध्ययन के आधार पर सन् 2007 में *"टैकलिंग करप्शन'* शीर्षक से किए गए इसके प्रकाशन के द्वारा यह स्पष्ट किया गया कि सार्वजनिक सेवाओं में सुपुर्दगी के संदर्भ में नागरिकों को संलिप्त करने वाले भ्रष्टाचार में कमी आई है जैसे कि रेलवे के आरक्षण में, तथा आंशिक रूप से, बिजली एवं टेलीफोन सेवाओं में। खोजी विश्लेषण के अनुसार अधिकांशतः ऐसा इसलिए संभव हो सका क्योंकि इन सेवाओं के द्वारा कंप्यूटरीकृत कार्यप्रणाली एवं विशिष्ट कार्यों के विकेन्द्रीकरण को अपना लिया गया था जो अन्यथा रूप से भ्रष्टाचार

के स्रोत बने हुए थे। कुछ विशिष्ट कार्यों, जिनके द्वारा नागरिकों के घूस दिए जाने को सीमित कर दिया गया, में शामिल है (क) टिकट और आरक्षण अथवा सेवाओं तक पहुँच, (ख) फोन तथा इंटरनेट एवं सम्बन्धित विक्रय–केन्द्रों के बाहर उपलब्ध ग्राहक सूचनाएं, तथा (ग) बिलिंग चक्र तथा उपयोगकर्ता–प्रभार मापन। फिर अन्य सार्वजनिक सेवाओं में भी हम ऐसी ही पहलों को क्यों नहीं अपना सकते? प्रस्तुत पुस्तक इसी दृष्टिकोण को अपनाती है।

विट्ठल तथा खांडवाला दोनों ही शासन की प्रणाली के सम्बन्ध में चिन्तित हैं। श्री विट्ठल पारदर्शिता, जवाबदेही, तथा व्यवस्था में उत्तरदायित्व के लिए तर्क देते हैं। प्रोफेसर खांडवाला का तर्क है कि "कमजोर शासन" लोकतांत्रिक प्रशासन के एक प्रकार का परिणाम है। हालांकि, प्रस्तुत पुस्तक में मेरी चिंता सीमित है। इस पुस्तक में संदर्भित "भ्रष्टाचार" का संदर्भ अधिकांशतः किसी नागरिक के द्वारा किसी सार्वजनिक सेवा, जिसका वह अधिकारी है, और यहाँ तक कि जो सेवा उसी के लिए लक्षित भी है, तक पहुँच प्राप्त किए जाने अथवा उसका लाभ उठाए जाने के लिए घूस के रूप में किए जाने वाले "अतिरिक्त" भुगतान से है। प्रस्तुत पुस्तक में चिंता तथा ध्यान का केन्द्र वह भ्रष्टाचार है जो बहुसंख्यक जनता के लिए निर्धारित राजकीय सेवाओं को प्राप्त करने हेतु नागरिकों को संलिप्त करता है तथा जहाँ भ्रष्टाचार एक प्रतिकार रूपी मजबूरी है। मेरा मानना है कि किसी भी ऐसे संरचनात्मक परिवर्तन के लंबित रहने तक, आधारभूत सार्वजनिक सेवाओं को प्राप्त किए जाने में नागरिकों की संलिप्तता वाले भ्रष्टाचार को रोकने में एक ध्यानकेन्द्रित तथा रणनीतिक दृष्टिकोण सहायता प्रदान करता है, और यही सुशासन की अंतिम परीक्षा भी है। यह पुनर्गठन अथवा सुधारों का विकल्प नहीं है, किन्तु स्वतंत्र है तथा बिना किसी ऐसी प्राथमिकताओं एवं प्रक्रियाओं की अपेक्षा के है। मेरा ध्यान उन मजबूरियों पर केन्द्रित है जिनसे होकर एक नागरिक को गुजरना पड़ता है और अंततः उस प्रक्रिया में घूस देनी पड़ती है। भ्रष्टाचार सम्बन्धी धारणाओं की प्रवृत्ति तथा साथ ही साथ नागरिकों के द्वारा घूस का भुगतान किए जाने वाले अनुभव को विपरीत दिशा में मोड़ा जाना ही इस पुस्तक की चिंता है।

भ्रष्टाचार का संदर्भ

देश में भ्रष्टाचार तीन स्तरों पर संचालित होता है और यदि क्रमबद्धता में कहा जाए तो कुछ उसी प्रकार जैसे कि यह तीन पैरों वाली दौड़ हो। पहला है व्यापार–सरकार के स्तर पर होने वाला भ्रष्टाचार जिसमें बड़े लोग और बड़ा पैसा शामिल होता है। यह अत्यंत ही ऊँचे स्तरों पर प्रचलित है और बड़ी लालच

की पूर्ति करता है, तथा प्रायः ही इसमें सार्वजनिक पदाधिकारियों के हितों का टकराव संलिप्त होता है। दूसरे प्रकार का भ्रष्टाचार ऐसी सार्वजनिक सेवाओं में व्याप्त है जो नागरिकों, विशेषतौर पर गरीब एवं आम नागरिकों के द्वारा प्रयुक्त की जाने वाली आधारभूत तथा अनिवार्य सेवाएं हैं। वे इन सार्वजनिक सेवाओं पर बहुत अधिक भरोसा करते हैं। इस प्रक्रिया में भ्रष्टाचार व्यक्ति के स्तर पर है तथा प्रत्येक बार इसका आकार बहुत बड़ा नहीं होता, परंतु नागरिकों की एक बड़ी संख्या के इसके साथ संलिप्त होने तथा सेवाओं के उपयोग की बारंबारता अत्यधिक होने के कारण भ्रष्टाचार का दायरा बहुत ही बड़ा है, और आगे, बड़े परिदृश्य में इसका तरंगयुक्त प्रभाव कहीं व्यापक है। किसी भी सरकार की कार्यपद्धति एवं उसकी नीतियों की प्रभावोत्पादकता नागरिकों के साथ इस स्तर पर किये जाने वाले संपर्कों में व्याप्त भ्रष्टाचार पर निर्भर करती है। तीसरा प्रकार वह है जिसमें बड़ी संख्या में लोगों की संलिप्तता होती है, जैसे मतदाताओं के मामले में; परंतु ऐसा तभी होता है जब किसी सार्वजनिक पद के लिए कोई चुनाव हो रहा हो। अभिलाषी राजनीतिज्ञ तथा चुनाव लड़ने वाले अभ्यर्थी ही ऐसे लोग होते हैं जो इस प्रक्रिया में भ्रष्टाचार को प्रेरित करते हैं। भ्रष्टाचार का यह तीसरा प्रकार, भले ही पाँच वर्षों में एक बार प्रकट होता हो, अन्य दो प्रकार के भ्रष्टाचारों की गुंजाइश उत्पन्न करता है।

देश को तीनों ही प्रकारों एवं भ्रष्टाचार के स्तरों के सम्बन्ध में गंभीर चिंता करने की आवश्यकता है। यद्यपि भ्रष्टाचार को समाप्त करने के प्रयासों को समानान्तर होना होगा, तथापि नागरिकों के एक बड़े वर्ग को संलिप्त करने वाला भ्रष्टाचार, विशेषतौर पर संवेदनशील वर्गों को संलिप्त करने वाला भ्रष्टाचार, तथा एक पुनरावर्ती घटना रूपी भ्रष्टाचार इसकी एक प्राथमिकता होनी चाहिए। अंततः ''सुशासन'' का यही तो गुण है–समेकित विकास तथा देश में लोकतंत्र के बुनियादी तत्वों की मजबूती के लिए एक आधार।

तीनों ही प्रकार के भ्रष्टाचार परस्पर सम्बन्धित होते हैं। यदि देश से भ्रष्टाचार को जड़ से उखाड़ने सम्बन्धी प्रयासों को सफल बनाया जाना है तो इन परस्पर सम्बन्धों को समझने की आवश्यकता है। कुछ लोग तर्क देते हैं कि जबतक ''ऊपर'' (व्यापार–सरकार के उच्च स्तरों पर) के स्तर पर भ्रष्टाचार को समाप्त नहीं किया जाता, तब तक ''निचले'' (नागरिकों–नागरिक से सरकार सी2जी,) स्तर पर भ्रष्टाचार को सम्बोधित नहीं किया जा सकता। सन् 2009 में, सीएमएस सर्वेक्षण ने देश में पहली बार यह स्पष्ट किया कि चुनावी प्रक्रिया में ''नोट फॉर वोट''[6] वाली बात मात्र कुछ स्थानों तक ही सीमित नहीं है और न ही यह कोई दुर्लभ मामला था, वरन् यह एक अत्यन्त व्यापक तरीका है और यह कि, वास्तव में, यह देश में ''सभी भ्रष्टाचारों की जननी'' है। सार्वजनिक सेवाओं में भ्रष्टाचार को समाप्त किए जाने के लिए विभिन्न रणनीतियों की आवश्यकता है न कि मात्र

नए "तरीकों" की खोज किए जाने की। किन्तु प्रक्रिया में पारदर्शिता कुछ ऐसी बात है जो प्रक्रियाओं एवं रणनीतियों आदि सभी जगहों में महत्वपूर्ण होती है। उतना ही सूचना, संचार एवं नेटवर्क प्रौद्योगिकी (आईसीटी) का उपयोग भी महत्वपूर्ण है। सिविल सोसाइटी की चिंता तथा भ्रष्टाचार के विरुद्ध सक्रियता इससे भी कहीं अधिक महत्वपूर्ण है। सार्वजनिक सेवाओं में भ्रष्टाचार से निपटने के लिए नागरिकों, सिविल सोसाइटी, तथा मास मीडिया की भूमिका भी सरकार तथा यहाँ तक कि न्यायपालिका की भूमिका के समान ही महत्वपूर्ण है।

सन् 1980 के दशक तक चुनावी प्रक्रिया को अनेकों ऐसी बुराईयों से घिरे हुए रूप में देखा जाता था जिन्हें पूरे देश में कभी भी "स्वतंत्र तथा निष्पक्ष" नहीं बनाया जा सकता था। परंतु आज चुनावों के दौरान मतदान में गड़बड़ियाँ तथा बूथ कब्जा किए जाने की घटनाएं इतिहास बन चुकी हैं, यहाँ तक कि उत्तर–प्रदेश तथा बिहार जैसे राज्यों में भी। कुछेक वर्षों पूर्व तक किसी ने भी यह नहीं सोचा था कि सन् 2010 के समान ही बिहार विधानसभा के चुनाव शांतिपूर्ण हो सकते हैं, मतदाताओं की भागीदारी को बढ़ाया जा सकता है, और संपूर्ण प्रक्रिया अपेक्षाकृत कम भ्रष्ट हो सकती है। ऐसा एक ध्यानकेन्द्रित तथा निर्णायक दृष्टिकोण के जरिए संभव हो सका था। इसके लिए, निर्वाचन आयोग व्यवस्थित रूप से कतिपय कार्यवाहियाँ करता रहा है ताकि इस प्रणाली को और अधिक विश्वसनीय तथा इस प्रक्रिया को पहले की अपेक्षा और अधिक स्वतंत्र एवं निष्पक्ष बनाया जा सके। इसे हासिल किए जाने के लिए यह सुनिश्चित किया गया है कि आरंभ की गई पहलें मात्र बयानबाजी अथवा एक बार की कार्यवाही बनकर न रह जाएं, बल्कि यह कि निर्वाचन आयोग इनपर निरंतर कार्य करता रहे और पारदर्शिता के लिए परामर्श प्रक्रिया[7] से होकर गुजरता रहे। इसी प्रकार से लगभग एक दशक के अंदर चुनावी प्रक्रिया से सम्बन्धित धारणाओं की धारा विपरीत दिशा की ओर बहने लगी। फिर अन्य सार्वजनिक सेवाएं ध्यान केन्द्रित, चरणबद्ध, सतत् तथा साक्ष्य–आधारित प्रयासों के साथ ऐसे ही किसी दृष्टिकोण को क्यों नहीं अपना अथवा खोज सकतीं? मतदाता नामांकन, मतदाता पंजीकरण, संवदेनशील मतकेन्द्रों का सुभेद्यता मानचित्रीकरण, व्ययों पर नियंत्रण, प्रावधानों का अनुपालन, शिकायतों पर त्वरित प्रतिक्रिया, तथा विश्वास निर्माण उपाय आदि कुछ ऐसे कार्य हैं जिन्हें निर्वाचन आयोग के द्वारा ऐसे गंभीर प्रयासों के एक भाग के रूप में अपनाया गया है। यहाँ एकमात्र और सर्वाधिक महत्वपूर्ण विशेषता यह है कि निर्वाचन आयोग को संविधान के अंतर्गत एक स्वतंत्र दर्जा प्रदान किया गया है; किन्तु सन् 1980 के पूर्व यही आयोग कोई अंतर नहीं ला सका था! भारतीय रेलवे का मामला ऐसा एक दूसरा उदाहरण है जहाँ नागरिकों की संलिप्तता वाले भ्रष्टाचार के स्तर को टिकट आरक्षण कार्य में आईसीटी के उपयोग के द्वारा बड़ी सीमा तक कम किया जा

सका है। एक अन्य उदाहरण, जहाँ यह स्वीकार किया जाता है कि भ्रष्टाचार में कमी आई है, वह है हाल ही वर्षों में अंतर्राष्ट्रीय हवाई अड्डों पर स्थित सीमाशुल्क विभाग का मामला।

सूचना का अधिकार अधिनियम, सामाजिक अंकेक्षण तथा सिटीजन चार्टर आदि कुछ ऐसे नवीनतम उपकरण हैं जो बेहतर पारदर्शिता, नागरिक सक्रियता तथा भ्रष्टाचार की प्रवृत्ति को विपरीत दिशा में मोड़ने के लिए उपलब्ध हैं। इस समस्या से निपटने के लिए लोकपाल, सतर्कता एवं भ्रष्टाचार–विरोधी तंत्र कुछ वर्षों से अस्तित्व में बना रहा है। सन् 2005 के बाद से सूचना के अधिकार ने आशाओं को पुनर्जीवित कर दिया है तथा भ्रष्ट आचरणों में संलिप्त संपर्कों को बाहर निकाल पाने में इसने सिविल सोसाइटी के हाथों को मजबूत किया है। विधायी एवं न्यायिक पहलें भी अत्यधिक महत्वपूर्ण हैं, परंतु इनकी भूमिका उच्चस्तरीय भ्रष्टाचार से निपटने में अधिक महत्वपूर्ण हैं।

भ्रष्टाचार हेतु अभिप्रेरणा–लालच तथा आवश्यकता

प्रायः भ्रष्टाचार के सम्बन्ध में सामान्य अर्थों में ही बातें की जाती हैं। भ्रष्टाचार के लिए अभिप्रेरणा की प्रकृति को ध्यान में रखते हुए मोटे तौर पर इसमें लालच–आधारित तथा आवश्यकता–आधारित के रूप में भेद किया जा सकता है। आवश्यकता–आधारित भ्रष्टाचार के अंतर्गत नागरिकों की आवश्यकताओं की पूर्ति करने वाले सार्वजनिक निकायों से आधारभूत अथवा आवश्यक सेवाएं प्राप्त करने वाले नागरिक संलिप्त होते हैं; जबकि लालच–आधारित भ्रष्टाचार वे होते हैं जिनमें किसी व्यक्ति का अपने संसाधनों के आधार अथवा पद की शक्ति में वृद्धि किए जाने हेतु लाभ उठाए जाने के उद्देश्य से संलिप्त होना शामिल होता है। दोनों ही प्रकार की आवश्यकताओं को अलग–अलग तरीके से देखे, समझे और सम्बोधित किए जाने तथा उनसे निपटे जाने की आवश्यकता है। देने और लेने वाले दोनों ही सिरों पर जहाँ आवश्यकता–आधारित भ्रष्टाचार में आधारभूत सेवाओं को प्राप्त करने का प्रयास कर रहे गरीब नागरिकों की बड़ी संख्या संलिप्त होती है, वहीं लालच–आधारित भ्रष्टाचार में सापेक्षिक रूप से कम संख्या में लोग संलिप्त होते हैं, और प्रायः ऐसा सापेक्षिक रूप से बेहतर संपन्न लोगों के बीच संपर्कों के साथ ही घटित होता है। जहाँ दोनों ही प्रकार का भ्रष्टाचार एक समस्या है, आवश्यकता–आधारित भ्रष्टाचार का सम्बन्ध लोगों के कार्यों, सार्वजनिक विभागों की कार्यक्षमताओं, सामाजिक न्याय, तथा समानता सम्बन्धी मुद्दों के साथ होता है। यह सक्रिय नागरिक समाज एवं अग्रसक्रिय सिविल सोसाइटी पर भी निर्भर करता है। आवश्यकता–आधारित भ्रष्टाचार मजबूरी से

घिरे हुए किसी निराश अथवा असहाय नागरिक से अवैध वसूली किया जाना अधिक होता है, जबकि, लालच–आधारित भ्रष्टाचार के अंतर्गत किसी नौकरशाह अथवा राजनीतिज्ञ तथा किसी संसाधनसंपन्न ग्राहक के बीच मिलीभगत का होना पाया जाता है। जैसा कि यूएनडीपी की रिपोर्ट[8] में वर्णन किया गया है, लालच में अंतर्निहित भ्रष्टाचार ''विशाल'' होता है, किन्तु आवश्यकता आधारित में ''नगण्य'', हालांकि दोनों ही प्रकारों के भ्रष्टाचार में संलिप्त वार्षिक आँकड़े समान रूप बहुत ही बड़े होंगे।

नागरिक एवं भ्रष्टाचार

एक घटना तथा एक अंतहीन प्रक्रिया के रूप में भ्रष्टाचार के सम्बन्ध में देश में राष्ट्रीय एवं स्थानीय तौर पर एक लंबे समय से निरंतर ही बातें की जा रही हैं, लिखा जा रहा है और शोध किया जा रहा है। जैसा प्रायः किसी भी अन्य मुद्दे के मामले में नहीं होता, भ्रष्टाचार के उन्मूलन के मामले में सिविल सोसाइटी तथा अन्य हितधारकों के बीच आम सहमति मौजूद है। प्रायः ऐसा विश्वास किया जाता है नागरिकों के एक बड़े वर्ग, विशेषतौर पर गरीब तथा वंचित, को प्रभावित करने वाला भ्रष्टाचार देश में व्याप्त गरीबी एवं असामनता का ही परिणाम है।

''इंडिया एट 62: वॉर ऑन करप्शन टॉप प्रियारिटी'' के सम्बन्ध में लिखते हुए तत्कालीन संसद सदस्य एवं भारत के प्रधानमंत्री के भूतपूर्व प्रमुख सचिव रह चुके पी.सी. एलेक्जेंडर[9] ने निष्कर्ष प्रस्तुत किया था कि ''हमारे समाज में व्याप्त समस्त भ्रष्टाचार'' भारत की ''महानतम विफलता'' है। अनेकों अन्य सुसूचित एवं शुभेच्छु व्यक्तित्वों के समान ही उन्होंने भी माना था कि ''स्वतंत्रताप्राप्ति के बाद के भारत के विकास की गति को बाधित करने वाला अकेला सबसे बड़ा कारक'' भ्रष्टाचार है। सर्वोच्च न्यायालय के दो न्यायाधीश (न्यायमूर्ति काटजू तथा न्यायमूर्ति ठाकुर) सरकारी सेवाओं में व्याप्त भ्रष्टाचार को लेकर इतने अधिक दुःखी थे कि 10 अक्टूबर, 2010 को उन्होंने यह प्रेक्षित किया कि बिना घूस दिए नागरिक किसी सेवा को नहीं प्राप्त कर सकता। और आगे जाते हुए न्यायाधीशों ने यह भी कहा कि कोई भी सार्वजनिक सेवाओं के लिए ''दरों'' (घूस) का निर्धारण कर सकता है।

दिल्ली उच्च–न्यायालय के न्यायमूर्ति ढींगरा ने संसद सदस्यों की संलिप्तता वाले घोटाले के एक मामले में एक ऐतिहासिक निर्णय पारित करते समय (सितम्बर 2010) यह प्रेक्षित किया था कि ''देश में भ्रष्टाचार बहुत गहराई तक जड़ें जमा चुका है'' और इसीलिए उन्होंने घूस को उजागर करने के लिए ''दुरुत्साहक'' के रूप में कार्य करने वाले पत्रकारों को न्यायोचित ठहराया था।[10]

सर्वोच्च न्यायालय के दो न्यायाधीशों (जी.एस. सांघवी तथा सी.के. प्रसाद, सन् 2010 में) ने एक जिला नागरिक आपूर्ति अधिकारी के द्वारा 3,000 रुपयों की घूस लिए जाने के एक मामले का निस्तारण करते हुए प्रेक्षित किया था कि यदि सरकार के वरिष्ठ अधिकारी भ्रष्टाचार में लिप्त न हों तो भारत का नाम सर्वाधिक भ्रष्ट राष्ट्रों की सूची में प्रदर्शित नहीं होगा।[11] भारत के सर्वोच्च न्यायालय के दोनों ही न्यायाधीशों ने यह नोट किया कि यदि मात्र वरिष्ठ अधिकारी ही बिना घूस वाली सार्वजनिक सेवाओं को सुनिश्चित कर दें तो सेवा–सुपुर्दगी के स्तर पर कार्य करने वाले कर्मचारीगण भ्रष्टाचार से स्वयं को दूर रखेंगे।

लगभग सभी वर्गों के नागरिकों का एक बड़ा भाग सरकारी अधिकारियों को ही सार्वजनिक सेवाओं की सुपुर्दगी में घूस के लिए उत्तरदायी मानता है। दो–तिहाई उदाहरणों के अंतर्गत सार्वजनिक सेवाओं में घूस का भुगतान सम्बन्धित सेवा के किसी अधिकारी/कर्मचारी को किया गया था। वास्तव में, पुलिस के मामले में, प्रायः घूस का भुगतान सीधे तौर पर सम्बन्धित कर्मचारी को ही किया गया था। कोई 20 प्रतिशत मामलों में, कोई न कोई ''दलाल'' मौजूद था जिसके माध्यम से घूस का भुगतान किया गया था। यहाँ तक कि सार्वजनिक सेवाओं को प्राप्त किए जाने के लिए एक ''स्थानीय लोक प्रतिनिधि'' तक को भी घूस का भुगतान किया गया था। वास्तव में, नरेगा (एनआरईजीएस) के मामले में भी गरीबी रेखा के नीचे (बीपीएल) वाले परिवारों, जिन्होंने पिछले एक वर्ष के दौरान इस सेवा को प्राप्त किया था, के एक चौथाई भाग के द्वारा भी एक स्थानीय ''लोक प्रतिनिधि'' को घूस का भुगतान किया गया था।

सार्वजनिक सेवाओं पर ध्यान

प्रस्तुत पुस्तक में नागरिकों के एक बड़े वर्ग, विशेषतौर पर गरीब, के द्वारा उन सार्वजनिक सेवाओं को प्राप्त किए जाने में भ्रष्टाचार में उन्हें संलिप्त किए जाने पर ध्यान केन्द्रित किया गया है जिसके लिए वे अन्यथा रूप से हकदार हैं। इस उद्देश्य से कोई 12 सार्वजनिक सेवाओं को उदाहरणों के रूप में संदर्भित किया गया है। ये 12 सार्वजनिक सुविधाएं अथवा सेवाएं, जो किसी भी नियत समय पर एकसाथ मिलकर ''सुशासन'' के चरित्र का क्षेत्र निर्धारित करती हैं, केन्द्र तथा राज्य सरकारों तथा स्थानीय निकायों के भी उत्तरदायित्व हैं। अर्थात्, भ्रष्टाचार को सीमित किए जाने के लिए की जाने वाली पहलों, हस्तक्षेपों एवं सुधारात्मक कदमों का शासन के प्रत्येक स्तरों पर मौजूद होना अनिवार्य है। हालांकि कतिपय प्रतिस्पर्धात्मक बाध्यताओं के साथ कुछ सेवाएं सार्वजनिक एवं निजी दोनों ही रूपों में तथा सार्वजनिक उपक्रमों के रूप में भी उपलब्ध हैं। इन

सार्वजनिक सेवाओं में से कुछ की माँग तथा प्राप्ति नागरिकों के द्वारा जब–तब आवश्यकता के आधार पर की जाती है; जबकि अन्य आधारभूत सेवाओं की आवश्यकता माह–दर–माह अथवा कुछ आवृत्तियों के साथ पड़ती है।

इस समावेशन के लिए सार्वजनिक सेवाओं का चयन करने हेतु 6 मानदंडों का उपयोग किया गया है। ये हैं:

- सार्वजनिक सेवाओं की एकाधिकारी प्रकृति।
- लोगों के बड़े वर्ग के द्वारा उपयोग के माध्यम तथा गहनता अथवा आवृत्ति।
- आम जनता के दैनिक जीवन को सीधे प्रभावित करने वाली सेवाओं पर निर्भरता।
- परिवारों के किसी वर्ग विशेष के लिए सेवाओं की अनिवार्यता।
- सेवा की माँग पूरे देश में की जाती हो तथा यह उपलब्ध भी हो।
- सेवाओं के उपयोगकर्ताओं एवं संभावित उपयोगकर्ताओं की पहचान की जा सके, उनपर नजर रखी जा सके और उनकी खोज की जा सके।

भ्रष्टाचार पर शोध

प्रारंभिक तौर पर, जब सर्वेक्षण मात्र ''एग्जिट पोल्स''[12] पर आधारित थे, रिपोर्टों को ''इंडिया करप्शन रिपोर्ट्स'' का शीर्षक प्रदान किया गया था। पूर्व के दशक में मैंने एग्जिट पोल्स के लिए एक पद्धति को विकसित किया और विधानसभा तथा संसदीय चुनावों के ''मतदान दिवस पूर्वानुमान'' के लिए इसका उपयोग किया। परंतु, भ्रष्टाचार सम्बन्धी सर्वेक्षणों के मामले में एग्जिट पोल का ध्यान किन्हीं विशिष्ट सार्वजनिक सेवा कार्यालयों में सेवा प्राप्त करने के लिए आने वाले ''आगुन्तकों'' तक ही केन्द्रित रहा। सन् 2002 तथा 2005 के बीच, हमने सार्वजनिक सेवाओं को स्पष्ट करने एवं उनका ''श्रेणीकरण'' करने के लिए ''भ्रष्टाचार सूचकांक'' का उपयोग किया। यह ''सूचकांक'' घूस दिए जाने, प्रभाव/संपर्क का उपयोग किए जाने, सेवा की गुणवत्ता, भ्रष्टाचार में कमी/बढ़ोत्तरी के प्रति धारणा तथा भ्रष्टाचार को कम करने एवं शिकायतों के निस्तारण किए जाने की दिशा में सेवा–प्रदाता की प्रतिबद्धता जैसे संकेतकों पर आधारित था। इस दृष्टिकोण ने यह स्पष्ट किए जाने में सहायता प्रदान की कि ''आधारभूत सेवाओं'' की तुलना में ''आवश्यकता–आधारित'' सार्वजनिक सेवाओं में भ्रष्टाचार अधिक व्याप्त था। ऐसा इसलिए भी था क्योंकि अधिकांश आधारभूत सेवाओं के मामलों में आवश्यकता आधारित के विपरीत कुछ वैकल्पिक स्त्रोत भी मौजूद थे जहाँ ऐसी किसी भी सेवा के लिए किसी व्यक्ति को किसी स्त्रोत पर

निर्भर रहना होता है। (आर्थिक) सुधारों के विचारों द्वारा जड़े जमाए जाने और अधिकाधिक सेवाओं तक इसका विस्तार होने के साथ ही ऐसा देखा गया कि ''श्रेणीकरण'' दृष्टिकोण तीव्र गति से परिवर्तित हो रहे घटनाक्रम को पकड़ पाने तथा सुधारात्मक पहल पर ध्यान केन्द्रित किए जाने हेतु प्रासंगिक तथा सहायक नहीं रह गया था। यही ''आगन्तुकों'' (एग्जिट पोल) तथा ''परिवारों'' (नमूना सर्वेक्षणों) के दोनों ही चरों ''अनुभव'' तथा ''धारणा'' के आधार पर ''पीईई मॉडल'' के (सन् 2005 में) अपनाए जाने का आधार था। ऐसा तब हुआ जब हमने स्वयं को ''श्रेणीकरण दृष्टिकोण'' से एक कहीं अधिक विचारशील ''समूह दृष्टिकोण'' की ओर स्थानांतरित कर दिया।

यही कारण है कि दिसम्बर 2000[13] की पहली रिपोर्ट की प्रस्तावना में यह उल्लेख किया गया था कि हम ''वर्तमान समय में इससे सम्बन्धित मुद्दों में से कुछ पर और अधिक विस्तृत अध्ययन को विकसित किए जाने तथा भ्रष्टाचार एवं नागरिक चिंताओं पर समय श्रृंखला अध्ययन की पद्धति को विकसित करने में संलिप्त हैं।'' उस समय, प्रारंभ में ही हमने अनुभव किया कि नागरिकों की संलिप्तता वाली सार्वजनिक सेवाओं में व्याप्त भ्रष्टाचार पर किए जाने वाले किसी भी अध्ययन में ''नागरिक प्रयोजनों'' को भी शामिल किया जाना चाहिए।

पहली रिपोर्ट (2000) का सर्वाधिक महत्वपूर्ण निष्कर्ष यह था कि नागरिकों के लगभग एक–तिहाई भाग को किसी भी सेवा को प्राप्त करने के एक ही उद्देश्य से कई बार भाग–दौड़ करनी पड़ती है। दूसरा निष्कर्ष था सार्वजनिक सेवाओं में ''दलालों'' का अस्तित्व मौजूद होना तथा यह तथ्य कि ''आगन्तुकों'' में से 40 प्रतिशत से भी अधिक उन्हें जानते थे और उनमें से अधिकांश ने उनके जरिए कार्य भी करवाए हुए थे। तीसरा प्रमुख निष्कर्ष यह था कि आगन्तुकों के ''मुश्किल से 20 प्रतिशत'' भाग ने अपने द्वारा सामना की गई समस्याओं की ''कभी शिकायत की थी'' तथा 80 प्रतिशत से भी अधिक लोग ''निष्क्रिय''–उदासीन अथवा शिकायत करने अथवा प्रतिक्रिया देने से भयभीत बने रहे। यहाँ तक कि सन् 2010 में शिकायत किया जाना सापेक्षिक रूप से सरल बना दिए जाने के बावजूद इस सम्बन्ध में कोई भी महत्वपूर्ण परिवर्तन नहीं हो सका। घूस देने के लिए उन्हें ''दलालों के आंतक'' और मजबूरी का खामियाजा भुगतना ही पड़ रहा था। और इन रिपोर्टों ने यह भी संकेत दिए थे कि जहाँ नागरिक सापेक्षिक रूप से अधिक सक्रिय हैं, उदाहरणार्थ, पुणे में, वहाँ भ्रष्टाचार का स्तर भी मामूली रूप से कम था। इन प्रारंभिक चक्रों के दौरान सार्वजनिक सेवाओं में नागरिकों की संलिप्तता वाले भ्रष्टाचार के लिए उत्तरदायी के रूप में पहचाने गए अन्य कारकों में ''राजनीतिक हस्तक्षेप'' तथा प्रभाव भी शामिल हैं। बाद में किए गए इन सर्वेक्षणों ने सार्वजनिक सेवाओं में व्याप्त भ्रष्टाचार के ''क्यों'' तथा ''किस प्रकार'' जैसे पहलुओं में और अधिक गहराई में जाने में सहायता प्रदान की है।

सर्वेक्षण (2002) का यह अगला चक्र था जिसके द्वारा सार्वजनिक सेवाओं में भ्रष्टाचार के सम्बन्ध में "धारणा" को एक महत्वपूर्ण कारक के रूप में तथा अपने आप में एक ऐसी घटना के रूप में प्रकाश में लाया गया जो घूस दिए जाने की "मजबूरी" को कायम रखती है। यही वह तरीका था जिसके द्वारा "धारणा" के अनेकों पहलू इस अनूठे पीईई मॉडल को विकसित किए जाने का प्रमुख आधार बन सके।

यहाँ जिन सार्वजनिक सेवाओं पर चर्चा की गई है वे ऐसी सुविधाएं हैं जिन्हें देश में एक वर्ष में कम से कम 10 प्रतिशत लोगों के द्वारा प्राप्त किया जाता है। परंतु, वास्तव में, इनमें से अधिकांश सेवाओं के साथ 20 प्रतिशत से अधिक परिवारों के द्वारा संपर्क साधा जाता है अथवा उनके द्वारा सहक्रिया की जाती है। ऐसे कुल परिवारों, जो एक वर्ष में इन 12 सार्वजनिक सेवाओं को एक अथवा एक से अधिक बार प्राप्त करते हैं, का प्रतिशत देश के कुल परिवारों के आधे से भी कहीं अधिक (60+) तक का होगा (सारणी 1.1)। हालांकि, यदि तीन वर्षों की एक अवधि को संदर्भ के तौर पर इस्तेमाल किया जाए तो 90 प्रतिशत परिवार इन सार्वजनिक सेवाओं के संपर्क में आ चुके होंगे। अतः, यह महत्वपूर्ण है कि यदि नागरिकों को यह अनुभव करवाना हो कि भ्रष्टाचार के साथ गंभीरतापूर्वक निपटा जा रहा है और इसमें कमी भी आ रही है, तो इसे कम से कम इन 15 लोकसेवाओं में किए जाने वाले कार्यों एवं संचालन से स्पष्ट दिखाई देना चाहिए। प्रस्तुत पुस्तक का सम्बन्ध इसी तथ्य से है।

इन सार्वजनिक सेवाओं में से प्रत्येक के मामले में कतिपय महत्वपूर्ण कार्यों के सम्बन्ध में विशिष्ट तथा ध्यानकेन्द्रित कार्यवाहियों को सविस्तार प्रस्तुत किया गया है। ये कार्यवाहियाँ समाचार मीडिया के सहयोग एवं समर्थन तथा उपयोगकर्ताओं की सक्रिय सहभागिता के बिना वांछित परिणाम नहीं प्रदान कर सकतीं। वास्तव में, एक अंतर लाए जाने की चिंता के साथ समाचार मीडिया को अपने स्वयं के हित के साथ–साथ वृहद् समाज के हित में एक अग्रसक्रिय भूमिका निभाने की आवश्यकता है।

इंडिया करप्शन रिपोर्ट्स

हालांकि, इन रिपोर्टों में से प्रत्येक अपनी परिधि एवं कवरेज के मामलों में भिन्न थीं। जहाँ पहले तीन चक्र मात्र कुछ शहरों तक ही सीमित थे, अंतिम तीन चक्रों के द्वारा पूरे देश को शामिल किया गया था जिसमें भारत के गाँवों को व्यापक रूप से शामिल किया गया था। जहाँ सन् 2005 की रिपोर्ट के द्वारा *आम आदमी* पर ध्यान केन्द्रित किया गया था, वहीं सन् 2007[14] की रिपोर्ट के द्वारा गरीबी

सारणी 1.1

सार्वजनिक सेवाओं तथा नागरिकों द्वारा सेवाओं की प्राप्ति प्रक्रिया का एक अवलोकन

	एक वर्ष में परिवारों के संपर्क का प्रतिशत		*4 अथवा उससे अधिक बार चक्कर लगाने वालों का प्रतिशत*		*संपर्क करने/चक्कर लगाने वाले लोगों में से घूस देने वालों का प्रतिशत*	
सार्वजनिक सेवाएं	*बीपीएल परिवारों के संपर्क का प्रतिशत 2007*	*समस्त परिवारों का प्रतिशत 2005*	*बीपीएल परिवार*	*समस्त परिवार*	*घूस देने वाले बीपीएल परिवार*	*सभी में से घूस देने वाले*
सार्वजनिक वितरण प्रणाली (पीडीएस)	88	32–44	94	66	10	15
आवासन	14	–	70	–	40	–
नरेगा	40 (ग्रामीण)	–	70ग्रा.	–	7	7 ग्रामीण
स्कूल	40	40	42	71	3	18
अस्पताल	80	57 (59% ग्रा. 51% श.)	–	–	15	26.5
विद्युत आपूर्ति	53	60	65	–	–	–
पेयजल	14	12 (10 ग्रा.–20 श.)	60	27	9	9
नगरपालिका सेवाएं (2005)	–	17 (श.)	38	–	–	23
पुलिस	10	15	66	–	66–80	80
न्यायिक	–	14	57	–	–	47
बैंकिंग	38	–	66	–	–	3
ग्रामीण वित्त (2005)	–	28	80	–	–	19
अभिलेख एवं पंजीकरण	18	15	50	–	–	48
आयकर (2005)	–	6 (13श.–3ग्रा.)	46	20	–	–

स्रोतः इंडियन करप्शन सर्वे, 2000–10.

नोटः ग्रा. = ग्रामीण, श. = शहरी

रेखा के नीचे वाले परिवारों पर ध्यान केन्द्रित किया गया। सन् 2009 के सर्वेक्षण द्वारा (पहले वाले उन सर्वेक्षणों के विपरीत जिनके द्वारा नागरिकों के द्वारा एक अथवा अधिक बार प्राप्त की जाने वाली आधारभूत सेवाओं की एक श्रृंखला को शामिल किया गया था) मतदाताओं पर ध्यान केन्द्रित किया गया। सन् 2010 का चक्र 10 राज्यों के अंतर्गत मात्र चार सार्वजनिक सेवाओं तक ही सीमित था। सन् 2005 एवं 2007 के चक्रों को ट्रांसपरेन्सी इंटरनेशनल इंडिया (टीआईआई) द्वारा आंशिक तौर पर वित्तपोषित किया गया था। अन्य सभी चक्र सीएमएस द्वारा संपन्न किए गए थे।

सन् 2000 में भारत के मुख्य सतर्कता आयुक्त एन. विट्ठल की चिंता उन केन्द्रीय सार्वजनिक सेवाओं के साथ सम्बन्धित थी जो आयोग की परिधि में आते थे। बैंक उनकी प्राथमिकता थे क्योंकि वे एक महत्वपूर्ण कार्य करते हैं तथा जनता का एक बहुत बड़ा भाग उनसे सम्बद्ध रहता है। किन्तु एक सापेक्षिक संदर्भ में यह चिंता किसी सार्वजनिक सेवा के अंतर्गत अधिक या कम भ्रष्टाचार किए जाने के आधार पर बैंको का श्रेणीकरण किए जाने तक ही सीमित नहीं थी। बल्कि, विट्ठल की चिंता उस प्रक्रिया से जुड़ी हुई थी जिसके द्वारा वे नागरिक इन सेवाओं को प्राप्त कर रहे थे जो वास्तव में इन सेवाओं को प्राप्त करने अथवा इन सुविधाओं को उपलब्ध करवाए जाने के अधिकारी थे; क्यों अंततः उन्हें घूस देनी ही पड़ रही थी; और इसके पीछे कौन सी मजबूरियाँ थीं।

गुजरात तथा केन्द्र में अपनी चिंताओं एवं की गई पहलों के कारण सुविदित हो चुके एक अधिकारी के रूप में विट्ठल इस बात के प्रति गंभीर रुचि रखते थे कि मुख्य सतर्कता आयुक्त के रूप में यह सुनिश्चित करने के लिए वह किस प्रकार से अथवा क्या कुछ कर सकते थे जिससे नागरिकगण उन सेवाओं को बिना घूस दिए प्राप्त कर सकें जिसके वे अधिकारी हैं। मुख्य सतर्कता आयुक्त के ठीक बगल का कार्यालय है दिल्ली विकास प्राधिकरण (डीडीए) का मुख्यालय। अपने कार्यालय में प्रवेश करते तथा उससे बाहर निकलते समय प्रत्येक बार विट्ठल ने यह देखा कि बड़ी संख्या में नागरिक डीडीए के कार्यालय के ठीक सामने वाले फुटपाथ पर बैठे हुए उन लोगों के साथ बाते करते रहते हैं जिनके पास एक टाइपराइटर अथवा कुछ ऐसे बोर्ड रखे हुए हैं जो यह आभास कराते हैं कि वे जनता के लिए लाइसेंस प्राप्त गाइड हैं, जबकि वास्तव में वे नागरिकों से *अनाधिकारिक* शुल्क वसूल करते हुए *दलाल* के रूप में कार्य कर रहे थे। इस बात ने विट्ठल को चिंतित कर दिया। इस बात का श्रेय उन्हें जाता है कि ऐसा कार्य कर रहे दलालों की कार्यप्रणाली के बारे में हमारे द्वारा किए गए अध्ययन के बाद उन्होंने यह सुनिश्चित किया कि डीडीए के कार्यालय के बाहर बड़े पैमाने वाला ऐसा कोई भी कार्य आगे न होने पाए। यह प्रयोग चाहे जितना भी अल्पकालिक रहा हो, परंतु यह विचार विट्ठल को यह विश्वास दिला पाने में सफल रहा कि एक व्यवस्थित एवं स्वतंत्र विश्लेषण,

जिसे एक प्राथमिक जमीनी सर्वेक्षण के साथ प्रारंभ किया गया हो, नई पहलों के लिए अंतर्दृष्टि उपलब्ध करवा सकता है।

दूरसंचार विभाग के सचिव तथा सन् 1994 में दूरसंचार आयोग के चेयरमैन के रूप में अपनी नियुक्ति के समय विट्ठल ने दूरसंचार मंत्रालय में नीचे से ऊपर तक पदासीन कर्मचारियों के द्वारा अपने विरुद्ध किए गए विरोध का सामना किया। उसके बावजूद भी विट्ठल अपने विरोध को सहयोग में बदलने का प्रयास करते रहे और अंततः वे एक सुधारोन्मुख अग्रणी दृष्टिकोण को लागू कर पाने में सफल रहे। यह देश में दूरसंचार तथा डाक सेवाओं में किए गए ऐतिहासिक सुधारों में अत्यधिक शक्तिशाली श्रमसंघों के सहयोग को जीत पाने सम्बन्धी एक सफलता भी थी। मुख्य सतर्कता आयुक्त के रूप में तथा केन्द्र एवं गुजरात में अपनी पहले की नियुक्तियों के दौरान जो कुछ भी उत्तरदायित्व उन्होंने ग्रहण किए उनमें पारदर्शिता, ध्यानकेन्द्रित दृष्टिकोण तथा आईसीटी का उपयोग किया जाना विट्ठल के कार्यों की व्यापक तौर पर स्वीकार की जाने वाली विशेषताओं में शामिल रहा है। सरकारी सेवाओं से अवकाश ग्रहण कर लेने के एक दशक से बाद भी उनकी सफलताएं एक उदाहरण प्रस्तुत करती हैं।

शुरु के कुछ अध्ययनों को आंतरिक तौर पर विकसित की गई पद्धतियों के साथ हमने अपने बलबूते पर संपन्न किया और, सन् 1995 में, हमने मसूरी स्थिति लाल बहादुर शास्त्री राष्ट्रीय प्रशासनिक अकादमी को इसमें शामिल कर लिया। प्रोफेसर प्रदीप एन. खांडवाला तथा एम.एस. गिल जैसे लोगों के साथ विचार–विमर्श के बाद ही ऐसा हुआ कि अन्य लोगों को भी इसमें शामिल कर लिया गया; पहले उस चुनावी सुधार के एक भाग के रूप में जिसपर मैं इसके साथ ही साथ सामानान्तर रूप से कार्य कर रहा था। इन सभी लोगों के साथ हुई शुरुआती बैठकें, जिनमें पूरे देश से 40 से भी अधिक सिविल सोसाइटी के नेताओं तथा विशेषज्ञों के द्वारा भाग लिया गया, नई दिल्ली के सीएमएस रिसर्च हाउस में संपन्न हुईं। भूतपूर्व मंत्रिमंडल सचिव बी.जी. देशमुख; टीआईआई के एडमिरल आर.एच. टहिलयानी; डॉ. न्यायमूर्ति (सेवानिवृत्त) राजिन्दर सच्चर; लोकसत्ता के डॉ. जयप्रकाश नारायण; हर्ष मंदर; एडीआर,[15] अहमदाबाद के डॉ. त्रिलोचन शास्त्री; प्रकाश सिंह (भूतपूर्व डीआईजी), लखनऊ; स्वामी अग्निवेश; तथा जेएनयू के प्रोफेसर आनंद कुमार–ये सभी लोग इसमें उपस्थित थे। अग्नि, मुम्बई से कुमार पधारे थे। बाद की सभाओं में, शोध की पद्धति की समीक्षा किए जाने हेतु, अन्य क्षेत्रों से अनेकों सुविज्ञ लोग जैसे मिंट (*हिन्दुस्तान टाइम्स* के) संस्थापक संपादक, राजू नारिसेट्टी (अब *वाशिंगटन पोस्ट* के वाशिंगटन डी.सी. में कार्यकारी संपादक), पी.एस. बावा (अब टीआईआई के चेयरमैन), एन.सी. सक्सेना, अरुणा रॉय, तथा हर्ष मंदर (तीनों ही राष्ट्रीय सलाहकार परिषद् 2009 के सदस्य) आदि लोग उपस्थित थे।

ये इंडिया करप्शन सर्वेक्षण इस विषय पर पारदर्शितापूर्वक किए गए अध्ययन थे। वैचारिक तथा डिजाइन दोनों ही स्तरों के साथ–साथ जमीनी आँकड़ों के विश्लेषण एवं रिपोर्ट की तैयारी के स्तर पर भी पारदर्शिता को सुनिश्चित किया गया था। पारदर्शिता के एक भाग के रूप में विशेषज्ञों के एक व्यापक प्रतिनिधि–समूह तथा ऐसे लोगों के साथ परामर्श किए गए जो किसी सेवा विशेष के रहस्योद्घाटन में संलिप्त रहे हैं अथवा किसी सेवा को उपलब्ध कराए जाने के पदाधिकारी रहे हैं तथा हमेशा ही एक से अधिक समाचार मीडिया के साथ सम्बद्ध रहे हैं। इन सभी लोगों के साथ किसी सामूहिक सभा में अथवा कुछ मामलों में व्यक्तिगत तौर पर परामर्श किए गए।

इन 10 वर्षों के दौरान सीएमएस इंडिया करप्शन सर्वेक्षण के द्वारा लगभग 19 सार्वजनिक सेवाओं को शामिल किया गया जिनमें से एक ''नोट फॉर वोट'' भी थी। कुछ सेवाओं को दो से अधिक बार भी शामिल किया गया। प्रत्येक चक्र में एक अथवा अधिक नई सेवा को शामिल किया गया था। सार्वजनिक वितरण प्रणाली तथा विद्युत आपूर्ति को प्रत्येक चक्र में शामिल किया गया। अस्पताल, स्कूल, तथा पेयजल को दो बार शामिल किया गया; नरेगा, बैंक, आयकर, न्यायपालिका तथा इसी प्रकार की अन्य सेवाओं को (सन् 2000 तथा 2010 के बीच) शामिल किया गया। प्रारंभ में, पहले के दो चक्र (सन् 2002 एवं 2003) मात्र कुछ शहरों तक ही सीमित थे। सन् 2005 तथा 2009 के चक्रों के द्वारा व्यापक आधार पर ग्रामीण क्षेत्रों, तथा विशेषतौर पर भारत के प्रत्येक राज्य को इसमें शामिल किया गया। सन् 2010 के सर्वेक्षण के द्वारा 10 राज्यों एवं 4 सार्वजनिक सेवाओं को शामिल किया गया। हालांकि इन सभी चक्रों में प्रयुक्त की गई जमीनी शोध की पद्धति एक समान थी। परंतु सन् 2005 एवं 2008 के अध्ययनों के अंतर्गत सेवाप्रदाताओं के द्वारा प्रारंभ की गई उत्तम पहलों को भी विषय के रूप में शामिल किया गया था। ऑल इंडिया करप्शन सर्वे के द्वारा किसी एक सेवा के प्रति सामान्य तथा विशिष्ट संदर्भ में धारणा तथा गत एक वर्ष के दौरान किसी विशिष्ट सार्वजनिक सेवा को प्राप्त किए जाने हेतु घूस का भुगतान किए जाने के अनुभव को शामिल किया गया था। यह भी कि ये सभी सर्वेक्षण नागरिकोन्मुख थे तथा उन्हीं नागरिकों के दृष्टिकोण से किए गए थे जिनके लिए कोई विशिष्ट सेवा लक्षित की गई थी।

उदाहरण के लिए नरेगा के संदर्भ में धारणा तथा अनुभव दोनों ही तभी सार्थक होते हैं जब नमूना प्रत्युत्तरदातागण वास्तव में नरेगा में संलिप्त रहे हों, अथवा ऐसे लोग जो इसके इच्छुक होते हुए भी किसी न किसी कारणवश इस सेवा को प्राप्त न कर सके हों। इसी प्रकार से न्यायपालिका के सम्बन्ध में–मात्र ऐसे नागरिक, जिन्होंने कभी न कभी किसी मुकद्मे का सामना किया हो अथवा मुकद्मा दाखिल किया हो अथवा किसी न किसी न्यायालय में

बुलाए गए हों (गत एक वर्ष के दौरान), ही विशिष्ट अनुभव एवं धारणाओं का प्रदर्शन करने के लिए प्रत्युत्तरदाता हो सकते हैं।

भारत में नागरिकों तथा मौद्रिक अर्थों में भ्रष्टाचार के अनुमान लगाए जाने को शामिल करते हुए भ्रष्टाचार पर किया गया कोई भी अन्य सर्वेक्षण ऐसी विस्तृत शोध पद्धति पर आधारित नहीं रहा है। नेशनल काउंसिल ऑफ एप्लाइड इकोनॉमिक रिसर्च (एन.सी.ए.ई.आर.) के कुछ अध्ययनों ने कुछ राज्यों में अभी हाल ही में सार्वजनिक सेवाओं, जैसे सार्वजनिक वितरण प्रणाली, नरेगा आदि को प्राप्त करने वाले नागरिकों की धारणाओं पर ध्यान केन्द्रित किया है। हालांकि, एन.सी.ए.ई.आर. का जोर अथवा ध्यानकेन्द्रण नागरिकों से सम्बन्धित भ्रष्टाचार पर नहीं था।

इसके अलावा एक अन्य पहलू है "हितों का टकराव" जिसे किसी भी प्रकार के तथा किसी भी स्तर पर होने वाले भ्रष्टाचार पर किए जाने वाले अध्ययन में स्पष्ट होना चाहिए; अर्थात्, क्या उन लोगों, जो परियोजना निदेशक के स्तर पर अथवा जमीनी कार्य में संलिप्त हैं (अथवा प्रायोजक हैं, यदि कोई है) का अध्ययन की जा रही सेवा के साथ कोई हित जुड़ा हुआ है अथवा नहीं। ऐसे किसी भी संपर्क की सूचना को प्रारंभ में ही घोषित कर दिया जाना चाहिए। सीएमएस तथा कई वर्षों तक इसके द्वारा किए गए अध्ययनों के मामले में ऐसा कोई भी अवसर मौजूद नहीं था जब हितों–के–टकराव के प्रश्न जैसी स्थिति प्रकट हुई हो। ऐसे संपर्कों अथवा इरादों के सम्बन्ध में कोई भी संदेह ऐसे अध्ययनों एवं विश्लेषण के प्रयास को ही दूषित कर देता है।

प्रस्तावनाएं एवं प्राक्कथन

जब वर्ष 2003 के लिए *शहरी सार्वजनिक सेवाओं में भ्रष्टाचार* पर रिपोर्ट प्रस्तुत की गई तब एन. विट्ठल मुख्य सतर्कता आयुक्त नहीं रह गए थे। फिर भी, रिपोर्ट का अध्ययन करने के बाद उन्होंने इसकी प्रस्तावना लिखी। देश के एक वरिष्ठ पत्रकार तथा *आउटलुक* के मुख्य संपादक विनोद मेहता ने इसका प्राक्कथन लिखा। भारतीय पुलिस सेवा के एच.जे. डोरा, जो एक मुख्य सतर्कता आयुक्त (2003) थे, ने भी एक प्राक्कथन लिखा। वज़ाहत हबीबुल्ला, तत्कालीन मुख्य सूचना आयुक्त (आर.टी.आई.), भारत सरकार ने जनवरी 2006 में *ट्रैकिंग करप्शन इन इंडिया 2005–टुवर्ड्स सस्टेनिंग गुड गवर्नेंस* के लिए प्राक्कथन लिखा था। इस रिपोर्ट के द्वारा हमारे पहले के तीन अध्ययनों के आधार पर इस प्रवृत्ति का मूल्यांकन किया गया है। सर्वप्रथम मुख्य आयुक्त के रूप में हबीबुल्ला आर.टी. आई के परिणामस्वरूप सार्वजनिक सेवाओं में व्याप्त भ्रष्ट व्यवहारों की प्रवृत्ति के

सम्बन्ध में और अधिक जानकारी प्राप्त करने का प्रयास कर रहे थे। प्रत्येक मामले में उनके प्रेक्षण यह स्मरण किए जाने हेतु प्रासंगिक हैं क्योंकि इनके द्वारा सीएमएस के प्रयास को प्रोत्साहित किया गया है और इसके पी.ई.ई. मॉडल को और अधिक परिष्कृत करने में इसने सहायता भी प्रदान की है। ये प्राक्कथन/प्रस्तावनाएं पुनःप्रस्तुत की गई हैं क्योंकि ये सार्वजनिक सेवाओं में भ्रष्टाचार के बढ़ते हुए आतंक के संदर्भ में देश की स्थिति को प्रतिबिंबित करती हैं।

सन् 2006 से ही आर.टी.आई. आंदोलन पर ध्यान केन्द्रित करने के साथ–साथ सीएमएस *ट्रांसपरेंसी रिव्यू* (पहले चार वर्षों के लिए संपादकों के अग्रणी अजित भट्टाचार्यजी द्वारा संपादित) नामक एक द्विमासिक पत्रिका का प्रकाशन भी करती रही है। *ट्रांसपरेंसी रिव्यू* के जुलाई 2008 के अंक के लिए एन. विट्ठल द्वारा लिखे गए एक लेख को भी यहाँ पुनःप्रस्तुत किया गया है क्योंकि यह प्रासंगिक है और एक प्रकार से देश में तथा विशेषतौर पर नागरिकों को संलिप्त करने वाले भ्रष्टाचार के विरुद्ध स्वयं विट्ठल द्वारा किए गए संघर्ष का मूल्यांकन करता है। आज के समय के लिए भी अपनी अंतदृष्टियों को समाहित करने वाले इस लेख को यथावत् प्रस्तुत किया गया है। विट्ठल ने सीएमएस के शोध का "भ्रष्टाचार पर साहित्य में निष्पक्ष वैज्ञानिक सर्वेक्षण के रूप में अभी तक अनुपलब्ध उपकरण"[16] होना स्वीकार किया है।

प्रस्तावना[17]

मुझे प्रसन्नता है कि सेंटर फॉर मीडिया स्टडीज (सीएमएस) ने भ्रष्टाचार पर अपनी तीसरी रिपोर्ट प्रस्तुत करते हुए देश के समक्ष उपस्थित संवेदनशील मुद्दों पर की जा रही एक बुद्धिमत्तापूर्ण बहस में एक अनूठा योगदान प्रस्तुत करने की अपनी परंपरा को जारी रखा है। भ्रष्टाचार का मुद्दा हमारे सार्वजनिक जीवन में एक प्रमुख मुद्दा है और इस समस्या से निपटने के लिए सार्थक विकल्पों को विकसित किए जाने हेतु एक सूचित बहस अनिवार्य है।

एक भूतपूर्व केन्द्रीय सतर्कता आयुक्त के रूप में मैंने हमारी व्यवस्था में भ्रष्टाचार के सर्वत्रव्यापी दृश्यों को देखा है और इसीलिए मैं इस रिपोर्ट के माध्यम से सीएमएस के द्वारा हमारी समझ में किए गए मूल्य संवर्द्धन की अत्यधिक प्रसंशा करता हूँ।

इस वर्ष के दौरान क्षितिज पर कुछ आशा की लकीरें दिख रही हैं। संयोगवश सीएमएस की यह रिपोर्ट भी एक सकारात्मक दृष्टिकोण का समर्थन करती है। सूचना के अधिकार अधिनियम का अधिनियमन तथा चुनाव में प्रत्याशियों के द्वारा अपनी आपराधिक पृष्ठभूमि को घोषित किए जाने सम्बन्धी सर्वोच्च न्यायालय के निर्देश उत्साहवर्धक घटनाएं हैं।

(जारी)

इस संदर्भ में सीएमएस की रिपोर्ट का विशेषतौर पर स्वागत है क्योंकि यह हमारे देश के उन समस्त देशभक्त एवं सही सोच रखने वाले नागरिकों के हाथों को मजबूत करेगी जो हमारे सार्वजनिक जीवन में भ्रष्टाचार को समाप्त होते हुए देखना चाहते हैं।

मैं डॉ. एन. भास्कर राव तथा सीएमएस को उनके द्वारा किए गए सार्वजनिक सेवा के इस कार्य हेतु बधाई देता हूँ।

(एन. विट्ठल)
भूतपूर्व केन्द्रीय सतर्कता आयुक्त

आउटलुक[18] के मुख्य संपादक द्वारा प्राक्कथन

भारत में भ्रष्टाचार पर किया गया कोई भी अध्ययन अथवा शोध असामयिक नहीं होता। किसी भी नियत समय के दौरान कुछ घोटाले, कुछ उपद्रव, कुछ घटनाएं, जो देश की आत्मा को हिला देती हैं, कहीं न कहीं सदैव ही सामने आती रहती हैं। और फिर भी व्यक्ति यह अनुभव करता है कि भारत भ्रष्टाचार–अभेद्य बन गया है। हमारी प्रतिक्रियाओं एवं संवेदनशीलताओं पर "भ्रष्टाचार एक अंतर्राष्ट्रीय प्रवृत्ति है" (सामान्य तौर पर विकसित देशों में से दक्षिण कोरिया, इटली, जापान आदि का उदाहरण दिया जाता है जहाँ भारत की तुलना में भ्रष्टाचार के कहीं अधिक व्यापक होने का विश्वास किया जाता है) से लेकर "व्यवस्थागत विफलता" जैसे अभिप्रेरित तथा काल्पनिक औचित्यों की निरंतर बमबारी की गई है और उन्हें कुंठित किया गया है। इसके परिणामस्वरूप, यदि कोई राजनीतिज्ञ घूस लेते हुए अथवा कोई ट्रैफिक सिपाही पैसे लेते हुए पकड़ा जाता है तो हमसे कहा जाता है कि "व्यवस्था" दोषी है; कुछ भी नहीं किया जा सकता।

भारतीय नागरिकों के लिए व्यवस्था को सुधार करना अथवा उसे साफ करना एक असंभव कार्य प्रतीत होता है। शुरु करने के लिए, कुछ ही लोग हैं जो यह समझते हैं कि "व्यवस्था" का अर्थ क्या है, "व्यवस्था" को कहाँ खोजा जा सकता है, "व्यवस्था" को कौन संचालित करता है। नाटकीय तौर पर राजनीतिज्ञ यह दावा करते हैं कि उन्हें अनुचित रूप से लक्ष्य बनाया जाता है जैसे कि वे अकेले इस बुराई के लिए जिम्मेदार हैं क्योंकि वे "व्यवस्था" के मात्र एक अंग का गठन करते हैं न कि संपूर्ण "व्यवस्था" का। अतः, अगला प्रश्न यह है किः वे कौन से तत्व हैं जो संपूर्ण "व्यवस्था" का गठन करते हैं? इस बिन्दु पर सम्बन्धित नागरिक के द्वारा घृणा के साथ हाथ खड़े कर दिए जाने और यह तर्क देते हुए आगे बढ़ जाने की संभावना है कि चूंकि वह अकेला "व्यवस्था" जैसे निराकार तथा अनेकों सिर वाले सर्प से नहीं लड़ सकता अथवा उसे समाप्त नहीं कर सकता, अतः उसके पास वर्तमान समय में जारी रहने वाली व्यवस्था में अनिच्छापूर्वक भाग लेने के अलावा दूसरा कोई विकल्प उपलब्ध नहीं है। दूसरे शब्दों में, यह भ्रष्ट लोगों के लिए एक सामान्य व्यवसाय है। और यह उन लोगों के लिए

(जारी)

उदासीनता और निराशावाद है जो बहुत अधिक बाधाओं के बिना ही अपने दैनिक जीवन को जारी रखने के उद्देश्य से भ्रष्ट लोगों का पेट भरने और उनका पोषण करने के लिए बाध्य हैं।

"व्यवस्था की विफलता" का तर्क एक बहाने से अधिक कुछ भी नहीं है, ऐसे लोगों के द्वारा गढ़ा गया एक बहाना जो यथास्थिति से लाभ उठा रहे हैं और इसे कायम रखने के लिए कुछ भी कर सकते हैं। आखिरकार, व्यवस्थाएं निकायों के द्वारा संचालित की जाती हैं। किसी भी व्यवस्था के पार्श्व में मनुष्य ही होते हैं, ऐसे नियम एवं कानून तथा व्यवहार हैं जिनका उल्लंघन इसलिए किए जाने की आवश्यकता होती है ताकि भ्रष्ट लोग लाभ प्राप्त कर सकें। नागरिक भ्रष्टाचार को मौन सम्मति दे देता है क्योंकि उसे "अपना कार्य करवाने" की सख्त आवश्यकता होती है और वह यह जानता है कि इसे करवाने का यही सबसे आसान एवं तेज तरीका है कि किसी की मुट्ठी गरम कर दी जाए। यह एक दुष्चक्र है, एक जटिल स्थिति।

निजीकरण, जिसका अनिवार्य अर्थ होता है प्रतिस्पर्धा, के द्वारा कुछ क्षेत्रों में आशा का प्रदर्शन किया गया है। देश में यदि मात्र एक ही घरेलू वायुसेवा होगी तो आपको एक टिकट प्राप्त करने के लिए घूस देनी पड़ सकती है; यदि कई वायुसेवाएं एक साथ संचालित की जा रही हैं तो ये वायुसेवाएं टिकट खरीदने के लिए ग्राहकों को लुभाने का कार्य करती हैं। ऐसे अनेकों अन्य उदाहरण हैं जहाँ एकाधिकार को समाप्त किए जाने ने किसी क्षेत्र विशेष अथवा किसी सार्वजनिक सेवा को साफ करने में सहायता प्रदान की है।

परंतु आप भ्रष्टाचार को किस प्रकार दूर कर सकते हैं, उदाहरण के लिए कानूनी प्रणाली में से जिसे प्रतिस्पर्धा के लिए नहीं खोला जा सकता? किसी भी भारतीय नागरिक, जो किसी मुकद्में में संलिप्त रहा हो, के पास दुःखों की एक लंबी कहानी उपलब्ध होती है। निचली न्यायपालिका में भ्रष्टाचार कभी भी विचारशील अथवा छिपा हुआ नहीं रहा है। यह "व्यवस्था" का एक अभिन्न अंग बन चुका है।

फिर भी, भ्रष्टाचार के विरुद्ध संघर्ष आवश्यक रूप से ऐसा नहीं है जिसे प्रारंभ होने के पूर्व ही हारा जा चुका हो। अब भ्रष्टाचार पर नागरिकोन्मुख सोच रखने वाले नागरिकों, गैर–सरकारी संगठनों, उच्चतर न्यायपालिका, मीडिया, दबाव समूहों (किसी क्षेत्र विशेष में भ्रष्टाचार का मुकाबला करने के लिए कुछेक दर्जन भर लोगों द्वारा गठित एक संस्था) तथा मैं तो यहाँ तक कहूँगा कि राजनीतिज्ञों एवं राजनीतिक दलों के द्वारा भी एक गंभीर एवं समन्वित हमला किया जा रहा है। इस संघर्ष में संलिप्त लोगों की संख्या तेजी से बढ़ रही है और उतना ही उनका उत्साह भी बढ़ रहा है। भारत में यदि हम भ्रष्टाचार को समाप्त नहीं भी कर सके तो भी निश्चित रूप से हम इसे नियंत्रित कर सकते हैं, इसे प्रबंधनयोग्य सीमाओं में रख सकते हैं। और सुनिश्चित कीजिए कि लापरवाहीपूर्वक इसमें संलिप्त होने वाले लोगों का शीघ्रता के साथ पर्दाफाश किया जाए और उन्हें शीघ्रता से दंडित किया जाए।

सेंटर फॉर मीडिया स्टडीज (सीएमएस) भारत में भ्रष्टाचार पर पेशावर एवं वैज्ञानिक तरीके से शोध की गई रिपोर्टों का आवधिक आधार पर प्रकाशन किए जाने के द्वारा एक

(जारी)

वास्तविक जनसेवा कर रही है। चूंकि ये रिपोर्टें विषय–निष्ठ होती हैं और भ्रष्टाचार को समाप्त किए जाने के लिए उदात्त उपदेश अथवा प्रबोधन मात्र नहीं होतीं, अतः वे ऐसे आयुध, सामग्री, आँकड़े बन जातीं हैं जिनके माध्यम से सम्बन्धित नागरिक भ्रष्टाचार से निपटने के लिए संघर्ष प्रारंभ कर सकते हैं। 'करप्शन इन अर्बन पब्लिक सर्विसेजः 2003' पर प्रस्तुत रिपोर्ट में बहुत कुछ नई एवं उपयोगी सामग्री है जो न केवल धारणाओं बल्कि विशिष्ट सेवाओं में किए जा रहे व्यवहारों पर आधारित है। इसे बड़े पैमाने पर वितरित किया जाना चाहिए तथा इसपर चर्चा की जानी चाहिए।

(विनोद मेहता)
मुख्य–संपादक, आउटलुक

प्राक्कथन[19]

मुझे प्रसन्नता है कि सेंटर फॉर मीडिया स्टडीज ने "करप्शन इन अर्बन पब्लिक सर्विसेजः 2003" का प्रकाशन किया है जो भारत के विभिन्न मेट्रोपोलिटन शहरों में जनोपयोगी सेवा संस्थानों में व्याप्त भ्रष्टाचार की सीमाओं का उल्लेख करता है।

सेंटर फॉर मीडिया स्टडीज को इन क्षेत्रों में अपने अग्रणी कार्यों के लिए जाना जाता है और इसकी पहले की रिपोर्टें नीति–निर्माताओं, प्रवर्तन एजेन्सियों तथा साथ ही साथ बड़े पैमाने पर नागरिकों के लिए अत्यधिक सहायक रहीं हैं।

जिस प्रकार के आँकड़े उन्होंने संग्रहीत किए है वे उन सरकारी विभागों, जिनका नागरिकों के साथ सीधा सम्बन्ध है, की गतिविधियों में एक व्यापक अंतदृष्टि उपलब्ध कराते हैं। ऐसे किसी भी जनपयोगी सेवा संस्थानों का आमना–सामना करने पर किसी भी नागरिक के द्वारा अनुभव किया जाने वाला सहजता का स्तर वास्तव में सुशासन का एक संकेतक होता है।

सौभाग्यवश, जैसे–जैसे साक्षरता का स्तर ऊपर उठता जा रहा है, कार्यों को पारदर्शी बनाए जाने तथा यहाँ तक कि किसी कार्यालय के साथ व्यक्तिगत संपर्क करने से बचने के लिए सरकारी क्षेत्र में नई तकनीकों का उपयोग किया जा रहा है। बैंकों के लिए एटीएम तथा आंध्र–प्रदेश जैसे कुछ राज्यों के द्वारा ई–सेवाकेन्द्रों को अपनाया जाना न केवल दलालों का उन्मूलन कर देगा बल्कि नागरिक बिना सरकारी कार्यालयों में जाए ऐसे केन्द्रों में ही अनेकों कार्य करवा सकेंगे।

केन्द्रीय सतर्कता आयोग द्वारा की गई पहलों में से एक यह सुनिश्चित किया जाना रहा है कि भारत सरकार के अधीन आने वाले संगठनों को नई तकनीकों को अपनाने के लिए प्रोत्साहित किया जाए ताकि नागरिकों के लिए कार्य करवाना सहज हो सके। यहाँ तक कि सार्वजनिक क्षेत्र के उपक्रमों तथा अन्य विभागों के द्वारा की जाने वाली खरीदों को भी विपरीत नीलामी के माध्यम से संपन्न किया जा सकता है जिसे अब कुछ सार्वजनिक क्षेत्र के उपक्रमों के द्वारा उपयोग में भी लाया जा रहा है। केन्द्रीय सतर्कता

(जारी)

आयोग के द्वारा जारी हाल ही के एक परिपत्र में यह भी उल्लेख किया गया है कि सभी निविदा पत्रों को समाचारपत्रों में प्रकाशित किए जाने के साथ–साथ संगठन की वेबसाइटों पर अवश्य ही उपलब्ध होना चाहिए, ताकि प्रतिस्पर्धा अत्यधिक व्यापक हो तथा निविदा प्रपत्रों को वेबसाइट से डाउनलोड किया जा सके। इससे ठेकेदारों के गिरोह अथवा संघ से बचा जा सकेगा।

सेंटर फॉर मीडिया स्टडीज के द्वारा प्रदान किए गए इनपुट प्रक्रियाओं को सरल बनाए जाने तथा नागरिकों के सरकारी कार्यालयों में जाने की आवश्यकता को कम करने के लिए गंभीर प्रयास किए जाने हेतु सभी नीतिनिर्माताओं तथा अन्य सरकारी एजेन्सियों के लिए अत्यधिक सहायक होंगे।

ससम्मान,

भवदीय,

(एच.जे. डोरा)
सतर्कता आयुक्त
केन्द्रीय सतर्कता आयुक्त

प्राक्कथन[20]

सूचना का अधिकार अधिनियम (आरटीआई), 2005 प्रत्येक नागरिक के लिए लोकतंत्र को वास्तविक बनाए जाने हेतु एक शक्तिशाली क्षमतावान उपकरण है। यह सेवाप्रदाता के साथ उपभोक्ता के सम्बन्धों में क्रांति ला सकता है, जिनके बीच में मुख्य है सरकार। इसके क्रियान्वयन के त्वरित परिणाम के रूप में सार्वजनिक सेवाओं की सुपुर्दगी में बढ़ी हुई क्षमताओं, तथा उसके द्वारा "आम आदमी" को संलिप्त करने वाले भ्रष्टाचार को सीधे तौर पर कम किए जा सकने की आशा की जा सकती है।

यह देखते हुए कि इस अधिनियम का प्रमुख उद्देश्य 'प्रत्येक सार्वजनिक प्राधिकरण के कार्य में पारदर्शिता तथा जवाबदेही को प्रोत्साहित किया जाना' है, सीएमएस के इस प्रकाशन–ट्रैकिंग करप्शन–को पूरे देश में आरटीआई के प्रभावी क्रियान्वयन के लिए एक महत्वपूर्ण संदर्भ के रूप में कार्य करना चाहिए। इस पहल पर मैं सीएमएस को बधाई देता हूँ और उनकी इन आशाओं को साझा करता हूँ कि वर्ष 2006 के लिए इस श्रृंखला में उनका आगामी अध्ययन भारत के नागरिकों के सशक्तीकरण में रुचि रखने वाले हम सभी लोगों को शक्ति प्रदान करने तथा आरटीआई की पृष्ठभूमि में सुशासन को प्रोत्साहित करने का कार्य करेगा।

(वजाहत हबीबुल्ला)
मुख्य सूचना आयुक्त
25 जनवरी, 2006

कुछ सकारात्मक प्रवृत्तियाँ

एन. विट्ठल (भूतपूर्व मुख्य सतर्कता आयुक्त)

सन् 1998 से 2002 तक केन्द्रीय सतर्कता आयुक्त के रूप में मैं भारत सरकार के संगठनों में भ्रष्टाचार के साथ संघर्ष के मुद्दे के साथ सीधे तौर पर जुड़ा रहा था। मैंने न केवल सीधे सीवीसी की परिधि के अंतर्गत आने वाले संगठनों को शामिल किए जाने हेतु विस्तार किया बल्कि बंद दरवाजों के पीछे छिपे इस मुद्दे को बाहर लाए जाने और भ्रष्टाचार तथा समाज के सभी पहलुओं पर पड़ने वाले इसके हानिकारक प्रभावों के सम्बन्ध में सार्वजनिक जागरूकता को गतिशील किए जाने का कार्य किया। सीवीसी के रूप में मेरे कर्तव्यों से इतर गतिविधियों में मुझे अनेकों संगठनों में बड़ी संख्या में मौजूद शुभचिंतकों का समर्थन प्राप्त हुआ। सेंटर फॉर मीडिया स्टडीज के डॉ. भास्कर राव का इस संदर्भ में विशेष उल्लेख किया जाना आवश्यक है। ऐसा इसलिए है क्योंकि उन्होंने भ्रष्टाचार पर साहित्य में निष्पक्ष वैज्ञानिक सर्वेक्षणों के रूप में अभी तक अनुपलब्ध एक उपकरण को जोड़ दिया है।

भ्रष्टाचार के अनेकों पहलू हैं। भ्रष्टाचार से संघर्ष के किसी भी प्रयास को बहुआयामी होना होगा। भ्रष्टाचार के मामले में एक मौलिक मुद्दा यह है कि कई बार लोग भावनात्मक रूप से उत्तेजित हो जाते हैं। मीडिया में रहने वाले लोग किसी विशेष मामले के सम्बन्ध में विवरणों तथा स्टिंग ऑपरे न किए जाने पर ही ध्यान केन्द्रित कर लेते हैं। जो कुछ भी कमी है वह है भ्रष्टाचार की स्थिति का आकलन करने के लिए अपेक्षाकृत एक व्यापक परिप्रेक्ष्य की तथा भ्रष्टाचार को रोकने के लिए अपनाए गए उपायों की खोज किए जाने की। ट्रांसपरेन्सी इंटरनेशनल, जो बर्लिन स्थित एक गैरसरकारी संगठन है, जिसे भ्रष्टाचार तक पहुँच प्राप्त करने हेतु स्थापित किया गया था, वार्षिक आधार पर विभिन्न देशों में करप्शन पर्सेप्शन इंडेक्स (सीपीआई)[22] का प्रकाशन करता है। विभिन्न देशों में भ्रष्टाचार पर तुलनात्मक अध्ययन के लिए यह एक स्वीकार्य मानदंड के रूप में तेजी से उभर कर सामने आ चुका है। भ्रष्टाचार की स्थिति के सम्बन्ध में एक सूचित बहस के लिए किए जाने वाले एक बुद्धिमत्तापूर्ण आकलन हेतु एक साहित्य एवं आँकड़ों के आधार का निर्माण किए जाने में इसने एक दृष्टांत स्थापित कर दिया है। प्रत्येक वर्ष जमीनी अध्ययन संपन्न किए जाने तथा विशेषतौर पर सार्वजनिक कार्यालयों के साथ संपर्क करने वाले आम नागरिकों को प्रभावित करने वाले भ्रष्टाचार के स्तर का अभिलेखन करने हेतु सीवीसी के रूप में मेरे द्वारा दिए गए एक सुझाव पर अमल करके सीएमएस के डॉ. भास्कर राव ने एक अनूठा योगदान किया है। सन् 2000 के बाद से प्रकाशित की गई रिपोर्टें देश में भ्रष्टाचार की स्थिति पर एक सूचित बहस के लिए मूल्यवान सामग्री उपलब्ध कराती हैं।

भ्रष्टाचार धारणा सम्बन्धी वार्षिक अध्ययनों को संपन्न करने के लिए सीएमएस तथा ट्रांसपरेन्सी इंटरनेशनल की भारत स्थित शाखा के बीच प्रयासों का तालमेल होना एक अन्य स्वागतयोग्य कदम रहा है। करप्शन पर्सेप्शन इंडेक्स के संदर्भ में देश में राज्यों का श्रेणीकरण इस विषय के साहित्य में एक महत्वपूर्ण तथा उपयोगी अनुवृद्धि रही है। इस

(जारी)

तथ्य को पूर्णतया स्वीकार करते हुए कि भ्रष्टाचार सार्वभौमिक है तथा इतिहास में यह प्रत्येक समाज का अंग रह चुका है, जो कुछ भी हम निश्चयपूर्वक कह सकते हैं वह यह है कि किसी भी देश में कानून का शासन तथा स्वस्थ विकास होना चाहिए, भ्रष्टाचार का उन्मूलन एक अनिवार्य कार्य है। यदि उन्मूलन संभव न भी हो तो भी भ्रष्टाचार के स्तर को न्यूनतम तक कम किया जाना आवश्यक है। यहाँ भी हम उस भ्रष्टाचार, जो आम आदमी अथवा गरीब को प्रभावित करता है तथा वह भ्रष्टाचार जो समाज के उच्च स्तरों पर कमोबेश कपटपूर्ण तरीकों से घटित होता है, के बीच भेद कर सकते हैं। दोनों ही स्तरों पर भ्रष्टाचार का उन्मूलन किया जाना ही उचित होगा। तथापि, भारत जैसे देश में आम आदमी तथा गरीब को प्रभावित करने वाले भ्रष्टाचार को समाप्त किया जाना सर्वप्रथम व्यवहारिक कदम होना चाहिए।

जब कोई भी भारत में भ्रष्टाचार की स्थिति पर निगाह डालता है तो मूल्यों की क्षति तथा व्यापक भ्रष्टाचार पर विलाप करने के स्थान पर उन सकारात्मक घटनाओं पर निगाह डालना उचित होगा जो घटित हो रहीं हैं और जो यह दर्शाती हैं कि जहाँ एक उभरती हुई आर्थिक शक्ति के रूप में भारत की क्षमता को बढ़ती हुई मान्यता प्राप्त हो रही है, वहीं हम समुचित रूप से आश्वस्त हो सकते हैं कि घट चुकी घटनाओं के सम्बन्ध में बढ़ती हुई शिक्षा तथा जागरूकता के साथ ही भ्रष्टाचार के स्तर को भी प्रभावी रूप से नीचे लाया जा सकता है।

हाल ही के समय की सर्वाधिक महत्वपूर्ण प्रगति रही है सन् 2005 में सूचना के अधिकार अधिनियम का पारित किया जाना। अपने आप में यह अरुणा रॉय, डॉ. जयप्रकाश नारायण तथा अन्ना हजारे जैसे कार्यकर्ताओं एवं अन्य लोगों जिन्होंने भ्रष्टाचार के सम्बन्ध में जागरूकता में वृद्धि किए जाने तथा इसके खतरों को उजागर किए जाने के कार्य द्वारा अपने–अपने गैरसरकारी संगठनों के माध्यम से देश की एक अमूल्य सेवा की है, के प्रयासों परिणाम है। सूचना के अधिकार के प्रभावों तथा इसे किस प्रकार लागू किया जा रहा है, सीएमएस इस तथ्य का भी अध्ययन करता रहा है। किसी भी अन्य उपाय के समान ही सूचना का अधिकार भी समय लेगा। स्वस्थ स्थितियों एवं परंपराओं को स्थापित तथा विकसित किया जाना होगा। भ्रष्टाचार के विरुद्ध संघर्ष करने तथा इससे निपटने के लिए, विशेषतौर पर तब जब यह आम आदमी को प्रभावित कर रहा है, सूचना का अधिकार नागरिकों के हाथों में अपने आप में एक महत्वपूर्ण उपकरण है।

दूसरी महत्वपूर्ण प्रगति रही है मोबाइल फोन तथा कैमरों की सर्वत्र उपलब्धता। इसने प्रत्येक ऐसे नागरिक के हाथ में एक प्रभावी औजार रख दिया है जो भ्रष्टाचार से लड़ना चाहता है। वह एक नागरिक पत्रकार बन सकता है और किसी भी 24×7 प्रसारित होने वाले ऐसे समाचार चैनल के साथ जुड़ सकता है जो भारी संख्या में स्थापित हो रहे हैं तथा जो भ्रष्टाचार का पर्दाफाश करने के लिए स्टिंग ऑपरेशन संपन्न करते रहते हैं। यह सच है कि हमारे समक्ष निहित स्वार्थों के कारण किए गए स्टिंग ऑपरेशनों के बहुत से बुरे उदाहरण भी मौजूद हैं। तथापि, भ्रष्टाचार के विरोध में आज के समय में उपलब्ध उपकरणों के दृष्टिकोण से कैमरायुक्त मोबाइल फोन से लैस सतर्क नागरिक तथा 24×7 चैनल का साथ आज एक अत्यन्त ही स्वागतयोग्य घटना है।

(जारी)

तीसरी प्रमुख प्रगति है सूचना प्रौद्योगिकी की बढ़ती हुई पैठ तथा शासन के विभिन्न क्षेत्रों में इसकी उपस्थिति। ई–गवर्नेंस अनेकों प्रांतीय एवं केन्द्रीय संगठनों की घोषित नीति बन चुकी है और यद्यपि कि इनमें होने वाली प्रगति एक समान नहीं रही है, तथापि अपने आप में इस प्रगति ने एक ऐसा वातावरण निर्मित कर दिया है जिसके अंतर्गत हम नागरिकों के दृष्टिकोण से सूचनाओं में अधिक पारदर्शिता एवं उनतक पहुँच तथा शासन की सहजता ला सकते हैं। रेलवे में यात्री आरक्षण प्रणाली का प्रभावी कंप्यूटरीकरण तथा ई–सेवा इत्यादि के माध्यम से विभिन्न राज्यों में जनता के लिए सेवाओं में सुधार के अनेकों प्रयास आदि अत्यन्त स्वस्थ प्रगतियाँ हैं।

जिस बात की हमें आवश्यकता है वह है अभी तक की गई पहलों के लाभों को इष्टतम करने के लिए एक रणनीतिक दृष्टिकोण की।

(i) सर्वश्रेष्ठ प्रथाओं को व्यवहारिक तौर पर प्रत्येक राज्य में दोहराए जाने की एक ऐसी पद्धति होनी चाहिए ताकि प्रत्येक राज्य को नई शुरुआत न करनी पड़े।

(ii) कई बार, राज्यों के साथ–साथ विभाग भी सॉफ्टवेयरों की अधिकता के कारण अपने आँकड़ों के संग्रह को परस्पर सहबद्ध कर पाने में समर्थ नहीं हो पाते। अंतः–परिचालन सम्बन्धी इस समस्या को त्वरित आधार पर दूर किया जाना चाहिए। ऐसा पेशावर तरीके से यह सुनिश्चित करने के लिए भी किया जा सकता है कि पहले से किए जा चुके प्रयास, निवेश तथा अभी तक पूरे हो चुके कंप्यूटरीकरण के कार्य बेकार न जाने पाएं और आईटी के अनुप्रयोग का विस्तार और अधिक तीव्रता के साथ किया जा सके।

(iii) सफल मामलों की संख्या में वृद्धि के कार्य को प्राथमिकता के आधार पर अपनाया जाना चाहिए। यदि अंतर–सेवा प्रतिद्वंद्विताएं, वरिष्ठता सिंड्रोम तथा नौकरशाही सम्बन्धी दृष्टिकोण आड़े आ रहे हों तो ई–शासन में संख्या–वृद्धि सम्बन्धी कार्यों का निजी क्षेत्र को बाह्य–स्त्रोतन किए जाने तथा इस लक्ष्य को हासिल किए जाने के लिए एक प्रकार की निजी–सार्वजनिक साझेदारी की स्थापना किए जाने की संभावनाओं को औपचारिकताओं की प्रतीक्षा किए बिना तुरंत ही अपनाया जाना चाहिए। शासन में आईटी का उपयोग जितना अधिक होगा उतना ही पारदर्शिता, सूचना तक पहुँच, सेवाओं में सुधार तथा भ्रष्टाचार में कमी आने की गुंजाइश अधिक होगी। मैं उन साइबर अपराधों के खतरों से अवगत हूँ जो इस क्षेत्र के साथ जुड़े हुए हैं। लेकिन इस क्षेत्र में बढ़ती हुई जानकारियों तथा अनुभवों के साथ इनसे भी निपटा जा सकता है।

(iv) सर्वोच्च न्यायालय का सन् 2004 का निर्णय, जिसने किसी भी चुनाव में प्रत्याशियों को अपने आपराधिक रेकार्डों तथा शैक्षिक योग्यता एवं संपत्ति को घोषित करने के लिए बाध्य कर दिया है, को उन गैरसरकारी संगठनों तथा प्रबुद्ध नागरिकों के द्वारा पूरी तरह से इस्तेमाल किया जाना चाहिए जो भ्रष्टाचार से इसलिए संघर्ष कर रहे हैं ताकि समुचित प्राधिकारियों को सार्वजनिक जीवन में संलिप्त लोगों के द्वारा संपत्ति एकत्रित किए जाने के सम्बन्ध में जाँच किए जाने हेतु बाध्य किया जा सके और यह देखा जा सके कि उन्हें सजा अवश्य मिले। लंबे समय समय

(जारी)

से मुख्य सतर्कता आयुक्त तथा चुनाव आयोग के द्वारा की जा रही सिफारिशों, कि ऐसे प्रत्याशी, जिनके विरुद्ध विधिक न्यायालयों में आपराधिक आरोप तय किए जा चुके हों, को चुनाव लड़ने की अनुमति तब तक नहीं प्रदान की जानी चाहिए जब तक कि वे सारे मामलों से बरी न हो चुके हों, को लागू किया जाना चाहिए। इसके लिए राजनीतिक इच्छाशक्ति की आवश्यकता होगी और जब तक शून्य विकल्प की स्थिति को उत्पन्न नहीं कर दिया जाता, हो सकता है कि सरकार इस सिफारिश को स्वीकार न करे। किन्तु यदि हम राजनीतिक भ्रष्टाचार, जो आज हमारे देश में सभी प्रकार के भ्रष्टाचार का कारण है, को समाप्त करना चाहते हैं तो इस सफाई अभियान में इस बात को अवश्य ही सर्वोच्च प्राथमिकता दी जानी होगी कि कानून को भंग करने वाले लोग ही कानून के निर्माता न बनने पाएं। भारत में भ्रष्टाचार से निपटने के लिए कम से कम सकारात्मक घटनाएं घटित हो रही हैं। ऐसा ट्रांसपरेंसी इंटरनेशनल की क्रमिक रिपोर्टों से भी प्रदर्शित हो रहा है। सूचना के अधिकार अधिनियम को पारित किए जाने ने भारत सरकार की विश्वसनीयता में वृद्धि की प्रतीत होती है और राष्ट्रमंडल में भ्रष्टाचार से संघर्ष किए जाने के प्रति यह वास्तव में चिन्तित है।

भारत में भ्रष्टाचार से संघर्ष किए जाने के सम्बन्ध में निराशावादी होना सरल है। परंतु यह तथ्य कि केन्द्रीय सतर्कता आयोग, चुनाव आयोग तथा सर्वोच्च न्यायालय जैसे संस्थान भ्रष्टाचार की संभावनाओं पर रोक लगाने और यह सुनिश्चित करने कि नागरिकों के अधिकारों की रक्षा की जाए, विभिन्न स्तरों पर एक महत्वपूर्ण भूमिका निभाने में सफल रहे हैं जो यह आशा प्रदान करता है कि सतर्क संगठन, अपने अधिकारों से अवगत हमारे शिक्षित नागरिक तथा प्रौद्योगिकी के बुद्धिमत्तापूर्ण एवं कल्पनाशील उपयोग के एक स्वस्थ संयोजन के साथ देश में सार्वजनिक जीवन एवं व्यवसाय दोनों में ही भ्रष्टाचार में निरंतर कमी आती जाएगी।

स्रोत – विट्ठल (2008)

टिप्पणियां

1 प्रस्तुत पुस्तक में उद्धृत सीएमएस अध्ययनों में शामिल हैं: *India Corruption Report—Urban Public Services* (2000), New Delhi; *Adequacy of Citizens' Charter* (2001); *Corruption Perception Index—Public Services and Departments* (2002), CMS, New Delhi; *Corruption in Urban Public Services—Perceptions and Experiences of Citizens* (2003), New Delhi; *Compendium of Citizen Charters* (2003), *MDRA/CMS, New Delhi; India Corruption Study* (2005), CMS, New Delhi; *Tracking Corruption in India—2005,* (2006), CMS, New Delhi; *TII-CMS India Corruption Study—With Focus on BPL Households* (2007), New Delhi; *India Corruption Study: 2002–09—A Comparative Scenario* (2010), CMS, New Delhi; *CMS Media Lab, Face of Corruption in*

News Media—A Report on their Coverage (2010), CMS, New Delhi; *India Corruption Study 2010—Is the Scenario Changing?* (2011), CMS, New Delhi; *Face of Corruption in News Media—A Report on their Coverage* (2011), CMS, New Delhi.

2 Pradip N. Khandwalla, *Transforming Government through New Public Management* (Ahmedabad: Ahmedabad Management Association, 2010).

3 World Bank, "Worldwide Governance Indicators." Available online at www.worldbank.org/wbi/governance (accessed on February 20, 2012).

4 UNDP, *Tackling Corruption, Transforming Lives: Accelerating Human Development in Asia and the Pacific* (New Delhi: Macmillian, 2008).

5 N. Vittal, *Corruption in India* (New Delhi: Academic Foundation, 2003); Khandwalla, *Transforming Governance through New Public Management*.

6 "Note-for-Vote," CMS (2009) survey, *Transparency Review*, April 2009. चुनाव अभियानों पर सीएमएस के अध्ययनों के आधार पर सन् 1990 के प्रारंभ में यह पहचान कर ली गई थी कि चुनाव प्रचार के अंतिम चरण के दौरान, मतदान के ठीक कुछ घंटो पूर्व, मतदाताओं में बाँटी गई नकद धनराशि ही को ''नोट–फॉर–वोट'' के रूप में वर्णित किया गया है। इसी के आधार पर सीएमएस ने ऐसे मतदाताओं के राज्यवार प्रतिशत का अनुमान लगाया जिन्हें लोकसभा के चुनाव के दौरान नकद पैसे दिए गए थे।

7 इंडिया करप्शन सर्वेक्षणों के लिए पद्धति का निरूपण किए जाने में सीएमएस ने भारतीय शोध परिदृश्य में ऐसे विशेषज्ञों के साथ परामर्श किए जाने के एक अभूतपूर्व तरीके का अनुसरण किया जिन्होंने सार्वजनिक सेवा में अनेकों वर्ष व्यतीत किए थे। परामर्श की इस प्रक्रिया में सीएमएस रिसर्च हाउस में एक औपचारिक फोकस समूह प्रारूप को शामिल किया गया था। और परामर्श शोध के तरीकों को अंतिम रूप दिए जाने के प्रारंभ के समय ही नहीं किए गए थे वरन् जमीनी आँकड़ों के ''संवेदनशील विश्लेषण'' के अध्ययन के दौरान भी किए गए थे।

8 UNDP, *Tackling Corruption, Transforming Lives.*

9 P. C. Alexander, "India at 62: War on Corruption Top Priority," *Asian Age*, August 12, 2009.

10 "Cash-for-query Scam: Delhi High Court Quashes Charges against Journalists. Cash-for-query Case: HC Reprieve for Journos," September 24, 2010. Available at http://newsmanthan.blogspot.in/2010_09_24_archive.html (accessed on February 20, 2012).

11 *Eenadu*, July 7, 2010.

12 मतदान दिवस पूर्वानुमान हेतु एग्जिट पोल–सीएमस ने भारत में ''एग्जिट पोल्स'' का मार्ग प्रशस्त किया और सन् 1982 में ही एग्जिट पोल सहित मत सर्वेक्षणों को संपन्न करने के लिए पद्धति को स्थापित कर दिया था। सीएमएस ने यह भी प्रदर्शित कर दिया था कि एग्जिट पोल की पद्धति का उपयोग किस प्रकार से अग्रसक्रिय पहलों हेतु विश्वसनीय एवं उपयोगी पृष्ठपोषण का निर्धारण करने के लिए किया जा सकता है। इस एग्जिट पद्धति को सार्वजनिक सेवाओं में भ्रष्टाचार को समाप्त करने के लिए अग्रसक्रिय एवं निरोधक पहलों की खोज किए जाने में सहायता प्रदान करने हेतु आगे और अधिक संशोधित किया गया था। ''इंडिया करप्शन रिपोर्ट–अर्बन पब्लिक सर्विस 2000'', जो इस श्रृंखला की सर्वप्रथम रिपोर्ट थी, के द्वारा इस पद्धति का उपयोग किया गया।

13 P. N. Vasanti, *Preface 2000 December, India Corruption Report* (New Delhi: CMS).

14 *Transparency Review*, "No Justice for Aam Admi," April–May 2007.

15 एसोशिएसन ऑफ डेमोक्रेटिक रिफार्म्स (एडीआर) अहमदाबार द्वारा प्रस्तुत एक जनहित याचिका पर दिल्ली उच्च न्यायालय ने एक अनुकूल निर्णय दिया जिसके द्वारा विधान सभाओं तथा लोक सभा के चुनाव लड़ रहे सभी प्रत्याशियों के द्वारा अपनी आपराधिक पृष्ठभूमि की घोषणा किया जाना अनिवार्य कर दिया गया, जिसपर केन्द्र सर्वोच्च न्यायालय के पास चला गया। सर्वोच्च न्यायायलय (2002) में सीएमएस एडीआर के साथ एक सह–याचिकाकर्ता था और, वास्तव में, इसने कोई 50 सिविल–सोसाइटी समूहों को एक साथ एकत्रित किए जाने तथा तत्कालीन राष्ट्रपति ए.पी.जे. अब्दुल कलाम के पास एक प्रतिनिधिमंडल ले जाने में भी अग्रणी भूमिका निभाई।

16 N. Vittal. "Some Positive Trends," *Transparency Review*, July, 2008, New Delhi.

17 N. Vittal, preface to *Corruption in Urban Public Services 2003: Perceptions and Experiences of Citizens* (New Delhi: CMS, 2003).

18 Vinod Mehta, foreword to *Corruption in Urban Public Services 2003* (New Delhi: CMS).

19 H. J. Dora, foreword to *Corruption in Urban Public Services 2003* (New Delhi: CMS).

20 Wajahat Habibullah, foreword to *Tracking Corruption in India 2005—Towards Sustaining Good Governance* (New Delhi: CMS).

21 Vittal, "Some Positive Trends."

22 Transparency International, Corruption Perception Index by Transparency International, Berlin; Annapurna Jha, *The Pioneer*, Page 5, New Delhi, October 27, 2010.

2 भ्रष्टाचार के सम्बन्ध में धारणाएं

देश में एक सामान्य भावना यह है कि क्रमिक सरकारों एवं राजनीतिक दलों के नेताओं के द्वारा सत्ता में रहते हुए किए गए वायदों के विपरीत विगत अनेकों वर्षों के दौरान भ्रष्टाचार में वृद्धि ही हुई है। यह आवश्यकता–आधारित तथा साथ ही साथ लालच–आधारित दोनों ही प्रकार के भ्रष्टाचारों के मामले में सत्य है। कोई भी यह आशा कर सकता है कि लालच–आधारित भ्रष्टाचार में होने वाली वृद्धि के साथ–साथ आवश्यकता–आधारित भ्रष्टाचार में कमी आ चुकी होगी। परंतु ऐसा किस सीमा तक हो सका है? अथवा क्या यह ऐसा मामला है कि इसके किसी एक प्रकार में होने वाली वृद्धि ने दूसरे प्रकार की वृद्धि का भी नेतृत्व किया है? जहाँ कानून में कमियों तथा राजनीतिक संस्कृति के पतन के कारण ऊँचे स्तरों पर भ्रष्टाचार अधिक है, वहीं नागरिकों की संलिप्तता वाले आवश्यकता–आधारित भ्रष्टाचार का सम्बन्ध शासन तथा सिविल सोसाइटी के जमीनी–स्तर वाले सक्रियतावाद तथा राजनीतिक सवर्ग की चिंताओं के साथ अधिक होता है।

जमीनी स्तर पर, कुछ चुनिंदा सेवाओं के अंतर्गत साधारण नागरिकों की संलिप्तता वाली आवश्यकता–आधारित सेवाओं में भ्रष्टाचार की सीमा में कई वर्षों के दौरान सापेक्षिक रूप से कमी आई है। यह कमी, चाहे कितनी भी कम क्यों न रही हो, अधिकांशतः सूचना प्रौद्योगिकी के कारण तथा उस प्रतिस्पर्धा के कारण आ सकी है जो इनमें अपनाई जा चुकी हैं, जैसा कि विद्युत–आपूर्ति तथा दूरसंचार के मामले में हुआ है। दूसरी ओर, अन्य सेवाओं, जैसे गरीबों के लिए घर (अथवा भूखंड), भूमि पंजीकरण इत्यादि में भ्रष्टाचार को बढ़ा हुआ पाया गया है।

प्रारंभ में, स्वतंत्र भारत में कोई एक अर्द्धशताब्दी से भी अधिक समयपूर्व, भ्रष्टाचार को आवश्यक वस्तुओं की कमी तथा उत्पादन की अपर्याप्तता, खरीद तथा कुछ मामलों में वितरण–तंत्र की सीमाओं के साथ जोड़ दिया जाता था। आज मामला ऐसा नहीं है। वस्तुओं एवं सेवाओं की अधिकांश श्रेणियों में ब्रांडों के प्रसार के साथ–साथ यहाँ तक कि चावल तथा पेयजल की भी ब्रांडिग कर दी गई है और उनकी बिक्री एवं लाभ को अधिकतम किए जाने के लिए इनके विज्ञापन किए जाते हैं। और, प्रक्रियाओं को कारगर बनाए जाने और उनका सरलीकरण किए जाने के प्रयासों के कई चक्रों के बावजूद भ्रष्टाचार की समग्र प्रवृत्ति को पलटा नहीं जा सका है।

भ्रष्टाचार एक अफवाह नहीं है

भ्रष्टाचार सुनी हुई बात नहीं है; यह वास्तविक है। किन्तु भ्रष्टाचार के सम्बन्ध में धारणाएं भ्रष्टाचार के वास्तविक अनुभवों की तुलना में कहीं अधिक प्रचलित हैं, यहाँ तक कि सार्वजनिक सेवाओं के संदर्भ में भी। हमारे समस्त जमीनी सर्वेक्षणों में यह प्रवृत्ति बहुत अधिक स्पष्ट है। वास्तव में, गरीबी रेखा के नीचे वाले परिवारों (बीपीएल) के बीच एक विशिष्ट पूछताछ (सन् 2008) के दौरान केरल, हिमाचल प्रदेश, पंजाब तथा यहाँ तक कि बिहार के 40 प्रतिशत अथवा उससे अधिक प्रत्युत्तरदाताओं ने यह स्वीकार किया कि भ्रष्टाचार ''एक सुनी हुई बात'' अधिक था। परंतु ऐसे लोगों का प्रतिशत, जो इसे सुनी हुई बात मानते थे, महाराष्ट्र, झारखंड, असम तथा राजस्थान में सापेक्षिक रूप से कम था। इन राज्यों में, सापेक्षिक रूप से कहीं अधिक बड़े लोगों के प्रतिशत ने भ्रष्टाचार के साथ ''प्रत्यक्ष अनुभव'' किया जाना स्वीकार किया। रोचक बात यह रही कि शिक्षित बीपीएल परिवार वाले प्रत्युत्तरदाताओं के बीच सापेक्षिक रूप से एक बड़े प्रतिशत ने ऐसे ''प्रत्यक्ष अनुभव'' को याद किया (चित्र 2.1)।

चित्र 2.1

भ्रष्टाचार के सम्बन्ध में वास्तविक अनुभव की तुलना में अवधारणा की अधिकता

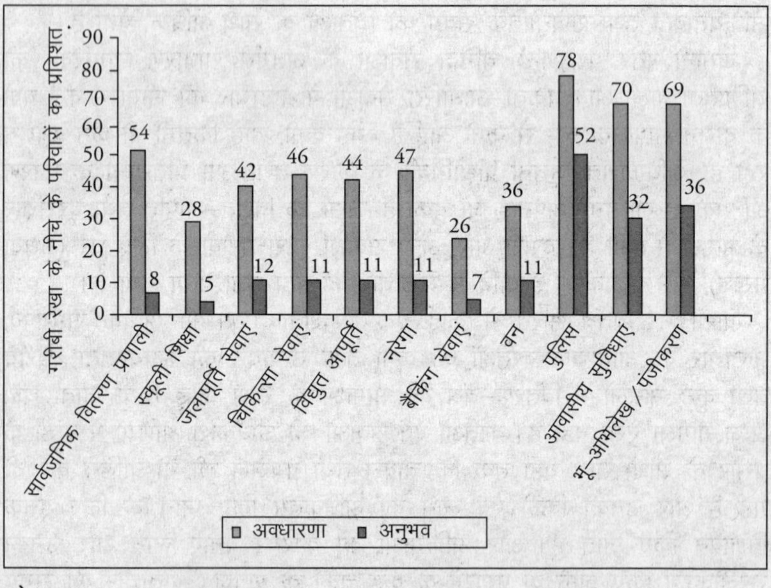

स्रोत: CMS India Curruption Study, 2007.

यह निष्कर्ष इस बात को स्पष्ट करते हैं कि भ्रष्टाचार के सम्बन्ध में धारणाओं की जड़ें कितनी गहरी हैं। यदि भ्रष्टाचार पर की जाने वाली जाँच किसी विशिष्ट सार्वजनिक सेवा तथा अवधि से सम्बन्धित नहीं है, और भ्रष्टाचार पर बातें करने की जो प्रवृत्ति "कई वर्षों" से अथवा "सदैव" से जारी है, तो उसका अर्थ यह "सामान्यीकरण" होता है कि उस जाँच का परिणाम बढ़ा–चढ़ा कर प्रस्तुत किया जाएगा। यही कारण है कि मैं यह मानता हूँ कि भ्रष्टाचार पर किए जाने वाले सर्वेक्षणों के ऐसे निष्कर्ष भ्रामक होते हैं जिनमें संदर्भित सेवा तथा समयावधि को स्पष्ट न किया गया हो। ऐसे निष्कर्ष, विशेषतौर पर समाचार मीडिया द्वारा भ्रष्टाचार के प्रचार की पृष्ठभूमि में, अधिकांशतः धारणाओं को ही प्रतिबिंबित करते हैं।

धारणाओं की प्रवृत्ति तथा भ्रष्टाचार की धारणाओं एवं अनुभवों के बीच का सम्बन्ध अथवा सामान्य तौर तथा सार्वजनिक सेवाओं के विशिष्ट संदर्भ में भ्रष्टाचार का सामना किए जाने के विषय पर पहले कभी भी चर्चा नहीं की गई है। देश में समाचार मीडिया के हाल ही में हो चुके प्रसार के कारण इलेक्ट्रॉनिक मीडिया के द्वारा भ्रष्टाचार को जिस प्रकार से कवर एवं प्रचारित किया जा रहा है, तथा ऐसी कवरेज का प्रभाव एक राष्ट्रीय एजेंडे को तय किए जाने एवं लोगों की मानसिकता पर पड़ रहा है, संपर्क की इस कड़ी को जानने की बहुत अधिक और एक महत्वपूर्ण आवश्यकता है।

ऐसे परिवारों, विशेषतौर पर गरीब परिवारों, जिन्होंने दो से तीन वर्ष की अवधि के दौरान किसी सार्वजनिक सेवा को प्राप्त करने के लिए घूस दिए जाने की मजबूरी का सामना किया हो, का प्रतिशत उन परिवारों के प्रतिशत की तुलना में कहीं अधिक होगा जिन्होंने ऐसा ही अनुभव एक वर्ष की समयावधि के दौरान किया हो। जैसा कि सारणी 2.1 से स्पष्ट है, ऐसे लोगों, जिन्होंने पिछले एक वर्ष के दौरान नरेगा (राष्ट्रीय ग्रामीण रोजगार गारंटी योजना) में रोजगार प्राप्त करने के लिए घूस का भुगतान किया था, का प्रतिशत 11 था। यह ऐसे लोगों के लिए 20 प्रतिशत तक भी हो सकता है जिन्होंने तीन वर्षों की अवधि में इस सेवा को प्राप्त करने का प्रयास किया हो। पुलिस सेवा के मामले में यदि संदर्भित अवधि विगत एक वर्ष की रही हो तो यही आँकड़ा परिवारों के 52 प्रतिशत के विरुद्ध 69 प्रतिशत तक ऊँचा हो सकता है।

धारणा तथा अनुभव दो अलग–अलग घटनाएं होती हैं। किन्तु वे परस्पर सम्बन्धित एवं समानान्तर होती हैं। एक का निर्धारण किसी के निजी एवं करीबियों के संग्रहीत प्रभावों एवं अनुभवों के आधार पर किया जाता है, जबकि दूसरी किसी व्यक्ति के द्वारा किसी सार्वजनिक सेवा की माँग किए जाने अथवा उसे हासिल करने का प्रयास किए जाते समय सामना की गई स्थिति पर आधारित होती है। दोनों ही सहसम्बन्धित हैं। एक मध्यवर्ती चर (कारक), जो इस सहसम्बन्ध को

प्रभावित अथवा निर्धारित करता है, वह है मास मीडिया के द्वारा भ्रष्टाचार को कवर एवं प्रस्तुत किए जाने का तरीका। उदारहण के लिए, यदि टेलीविजन चैनल भ्रष्टाचार के किसी विशिष्ट मामले को बार–बार प्रदर्शित करते हैं और उसे पूरे दिन–रात प्रसारित करते रहते हैं, तब दर्शकों के द्वारा यह विश्वास किए जाने की संभावना बन जाती है कि भ्रष्टाचार पाँव पसार रहा है। हालांकि यह उस विशिष्ट दर्शक के प्रत्यक्ष अनुभव से असम्बन्धित भी हो सकता है। इस प्रकार से, किसी सर्वेक्षण में यदि नागरिकों से भ्रष्टाचार के सम्बन्ध में उनके विचारों अथवा प्रभावों के बारे में पूछा जाता है तो उनके स्वयं के वास्तविक अनुभव की तुलना में इसका कहीं अधिक होना अवश्यसंभावी होता है। और फिर, यदि ऐसी कवरेज एक लंबे समय तक जारी रहती है अर्थात् जिस प्रकार से पुलिस, सार्वजनिक वितरण प्रणाली, भूमि पंजीकरण, तथा नरेगा को कवर किया जाता है और उसपर चर्चाएं की जाती हैं, तो इनसे उत्पन्न की गई धारणाओं को सहजता और शीघ्रता से विपरीत दिशा में पलटा नहीं जा सकता। धारणाओं को समाप्त किए बिना स्वयं भ्रष्टाचार को नहीं समाप्त किया जा सकता।

समस्या की एक उद्देश्यपूर्ण समझ तथा इसे सम्बोधित करने के लिए किसी को भी इन दोनों घटनाओं को पृथक करने की आवश्यकता होती हैं। इंडिया करप्शन स्टडीज यह संकेत प्रदान करता है कि हाल ही के वर्षों में समाचार चैनलों में हुई वृद्धि तथा भ्रष्टाचार को उनके द्वारा एक विशिष्ट तरीके से उठाए जाने, यहाँ तक कि इसे प्रचारित किए जाने की सीमा तक, के साथ ही धारणाओं एवं अनुभव के बीच का अंतर किस प्रकार से बढ़ चुका है। चित्र 2.2 में ग्राफ इस प्रवृत्ति को प्रस्तुत करता है।

चित्र 2.2
भ्रष्टाचार की प्रवृत्ति का समाचार चैनलों द्वारा कवरेज (वर्ष 2005–10)

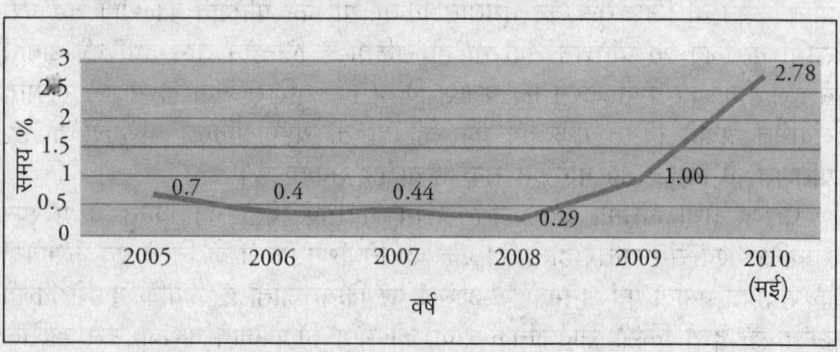

स्रोत: CMS Media Lab, *Report 2010: Face of Corruption in News Media* (New Delhi 2010).

सन् 2008 से तीन प्रमुख समाचार मीडिया में भ्रष्टाचार की कवरेज में महत्वपूर्ण वृद्धि होती रही है। प्रतिशत के अर्थों में, टेलीविजन समाचार चैनलों तथा दैनिक समाचारपत्रों (चित्र 2.3 तथा 2.4) की तुलना में आकाशवाणी (एआईआर) में यह कम रही है। ऐसा इसलिए हो सकता है कि आकाशवाणी के पास समाचारों के लिए सीमित समयावधि/अंतराल है और आकाशवाणी के पास कोई विशिष्ट समाचार चैनल/स्टेशन उपलब्ध नहीं है।

सन् 2005 से 2010 के दौरान छह टेलीविजन समाचार चैनलों के द्वारा प्राइम–टाइम में भ्रष्टाचार की कवरेज की प्रवृत्ति यह प्रदर्शित करती है कि सन् 2005 की तुलना में सन् 2010 में भ्रष्टाचार सम्बन्धी कहानियों को दिए जाने वाले समय का प्रतिशत लगभग चार–गुना तक बढ़ चुका था।

धारणा एवं अनुभव के स्तरों के बीच का अंतर सेवा अथवा सुविधा की प्रकृति, समय, तथा शोध के स्थान पर निर्भर करता है। उदाहरणार्थ, पुलिस सेवा के मामले में, यह अंतर (भ्रष्टाचार के सम्बन्ध में अनुभव एवं धारणा के बीच) स्कूली शिक्षा अथवा पेयजल के मामलों की तुलना में अधिक होगा (सारणी 2.1)। फिर, निश्चित रूप से, देश में ऐसे क्षेत्र भी हैं जिनकी कल्पना अन्य क्षेत्रों अथवा लोगों के वर्गों की तुलना में सापेक्षिक तौर पर अधिक/सर्वाधिक भ्रष्ट के रूप में की

चित्र 2.3

आकाशवाणी के समाचार प्रसारणों में भ्रष्टाचार की कवरेज की प्रवृत्ति (वर्ष 2008–10)

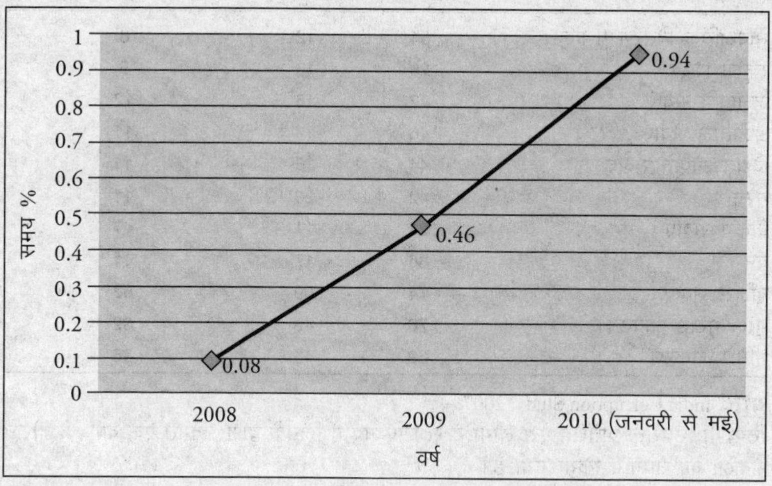

स्रोतः CMS Media Lab, Report 2010: *Face of Corruption in News Media* (New Delhi 2010).

चित्र 2.4
दैनिक समाचारपत्रों के मुखपृष्ठों में भ्रष्टाचार की कवरेज की प्रवृत्ति (वर्ष 2008–10)

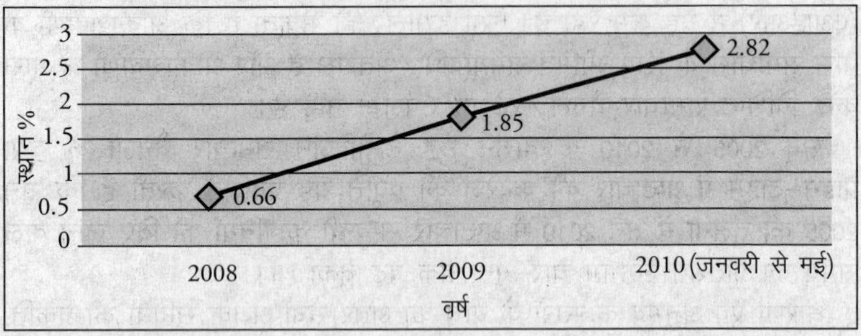

स्रोत: CMS Media Lab, Report 2010: *Face of Corruption in News Media* (New Delhi 2010).

सारणी 2.1
भ्रष्टाचार के सम्बन्ध में धारणाएं तथा घूस देने के वास्तविक अनुभव–सेवावार

			विशिष्ट उपभोक्ताओं का प्रतिशत
सार्वजनिक सेवाएं	*धारणाएं*	*अनुभव*	*वास्तविक भुगतान (गत एक वर्ष के दौरान)*
सार्वजनिक वितरण प्रणाली	54	12	8
स्कूली शिक्षा	28	10	5
जलापूर्ति सेवाएं	42	18	12
अस्पताल सेवाएं	46	17	11
विद्युत आपूर्ति सेवाएं	44	16	11
नरेगा	42	20	11
बैंकिंग सेवाएं	24	11	7
वन	36	17	11
पुलिस सेवाएं	74	69	52
गृह/भूखंड आवंटन	76	43	32
भूमि पंजीकरण	69	46	36

स्रोत: India Corruption Study, 2007.

टिप्पणी: उपरोक्त प्रतिशत ऐसे लोगों में से लिए गए हैं जिनके द्वारा ''विगत एक वर्ष'' के दौरान सेवाओं का उपयोग किया गया है।

जाती है। इस प्रकार के लोगों, कतिपय सेवाओं, अथवा कुछ स्थानों का रुढ़िवादी स्वरूप मास मीडिया के द्वारा लंबे समय तक धारणाओं को जीवित रखे जाने और विशेषतौर पर ऐसी धारणाओं को दुरुस्त किए जाने हेतु विशेष एवं सतत् प्रयासों के न किए जाने के द्वारा निर्मित होता है।

अफवाहें अथवा सुनी–सुनाई बातें ऐसी स्थितियों की एक अन्य कारण हैं जहाँ धारणाओं एवं अनुभवों के बीच एक भारी अंतर विद्यमान रहता है। इसी प्रकार से, यदि भ्रष्टाचार के किसी विशिष्ट मामले को समाचार मीडिया के द्वारा लंबे समय तक दिखाए जाने (इसे बदनाम किए जाने की सीमा तक) की तात्कालिक पृष्ठभूमि में कोई शोध संपन्न किया जाता है, तो इससे सम्बन्धित धारणाओं के बहुत अधिक होने की संभावना होती है भले ही किसी भी व्यक्ति का निजी अनुभव कुछ भी क्यों न रहा हो। हाल ही के ऐसे उदाहरणों में भारतीय क्रिकेट, राष्ट्रमंडल खेलों (सीडब्ल्यूजी) तथा मुम्बई में आदर्श सोसाइटी में हुए घोटाले शामिल हैं।

यही कारण है कि ऐसे सर्वेक्षण, जो ''दिमाग पर छा जाते हैं'', भ्रष्टाचार का अन्वेषण करते हैं अथवा वे, जो धारणाओं एवं अनुभव के बीच भेद नहीं करते, के कुछ भ्रामक होने की संभावनाएं होती हैं। वे भ्रष्टाचार के प्रचलन के सम्बन्ध में सामान्य धारणाओं को और आगे बढ़ाए जाने के अलावा और कोई सहायता प्रदान नहीं करते।

सीडब्ल्यूजी, मुम्बई में आदर्श, तथा 2–जी स्पेक्ट्रम के संदर्भ में हुए भ्रष्टाचार के रहस्योद्घाटनों की पृष्ठभूमि में (अक्टूबर तथा नवम्बर 2010 के बीच) देश का समाचार मीडिया लगातार कई दिनों तक पूरा और विस्तृत कवरेज दिखाता रहा। सभी जगह भ्रष्टाचार ही प्रमुख बना हुआ था। इससे पहले समाचार मीडिया में इसे इतनी प्रमुखता के साथ इतनी लंबी अवधि के लिए कभी भी प्रदर्शित नहीं किया गया था। ऐसी पृष्ठभूमि में यदि देश में भ्रष्टाचार पर कोई अध्ययन संपन्न किया जाता है तो सामान्य तौर पर भ्रष्टाचार के सम्बन्ध में और साथ ही साथ सार्वजनिक सेवाओं के विशिष्ट संदर्भ में धारणाएं पहले की तुलना में कहीं अधिक शक्तिशाली होंगी। इस प्रक्रिया में, समाचार मीडिया ने अपने प्रसार एवं दर्शकसंख्या में वृद्धि के साथ–साथ महत्ता और विश्वसनीयता भी हासिल कर ली है। मुम्बई, दिल्ली तथा बेंगलुरू के बाहर पूरे देश में व्याप्त समाचार मीडिया और अधिक खुलासों की एक कहीं अधिक अन्वेषणात्मक एवं अग्रसक्रिय कवरेज कर रहा है। इन सबको एक साथ मिलकर भ्रष्टाचार को एक ऐसा गंभीर मुद्दा बनाने में सहायता प्रदान करनी चाहिए जिसका सम्बन्ध राष्ट्रीय एवं स्थानीय स्तरों पर विशिष्ट सुधारों तथा पहलों के साथ हो।

अनुभव कम–धारणा अधिक!

नरेगा, जिसे संप्रग सरकार के शीर्ष कार्यक्रम के रूप में देखा जाता है, तथा जिसकी निगरानी किसी भी अन्य राष्ट्रीय कार्यक्रम की तुलना में सर्वोच्च स्तर पर की जाती है, की भ्रष्टाचार के सम्बन्ध में कल्पना किसी सार्वजनिक अस्पताल अथवा सार्वजनिक वितरण प्रणाली सम्बन्धी सेवाओं से पृथक रूप में नहीं की जाती है। ऐसा इस तथ्य के बावजूद है कि नरेगा सापेक्षिक रूप से एक नई सेवा है। इस घटना को कौन सी बात स्पष्ट करती है? क्या यह वह तरीका (सीमा/आवृत्ति) है जिस प्रकार से समाचार मीडिया नरेगा में भ्रष्टाचार के सम्बन्ध में रिपोर्ट करता रहा है अथवा ऐसा सेवा के राजनीतिकरण किए जाने के कारण हुआ है? अथवा, क्या यह दोनों ही है? कुछ भी हो, ऐसी धारणाओं को समाप्त किए जाने के लिए कुछ किए बिना इस मामले में नरेगा कार्यक्रम के ''धारणा–भँवरजाल'' से बाहर निकल पाने की आशा नहीं की जा सकती। एक समानान्तर तरीके से, व्यवस्थागत मुद्दों पर ध्यान दिए बिना तथा नागरिकों द्वारा सामना किए जाने वाले भ्रष्टाचार को वास्तव में सीमित किए बिना धारणाओं को सही किए जाने की आशा नहीं की जा सकती। धारणाओं में सुधार किए जाने तथा जमीनी स्तर पर संचालनों को साफ–सुथरा बनाए जाने के तरीके से दोनों ही मोर्चों पर पहल एवं हस्तक्षेप किए जाने की आवश्यकता है। इसे सतत् आधार पर एक द्विआयामी प्रयास होना होगा।

सार्वजनिक नीतियों में शोध के उपयोग की सीमाएं

इसके बाद, निश्चित रूप से, वह तरीका होता है जिसके अनुसार किसी जटिल घटना को विश्वसनीयता एवं पारदर्शितापूर्वक प्रकाश में लाया गया हो। *इलस्ट्रेटेड वीकली ऑफ इंडिया* (भारतीय मीडिया के परिदृश्य में जिसका प्रकाशन वर्षों की बहुरंगी उपस्थिति के बाद बंद हो गया था) के संपादक के रूप में खुशवंत सिंह ने बॉम्बे (आज की मुम्बई) में कॉलेज के विद्यार्थियों के बीच विवाहेतर सम्बन्धों की सीमाओं तथा विवाहपूर्व यौन सम्बन्धों की सूचनाओं को प्रकाश में लाए जाने की संभावनाओं पर प्रश्न किए थे। खुशवंत सिंह नमूना सर्वेक्षणों के आधार पर ऐसी आदतों को प्रकाश में लाए जाने के प्रति उलझन में थे। बाद में उन्होंने इन दोनों ही विषयों पर एक सर्वेक्षण, जो मेरे द्वारा संपन्न किए गए थे, का प्रकाशन मुखपृष्ठ पर प्रकाशित कहानी के रूप में किया। ये वे सर्वेक्षण थे (1972–74) जिन्होंने अंततः भारत में 'निरोध' के प्रचार–अभियान (1974–80) तथा बहुत बाद

(1999–2005) में एचआईवी/एड्स के लिए रणनीति तैयार किए जाने में भी अंतदृष्टि उपलब्ध करवाई थी।

उस समय के अन्य संपादकगणों, जिनमें *टाइम्स ऑफ इंडिया* के गिरिलाल जैन भी शामिल थे, ने आश्चर्य व्यक्त किया कि क्या यह संभव है कि मतदान के पैटर्न पर किए गए नमूना सर्वेक्षणों से विश्वसनीय तरीके से सूचनाएं प्राप्त की जा सकें, क्योंकि यह गोपनीय होता है और मतदाता गलत सूचना दिए जाने के द्वारा भ्रमित करने की प्रवृत्ति रखते हैं। परंतु जब ऐसी नाजुक सूचना को पारदर्शितापूर्वक प्राप्त कर लिया गया, वैज्ञानिक तरीके से परिमाणित कर लिया गया, तथा स्पष्टीकरणों के साथ प्रस्तुत कर दिया गया, तब, निश्चित रूप से ऐसे सर्वेक्षणों के पीछे खड़े व्यक्ति की विश्वसनीयता का सत्यापन किए जाने के बाद संपादकगण इन्हें अपने मुखपृष्ठ पर प्रकाशित करने के लिए उत्सुक हो गए। सर्वप्रथम अनुमान भारत में ''बाल श्रमिक'' (1974)[1] के लिए (उस समय ऑपरेशन रिसर्च ग्रुप अथवा ओआरजी के साथ) यह था कि यह संख्या 4.5 करोड़ है जो 75,000 परिवारों को शामिल किए गए एक नमूना सर्वेक्षण पर आधारित थी। यह एक ऐसा निष्कर्ष था जिसने बाल श्रमिकों के मुद्दे को राष्ट्रीय एजेंडे पर ला दिया और देश को इस सम्बन्ध में एक राष्ट्रीय कार्यक्रम तैयार किए जाने के लिए प्रेरित कर दिया। इसी के बाद, और अधिक ध्यान केन्द्रित किए गए तरीकों के साथ राज्यवार सर्वेक्षण भी संपन्न किए गए। प्रथम राष्ट्रीय परिवार नियोजन सर्वेक्षण (1973) के आधार पर अनेकों नीतिगत पहलों तथा कार्यक्रमों को अपनाया गया–चाहे वे किसी प्राथमिकताप्राप्त समूह पर लक्षित रहे हों अथवा जिनका सम्बन्ध परिवार नियोजन की उन विधियों के साथ रहा हो जिन्हें प्रोत्साहित किए जाने की आवश्यकता थी अथवा विस्तार सम्बन्धी वे रणनीतियाँ जिनका अनुसरण किया जाना था। उन जमीनी अध्ययनों से ऐसी अवधारणाओं (सार्वजनिक सेवाओं तथा मीडिया के संदर्भ में) के लिए नए विचार उत्पन्न हो चुके थे जिन्हें अबतक ''अपूर्ण'' आवश्यकताओं एवं ''गैरहासिल'' की संज्ञा प्रदान की जा चुकी थी। बाद के वर्षों में ये अवधारणाएं सरकार की ''समेकित'' अवधारणा एवं ''समेकित नीतियों'' का आधार बन चुकी थीं, न केवल परिवार नियोजन तथा समाचारपत्रों की पाठकसंख्या के मामलों में बल्कि सार्वजनिक सेवाओं की सुपुर्दगी के मामले में भी। निश्चित ही, सर्वेक्षणों की ऐसी श्रृंखला के निष्कर्षों को राष्ट्रीय नीतियों तथा रणनीतियों की अंतर्दृष्टियाँ बन पाने में कोई दो वर्षों से भी अधिक का समय लग गया। ऐसे कुछ उदाहरण यहाँ प्रस्तुत किए जा रहे हैं।

मध्य–प्रदेश में (1978) बालिकाओं के नामांकन एवं स्कूल छोड़ देने सम्बन्धी एक ऐसे ही सर्वेक्षण–आधारित अध्ययन, जिसके साथ मैं जुड़ा रहा था, से प्राप्त

एक निष्कर्ष ने माध्यमिक तथा उच्चतर विद्यालयों में बालिकाओं द्वारा स्कूल छोड़ दिए जाने की संख्या को सीमित किए जाने के लिए बालिकाओं के लिए शौचालय के महत्व को सामने ला दिया। प्रारंभ में कुछ लोगों ने आश्चर्य व्यक्त किया कि बालिकाओं के स्कूल छोड़ने की दर का सम्बन्ध शौचालय के साथ किस प्रकार हो सकता है। किन्तु, शीघ्र ही, मीडिया के द्वारा एक बार इसकी रिपोर्ट प्रस्तुत कर दिए जाने पर यह निष्कर्ष राष्ट्रीय कार्यक्रम का आधार बन गया–इसके लिए समाचार मीडिया (बड़ौदा/वडोदरा के) तथा संयुक्त राष्ट्रसंघ अंतरराष्ट्रीय बाल निधि (यूनिसेफ) की कार्यशाला (बड़ौदा) को धन्यवाद, जहाँ मैंने उस शोध के निष्कर्षों तथा उसके प्रभावों का एक प्रस्तुतीकरण प्रस्तुत किया, ठीक उसी प्रकार जैसे मैंने राष्ट्रीय पाठक सर्वेक्षण (एनआरएस) के निष्कर्षों का शास्त्री भवन में (1973) सूचना एवं प्रसारण मंत्री तथा सरकार के मीडिया प्रभागों के प्रमुखों के समक्ष किया था।

जब स्टेट बैंक ऑफ इंडिया (एसबीआई) के चेयरमैन (1973–75) ने यह जानना चाहा कि किसानों की बचत को *किस प्रकार* से पकड़ा जाए, उन्होंने एक जमीनी सर्वेक्षण के लिए संपर्क किया जिसे पंजाब के कुछ चुने हुए ऐसे जिलों में प्रारंभ किया जाना था जो ''हरित क्रांति'' से सर्वाधिक लाभान्वित और समृद्ध हो चुके थे। ऐसा ओआरजी द्वारा किए गए उसी जमीनी अध्ययन के आधार पर संभव हुआ था कि देश का पहला (बैंकों के राष्ट्रीयकरण के बाद) जमा–संग्रहण अभियान प्रारंभ किया गया, और बाद में ऐसे सर्वेक्षण भारत में बैंकों के द्वारा विभिन्न ऋण एवं साथ ही साथ जमा संग्रहण योजनाओं के भी साथ सामने आने का आधार बन चुके थे। अपने सभी प्रकार के व्यवसायिक प्रचार अभियानों पर अंतर्दृष्टियों के लिए विज्ञापन एजेन्सियां भारत के द्वारा नमूना सर्वेक्षणों को और अधिक सतत् रूप से अपनाए जाने के लिए श्रेय की पात्र हैं। इसे लोकप्रिय मीडिया के विकसित होने तथा विज्ञापन एवं उन प्रेरक रणनीतियों के साथ जोड़ा जा सकता है जिसका समर्थन जमीनी शोध द्वारा किया गया हो। तब प्रश्न यह है कि क्यों ऐसी समस्त अंतर्दृष्टियां देश में भ्रष्टाचार का मुकाबला करने में सहायक नहीं हो पा रही हैं।

कांग्रेस पार्टी के मुम्बई सम्मेलन (1986) के दौरान प्रधानमंत्री राजीव गांधी के प्रसिद्ध भाषण में एक शोध के निष्कर्षों को ही उद्धृत किया गया था कि ''जो कुछ भी ग्रामीण भारत के लिए खर्च किया जाता है उसका मुश्किल से 15–20 प्रतिशत तक ही वहाँ पहुँच पाता है'' और शेष विभिन्न स्तरों पर बैठे दलालों की जेब में चला जाता है। आज 30 वर्षों के बाद भी राजनेताओं के द्वारा इस तथ्य को उद्धृत किया जाना जारी है। कुछ तो यहाँ तक कहते हैं कि उस परिस्थिति में आज तक कोई विशेष परिवर्तन नहीं हुआ है। हालांकि, आज तक महत्वपूर्ण सार्वजनिक सेवाओं, विशेषतौर पर गरीबों के लिए लक्षित सेवाओं में उस प्रसिद्ध

उद्धरण की वैधता को विशिष्ट तौर पर स्पष्ट करने के लिए समाचार मीडिया में किसी भी प्रकार का व्यवस्थित प्रयास प्रस्तुत नहीं किया गया है। 20 वर्षों से भी अधिक समय के बाद योजना आयोग के उपाध्यक्ष मोन्टेक सिंह अहलूवालिया ने सार्वजनिक वितरण प्रणाली में किए गए सुधारों को इस प्रेक्षण के साथ उचित ठहराया कि ''सार्वजनिक वितरण प्रणाली पर किए गए व्यय का मात्र 50 प्रतिशत ही गरीबों तक पहुँच पाता है।''[2] पहले के प्रयासों के द्वारा कोई अंतर क्यों नहीं लाया जा सका?

ये विभिन्न उदाहरण यहाँ इसलिए दिए गए हैं ताकि यह स्पष्ट किया जा सके कि जमीनी सर्वेक्षण कौन से अंतर प्रस्तावित कर सकते हैं, और किस प्रकार से परिमाणन एवं बिना भेदभाव वाले विश्लेषण की जटिलताओं को सामने लाने में सहायता कर सकते हैं तथा साथ–ही–साथ बड़े पैमाने पर जनता को जागरूक कर सकते हैं।

तथापि, सरकारी एजेन्सियों की ओर से भी कुछ प्रयास किए गए हैं। गाँव के *सरपंच* को सीधे धनराशि भेजे जाने का प्रयोग राजीव गांधी के कार्यकाल के दौरान किया गया था। परंतु आज की तारीख में इस बात का कोई भी साक्ष्य मौजूद नहीं है कि सार्वजनिक सेवाओं में व्याप्त भ्रष्टाचार में नागरिकों द्वारा कमी आने के संदर्भ में किसी प्रकार के अंतर का अनुभव किया गया हो। इसके बजाए, सामान्य धारणा यही रही है कि भ्रष्टाचार तो गाँवों में भी पहुँच चुका है जहाँ उस स्तर पर कर्मचारी भी इसमें संलिप्त हो रहे हैं। (देखेंः परिशिष्ट – 2, सार्वजनिक सेवाओं में भ्रष्टाचार की उत्पत्ति मेरे गाँव–मुडुनूरू का मामला)। मध्याह्न भोजन, गरीबों के लिए आवास, सार्वजनिक वितरण प्रणाली, स्कूली पुस्तकें, छात्रवृत्तियाँ, काम के बदले अनाज, वृद्धावस्था पेंशन, नरेगा इत्यादि–ये सभी सरकारी पहलें भ्रष्टाचार के कारण कमोबेश प्रभावित रही हैं। ऐसा शोध सम्बन्धी अध्ययनों तथा संसदीय समितियों के द्वारा लेखा–परीक्षण करने वाली एजेन्सियों, योजना आयोग तथा ऐसी ही अन्य समीक्षाओं, और यहाँ तक कि सर्वोच्च न्यायालय के प्रेक्षकों के द्वारा भी इंगित किया जा चुका है।

राजीव गांधी जैसे नेता के द्वारा राष्ट्र को व्यवस्था में व्याप्त व्यापक भ्रष्टाचार का स्मरण करवाए जाने और तत्पश्चात् उस स्थिति को सुधारने के लिए की गई पहलों को समाचार मीडिया सहित अन्य लोगों को प्रेरित करना चाहिए था ताकि कुछ दिखाई देने वाले प्रभावों के साथ भ्रष्टाचार के विरुद्ध संघर्ष को जारी रखा जा सके। यह है कहाँ? आज प्रश्न यह है कि देश के पास उपलब्ध ऐसी प्रेरक शक्ति भ्रष्टाचार के आतंक को समाप्त करने में सहायता क्यों नहीं कर सकी, यहाँ तक कि तब जब हम जानते हैं कि यह हमारे विकास के ही लक्ष्यों को प्रभावित करते हुए खतरनाक अनुपात तक पहुँच चुकी है?

मीडिया तथा विज्ञापन राष्ट्रीय एजेंडे को आगे बढ़ाए जाने तथा राय कायम करने वाले नेताओं की धारणाओं एवं आम जनता को जागरूक बनाए जाने हेतु पर्याप्त रूप से सक्षम हैं। इन्हें जनता की जीवनशैली में एक परिवर्तन लाने, सामुदायिक समर्थन को प्रकाश में लाने, और यहाँ तक कि राष्ट्रीय प्राथमिकताओं को तय किए जाने के लिए श्रेय दिया जा सकता है। ऐसा होते हुए, समाचार मीडिया के द्वारा सामान्य तथा विशिष्ट संदर्भों में भ्रष्टाचार को इतना अधिक संदर्भित किए जाने तथा इतना अधिक कवरेज दिए जाने के बाद भी भ्रष्टाचार के विस्तार और उसकी प्रवृत्ति में मुश्किल से ही कोई अंतर क्यों नहीं आ पाया है? इसके विपरीत, कोई भी यह तर्क दे सकता है कि भ्रष्टाचार का जितना अधिक कवरेज मीडिया के द्वारा किया गया है भ्रष्टाचार उतना ही बढ़ चुका है। परंतु क्या वास्तव में ऐसा ही है? यह एक सामान्य विचार हो सकता है, चाहे यह जितना भी निष्पक्ष क्यों न हो। मॉस मीडिया इसका कारण है अथवा प्रभाव? जब कोई भी लंबे समय तक मीडिया कवरेज की प्रकृति का विश्लेषण करता है तो यह प्रश्न उठना स्वाभाविक ही है। मोटे तौर पर, भ्रष्टाचार का मीडिया द्वारा कवरेज निष्क्रिय अथवा सक्रिय हो सकता है। निष्क्रिय कवरेज वह है जिसे अपनी स्वयं की प्राथमिकताओं के अनुरूप बनाए जाने के लिए किसी विशेष दिन की एक कहानी अथवा एक घोटाले (जो दर्शकों को आकर्षित कर सके) के रूप में कवर किया गया हो। मीडिया के द्वारा भ्रष्टाचार की सक्रिय कवरेज में भ्रष्टाचार के सम्बन्ध में कुछ चिंताएं तथा कुछ सकारात्मक प्रभावों के साथ एक अंतर लाए जा सकने के लिए घटनाओं को सम्बोधित कर सकने की मीडिया की क्षमता का उपयोग किया जाना संलिप्त होता है। सार्वजनिक सेवाओं तथा व्यापक आधार पर नागरिकों की संलिप्तता के संदर्भ में भ्रष्टाचार की घटनाओं में शोध द्वारा क्या अंतर लाया जा सका है? क्या इससे कुछ अंतर आया भी है? यद्यपि कोई भी सुनिश्चित नहीं हो सकता, सार्वजनिक परिधि में ऐसा कोई भी निश्चित साक्ष्य उपलब्ध नहीं है।

शोध की पद्धति

सर्वप्रथम राष्ट्रीय परिवार नियोजन सर्वेक्षण तथा सर्वप्रथम राष्ट्रीय पाठक सर्वेक्षण[3] सन् 1970–72 के दौरान ओआरजी के द्वारा संपन्न किए गए थे। यह पहला ऐसा अवसर था कि 50,000 से भी अधिक परिवारों का इतना बड़ा नमूना पहली बार प्रयुक्त किया था (सन् 1970 के पूर्व मात्र राष्ट्रीय प्रतिदर्श सर्वेक्षण संगठन की परिधि में 25,000 परिवारों का नमूना ही ज्ञात नमूनों में से सबसे बड़ा था)। सर्वेक्षण एजेन्सियों तथा समाचार मीडिया के प्रसार के

साथ–साथ नमूनों के आकार कई गुना बढ़ गए, किन्तु ऐसा सन् 1990 के दशक के बाद ही हुआ था।

पीईई मॉडल

पीईई (धारणा, अनुभव, अनुमान) मॉडल[4] का अनूठापन यह है कि यह ''धारणाओं'' के ''सामान्य अर्थों'' में परिमाणन तक ही सीमित नहीं है (जैसा कि ट्रांसपरेन्सी इंटरनेशनल ख्टीआई के, के धारणा सूचकांक के मामले में है)। बल्कि, यह इसके परे जाता है और सार्वजनिक सेवा तथा समय (विगत एकवर्ष में) के विशिष्ट संदर्भ में ''अनुभव'' का परिमाणन करता है। सामान्य तथा विशिष्ट संदर्भों में धारणा तथा अनुभव दोनों पर ही आधारित यह मॉडल नागरिकों के द्वारा विशिष्ट सार्वजनिक सेवाओं को हासिल किए जाने की प्रक्रिया में भ्रष्टाचार की सीमा का अनुमान मौद्रिक अर्थों में लगाता है। यह मॉडल ऐसे लोगों का भी परिमाणन करता है जो प्रभाव अथवा संपर्क के अभाव में अथवा घूस देने में सक्षम न हो पाने के कारण किसी सार्वजनिक सेवा को हासिल कर पाने में असफल रहे होते हैं। बराबर से महत्वपूर्ण यह है कि यह मॉडल प्रतिनिधिक एवं चिंतनशील है। क्योंकि, नमूने में किसी सार्वजनिक सेवा के विशिष्ट तथा संभावित उपयोगकर्ता भी शामिल होते हैं। नमूने का आकार सामान्यतः बड़ा और व्यवस्थित रूप से चुना गया होता है। यह भी कि इन अध्ययनों के द्वारा ''सेवा प्रदाता के'' दृष्टिकोण पर भी विचार किया गया था। आगे, अध्ययन के विभिन्न चरणों के साथ संपूर्ण प्रक्रियाओं, अवधारणाओं, तथा पद्धतियों को विषय–विशेषज्ञों, कार्यकर्ताओं, तथा नीति विश्लेषकों को संलिप्त किए जाने के द्वारा पारदर्शितापूर्वक अंतिम रूप दिया गया था।

समूहीकरण तथा श्रेणीकरण?

जब कोई भी व्यक्ति बड़े स्तर पर भ्रष्टाचार के सम्बन्ध में बातें करता है तो उसकी सोचने की प्रवृत्ति श्रेणीकरण के अर्थों अथवा किसी सापेक्षिक संदर्भ में निहित होती है। एक छोटे से नमूने के आधार पर, ट्रांसपरेन्सी इंटरनेशनल, जो पूरे विश्व में देशों को जागरूक बनाती है, तथा आकार (भौतिक तथा जनसंख्या), राजनीतिक व्यवस्था (लोकतंत्र अथवा तानाशाही), तथा जाँच की गुंजाइश (पूर्णरूपेण सुचिंतित विषयों की प्रासंगिकता के अर्थों में) को महत्व न देते हुए राष्ट्रों का श्रेणीकरण करती है। ऐसा कोई भी दृष्टिकोण तुलना को बाधित कर

देता है और इसका परिणाम मात्र बहुत अधिक सामान्य ही हो सकता है। दूसरी ओर, इंडिया करप्शन स्टडीज एक कहीं अधिक विश्वसनीय, व्यापक, तथा बड़े नमूनों एवं शोध पद्धतियों के एक संयोजन पर आधारित एक विशिष्ट दृष्टिकोण के साथ प्रयोग करता रहा है।

इंडिया करप्शन स्टडीज के सर्वेक्षण के द्वारा कवर किए गए भारतीय राज्यों के समूहीकरण के लिए भ्रष्टाचार के पाँच स्तरों पर विचार किया गया था। ये हैं :

चित्रः 2.5
भ्रष्टाचार के पाँच स्तर

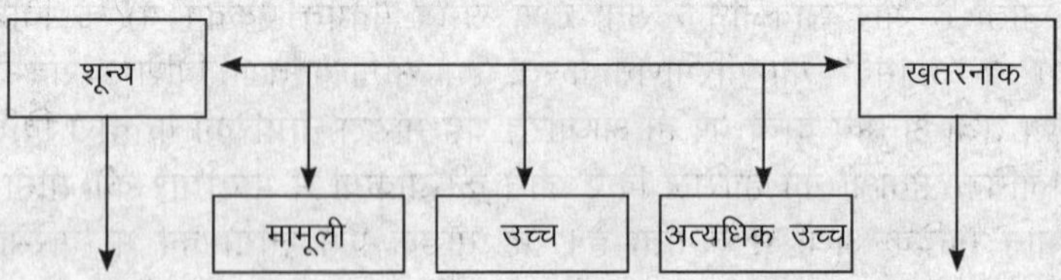

भ्रष्टाचार का एक शून्य स्तर जानबूझकर रखा गया था ताकि वर्तमान में जारी चिंता तथा भ्रष्टाचार को समाप्त करने के लक्ष्य को सामने लाया जा सके, यद्यपि किसी भी सेवा अथवा राज्य के इस श्रेणी के अंतर्गत आने की आशा नहीं की जा सकती। दूसरी ओर, ''खतरनाक'' श्रेणी ऐसा दूसरा चरम बिन्दु है जहाँ किसी भी सेवा अथवा राज्य में भ्रष्टाचार का स्तर सामान्य एवं विशिष्ट उपयोगकर्ताओं के 60 प्रतिशत से अधिक है, और यह धारणा एवं अनुभव दोनों को ही विचारण में शामिल करता है।

भारत में समाचार मीडिया ट्रांसपरेन्सी इंटरनेशनल द्वारा अपने भ्रष्टाचार धारणा सूचकांक (करप्शन पर्सेप्शन इंडेक्स–सीपीआई) में भारत का श्रेणीकरण किए जाने, तथा, जब और जैसे ही ये श्रेणीकरण जारी किए जाते हैं, इनके समाचार को प्रकाशित करने के लिए हमेशा तत्पर रहता है। इनमें से अधिकांश पर चर्चा दूसरे देशों की तुलना में अथवा/तथा गत वर्ष की तुलना में श्रेणीकरण के ''ऊपर अथवा नीचे'' होने के सम्बन्ध में की जाती है। श्रेणीकरण के आधार तथा उसमें उपयोग की गई पद्धति को स्पष्ट किए जाने अथवा यहाँ तक कि उसके सम्बन्ध में सूचना दिए जाने का मुश्किल से ही कोई प्रयास किया जाता है। ऐसे श्रेणीकरण के आधार पर किन बातों (''अंतर्राष्ट्रीय निधिकरण एजेन्सियों'' को सेवा प्रदान किए जाने के अलावा) को अनुवर्ती कार्यवाहियों के रूप में अपनाया जा सकता है, ज्ञात ही नहीं होता। इसके बाद, ट्रांसपरेन्सी इंटरनेशनल के सूचकांक को ट्रांसपरेन्सी

इंटरनेशनल इंडिया[5] के द्वारा प्रकाशित किए गए पीईई मॉडल के निष्कर्षों के साथ मिश्रित कर दिया जाता है (ऐसी ही रिपोर्टिंग के एक उदाहरण के रूप में देखें द *पायनियर*, 30 मई, 2010)।

ट्रांसपरेन्सी इंटरनेशनल सूचकांक

27 अक्टूबर, 2010 के दिन शहरी भारत में अधिकांश समाचार मीडिया के शीर्षक थे भारत ''भ्रष्टाचार में कितना ऊपर'', और यह भी सूचित किया गया कि ''दक्षिण एशिया क्षेत्र'' में भूटान सर्वश्रेष्ठ प्रदर्शनकर्ता था[6]। बर्लिन स्थित ट्रांसपरेन्सी इंटरनेशनल की एक रिपोर्ट को उसकी भारतीय शाखा के द्वारा जारी किए जाने पर समाचार मीडिया के द्वारा भ्रष्टाचार सम्बन्धी धारणाओं के श्रेणीकरण एवं प्राप्तांकों के माध्यम से ''न्यूनतम भ्रष्ट'' तथा ''सर्वाधिक भ्रष्ट'' देशों को रिपोर्ट किया गया। समाचारपत्रों ने सूचना दी कि भारत ''भ्रष्टाचार के स्तर में नीचे जा चुका है तथा प्राथमिक तौर पर इस धारणा में वृद्धि हाल ही में दिल्ली में संपन्न राष्ट्रमंडल खेलों में कथित रूप से अपनाए गए भ्रष्ट व्यवहारों के कारण हुई है।'' रिपोर्ट आगे कहती है कि ''यह प्रदर्शित करता है कि भ्रष्टाचार के ऊँचे स्तर सम्बन्धी धारणा के कारण लोग देश के साथ व्यापार करने में संकोच करते हैं।''

क्या ट्रांसपरेन्सी इंटरनेशनल की यह रिपोर्ट भारत में संभावित निवेशकों के लिए थी? स्वाभाविक रूप से यह रिपोर्ट राष्ट्रमंडल खेलों के संदर्भ में भ्रष्टाचार पर आधारित नहीं हो सकती क्योंकि राष्ट्रमंडल खेलों में भ्रष्टाचार की मीडिया रिपोर्टें सितम्बर–अक्टूबर, 2010 के दौरान की थीं। जो कुछ भी ट्रांसपरेन्सी इंटरनेशनल की यह रिपोर्ट कह रही थी क्या वह भारत के समाचारपत्रों के पाठकों तथा टेलीविजन समाचारों के दर्शकों को ज्ञात नहीं था? और किसी भी देश के ''ऊपर'' अथवा ''नीचे'' होने सम्बन्धी ये ''निष्कर्ष'' किस प्रकार से कोई सहायता प्रदान करने जा रहे थे? ऐसा कौन सा कार्य है जिसे कोई भी व्यक्ति ऐसे धारणा सूचकांक (सीपीआई) के आधार पर अनुवर्ती कार्यवाही के रूप में कर सकता हो? ऐसे कुछ विचार हैं जिनका मंथन समाचार मीडिया को करने की आवश्यकता है क्योंकि ट्रांसपरेन्सी इंटरनेशनल के धारणा सूचकांक को विगत कुछ वर्षों से इसी प्रकार से सूचित किया जाता रहा है। जिस प्रकार से ट्रांसपरेन्सी इंटरनेशनल अपने धारणा सूचकांक को सूचित करती है वह देश में समाचार मीडिया के द्वारा निराशा का प्रसार किए जाने के अनुकूल होता है। भ्रष्टाचार के सम्बन्ध में जो कुछ भी वे रिपोर्ट करते हैं उससे *आम आदमी* को कोई खास लेना–देना नहीं होता। दूसरे, जो कुछ भी वे रिपोर्ट करते हैं वास्तव

में भ्रष्टाचार से उसका सम्बन्ध ही नहीं होता बल्कि उसका सम्बन्ध भ्रष्टाचार सम्बन्धी धारणाओं, और वह भी एक सामान्य संदर्भ में, से होता है। तीसरे, ट्रांसपरेन्सी इंटरनेशनल का धारणा सूचकांक सूचना के अधिकार अधिनियम, प्रौद्योगिकी के उपयोग तथा इसी प्रकार के उन हस्तक्षेपों पर विचार नहीं करता जिनके द्वारा धारणाओं तथा अनुभवों दोनों के ही अर्थों में भ्रष्टाचार के स्तरों पर कुछ प्रभाव पड़ा हो सकता है।

हालांकि, इसका यह अर्थ नहीं है कि ट्रांसपरेन्सी इंटरनेशनल धारणा सूचकांक का कोई उपयोग नहीं है अथवा एक चेतावनी के रूप में यह इस मुद्दे को चिन्हित करने में सहायता नहीं प्रदान करता। इसके विपरीत, यहाँ चिंता श्रेणीकरण को बेहतर तरीके से समझे जाने के प्रति होनी चाहिए ताकि यह विशिष्ट पहल किए जाने में सहायक हो सके, जैसा कि ''ईमानदारी संधि'' (इंटीग्रिटी पैक्ट) के मामले में हुआ है जिसपर ट्रांसपरेन्सी इंटरनेशनल इंडिया के द्वारा सार्वजनिक क्षेत्र के उपक्रमों को हस्ताक्षर करने के लिए बाध्य किया गया था। यह एक विशिष्ट उदाहरण है, हालांकि ''ईमानदारी संधि'' को किसी भी सम्बन्धित सार्वजनिक उपक्रम के प्रति किए गए विशिष्ट शोध के आधार पर डिजाइन नहीं किया गया है।

ट्रांसपरेन्सी इंटरनेशनल धारणा सूचकांक के विपरीत संयुक्त राष्ट्रसंघ मानव विकास गरीबी सूचकांक (2010) 104 देशों में स्वास्थ्य, शिक्षा तथा जीवनयापन के स्तरों के विशिष्ट संदर्भों में वंचनाओं की पहचान करता है। और यह राष्ट्रों के श्रेणीकरण किए जाने के परे भी जाता है ताकि राष्ट्रों के अंदर स्थित क्षेत्रों की पहचान की जा सके और, बराबर से महत्वपूर्ण एवं प्रासंगिक विशिष्ट विषय–सम्बन्धित क्षेत्रों, जैसे लैंगिक असमानता, के मापन करने का कार्य भी करता है। ऐसी कार्यवाहियों की प्रासंगिकता अधिक होती है और कार्यवाही सम्बन्धी किन्हीं भी कार्यक्रमों को प्रारंभ किए जाने में ये अधिक अर्थपूर्ण होते हैं। भ्रष्टाचार के मापन का पीईई मॉडल इस विशेष आवश्यकता की पूर्ति करता है।

चूंकि प्रस्तुत पुस्तक का प्रयोजन ऐसी विशिष्ट पहलों का सुझाव दिए जाने तथा उनपर ध्यान केन्द्रित किए जाने का है जिनकी धारणा तथा अनुभव दोनों के ही अर्थों में भ्रष्टाचार को समाप्त किए जाने हेतु आवश्यकता है, अतः यहाँ सीएमएस के पास उपलब्ध भारी संख्या में आँकड़ों को प्रस्तुत किए जाने की लालच से परहेज करते हुए इन्हें न्यूनतम स्तर पर ही रखा गया है। निश्चित रूप से यह जान लेना प्रासंगिक है कि कुछ राज्यों में सार्वजनिक सेवाओं में भ्रष्टाचार का स्तर क्यों और कैसे सापेक्षिक रूप से ऊँचा अथवा नीचा है। परंतु राज्यों अथवा सेवाओं के बीच ऐसी किसी भी तुलना से प्राप्त अंतर्दृष्टियों को धरातल पर अग्रसक्रिय पहलों एवं सुधारों को प्रोत्साहित करने वाला होना चाहिए। उदाहरणार्थ, जहाँ रेलवे आरक्षण तथा विद्युत आपूर्ति सेवाओं के सम्बन्ध में भ्रष्टाचार का स्तर पिछले कुछ

वर्षों के दौरान सापेक्षिक रूप से गिरा है, वहीं इसी अवधि में समस्त प्रयासों के बावजूद भी सार्वजनिक वितरण प्रणाली तथा नरेगा सेवाओं में भ्रष्टाचार में अधिक कमी नहीं आ सकी है। इसके कौन से कारण हैं?

परंतु फिर, उदाहरण के लिए जबकि रेलवे तथा विद्युतआपूर्ति सेवाओं के मामलों के समान ही भूमि–पंजीकरण एवं आयकर विभाग में भी कंप्यूटरीकरण किया जा चुका है, इन सेवाओं में भ्रष्टाचार के प्रति धारणाओं में विगत कुछ वर्षों के दौरान उतनी कमी क्यों नहीं आ सकी है? क्या ऐसा इसलिए है कि वित्तीय सेवाओं के मामले के समान ही इसमें भी संवेदनशीलता बहुत अधिक है; ग्राहक अधिक मुखर और अपेक्षाकृत बेहतर संपन्न हैं; और इन सेवाओं में व्यक्तिपरकता का तत्व सापेक्षिक रूप से अधिक है?

हमने राज्यों तथा सेवाओं का ''श्रेणीकरण'' किए जाने को परिवर्तित कर भ्रष्टाचार के स्तर पर उनमें तुलना करना क्यों प्रारंभ कर दिया? पहला, सर्वश्रेष्ठ अनिवार्य रूप से और सदैव ही बेहतर नहीं होता। एक गतिशील अंतर्विरोधी परिदृश्य के अंतर्गत सर्वश्रेष्ठ जैसी कोई भी वस्तु नहीं हो सकती। भ्रष्टाचार को समाप्त किए जाने के प्रयास को सतत् होना होता है। श्रेणीकरण के कारण धारणाओं पर अधिक ध्यान दिया जाता है, जो बदले में श्रेणी में ऊपर की ओर बढ़ने के लिए आँकड़ों के साथ अन्यमनस्कता के बराबर होती है। इस प्रयास में प्राथमिकता तथा प्रयास उतना अधिक ''ऑपरेशन क्लीनअप'' तथा जमीनी स्तर पर व्यवस्थागत सुधारों के लिए नहीं होता जितना गतवर्ष की तुलना में श्रेणी में बेहतर स्थिति प्राप्त करने हेतु संख्याओं को तोड़ने मरोड़ने पर होता है। भ्रष्टाचारविरोधी प्रयासों को सतत् होना होता है तथा उसमें जागरूकता, अभिवृत्ति, तथा कार्यवाही सभी को शामिल किया जाना चाहिए–इनमें से मात्र एक से काम नहीं चलेगा। अनुमान तथा श्रेणीकरण सार्वजनिक ध्यान के लिए किसी सहायता को सामने लाने में सहायता प्रदान करते हैं। परंतु भ्रष्टाचार के मामले में कार्य कहीं अधिक बड़ा है।

आधारभूत सेवाओं पर ध्यान

आधारभूत सार्वजनिक सेवाएं, (जिन्हें नागरिक बारबार अर्थात् वर्ष में कम से कम एक बार हासिल करने का प्रयास करते हैं) वे होती हैं जो सरकार के सम्बन्ध में अंतिम धारणाओं तथा देश में नागरिकों को संलिप्त करने वाले भ्रष्टाचार की सीमा का निर्धारण करती हैं। ऐसी सेवाएं भी हैं जिन्हें अपेक्षाकृत कम उपयोग में लाया जाता है। हो सकता है कि किसी के संपूर्ण जीवन में मात्र एक अथवा दो बार। परंतु ऐसी सेवाओं, जैसे आवास अथवा स्कूल में प्रवेश आदि को हासिल

किए जाने में किया गया अनुभव धारणाओं का निर्धारण किए जाने में लंबे समय तक कार्य करता है। उदाहरणार्थ, गरीब परिवारों में से तीन–चौथाई अथवा उससे भी अधिक परिवार एक वर्ष में ही सार्वजनिक वितरण प्रणाली अथवा सरकारी अस्पताल के साथ कई बार संपर्क करते हैं। नागरिकों का प्रतिशत, विशेषतौर पर गरीबों का जो इन सेवाओं की माँग अथवा उन्हें प्राप्त करने का प्रयास करते हैं, पुलिस, भूमि–पंजीकरण, अथवा आवासन के मामले में सापेक्षिक रूप से कम हो सकता है, परंतु सरकार की प्रकृति तथा सामान्य अर्थों में भ्रष्टाचार के प्रचलन तथा साथ ही साथ सार्वजनिक सेवा के विशिष्ट संदर्भ में उनकी धारणाएं बहुत अधिक ऊँची होगीं। प्रस्तुत पुस्तक में संदर्भित 12 सेवाएं वे हैं जो नागरिकों, विशेषतौर पर गरीबों, के द्वारा प्रायः ही प्राप्त की जाती हैं और, इस प्रक्रिया में, वे भ्रष्टाचार का अनुभव करते हैं (सारणी 2.2)। यदि इन सेवाओं, अथवा इनमें से जितनी भी संभव हो सकें, पर ध्यान केन्द्रित किए जाने का प्रयास किया जाता है, तो यह भ्रष्टाचार को समाप्त किए जाने में महत्वपूर्ण योगदान कर सकेगीं और प्रवृत्ति को विपरीत दिशा में मोड़ने की दिशा में एक कदम होगीं।

सारणी 2.2
सार्वजनिक सेवाओं को प्राप्त किए जाने में नागरिकों के द्वारा सामना की जाने वाली सर्वाधिक आम बाधाएं

	प्रतिशत				
सेवाएं	*कर्मचारियों की अनुपस्थिति*	*भ्रष्ट कर्मचारी*	*दलालों का आतंक*	*प्रक्रिया सम्बन्धी समस्याएं / प्रश्न*	*कोई प्रपत्र / सूचना उपलब्ध नहीं*
सार्वजनिक वितरण प्रणाली	18	38	4	37	3
अस्पताल	26	31	2	38	4
स्कूली शिक्षा	21	33	3	35	7
विद्युतापूर्ति	18	35	4	40	3
जलापूर्ति	23	31	5	36	5
नरेगा	10	37	13	33	7
भू–अभिलेख / पंजीकरण	11	51	6	27	4
वन	11	53	5	28	2
आवासन	9	50	14	24	3
बैंकिंग	13	28	4	48	6
पुलिस	4	73	4	17	2

स्रोतः India Corruption Studies, 2007.

इन सार्वजनिक सेवाओं में भ्रष्टाचार का स्तर इस बात का एक निर्दिष्ट बिन्दु हो सकता है कि क्या कोई सरकार "सुशासन" प्रदान कर पा रही है अथवा नहीं। हम इस सम्बन्ध में भ्रष्टाचार को महत्वपूर्ण रूप से कम कर पाने में क्यों सक्षम नहीं हो पा रहे हैं? एक दर्जन से भी अधिक आधारभूत सेवाओं के संदर्भ में संपूर्ण देश के शहरी तथा ग्रामीण क्षेत्रों में किए गए अध्ययनों की एक श्रृंखला के आधार पर ऐसा अनुभव किया गया है कि हस्तक्षेप के 6 क्षेत्र इन सेवाओं में भ्रष्टाचार को उल्लेखनीय रूप से कम कर सकते हैं। मात्र सूचना एवं संचार प्रौद्योगिकी (आईसीटी) को तैनात किए जाने तथा व्यवस्था, पद्धति एवं प्रशिक्षण को छोड़कर इन हस्तक्षेपों में से किसी के भी साथ अधिक अतिरिक्त निवेश किए जाने की आवश्यकता नहीं है।

ऐसे सभी लोगों, जिनका सामना भ्रष्टाचार से हो चुका हो, ने वास्तव में सेवा विशेष को प्राप्त नहीं किया हो सकता है–कुछ इसलिए नहीं प्राप्त करते क्योंकि उनके लिए घूस देना संभव नहीं होता।

इन 6 क्षेत्रों, जिनमें ध्यान केन्द्रित तरीके से विशेष प्रयास किए जाने तथा जिन्हें प्रत्येक सार्वजनिक सेवा के विशिष्ट संदर्भ में रणनीतिक रूप से लागू किए जाने की आवश्यकता है, को दो मुख्य वर्गों में विभाजित किया जा सकता है:

1. भ्रष्ट कर्मचारी, कर्मचारियों की अनुपस्थिति, तथा दलालों का आतंक
2. प्रक्रियाएं तथा औपचारिकताएं, चक्कर लगवाए जाने को न्यूनतम किया जाना, तथा सूचना एवं तकनीकी जानकारी

भ्रष्टाचार के वहाँ अधिक होने की संभावना होती है जहाँ किसी सेवा को प्राप्त किए जाने का प्रयास करने के लिए किसी नागरिक को बारबार किसी सेवा केन्द्र का चक्कर लगाना पड़ता है। वास्तव में, जितनी बार किसी व्यक्ति को चक्कर लगाना पड़ा हो वह घूस दिए जाने की अनिवार्यता अथवा सेवा में "घूस की माँग किए जाने" की प्रवृत्ति का एक संकेतक होता है। बार–बार चक्कर लगाने की ऐसी अनिवार्यता उस सेवा के भ्रष्ट होने की अवधारणा को मजबूत करती है। अतिविशिष्ट तौर पर गरीबों के मामले में किसी सेवा को प्राप्त किए जाने हेतु बारबार चक्कर लगाए जाने का अर्थ प्रताड़ना तथा मजदूरी अथवा कमाई के अवसर की हानि होना होता है। तब, इसी के साथ–साथ, और अधिक चक्करों का अर्थ सेवा केन्द्र तक आने जाने के लिए और अधिक "परिवहन व्यय", विशेषतौर पर जब जब कार्यालय किसी के निवास स्थान से लंबी दूरी पर स्थित हो, जैसा कि ऐसी उन महत्वपूर्ण सेवाओं के अधिकांश मामलों में होता है जिन्हें एक साधारण नागरिक प्राप्त करने का प्रयास करता है (सारणी 2.3)।

सारणी 2.3
सर्वाधिक आम प्रयोजन जिनके लिए बार–बार चक्कर लगाने पड़ते हैं–सेवावार

	गरीब परिवारों का प्रतिशत
सार्वजनिक वितरण प्रणाली–एक नए राशन कार्ड हेतु	62
सार्वजनिक वितरण प्रणाली–राशन कार्ड बदलवाने हेतु	23
स्कूल–छात्रवृत्ति के लिए	22
विद्युतापूर्ति–बिल सम्बन्धी / खराब मीटर हेतु	37
विद्युतापूर्ति–खराब मीटर	24
जलापूर्ति–अवस्थापन / रखरखाव	60
नरेगा–चयन / पात्रता प्राप्त करने हेतु	56
नरेगा–जॉब कार्ड प्राप्त करने हेतु	24
भूमि पंजीकरण–अभिलेख प्राप्त करने हेतु	23
भूमि पंजीकरण–भू–राजस्व का भुगतान करने हेतु	17
आवासन–भूखंड / गृह के आवंटन हेतु	69
आवासन–गृह ऋण हेतु	14
बैंकिंग–एक नया खाता खोलने हेतु	38
बैंकिंग–ऋण स्वीकृत करवाने हेतु	28
पुलिस–शिकायत दर्ज करवाने हेतु	46
अस्पताल–एक बिस्तर प्राप्त करने / मरीज भर्ती करवाने हेतु	29

स्रोत: India Corruption Study.
टिप्पणी: उपरोक्त प्रतिशत ऐसे लोगों में से लिए गए हैं जिनके द्वारा ''विगत एक वर्ष'' के दौरान सेवाओं का उपयोग किया गया है।

बारबार चक्कर लगाना–किसी भी नागरिक के लिए किसी सेवाप्रदाता के पास जाना और पुनः जाना–अंततः वैसा नहीं होना चाहिए जैसा कि यह वर्तमान समय में है। आज उपलब्ध अंतरसक्रिय नवीनतम सूचना एवं संचार प्रौद्योगिकी (आईसीटी) उपकरणों के साथ नागरिकों के लिए यह संभव होना चाहिए कि वे सरकारी कार्यालय में जाए बिना ही सेवाओं को प्राप्त कर सकें। सरकार स्वयं भी नागरिकों के दरवाजों तक पहुँचने का भी प्रयास कर रही है। उदाहरणार्थ, संक्षिप्त संदेश सेवा (एसएमएस) सुविधा के माध्यम से मोबाइल फोन इस कार्य को पूरा करने में सहायक हो सकते हैं।

बारबार चक्कर लगवाने के लिए सेवा प्रदाताओं के द्वारा दिए जाने वाले कारणों में से एक है कर्मचारियों की कमी। परंतु सन् 2006 के अध्ययन ने संकेत प्रदान किया था कि विभिन्न सेवाओं में श्रमशक्ति तथा सेवा की गुणवत्ता के बीच कोई भी महत्वपूर्ण सहसम्बन्ध मौजूद नहीं है। पर्याप्त श्रमशक्ति का होना एक अनिवार्य शर्त है परंतु उत्तम सेवा प्रदान करने हेतु यह एक पर्याप्त शर्त नहीं है।

कुछ राज्य सरकारों ने ऐसे किसी न किसी विशिष्ट प्रयासों के साथ प्रयोग किए हैं। परंतु क्यों वे उसी को एक सतत् आधार पर नहीं अपना सके? *ई–सेवा* के माध्यम से सेवाओं की सुपुर्दगी का "एकल खिड़की" दृष्टिकोण ऐसी ही एक अन्य विचार था जिसका प्रयोग किया गया और सेवाओं, जैसे विभिन्न प्रमाणपत्रों तथा अद्यतन सूचनाओं को प्राप्त किया जाने के लिए एक सतत् माध्यम के रूप में अपना लिया गया। इससे नागरिकों के लिए बिलों, करों आदि का भुगतान करना सरल हो गया। ऐसे "एकल खिड़की" केन्द्रों के बेहतर उपकरणयुक्त, नेटवर्कयुक्त, समन्वित तथा प्रशिक्षित एवं अभिप्रेरित कर्मचारियों से युक्त होने की आशा की जाती है। आज वे किस सीमा तक ऐसे ही हैं? और क्या इससे घूस देने की मजबूरी में कमी आ सकी है?

चुनी गई सार्वजनिक सेवाओं में से प्रत्येक के मामले में एक ऐसे विशिष्ट कार्य की पहचान की गई है, जिसपर ध्यान दिए जाने और उसे सुव्यवस्थित बनाए जाने की आवश्यकता है ताकि समग्र धारणाओं के साथ–साथ नागरिकों के अनुभवों में कुछ अंतर लाया जा सके।

लगभग 30 वर्षों पूर्व (1982–84) आंध्र–प्रदेश में एनटीआर सरकार[7] ने वास्तव में ऐसी ही एक योजना के साथ प्रारंभिक प्रयोग किया था जिसे वर्ष में कम से कम एक बार संपन्न किया गया। किसी भी जिले अथवा खंड में विभिन्न योजनाओं के लिए उत्तरदायी अधिकारियों ने एक दल का गठन किया और वे दरवाजे–दरवाजे गए तथा वहीं हाथों–हाथ औपचारिकताओं को पूरा किया। हालांकि, इस बात का कोई साक्ष्य नहीं है कि अधिकारियों ने ऐसे संपर्क कार्यक्रमों को उतने ही उत्साहपूर्वक लिया था जितने उत्साह के साथ इन्हें प्रारंभ किया गया था। परंतु, यह राजनीतिक नेतृत्व का दायित्व होता है कि वे पैरवी करें, अभिप्रेरित करें और यह प्रदर्शित करें कि ऐसी योजनाएं विभिन्न स्तरों पर बैठे अधिकारियों सहित सभी के लिए किस प्रकार से सफलता अर्जित करने का अवसर होती हैं। परंतु सार्वजनिक सेवाओं में भ्रष्टाचार को ऐसे एक बार किए जाने वाले अथवा आकस्मिक प्रयोगों के साथ दूर नहीं किया जा सकता।

यही दुविधा है। किसी भी व्यवस्था में से भ्रष्ट अधिकारियों को बिना अलग–थलग और सम्बोधित किए क्या हम भ्रष्टाचार को समाप्त कर सकते हैं? निम्नलिखित जैसे कुछ उपायों के द्वारा कामकाज में व्यक्तिपरक प्रकृति को न्यूनतम किया जाना चाहिए, कामकाज में पारदर्शिता को अधिकतम किया जाना चाहिए, बाहरी एजेन्सी के द्वारा निरीक्षण को सुनिश्चित किया जाना चाहिए, सेवा के एक आवधिक आकलन तथा मूल्यांकन में संभावित उपयोगकर्ताओं की सहभागिता को प्रोत्साहित किया जाना चाहिए, तथा शिकायतों का शीघ्रता से प्रत्युत्तर दिया जाना चाहिए। प्रत्येक सेवा के द्वारा उपयोगकर्ता की प्रतिपुष्टि को

स्वैच्छिक आधार पर प्रोत्साहित किया जाना चाहिए। प्रतिपुष्टि को प्रोत्साहित किए जाने का एक तरीका है शिकायतों का त्वरित प्रत्युत्तर दिया जाना, अच्छा हो कि ऐसा किसी वरिष्ठ अधिकारी के द्वारा किया जाए। कुछ राज्य सरकारों ने ऐसे ही विचार के साथ प्रयोग भी किए हैं। परंतु वे सतत् आधार पर ऐसी योजनाओं को जारी क्यों नहीं रख सके हैं?

कार्यालयों में भ्रष्ट कर्मचारियों की पहचान किए जाने तथा उनपर विशेष निगाह रखे जाने की आवश्यकता है। नई तकनीकें, जैसे बायोमेट्रिक्स आदि को लागू किए जाने की आवश्यकता है। सूचना के अधिकार अधिनियम तथा इसके प्रावधानों को अब ऐसे अधिकारियों का पर्दाफाश करने के लिए एक वरदान होना चाहिए। ऐसी किसी भी प्रक्रिया को सुविधाजनक बनाए जाने हेतु अधिकारियों की पहचान बाहर लगी एक नामपट्टिका, जिसमें उनके नाम, पद, सौंपे गए कार्य तथा उनके पर्यवेक्षी अधिकारी के नाम का भी उल्लेख किया गया हो, के साथ की जानी चाहिए। सूचना के अधिकार पर प्रशिक्षण अथवा अनुस्थापन के एक भाग के रूप में उन आधारभूत सेवाओं में नियुक्त अधिकारियों को भ्रष्ट व्यवहारों एवं विधियों के साथ अवगत करवाया जाना चाहिए तथा इस बात से भी कि स्थानीय तौर पर भ्रष्टाचार को समाप्त किए जाने की पहल किस प्रकार की जानी चाहिए।

सर्वप्रथम सुनिश्चित की जाने वाली बातों में से एक यह है कि कार्यालय में कार्यकाल के दौरान कर्मचारियों की उपस्थिति को सुनिश्चित किया जाए। बारबार चक्कर लगाए जाने और नागरिकों से निरंतर प्राप्त होने वाली शिकायतों के कारणों में से एक यह है कि सम्बन्धित अधिकारी अपनी कुर्सी अथवा अपने कार्यालय में "उपलब्ध नहीं" थे/थीं। अब जबकि उपस्थिति दर्ज करने की बायोमेट्रिक्स विधि उपलब्ध है, इस समस्या के एक अंश का समाधान किया जा सकता है। परंतु समस्या है "कार्यालय में हैं किन्तु उपलब्ध नहीं" अथवा "उपलब्ध हैं किन्तु मिलने के इच्छुक नहीं" की। अधिकारियों के स्पष्ट उत्तरदायित्वों तथा उनके कार्यों की आवधिक समीक्षा के बिना गौर किए जाने योग्य परिणाम प्राप्त किया जाना संभव नहीं हो सकता।

घूस देने में सक्षम न होने के कारण सेवा प्राप्त नहीं कर सके!

इंडिया करप्शन सर्वे (2008) ने देश में पहली बार ऐसे गरीब परिवारों की गिनती की है जिन्हें किसी सार्वजनिक सेवा की आवश्यकता थी तथा जिन्होंने उसे पाने का प्रयास भी किया लेकिन घूस दे पाने में सक्षम न होने अथवा/और किसी 'संपर्क'' के अभाव के कारण उसे प्राप्त नहीं कर सके। यदि भ्रष्टाचार के कारण

गरीब को आधारभूत सार्वजनिक सेवाओं को प्राप्त करने से वंचित किया जाता है तो भले ही ऐसे लोगों का प्रतिशत बहुत कम ही क्यों न हो, किसी भी सरकार, जो ''समावेशी'' तथा *आम आदमी* की सरकार होने का दावा करती है, को गंभीरतापूर्वक इस पर विचार करने की आवश्यकता होती है।

ओडिशा, मध्य प्रदेश, गुजरात, तथा कर्नाटक (2008) में 10 प्रतिशत से भी अधिक गरीब परिवार नरेगा में या तो काम नहीं पा सके अथवा समय पर तथा अपना पूरा पारश्रमिक नहीं प्राप्त कर सके। यह तथ्य, कि अनेकों राज्यों, जैसे उत्तर प्रदेश, राजस्थान, मध्य प्रदेश, कर्नाटक, झारखंड, गुजरात तथा बिहार में आवासीय योजनाओं के अंतर्गत गरीबों के लिए लक्षित आवास अथवा आवासीय भूखंडों को गरीब लोगों में से 10 प्रतिशत से अधिक के द्वारा प्राप्त नहीं किया जा सका, एक अत्यन्त ही गंभीर समस्या है। इसी प्रकार से, स्कूलों के मामले में, शिक्षा का अधिकार अधिनियम के बावजूद उत्तर प्रदेश तथा बिहार में 14 से 18 प्रतिशत गरीब परिवारों के द्वारा अपने बच्चों को स्कूल में प्रवेश दिलवाने में एक न एक समस्या का सामना करना पड़ा। कुछ राज्यों में गरीबों के अपेक्षाकृत बड़े प्रतिशत तो पेयजल से भी इसलिए वंचित रहे हैं क्योंकि वे घूस नहीं दे सके अथवा/और उनके पास कोई संपर्क नहीं था। यह विशिष्ट निष्कर्ष स्थानीय तौर पर निर्वाचित प्रतिनिधि की विफलता तथा उदासीनता को भी सामने लाता है (सारणी 2.4)।

सारणी 2.4

गरीब परिवार जिन्होंने किसी संपर्क का उपयोग किया और वे परिवार जो घूस दे सकने में सक्षम न होने के कारण सेवाएं प्राप्त नहीं कर सके (वर्ष 2007)

	सेवा की माँग करने वालों का प्रतिशत (पूर्ण संख्या में)	
सेवा	*सेवा प्राप्ति हेतु संपर्क का उपयोग करने वाले*	*घूस न दे पाने के कारण सेवा न प्राप्त कर सकने वाले*
सार्वजनिक वितरण प्रणाली	4	2
अस्पताल	6	2
स्कूली शिक्षा	4	2
विद्युतापूर्ति	5	2
जलापूर्ति	6	4
नरेगा	8	5
भू–अभिलेख/पंजीकरण	10	5
वन	10	4
आवासन	12	12
बैंकिंग	4	3
पुलिस	16	5

स्रोतः India Corruption Studies, 2007.

भुगतान नहीं, प्राप्ति नहीं

राजनीतिक दल तथा सरकारें कार्यक्रमों के ''समावेशन'' के सम्बन्ध में बातें करती रही हैं और गरीबों में से सबसे गरीब के लिए विशेषतौर पर लक्षित की गई योजनाओं के साथ सामने आती रही हैं। दो दशकों से भी अधिक समय पूर्व चलाया गया अन्त्योदय (राजस्थान) ऐसा ही एक कार्यक्रम था। विभिन्न राज्यों के पास ऐसी पहुँच के लिए विभिन्न कार्यक्रम होते हैं, जिनमें से कुछ को जारी रखा जा रहा है, जबकि कुछ को या तो भुला दिया गया है अथवा बंद कर दिया गया है। हाल ही में बिहार ने ऐसा ही एक कार्यक्रम ''महादलित'' सन् 2009 में प्रारंभ किया है। तीन दशकों पूर्व सार्वजनिक सेवाओं से बाहर छूट गए लोगों के सम्बन्ध में मेरा अपना अनुमान 15 से 20 प्रतिशत गरीबों का है। इसके कई कारण थे। बारबार होने वाले चुनावों का धन्यवाद किया जाना चाहिए कि अधिकांश आधारभूत सेवाओं के मामले में यह प्रतिशत आज (2010) 10 से बहुत नीचे आ चुका है। परंतु जो कुछ भी चिंता का विषय होना चाहिए वह यह है कि लागू किए जाने के कई वर्षों के बाद तथा सरकार के द्वारा इस कार्यक्रम को अपने ''अग्रणी'' अथवा गरीबों के प्रति अपनी चिंता का प्रर्दशन करने वाले कार्यक्रम के रूप में अपनाए जाने के बाद भी पिछले एक वर्ष के दौरान सेवा की माँग करने वाले लगभग 5 प्रतिशत लोगों को इन सेवाओं से वंचित रहना पड़ा अथवा उन्हें इन तक पहुँच नहीं प्राप्त हो सकी। गरीबों के लिए आवासीय भूखंड अथवा पूर्वनिर्मित मकानों तथा मीडिया में कुछ विशेष रूप से प्रचारित कतिपय योजनाओं के मामले में सन् 2007 में 12 प्रतिशत के आसपास लोग इन्हें नहीं प्राप्त कर सके क्योंकि या तो वे घूस नहीं दे सके (घूस की राशि मामूली नहीं थी) अथवा उनके पास कोई संपर्क नहीं था। यहाँ तक कि नरेगा के मामले में भी कुछ स्थानों पर ऐसा 5 प्रतिशत तक था। परंतु स्वतंत्रताप्राप्ति के 64 वर्षों के बाद भी गरीबों के लिए तैयार की गई ऐसी सार्वजनिक सेवाएं अभी भी मौजूद हैं जिन्हें गरीबों के कम से कम 5 प्रतिशत भाग के द्वारा मात्र इसलिए प्राप्त नहीं किया जा सका है क्योंकि वे घूस नहीं दे सकते थे अथवा उनके पास सहायता प्राप्त किए जाने हेतु कोई राजनीतिज्ञ अथवा निर्वाचित प्रतिनिधि सहित कोई भी संपर्क उपलब्ध नहीं था।

परंतु, यदि भ्रष्टाचार के एक दीर्घकालिक, जैसे, तीन अथवा चार वर्ष के दृष्टिकोण को ऐसे लोगों के प्रतिशत के रूप में लिया जाए जो कतिपय सार्वजनिक सेवाओं को इसलिए नहीं प्राप्त कर सके क्योंकि वे घूस का भुगतान नहीं कर सके थे, तब आधारभूत सार्वजनिक सेवाओं तक पहुँच से ''बाहर रह गए'' लोगों का प्रतिशत उस प्रतिशत के दो से तीन गुने से अधिक हो जाएगा जो एक वर्ष के संदर्भ में रहा हो सकता है।

दलालों का आतंक

अध्ययनों ने यह स्पष्ट कर दिया है कि यहाँ तक कि आधारभूत सार्वजनिक सेवाओं में भी नागरिकों के लिए काम करवा दिए जाने हेतु दलाल किस प्रकार से कार्य करते हैं। ये दलाल सार्वजनिक कार्यालयों में बैठे निर्णय लिए जाने हेतु उत्तरदायी लोगों के एजेंट के रूप में कार्य करते हैं अथवा अंदर बैठे अधिकारियों के संपर्क के रूप में कार्य करते हैं। दलाल अकेले ऐसे व्यक्ति हो सकते हैं जो किसी फोटोकॉपी की दुकान, किसी साइकिल स्टैंड, किसी नोटरी जैसे स्थानों से कार्य कर रहे हों अथवा उस इमारत के परिसर के अंदर अथवा बाहर से जहाँ सार्वजनिक सेवा प्रदान की जा रही हो। कुछ स्थानों पर ऐसे दलाल घूमते रहते हैं, जैसे कि भूमि पंजीकरण के कार्यालयों, ड्राइविंग लाइसेंस कार्यालयों, घरों इत्यादि के आसपास, और ऐसे जैसे कि मात्र वहीं कार्य करवा दिए जाने का एक माध्यम उपलब्ध करवा सकते हैं। ऐसे दलालों के अतिरिक्त, स्थानीय कार्यकर्ता, जिनमें राजनीतिक दलों के कार्यकर्ता भी शामिल हैं, भी यह कार्य करते हैं। उनमें से कुछ कमीशन अथवा क्षतिपूर्ति के आधार पर भी कार्य करते हैं।

यदि निर्वाचित प्रतिनिधि अथवा/और राजनीतिक कार्यकर्ता परामर्शदाता अथवा संदर्भ बिन्दु के रूप में कार्य करते हैं और कार्य किस प्रकार करवाना है इस विषय में एक सामाजिक/स्वैच्छिक सेवा के रूप में नागरिकों का मार्गदर्शन करते हैं, तब इसे प्रोत्साहित किया जाना तथा इसका स्वागत किया जाना चाहिए। हालांकि, यह सुनिश्चित किया जाना चाहिए कि वे, प्रत्यक्ष अथवा अप्रत्यक्ष रूप से, इस कार्य को किसी कमीशन के बदले में न करें तथा ऐसी किसी भी सेवा को औपचारिक तौर पर नियमों के अंतर्गत अंतर्निर्मित अथवा प्रावधान की गई होनी चाहिए।

राजनीतिक कार्यकर्ताओं से निःसहाय नागरिकों तथा ऐसे लोगों की सहायता करने की आशा की जाती है जो पैसे नहीं दे सकते। आज, परिवर्तित हो चुकी राजनीतिक बाध्यताओं तथा उनके प्रतिनिधिक चरित्र में गिरावट के साथ ही निर्वाचित प्रतिनिधि उन्हीं लोगों की सेवा की प्रवृत्ति रखते हैं जो पहले से ही संपन्न हैं अथवा उनके निष्ठापूर्ण समर्थक हैं। गरीब और जरूरतमंद, जिनके पास ऐसे कोई भी संपर्क उपलब्ध नहीं हैं, के पास दलालों का भरोसा किए जाने के अलावा कोई चारा नहीं होता। शहरी विकास प्राधिकरणों जैसे कुछ सार्वजनिक कार्यालयों में कार्यरत् दलालों के कार्य के एक विश्लेषण से यह तथ्य सामने आया है कि कभी–कभी दलाल ऐसे नागरिकों का मार्गदर्शन करते हैं, यहाँ तक कि उन्हें शिक्षित भी करते हैं, जिनके पास इस प्रक्रिया से होकर गुजरने का समय नहीं होता अथवा जो सामान्य कार्यवाही के दौरान फार्म इत्यादि नहीं प्राप्त कर पाते। एक तर्क यह दिया जाता है कि ऐसा दलालों के अस्तित्व के कारण

है कि इन सार्वजनिक सेवाओं में से कुछ ''समावेशी'' बन चुकी हैं और यह कि, अन्यथा रूप से, कुछ जरूरतमंद गरीब सार्वजनिक सेवाओं से वंचित रह जाएगें। मामले के ऐसा ही होते हुए जनता को मार्गदर्शन, परामर्श तथा सहायता प्रदान किए जाने के लिए फ्रंट डेस्क अथवा सूचना काउन्टरों को वह गंभीरता प्रदान किए जाने की आवश्यकता है जिसकी ऐसे कार्यवाही के लिए आवश्यकता हो। परंतु ऐसे काउन्टरों को एक जिम्मेदार अधिकारी की उपलब्धता के साथ–साथ भरोसेमंद भी होना चाहिए। जिला स्तर पर इन सार्वजनिक कार्यालयों में से अनेकों में पहले से ही एक फ्रंट डेस्क तथा/अथवा एक सूचना काउन्टर मौजूद है, परंतु प्रायः ही या तो ये प्रभावी नहीं हैं अथवा वहाँ कोई अधिकारी उपलब्ध नहीं होता। ऐसे किसी भी डेस्क/काउन्टर को विशिष्ट रूप से डिजाइन किए जाने तथा आधुनिक संचार सुविधाओं, नेटवर्कयुक्त कंप्यूटरों तथा शिकायतों को सुनने के लिए अधिकारियों से लैस किए जाने की आवश्यकता है। टेलीफोन काउन्टर को ऐसा होना चाहिए कि इसके पास माँग तथा इसकी विशिष्टताओं जैसे भाषा, बार–बार पूछे जाने वाले प्रश्नों इत्यादि का समुचित प्रत्युत्तर दे पाने की क्षमता उपलब्ध हो।

नागरिकों के द्वारा किसी भी सार्वजनिक सेवाओं के कार्यालय अथवा केन्द्र पर जाने पर सामना की जाने वाली बाधाओं के कारण उन्हें एक ही प्रयोजन के लिए बारबार वहाँ जाना पड़ता है, और उनमें से कुछ अंततः (परिस्थिति का अनुभव करते हुए) स्वयं ही अथवा अंदर के किसी कर्मचारी के सुझाव पर घूस देकर कार्य करवा लेते हैं।

दलालों का आतंक महत्वहीन प्रतीत होता है यदि ऐसे लोगों के प्रतिशत पर विचार किए जाए जिन्होंने किसी सार्वजनिक सेवाओं को प्राप्त किए जाने में इसे एक बाधा के रूप में स्वीकार किया है। तथापि, यह घटना दुर्भावना के एक स्तर का संकेत प्रदान करती है और शीघ्रता से इसका संज्ञान न लिए जाने पर बहुगुणित होती है और सार्वजनिक सेवाओं में भ्रष्टाचार के प्रति धारणा को आगे और मजबूत करती है। ऐसी सेवाओं में कुछ अधिकारीगण भ्रष्टाचार से सम्बन्धित धारणाओं की बड़ी संख्या को एक लाभदायक स्थिति के रूप में देखते हैं। क्योंकि, तब, नागरिक, भले ही उनका सामाजिक–आर्थिक स्तर कुछ भी क्यों न हो, शीघ्रता से घूस देने के लिए तैयार हो जाते हैं, कुछ इस प्रकार जैसे ऐसा किया जाना कोई औपचारिकता अथवा एक बाध्यता हो।

कुर्सी अथवा ड्यूटी पर कर्मचारियों की अनुपलब्धता तथा दलालों के आतंक की सीमा परस्पर सम्बन्धित हैं। इन पहलुओं पर गंभीरतापूर्वक तथा प्राथमिकता के आधार पर कार्य किए बिना नागरिकों की संलिप्तता वाले भ्रष्टाचार का समाधान नहीं किया जा सकता। इन समस्त महत्वपूर्ण सार्वजनिक सेवाओं के मामलों में केन्द्र तथा राज्य सरकारों को इनमें से प्रत्येक पहलू पर ऐसी विशिष्ट

योजनाओं के साथ आगे आना होगा। ऐसे किन्हीं भी उपायों के सुखदायी परिणाम का साक्ष्य उन चक्करों की संख्या होगी जिसे किसी भी नागरिक को कार्य करवाने के लिए लगाना होगा।

शिकायत निवारण

किसी भी लोकतंत्र में शिकायत निवारण कुछ वैसा ही होता है जैसे कि शरीर के तापमान की जानकारी लेना। एक निश्चित स्तर से अधिक संख्या में शिकायतें कुछ गलत हो रहे होने तथा किसी कार्य को दुरुस्त किए जाने अथवा अनुवर्ती कार्यवाही किए जाने की आवश्यकता का संकेत देती हैं ताकि तापमान अर्थात् शिकायतों को सामान्य स्तर तक लाया जा सके। विभिन्न सर्वेक्षणों को ध्यान में रखा जाए तो नागरिक सार्वजनिक सेवाओं में भ्रष्टाचार के सम्बन्ध में लिखित में अथवा किसी भी अन्य तरीके से मुश्किल से ही शिकायतें करते हैं। शिकायतों पर आधिकारिक रेकार्ड जो कुछ भी प्रदर्शित करते हैं उनकी संख्या महत्वहीन है। यह भ्रामक है क्योंकि यह नागरिकों की उदासीनता का द्योतक है, जो बड़ी सीमा तक निवारण प्रत्युत्तर तंत्र में विश्वास के अभाव का परिणाम है तथा, इससे भी बुरी बात यह है कि ऐसी कतिपय सार्वजनिक धारणाओं कि "शिकायत किया जाना बेकार है और इससे कोई लाभ नहीं होगा" के कारण यह स्थिति को और खराब कर सकता है अथवा किसी सार्वजनिक सेवा को प्राप्त किए जाने से वंचित तक कर सकता है। कुछ मामलों में यह स्थिति "तूफान पूर्व की शांति" की प्रवृत्ति की याद दिलाती है। सेवाप्रदाताओं की सामान्य सोच यह है कि शिकायतों का प्राप्त किया जाना बुरा होता है और इसीलिए बेहतर यही है कि शिकायतों से बचा जाए या उनकी उपेक्षा कर दी जाए। कुछ सार्वजनिक सेवाओं में भ्रष्टाचार की यही जड़ है। सीएमएस का सर्वेक्षण इस तथ्य को प्रस्तुत करता है कि अधिकांश सार्वजनिक सेवाओं में शिकायत–पुस्तिका प्रायः उपलब्ध ही नहीं होती अथवा/तथा उसपर कभी भी ध्यान नहीं दिया जाता। और किसी भी सार्वजनिक सेवा के सम्बन्ध में नागरिकों की किसी भी प्रकार की शिकायतों अथवा फीडबैक को प्रोत्साहित किए जाने तथा उसका स्वागत किए जाने के लिए बहुत कम ही कार्य किया जाता है, बावजूद इसके कि उपयोगकर्ता से फीडबैक प्राप्त किए जाने की अनेकों नवीनतम पद्धतियाँ उपलब्ध हैं। निजी क्षेत्र में कारपोरेट कंपनियाँ सभी प्रकार के फीडबैक प्राप्त करने हेतु विशिष्ट प्रयासों को अपना रही हैं। यदि निवारण तंत्र को सुधारा नहीं जा सकता तथा और अधिक प्रत्युत्तरदायी नहीं बनाया जा सकता तो सार्वजनिक सेवाओं में नागरिकों की संलिप्तता वाले भ्रष्टाचार में कमी

सारणी 2.5

शिकायत निवारण तंत्रः क्या गत एक वर्ष में इसमें गिरावट आई है?

	ऐसे लोगों का प्रतिशत जिन्होंने गत वर्ष के दौरान सेवाएं प्राप्त कीं								
	सार्वजनिक वितरण प्रणाली	*अस्पताल*	*विद्युतापूर्ति*	*स्कूल*	*जलापूर्ति*	*पुलिस*	*भू–पंजीकरण*	*आवासन*	*नरेगा*
आंध्र प्रदेश	34	17	17	15	12	59	49	35	19
असम	22	30	27	16	40	50	35	32	33
बिहार	25	20	39	19	14	25	22	46	31
दिल्ली	36	13	17	8	4	28	37	6	–
गुजरात	17	10	4	3	7	42	30	35	25
हरियाणा	25	29	40	13	28	53	51	40	34
हिमाचल प्रदेश	6	11	6	4	4	9	15	3	10
जम्मू एवं कश्मीर	9	7	26	11	26	52	21	38	9
झारखंड	71	59	36	31	62	63	66	73	62
कर्नाटक	11	9	9	6	7	15	12	17	12
केरल	37	26	37	6	37	51	42	49	37
मध्य प्रदेश	29	30	20	23	15	47	36	27	33
महाराष्ट्र	18	14	14	12	10	26	42	37	13
उत्तरपूर्वीय राज्य	27	23	21	14	29	46	29	26	24
उड़ीसा	22	24	8	8	19	12	29	22	26
पंजाब	22	21	17	16	24	51	29	28	20
राजस्थान	29	21	23	7	15	46	40	49	37
तामिलनाडु	15	18	18	8	22	33	31	19	19
उत्तराखंड	20	10	12	5	9	38	35	27	19
पश्चिम बंगाल	16	13	19	16	12	28	34	29	26

स्रोतः India Corruption Studies, 2007 से विश्लेषण किए गए आँकड़े।

आने की आशा नहीं की जा सकती। शिकायत निवारण एक ऐसा मुख्य कारक है जो किसी भी विशिष्ट सार्वजनिक सेवा में भ्रष्टाचार के सम्बन्ध में सभी प्रकार की अवधारणा में योगदान करता है।

भ्रष्टाचार के एक वाद में एक निर्णय पारित करते समय भारत के सर्वोच्च न्यायालय के दो वरिष्ठ न्यायाधीशों ने 6 जुलाई, 2010 के दिन यह प्रेक्षित किया था कि "अपने द्वारा दी जाने वाली घूस के सम्बन्ध में नागरिक वरिष्ठ अधिकारियों से इसलिए शिकायत नहीं कर रहे हैं क्योंकि नागरिकों को यह आभास है कि इस घूस में वरिष्ठ अधिकारियों का भी हिस्सा है" (*इनाडु*, 7 जुलाई, 2010)। यदि निवारण का कोई भी साक्ष्य मौजूद नहीं है तो किसी भी मार्ग से कोई शिकायत आएगी ही नहीं। "उपलब्धियों" के दावे की बयानबाजी किए जाने के बजाए निवारण किए जाने से सार्वजनिक सेवा की सुपुर्दगी में नागरिकों के विश्वास में वृद्धि होती है। सामान्य तौर पर संतुष्टि का स्तर तथा धारणा की प्रवृत्तियाँ निवारण तंत्र एवं व्यवहारों पर अधिक निर्भर करती हैं। भ्रष्टाचार के सम्बन्ध में अनुभव की तुलना में धारणा का स्तर ऊँचा क्यों है इसका एक कारण है शिकायत निवारण व्यवहारों का निम्न स्तर। सार्वजनिक सेवाओं की सुपुर्दगी में सुधार करने के लिए अपनाए गए अनेकों उपायों, जैसे कंप्यूटरीकरण, ई–गवर्नेंस, सिटीजन चार्टर का उपयोग, सूचना का अधिकार अधिनियम, सामाजिक अंकेक्षण इत्यादि के बावजूद किसी भी सार्वजनिक सेवा में उपयोगकर्ताओं की शिकायतों के स्तर में कोई महत्वपूर्ण अंतर नहीं आ सका है। ऐसा शायद इसलिए है क्योंकि इनके लाभों को प्राप्त किया जाना अभी शेष है। हालांकि, स्कूली शिक्षा, विद्युत आपूर्ति, जलापूर्ति, तथा बैंकिंग जैसी सेवाओं के मामलों में सापेक्षिक रूप से और अधिक लोगों (20 प्रतिशत अथवा और अधिक परिवारों) ने किसी न किसी शिकायत निवारण तंत्र की मौजूदगी को स्वीकार किया है। वास्तव में, सेवाओं का उपयोग कर चुके बीपीएल परिवारों में से आधे से भी अधिक ने निवारण व्यवहार को गतवर्ष के समान ही पाया है।

क्या निवारण तंत्र में कोई सुधार हो पाया है? यदि आधे से अधिक गरीब लोगों को पता ही न हो कि कोई शिकायत निवारण मंच मौजूद भी है अथवा सहायता प्राप्त करने या कोई शिकायत करने के लिए कहाँ जाया जाए, तो फिर उनसे किसी प्रकार की शिकायत किए जाने अथवा किसी आधारभूत सार्वजनिक सेवा को प्राप्त किए जाने में घूस देने का प्रतिरोध किए जाने अथवा उससे बचने के लिए आत्मविश्वास विकसित किए जाने की आशा किस प्रकार की जा सकती है? (देखें सारणी 2.6)।

शिकायत निवारण के सम्बन्ध में धारणाएं तथा उपयोगकर्ताओं के द्वारा इसके उपयोग की सीमा सुशासन के लिए एक महत्वपूर्ण संकेतक है। ऐसा कोई भी निष्कर्ष इस बात की अंतर्दृष्टि भी प्रदान करता है कि नागरिकों की संलिप्तता

सारणी 2.6
नागरिकों के मध्य शिकायत निवारण तंत्र के सम्बन्ध में जागरूकता

	परिवारों का प्रतिशत
विभाग	*प्रतिशत*
शिक्षा	28
विद्युतापूर्ति	24
अस्पताल	12
आयकर	38
न्यायपालिका	14
भू–प्रशासन	18
नगरपालिका सेवाएं	26
सार्वजनिक वितरण प्रणाली	16
आर.एफ.आई.	28
जलापूर्ति	21

स्रोत: India Corruption Studies, 2007.

वाले भ्रष्टाचार में वृद्धि अथवा गिरावट हो रही है अथवा नहीं। केरल, हिमाचल प्रदेश, गुजरात तथा कर्नाटक में ऐसे लोगों का प्रतिशत कम ही था जिन्होंने यह अनुभव किया कि शिकायत निवारण तंत्र में गिरावट आ चुकी है।

अधिकांश राज्यों में आधे से भी अधिक गरीबों में यह धारणा थी कि पुलिस के मामले में शिकायत निवारण सम्बन्धी व्यवहार में कोई सुधार नहीं हुआ है अथवा इस सेवा का उपयोग किए जाने अथवा उपयोग का प्रयास किए जाने में उनके पहले के वर्षों के अनुभवों की तुलना में हाल ही के वर्षों में इसमें और गिरावट आई है। आवासन तथा भूमि पंजीकरण सेवाओं के मामले में भी उपयोगकर्ताओं का एक बड़ा भाग सोचता है कि हाल ही के वर्षों के दौरान शिकायत निवारण में कोई सुधार नहीं हुआ है (सारणी 2.7)।

11 सार्वजनिक सेवाओं के संदर्भ में 20 राज्यों में (सन् 2008 में किए गए एक सर्वेक्षण) सरकारी विभागों के अधिकांश अनुभागों के एक विश्लेषण द्वारा शिकायत निवारण तंत्र के सम्बन्ध में जागरूकता तथा भ्रष्टाचार के स्तरों के बीच एक नकारात्मक सम्बन्ध को इंगित किया गया। वास्तव में, शिकायत निवारण तंत्र के सम्बन्ध में जागरूकता में होने वाली प्रति इकाई वृद्धि के लिए भ्रष्टाचार सूचकांक 0.17 इकाई से नीचे चला जाता है (गुणांक का मूल्य –0.17 है जहाँ टी–मूल्य = –2.075)। भ्रष्टाचार के सम्बन्ध में जागरूकता में वृद्धि का प्रभाव, हालांकि जो मामूली रूप से सही है, यह स्पष्ट करता है कि भ्रष्टाचार को कम करने के लिए जागरूकता एक अनिवार्य शर्त है, परंतु यह एक पर्याप्त

सारणी 2.7
शिकायत निवारण के सम्बन्ध में धारणाएं

	संख्याएं गरीबी रेखा के नीचे के परिवारों के प्रतिशत में		
सेवाएं	*सुधार*	*अपरिवर्तित*	*गिरावट*
आधारभूत सार्वजनिक सेवाएं			
सार्वजनिक वितरण प्रणाली	21	52	27
अस्पताल	23	55	21
स्कूली शिक्षा (कक्षा 12 तक)	33	53	14
विद्युतापूर्ति	21	58	21
जलापूर्ति	22	60	18
आवश्यकता आधारित सेवाएं			
नरेगा	19	54	27
भू–अभिलेख एवं पंजीकरण	12	54	34
वन	20	64	15
आवासन	13	51	36
बैंकिंग	37	50	13
पुलिस	7	54	39

स्रोत: India Corruption Studies, 2007.

शर्त नहीं है। हालांकि, अन्य समर्थकों के साथ संयोजन में कार्य करते हुए शिकायत निवारण तंत्र के सम्बन्ध में अधिक जागरूकता भ्रष्टाचार को सीमित किए जाने में सहायक हो सकती है और इसे नीचे लाए जाने में एक अनिवार्य कदम सिद्ध हो सकती है।

देश में नई तकनीकों, नए तंत्र, तथा समाचार मीडिया के नवीनतम प्रसार ने नागरिकों को अपनी शिकायतों को सामने लाने हेतु तथा सेवाप्रदाताओं को फीडबैक का मूल्यांकन किए जाने तथा शिकायतों पर ध्यान देने हेतु भी सक्रिय कर दिया है। परंतु इससे यह माना जा रहा है कि सेवाप्रदाताओं के पास अग्रसक्रिय रूप से शिकायतें प्राप्त करने तथा नियमित रूप से उनका विश्लेषण करने एवं उनपर ध्यान दिए जाने का तंत्र उपलब्ध है। सार्वजनिक सेवाओं के प्राप्तकर्ताओं के बीच शिकायत के सम्बन्ध में कार्यवाही करने के तरीकों की जागरूकता कुछ सेवाओं जैसे पुलिस, सार्वजनिक वितरण प्रणाली, अस्पताल, आवासन, तथा न्यायपालिका के मामलों में कम है। ऐसा कल्पित अथवा अनुभव की गई धमकी (पुलिस) अथवा क्षति (न्यायपालिका) अथवा सेवा की तात्कालिकता (अस्पताल) के कारण भी हो सकता है। तात्पर्य यह है कि एक अंतर लाए जाने

के लिए प्रक्रिया में प्रत्युत्तर की तत्परता एवं गोपनीयता शिकायत निवारण तंत्रों के लिए महत्वपूर्ण होते हैं।

अध्ययनों से प्राप्त साक्ष्य यह इंगित करते हैं कि कम विश्वास की धारणा सार्वजनिक सेवाओं में शिकायत निवारण तंत्र की मौजूदगी के सम्बन्ध में जागरूकता के निम्न स्तर के कारण होती है।

यद्यपि कतिपय विभागों से सेवाओं को प्राप्त करने में संलिप्त परिवारों की संख्या अधिक है, तथापि, उदाहरण के लिए, सन् 2009 में[8] आंध्र प्रदेश में सूचना के अधिकार अधिनियम के अंतर्गत प्राप्त किए गए आवेदनों की संख्या सार्वजनिक वितरण प्रणाली, उपभोक्ता मामलों तथा सामाजिक न्याय जैसे विभागों में अपेक्षाकृत रूप से कम थी। गरीबों, अधिक दूरी पर रहने वाले लोगों, तथा महिलाओं को शिकायत करना अथवा सूचना माँगना तथा इससे कुछ परिणाम प्राप्त कर पाना सहज प्रतीत होना चाहिए–मात्र तब ही कोई भी यह कह सकेगा कि एक प्रभावी निवारण व्यवस्था मौजूद है।

हिमाचल प्रदेश सरकार ने वर्ष 2009–10 के दौरान अपनी सार्वजनिक सेवाओं के लिए 78 प्रतिशत शिकायतों पर कार्यवाही किए जाने का दावा किया है, और शिकायत करने वाले लोगों की संख्या शानदार रूप से 3.26 लाख की थी। वास्तव में, मुख्यमंत्री ने एक दिन के अंदर प्रत्युत्तर दिए जाने के वादे के साथ नागरिकों से अपनी शिकायतों को ई–समाधान केन्द्रों के माध्यम से प्रस्तुत किए जाने की अपील की थी (*ट्रिब्यून*, 25 मई, 2010)।[9] *'प्रश्न जनता के दिवस'* ऐसा ही एक अन्य मंच था जहाँ सम्बन्धित अधिकारियों के साथ यथास्थान शिकायत निवारण किया जाना था।

व्यवस्था में जवाबदेही सुनिश्चित किए जाने की एक वैधानिक पहल किए जाने सम्बन्धी सरकार का प्रस्तावित कदम (2010) सुशासन को सुनिश्चित किए जाने की संभावनाओं से युक्त है। ऐसा कोई भी प्रावधान, जब कभी भी संसद द्वारा पारित किया जाएगा, सूचना के अधिकार के साथ मिलकर सार्वजनिक सेवाओं में अति–आवश्यक जवाबदेही को लागू किए जाने में महत्वपूर्ण भूमिका अदा करेगा। इस प्रावधान के अंतर्गत किसी भी नागरिक के द्वारा की गई शिकायत का जवाब पूरी की जा चुकी अथवा प्रस्तावित कार्यवाही के साथ दिया जाना अनिवार्य होगा। "क्रियान्वयन पर सूचना" की यह पहल नागरिकों को निष्क्रियता से सक्रियता की ओर प्रेरित करेगी और इसका अर्थ होगा एक और अधिक जवाबदेह एवं प्रत्युत्तरदायी सरकार को प्राप्त करने की बेहतर संभावनाओं का होना। यही वह समय होगा जब सिटिजन चार्टर, सामाजिक अंकेक्षण, सूचना का अधिकार अधिनियम इत्यादि उपकरण नागरिकों के लिए कहीं अधिक सार्थक हो जाएगें और विशेषतौर पर नागरिकों की संलिप्तता वाले भ्रष्टाचार के विरुद्ध

एक निवारक का कार्य करेंगे। यही वह समय होगा जब देश में "अधिकारों का शासन" (सूचना का अधिकार, शिक्षा का अधिकार, भोजन का अधिकार, स्वास्थ्य का अधिकार तथा ऐसे ही अन्य) प्रारंभ हो सकेगा। कितनी शीघ्रता से सरकार संसद में ऐसे किसी भी कानून के साथ सामने आती है यह देखा जाना अभी भी शेष है।

क्या भ्रष्टाचार में कमी नजर आ रही है?

हाल ही के वर्षों में नागरिकों के द्वारा अपनी सार्वजनिक सेवाओं को प्राप्त किए जाने में संलिप्त भ्रष्टाचार की सीमा में कमी आने के स्पष्ट संकेत प्राप्त हुए हैं। कुछ सार्वजनिक सेवाओं जैसे टेलीफोन, पासपोर्ट, विद्युतआपूर्ति, तथा रेल आरक्षण के मामले में यह कमी महत्वपूर्ण रही है जबकि कुछ सेवाओं के मामले में यह मामूली रही है और कुछ अन्य सेवाओं के मामले में तो मुश्किल से ही कोई कमी आ सकी है। *ट्रैकिंग करप्शन इन इंडिया 2005: टूवर्ड्स सस्टेनिंग गुड गवर्नेंस*[10] ने गत पाँच वर्षों (2000–05) में किए गए अपने जमीनी सर्वेक्षण के आधार पर इस गिरावट का पहला संकेत प्रदान किया था। सन् 2005 तथा 2010 के मध्य किए गए तीन इंडिया करप्शन सर्वेक्षणों, जिनके द्वारा देश के अधिकांश राज्यों को शामिल किया गया था, के द्वारा भी इस प्रवृत्ति की पुष्टि की जा चुकी है (सारणी 2.8)। यद्यपि सन् 2007 का चक्र बीपीएल परिवारों के प्रति समर्पित था, सन् 2005 तथा 2010 के चक्रों के नमूने तुलना के दृष्टिकोण से मेल खा रहे थे। हालांकि, सन् 2010 का चक्र मात्र चार प्रमुख सार्वजनिक सेवाओं (पहले के चक्रों के दौरान शामिल की गई 10 सेवाओं के विरुद्ध) तक ही सीमित था। चूंकि *आम* आदमी के मामले की तुलना में बीपीएल परिवारों के अपेक्षाकृत रूप से एक अधिक बड़े प्रतिशत के द्वारा अपने लिए सार्वजनिक सेवाओं को प्राप्त किए जाने में भ्रष्टाचार

सारणी 2.8
धारणाओं एवं अनुभवों में कमी

	प्रतिशत	
	भ्रष्टाचार बढ़ चुका है	*वास्तव में घूस दी है*
2005	72	61
2007	39	50
2010	45	28

स्रोत: India Corruption Studies, 2005-10.

से प्रभावित होने की आशा है, अतः चक्रों के बीच की गई एक तुलना इन वर्षों के बीच भ्रष्टाचार की सीमा में व्याप्त प्रवृत्ति के लिए भरोसमंद संकेतों को उपलब्ध कराती है।

अवधारणा तथा अनुभव में गिरावट की प्रवृत्ति

अपनी सार्वजनिक सेवाओं को प्राप्त करने में नागरिकों की संलिप्तता वाले भ्रष्टाचार की सीमा पर इंडिया करप्शन सर्वेक्षण 2010 के निष्कर्षों ने सभी राज्यों में इसकी प्रवृत्ति तथा धारणा एवं वास्तविक अनुभव दोनों के ही मामलों में कमी आने की पुष्टि की है। जैसा कि समाचार मीडिया के द्वारा सूचित किया गया, ऐसा सर्वेक्षण के वर्ष 2005 तथा 2010 के बीच व्यवसाय–से–सरकार (B2G) के उच्च स्तरीय सम्बन्ध वाले सौदों में बड़े भ्रष्टाचार के उदाहरणों के बावजूद अधिक हुआ था। यहाँ तक कि नागरिकों की संलिप्तता वाली सार्वजनिक सेवाओं में भ्रष्टाचार में गिरावट की प्रवृत्ति सन् 2010 के चक्र में स्पष्ट रूप से प्रकट हो रही थी (सारणी 2.9)। ऐसे नागरिकों, जिन्होंने यह कहा कि गत एक वर्ष के दौरान सार्वजनिक सेवाओं में भ्रष्टाचार में कमी आई है, के प्रतिशत में वृद्धि हो चुकी है। और ऐसे लोगों, जिन्होंने इस वर्ष के दौरान वास्तव में घूस दी हो, का प्रतिशत भी कम सन् 2005 के चक्र की तुलना में कम हो चुका है। हालांकि, सार्वजनिक सेवाओं में घूस दिए जाने के वास्तविक अनुभव की तुलना में धारणाओं में उतनी अधिक कमी नहीं आई है। यह निष्कर्ष स्मरण करवाता है कि धारणाओं में कमी लाए जाने के लिए विशिष्ट प्रयासों की आवश्यकता है, और मात्र तब ही हम भ्रष्टाचार में गिरावट

सारणी 2.9

सार्वजनिक सेवाओं में भ्रष्टाचार का अनुभव करने वाले नागरिकों का प्रतिशत

सेवाएं	*2005*	*2007*	*2010*
स्कूल	45	28	35
अस्पताल / स्वास्थ्य	67	46	40
विद्युतापूर्ति	67	44	–
सार्वजनिक वितरण प्रणाली	62	54	40
पुलिस	88	78	–
जलापूर्ति	56	42	40

स्रोतः India Corruption Studies, 2005-10.

सारणी 2.10
घूस देने वाले नागरिकों का प्रतिशत

सेवाएं	*2005*	*2007*	*2010*
स्कूल	18	3	16
अस्पताल / स्वास्थ्य	27	9	18
विद्युतापूर्ति	20	10	–
सार्वजनिक वितरण प्रणाली	16	6	22
पुलिस	80	48	–
जलापूर्ति	9	9	16

स्रोत: India Corruption Studies.

की प्रवृत्ति को सुनिश्चित कर सकते हैं तथा उसे कायम रख सकते हैं। साथ ही, इन प्रवृत्तियों का एक राज्यवार विश्लेषण यह संकेत प्रदान करता है कि जबतक इस प्रवृत्ति को समेकित तथा त्वरित नहीं कर दिया जाता, यह अस्थाई तथा भ्रामक हो सकती है। साथ ही, यदि कोई समाचार मीडिया की कवरेज को ध्यान में रखता है तो उसे ऐसा प्रतीत होता है कि देश में तथा सभी जगह भ्रष्टाचार में वृद्धि ही हुई है (सारणी 2.10)।

भ्रष्टाचार को बढ़ावा!

''उच्च स्तरों'' पर हो रहे भ्रष्टाचार के कांडों की कवरेज में मुख्य रूप से और बेतहाशा वृद्धि हो चुकी है। यह स्वाभाविक भी है–जैसा कि दूरसंचार, विद्युत–आपूर्ति, तथा सिंचाई के मामलों में हुआ, जहाँ ''उद्योग'' का भ्रष्टाचार से त्रस्त रहना जारी है, वहीं नागरिकों की संलिप्तता वाली सेवाएं हालांकि मंद गति से ही सही, भ्रष्टाचार से राहत का अनुभव कर रही हैं।

ऐसा तब है जब यह कहा जा रहा है कि भ्रष्टाचार बढ़ गया है, जैसा कि देश में घटित बड़े ''घोटालों'' के प्रसार को ध्यान में रखते हुए कुछ लोग कहते हैं– ''ऊपर की ठोकर खा चुका है''। हमारी ''फेस ऑफ करप्शन इन न्यूज मीडिया'' शीर्षक की रिपोर्ट (2010)[11] यह प्रदर्शित करती है कि तीन प्रमुख समाचार मीडिया में भ्रष्टाचार की कवरेज में किस प्रकार से तेजी से वृद्धि हुई है, और इनके द्वारा अधिकांशतः किस प्रकार से भारी मात्रा में धन तथा राजनीतिज्ञों, नौकरशाहों तथा व्यवसायों के बीच गठजोड़ की संलिप्तता वाले ''उच्चस्तरीय'' भ्रष्टाचार को ही कवर किया गया है। निश्चित रूप से, दीर्घकाल

में ऐसे भ्रष्टाचार से नागरिकों को ही प्रभावित होना होगा। विगत कुछ वर्षों के विपरीत आज के समय में समाचार मीडिया की अग्रसक्रिय भूमिका के साथ–साथ राज्यों में ऐसी और अधिक कवरेजों अथवा खुलासों की घटनाएं सामने आने जा रही हैं।

सन् 2005 तथा 2010 के बीच नागरिकों की संलिप्तता वाली सार्वजनिक सेवाओं में भ्रष्टाचार में गिरावट की इस प्रवृत्ति के बावजूद अनेकों राज्यों में यह इनमें से अधिकांश सेवाओं में आज भी प्रचलन में है (सारणी 2.11)। उदाहरण के लिए, नागरिकों की संलिप्तता वाली सार्वजनिक सेवाओं के मामलों में बिहार, कर्नाटक तथा छत्तीसगढ़ में उन सेवाओं को प्राप्त करने वाले लोगों के आधे से भी अधिक, तथा उत्तर प्रदेश, आंध्र प्रदेश, केरल, राजस्थान, पश्चिम बंगाल तथा महाराष्ट्र में एक–तिहाई लोगों के मामलों में समग्र भ्रष्टाचार पाया गया। पश्चिम बंगाल, केरल तथा कर्नाटक के मामले कुछ हद तक आश्चर्यजनक थे। सन् 2005 तथा 2010 के बीच इन राज्यों में प्रवृत्ति शासन के क्रम में एक परिवर्तन का संकेत देती है। अतः, चुनौती का गंभीर बने रहना जारी है और यह त्वरित पहलों तथा सुधारों की माँग करती है।

सारणी 2.11

क्या आपने स्वयं अथवा आपके किसी जानने वाले ने वास्तव में कभी भी घूस दी है (गत एक वर्ष के दौरान)–राज्यवार

	प्रतिशत					
	2005		*2007*		*2010*	
घूस देने का अनुभव	*हाँ*	*नहीं*	*हाँ*	*नहीं*	*हाँ*	*नहीं*
आंध्र–प्रदेश	70	30	40	53	32	68
बिहार	82	18	48	52	53	42
छत्तीसगढ़	66	34	32	64	55	40
हरियाणा	57	43	44	52	22	72
हिमाचल प्रदेश	41	59	21	80	25	73
कर्नाटक	68	32	77	21	78	21
केरल	56	44	73	21	47	19
महाराष्ट्र	54	46	45	44	44	65
राजस्थान	67	33	48	45	38	62
त्रिपुरा	–	–	20	73	15	78
उत्तर–प्रदेश	58	42	41	56	33	67
पश्चिम बंगाल	53	47	16	82	40	60
कुल औसत	61	39	50	45	28	61

स्रोत: India Corruption Studies, 2005-10.

चित्र 2.6
सार्वजनिक सेवाओं में भ्रष्टाचार में वृद्धि होने को मानने वाले नागरिकों का प्रतिशत

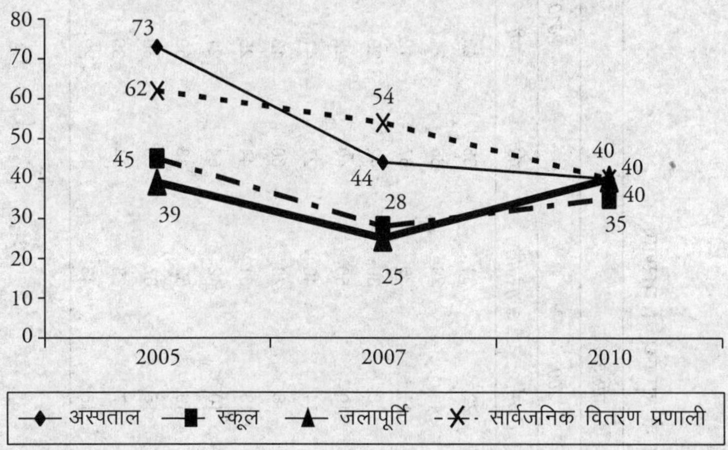

स्रोत: India Corruption Studies, 2005-10.

''उच्च स्तर'' पर भ्रष्टाचार के होते हुए भी हमें नागरिकों के द्वारा अपनी सार्वजनिक सेवाओं को प्राप्त किए जाने में संलिप्त भ्रष्टाचार को रोके जाने की हमारी चिंता तथा प्राथमिकता का त्याग नहीं करना चाहिए (चित्र 2.6)।

यदि इस प्रकार का भ्रष्टाचार कोई पाँच वर्षों के समय में भी कम हो जाता है तो फिर हम इन सेवाओं में भ्रष्टाचार को शून्य तक लाए जाने के लिए पुरजोर प्रयास क्यों नहीं कर सकते? क्या हम इन सार्वजनिक सेवाओं में भ्रष्टाचार को नीचे लाए जाने, जैसे सन् 2015 तक 10 प्रतिशत से भी कम और कुछ राज्यों में तब तक 5 प्रतिशत तक लाए जाने का लक्ष्य बना सकते हैं? हम कर सकते हैं और हमें करना भी चाहिए। परंतु ऐसा तभी संभव होगा जब हम इन रास्तों पर सोचना प्रारंभ कर दें (सारणी 2.12)।

सन् 2005 तथा 2010 के बीच इन सार्वजनिक सेवाओं में से कुछ में भ्रष्टाचार को सीमित किए जाने में जिन कारकों ने योगदान दिया था उनमें शामिल हैं (क) सेवाओं को एकाधिकार से निजी भागीदारी के लिए खोला जाना, (ख) बाजार तथा उपयोगकर्ताओं के लिए प्रतिस्पर्धा तथा बढ़ी हुई चिंता (ग) जनता के साथ बेहतर संपर्क के लिए कंप्यूटरीकरण जैसी नवीनतम संचार प्रौद्योगिकी का उपयोग, (घ) शोध का गंभीरतापूर्वक उपयोग, (ङ) शिकायत निवारण तंत्र के लिए चिंता, तथा निश्चित रूप से (च) सक्रिय समाचार मीडिया।

सारणी 2.12
चुनिंदा सार्वजनिक सेवाओं में भ्रष्टाचार के सम्बन्ध में धारणाएं

	प्रतिशत								
	2005			*2007*			*2010*		
राज्य	*वृद्धि*	*कमी*	*अपरिवर्तित*	*वृद्धि*	*कमी*	*अपरिवर्तित*	*वृद्धि*	*कमी*	*अपरिवर्तित*
आंध्र प्रदेश	73	10	18	42	22	34	35	40	17
बिहार	88	1	11	26	45	29	66	21	9
छत्तीसगढ़	68	6	25	58	11	30	67	12	11
हरियाणा	75	5	19	53	8	39	42	29	19
हिमाचल प्रदेश	51	6	43	16	19	55	40	22	29
कर्नाटक	78	1	18	46	14	40	27	41	26
केरल	57	10	29	62	8	29	60	13	26
महाराष्ट्र	83	4	12	34	13	51	44	25	21
राजस्थान	71	7	21	46	10	42	54	21	18
त्रिपुरा	–	–	–	14	19	52	18	59	15
उत्तर–प्रदेश	65	6	27	17	16	67	50	30	16
पश्चिम बंगाल	71	8	19	55	7	33	34	35	19
कुल औसत	72	6	20	39	16	43	45	29	18

स्रोत: India Corruption Studies, 2005-10.

शून्य भ्रष्टाचार मॉडल–डीडीए का मामला

दिल्ली में दिल्ली विकास प्राधिकरण (डीडीए) की कल्पना न केवल कई वर्षों से भ्रष्ट संस्था के रूप में की जाती थी बल्कि इस धारणा को उन नागरिकों के अनुभवों से वैधता भी प्राप्त हो चुकी थी जिन्हें इसके द्वारा प्रदान की जाने वाली किसी न किसी सेवा के लिए इसके साथ निपटना पड़ा था। अनेकों अध्ययनों, अंकेक्षण रिपोर्टों, तथा समाचारपत्रों की रिपोर्टों ने इसके बारे में लिखा भी था। समाचार मीडिया ने तो डीडीए में घूस लिए जाने के लिए पकड़े जाते हुए किसी न किसी के उदाहरणों को भी सूचित किया था। परंतु मीडिया में ऐसी सभी रिपोर्टें डीडीए में भ्रष्टाचार सम्बन्धी धारणाओं अथवा अनुभवों में कोई भी अंतर ला पाने में विफल रहीं। और हाल ही के समय तक भी स्थिति को सुधारे जाने की दिशा में कोई भी नाटकीय कार्यवाही नहीं की गई है।

भ्रष्टाचार सम्बन्धी जटिल चुनौतियों में से एक है यह समझे जाने की कि दलाल कौन हैं और वे किस प्रकार से डीडीए के अंदर किसी न किसी अधिकारी के साथ तालमेल बैठाकर कार्य करते हैं। डीडीए तथा केन्द्रीय सतर्कता आयोग (सीवीसी) की इमारतें दक्षिण दिल्ली में अगल–बगल स्थित थीं। और श्री विट्ठल, जो केन्द्रीय सतर्कता आयुक्त थे, ने अपने कार्यालय में आते–जाते देखा कि दिल्लीवासी प्रायः पहले डीडीए भवन के सामने स्थित फुटपाथ पर दलाल के पास जाते हैं। इस अनुभव के आधार पर भ्रष्टाचार को नियंत्रित किए जाने के पहले कदम के रूप में सीवीसी ने डीडीए को टाइपिस्टों, फोटोकॉपी मशीनों, नोटरियों, साइकिल स्टैंडों इत्यादि की व्यवस्था के अर्थों में कुछ परिवर्तन किए जाने का सुझाव देने की पहल की ताकि उनके क्रियाकलापों में कुछ पारदर्शिता लाई जा सके।

डीडीए के अधिकारियों ने इस मॉडल को लागू किए जाने हेतु प्रयोग किए जाने की अनुमति नहीं दी। डीडीए के प्रमुख (उपाध्यक्ष), जो सदैव ही गतिशील रहे हैं (एक पद से दूसरे पर), ऐसे अधिकारियों के बिना कार्य नहीं कर सकते जो डीडीए की सेवाओं में भ्रष्टाचार को बनाए रखने में प्रत्यक्ष अथवा परोक्ष रूप से रुचि रखते हैं।

ये तत्व किसी भी बाहरी एजेन्सी को ''शून्य भ्रष्टाचार'' का प्रयास करने के लिए कभी भी अनुमति प्रदान नहीं करेंगे। डीडीए प्रमुख स्वयं ही निःसहाय थे। डीडीए के सतर्कता प्रमुख तथा सीवीसी के प्रमुख के द्वारा पहल किए जाने तथा इस विचार का समर्थन किए जाने के बावजूद भी ये सब घटित हो रहा था। किन्तु ''घूस के बाबूओं'' ने डीडीए के भ्रष्टाचार की संभावनाओं वाले कार्यात्मक विभागों का प्रमुख बने रहना जारी रखा। हालांकि, कंप्यूटरों को

लगाए जाने, जिनमें फ्लैटों के आवंटन के लिए लॉटरी निकाले जाने का प्रयोजन भी शामिल था, तथा सूचना के अधिकार अधिनियम को लागू किया जाने ने पारदर्शिता लाए जाने तथा डीडीए में अपना कार्य करवाने के लिए नागरिकों द्वारा घूस दिए जाने की बाध्यता को कम किए जाने में सहायता प्रदान की। केन्द्रीय सूचना आयोग (सीआईसी)(2010) कठोर था और सूचनाएं दिए जाने में चूक करने अथवा गलत सूचना दिए जाने और यहाँ तक कि अनुपालन न किए जाने के लिए भी उसने डीडीए के अधिकारियों पर जुर्माना लगाया; यहाँ तक कि सीआईसी द्वारा अधिकारियों पर एक से अधिक बार भी जुर्माना लगाया गया।

काफी पहले ऐसे अधिकारियों से नहीं निपटा जा सकता था क्योंकि राजनीतिक इच्छाशक्ति या तो मौजूद नहीं थी अथवा अपर्याप्त थी, और ऐसा कोई भी बाहरी सक्रिय शोध उपलब्ध नहीं था जो डीडीए के आवासों के आवंटन, पंजीकरण, नामांतरण, भूखंडों के आवंटन इत्यादि जैसे कार्यों हेतु उत्तरदायी विभागों में प्रक्रियाओं का एकीकरण कर सके। एन. विट्ठल ने शून्य–भ्रष्टाचार मॉडल को आजमाए जाने का सुझाव दिया क्योंकि वे यह समझ चुके थे कि इंडिया करप्शन सर्वेक्षण ने पूर्व में नागरिकों के साथ–साथ सेवाप्रदाताओं के दृष्टिकोण से भी डीडीए सहित अन्य विभागों में किस प्रकार से स्थिति का विश्लेषण कर लिया था। सुझाव को स्वीकार करते हुए, एक ''उपयोगकर्ता–केन्द्रित'' अध्ययन ने डीडीए की तीन सर्वाधिक सार्वजनिक संपर्क वाली महत्वपूर्ण सेवाओं की पहचान इस उद्देश्य से कर ली कि डीडीए में भ्रष्टाचार के सम्बन्ध में दिल्ली के नागरिकों की धारणाओं एवं अनुभवों का निर्धारण किया जा सके। ये सेवाएं थीं : (क) रिहाइशी फ्लैटों का कब्जा दिया जाना, (ख) भूमि/आवास का पट्टे से पूर्ण–स्वामित्व में परिवर्तन किया जाना, तथा (ग) घरों/फ्लैटों का नामांतरण।

डीडीए के सम्बन्धित विभाग प्रमुखों के साथ इस कार्यविधि पर उपाध्यक्ष की अध्यक्षता में दो से अधिक बार औपचारिक तथा अनौपचारिक रूप से चर्चाएं की गईं। और प्रत्येक बार अध्ययन के सम्बन्ध में वरिष्ठ कर्मचारी किसी न किसी प्रश्न, संदेह अथवा दुराव के साथ सामने आते रहे, इस बात को जानने के बावजूद कि सीवीसी, सतर्कता अधिकारी (वरिष्ठ आईएएस), तथा डीडीए के उपाध्यक्ष इस अध्ययन में रुचि ले रहे थे, और यह कि इसे एक प्रयोग के रूप में अधिक अपनाया जा रहा था। अंत में, यह एक वरिष्ठ (लंबे समय से एक पद पर कायम) आवासन निदेशक (भ्रष्टाचार के लिए सर्वाधिक ज्ञात एक सेवा) थे जो इस अध्ययन के विरुद्ध आगे आ गए जिसके परिणामस्वरूप इस परियोजना को त्याग देना पड़ा।

दिल्ली शिकायत निवारण आयुक्त के निर्देश पर भी इसी तरह की एक कार्यवाही प्रारंभ की गई थी। इसके लिए चुनी गई सेवाओं में शामिल थे ट्रकों

सारणी 2.13
अनेकों वर्षों के भ्रष्टाचार में इंडिया करप्शन सर्वेक्षणों की परिधि

क्रम संख्या	*वर्ष*	*सीएमएस की पद्धति*	*परिधि*
1	2000	एग्जिट साक्षात्कार	• शहरी • आठ सार्वजनिक सेवाएं
2	2002	एग्जिट साक्षात्कार	• शहरी • आठ सार्वजनिक सेवाएं
3	2003	एग्जिट साक्षात्कार + सेवा प्रदाताओं के साथ साक्षात्कार	• शहरी • आठ सार्वजनिक सेवाएं
4	2005	एग्जिट साक्षात्कार + परिवारों के साक्षात्कार + सेवा सुपुर्दगी बिन्दुओं का प्रेक्षण + सेवा प्रदाताओं के साथ परिचर्चा	• शहरी+ग्रामीण • 20 राज्य • 11 सार्वजनिक सेवाएं • विभागों का श्रेणीकरण • राज्यों का श्रेणीकरण • घूस की रकम का अनुमान लगाया जाना
5	2007	एग्जिट साक्षात्कार + परिवारों के साक्षात्कार + सेवा सुपुर्दगी बिन्दुओं का प्रेक्षण + सेवा प्रदाताओं के साथ परिचर्चा + केस अध्ययन	• शहरी+ग्रामीण (मात्र गरीबी रेखा के नीचे के परिवार) • 31 राज्य/केन्द्र शासित प्रदेश • 11 सार्वजनिक सेवाएं • भ्रष्टाचार के स्तर के अनुसार राज्यों का समूहीकरण • घूस की रकम का अनुमान लगाया जाना
6	2008	परिवारिक साक्षात्कार	• 17 राज्य • चुनावों में भ्रष्टाचार
7	2009	पारिवारिक साक्षात्कार	• शहरी+ग्रामीण • 19 राज्य • 3 सार्वजनिक सेवाएं • क्षेत्रीय विभिन्नताएं
8	2010	पारिवारिक साक्षात्कार	• ग्रामीण • 12 राज्य • 4 सार्वजनिक सेवाएं

के लिए लाइसेंस दिया जाना तथा ड्राइविंग लाइसेंस जारी किया जाना। (मार्केटिंग एंड डेवलपमेंट रिसर्च एशोसिएट्स–एमडीआरए[12] के साथ मिलकर किए गए हमारे राष्ट्रीय अध्ययन के द्वारा पूर्व में यह सामने लाया जा चुका था

कि ट्रकों के व्यवसायिक परिचालन तथा उससे संलिप्त प्रक्रियाओं में किस प्रकार से भारी भ्रष्टाचार हो रहा था।) आयुक्त ने उन दोनों ही विभागों के सम्बन्धित प्रमुखों को इस अध्ययन के साथ सहयोग करने के लिए टेलीफोन किया, परंतु सम्बन्धित अधिकारियों ने तो अध्ययन को प्रारंभ ही नहीं होने दिया। स्वाभाविक रूप से, सम्बन्धित सेवा प्रदाताओं की इच्छापूर्ण सहभागिता तथा संलिप्तता के बगैर ऐसे किसी भी परिचालनात्मक अध्ययन को प्रारंभ नहीं किया जा सकता।

निष्कर्ष यह है कि उपरोक्त तीनों ही दृष्टांतों में, वरिष्ठ अधिकारी न केवल भ्रष्टाचार के सम्बन्ध में जानकारी रखते थे बल्कि इसे कायम रखने के साथ–साथ दलालों को प्रोत्साहित किए जाने तक के लिए वे उत्तरदायी भी थे। परंतु इससे भी अधिक निराशाजनक यह था कि इन सेवाओं में भ्रष्टाचार की रोकथाम के लिए उत्तरदायी एजेन्सियां भी इस बात से अवगत थीं कि किस प्रकार से भ्रष्टाचार किया जा रहा है तथा इसके लिए कौन–कौन उत्तरदायी है। इसमें राजनीतिक नेता शामिल थे। और, वास्तव में, ऐसे किसी भी स्वतंत्र एवं संरचित अध्ययन के माध्यम से किए जाने वाले किसी भी गंभीर प्रयास के प्रति ऐसी प्रबल अनिच्छा अथवा विरोध राजनीतिक आकाओं, सेवा के प्रमुख नौकरशाहों, तथा सेवा में संलिप्त अधिकारियों के बीच ''अन्तर्हित समझ'' के बिना संभव नहीं हो सकता था।

टिप्पणियाँ

1 Operations Research Group (ORG), "Child Labour in India," report, 1974—Survey on Child Labour: यह लेखक देश में बाल श्रमिकों पर किए गए सर्वप्रथम अध्ययन (1971–73) में ओआरजी, बड़ौदा में एक वरिष्ठ शोध निदेशक के रूप में संलिप्त था। यह एक जमीनी अध्ययन था जिसके द्वारा बाल श्रम को एक राष्ट्रीय मुद्दे के रूप में प्रकाश में लाया गया था। इस रिपोर्ट के द्वारा देश में 4.20 करोड़ बाल श्रमिकों के होने का अनुमान लगाया गया था।

2 Montek Singh Ahluwalia, Dy. Chairman Planning Commission, Business Standard interview, October 2010. *(Continued)*

3 NRS (1972–73), ORG, Baroda: यह देश में पहली बार संपन्न किया गया एक जमीनी सर्वेक्षण था जिसके द्वारा यह अनुमान लगाया गया था कि देश के लोगों के लिए किसने क्या और कितनी बार पढ़ा/सुना/देखा तथा सूचना का स्रोत क्या था। इस सर्वेक्षण ने देश में मॉस मीडिया की गुंजाइश, दिशा, तथा विकास को परिवर्तित कर दिया।

4 PEE Model: इस मॉडल को इस लेखक की बहुविषयक पृष्ठभूमि के आधार पर तथा सूचना के स्रोत पर जमीनी–शोध–आधारित अंतर्दृष्टियों तथा एवं ''ज्ञान, अभिवृत्तियों एवं व्यवहारों'' (केएपी) के लिए विकसित किया गया था। 25 वर्षों से भी अधिक के शोध की अंतर्दृष्टियों ने लेखक को संतुष्ट कर दिया था कि आम जनता की संलिप्तता वाले भ्रष्टाचार के अनुमान

मात्र धारणाओं पर ही आधारित नहीं हो सकते। अतः, सीएमएस ''धारणाओं'' के साथ–साथ ''अनुभव'' की अवधारणा का भी उपयोग करता रहा है जिसके आधार पर ही भ्रष्टाचार का एक 'अनुमान'' लगाया गया था। भारतीय संदर्भ में यह देश में मौजूद वर्तमान प्रकार के समाचार मीडिया परिदृश्य के कारण विशिष्टतौर पर प्रासंगिक है।

5 TII: यद्यपि कि यह बर्लिन–स्थित ट्रांसपरेन्सी इंटरनेशनल (टीआई) की एक शाखा है, तथापि एडमिरल आर.एच. टहिलयानी, जो भारतीय शाखा के अध्यक्ष हैं, ने भ्रष्टाचार के परिदृश्य के श्रेणी–आधारित आकलन से आगे जाने की पहल की। उन्होंने भारत में नी. तिगत एवं कार्यक्रम आधारित हस्तक्षेपों के लिए ऐसी अंतर्दृष्टियों की सीमाओं का अनुभव किया। इसी प्रकार से उन्होंने अपने विचार साझा किए तथा सन् 2000 से जारी सीएमएस इंडिया करप्शन स्टडीज के सम्बन्ध में सुनने के बाद इस लेखक से संपर्क स्थापित किया। सन् 2005 एवं 2008 के बीच उन्होंने परामर्श प्रक्रिया तथा तत्पश्चात् सन् 2010–11 के दौरान सीएमएस के द्वारा तीनमूर्ति प्रेक्षागृह में "Analyzing and Envisioning India" शीर्षक पर राष्ट्रीय व्याख्यानों के आयोजित किए जाने में सहभागिता भी की। उन्होंने सीएमएस द्वारा पहल किए गए राजनीतिक सुधार सम्बन्धी सम्मेलनों में भी रुचि ली तथा प्रशांत भूषण द्वारा पहल किए गए "Campaign for Judicial Reforms" में लेखक के साथ मिलकर शामिल रहे।

6 News reports in the *Times of India*, the *Hindustan Times*, and the *Indian Express* on October 27, 2010.

7 NTR Government (1982–85): जब विधान सभा का चुनाव जीतने के बाद तूफानी तरीके से एन.टी. रामा रॉव का राजनीति में प्रवेश हुआ तो शासन को लोगों के दरवाजे तक ले जाए जाने तथा शासन में लोगों को संलिप्त किए जाने के द्वारा उन्होंने भारतीय राजनीति तथा लोक प्रशासन में नया इतिहास रच दिया।

8 *Annual Report of AP State Information Commission*, RTI, Hyderabad, 2009.

9 Tribune, May 20, 2010, http://www.tribuneindia.com/2010/20100521/himachal. htm#7.

10 CMS, *Tracking Corruption: Towards Sustaining Good Governance 2005* (New Delhi: CMS, 2006).

11 CMS, *Face of Corruption in News Media*, CMS Media Labs Report, 2010, New Delhi, CMS.

12 MDRA, *Corruption in Trucking Operations in India*, Chennai, sponsored by Sriram Finance/TII, (survey in collaboration with CMS), 2006.

3 भ्रष्टाचार तथा गरीब

सार्वजनिक सेवाओं में व्याप्त भ्रष्टाचार सीधे तौर पर गरीबों को प्रभावित करता है और, तात्कालिक संदर्भ में, आधारभूत सेवाओं से उन्हें वंचित करता है। ऐसा इसलिए भी है क्योंकि गरीबों में से सर्वाधिक गरीब बहुत अधिक बिखरे हुए तथा असंगठित हैं तथा उनके पास समुदाय के समर्थन का भी अभाव है। किन्तु यदि और जब भी वे संगठित होते हैं और बेहतर अभिव्यक्ति करते हैं तो वे ऐसे प्रभावों को न्यूनतम कर देते हैं। केरल के कुछ भाग तथा पश्चिम बंगाल के कुछ वर्ग ऐसे क्षेत्रों के उत्तम उदाहरण हैं जहाँ गरीबों को संलिप्त करने वाले भ्रष्टाचार की सीमा सापेक्षिक रूप से कम हो रही है।

सामान्य तौर पर तथा कुछ सार्वजनिक सेवाओं तक पहुँच के संदर्भ में भी लोगों के बीच में असमानताओं में वृद्धि होना भ्रष्टाचार का एक विलंबित प्रभाव होता है। सामान्य तौर पर इसके विभिन्न रूपों एवं विशेषतौर पर लक्षित योजनाओं के अंतर्गत मौजूद भ्रष्टाचार को सम्बोधित किए बिना नीतियों तथा विकास सम्बन्धी कार्यक्रमों में ''समानता'' तथा ''समेकन'' संभव नहीं होता। यह अत्यन्त ही स्वाभाविक बात है। समानता हासिल करने के 60 वर्षों के ''नियोजित कार्यक्रमों'' एवं मंशाओं के अनुरूप असमानताओं एवं गरीबी के स्तर को कम नहीं किया जा सका है। संख्या के संदर्भ में लक्षित कार्यक्रमों के बावजूद भी गरीबों के आकार में वृद्धि ही होती रही है। या तो कार्यक्रमों की डिजाइन त्रुटिपूर्ण हैं अथवा वे गरीबों तक पहुँच नहीं पाते, अथवा किसी न किसी कारण से गरीब उन्हें प्राप्त कर पाने में समर्थ नहीं हैं; इसमें घूस दे पाने में सक्षम न होना अथवा किसी ''संपर्क'' का अभाव भी शामिल है। कुछ गरीब लोगों के लिए आधारभूत सेवाओं को प्राप्त कर पाने की प्रक्रिया काफी कुछ ''लिप एंड कप'' (एक अंग्रेजी कहावत, जिसका अर्थ है कि किसी वस्तु का मिलना तय है लेकिन फिर भी उसमें कोई परेशानी आ सकती है) सिंड्रोम की भांति ही होती है। आमिर खान द्वारा निर्मित एक फीचर फिल्म *पीपली लाइव* (2010) के द्वारा इस घटना को इतनी अच्छी तरह से दर्शाया गया है कि पहली बार पूरे के पूरे योजना आयोग ने योजना भवन में इस फिल्म को देखा। फिल्म के द्वारा यह प्रदर्शित किया गया कि भ्रष्टाचार क्यों और कैसे होता है तथा ग्रामीण गरीबों पर इसके क्या प्रभाव एवं परिणाम होते हैं। फिल्म के द्वारा यह

भी दर्शाया गया कि किस प्रकार से न्यूज मीडिया तथा सत्ताधारी लोग समस्या का अंग हैं, असंवेदनशील अथवा अनभिज्ञ हैं, तथा उनमें अंतर्दृष्टि का अभाव है। रोचक तौर पर, फिल्म के द्वारा यह भी प्रदर्शित किया गया कि धारणाएं जमीनी हकीकत से किस प्रकार से भिन्न हैं।

भ्रष्टाचार के सम्बन्ध में धारणाओं तथा वास्तविक अनुभवों के बीच के अंतराल को तब तक कम नहीं किया जा सकता जब तक देश के अधिकांश नागरिकों को प्रभावित करने वाली आधारभूत सार्वजनिक सेवाओं में व्याप्त भ्रष्टाचार को वास्तव में समाप्त नहीं कर दिया जाता। धारणाओं को तब तक कम नहीं किया जा सकता जबतक जमीनी स्तर पर सुधारों को वास्तव में प्रदर्शित न कर दिया गया हो तथा लोगों को इससे अवगत कराने के लिए विशेष प्रयास न किए जा चुके हों। अन्यथा इस प्रवृत्ति की दिशा को विपरीत रुख देने में बहुत अधिक समय लग सकता है।

सन् 2006 की "ट्रैकिंग करप्शन इन इंडिया"[1] रिपोर्ट के द्वारा यह निष्कर्ष प्रस्तुत किया गया था कि भ्रष्टाचार तथा सार्वजनिक सेवाओं के उपयोगों के बीच एक नकारात्मक सहसम्बन्ध होता है। एक उदाहरण के तौर पर इसके द्वारा नोट किया गया कि सरकारी अस्पतालों में भ्रष्टाचार के समग्र सूचकांक में आने वाली एक इकाई की कमी का परिणाम होता है स्वास्थ्य सेवाओं को प्राप्त करने वाले लोगों की संख्या में 0.5 प्रतिशत की वृद्धि होना। इसी प्रकार से, इसके द्वारा पाया गया कि सापेक्षिक तौर पर भ्रष्टाचार के ऊँचे स्तर वाले राज्यों में सार्वजनिक सेवाओं का उपयोग कम किया जाता रहा है। इस प्रक्रिया में ये गरीब लोग ही होते हैं जो प्रभावित अथवा वंचित होते हैं। ये विश्लेषण इंगित करते हैं कि उच्च आय स्तर वाले परिवारों की तुलना में अल्प आय वाले परिवार भ्रष्टाचार के लिए अधिक सुभेद्य हैं। ऐसी सेवाओं, जो गरीबों के लिए आवश्यक हैं, जैसे सार्वजनिक वितरण प्रणाली (पीडीएस), स्वास्थ्य, तथा ऐसी ही अन्य, में अल्प–आय वर्ग को घूस के मामलों का सामना अधिक करना पड़ा था।

इस प्रक्रिया में अंतर ला सकने में सक्षम हो सकने वालों में सिविल सोसाइटी, राजनीतिक दल एवं उनके कार्यकर्ता, नौकरशाही, तथा निश्चित रूप से विधायी एवं प्रशासनिक पहलों के माध्यम से राज्य के द्वारा उपलब्ध कराए गए समर्थकों को शामिल किया जा सकता है।

घूस द्वारा समावेशन!

नेशनल काउंसिल फॉर एप्लाइड इकोनॉमिक रिसर्च (एनसीएईआर) के वरिष्ठ शोधकर्तागण झा, नागराजन, तथा प्रधान (2010 आईडीआरसी),[2] ने 241 गाँवों में किए गए अपने जमीनी अध्ययन से यह निष्कर्ष प्राप्त किया था कि कल्याण

कार्यक्रमों के चयन में घूस दिए जाने के द्वारा गरीब परिवार पूर्वाग्रहों पर नियंत्रण प्राप्त कर पाने में समर्थ रहे हैं; यह कि घूस "सहभागिता प्राप्त करने" का एक स्रोत है (अन्यथा गरीब लोग सार्वजनिक सेवा से वंचित रह गए होते); और यह कि एक बार के सहभागी भविष्य में भी घूस का भुगतान करेंगे। इन शोधकर्ताओं ने यह निष्कर्ष प्राप्त किया था कि घूस न देने वाले परिवारों की तुलना में घूस का भुगतान करने वाले परिवारों के द्वारा कल्याणकारी कार्यक्रमों में अधिक सहभागिता की गई थी। यद्यपि कि *पंचायतों* को अधिकार सौंपे जाने के साथ ही समग्र सहभागिता में वृद्धि हो चुकी है, तथापि उसी अवधि के दौरान गरीब परिवारों की गरीबी की स्थिति या तो पूर्ववत् ही बनी रही है अथवा और अधिक खराब हो गई है। जमीनी अध्ययन के आधार पर उन्होंने यह निष्कर्ष प्राप्त किया कि बिना घूस दिए समावेशन की गारंटी नहीं दी जा सकती। अतः, उन्होंने आगे नोट किया कि घूस निरंतर आधार पर बढ़ने की प्रवृत्ति तो रखती है, किन्तु यह सहभागिता में भी महत्वपूर्ण वृद्धि करती है। चूंकि ये शोधकर्ता एनसीएईआर से हैं, अतः उनके निष्कर्षों के महत्व पर सरकार के द्वारा ध्यान दिए जाने की संभावना है। कोई आश्चर्य नहीं है कि अक्टूबर 2010 में सर्वोच्च न्यायालय के दो न्यायाधीशों ने, भले ही हल्के–फुल्के अंदाज में सही (परंतु भ्रष्टाचार की गंभीरता को स्पष्ट करने के लिए), यह कह दिया था कि विभिन्न सेवाओं के लिए सरकार घूस की दरें भी निर्धारित कर सकती है।

भ्रष्टाचार एवं सिविल सोसाइटी

सार्वजनिक सेवाओं में भ्रष्टाचार एक गहरी जड़ें जमाए रखने वाली प्रवृत्ति है, जो परिणामस्वरूप शासन की विफलता को प्रतिबिंबित करती है। और "सुशासन" को इसकी सेवाओं के निष्पादन में न्यूनतम भ्रष्टाचार वाले एक तथ्य के रूप में देखा जाता है। इस प्रक्रिया में एक मान्यता यह है कि सुशासन एक ऐसी बात है जिसे आज की सरकार के द्वारा सुनिश्चित किया जाता है। किन्तु सुशासन के प्रति एक कहीं अधिक आश्वस्त तथा सतत् दृष्टिकोण को सिविल सोसाइटी की सक्रिय सहभागिता के साथ–साथ नागरिक–केन्द्रित होना होगा। किन्तु हम सरकार से भ्रष्टाचार का उन्मूलन करने की आशा इस प्रकार से करते हैं जैसे ऐसा करना ही सरकार की एकमात्र जिम्मेदारी है। ऐसा विभिन्न स्तरों पर भ्रष्टाचार के विरुद्ध सिविल सोसाइटी आंदोलनों तथा भ्रष्टाचार के विरुद्ध सफलता के विभिन्न स्तरों को प्राप्त किए जाने के बावजूद हुआ है। वास्तव में, सामान्य तौर पर अथवा किसी सार्वजनिक सेवा के विशिष्ट संदर्भ में भ्रष्टाचार सम्बन्धी धारणा को सिविल सोसाइटी की सक्रिय भूमिका के बिना दुरुस्त नहीं

किया जा सकता अथवा विपरीत दिशा में नहीं मोड़ा जा सकता। भूतपूर्व नौकरशाह पी.सी. एलेक्जेंडर ने "स्वतंत्रता संग्राम की तर्ज पर भ्रष्टाचार के विरुद्ध राष्ट्रव्यापी आंदोलन[3]" के लिए एक आह्वाहन किया था। भ्रष्टाचार को समाप्त करने के लिए अधिकांश लोग ऐसे ही गंभीर प्रयासों हेतु तर्क देंगे। परंतु प्रश्न यह है कि क्या यह कभी भी "एक राष्ट्रीय आंदोलन" जैसी भूमिका धारण कर सकेगा जो "स्वतंत्रता के लिए राष्ट्र का संग्राम" के समान हो। क्या ऐसा कभी भी मोर्चे पर आगे की ओर सिविल सोसाइटी के रहे बिना एवं सार्वजनिक सेवाओं के नागरिक–केन्द्रित बने बिना संभव हो सकेगा?

सिविल सोसाइटी समूह

हाल ही में (जुलाई 2010) सरकार द्वारा प्रायोजित एक सर्वेक्षण के अनुसार भारत में सिविल सोसाइटी संगठनों की एक अनुमानित संख्या 33 लाख है अर्थात् प्रत्येक 400 लोगों पर एक संगठन, तथा इनकी वृद्धि को अभूतपूर्व बताया गया है।[4] हालांकि, उनमें से अधिकांश किसी ऐसे एजेंडे पर कार्य करने में संलिप्त हैं जिन्हें किसी और अर्थात् उनका वित्तपोषण करने वाली एजेन्सी के द्वारा स्थापित किया गया है। किन्तु अनेकों ऐसे भी हैं जो सच्चे अर्थों में सिविल सोसाइटी हैं, तथा स्वैच्छिक आधार तथा स्थानीय मुद्दों पर संचालित किए जा रहे हैं। साथ ही, अनेकों ऐसे व्यक्ति भी हैं जो भ्रष्टाचार विरोधी प्रयासों के अंग हैं, जिनमें से अधिकांश स्थानीय संदर्भों से जुड़े हुए हैं।

जैसा कि सरकार द्वारा प्रायोजित सर्वेक्षण दर्शाता है, अनेकों ऐसे सिविल सोसाइटी संगठन हैं जो भ्रष्टाचार के विरुद्ध संघर्ष करने को अपना मिशन होने का दावा करते हैं। परंतु ऐसे सिविल सोसाइटी संगठन मात्र दो–चार लोगों तक ही सीमित हैं जो विशिष्ट मामलों को उजागर किए जाने के सीमित एजेंडे पर कार्यरत् हैं, और उनमें से कुछ अंततः किसी राजनीतिक कार्यवाही का एक अंग बन कर रह जाते हैं। भ्रष्टाचार को एक चिंता के रूप में मानने वाले सिविल सोसाइटी संगठन चार प्रकार के हैं। एक, जिसमें पहला प्रकार शामिल है, अन्ना हजारे के प्रकार के हैं, जो संघर्षरत् हैं भले ही वे अकेले ही क्यों न हो, परंतु तरंगे उत्पन्न कर रहे हैं और अनेकों अन्य लोगों को संघर्ष में शामिल होने के लिए प्रेरित कर रहे हैं। दूसरे प्रकार के संगठनों में अरुणा रॉय जैसे लोग शामिल हैं, जो जनआंदोलनों का नेतृत्व कर रहे हैं तथा जमीनी स्तर पर कार्यकर्ताओं को प्रेरित कर रहे हैं। तीसरी श्रेणी में शामिल संगठन राष्ट्रीय अथवा अंतर्राष्ट्रीय एजेन्सियों के साथ गठबंधनों की नेटवर्किंग के रूप में संचालन कर रहे हैं। चौथे प्रकार में सभी प्रकार के सचेतकगण शामिल हैं। इंटरनेट तथा मोबाइल फोनों

के प्रसार तथा उनके उपयोग के साथ नेटवर्क तथा गठबंधन अपने आधार को मजबूती तो प्रदान कर रहे हैं, परंतु अधिकांशतः भ्रष्टाचार को मात्र एक चिंता तथा एक गंभीर मुद्दे के रूप में स्मरण करवाए जाने का ही कार्य कर रहे हैं। भ्रष्टाचार के विरुद्ध आंदोलनों को मीडिया का उतना समर्थन नहीं मिला है जितना कि, उदाहरण के लिए, अरुन्धती रॉय के नागरिक स्वतंत्रता आंदोलन, मेधा पाटेकर के नर्मदा बचाओ, शेखर सिंह के जल सम्बन्धी आंदोलन, अथवा तेलंगाना जैसे पृथकतावादी आंदोलनों को।

भ्रष्टाचार के विरुद्ध बड़े पैमाने पर महिलाओं के द्वारा आंदोलन किए जाने का उदाहरण राजस्थान के बाहर कहीं भी मुश्किल से ही प्राप्त होता है। अरुणा रॉय ने यह दिखा दिया है कि महिलाएं कहीं अधिक प्रभावी, गंभीर तथा भ्रष्टाचार के विरुद्ध हठी हो सकती हैं। महिलाओं के द्वारा सार्वजनिक प्रदर्शन में उतरने के इसके पूर्व के उदाहरणों में कुछ वर्षों पूर्व महाराष्ट्र में श्रीमती मधु दंडवते एवं श्रीमती मृणालिनी गोरे के उदाहरण शामिल हैं। "लोकनायक" जयप्रकाश नारायण ने सरकार में से भ्रष्टाचार को "जड़ से उखाड़ फेंकने" को अपनी "सर्वप्रथम प्राथमिकता" के रूप में वर्णित किया था। जे.पी. पर अपनी पुस्तक *अनफिनिश्ड रिवाल्यूशन*[5] में वयोवृद्ध संपादक अजित भट्टाचार्यजी ने जे.पी. को ऐसा कहते हुए उद्धृत किया है, "अपने कार्यकर्ताओं में भ्रष्टाचार से निपटने में सरकारें असमर्थ रही हैं...और भ्रष्टाचार (जे.पी.) आंदोलन का केन्द्र बिन्दु रहा है, विशेषतौर पर सरकार, एवं प्रशासन में भ्रष्टाचार।" भट्टाचार्यजी ने यह वर्णन किया है किस प्रकार से जे.पी. का बिहार आंदोलन, जिसके अंतर्गत सरकार में भ्रष्टाचार एक केन्द्रीय विषय था, उत्तर–प्रदेश सहित अन्य राज्यों में लोगों का ध्यान आकर्षित कर पाने में विफल रहा था। भ्रष्टाचार के विरुद्ध संघर्ष से कहीं अधिक उन्हें चुनावी राजनीति ने आकर्षित किया और उन्होंने इस सम्बन्ध में भी बात कही कि किस प्रकार से राजनीतिक दल भ्रष्टाचार में गहराई तक डूबे हुए थे। इंडिया रिजुवेनेशन इनिशिएटिव,[6] जो अच्छी प्रतिभा वाले नौकरशाहों के द्वारा किया गया एक नवीनतम प्रयास है, भ्रष्टाचार को समाप्त करने के सम्बन्ध में विभिन्न वर्गों का नेटवर्क तैयार करने तथा उनसे अपील करने का प्रयास कर रहा है। वे केन्द्रीय सतर्कता आयोग (सीवीसी) की भ्रष्टाचार विरोधी रणनीतिक पहल (2010) को भी सहयोग प्रदान कर रहे हैं। उनके द्वारा पूर्व में की गई पहलों में से एक, जिसने ध्यान आकर्षित किया (परंतु जिसे बहुत शीघ्र भुला दिया गया), वह थी उत्तर–प्रदेश सरकार में भ्रष्ट वरिष्ठ अधिकारियों के नामों को (वेबसाइटों पर) सार्वजनिक किया जाना, जिसे केन्द्रीय सतर्कता आयुक्त बनने के बाद विट्ठल ने राष्ट्रीय स्तर पर आजमाया था। यह स्पष्ट नहीं है कि ऐसा (निवारक) उपाय अन्य राज्यों में तथा अन्य स्तरों पर क्यों ध्यान आकर्षित नहीं कर पाया तथा मात्र एक अथवा दो चक्रों के बाद इसे क्यों जारी नहीं रखा जा सका।

लोकसेवक संघ, जो दिल्ली स्थित एक गैर–राजनीतिक संगठन है (सन् 2010 में इसका नाम परिवर्तित कर गांधीवादी सेवा एवं सत्याग्रह बिग्रेड कर दिया गया) एक दशक से भी अधिक समय से "भारतीय राजनीति से भ्रष्टाचार तथा अपराध के उन्मूलन के लिए करो या मरो अभियान"[7] के साथ–साथ "एक भ्रष्टाचारमुक्त भारत" के लिए संघर्षरत् रहा है। यह संघ सरकार से (क) लोकपाल की नियुक्ति (ताकि मंत्रियों तथा संसद सदस्यों के विरुद्ध भ्रष्टाचार के आरोपों से निपटा जा सके), (ख) आपराधिक पृष्ठभूमि वाले प्रत्याशियों को अयोग्य ठहराए जाने, तथा (ग) भ्रष्टाचार द्वारा अर्जित की गई संपत्ति को जब्त किए जाने, जैसा कि प्रशासनिक सुधार आयोग (2005–09) के द्वारा सिफारिश की गई थी, की माँग करता रहा है। बहुत अधिक प्रगति किए बिना ही यह संगठन पत्रों के माध्यम से सत्ता में बैठे लोगों से इस बात की वकालत करता रहा है कि चुनावी राजनीति में भ्रष्टाचार को सम्बोधित किए बिना अन्य स्तरों पर भ्रष्टाचार को नियंत्रित नहीं किया जा सकता।

विगत अनेकों वर्षों के दौरान भ्रष्टाचार के विरुद्ध नागरिकों के किसी न किसी (असंगठित) समूह के द्वारा आंदोलन किए जाते रहे हैं, किन्तु अधिकांशतः ये किसी स्थानीय परिस्थिति अथवा घटना तक ही सीमित रहे हैं तथा व्यापक तौर पर तदर्थ आधार वाले एवं अल्पकालिक रहे हैं। ऐसी पहलों का समय–समय पर सामने आते रहना अभी भी जारी है। परंतु किसी भी स्तर पर भ्रष्टाचार को समाप्त किए जाने में नागरिकों तथा सिविल सोसाइटी संगठनों की शक्ति के प्रदर्शन के द्वारा ये किसी प्रकार का स्थाई अथवा अन्य कोई अंतर नहीं ला सकी हैं।

सन् 2005 के बाद से विगत कुछ एक वर्षों के दौरान देश में सभी स्तरों पर ध्यान आकर्षित करते रहने वाले सूचना के अधिकार आंदोलन के द्वारा अनेकों व्यक्तियों को आगे आने तथा सूचना के अधिकार अधिनियम को सतत् आधार पर भ्रष्टाचार के विरुद्ध संघर्ष के एक मंच के रूप में अपनाए जाने के लिए प्रोत्साहित किया गया है। सूचना के अधिकार आंदोलन द्वारा किए गए महत्वपूर्ण योगदानों में से एक यह है कि इसके द्वारा अनेकों स्वैच्छिक कार्यकर्ताओं को अभिप्रेरित किया गया है और उनके बीच भ्रष्टाचार के विरुद्ध चिंताओं को पुनर्जीवित कर दिया गया है, जिसके परिणाम अब (2010) धीरे–धीरे सामने आने प्रारंभ हो गए हैं और इसके द्वारा एक विस्तृत आधार उपलब्ध कराए जाने की संभावना है। सूचना के अधिकार अधिनियम ने चिन्तित नागरिकों के बीच इस आशा को पुनर्जीवित कर दिया है कि "सब कुछ समाप्त नहीं हो गया है" और सार्वजनिक सेवाओं में भ्रष्टाचार के सम्बन्ध में वे असहाय नहीं हैं तथा वे भी इसके सम्बन्ध में कुछ न कुछ कर सकते हैं।

2 अक्टूबर, 2011 के दिन, जो संयोगवश गाँधी जयंती का दिन भी है, पूरे भारत में 50 से भी अधिक शहरों में भ्रष्टाचार के विरुद्ध विशाल रैलियों का

आयोजन किया गया। विख्यात सामाजिक कार्यकर्ताओं तथा कानून के दिग्गजों ने इसका नेतृत्व संभाला। राजनीतिक दलों के कुछ नेताओं ने भी अपने–अपने राज्यों में इन रैलियों में भाग लिया। पूरे देश में टेलीविजन चैनलों ने इन रैलियों को कवर किया तथा भ्रष्टाचार की भयावहता एवं इसके आतंक का समाप्त किए जाने के तरीकों पर परिचर्चाओं का आयोजन किया।

कुछ टेलीविजन चैनलों ने कम से कम बड़े राजनीतिक दलों के नेताओं को एक साथ लाए जाने तथा देश में भ्रष्टाचार को समाप्त करने के लिए उन्हें एक ''न्यूनतम साझा कार्यक्रम'' पर सहमत किए जाने का असफल प्रयास किया। हालांकि, किसी भी नेता के द्वारा तथा किसी भी स्तर पर नागरिकों की संलिप्तता वाले भ्रष्टाचार को समाप्त किए जाने के सेवा विशिष्ट व्यवस्थित तरीकों के साथ आगे आने का कोई भी भी प्रयास नहीं किया गया। तथापि, 'भ्रष्टाचार को बढ़ावा देने वाले अथवा उसका समर्थन करने वाले उन राजनीतिक दलों को मतदान द्वारा बाहर कर दिया जाना चाहिए', यह उन आह्वाहनों में से एक था जो विभिन्न राजधानी शहरों में सर्वप्रथम सार्वजनिक लामबंदी में दिए गए थे। कुछ स्थानों पर इन रैलियों में भाग ले रहे नागरिकों ने भारत में भ्रष्टाचार को समाप्त करने की प्रतिज्ञा ली। भ्रष्टाचार से जुड़े किसी भी दल अथवा प्रत्याशी को ब्लैकलिस्ट करने की मतदाताओं से की गई अपील के साथ ही ''भ्रष्टाचार के विरूद्ध वोट बैंक'' नामक एक संस्था को भी प्रारंभ किया गया।

योजना आयोग द्वारा कौन सी पहल की गई?

योजना आयोग देश की तकदीर की मार्ग–निर्देशक संस्था रहा है तथा इसे सुधारों का उत्प्रेरक माना जाता रहा है। विकास सम्बन्धी रणनीतियों के लिए भी यह एक विशेषज्ञ निकाय रहा हैं; केन्द्र तथा राज्यों में विभिन्न मंत्रालय इसके दरवाजे पर खड़े रहते हैं तथा सरकार भी इसकी राय का अनुसरण करने के लिए बहुत अधिक इच्छुक बनी रहती है। विगत सभी छह दशकों के दौरान मामला कुछ ऐसा ही बना रहा है। आयोग को न केवल एक प्रबुद्ध मंच बल्कि विकास सम्बन्धी प्रयासों की निगरानी एवं मूल्यांकन करने वाली एक एजेन्सी भी माना जाता रहा है। क्या इसने देश में भ्रष्टाचार को समाप्त किए जाने की दिशा में कोई भी भूमिका निभाई है? कभी भी इसने कौन सी पहल की है? और उसके प्रभाव क्या रहे हैं? किसी को भी ऐसे उदाहरणों को ढूँढने की आवश्यकता है जिसमें हुई प्रगति तथा विकास से प्रत्येक नागरिक को लाभ प्राप्त हुआ हो, यद्यपि कि इसके स्वयं के कार्यक्रम मूल्यांकन कार्यालय (पीईओ) तथा अन्य लोगों के द्वारा किए गए कुछ अध्ययनों के द्वारा यह इंगित

किया गया था कि भ्रष्टाचार उन योजनाओं को भी क्षतिग्रस्त कर रहा है जो गरीबों के लिए लक्षित हैं।

हालांकि, योजना आयोग भ्रष्टाचार को मात्र एक अत्यधिक सामान्य और आकस्मिक तौर पर ही संदर्भित करता रहा है। कुल मिलाकर जो कुछ भी इसने कहा है वह यह है कि भ्रष्टाचार को इसके विभिन्न रूपों में सम्बोधित किए बिना ''सुशासन'' संभव नहीं है। परंतु प्रधानमंत्री अटल बिहारी बाजपेयी ने फरवरी 1999 में राष्ट्रीय विकास परिषद् को सम्बोधित करते समय देश के नीतिनिर्माताओं से कहा था कि ''भ्रष्टाचार एक कम जोखिम और अधिक लाभ वाली गतिविधि बन चुका है।''

प्रधानमंत्री राजीव गाँधी के द्वारा यह कहे जाने, कि कुल आवंटनों का मात्र 20 प्रतिशत भाग ही जनता तक पहुँच पाता है, के बाद से हमने चार पंचवर्षीय योजनाओं को पूरा होते हुए देख लिया है। इस स्थिति को सुधारने के लिए योजना आयोग के द्वारा कौन–कौन सी पहल की गई हैं, कम–से–कम सरकार के तथाकथित प्रमुख कार्यक्रमों जैसे सार्वजनिक वितरण प्रणाली (पीडीएस), राष्ट्रीय ग्रामीण रोजगार गारंटी योजना (नरेगा), अथवा आवासन के मामलों में? यह तथ्य कि ये सार्वजनिक सेवाएं भ्रष्टाचार से घिरी हुई हैं, को अनेकों संस्थाओं के द्वारा सामने लाया जा चुका था जिनमें से स्वयं योजना आयोग की संस्थाएं भी शामिल हैं।

योजना आयोग के उपाध्यक्ष मुख्य कार्यपालक हैं, यद्यपि प्रधानमंत्री इसके अध्यक्ष होते हैं। वास्तव में, क्रमिक प्रधानमंत्रियों के द्वारा अपने पसंद के उपाध्यक्षों का चयन किया जाता रहा है जिनमें कुछ प्रतिष्ठित लोग भी शामिल रहे हैं। मोंटेक सिंह अहलूवालिया सन् 2004 से उपाध्यक्ष बने रहे हैं तथा योजना आयोग के वे 24वें उपाध्यक्ष हैं। और वे पाँचवे अथवा छठवें गैर–राजनीतिक दल वाले पेशावर व्यक्ति रहे हैं (अन्य सभी मंत्री रह चुके थे)। वे उन छह उपाध्यक्षों में से एक हैं जिन्होंने पाँच अथवा उससे अधिक वर्षों का कार्यकाल पूरा किया है। एक अंग्रेजी दैनिक समाचारपत्र में एक प्रमुख साक्षात्कार में डॉ. अहलूवालिया ने उसी बात को दोहराया था जो उनके पूर्ववर्तियों के द्वारा कही जा चुकी थी, अर्थात्, लाभ प्रत्येक व्यक्ति तक पहुँचना चाहिए। भ्रष्टाचार के विषय पर विशेष तौर पर पूछे जाने पर उन्होंने कहा कि इसके लिए ''कतिपय नए दिशा–निर्धारणों तथा पुनर्गठन की आवश्यकता है। और यह कि किसी एक योजना अवधि में सबकुछ हासिल कर पाना संभव नही है।'' (*बिजनेस स्टैंडर्ड*, 28 सितम्बर, 2010)। मोंटेक सिंह अहलूवालिया ने आगे कहा–

> मैं समझता हूँ कि धारणा (भ्रष्टाचार के सम्बन्ध में) के पीछे एक कारण यह है कि अनेकों अन्य लोगों के पास अब विकल्प तथा अवसर हैं और वे इन अवसरों

का उपयोग कर रहे हैं तथा इस प्रक्रिया में सरकार एवं लाइसेंस देने वाली संस्थाओं के साथ मिलकर कार्य कर रहे हैं। प्रत्येक व्यक्ति अचानक से ही इस तथ्य का सामना कर रहा है कि शासन में अनेकों स्तरों पर उसे कमी का अनुभव हो रहा है।

उन्होंने आगे कहा, ''एक समाधान था ऐसे तंत्र को डिजाइन किया जाना जो भ्रष्टाचार की गुंजाइश को कम करता हो।''

ये कौन सी कमियां थीं जिन्हें वे संदर्भित कर रहे थे? योजना आयोग को ऐसे तंत्र विकसित करने से कौन रोक रहा था जिनके द्वारा भ्रष्टाचार की गुंजाइश को कम किया जा सकता था? इस प्रवृति की दिशा को उलटने के लिए हमें कितनी पंचवर्षीय योजनाओं की आवश्यकता है? अथवा बात कुछ ऐसी थी कि आयोग भ्रष्टाचार को राष्ट्रीय चिंता की एक ऐसी समस्या नहीं मानता था जिसके त्वरित समाधान की आवश्यकता थी? अहलूवालिया असंवेदनशील नहीं थे। उन्होंने माना कि भ्रष्टाचार एक ''धारणा'' अधिक है। यदि आयोग का निदान यही है तो किसी समाधान के प्रति दृष्टिकोण क्या है?

उस साक्षात्कार में जो कुछ भी अहलूवालिया कह सके थे वह यह कि ''एक समाधान है ऐसे तंत्र को डिजाइन किया जाना जो भ्रष्टाचार की गुंजाइश को कम करता हो.......प्रक्रियाओं की पारदर्शिता अत्यधिक महत्वपूर्ण है। स्वाभाविक रूप से हमारे पास सूचना का अधिकार जैसे उपकरण हैं जिनके द्वारा गलत कार्यों पर प्रकाश डाले जाने की क्षमता में वृद्धि कर दी गई है।'' प्रकट तौर पर, सूचना का अधिकार अधिनियम ऐसे ''नीति सम्बन्धी अधिकारियों'' के द्वारा इसे देश में भ्रष्टाचार को समाप्त किए जाने की एक रामबाण औषधि के रूप में प्रदर्शित किए जाने के काम आता है। क्या हम सूचना के अधिकार अधिनियम के एक ''गारंटीशुदा समाधान'' होने की आशा कर सकते हैं? निश्चित रूप से सूचना के अधिकार अधिनियम में क्षमताएं हैं। परंतु बिना विशिष्ट रणनीति तथा प्रयासों के वह जमीनी स्तर पर कोई अंतर नहीं ला सकता। योजना आयोग ''समस्या से निपटने'' के लिए क्या सोचता है, क्योंकि अहलूवालिया के अनुसार ''कोई एक भी गारंटीशुदा जैसा समाधान'' उपलब्ध नहीं है।

नागरिकों की संलिप्तता वाली सार्वजनिक सेवाओं के संदर्भ में भ्रष्टाचार पर किए गए शोध के आधार पर आयोग को एक दृष्टिकोण तथा एक रणनीति के साथ आगे आना चाहिए। इसी दौरान, नागरिकों की संलिप्तता वाली सार्वजनिक सेवाओं में भ्रष्टाचार को इसे एक कहीं गंभीर चिंता के रूप में देखना चाहिए तथा इस गंभीरता को सभी जगहों पर व्यवस्था के अंतर्गत सम्बन्धित सभी लोगों के बीच पहुँचाना चाहिए।

योजना आयोग को चार प्रकार की रुचियाँ लेनी चाहिए। पहली, इसे विभिन्न स्तरों पर सार्वजनिक सेवाओं में भ्रष्टाचार तथा विशिष्ट तौर पर उन सेवाओं में से

कतिपय कार्यों के प्रति इसे एक एजेंडे के रूप में प्रस्तुत करना चाहिए। दूसरे, योजना आयाोग को सार्वजनिक सेवाओं के लिए संसाधनों का आवंटन करते समय भ्रष्टाचार को समाप्त करने के लिए कतिपय परामर्शों एवं उपायों (आवश्यक शर्तों के रूप में नहीं) के साथ आगे आना चाहिए। तीसरे, योजना आयोग को नागरिकों द्वारा सार्वजनिक सेवाओं तक पहुँच प्राप्त किए जाने में उनकी संलिप्तता वाले भ्रष्टाचार पर निगाह रखनी चाहिए और उसका मूल्यांकन करना चाहिए। इसके लिए, इसे आवधिक आधार पर भ्रष्टाचार पर स्वतंत्र रूप से किए जाने वाले ऐसे सर्वेक्षणों का समर्थन करना चाहिए जो पेशावर संस्थाओं के द्वारा संपन्न किए गए हों। चौथे, लक्षित कार्यक्रमों तथा गरीबों को शामिल करने वाली सार्वजनिक सेवाओं में भ्रष्टाचार पर विशेषतौर पर चर्चा करने के लिए राष्ट्रीय विकास परिषद् (एनडीसी) की सभा आयोजित की जानी चाहिए। देश में नियोजन प्रक्रिया, कार्यवाही तथा तंत्र के पास भ्रष्टाचार पर कतिपय रणनीति तथा विशिष्ट लक्ष्य उपलब्ध होने चाहिए। देश में भ्रष्टाचार के स्तर में गिरावट के लिए अथवा उसे चोट पहुँचाने के लिए कुछ साक्ष्यों पर निशाना साधते हुए केन्द्रीय सतर्कता आयोग (सीवीसी) एजेंडा (2010) को कार्यवाहियों में परिवर्तित किया जा सकता है।

केन्द्रीय सतर्कता आयोग की पहल–2010

सरकारी सेवाओं में भ्रष्टाचार को समाप्त करने का दायित्व सौंपा गया सर्वोच्च निकाय, केन्द्रीय सतर्कता आयोग, सन् 2010 के अंत में पहली बार एक राष्ट्रीय भ्रष्टाचार विरोधी रणनीति की "एक रूपरेखा" के साथ सामने आया था। रोचक तौर पर, इसने अपने रणनीति सम्बन्धी पत्र, जो इसकी वेबसाइट पर उपलब्ध करवाया गया था, पर जनता से सुझावों की माँग की थी। साथ ही पहली बार रणनीति में राजनीतिक दलों, सिविल सोसाइटी, मीडिया, तथा व्यापार एवं उद्योग के लिए एक नुस्ख़ा भी शामिल किया गया था। चिंता देश में सभी जगह तथा व्यापक तौर पर व्याप्त भ्रष्टाचार के सम्बन्ध में थी। केन्द्रीय सतर्कता आयुक्त ने यह पहल अपने उन पदग्राही प्रमुख की सेवानिवृत्ति के एक सप्ताह पूर्व ही प्रस्तुत कर दी थी जिन्हें पूर्वकाल में भ्रष्टाचार को एक राष्ट्रीय चिंता बनाए जाने के लिए किसी भी विशिष्ट नई पहल करने के लिए नहीं जाना जाता था। इसकी रणनीति के व्यापक चरित्र को ध्यान में रखते हुए एकल सुझावों की गंभीरता पर ध्यान दिए बिना ही सुझावों के सार का यहाँ प्रस्तुत किया जा रहा है। इनमें से कुछ सुझाव अत्यन्त ही सामान्य हैं एवं अधिकांशतः संकट की पहचान के द्वारा दिए गए हैं तथा इनके लिए एक व्यापक दृष्टिकोण की आवश्यकता है। यह देखे जाने की आवश्यकता है कि केन्द्रीय सतर्कता आयोग द्वारा समाचारपत्रों में सुझाव के लिए दिए गए विज्ञापनों का प्रत्युत्तर जनता किस सीमा तक देती है तथा केन्द्रीय

चित्र 3.1
समाचारपत्र में केन्द्रीय सतर्कता आयोग का विज्ञापन

सतर्कता आयोग कितनी गंभीरता के साथ राष्ट्रीय आधार पर अनुवर्ती कार्यवाही करते हुए रणनीति को लागू करता है। विशेषतौर पर इसलिए क्योंकि अपने परवर्ती की नियुक्ति के समय से केन्द्रीय सतर्कता आयोग के प्रमुख पहले के कार्य में आपत्तिजनक निर्णयों के आरोपों के साथ सर्वोच्च न्यायालय जा चुके हैं।

''छोटे–मोटे भ्रष्टाचार'' से निपटने के लिए केन्द्रीय सतर्कता आयोग की इस राष्ट्रीय रणनीति के एक भाग के रूप में चार सामान्य सुझाव दिए गए हैं जिनमें कंप्यूटरीकरण, प्रक्रियाओं का सरलीकरण, नागरिकों द्वारा पृष्ठपोषण एवं सक्रिय भूमिका, तथा सिविल सोसाइटी द्वारा सामाजिक अंकेक्षण किया जाना शामिल हैं। ये अच्छे सुझाव हैं। परंतु इनके और अधिक ध्यान–केन्द्रित होने एवं सार्वजनिक सेवा विशिष्ट होने की आवश्यकता है।

केन्द्रीय सतर्कता आयोग ने (26 अक्टूबर, 2010 के दिन)[8] समाचार मीडिया में यह सुझाव देते हुए एक विज्ञापन जारी किया था कि ''भ्रष्टाचार के सम्बन्ध में शिकायतों के लिए'' तथा ''भ्रष्टाचारमुक्त भारत के स्वप्न को पूरा करने में सहायता'' करने के लिए जनता एक विशिष्ट वेबसाइट पर लॉग ऑन करे अथवा एक निःशुल्क फोन नम्बर पर फोन करे। विज्ञापन जारी किए जाने के दो–चार दिन पूर्व से ही इस पहल की समाचार मीडिया में प्रमुखता से कवरेज भी की

गई थी। नागरिकों के द्वारा शिकायत किए जाने के लिए एक निःशुल्क फोन नम्बर का विचार बहुत ही अच्छा है और इसका स्वागत किया जाना चाहिए। केन्द्रीय सतर्कता आयोग की यह पहल उसी बात का एक उत्तम उदाहरण है जिसकी चर्चा मैं करता रहा हूँ, अर्थात्, इस प्रकार के प्रयास अत्यन्त अस्पष्ट, अत्यन्त सामान्य हैं तथा ध्यान–केन्द्रित किए बिना ही किए गए हैं। साथ ही, ये किसी विशिष्ट शिकायत के प्रति जनता को प्रत्युत्तर देने के लिए (पहले कुछ दिनों के प्रारंभिक जोश के बाद) अभिप्रेरित नहीं करते। यह स्पष्ट नहीं है कि "भ्रष्टाचारमुक्त भारत" वास्तव में किस बारे में है? क्या यह सबके लिए एक समान हो सकता है? कोई भी ऐसा कब कह सकेगा? किसी भी अधिकारी से भ्रष्टाचार के सम्बन्ध में की जाने वाली शिकायत को विशिष्ट होना होता है और मात्र तब ही उसपर आगे की कार्यवाही की जा सकती है। यदि नागरिकों के द्वारा की गई शिकायतों पर आगे की कार्यवाही नहीं की जाती तथा उन्हें की गई कार्यवाही से सूचित नहीं किया जाता तो इसका प्रभाव उल्टा हो सकता है और इसका अर्थ एक बार फिर से निराशा का होना हो सकता है। ऐसे प्रयासों को हलके अंदाज में नहीं लिया जाना चाहिए। इसके अलावा यह कि समस्त न्यूज मीडिया में केन्द्रीय सतर्कता आयोग का "भ्रष्टाचारमुक्त भारत के स्वप्न को पूरा करने में सहायता" का आह्वाहन ऐसा प्रभाव उत्पन्न करता है कि "भ्रष्टाचारमुक्त भारत" एक "स्वप्न" है जिसे पूरा करना एक असंभव कार्य है। ऐसे किसी भी प्रयास का एक लक्ष्य होना चाहिए; कार्य एवं प्रयासों को परिणाम प्राप्त करने वाला होना चाहिए।

केन्द्रीय सतर्कता आयुक्त के रूप में विट्ठल के द्वारा अपने कार्यकाल के दौरान संस्थागत की गई एक अन्य पहल है "सतर्कता जागरूकता सप्ताह" (25 अक्टूबर से 1 नवम्बर)।[9] गत एक दशक से अब तक इसे केन्द्र सरकार के विभागों एवं इकाईयों जैसे बैंकों के द्वारा मनाया जाता रहा है (संयोगवश यह सरदार बल्लभ भाई पटेल का जन्मदिवस भी है)। इसका उद्देश्य अधिकांश जनता को संवदेनशील बनाया जाना तथा एक निरोधक उपाय के रूप में तथा निवारण सम्बन्धी अभ्यास को प्रोत्साहित किए जाने हेतु विभागों के अंदर बैठे लोकसेवकों को विशेषतौर पर संवेदनशील बनाया जाना है।

सूचना का अधिकार अधिनियम–एक रामबाण औषधि?

सूचना के अधिकार अधिनियम ने देश में अपने साथ कार्यकर्ताओं के एक नए समूह को जन्म दे दिया है। इसने चिंतित नागरिकों को एकजुट होने तथा अग्रसक्रिय पहल करने में सहायता प्रदान की है भले ही सूचना आयोग कुछ भी

करता रहे। सामान्यतः तथा विशेषतौर पर सार्वजनिक सेवाओं में सूचना के अधिकार अधिनियम का प्रभाव मात्र उसी सीमा तक प्रकट होगा जहाँ तक इन सिविल सोसाइटी कार्यकर्ताओं के समूह अनुवर्ती कार्यवाही सम्बन्धी पहलों के साथ अग्रसक्रिय हैं।

सरकार के अंदर एक प्रवृत्ति मौजूद है कि अभिप्रेरणा चाहे जो भी हो, प्रत्येक बार जब कोई नई पहल की जा रही हो तो किसी पुरानी योजना को या तो भुला दिया जाए अथवा उसे दरकिनार कर दिया जाए। उदाहरण के लिए सिटीजन्स चार्टर, जो सार्वजनिक सेवाओं को उत्तरदायी बनाए जाने में आज की तारीख तक प्रासंगिक बना रहा है, को सूचना के अधिकार अधिनियम के लागू किए जाने के साथ ही ठंडे बस्ते में डाला जा रहा है, जबकि, वास्तव में, इन दोनों ही उपायों को समानान्तर तरीके से जारी रखे जाने की आवश्यकता है। अब यह देखे जाने की आवश्यकता है कि नई लोक सेवा गारंटी योजना मध्य प्रदेश में किस प्रकार से कार्य करती है तथा सूचना के अधिकार अधिनियम को लागू किए जाने के सम्बन्ध में गंभीरता में वृद्धि होती है अथवा कमी।

ध्यानाकर्षक विधेयक

सूचना के अधिकार से सम्बन्धित लगभग 10 कार्यकर्ताओं की हत्याओं की पृष्ठभूमि में सरकार ने "ध्यानाकर्षकों" की सुरक्षा के लिए (सितम्बर 2010) में एक विधेयक प्रस्तुत किया है। सार्वजनिक हित प्रकटन एवं व्यक्ति को संरक्षण विधेयक 2010 एक ऐसे नियमित तंत्र की स्थापना किए जाने का भी प्रस्ताव करता है ताकि धमकी के डर के बिना भ्रष्टाचार पर सूचनाओं के प्रकटन को प्रोत्साहित किया जा सके। यह विधेयक सरकारी सेवाओं में भ्रष्टाचार के शिकायतकर्ता को पर्याप्त संरक्षण देने का प्रावधान करता है। यद्यपि कि यह पहल देश में सूचना के अधिकार की व्यवस्था को आगे बढ़ाए जाने में सहायता प्रदान करती है, परंतु वास्तव में एक निवारक के रूप में यह बहुत अच्छी नहीं है। जिस बात की और आवश्यकता है वह है सिविल सोसाइटी के द्वारा रैलियाँ किया जाना तथा ऐसी धमकियों का प्रत्युत्तर दिया जाना। इसके लिए, सिविल सोसाइटी कार्यकर्ताओं के नेटवर्क को ऑनलाइन उपलब्ध होना चाहिए तथा कार्यकर्ताओं की एक निर्देशिका भी उपलब्ध होनी चाहिए। संक्षिप्त संदेश सेवा (एसएमएस), इंटरनेट तथा प्रसारण मीडिया भी ऐसे क्षमतावान उपकरण हैं जो महत्वपूर्ण होते जा रहे हैं। स्थानीय मीडिया, विशेषतौर पर इलेक्ट्रॉनिक मीडिया, के साथ किया गया कोई भी संपर्क ध्यानाकर्षकों को एक अग्रसक्रिय तथा निरोधक भूमिका निभाए जाने में लंबी दूरी तक साथ देगा।

राष्ट्रमंडल मानवाधिकार पहल के वेंकेटेश नायक द्वारा किए गए एक विश्लेषण के द्वारा अंतर्राष्ट्रीय सर्वश्रेष्ठ व्यवहार मानकों के साथ तुलना किए जाने पर प्रस्तावित ''ध्यानाकर्षक संरक्षण विधेयक'' को कमजोर माना गया है। वास्तव में, यह विधेयक सन् 2003 में विधि आयोग के द्वारा की गई सिफारिशों का पालन नहीं करता है।[10]

लोक सेवा गारंटी अधिनियम, 2010, मध्य प्रदेश

इससे परे जाते हुए और नरेगा से सीख लेते हुए मध्य प्रदेश सरकार ने विधानसभा में ''लोक सेवा गारंटी अधिनियम'' को (सितम्बर 2010 में) पारित कर दिया। यह अधिनियम सिटिजन चार्टर में दिए गए प्रावधानों को वैधता प्रदान करता है तथा नागरिकों को सेवा उपलब्ध कराए जाने में किसी भी प्रकार की ढिलाई के मामले में नागरिकों के द्वारा अपील किए जाने का प्रावधान करता है। अनुपालन न किए जाने के लिए उत्तरदायी अधिकारी पर 5,000 रुपयों तक का अर्थदंड लगाया जा सकता है। सितम्बर 2010 से अब तक मध्य प्रदेश में 25 सेवाओं को इस अधिनियम के अंतर्गत शामिल किए जाने के लिए अधिसूचित किया जा चुका है। अधिनियम को लागू किए जाने में समन्वय स्थापित करने के लिए एक लोक सेवा प्रबंधन विभाग का सृजन कर दिया गया है। जहाँ इस पहल की प्रसंशा की जानी चाहिए, वहीं गरीबों के लिए आधारभूत सेवाओं तक पहुँच प्रदान करने के अर्थों में तथा सार्वजनिक सेवाओं की वास्तविक सुपुर्दगी की विश्वसनीयता में यह अधिनियम कितना अंतर ला सकेगा, इसे देखे जाने की आवश्यकता है। क्रियान्वयन की विधियों की घोषणा के अभाव में ऐसे और कानूनों अथवा और अधिक विभागों का सृजन किया जाना अपने आप में सार्वजनिक सेवाओं में भ्रष्टाचार की प्रवृत्ति की दिशा बदलने की गारंटी नहीं प्रदान करता। सार्वजनिक सेवाओं में नागरिकों की सक्रियता तथा संलिप्तता, कंप्यूटरीकरण, तथा सक्रिय निवारण तंत्र कहीं अधिक महत्वपूर्ण हैं। मध्य प्रदेश सरकार का यह नया अधिनियम लागू किए जाने हेतु एक समुचित अवसर प्रदान किए जाने का पात्र है।

जनवरी 2011 में, बिहार सरकार ने अपने सेवा के अधिकार अधिनियम से परे जाने के लिए कई पहल की थीं जिनके अंतर्गत कोई भी ऐसा नागरिक, जो किसी सार्वजनिक सेवा को प्राप्त करने का अधिकारी है, इसकी माँग कर सकता है और सेवा को प्राप्त भी कर सकता है। हालांकि, यह देखे जाने की आवश्यकता है कि मध्य प्रदेश तथा बिहार में ये नई पहलें किसी सीमा तक *आम आदमी* को भ्रष्टाचारमुक्त सार्वजनिक सेवा प्रदान कर पाने में परिणित हो सकेंगी।

जनवरी 2011 में मुख्यमंत्री के रूप में नितीश कुमार के साथ बिहार सरकार ने विभिन्न स्तरों पर भ्रष्टाचार से निपटने की अपनी मंशा के सटीक संकेत प्रदान किए थे। उस दिशा में उठाए गए एक कदम के रूप में राज्य सरकार ने सार्वजनिक वितरण प्रणाली को दुरुस्त किए जाने सम्बन्धी पहल की थी। महत्वपूर्ण रूप से, बिहार ऐसा सर्वप्रथम (2011) राज्य था जिसके द्वारा सभी राज्य कर्मचारियों, जिनका सम्बन्ध विभिन्न श्रेणियों से था, के द्वारा वार्षिक आधार पर अपनी संपत्तियों तथा बैंक खातों के विवरणों को दाखिल किया जाना अनिवार्य बना दिया गया था। आगे, किसी भी अन्य राज्य ने विधानसभा के सदस्यों (एमएलए) तथा विधान परिषद् के सदस्यों (एमएलसी) के लिए उस स्थानीय क्षेत्र विकास निधि को समाप्त नहीं किया था जो दुरुपयोग किए जाने के कारण गंभीर आलोचनाओं से घिर चुकी थी।

सेवा का अधिकारः इससे भी कहीं अधिक महत्वपूर्ण रूप से बिहार सरकार ऐसी पहली सरकार थी जो सन् 2005 के सूचना के अधिकार अधिनियम से परे गई और जिसने शिकायतों के निवारण की माँग करने हेतु नागरिकों को अधिकार प्रदान कर दिया। इसके लिए, राज्य के द्वारा ''सेवा हेतु अधिकार अधिनियम'' लाया गया, जिसके अधीन नागरिक किसी भी अनुमोदित कार्य को पूरा न किए जाने अथवा उपलब्ध न कराए जाने के लिए उत्तरदायी किसी भी लोकसेवक का नाम ले सकते हैं। यह अधिनियम लोकसेवकों से सेवा की माँग करने का अधिकार प्रदान करता है। आशा है कि समस्त अन्य राज्यों के द्वारा भी सेवा के अधिकार के लिए ऐसे ही एक अधिनियम पर विचार अवश्य किया जाएगा। (*टाइम्स ऑफ इंडिया,* 6 दिसम्बर, 2010)।

सिटीजन्स चार्टर्स (नागरिकों को विशेषाधिकार)

सिटीजन्स चार्टर के विचार को केन्द्र के साथ–साथ राज्य सरकारों के द्वारा अधिकांश सार्वजनिक सेवाओं के लिए कोई एक दशक से भी अधिक समय पूर्व अपनाया गया था। परंतु सिटीजन्स चार्टर्स को कभी भी एक उचित अवसर प्रदान नहीं किया गया तथा सन् 2005 के बाद से ध्यान सूचना के अधिकार अधिनियम की ओर आकर्षित हो गया, यद्यपि कि सूचना के अधिकार की व्यवस्था के अंतर्गत सिटीजन्स चार्टर का महत्व कहीं ज्यादा है। सूचना के अधिकार सम्बन्धी प्रावधानों को ध्यान में रखते हुए एक गंभीर निवारक के रूप में सिटीजन्स चार्टर पर पुनः ध्यान केन्द्रित किए जाने की आवश्यकता है। सूचना के अधिकार के उद्देश्यों को प्राप्त किए जाने तथा भ्रष्टाचार को समाप्त किए जाने की दिशा में की जाने वाली अनुवर्ती कार्यवाहियों में सिविल

सोसाइटी समूहों को सिटीजन्स चार्टर को गंभीरतापूर्वक लेना चाहिए। सूचना के अधिकार को लागू किए जाने (2005–10) का विश्लेषण किए जाने में मेरा स्वयं का अनुभव यह संकेत देता है कि सूचना के अधिकार कार्यकर्ताओं ने सिटीजन्स चार्टर को भ्रष्टाचार विरोधी कोशिश के एक भाग के रूप में शामिल नहीं किया है।

सिटीजन्स चार्टर की पूरी क्षमता का उपयोग मात्र तभी किया जा सकता है जब इसके महत्व का एक आवधिक मूल्यांकन किया गया हो तथा कम से कम पाँच वर्षों में एक बार चार्टर को संशोधित किया गया हो। मात्र कुछेक उदाहरणों में ही चार्टर को संशोधित किया गया था: उदाहरण के लिए दिल्ली तथा मध्य प्रदेश में। सीएमएस ने सन् 2001 में सिटीजन्स चार्टर का आकलन किया था और चार्टर को संशोधित किए जाने के लिए इसके सुझावों पर दिल्ली के मुख्यमंत्री के द्वारा सहमति जताई गई थी।[11]

जैसा कि अपने लेखन में भारत के भूतपूर्व उप–महानियंत्रक एवं लेखा परीक्षक बी.पी. माथुर ने प्रेक्षित किया है, ''संहिता सम्बन्धी नियमों का अनुसरण व्यवहार की अपेक्षा उल्लंघन किए जाने में अधिक किया गया है तथा यह सरकार को ईमानदार एवं समर्पित अधिकारियों को परेशान करने के लिए एक हथियार प्रदान करता है, जबकि अनुशासनात्मक कार्यवाही किए जाने में संलिप्त जटिल प्रक्रियाओं के कारण बेईमान तथा भ्रष्ट छूट जाते हैं।''[12] स्थिति से निपटने के लिए ये नियम पूरी तरह से अपर्याप्त हैं तथा वे लोकसेवकों के लिए ''एक नई आचार संहिता'' बनाए जाने का आह्वाहन करते हैं।

आधार (यूनिक आइडेंटीफिकेशन नम्बर) तथा बायोमेट्रिक्स–दो नवीनतम पहल

देश के सभी नागरिकों के लिए एक यूनिक आइडेंटीफिकेशन नम्बर (आधार) तथा उपस्थिति को सुनिश्चित करने हेतु पहचान की बायोमेट्रिक्स प्रणाली के अंतर्गत देश में भ्रष्टाचार की प्रवृत्ति की दिशा को उलट दिए जाने में सहायता प्रदान करने की क्षमता विद्यमान है। सन् 2012 अथवा 2013 तक हमने निश्चित रूप से यह जान लिया था कि ये पहलें इस प्रक्रिया को क्या और किस सीमा तक सुविधा प्रदान करेंगी।

आधारः आधार के सम्बन्ध में एक निश्चित प्रचार किया गया है। इसे एक ''समावेशित'' पहुँच हेतु एक उपाय के रूप में तथा सार्वजनिक सेवाओं में, विशेषतौर पर गरीबों के संदर्भ में, भ्रष्टाचार को समाप्त किए जाने के लिए प्रस्तुत किया गया है। हालांकि, इन उद्देश्यों के सम्बन्ध में कुछ चिन्तित नागरिकों तथा

यहाँ तक कि मीडिया के द्वारा आशंकाएं भी व्यक्त की गई हैं। तथापि जिस जल्दबाजी के साथ आधार के कार्य को आगे बढ़ाया जा रहा है, उसपर नियंत्रण किया जाना चाहिए तथा सूचना के अधिकार/सिविल सोसाइटी कार्यकर्ताओं के द्वारा स्वतंत्र रूप से इसकी पुष्टि की जानी चाहिए। सिविल सोसाइटी यह सुनिश्चित किए जाने में सहायता प्रदान कर सकती है कि इसके उद्देश्यों को प्राप्त किए जाने में आधार का बेहतर तरीके से लाभ उठाया गया है। आधार को क्रियान्वित किए जाने हेतु इसके बाह्यस्रोतन में भ्रष्टाचार के आरोप समाचार मीडिया में सामने आ चुके हैं।[13]

बायोमेट्रिक्स : बायोमेट्रिक्स विधि को पदाधिकारियों की उपस्थिति को सुनिश्चित किए जाने तथा उस प्रक्रिया में भ्रष्टाचार को समाप्त किए जाने को सुनिश्चित किए जाने के एक तरीके के रूप में देखा गया था। परंतु अभी तक इन दोनों तथ्यों के पक्ष में ऐसा कोई साक्ष्य उपलब्ध नहीं है तथा साथ ही अभी किसी भी निष्कर्ष पर पहुँच जाना जल्दबाजी होगी। चूंकि लोगों की गतिशीलता एवं प्रवासन में वृद्धि हो रही है, विशेषतौर पर गरीब एवं युवा लोगों की एक प्रशासनिक इकाई (जिला अथवा राज्य) से दूसरी में, अतः आधार एवं बायोमेट्रिक्स विधि दोनों ही महत्वपूर्ण हैं। इन उपायों द्वारा सार्वजनिक सेवाओं तक नागरिकों की पहुँच की प्रक्रिया में कतिपय ज्यादतियों को समाप्त कर दिए जाने तथा उस प्रक्रिया में भ्रष्टाचार की बाध्यता को न्यूनतम कर दिए जाने की आशा है।

न्यायपालिका एवं भ्रष्टाचार

गत दशक में दो बार (2002 तथा 2010) में भारत के सर्वोच्च न्यायालय ने भ्रष्टाचार की भयावहता तथा उस तरीके पर विशिष्ट एवं गंभीर टिप्पणियाँ की हैं जिसके द्वारा यह सरकार की विभिन्न सेवाओं में फैल रहा है। सन् 2002 में, अपने 19 पृष्ठों के एक निर्णय में, सर्वोच्च न्यायालय के दो न्यायाधीशों ने कहा था कि ''एक सभ्य समाज में भ्रष्टाचार कैंसर के रोग के समान है, यदि सही समय पर इसकी जाँच नहीं की गई तो इसके द्वारा घातक परिणाम प्रस्तुत किया जाना सुनिश्चित है।''[14] सन् 2010 में, सर्वोच्च न्यायालय के दो न्यायाधीश अपनी व्यंग्यपूर्ण टिप्पणियों के लिए मुख्य पृष्ठों की सुर्खियां बने जब उन्होंने कहा–''सरकार भ्रष्टाचार को वैधता क्यों नहीं प्रदान कर देती'' क्योंकि ''पैसे के बिना कुछ भी नहीं होता'', तथा ऐसा है ''जैसे देश में भ्रष्टाचार पर कोई नियंत्रण नहीं रह गया है।''[15] उच्च–न्यायालयों के निर्णयों में भी भ्रष्टाचार के अन्य संदर्भ अवश्य ही मौजूद होंगे। परंतु इन सबके द्वारा कोई भी अंतर नहीं लाया जा सका है। इसके विपरीत, नागरिकों की एक सामान्य धारणा यह है कि गत एक दशक के दौरान भ्रष्टाचार में वृद्धि ही हुई है,

यहाँ तक कि महत्वपूर्ण सार्वजनिक सेवाओं के मामलों में भी जिनमें स्वयं न्यायपालिका भी शामिल है।

लगभग 10 वर्षों पूर्व ये भारत के प्रधान न्यायाधीश एस.पी. भरुचा थे जिन्होंने पहली बार कहा था कि देश के 20 प्रतिशत न्यायाधीश भ्रष्ट थे। अपने समर्थन में, उन्होंने न्यायपालिका के गिरते हुए स्तरों पर टिप्पणी किए जाने हेतु सर्वोच्च न्यायालय के विख्यात न्यायमूर्ति वी.आर. कृष्णा अय्यर को उद्धृत किया। उस समय तक न्यायपालिका में भ्रष्टाचार के सम्बन्ध में सार्वजनिक तौर पर मुश्किल से ही कोई चर्चा की जाती थी। समाचार मीडिया के लिए ऐसे किसी तथ्य पर समाचार देना एक वर्जना थी। सन् 2005 में यह उस समय हुआ जब सीएमएस के द्वारा न्यायालयों में भ्रष्टाचार पर संपूर्ण देश में बड़े पैमाने पर किए गए सर्वेक्षणों ने देश को चौंका कर रख दिया। न्यायपालिका में भ्रष्टाचार पर 20 राज्यों में किए गए सर्वप्रथम अध्ययन ने यह सामने ला दिया था कि न्यायपालिका में विभिन्न स्तरों पर भ्रष्टाचार किस प्रकार से गहराई तक अपनी जड़े जमा चुका था। सन् 2005 में किए गए उस सर्वेक्षण के बाद ही ऐसा हुआ था कि न्यायपालिका में भ्रष्टाचार सार्वजनिक चर्चा का एक विषय बन चुका था। इस अध्ययन के द्वारा यह स्पष्ट किया गया कि पिछले एक वर्ष के दौरान न्यायालय के साथ संपर्क में आने वाले लोगों के 47 प्रतिशत भाग को किसी न किसी कारण से घूस देनी पड़ी थी। इसका भुगतान या तो वकील अथवा दलाल अथवा न्यायालय के लिपिक को किया गया था। अध्ययन के द्वारा विस्तारपूर्वक स्पष्ट किया गया था कि न्यायालयों में किसलिए घूस दी जा रही थी।

सन् 2005 के इस अध्ययन के बाद ही ऐसा हुआ कि न्यायपालिका में भ्रष्टाचार राष्ट्रीय एजेंडे का एक भाग बन गया। न्यायपालिका में दोषियों को उजागर किए जाने के लिए अभियानों की शुरुआत कर दी गई। तहलका के द्वारा न्यायालय की अवमानना के मामले का सामना किए जाने के बाद से अब तक एक लंबा दौर गुजर चुका है। और तब प्रशांत भूषण, जो सर्वोच्च न्यायालय के एक वकील तथा कार्यकर्ता हैं, ने न्यायपालिका में सुधार हेतु राष्ट्रीय अभियान नामक अपनी पहल के साथ कई उच्च–न्यायालयों के न्यायाधीशों का नाम उजागर किया था (2008–10) और आरोपी न्यायाधीशों के विरुद्ध महाभियोग की कार्यवाही प्रारंभ किए जाने के लिए संसद सदस्यों के साथ मिलकर अनुवर्ती कार्यवाही भी की थी।[16] वास्तव में, प्रशांत भूषण के विरुद्ध न्यायालय की अवमानना का एक मामला सर्वोच्च न्यायालय में लंबित रहा है। और इसी प्रक्रिया में, वरिष्ठ वकील शांति भूषण, जो भूतपूर्व विधि मंत्री तथा सर्वोच्च न्यायालय के जानेमाने वकील भी हैं, ने एक बार फिर से यह सार्वजनिक वक्तव्य जारी करते हुए देश को चौंका दिया (2010) कि सर्वोच्च न्यायालय के 16 न्यायाधीश भ्रष्ट हैं। वास्तव में, स्वयं भारत के प्रधान न्यायाधीश ने इस मामले को दो वर्षों पूर्व

ही भारत के राष्ट्रपति के पास संदर्भित कर दिया था। एक अन्य मामले में, एक अन्य उच्च न्यायालय के प्रधान न्यायाधीश भी जमीन–हड़पे जाने के मामलों की संलिप्तता वाले भ्रष्टाचार की एक श्रृंखला के लिए महाभियोग की लंबी प्रक्रिया से होकर गुजर चुके थे।

सन् 2003 तथा 2005 के मध्य संसदीय समिति ने कोलकाता उच्च–न्यायालय के एक न्यायाधीश को गबन का दोषी पाया था तथा इसे महाभियोग के लिए एक उचित मामला पाया था। न्यायाधीश पर धनराशि की बड़ी मात्रा का गबन करने तथा इसके सम्बन्ध में गलत विवरण प्रस्तुत करने का आरोप लगाया गया था। न्यायपालिका में भ्रष्टाचार की कवरेज करना मीडिया के लिए एक दैनिक क्रिया जैसा बन चुका है। ऐसी कवरेजों को अब न्यायालय अथवा न्यायाधीशों की अवमानना हेतु अभियोजन के लिए एक ''अतिरंजित बयान'' का रूप होने से अधिक नहीं देखा जाता। साथ ही, न्यायपालिका में भ्रष्टाचार एक ''आधारभूत समस्या'' बन चुका है, उसी प्रकार जैसा कि यह अन्य सार्वजनिक सेवाओं के मामलों में है।

हाल ही में सूचना के अधिकार आंदोलन के द्वारा अधिनियम के प्रावधानों की प्रायोज्यता पर न्यायपालिका के दोहरेपन वाले रूख को उजागर किया गया था। वास्तव में दिल्ली उच्च–न्यायालय के इस निर्णय, कि सर्वोच्च न्यायालय के प्रधान न्यायाधीश भी सूचना के अधिकार अधिनियम के अधीन आते हैं, के बावजूद भी प्रधान न्यायाधीश को सूचना के अधिकार अधिनियम की परिधि से बाहर रखे जाने के प्रयासों को जारी रखा गया।

हालांकि, इसी समय पर न्यायपालिका, जिसपर अन्यथा रूप से लोकतंत्र के अन्य स्तंभों की तुलना में सापेक्षिक रूप से अधिक विश्वास किया जाता है, न्यायपालिका में भ्रष्टाचार पर सन् 2005 की इंडिया करप्शन रिपोर्ट आने के बाद से एक उथल–पुथल के दौर से होकर गुजर रही है। उसी समय से ही न्यायपालिका में भ्रष्टाचार के उद्धहरणों को बढ़ती हुई संख्या को मीडिया के द्वारा सूचित किया जाता रहा है जिसमें भारत के प्रधान न्यायाधीश तथा उच्च–न्यायालयों के न्यायाधीशों के मामले भी शामिल हैं। सन् 2010 में सर्वोच्च बिन्दु उस समय प्राप्त कर लिया गया जब स्वयं प्रधान न्यायाधीश ने ही उच्च–न्यायालय के एक न्यायाधीश पर महाभियोग के लिए सिफारिश कर दी। और, पहली बार, एक संसदीय समिति (नवम्बर 2010) ने उच्च–न्यायालय के इस न्यायाधीश को निधियों के दुरुपयोग का दोषी पाया, और इस प्रकार से उनपर महाभियोग चलाए जाने का रास्ता साफ हो गया। इससे भी अधिक, जैसा कि पहले उल्लेख किया जा चुका है, देश के एक भूतपूर्व विधि मंत्री ने भारत के 16 प्रधान न्यायाधीशों में से आधों को भ्रष्ट के रूप में वर्णित किया है और यहाँ तक आगे गए हैं कि उन्होंने इस बात पर सर्वोच्च न्यायालय के समक्ष एक

शपथपत्र भी दाखिल कर दिया है। इस प्रकार के आरोप तथा अभियोग न्याय प्रणाली की सत्यनिष्ठा पर संदेह उत्पन्न कर सकते हैं तथा प्रणाली में नागरिकों के विश्वास को क्षतिग्रस्त कर सकते हैं। इसके अलावा, मीडिया में प्रमुखता के साथ सूचित की जाने वाली ये सभी प्रवृत्तियाँ नागरिकों की इस धारणा को शक्ति प्रदान करती हैं कि ''सबकुछ भ्रष्ट है'' और न्याय पाने का प्रयास करने के बजाए ''घूस दे देना'' ही बेहतर है।

न्यायिक सुधारः हाल ही में (अक्टूबर 2010) सरकार के द्वारा न्यायिक जवाबदेही एवं पारदर्शिता पर एक विधेयक के माध्यम से एक पहल की गई थी। न्यायिक मानक एवं जवाबदेही विधेयक गलती करने वाले न्यायाधीशों के विरुद्ध कार्यवाही किए जाने की प्रक्रिया को सरल बनाए जाने का प्रयास करता है। प्रस्तावित विधेयक सभी स्तरों पर न्यायाधीशों के विरुद्ध प्राप्त होने वाली शिकायतों के साथ निपटने के लिए एक तंत्र का प्रावधान करता है तथा उनकी त्रुटियों के लिए उन्हें जवाबदेह बनाता है। यह न्यायाधीशों को जनादेश जारी करता है कि वार्षिक आधार पर वे अपनी संपत्तियों तथा दायित्वों की घोषणा करें जिसमें उनके पति/पत्नी तथा आश्रितों की संपत्तियां तथा दायित्व भी शामिल हैं। मीडिया, निर्वाचित प्रतिनिधियों तथा नौकरशाहों के मामले में भी इसी प्रकार की पहल किए जाने की आवश्यकता है।

सन् 2010 में केन्द्रीय सतर्कता आयोग एक राष्ट्रीय भ्रष्टाचार विरोधी रणनीति के साथ सामने आया था। इसके एक भाग के रूप में इसने न्यायपालिका सम्बन्धी सेवाओं पर कतिपय सिफारिशें प्रस्तुत की थीं, कुछ अन्य लंबित सिफारिशों का पुनः स्मरण करवाया था तथा ओडिशा एवं बिहार के उदाहरणों को संदर्भित किया था (बॉक्स 3.1)। केन्द्रीय सतर्कता आयोग की रणनीति को इसके समग्र रूप में अथवा न्यायपालिका के विशिष्ट संदर्भ में केन्द्रीय सतर्कता आयोग के द्वारा कभी भी सिफारिशों की पैरवी हेतु एक राष्ट्रीय बहस के लिए आगे नहीं बढ़ाया गया।

बॉक्स 3.1 ''केन्द्रीय सतर्कता आयोग की भ्रष्टाचार विरोधी राष्ट्रीय रणनीति'' (2010) में न्यायपालिका पर निम्नलिखित सुझाव शामिल हैं (सारांश)

''भ्रष्टाचार निरोधक अधिनियम में विशेष न्यायाधीशों के प्रावधान के बावजूद विभिन्न राज्यों तथा साथ–साथ केन्द्र में भी मामलों की भारी संख्या लंबित है। ये बिलंब अधिकांशतः कुछ राज्यों में विशेष न्यायालय स्थापित न किए जाने, विशेष न्यायाधीशों की नियुक्ति में हो रहे बिलंब, संसाधनों की कमी आदि के कारण हो

(जारी)

रहे हैं। कुशलतापूर्वक मामलों के निस्तारण में वृद्धि किए जाने हेतु पर्याप्त संख्या में न्यायाधीशों के साथ–साथ वांछित संख्या में कर्मचारियों का अनुमोदन किया जाना चाहिए। भ्रष्टाचार के मामलों के निस्तारण के लिए अनिवार्य रूप से एक वर्ष की अधिकतम समय–सीमा निर्धारित की जानी चाहिए। इस सम्बन्ध में, ओडिशा तथा बिहार के विशेष कानूनों में निहित सर्वश्रेष्ठ व्यवहारों में से कुछ, जिनका उल्लेख नीचे किया गया है, अनुकरणीय हैं।

- कोई भी विशेष न्यायालय/न्यायाधीश सामान्य तौर पर किसी भी विचारण को स्थगित नहीं करेगा;
- विशेष न्यायालय/न्यायाधीश मामले के विचारण को वाद स्थापित किए जाने अथवा उसके स्थानांतरित किए जाने की तिथि से एक वर्ष की अवधि के अंदर निस्तारित करने का प्रयास करेगा;
- एक न्यायाधीश अपने पूर्ववर्ती के द्वारा दर्ज किए जा चुके अथवा आंशिक रूप से दर्ज किए गए साक्ष्य पर कार्यवाही कर सकता है;
- इसके साथ–साथ, वरिष्ठ न्यायपालिका के साथ परामर्श में एआरसी की निम्नलिखित सिफारिशों पर क्रियान्वयन हेतु विचार किया जा सकता है;
- सामान्यतः विशेष न्यायाधीशों को भ्रष्टाचार सम्बन्धी मामलों को ही सौंपा जाएगा;
- सर्वोच्च न्यायालय तथा उच्च–न्यायालय अवांछित स्थगनों एवं परिहार्य देरियों को रोकने के लिए दिशानिर्देश निर्धारित कर सकते हैं;

न्यायपालिका के अंदर के भ्रष्टाचार के मामलों की जाँच करने का कार्य सौंपी गई एक राष्ट्रीय न्यायिक परिषद् को स्थापित किए जाने की आवश्यकता है। जहाँ भूतकाल में ऐसे सुझावों पर विचार किया जा चुका है, यह महत्वपूर्ण है कि परिषद् की भूमिका एवं गठन को सावधानीपूर्वक संरचित किया जाए ताकि न्यायिक जवाबदेही में वृद्धि किए जाने तथा न्यायपालिका की स्वतंत्रता की रक्षा किए जाने के जुड़वाँ लक्ष्यों में संतुलन स्थापित किया जा सके।"

स्रोतः http://cvc.nic.in/NACSSummary.pdf (accessed on February 20, 2012).

नौकरशाही को प्रोत्साहन?

भारतीय प्रबंधन संस्थान (अहमदाबाद) के एक पत्र तथा छठवें वेतन आयोग की सिफारिशों के आधार पर सरकार सरकारी कर्मचारियों के लिए "लागत बचत" की प्रणाली पर आधारित एक प्रोत्साहन योजना को प्रस्तुत किए जाने का प्रस्ताव कर रही है। इसके लिए सरकार ने एक "निगरानी एवं मूल्यांकन प्रणाली" को "4 जून, 2009 को राष्ट्रपति के द्वारा संसद के दोनों सदनों को अपने सम्बोधन में की गई घोषणा" की आगे की एक कार्यवाही के रूप में लागू कर दिया है।

प्रस्तुत किए गए तर्कों में से एक यह था कि यह ''दृष्टिकोण नौकरशाही में भ्रष्टाचार'' को कम कर देगा। और इस प्रोत्साहन का भुगतान इस प्रक्रिया में की गई ''बचतों'' में से किया जाएगा। इस बात को एक अंग्रेजी समाचारपत्र (*बिजनेस स्टैंडर्ड*, 27 अक्टूबर, 2010)[17] के द्वारा वार्षिक आर्थिक संपादक सम्मेलन के दौरान कार्मिक विभाग के सचिव के द्वारा कही गई बात को उद्धृत करते हुए सूचित किया गया था। यह रिपोर्ट मंत्रिमंडलीय सचिव के द्वारा भारत सरकार के सभी सचिवों को इस सम्बन्ध में लिखे गए एक पत्र को भी संदर्भित करती है।

यह रिपोर्ट इस धारणा को जन्म देती है कि पूर्वकाल में नौकरशाही का कभी कोई ''प्रदर्शन मूल्यांकन'' नहीं किया गया था। अथवा, शायद, यह कि इस बयान का तात्पर्य था संसद के संयुक्त सत्र के समक्ष राष्ट्रपति के सम्बोधन पर ''की गई कार्यवाही'' पर रिपोर्ट प्रस्तुत किए जाने की एक नियमित कार्यवाही किया जाना। परंतु गंभीरता कहाँ है? नौकरशाही को ऐसे किसी भी प्रोत्साहन का ऐसा महान विचार किस प्रकार से कार्य करेगा? सूचना के अधिकार अधिनियम को लागू किए जाने के लिए ''सूचना अधिकारियों'' और यहाँ तक कि इस कार्य से जुड़े अतिरिक्त उत्तरदायित्वों के बावजूद भी अपीली अधिकारियों को किसी प्रकार का प्रोत्साहन नहीं प्रदान किया जाता। सूचना के अधिकार अधिनियम को लागू किए जाने के पहले पाँच वर्षों में आकलन यह था कि ये सूचना अधिकारी इस कार्य को एक ''अतिरिक्त बोझ'' (अर्थदंड भुगतान करने के जोखिम के साथ) के रूप में मानते थे। फिर किस प्रकार से कोई भी अधिनियम अपना प्रभाव उत्पन्न कर सकता है? ऐसा तो तब है जबकि यह ज्ञात है कि अधिनियम की सफलता उनके प्रोत्साहनों तथा उत्साह पर निर्भर है। प्रोत्साहनों पर सरकार की इस ''नई'' पहल में न तो ध्यान–केन्द्रण है और न ही प्राथमिकता।

इसके स्थान पर, एक निश्चित अवधि के अंतर्गत तथा नागरिकों की संलिप्तता वाली सार्वजनिक सेवाओं में भ्रष्टाचार के दायरे में कमी के साक्ष्य पर आधारित कोई भी प्रोत्साहन अधिक समझदारीपूर्ण प्रतीत होता है तथा एक अथवा दो सार्वजनिक सेवाओं एवं राज्यों में प्रायोगिक तौर पर अपनाए जाने हेतु उपयुक्त है।

कुल मिलाकर, नागरिक, विशेषतौर पर गरीब, राजनीतिज्ञों तथा अधिकारियों/सरकार को देश में भ्रष्टाचार के लिए उत्तरदायी होने के रूप में देखते हैं। हालांकि, तमिलनाडु में गरीबों का लगभग एक–तिहाई भाग स्वयं को भी भ्रष्टाचार के लिए उत्तरदायी मानता है। यहाँ तक कि महाराष्ट्र, असम, केरल तथा आंध्र–प्रदेश में 10 प्रतिशत से अधिक लोग देश में भ्रष्टाचार के लिए नागरिकों को उत्तरदायी मानते हैं (सारणी 3.1)।

सारणी 3.1
भ्रष्टाचार के लिए आज (2009) कौन अधिक उत्तरदायी है
(राजनीतिज्ञों, अधिकारियों, तथा नागरिकों के बीच)

	समस्त प्रत्युत्तरदाता (प्रतिशत में)			
	राजनीतिज्ञ	अधिकारी	नागरिक	राजनीतिज्ञ एवं अधिकारी दोनों
अरुणाचल प्रदेश	44	26	3	17
मेघालय	62	27	5	2
मिजोरम	46	40	9	4
गोवा	45	35	2	14
हिमाचल प्रदेश	37	29	8	15
ओडिशा	53	38	4	3
पश्चिम बंगाल	48	42	7	2
आंध्र–प्रदेश	21	35	12	27
असम	16	44	17	9
केरल	22	46	15	15
मध्य–प्रदेश	24	51	5	18
महाराष्ट्र	18	33	18	26
तमिलनाडु	14	48	32	2
उत्तर–प्रदेश	41	55	2	1
राजस्थान	26	54	7	10
कर्नाटक	22	32	7	31
बिहार	21	47	18	14
गुजरात	18	64	10	5
राष्ट्रीय औसत	29	43	23	12

स्रोत: India Corruption Survey, 2009.

इस तथ्य, कि नागरिकों का एक महत्वपूर्ण प्रतिशत स्वयं को भ्रष्टाचार के लिए उत्तरदायी नहीं मानता, का अर्थ या तो ''विवशता'' है अथवा यह संकेत प्रदान करता है कि वे यह महसूस नहीं करते कि भ्रष्टाचार को रोक पाने में वे सक्षम हैं।

नौकरशाह–राजनीतिज्ञ!

भ्रष्टाचार पर गत दशक में किए गए सर्वेक्षणों ने यह इंगित किया है कि नागरिक, विशेषतौर पर गरीबी रेखा से नीचे वाले (बीपीएल), सार्वजनिक सेवाओं

के संदर्भ में भ्रष्टाचार के लिए प्राथमिक तौर पर नौकरशाहों तथा राजनीतिज्ञों को उत्तरदायी मानते हैं।

वास्तव में, कुल प्रत्युत्तरदाताओं के लगभग आधे से लेकर दो–तिहाई भाग के द्वारा भ्रष्टाचार के लिए सरकार के अधिकारियों को ही उत्तरदायी माना गया, जबकि विभिन्न सर्वेक्षणों में नागरिकों के 40 से 65 प्रतिशत भाग के द्वारा देश में भ्रष्टाचार के लिए राजनीतिज्ञों को उत्तरदायी माना गया। किन्तु किसी भी दोषी नौकरशाह अथवा राजनीतिज्ञ को दंडित किए जाने के साथ भ्रष्टाचार को समाप्त किए जाने से गंभीर रूप से जुड़ा हुआ कोई भी संदेश शायद ही सभी के पास भेजा गया हो। इसके विपरीत, उनके द्वारा भ्रष्टाचार से जुड़े कार्यों को समाचार मीडिया के द्वारा प्रमुखता से न केवल रिपोर्ट किया जाना बल्कि उसका प्रचार किया जाना भी जारी रखा गया है। और अधिक विशिष्ट तौर पर, लगभग आधे दर्जन से भी अधिक पदासीन मुख्यमंत्रियों और अनेकों मंत्रियों की संलिप्तता वाले भ्रष्टाचार के सम्बन्ध में हफ्तों तक मीडिया के द्वारा रिपोर्ट दिए जाने के बावजूद ऐसा कोई भी मामला सामने नहीं आया जिसमें कार्यवाही की गई हो; मात्र कानूनी प्रक्रियाएं जारी रहीं, शायद इसलिए क्योंकि वे कभी भी समाप्त नहीं होतीं। ऐसे सभी राजनीतिक नेताओं को अपनी परिधि में लाने वाला एक लोकपाल विधेयक लोकसभा में व्यापक गरमा–गरम बहसों तथा मतदान के बाद पारित किया गया था। हालांकि, राज्यों में लोकायुक्तों के द्वारा कोई भी अंतर नहीं लाया जा सका है जैसा कि कर्नाटक के लोकायुक्त (2010) न्यायमूर्ति संतोष हेगडे के द्वारा इंगित किया जा चुका है। यहाँ तक कि यह संस्था उच्चतम स्तर पर बैठे पदाधिकारियों, जिनपर भ्रष्टाचार के आरोप थे, के विरुद्ध कार्यवाही किए जाने में गंभीरता तक का प्रदर्शन नहीं करती। अक्टूबर 2010 में न्यायमूर्ति हेगडे ने अरबों रुपए का गबन किए जाने में एक मंत्री के पुत्र की संलिप्तता को उजागर किया था और सरकार से कार्यवाही प्रारंभ करने के लिए कहा था। और अधिक स्पष्ट रूप से, 51 ऐसे राजनीतिक नेता थे (वर्तमान तथा भूतपूर्व मंत्री एवं विधायकगण) जिनके विरुद्ध आपराधिक मामले मौजूद थे तथा आरोपपत्र के आधार पर जिनके भ्रष्ट कार्यों को मीडिया के द्वारा स्पष्टता के साथ सूचित भी किया गया था, और फिर भी राज्य सरकार ने अपराध प्रक्रिया संहिता (जून 2010 तक लागू) की धारा 321 के अधीन अपने अधिकारों का उपयोग करते हुए इन सभी पर लगे आरोपों को वापस ले लिया। इसी प्रकार से, इसी अवधि के अंतर्गत पूरे भारत में लगभग 200 नौकरशाहों के विरुद्ध कार्यवाही किए जाने के लिए सरकार के द्वारा अनुमति नहीं प्रदान की गई। गत एक दशक में इन मामलों में से एक अथवा दो के अलावा किसी में भी कोई कार्यवाही नहीं की गई है (*पायनियर*, जून 2010)। समाचार मीडिया ने की गई वास्तविक कार्यवाही

को प्रकाश में लाने का कार्य मुश्किल से ही किया है। इसे किसने रोका? यदि ऐसा नहीं है तो फिर सार्वजनिक सेवाओं में भ्रष्टाचार से यह किस प्रकार से सम्बन्धित है?

जब उत्तर प्रदेश के राज्यपाल ने मुख्यमंत्री मायावती, जिनके विरुद्ध सर्वोच्च न्यायालय तथा केन्द्रीय सतर्कता आयोग ने ताज कॉरीडोर मामले में निर्देश जारी कर दिए थे, को अभियोजित किए जाने की अनुमति प्रदान करने से इंकार कर दिया तो यह मामला समाचार मीडिया में सभी जगह छाया रहा। राज्यपाल ने भ्रष्टाचार निवारक अधिनियम की धारा 19 के अंतर्गत अनुमति प्रदान करने से इंकार कर दिया। किन्तु याचिकाकर्ता, जिसने राज्यपाल के इंकार के विरुद्ध याचिका प्रस्तुत की थी, ने अपनी याचिका में स्पष्ट किया कि "केन्द्र सरकार एवं राज्य सरकार के ऐसे कई हजार कर्मचारी हैं जो भ्रष्टाचार के आरोपों का सामना कर रहे हैं जिन्हें सक्षम अधिकारी के द्वारा अनुमति न प्रदान किए जाने के कारण अभियोजित नहीं किया जा सकता है तथा ये मामले 10 से 15 वर्षों से भी अधिक समय से लंबित पड़े हुए हैं।"[18]

केन्द्रीय सतर्कता आयोग की सन् 2010 की राष्ट्रीय भ्रष्टाचार विरोधी रणनीति में प्रशासनिक मोर्चे पर भ्रष्टाचार को सम्बोधित किए जाने के लिए सुझावों को शामिल किया गया था। ये चार बुनियादी क्षेत्रों को अपनी परिधि में लाती हैः नियमों एवं विनियमों को सरल बनाया जाना, सेवा सुपुर्दगी के लिए मानदंड निर्धारित करना, बेहतर संपर्क–बिंदु स्थापित करना, तथा सिटीजन चार्टरों को लागू किया जाना।

केन्द्रीय सतर्कता आयोग की राष्ट्रीय भ्रष्टाचार विरोधी रणनीति : प्रशासनिक भ्रष्टाचार को सम्बोधित किए जाने हेतु रणनीति

नागरिकों को सेवा एवं लाभों की सुपुर्दगी किए जाने को शासित करने वाले नियमों, विनियमों, तथा प्रक्रियाओं का सरलीकरण किया जाना चाहिए तथा उन्हें नागरिकों के अनुकूल बनाया जाना चाहिए। प्रसंस्करण अवधि में आने वाली कमी तथा प्रस्तुतीकरण/अनुमोदन सम्बन्धी बिन्दुओं को कम किए जाने के अर्थों में प्रक्रियाओं के सरलीकरण में होने वाली प्रगति की वार्षिक आधार पर निगरानी की जानी चाहिए।

न्यूनतम मानदंड निर्धारण तथा सेवोत्तम परीक्षण परियोजना की रेखाओं पर किए गए मूल्यांकन के माध्यम से सार्वजनिक सेवाओं के स्तरों में सुधार किए जाने हेतु एक कार्यवाही योजना को अपनाए जाने के द्वारा सेवा सुपुर्दगी में सुधार किया जाए।

ई–प्रशासन के माध्यम से सार्वजनिक सेवाओं की सुपुर्दगी में मानवीय संपर्क–बिन्दुओं तथा विवेकाधीन अधिकारों के उपयोग को कम किया जाए। सूचना प्रौद्योगिकी तथा

(जारी)

भ्रष्टाचार उन्मुख प्रक्रियाओं को स्वचालित बनाए जाने के कार्य को एक अभियान के तौर पर अपनाया जाना चाहिए। भ्रष्टाचार के द्वारा सुभेद्य सभी गतिविधियों की पहचान तथा उनका कंप्यूटरीकरण किया जाना चाहिए।

सिटीजन चार्टर के उपयोग को अनिवार्य बनाया जाना चाहिए। सेवाओं के सम्बन्ध में स्पष्ट तौर पर सूचनाओं को प्रदर्शित करने वाला चार्टर, सुपुर्दगी के लिए उत्तरदायी सरकारी अधिकारी, समयसीमा, अर्थदंड उपबंधों, तथा अनुपालन न किए जाने की स्थिति में शिकायत निवारण आदि को सार्वजनिक रूप से प्रमुखता के साथ प्रदर्शित किया जाना चाहिए।

देश में भ्रष्टाचार के लिए कौन उत्तरदायी है, इस सम्बन्ध में जनता की कौन सी लोकप्रिय धारणाएं हैं? प्रत्युत्तरदाताओं से सामान्यतौर पर तथा नौकरशाहों एवं राजनीतिज्ञों के विशिष्ट संदर्भ के साथ यह प्रश्न पूछा गया था (सारणी 3.2)। ऐसा पाया गया कि गरीबों के द्वारा राजनीतिज्ञों की तुलना में नौकरशाहों को भ्रष्टाचार के लिए अधिक उत्तरदायी के रूप में देखा गया है।

अन्य राज्यों की तुलना में गोवा, मेघालय तथा इसी तरह के अपेक्षाकृत छोटे राज्यों में भ्रष्टाचार के लिए राजनीतिज्ञों को अधिक उत्तरदायी होने के रूप में देखा गया। दूसरी ओर, उत्तर प्रदेश, आंध प्रदेश, तथा मध्य प्रदेश जैसे बड़े राज्यों में लोगों के एक बड़े प्रतिशत के द्वारा अधिकारियों को उत्तरदायी होने के रूप में देखा गया। परंतु महत्वपूर्ण रूप से एक बड़े प्रतिशत के द्वारा यह माना गया कि भारत में भ्रष्टाचार के लिए राजनीतिज्ञ तथा नौकरशाह संयुक्त रूप से उत्तरदायी हैं। देश में भ्रष्टाचार के लिए व्यवसाय को उत्तरदायी होने के रूप में मात्र कुछ ही लोगों के द्वारा देखा गया है।

सारणी 3.2

भ्रष्टाचार के लिए कौन अधिक उत्तरदायी है? इसके प्रति लोकप्रिय धारणाएं (सन् 2002 तथा 2007 के बीच की प्रवृत्ति)

चक्र (%)	*राजनीतिज्ञ (%)*	*नौकरशाह अधिकारी (%)*	*व्यवसायी (%)*	*मीडिया (%)*	*अन्य (%)*	*नहीं जानते/ कह नहीं सकत (%)*
2002	46.5	33.8	4.2	0.5	13.5	1.4
2005	54.9	25.9	2.6	0.8	15.6	0.2
2007	29.1	43.7	2.1	0.4	23.5	1.1

स्रोतः CMS Study.

क्या नागरिकगण निस्सहाय हैं?

जहाँ कहीं भी सिविल सोसाइटी समूह सक्रिय हैं वहाँ नागरिकों के बीच एक भावना है कि नागरिक स्वयं ही भ्रष्टाचार के लिए उत्तरदायी हैं, परंतु शायद कोई भी अंतर ला सकने में निस्सहाय हैं। इंडिया करप्शन सर्वेक्षण में प्रत्युत्तरदाताओं से इस सम्बन्ध में प्रश्न पूछे गए थे। उदाहरण के लिए, तमिलनाडु में अपेक्षाकृत अधिक प्रत्युत्तरदाताओं ने भ्रष्टाचार के स्तर के लिए नागरिकों को भी उतना ही (अधिक) उत्तरदायी माना (इस सम्बन्ध में कुछ भी न करने के लिए) जितना कि राजनीतिज्ञों तथा नौकरशाहों को (सारणी 3.3)।

आंध्र प्रदेश के एंटी करप्शन ब्यूरो (एसीबी) के अनुसार, ऐसे लोगों, जिनके विरुद्ध आरोप हैं, के मुश्किल से 40 प्रतिशत को ही कानूनी तौर पर अभियोजित किया जा सकता है क्योंकि सरकार स्वयं ही उनके विरुद्ध कार्यवाही किए जाने की अनुमति नहीं प्रदान करती। यहाँ तक कि उन लोगों के मामलों में, जो घूस लेते हुए पकड़े गए थे, अनुमति दिए जाने को भी रोके रखा गया था। अन्य राज्यों में भी स्थिति इससे बेहतर नहीं है। ऐसे लोग, जो रंगे हाथों पकड़े जा चुके हैं, भले ही सरकार अथवा सत्ताधारी दल में उनका पदानुक्रम कितना भी ऊँचा क्यों न हो, के विरुद्ध कार्यवाही किए जाने के लिए सरकार (अर्थात् सत्ताधारी दल के नेतागण) की अनुमति की क्या आवश्यकता है? जनवरी एवं जुलाई 2010 के बीच आंध्र प्रदेश में दिए गए

सारणी 3.3
क्या नागरिकगण उत्तरदायी हैं?

	प्रतिशत	
राज्य	*राजनीतिज्ञ एवं नौकरशाह (दोनों)*	*नागरिक*
आंध्र प्रदेश	27	12
महाराष्ट्र	26	18
कर्नाटक	31	7
मध्य प्रदेश	18	5
बिहार	14	18
तमिलनाडु	5	32
केरल	15	15
असम	9	17
गुजरात	10	5

स्रोत: India Corruption Survey.

स्पष्टीकरण से अधिक संपत्ति रखने के लिए कोई 39 अधिकारियों को पकड़ा गया था, और उस समय घूस लेते हुए पकड़े जाने के 79 मामले मौजूद थे। परंतु यहाँ तक कि इनमें से एक–तिहाई मामलों में भी सरकार ने कानूनी तौर पर कार्यवाही किए जाने की अनुमति नहीं प्रदान की।

इस बात में कोई आश्चर्य नहीं है कि सामान्य जनता के बीच यह एक व्यापक धारणा अथवा भावना है कि राजनीतिज्ञों तथा नौकरशाहों के बीच कुछ तो मौन समझ है और यह कि सरकार में अपने पदों का लाभ उठाए जाने में इनमें से प्रत्येक एक दूसरे के साथ सहयोग करेगा। *भ्रष्टाचार को रोक सकने वाली कोई भी पहल तक तक कार्य नहीं करेगी जबतक ऐसे लोग, जिनपर आरोप लगे हुए हैं, के विरुद्ध कार्यवाही न की जाए तथा उन्हें दंडित न किया जाए।* भ्रष्टाचार में संलिप्त पदाधिकारियों को बेदाग बच जाने की अनुमति दिया जाना इस धारणा में वृद्धि करता है कि देश भ्रष्टाचार को समाप्त किए जाने के प्रति गंभीर नहीं है। इस सम्बन्ध में किए जाने वाले प्रयासों को स्पष्ट तथा त्वरित होना होगा। विशेषतौर पर राजनीतिक नेताओं एवं नौकरशाहों को संलिप्त करने वाले मामलों से निपटे जाने हेतु निवारण सम्बन्धी प्रावधानों को कानूनी तौर पर उपलब्ध होना होगा। उनके कार्य में पारदर्शिता को एक निवारक उपाय होना चाहिए। अपने आप में सूचना का अधिकार अधिनियम भ्रष्टाचार को तब तक नहीं रोक पायेगा जब तक सिविल सोसाइटी सूचनाएं प्राप्त किए जाने के दायरे से बाहर निकलकर आगे का कार्य न करे। सूचना के अधिकार के अंतर्गत प्रायः ही पूछे जाने वाले प्रश्नों का सम्बन्ध राजनीतिज्ञों तथा नौकरशाहों को एक साथ मिलाते हुए अथवा अलग–अलग रखते हुए उनके कार्यों से होना होगा। सूचना के अधिकार अधिनियम की व्यवस्था के पाँच वर्षों के अंत में सार्वजनिक सेवाओं के परिचालन में पारदर्शिता बेहतर हुई है, किन्तु यह कह पाने, कि अधिनियम के लागू किए जाने के उपरांत भ्रष्टाचार में कमी आ चुकी है, के लिए बहुत लंबी दूरी तय किया जाना शेष है। सार्वजनिक कार्यालयों तथा सेवाओं में भ्रष्टाचार के प्रचलन सम्बन्धी धारणाओं में निश्चित रूप से कोई कमी नहीं आई है। ऐसा उन तौर–तरीकों के कारण है जिनके द्वारा समाचार मीडिया भ्रष्टाचार की घटनाओं तथा दोषी राजनीतिज्ञों तथा पदाधिकारियों के छूट जाने का प्रचार–प्रसार करता रहा है। धारणाओं को सम्बोधित किए बिना भ्रष्टाचार को प्रतीकात्मक संकेतों से परे नियंत्रित नहीं किया जा सकता। हालांकि, सार्वजनिक कार्यालयों में तथा सार्वजनिक पदाधिकारियों के सम्बन्ध में पारदर्शिता का विचार कहीं तेजी से लोगों को आकर्षित कर रहा है, और इससे सार्वजनिक सेवाओं के साथ प्रारंभ करते हुए सरकार में भ्रष्टाचार को रोक पाने में सहायता प्राप्त होनी चाहिए।

राजनीतिज्ञ एवं भ्रष्टाचार

संसद के संयुक्त सत्रों तथा अन्य स्थानों पर अपना सम्बोधन प्रस्तुत करते समय भारत के राष्ट्रपति प्रायः ही भ्रष्टाचार के सम्बन्ध में स्मरण करवाते रहे हैं तथा इस आतंक पर नियंत्रण पाने के प्रयास किए जाने हेतु आह्वाहन करते रहे हैं। स्वतंत्रता दिवस समारोहों की प्रत्येक पूर्वसंध्या पर प्रधानमंत्री तथा राज्यों के मुख्यमंत्री सार्वजनिक सेवाओं की सुपुर्दगी तथा कल्याणकारी योजनाओं के क्रियान्वयन में भ्रष्टचार का उन्मूलन किए जाने का आह्वान करते रहे हैं। 63वें स्वतंत्रता दिवस की पूर्वसंध्या पर भी मामला ऐसा ही था। पूर्व प्रधानमंत्री डॉ. मनमोहन सिंह ने लाल किले से वैसा ही कुछ कहा जैसा कि वे पाँच बार पहले भी कह चुके थे। अधिकांश मुख्यमंत्रियों ने भी पिछले स्वतंत्रता दिवस के समय ऐसा ही कुछ कहा। सत्ताधारी नेताओं के द्वारा भ्रष्टाचार के विरुद्ध इस प्रकार के अभिकथन किया जाना एक रिवाज़ बन चुका है तथा रोज की बात के रूप में लिया जाने लगा है क्योंकि अधिकांशतः ऐसे अभिकथन विभिन्न स्तरों पर भ्रष्टाचार को कम किए जाने अथवा उसकी रोकथाम की दिशा में बिना किसी विशिष्ट सुझाव के किए गए होते हैं। यहाँ तक कि जिन उपायों का संकेत भी दिया जाता है (2010) वे प्रायः एक ही प्रकार के होते हैं। उदाहरण के लिए, आंध्र प्रदेश के मुख्यमंत्री ने इंगित किया कि इस दिशा में उठाए गए एक कदम के रूप में एंटी करप्शन ब्यूरो (एसीबी) के अधिकारों में वृद्धि की जा रही है जैसे वही इसकी प्रभावकारिता का एक कारण रहा हो!

भारत में एक सामान्य विश्वास यह है कि जनसंख्या के मुद्दे का समाधान राजनीतिक दलों के नेताओं के द्वारा किया जा सकता है। 44 वर्षों पूर्व (1970–72), यदि हमारे राजनीतिक दलों के नेताओं ने परिवार नियोजन का सार्वजनिक रूप से समर्थन किया होता तो जनसांख्यकीय लक्ष्यों को हासिल किए जाने के कार्य में से आधे को अभी तक पूरा कर लिया गया होता। कोई एक दशक के बाद (1980 के बाद), किसी के भी द्वारा जनसंख्या के मुद्दे को वास्तव में एक राष्ट्रीय चिंता बनते हुए देखा जा सकता है, तथा जनसंख्या वृद्धि दर में गिरावट की एक प्रवृत्ति सभी स्थानों पर देखी जा सकती है। बाद में, अध्यक्ष के रूप में डॉ. एम.एस. स्वामीनाथन के साथ गठित राष्ट्रीय जनसंख्या समिति (1996–98)[19] के द्वारा यह वकालत की गई कि राजनीतिक दलों के नेताओं के द्वारा किए जाने वाले सार्वजनिक समर्थनों को सतत् बने रहना चाहिए। भ्रष्टाचार के साथ ऐसा नहीं रहा है, शायद इसलिए क्योंकि राजनीतिज्ञ स्वयं ही अपने रुख के प्रति आश्वस्त तथा अपने सार्वजनिक अभिकथनों, जो जनता को मात्र बयानबाजी प्रतीत होते हैं, में भ्रष्टाचार के विरुद्ध समनुरूपी नहीं

रह पाते हैं। परंतु यदि राजनीतिक दलों के नेतागण एकजुट हो जायें तथा भ्रष्टाचार के सम्बन्ध में अपनी चिंताओं में स्वर मिला लें तो उनका यह कदम रोकथाम सम्बन्धी एक पहल के रूप में एक महत्वपूर्ण भूमिका निभा सकता है।

क्या भ्रष्टाचार एक चिंता है? कितनी गंभीर?

लोकसभा चुनावों के ठीक पूर्व राजनीतिक दलों के चुनाव घोषणापत्र इस बात के अच्छे संकेत प्रदान करते हैं कि उनके द्वारा राष्ट्रीय चिंताओं के विभिन्न मुद्दों को प्राथमिकता के रूप में कितनी गंभीरता के साथ देखा गया है। सन् 2009 के लोकसभा के चुनावों के घोषणापत्रों का एक विश्लेषण यह इंगित करता है कि सामान्यतौर पर तथा विशेषरूप से सार्वजनिक सेवाओं में भ्रष्टाचार को उतनी गंभीरता से नहीं लिया गया था जितनी की किसी के द्वारा इसके राष्ट्रीय एजेंडे में शामिल किए गए होने की आशा की गई थी। "पारदर्शिता" शब्द सभी राजनीतिक दलों की एक पुष्टोक्ति तथा एक रामबाण बन चुका है। परंतु भारतीय कम्युनिस्ट पार्टी (मार्क्सवादी) (सीपीआई–एम) को छोड़कर किसी भी अन्य दल के चुनाव घोषणापत्र में सूचना का अधिकार अधिनियम को संदर्भित तक नहीं किया गया था। सन् 2005 में अस्तित्व में आने के बाद से राजनीतिक दलों के द्वारा सूचना के अधिकार को गंभीरतापूर्वक ग्रहण नहीं किया गया था। चुनावी घोषणापत्रों के द्वारा मुश्किल से ही इस अधिनियम अथवा इसके लागू किए जाने को संदर्भित किया गया था। यहाँ तक कि अपने नेताओं के द्वारा सूचना के अधिकार अधिनियम को अपनी सबसे बड़ी पहल का दावा किए जाने के बावजूद भी कांग्रेस पार्टी ने इसे अपने घोषणापत्र में संदर्भित नहीं किया था।

भ्रष्टाचार के साथ भारतीय जनता पार्टी (भाजपा) की चिंता का सम्बन्ध देश की रक्षा एवं खुफिया सेवाओं के साथ जुड़ा हुआ था, जिन्हें यह "तेजी से निपटाना" चाहते थे। कांग्रेस पार्टी (नरेगा में) "भ्रष्टाचार को" सामाजिक अंकेक्षण के द्वारा समाप्त किए जाने की इच्छुक थी। यही सबकुछ इसके द्वारा उल्लिखित किया गया था। दूसरी ओर, सीपीआई(एम) के द्वारा देश में "भ्रष्टाचार से संघर्ष" को एक प्राथमिकता वाला मुद्दा माना गया, और इसके लिए इसने न्यायिक सुधारों तथा लोकपाल को आगे का रास्ता होना स्वीकार किया गया। क्षेत्रीय दल अपने–अपने विपक्षी दलों के भ्रष्टाचार के मामलों में हो रही जाँच के सम्बन्ध में अधिक चिन्तित थे। शिवसेना, अखिल भारतीय अन्ना द्रविण मुनेत्र कझगम (एआईएडीएमके), तेलुगु देशम पार्टी (टीडीपी) तथा राष्ट्रवादी कांग्रेस पार्टी (एनसीपी) के द्वारा अपने–अपने चुनाव घोषणापत्रों में भ्रष्टाचार का मुश्किल

के साथ उल्लेख मात्र किया गया था। बहुजन समाज पार्टी (बीएसपी), तृणमूल कांग्रेस, द्रविण मुनेत्र कझगम (डीएमके) एवं अन्य दलों ने भी मुश्किल से ही इसका उल्लेख किया था। शिवसेना एकमात्र ऐसा दल था जिसने खाद्य–आपूर्ति (पीडीएस में) तथा भूमि अभिलेखों में व्याप्त भारी भ्रष्टाचार का उल्लेख किया था और इन दोनों ही मामलों में इन्हें ''समाप्त'' किए जाने की वादा किया था। एआईएडीएमके की चिंता ''राजनीतिक भ्रष्टाचार'' के साथ थी। एनसीपी ''प्रक्रियाओं का सरलीकरण'' चाहती थी ताकि भ्रष्टाचार के मामलों को निपटाने में होने वाले बिलंब से बचा जा सके; इसने भ्रष्टाचार के समाधान के रूप में ''विकेन्द्रीयकरण'' का भी उल्लेख किया। जनता दल के द्वारा वितरण (बैंकों के द्वारा पेंशन का) में भ्रष्टाचार को समाप्त किए जाने को संदर्भित किया गया। टीडीपी ने ''निर्वाचित प्रतिनिधियों के बीच जवाबदेही, विशेषतौर पर स्थानीय निकायों में'' तथा ''लोकपाल'' की नियुक्ति किए जाने की वकालत की। एआईएडीएमके ने अपने घोषणापत्र में उल्लेख किया कि ''भ्रष्टाचार कमजोर प्रशासन, जवाबदेही के अभाव तथा बुरे कानून'' से उत्पन्न होता है, किन्तु राजनीतिक भ्रष्टाचार में इसने ''जाँच का आह्वाहन'' किया।

पहली बार ऐसा हुआ कि राजस्थान में मार्च 2010 के चुनावों के तुरंत बाद 41 निर्वाचित *सरपंचों* (गाँवों के निर्वाचित मुखिया) ने एक उदाहरण स्थापित कर दिया। मजदूर किसान शक्ति संगठन (एमकेएसएस) (अरुणा रॉय/निखिल डे) द्वारा आयोजित एक सार्वजनिक सभा में उन्होंने भ्रष्टाचार के विरुद्ध संघर्ष करने का संकल्प लिया। उन्होंने ''शपथ ली कि वे किसी भी प्रकार की घूस नहीं स्वीकार करेंगे।'' उनका संदेश गुंजायमान होने वाला था। शपथ ग्रहण करने वाले इन *सरपंचों* में से प्रत्येक ने अपने चुनाव अभियान में 20,000 रुपयों से भी कम का खर्च किया। स्वाभाविक रूप से यह इस तथ्य को सामने लाता है कि चुनाव अभियान सम्बन्धी खर्चे निर्वाचित हो जाने के उपरांत भ्रष्टाचार में लिप्त होने वाले राजनीतिज्ञों के लिए एक प्रमुख अभिप्रेरक होते हैं। इन *सरपंचों* में से, लख्मा राम, जिन्हें सिरोही जिले के चंदेला गाँव से पहली बार निर्वाचित किया गया था, ने भ्रष्टाचार से दूर रहने के लिए उस सार्वजनिक सभा में एक मंत्र प्रदान किया–''जनता के नजदीक बने रहो''। उस सभा में, एमकेएसएस ने भ्रष्टाचार का मुकाबला किए जाने के तौर–तरीकों को स्पष्ट किया तथा उनपर चर्चाएं कीं। सन् 1977 में जब जयप्रकाश नारायण ने जनता दल एवं भाजपा के निर्वाचित लोकसभा सदस्यों को गाँधी समाधि पर शपथ दिलवाई थी तब शपथ के बिन्दुओं में से एक यह था कि वे भ्रष्टाचार में संलिप्त नहीं होंगे। परंतु छह महीनों के अंदर ही मोरारजी देसाई सरकार के मंत्रियों में से कुछ अपने विरुद्ध भ्रष्टाचार के संगीन आरोपों के साथ समाचारों में आ चुके थे।

सरपंच लख्मा राम ने जो कुछ भी नोट किया संभवतः वह एक अन्य कारक प्रस्तुत करता है; अर्थात् निर्वाचित हो चुके लोगों का प्रतिनिधिक चरित्र उनकी प्राथमिकताओं तथा अन्यमनस्कताओं को प्रतिबिंबित करता है। यदि निर्वाचित प्रतिनिधि राजधानी वाले शहरों में ही टिके रहते हैं और हितों–के–टकराव सम्बन्धी गतिविधियों में ही संलिप्त रहते हैं, तो फिर उनसे जनता के नजदीक रहने तथा भ्रष्टाचार के विरुद्ध एक गंभीर संदेश प्रेषित किए जाने की आशा किस प्रकार की जा सकती है? सीएमएस द्वारा कोई 150 संसद सदस्यों (अप्रैल 2010 की *ट्रांसपरेन्सी रिव्यू* में चर्चित)[20] पर किए गए एक सर्वेक्षण (2010) से यह स्पष्ट हुआ कि संसद में उनके द्वारा की गई सहभागिता/गतिविधियों में से आधे का सम्बन्ध उनके अपने व्यवसायों के साथ हितों के टकराव के साथ जुड़ा हुआ था।

राजनीतिज्ञों, विशेषतौर पर राष्ट्रीय स्तर पर, के बीच ऐसे कुछ गिने–चुने आदर्श ही विद्यमान हैं जिन्होंने नागरिकों की संलिप्तता वाले भ्रष्टाचार का उन्मूलन किए जाने के लिए प्रयास किए हैं। यहाँ तक कि यदि ऐसे कुछ लोग मौजूद भी हैं तो भी ऐसा किया जाना एक ऐसा कदम था जिसे किसी बड़े नेता अथवा औद्योगिक घराने, अथवा सरकार के विरुद्ध राजनीतिक संघर्ष के एक भाग के रूप में भ्रष्टाचार के विरुद्ध उठाया गया था। किसी भी ऐसे राजनीतिज्ञ जिसने सार्वजनिक सेवाओं में भ्रष्टाचार के विरुद्ध संघर्ष को प्रारंभ किया हो, कुछ वैसा ही जैसा कि महाराष्ट्र में अन्ना हजारे अथवा राजस्थान में अरुणा रॉय ने किया है, के द्वारा बातें करने के अलावा राष्ट्रीय स्तर पर कुछ भी नहीं किया गया है। ये राजनीतिक नेतागण ही हैं जिन्हें विशिष्ट अर्थों में भ्रष्टाचार के सम्बन्ध में बातें करनी चाहिए। इसके विपरीत, न तो उनके अपने प्रत्याशियों के द्वारा इस विचार को गंभीरतापूर्वक लिए जाने के कोई साक्ष्य उपलब्ध हैं और न ही इसे चुनावी अभियानों से परे आगे ले जाए जाने के।

राजनीतिक दल एवं उनकी चिंताएं

इन दशकों में, प्रत्येक राज्य ने राष्ट्रीय एवं स्थानीय राजनीतिक दलों के द्वारा सामान्य तथा सार्वजनिक सेवाओं के विशिष्ट संदर्भ में भ्रष्टाचार के विरुद्ध किए जाने वाले विरोध प्रदर्शनों को अनेकों बार अवश्य ही देखा होगा। प्रत्येक राजनीतिक दल ने निश्चित रूप से ऐसे विरोध प्रदर्शनों का आयोजन किया होगा, विशेषतौर पर तब जब वे विपक्ष में रहे हों। उदाहरण के लिए, जब आंध्र प्रदेश विधान सभा में कांग्रेस पार्टी विपक्ष में थी तो इसने तेलुगु–देशम के

नेतृत्व वाली सरकार में भ्रष्टाचार के विरुद्ध राज्यव्यापी आंदोलनों का आयोजन किया था। किन्तु एक बार सत्ता में आ जाने के बाद कांग्रेस ने दावा किया कि भ्रष्टाचार को कम किया जा रहा है (जबकि उस समय पर सामान्य धारणा यह थी कि भ्रष्टाचार बढ़ चुका है)। बदले में, तेलुगु देशम पार्टी, जब यह विपक्ष में थी, ने कांग्रेस शासन के अधीन राज्य में भ्रष्टाचार के विरुद्ध आंदोलन आयोजित किए।

इन आंदोलनों तथा आरोपों का ढाँचा सामान्यतः भ्रष्टाचार को समाप्त किए जाने में "सरकार की विफलता" अथवा सरकार अथवा सत्ताधारी दल में जिम्मेदार पदों पर बैठे हुए लोगों में "भारी भ्रष्टाचार" पर आधारित रहता है। तरीका है सचिवालय, कलेक्ट्रेट के सामने, तथा/अथवा विभिन्न स्तरों पर सार्वजनिक सभाओं में धरने आयोजित किए जाना, जिसकी सूचना प्रत्येक बार समाचार मीडिया के द्वारा प्रसारित की जाती है। वर्षों से, भ्रष्टाचार की सीमा अथवा उसके स्तर, यहाँ तक कि सार्वजनिक वितरण प्रणाली (पीडीएस) जैसी सार्वजनिक सेवाओं के कामकाज पर भी पर बिना कोई प्रभाव डाले यही प्रक्रिया जारी है। न ही राजनीतिज्ञों के भ्रष्ट होने सम्बन्धी धारणाओं में कोई कमी आई है। इसके विपरीत, ऐसी धारणाओं में वृद्धि ही होती रही है। ऐसा कैसे? क्या यह इसलिए है क्योंकि वे जनता के नजदीक नहीं रहते तथा/अथवा जनता की आधारभूत समस्याओं के बारे में बहुत अधिक चिंता नहीं करते? अथवा यह कि भ्रष्टाचार गंभीर कार्यवाही किए जाने वाला मुद्दा नहीं है।

साथ ही, इस प्रक्रिया में राजनीतिक दलों एवं राजनीतिक नेताओं के द्वारा दिए जाने वाले तर्क एवं लगाए जाने वाले आरोप भ्रष्टाचार के सम्बन्ध में धारणाओं में वृद्धि कर देते हैं, अर्थात्, उन गतिविधियों (विरोध प्रदर्शनों, भाषणों और इसी प्रकार अन्य) का सम्बन्ध भ्रष्टाचार के सम्बन्ध में नागरिकों को संवेदनशील बनाए जाने तथा किस प्रकार इसकी अनदेखी की जाए तथा इसे समाप्त किया जाए के साथ होने के बजाए मतदाताओं को रिझाने वाली चुनावी राजनीति से अधिक होता है। उनके द्वारा सार्वजनिक सेवाओं को प्राप्त किए जाने में किसी भी प्रकार की घूस न दिए जाने के लिए नागरिकों से कहे जाने का कोई भी उदाहरण नहीं प्राप्त होता (हालांकि, करों का भुगतान न किए जाने के लिए कहे जाने के उदाहरण मौजूद हैं)। सर्वोच्च न्यायालय के द्वारा नियुक्त विशेष समिति ने सार्वजनिक वितरण प्रणाली (पीडीएस) में भारी भ्रष्टाचार के सम्बन्ध में देशव्यापी यात्राओं के बाद व्यापक प्रेक्षण किए हैं। यह एक ऐसी सेवा थी जिसके सम्बन्ध में बिना कोई अंतर लाए राजनीतिक नेता एवं दल या तो (जब विपक्ष में रहे हों) विरोध प्रदर्शन करते रहे हैं अथवा यहाँ तक कि एक कार्यकाल से भी अधिक समय के लिए सत्ता में रहने के बाद भी सिर्फ वादे ही करते रहे हैं। निष्कर्षों में से एक यह है कि राजनीतिक

दलों के पास सामान्य तौर पर तथा सार्वजनिक वितरण प्रणाली अथवा नरेगा जैसी विशिष्ट सेवाओं के मामलों में भष्टाचार को जड़ से उखाड़ फेंकने की उनकी मंशा के लिए कोई विश्वसनीयता नहीं रह गई है। एक अन्य निष्कर्ष यह है कि लोगों को भ्रष्टाचार में संलिप्त संपर्कों तथा घूस दिए जाने के लिए बाध्य किए गए नागरिकों के लिए अभिप्रेरक कारकों के सम्बन्ध में समझाए जाने की आवश्यकता है। आज कोई भी महत्वाकांक्षी राजनीतिज्ञ, चाहे वह किसी भी दल से सम्बन्धित क्यों न हो, सत्ता हासिल करने के लिए चुनाव लड़ने में संलिप्त भारी खर्चों की बाध्यता के प्रति उदासीन नहीं रह सकता। इसका अर्थ यह होता है कि चुनावी खर्चों के मुद्दे पर चर्चा किए बिना हम भ्रष्टाचार को गंभीरतापूर्वक सम्बोधित नहीं कर सकते, फिर चाहे ये संसद के चुनाव हों अथवा राज्य विधानसभाओं अथवा *पंचायतों* के। एक अन्य वास्तविकता है राजनीतिक दलों की महानता एवं संरचना में आने वाली गिरावट। ये प्रवृत्तियाँ भ्रष्टाचार को चुनावी प्रक्रिया एवं राजनीति का एक अनिवार्य भाग बनाए रखने की दिशा में योगदान करती हैं। एक विशिष्ट ''कार्यवाही एजेंडे'' के साथ भ्रष्टाचार सिविल सोसाइटी तथा राजनीतिक दलों की एक ''साझा चिंता'' नहीं बन पाया है। देश में ऐसा कोई भी उदाहरण मौजूद नहीं है जहाँ भ्रष्टाचार के विरुद्ध शिक्षाविदों के द्वारा कोई रुचि ली गई हो तथा सामान्य तौर पर अथवा विशिष्ट संदर्भों में कोई पहल की गई हो (1973)। जेपी के बिहार आंदोलन तथा बाद में (1974) गुजरात के नवनिर्माण आंदोलन में भ्रष्टाचार एक मुद्दा था। परंतु यह एक ''राजनीतिक'' चाल अधिक थी। गुजरात में यह छात्रावासों में छात्रों के भोजनशुल्क में वृद्धि किए जाने का मसला अधिक था जिसने आंदोलन की शुरुआत की थी। कुछ कारणों से एक रणनीति आंदोलन के रूप में भ्रष्टाचार का विरोध किए जाने से शिक्षाविदों ने स्वयं को इससे दूर ही रखा था।

किसी भी भ्रष्टाचार विरोधी कार्यवाही की कार्यविधि को मात्र प्रदर्शन करने वाली तथा सार्वजनिक सभाएं करने वाली नहीं होना चाहिए बल्कि इसे उन संपर्कों का विश्लेषण किए जाने के द्वारा संपन्न किया जाना चाहिए जो घूस दिए अथवा लिए जाने के लिए बाध्य करते हैं, ताकि विशिष्ट ध्यानकेन्द्रण एवं कार्यवाही सम्बन्धी प्राथमिकताओं का निर्धारण इस प्रकार से किया जा सके कि दलों के कार्यकर्ता, विशेषतौर पर जमीनी स्तर पर, सार्वजनिक सेवाओं में घूस दी जाने वाली बाध्यताओं को समाप्त करने का कार्य कर सकें। ''वोट के बदले नोट'' तथा ''पेड न्यूज'' के सिंड्रोम एक बड़ी रुग्णता के लक्षण मात्र हैं। निर्वाचित प्रतिनिधियों के प्रतिनिधिक चरित्र तथा सार्वजनिक पदाधिकारियों के हितों–के–टकराव का पहलू ऐसे अन्य मुद्दे हैं जिनका सम्बन्ध भ्रष्टाचार को कायम रखे जाने की इस महत्वपूर्ण प्रवृत्ति के साथ जुड़ा हुआ है।

संसद के शीतसत्र के समापन दिवस (13 दिसम्बर, 2010) पर बोलते हुए कांग्रेस की अध्यक्षा सोनिया गाँधी ने कहा था, "यह एक दुखदायी तथ्य है कि भ्रष्टाचार व्यापक होता हुआ प्रतीत होता है और मैं मजबूती से यह अनुभव करती हूँ कि यह हमारे तथा प्रत्येक राजनीतिक दल का उत्तरदायित्व है कि इस बढ़ते हुए इस खतरे पर नियंत्रण प्राप्त करने के लिए एक साथ मिलकर गंभीरतापूर्वक किसी तरीके, किसी तंत्र की खोज करें।"[21]

संसद के पटल पर कुछ अन्य नेताओं ने भी किसी न किसी समय पर ऐसे ही मिलते–जुलते वक्तव्य दिए। तब, किसी को भी आश्चर्य होता है कि भ्रष्टाचा को समाप्त करने के अपने निर्णय का संकेत देने तथा किसी कार्यवाही योजना को तैयार किए जाने के उद्देश्य से ये सभी लोग किसी एक मंच पर साथ क्यों नहीं आते और एक राष्ट्रीय आह्वाहन क्यों नहीं देते।

कांग्रेस की अध्यक्षा सोनिया गाँधी ने भ्रष्टाचार को नियंत्रित किए जाने की दिशा में दल के महत्वपूर्ण राष्ट्रीय पूर्ण अधिवेशन (नवम्बर 2010) के दौरान एक पाँच–सूत्रीय कार्यक्रम की भी घोषणा की। उन्होंने कांग्रेस के नेतृत्व वाले राज्यों के मुख्यमंत्रियों से इसे लागू करने के लिए कहा। इन सुझावों में भूमि के आवंटनों में मंत्रियों के विवेकाधीन अधिकारों को वापस ले लिए जाने तथा लंबित मामलों को तीव्र गति से निपटाए जाने को शामिल किया गया था।

लोकतंत्र तथा चुनाव

जनता के लिए सृजित की गई सार्वजनिक सेवाओं को नागरिकों के द्वारा हासिल किए जाने में सुविधा प्रदान करने हेतु कार्य करने तथा इस सम्बन्ध में चिंता करने के लिए सरकारी विभागों के अधिकारियों की तुलना में निर्वाचित प्रतिनिधियों से अधिक आशा की जाती है। और यह आशा की जाती है कि इस प्रक्रिया में भ्रष्टाचार की गुंजाइश को निर्वाचित प्रतिनिधियों के ऐसे प्रयासों के माध्यम से हतोत्साहित किया जाएगा। निर्वाचित प्रतिनिधियों के लिए इस चिंता से महत्वपूर्ण कोई दूसरी चिंता नहीं हो सकती कि आधारभूत सार्वजनिक सेवाएं प्रत्येक व्यक्ति को उपलब्ध हों, कम से कम उनके अपने निर्वाचन क्षेत्र में। यदि ऐसा ही रहा होता तो शायद हमें भ्रष्टाचार के उस विस्तार को न देखना पड़ा होता जिसे आज देखा जा रहा है। अनेकों लोगों के द्वारा भ्रष्टाचार को एक अपवाद के रूप में नहीं देखा जाता बल्कि सरकारी सेवाओं को हासिल किए जाने के लिए एक पूर्ववर्ती शर्त के रूप में देखा जाता है, जैसा कि सार्वजनिक वितरण प्रणाली, स्वास्थ्य, शिक्षा तथा ऐसी ही अन्य सेवाओं के सम्बन्ध में हो रहा है।

आज व्यापक तौर पर यह विश्वास किया जा रहा है कि एक के बाद एक चुनावों के साथ भ्रष्टाचार का दायरा अत्यधिक बहुगुणित हो चुका है, कुछ ऐसा जैसे कुछ राजनीतिज्ञों के द्वारा भ्रष्ट होने की क्षमता को ''जीतने की क्षमता'' के रूप में प्रदर्शित किया जा रहा हो। वास्तव में, ''निर्वाचन क्षेत्र विकास निधि'', जिन्हें संसद सदस्यों तथा विधानसभा सदस्यों को उपलब्ध करवाया जाता है, के उपयोग के प्रत्येक मामले में भी भ्रष्ट व्यवहारों के उदाहरणों में वृद्धि होती रही है। न केवल मीडिया के द्वारा इसे प्रमुखता के साथ रिपोर्ट किया गया था बल्कि सिविल सोसाइटी के द्वारा भी, साथ ही संसदीय समितियों के द्वारा भी इसे सामने रखा गया था। यहाँ तक कि सरकारी अंकेक्षण एजेन्सियों ने भी ऐसी ही प्रवृत्ति के संकेत प्रदान कर दिए थे। और इन निधियों के दुरुपयोग तथा इनमें हुए भ्रष्टाचार में निर्वाचित प्रतिनिधियों की संलिप्तता से जुड़े अनेकों मामलों में जनहित याचिकाओं को न्यायालयों के समक्ष प्रस्तुत किया जा चुका है। परंतु ''प्रक्रियाओं को सख़्त किए जाने'' के तरीके मात्र के अलावा किसी भी अन्य प्रकार की कार्यवाही किए जाने का कोई भी उदाहरण नहीं प्राप्त हो सका है। हालांकि, इस निधि में वृद्धि कर दी गई है तथा इस प्रकार के व्यवहारों की माँग अन्य स्तरों तक भी फैल चुकी है।

गत कई वर्षों से विभिन्न प्रधानमंत्री मंत्रियों तथा संसद सदस्यों के साथ भ्रष्टाचार के मुद्दे पर चर्चा करते रहे हैं; हाल के समय में देश के राष्ट्रपति ने संसद के अपने सम्बोधन में कई बार भ्रष्टाचार को संदर्भित किया है। उदाहरण के लिए, विशेषतौर पर नियुक्त की गई सार्वजनिक वितरण प्रणाली (पीडीएस) पर सर्वोच्च न्यायालय की सतर्कता समिति (2010) ने यह निष्कर्ष प्रस्तुत किया था कि सार्वजनिक वितरण प्रणाली में भ्रष्टाचार की मूल जड़ राजनीतिक हस्तक्षेप है। विगत कई वर्षों के दौरान कराए गए ऐसे स्मरणों एवं दिए गए निष्कर्षों ने इस प्रवृत्ति को विपरीत रुख प्रदान कर पाने में कोई भी सहायता प्रदान नहीं की है। कोई आश्चर्य की बात नहीं कि ''इंडिया एट 62'' के अपने विश्लेषण को समाप्त करते हुए पी.सी. एलेक्जेंडर ने लिखा था, ''अनुक्रमिक सरकारों ने भ्रष्टाचार के विरुद्ध एक निर्णायक संघर्ष को निम्न प्राथमिकता प्रदान की है और इसके परिणामस्वरूप विकास की दर के साथ–साथ भ्रष्टाचार में वृद्धि होना भी जारी है।''[22] एलेक्जेंडर आशा करते हैं कि देश में एक ऐसे नेता के उद्भव के साथ प्रवृत्ति के रुख को विपरीत दिशा में मोड़ा जाना संभव है जो भ्रष्टाचार के विरुद्ध संघर्ष को एजेंड में सबसे ऊपर रखे तथा जिसके अंदर देश के स्वतंत्रता संग्राम की तर्ज पर भ्रष्टाचार के विरुद्ध एक राष्ट्रव्यापी आंदोलन का आयोजन करने की योग्यता तथा विश्वसनीयता विद्यमान हो। उन्होंने *एशियन एज* में लिखा था, जब सन् 2004 में मनमोहन सिंह भारत के प्रधानमंत्री बने तो बहुत लोगों के द्वारा ऐसी ही आशा की गई थी।

देश में ऐसे एक परिदृश्य में, जहाँ न तो राजनीतिज्ञ एवं नौकरशाह और न ही न्यायपालिका एवं मीडिया कोई अंतर ला सकते हों, हम किस बात की आशा कर सकते हैं? क्या हम नागरिकों, विशेषतौर पर गरीबों की संलिप्तता वाली आधारभूत सेवाओं के साथ प्रारंभ करते हुए एक और अधिक गंभीर एवं ध्यानकेन्द्रित रूपरेखा का परीक्षण कर सकते हैं?

राजनीतिज्ञों का प्रतिनिधिक चरित्र

राजीव गाँधी ने आशा की थी कि *पंचायतों* तथा *नगर पालिकाओं* को अधिकारों को सौंप दिया जाना भ्रष्टाचार में कमी ला सकेगा। इसके बाद विभिन्न राज्य सरकारों द्वारा कई प्रयोग किए गए जैसे अंत्योदय, महादलित, प्रजापदम इत्यादि, जिनसे भ्रष्टाचार को कम किए जाने में सहायता प्रदान किए जाने की आशा है। परंतु इक्का–दुक्का उदाहरणों को छोड़कर इनमें से कोई भी किसी प्रकार का अंतर नहीं ला सका है। अब हम सूचना के अधिकार अधिनियम से इस कार्य को करने की आशा कर रहे हैं। निश्चित रूप से सूचना के अधिकार में संभावनाएं हैं।

सूचना के अधिकार अधिनियम जैसी सरकार की पहलों के अलावा मात्र कुछ ही ऐसे अस्पष्ट उपायों को याद किया जा सकता है जिनमें भ्रष्टाचार का उन्मूलन किया जाना उनके प्राथमिक उद्देश्य के रूप में निहित हो। व्यापक कंप्यूटरीकरण की संलिप्तता वाली ई–प्रशासन परियोजनाओं, जैसा कि रेल आरक्षण एवं विद्युत बिल तैयार किए जाने में किया गया है, के द्वारा (नागरिकों की संलिप्तता वाले) भ्रष्टाचार की सीमा तथा सम्बन्धित सेवाओं में दक्षता के स्तरों में कुछ अंतर लाया गया है। पारदर्शिता, जिसकी की कंप्यूटरीकरण से आशा की जाती है, भ्रष्टाचार को समाप्त किए जाने की दिशा में पहला कदम है। नरेगा के संदर्भ में सामाजिक अंकेक्षण गरीबों की संलिप्तता वाले भ्रष्टाचार को समाप्त किए जाने के प्राथमिक उद्देश्य के साथ एक कदम है। परंतु एक बार ऐसी पहलों के राजनीतिज्ञों तथा नौकरशाही के लिए खतरा बन जाने के बाद उन्हें नष्ट किए जाने अथवा कमजोर किए जाने के उदाहरणों को भी देखा जा सकता है। राजस्थान इसी बिन्दु में एक संदर्भ है जहाँ सामाजिक अंकेक्षण के तौर–तरीकों को संशोधित किया जा रहा है।

हाल ही (2010) में केन्द्रीय सतर्कता आयोग एक ''राष्ट्रीय भ्रष्टाचार विरोधी रणनीति'' के साथ सामने आया था। इसमें राजनीतिक दलों तथा चुनावों के सम्बन्ध में विशिष्ट सुझावों को शामिल किया गया था।

केन्द्रीय सतर्कता आयोग की ''राष्ट्रीय भ्रष्टाचार विरोधी रणनीति'' : राजनी. तिक भ्रष्टाचार को समाप्त किए जाने हेतु रणनीति

लोकपाल जैसी संस्थाओं की स्थापना तथा राष्ट्रीय भ्रष्टाचार विरोधी रणनीति को अपनाया जाना स्पष्ट तौर पर राजनीतिक इच्छाशक्ति का प्रदर्शन करेगा तथा सभी को एक सकारात्मक संकेत प्रेषित करेगा। चुनावों को राज्य द्वारा वित्तपोषित किए जाने के कार्य को शीघ्रातिशीघ्र किए जाने की आवश्यकता है। राज्य की निधियों में योगदानों को करों से छूट प्रदान की जा सकती है। इसी बीच, विभिन्न दलों के लिए अंतरदलीय शासन, पारदर्शिता, तथा लोकनिधियों एवं पार्टी के कोषों की जवाबदेही के साथ–साथ अप्रत्यक्ष सार्वजनिक सब्सिडियों जैसे टैक्स–क्रेडिट्स तथा सरकारी मीडिया पर निःशुल्क समय दिया जाना आदि भी प्रस्तावित किया जा सकता है। स्रोत की घोषणा तथा दलों के द्वारा प्राप्त की गई धनराशियों हेतु नियमों को शक्तिशाली बनाया जाना चाहिए। राजनीतिक दलों के वार्षिक वित्तीय विवरणों तथा आय एवं व्यय को सार्वजनिक किया जाना चाहिए। इससे पारदर्शिता तथा राजनीतिक दलों के अंदर लोकतंत्र की संस्कृति को प्रोत्साहन प्राप्त होगा।

स्रोतः *The Hindu*, "How 'Note for Votes' Dampen Democracy", April 4, 2009.

समस्त भ्रष्टाचार की जननी–निरुत्साहित होता लोकतंत्र

विगत कुछ वर्षों के दौरान मैं मतदान सम्बन्धी व्यवहार तथा उसके पैटर्न की प्रवृत्ति का विश्लेषण करता रहा हूँ, इसके सम्बन्ध में बातें करता रहा हूँ (और महत्वपूर्ण समाचारपत्रों में लिखता रहा हूँ)। निश्चित रूप से इन सब का निर्वाचन आयोग पर व्यापक प्रभाव हुआ है। इस सम्बन्ध में इस सबका एक साथ प्रस्तुत किया जाना प्रासंगिक है।

क्या ''वोट के बदले नोट'' सभी चुनाव अभियानों के साथ जुड़ी हुई घटना बन चुकी है अथवा यह यह मात्र कुछ स्थानों पर ही अपनाई जाने वाली छिटपुट प्रक्रिया है? सन् 2008 में, स्वयं लोकसभा कुछ सदस्यों की संलिप्तता के साथ ''वोट के बदले नोट'' के अप्रत्याशित मामले की गवाह रही थी; कई दिनों तक और अनेकों बार इन घटनाओं को समाचार मीडिया के द्वारा दोहराया जाता रहा। क्या ऐसा है कि यह एक ''चुनावी आदत'' बन चुकी है? इसे हम और किस प्रकार से स्पष्ट कर सकते हैं कि मार्च 2009 में पूरे देश से एक दर्जन से भी अधिक ऐसे उदाहरण प्राप्त हुए थे जिनमें हमने समाचार चैनलों को लोकसभा चुनावों के संदर्भ में राजनीतिक महत्वाकांक्षियों को बड़ी मात्रा में नकदी का

परिवहन करते हुए अथवा उसे वितरित करते हुए प्रदर्शित करते हुए देखा था? समाचार चैनल चाहे जितने भी सतर्क क्यों न हों, उनसे प्रत्येक स्थान पर तथा प्रत्येक ऐसी घटना को पकड़ पाने की आशा नहीं की जा सकती।

राष्ट्रीय चैनलों ने उत्तर प्रदेश में मुलायम सिंह यादव तथा मुम्बई में संसद सदस्य गोविन्दा के द्वारा लोगों के एक समूह को 500 रुपए के नोट बाँटने की घटनाओं का प्रसारण किया था; यहाँ तक कि एक वरिष्ठ भाजपा नेता (जसवंत सिंह) को भी राजस्थान में ऐसा ही करते हुए प्रदर्शित किया गया था। आंध्र प्रदेश में समाचार चैनलों ने अपने समाचार बुलेटिनों के एक भाग के रूप में लाखों रुपयों के नोट के बंडलों को दिखाया था जिन्हें मतदाताओं के बीच ख़ैरात के रूप में वितरित किया जाना था। इनमें से प्रत्येक मामले में आरोपित राजनीतिक दल अथवा राजनीतिज्ञ के नाम का भी उल्लेख किया गया था। इन सभी स्थानों पर मामलों में शामिल नकदी करोड़ों में थी तथा उसके स्रोत का कोई भी समुचित स्पष्टीकरण उपलब्ध नहीं था। मात्र नकदी को जब्त कर लिए जाने, ड्राइवर अथवा किसी संलिप्त मंत्री के सुरक्षाकर्मी को पकड़ लिए जाने तथा उसे गिरफ्तार कर लिए जाने के बाद आगे की कार्यवाही की कोई भी रिपोर्ट नहीं प्रसारित की गई। एक मामले में, (सूचना के अधिकार के अधीन) राज्य सूचना आयुक्त की सरकारी कार, जिसके ऊपर लाल बत्ती लगी हुई थी, नकदी एवं चुनाव प्रचार सामग्री ढोते हुए पकड़ी गई। वास्तव में, सन् 2008 तथा 2009 में तमिलनाडु, कर्नाटक, तथा छत्तीसगढ़ में स्थानीय समाचार चैनलों ने यहाँ तक प्रसारित कर दिया था कि किस प्रकार से एक स्थानीय मंत्री अथवा वरिष्ठ राजनेता नकदी का वितरण कर रहे थे। यदि समाचार चैनलों के द्वारा इन घटनाओं को प्रसारित न किया गया होता तो देश कभी भी अनुभव नहीं कर सका होता कि "वोट के बदले नोट" की प्रवृत्ति अब छिटपुट अथवा कर्नाटक के समान खदान मालिकों तक ही सीमित नहीं रह गई है। कर्नाटक में एंबुलेसों को करोड़ों रुपयों की उस नकदी के साथ पकड़ा गया था जिसे मतदाताओं के बीच वितरित किया जाना था। यहाँ तक कि एक उदाहरण में तो नकदी को लाने–ले जाने के लिए एक हेलीकॉप्टर तक का उपयोग किया गया था। "वोट के बदले नोट" अब कोई गोपनीय मामला अथवा मात्र इक्का–दुक्का होने वाली घटनाओं तक सीमित नहीं रह गया है।

पहले, "वोट के बदले नोट" एक ऐसी प्रक्रिया होती है जिसका उपयोग प्रत्याशीगण चुनाव अभियान के आधिकारिक समय के समाप्त हो जाने के बाद किया करते हैं। सन् 2009 की मतदान तिथि के हफ्तों पहले इस प्रकार के उदाहरण अत्यधिक प्रचुर मात्रा में मौजूद थे। चुनावी प्रक्रिया में नकदी का उपयोग तीन अलग–अलग चुनाव चरणों में किया जाता है: पार्टी के नेताओं को ताकि वे

नामांकित हो सकें, कार्यकर्ताओं के बीच बाँटने तथा नामांकन किए जाने के पूर्व प्रतिस्पर्धियों को, तथा मतदान के पूर्व मतदाताओं को दिए जाने हेतु। तेलंगाना राष्ट्र समिति (टीआरएस) के एक प्रत्याशी (सिकन्दराबाद के लिए) ने समाचार चैनलो से खुले आम कहा था कि उसने लोक सभा प्रत्याशी के रूप में चुने जाने के लिए 10 करोड़ रुपए दिए हैं। इस बयान का स्वतः संज्ञान लेते हुए निर्वाचन आयोग ने प्रत्याशी तथा उस दल के नेता, जिसका नाम उसने धन देने के लिए लिया था, दोनों को ही नोटिस जारी कर दिए थे। आंध्र प्रदेश से आने वाले एक आकांक्षी को दिल्ली हवाई अड्डे पर कई करोड़ रुपयों के साथ पकड़ा गया था जिसे ऐसा माना गया कि किसी दल का टिकट प्राप्त करने में प्रयुक्त किया जाना था। इन सभी मामलों में से किसी में भी किसी भी सरकारी एजेन्सी के द्वारा कोई भी कार्यवाही किए जाने की कोई सूचना प्राप्त नहीं हुई थी।

यह तथ्य, कि मतदान के पूर्व मतदाताओं को धन का वितरण किया जाता है, सुविदित है। किन्तु राष्ट्रीय आधार पर अथवा राज्यवार ऐसा कोई भी अनुभवजन्य अध्ययन संपन्न नहीं किया गया है। इसी बात का अनुभव करते हुए हमने विगत एक–दो वर्षों के दौरान तीन अलग–अलग बिन्दुओं पर ऐसे ही अध्ययन के कार्य का बीड़ा उठाया था। पहला, सन् 2007 में, जो बीपीएल परिवारों की संलिप्तता वाले भ्रष्टाचार पर अध्ययन का एक भाग था, के अंतर्गत हमने ऐसे मतदाताओं के प्रतिशत के सम्बन्ध में जाँच की जिन्हें मत देने के बदले नकद राशि प्राप्त हुई थी। इस अध्ययन के द्वारा 29 राज्यों में 23,000 बीपीएल परिवारों को शामिल किया गया। यह अनुभव करते हुए कि यह प्रवृत्ति मात्र गरीबों तक ही सीमित नहीं है, सन् 2008 में सीएमएस ने 19 राज्यों में 18,000 मतदाओं के बीच अपने परीक्षण के दूसरे चक्र को संपन्न किया। तीसरे, हमने दिसम्बर 2008 में कर्नाटक विधानसभा के लिए कठोरतापूर्वक लड़े गए आठ उप–चुनावों में एक खोजी अध्ययन संपन्न किया ताकि यह पता लगाया जा सके कि विभिन्न दलों के प्रत्याशियों ने मतों को खरीदने के लिए मतदाताओं को किस प्रकार से धन प्रदान किया। एक साथ मिलाए जाने पर, इन सर्वेक्षणों के द्वारा मतदाताओं का मत सुनिश्चित करने हेतु उनके एक बहुत बड़े प्रतिशत को नकद राशि के भुगतान किए जाने सम्बन्धी तथा दिमाग को हिला देने वाली एक तस्वीर सामने ला दी गई (सारणी 3.4)।

इस अध्ययन के अनुसार ऐसा प्रतीत होता है कि जहाँ उत्तर प्रदेश तथा बिहार में बाहुबल कार्य कर रहा था, वहीं कर्नाटक, आंध्र प्रदेश तथा तमिलनाडु में चुनावों के दौरान धनबल के उपयोग को अधिक पाया गया। रोचक बात यह है कि ये वही दक्षिणी राज्य थे जहाँ राजनीतिक दलों ने अधिक संख्या में चुनावी सर्वेक्षणों को संपन्न किया था और ऐसा इन राज्यों में ही था कि "वोट के बदले

सारणी 3.4
स्थान तथा लैंगिक आधार पर मतदान करने हेतु जिन लोगों ने धन लिया अथवा जिन्हें धन दिया गया (विगत 10 वर्षों में)

	बीपीएल परिवारों का प्रतिशत (2007)	*मतदाताओं का प्रतिशत (2008)*
शहरी	30	23
ग्रामीण	40	21
पुरुष	38	23
महिला	34	18
पूरे राज्य में	सभी	19

स्रोतः CMS. *Transparency Review: Journal of Transparency Studies* 1, No. 8. (November-December 2008). 8.

नोट'' तथा ऐसी ही अन्य युक्तियों सहित चुनाव अभियानों के दौरान संपन्न की गई भारी अनियमितताओं के प्रति 24 घंटे समाचार प्रसारित करने वाले चैनलों की अपेक्षाकृत एक बड़ी संख्या अपने समय के एक बड़े भाग को समर्पित कर रही थी।

यह स्पष्ट है कि ''वोट के बदले नोट'' की प्रवृत्ति मतदाताओं के सभी वर्गों में फैल चुकी है चाहे वे किसी भी आयु समूह, आय–स्तर अथवा शैक्षणिक स्तर से सम्बन्धित हों, और चाहे वे शहरी हों अथवा ग्रामीण (सारणी 3.5)। एकमात्र चर, जो अर्थपूर्ण प्रभाव डालता हुआ प्रतीत होता है, वह है कार्यकर्ता–आधारित दल तथा सत्ताधारी दल का वर्चस्व। जहाँ दल अपेक्षाकृत रूप से अधिक कार्यकर्ता–आधारित हैं तथा दल के प्रति निष्ठाएं अधिक हैं, जैसा कि वामपंथी दलों द्वारा शासित राज्यों के मामले में है, ''वोट के बदले नोट'' में संलिप्त मतदाताओं का प्रतिशत अन्य राज्यों की तुलना में बहुत कम था।

बिहार तथा उत्तर प्रदेश की तुलना में कर्नाटक, तमिलनाडु, तथा आंध्र प्रदेश में मतदाताओं के एक कहीं बड़े प्रतिशत के द्वारा ''विगत दस वर्षों में'' (अर्थात् विधानसभा/लोकसभा के लिए हुए एक अथवा दो चुनावों में) प्रलोभन के तौर पर नकदी को प्राप्त करना स्वीकार किया गया। उत्तरी राज्यों में संलिप्त राशि तीन दक्षिणी राज्यों में संलिप्त राशि की तुलना में बहुत ही कम थी। आंध्र प्रदेश के सन् 2009 के विधानसभा चुनाव भारत में अभी तक संपन्न हुए चुनावों में से सबसे महँगे चुनावों के रूप में याद किए जाएगें क्योंकि इसमें लगभग आधे मतदाताओं को उनके प्रत्येक मत के लिए 500 रुपए अथवा उससे अधिक वितरित किए जाने का विश्वास किया गया था।

''वोट के बदले नोट'' प्रवृत्ति के *प्रभाव* तथा *परिणाम* क्या हैं? ये दोनों ही परस्पर भिन्न हैं। प्रभाव यह है कि नागरिक के मत के चयन को किस प्रकार

सारणी 3.5

पेशे तथा सामाजिक समूहों के अनुसार मतदान करने हेतु जिन लोगों ने धन लिया अथवा जिन्हें धन दिया गया (विगत 10 वर्षों में)

	बीपीएल परिवारों का प्रतिशत (2007)	*मतदाताओं का प्रतिशत (2008)*
पेशा		
कृषि मजदूर	48	19
छोटे किसान	40	25
गैर–कृषि मजदूर	34	20
बेरोजगार	36	22
छात्र	34	22
सामाजिक समूह		
अनुसूचित जाति	35	20
अनुसूचित जनजाति	41	22
अन्य पिछड़ा वर्ग	41	21
मुसलमान	–	20
जाट	–	10
मराठा	–	9

स्रोतः CMS. *Transparency Review: Journal of Transparency Studies* 1, No. 8. (November-December 2008). 9.

से प्रभावित किया जाता है। प्राथमिक परीक्षण तीन प्रकार के प्रभावों को इंगित करते हैं। पहला, नागरिक उन प्रत्याशियों के पक्ष में मतदान करते हैं जिनकी ओर से उन्हें धन दिया गया हो। दूसरे, यद्यपि उन्होंने किसी एक अथवा एक से अधिक प्रत्याशी से धन प्राप्त किया होता है, तथापि वे किसी अन्य के पक्ष में मतदान करते हैं। तीसरे, मतदाताओं को मतदान न करने के लिए भुगतान किया जाता है ताकि किसी अन्य दल के प्रत्याशी पर रोक लगाई जा सके। यद्यपि इन तीनों प्रकारों के प्रभावों के लिए कोई साक्ष्य उपलब्ध नहीं था, तथापि इनका परिमाण अभी तक निर्धारित नहीं किया जा सका है। ऐसा इसलिए है क्योंकि ''वोट के बदले नोट'' प्रत्येक निर्वाचन क्षेत्र तथा चुनाव में अलग–अलग तरीके से कार्य करता है।

मैं ''वोट के बदले नोट'' को ''समस्त भ्रष्टाचार की जननी'' के रूप में मानता हूँ क्योंकि चुनावों के दौरान यही वह समय होता है जब यह दुष्चक्र प्रारंभ होता है। मतदाता यह अनुभव नहीं करता कि प्रत्येक 10 रुपयों, जो किसी भी मतदाता को लुभाने के लिए किसी प्रत्याशी के द्वारा पाँच वर्षों में सिर्फ एक बार प्राप्त होते हैं, के लिए उसे पाँच से दस गुने से भी अधिक घूस प्रतिवर्ष देनी

पड़ सकती है ताकि वह उन आधारभूत सरकारी सेवाओं को हासिल कर सके जिसका वह अधिकारी है। इस प्रकार, "वोट के बदले नोट" का शासन के प्रकार पर वह प्रत्यक्ष प्रभाव पड़ता है जिसका अंततः हमें सामना करना पड़ता है। इस प्रक्रिया में, न तो विजेता और न ही पराजित प्रत्याशी, जिन दोनों ने ही मतदाताओं को धन के साथ लुभाया होता है, से किसी भी उत्तरदायी जनप्रतिनिधि के द्वारा वांछित रुचि लिए जाने की अपेक्षा नहीं की जा सकती।

रोचक तौर पर, जैसी कि किसी के द्वारा भी आशा की जा सकती है, मतदान पर "वोट के बदले नोट" का प्रभाव पड़ने का कोई साक्ष्य उपलब्ध नहीं है। ऐसा संभवतः इसलिए है क्योंकि नकदी का वितरण मतदाताओं की माँग पर नहीं किया गया होता, अपितु चुनाव लड़ रहे दलों/प्रत्याशियों के द्वारा प्रतियोगिता में मौजूद स्थानीय प्रतिस्पर्धा के कारण किया गया होता है। इसलिए भी क्योंकि अधिक से अधिक प्रत्याशी नए होते हैं, अथवा अजनबी होते हैं, अथवा निर्वाचन क्षेत्र से दूर रहते हैं, अथवा उनमें से होते हैं जो कहीं अधिक तेजी से अमीर बने होते हैं, अथवा वे होते हैं जिनके पास बिना हिसाब–किताब की संपदा उपलब्ध होती है। कोई भी अन्य कारक आज की "प्रतिस्पर्धात्मक राजनीति" की इस प्रवृत्ति को स्पष्ट नहीं करता है। "वोट के बदले नोट" के प्रभाव में सही लोगों के प्रतिनिधि निर्वाचित होने अथवा एक बराबर की प्रतिस्पर्धा कर पाने के अवसर से वंचित रखा जाना शामिल होता है। समाचार चैनलों की रिपोर्टों के साथ की गई जाँच यह इंगित करती है कि सन् 2004 तथा 2010 के बीच ऐसे ही तरीकों के कारण देश में चुनावों पर होने वाले खर्चों में लगभग पाँच गुने की वृद्धि हो चुकी है।

बढ़ते हुए संकट को रोकने हेतु त्रिआयामी प्रयास

"वोट के बदले नोट" की घटनाओं के सम्बन्ध में चिन्तित होकर हाल ही में निर्वाचन आयोग ने कुछ पहल की हैं। यह चुनाव अभियान सम्बन्धी गतिविधियों के विभिन्न प्रकारों पर निगाह रखने तथा किए गए खर्चों की वैधता निर्धारित करने के लिए "व्यय पर्यवेक्षक" नियुक्त करता रहा है। दूसरे, इसने प्रत्येक प्रत्याशी के लिए चुनाव अभियान की अवधि के दौरान कई बार खर्च के विवरणों को दाखिल किया जाना अनिवार्य बना दिया है। तीसरे, इसने सभी प्रत्याशियों के लिए इस प्रयोजन से एक विशिष्ट बैंक खाता संचालित किए जाने को अनिवार्य बना दिया है। यह प्रावधान कि प्रत्याशियों को चुनावों के बाद विनिर्दिष्ट सप्ताहों के अंदर–अंदर अपने खर्चों के विवरण को आवश्यक रूप से प्रस्तुत कर देना चाहिए, लंबे समय से मौजूद रहा है, परंतु इस बात का कोई भी साक्ष्य उपलब्ध नहीं है कि इससे कोई अंतर आया हो। सन् 2009 में पहली बार

निर्वाचन आयोग ने नामांकन प्रस्तुत किए जाने से बड़ी संख्या में प्रत्याशियों को इसलिए अयोग्य घोषित कर दिया था क्योंकि उन्होंने पहले वाले चुनावों के बाद अपने खर्चों के विवरणों को प्रस्तुत नहीं किया था। सन् 2008 में कर्नाटक विधानसभा चुनाव अभियान के चरम पर होने के दौरान निर्वाचन आयोग ने 40 करोड़ रुपयों से भी अधिक की परिवहन अथवा वितरित की जाती हुई नकदी को जब्त कर लिया था। इस व्यवहार को गंभीरतापूर्वक अपनाते हुए सन् 2010 में निर्वाचन आयोग ने प्रत्याशियों के द्वारा किए जाने वाले व्ययों पर और अधिक कठोर निगाह रखने के लिए आयकर विशेषज्ञों को शामिल कर लिया। परंतु, उनके द्वारा की गई सभी पहलों के बावजूद यह समाचार मीडिया की सतर्कता रही है जो ''वोट के बदले नोट'' की कार्यवाही को उजागर करती रही है। हालांकि, संचार विशेषज्ञ यह कह सकते हैं कि चैनलों पर वितरित की जाती हुई नकदी के ऐसे बंडलों को दिखाने वाली समाचार रिपोर्टें जितनी अधिक होंगी उतना ही इस प्रवृत्ति का विस्तार होगा, जिससे संलिप्त धनराशि में वृद्धि होगी तथा, इस प्रक्रिया में, मतदाताओं की अपेक्षाओं में भी वृद्धि होगी जैसे कि यह कोई ''चुनावी कार्यवाही'' हो।

''वोट के बदले नोट'' की प्रवृत्ति को हतोत्साहित किए जाने का सर्वश्रेष्ठ तरीका यह है कि मतदाता स्वयं ही इसे स्वीकार करने से इंकार कर दें। इसके लिए उन्हें ''वोट के बदले नोट'' तथा उस घूस के बीच के सम्बन्ध को समझने की आवश्यकता है जो किसी भी नागरिक को उस समय देनी पड़ती है जब वह उस सेवा/वस्तु को प्राप्त करता है, तथा साथ–साथ निर्वाचित प्रतिनिधि की प्रतिक्रियाशीलता को भी, जिसे वह किसी एक अथवा दूसरे सरकारी विभाग से प्राप्त करने का वह अधिकारी है। दूसरे, सिविल सोसाइटी संगठनों को मतदाताओं को दिए जाने वाले विभिन्न प्रलोभनों के विरुद्ध किए जाने वाले अपने प्रयासों में स्थानीय तौर पर वृद्धि करनी चाहिए। तीसरे, निर्वाचन आयोग को और अधिक कठोर एवं निवारक उपायों के साथ आगे आना चाहिए। मात्र तब ही चुनाव प्रक्रिया सच्चे अर्थों में स्वतंत्र और निष्पक्ष हो सकेगी तथा सार्वजनिक सेवाओं में भ्रष्टाचार पर रोक लगाई जा सकेगी।

भ्रष्टाचार के सम्बन्ध में लोकप्रिय धारणाओं को कैसे बदला जा सकता है?

विशेषतौर पर पुलिस तथा न्यायपालिका की प्रवर्तनकारी एजेन्सियों के मामले में यदि सतत् आधार पर निगरानी किए जाने तथा सुधार सम्बन्धी पहल किए जाने के लिए किसी प्रकार के विशेष प्रयास नहीं किए जाते तो फिर भ्रष्टाचार के

सम्बन्ध में लोकप्रिय धारणाओं को परिवर्तित किया जाना किस प्रकार संभव हो सकता है? सतर्कता सप्ताह, ग्राहक जागरूकता सप्ताह तथा इसी प्रकार के अन्य कार्यक्रमों के द्वारा संग्रहीत हो चुकी धारणाओं को सम्बोधित किए जाने तथा सुधारात्मक कदमों को उठाए जाने में सहायता प्राप्त होने की आशा की जाती है। ऐसा मास मीडिया के सहयोग एवं समर्थन, सिविल सोसाइटी संगठनों, शिक्षाविदों की संलिप्तता, तथा सर्वाधिक महत्वपूर्ण रूप से राजनीतिक नेताओं एवं दलों की अग्रसक्रिय पहलों के बिना संभव नहीं है।

यह आशा किया जाना बहुत अधिक आशावादिता होगी कि सार्वजनिक सेवाओं में भ्रष्टाचार के सम्बन्ध में धारणाएं परिवर्तित हो जायेंगी तथा सार्वजनिक सेवाओं की सुपुर्दगी एवं चुनावी राजनीति में बिना किसी गंभीर एवं महत्वपूर्ण परिवर्तन के इन्हें रुख को पलटा जा सकेगा। सूचना एवं संचार प्रौद्योगिकी (आईसीटी) तथा आधार के समान पहलें भ्रष्टाचार रोकने के मामले में महत्वपूर्ण प्रभाव रखने वाली हो सकती हैं जो इस बात पर निर्भर करता है कि उनके क्रियान्वयन में सिविल सोसाइटी कितनी सक्रियता के साथ संलिप्त होती है।

टिप्पणियां

1 *Tracking Corruption in India–2005: Towards Sustaining Good Governance* (New Delhi: CMS, 2006).

2 "Aligning With One's Own: Private Voting and Public Outcomes in Elections in Rural India" (यह पत्र "Building Policy Research Capacity for Rural Governance and Growth in India" पर IDRC–NCAER शोध कार्यक्रम का एक भाग है; ASARC Working Paper 2011/09, Raghbendra Jha, Australian National University, Canberra; Hari K. Nagarajan, NCAER, New Delhi; Kailash C Pradhan, NCAER, New Delhi.

3 P. C. Alexander, "India at 62: War on Corrupt Top Priority," *Asian Age*, August 12, 2009.

4 Archana Shukla, "First Official Estimate: An NGO for Every 400 People in India," *Indian Express*, July 7, 2010, New Delhi.

5 Ajit Bhattacharjea, *Unfinished Revolution: A Political Biography of Jayaprakash Narayan* (New Delhi: Rupa & Co., 2004), 443.

6 India Rejuvenation Initiative (2007) भ्रष्टाचार के विरुद्ध एक सार्वजनिक आंदोलन तैयार करने की दिशा में एक पहल है।

7 Lok Sevak Sangh, "Do or Die Campaign," *Bulletins of Lok Sevak Sangh* (2010). इन लेखक ने गाँधी समाधि के सामने, नई दिल्ली में लोक सेवक संघ के मुखिया एस.डी. शर्मा, लाजपत भवन, नई दिल्ली के साथ एक दिवसीय भूख हड़ताल में भाग लिया था (10 फरवरी, 2010)।

8 CVC Blueprint, October 26, 2010— सभी दैनिक समाचारपत्रों के द्वारा इस विज्ञापन को प्रकाशित किया गया था।

9 सतर्कता सप्ताह : केन्द्रीय सतर्कता आयुक्त के रूप में एन. विट्ठल ने वार्षिक सतर्कता सप्ताह के विचार को विकसित किया था तथा केन्द्र सरकार की सार्वजनिक सेवाओं के द्वारा इसके क्रियान्वयन को गंभीरतापूर्वक किए जाने के कार्य प्रारंभ किया था। उनका विश्वास था कि ग्राहकों/जनता के साथ बेहतर अंतरक्रिया भ्रष्टाचार की गुंजाइश को कम करेगी तथा क्षमताओं में वृद्धि करेगी। सामाजिक अंकेक्षण दल में सार्वजनिक सुनवाई के समय पर इस लेखक के कार्य के से उनका पहले से परिचित होना ही वह बात थी जिसने उन्हें सीएमएस द्वारा सतर्कता सप्ताह का मूल्यांकन करवाए जाने के प्रति आश्वस्त कर दिया था (2001)।

10 Venkatesh Nayak, "Common Wealth Human Rights Initiative," New Delhi, November 2010. वेंकटेश ने भ्रष्टाचार, सूचना के अधिकार, पारदर्शिता से सम्बन्धित विधेयकों का विश्लेषण किए जाने की दिशा में (2006–) तथा इस लेखक सहित देश में एजेन्सियों के नेटवर्क एवं कार्यकर्ताओं को संवेदनशील बनाए जाने में भी अनेकों पहल की थीं।

11 Citizens' charter, Delhi. सन् 2001 में सीएमएस ने दिल्ली में प्रयुक्त हो रहे कोई 49 सिटि. जन चार्टरों का मूल्यांकन किया तथा उनमें संशोधन किए जाने तथा उन्हें नागरिक–केन्द्रित बनाए जाने हेतु अनेकों सुझाव प्रस्तुत किए। इस प्रस्तुतीकरण के लिए दिल्ली की मुख्यमंत्री शीला दीक्षित साकेत, दिल्ली स्थित सीएमएस के शोध गृह आई थीं ताकि चार्टरों में आवश्यक परिवर्तन के लिए विभागों के सचिवों से अनुरोध किया जा सके। किन्तु उसके तुरंत बाद, 'भगीरथ' योजना को अपनाए जाने के साथ ही, सन् 2011 तक सिटिजन चार्टर पर किसी ने भी ध्यान नहीं दिया जिसके बाद इसे पुनः एक गंभीर (पुनः)र्विचार के लिए अपनाया गया।

12 B. P. Mathur, "Values and Ethics for Public Services," www.commoncause.in/whatsNew/attachments_08_02_2010/...

13 "Aadhar Identification Number Programme in Trouble." *Andhra Jyoti*, October 10, 2010.

14 *State of Madhya Pradesh v. Shri Ram Singh* (AIR 2000 SC 870).

15 *Indian Express*, October 10, 2010, http://www.indianexpress.com/news/nothing-moves- without-money-sc-on-corruptio/695232/.

16 Prashant Bhushan. "National Campaign for Judicial Reforms (2008–2010)." In *Transparency Review*. New Delhi, April–May, 2007.

17 Prajapti Trivedi, *Business Standard*, October 27, 2010.

18 J. Venkatesan, "Section 19 of PC Act challenged," *The Hindu*, June 19, 2007, http://www.hindu.com/2007/06/19/stories/2007061979350700.htm (accessed on February 20, 2012).

19 भारत सरकार की जनसंख्या रणनीति पर राष्ट्रीय समिति (1996–98) का गठन अध्यक्ष के रूप में डॉ. एम.एस. स्वामीनाथन तथा जनसंख्या संचार पर एक विशेषज्ञ के रूप में इस लेखक सहित छह अन्य विशेषज्ञों के साथ किया गया था। सन् 1998 में भारत सरकार को इसकी रिपोर्ट सौंप दी गई थी। जनसंख्या नियोजन पर यह सर्वप्रथम विशेषज्ञ समिति थी।

20 CMS Transparency Study Team, "Legislators Lukewarm on Conflict of Interest," *Transparency Review*, April 2010, p. 3.

21 *The Tribune*, "Parties must Devise a Way to Curb Corruption: Sonia," *The Tribune*, December 13, 2010, http://thetribuneonline.com/india-archive11.html (accessed on February 20, 2012).

22 Alexander, "India at 62."

23 चुनाव व्यय : चुनावों को संपन्न करवाए जाने में जो कुछ भी सरकार व्यय करती है वह ज्ञात होता था, जबकि चुनाव लड़ रहे दल तथा प्रत्याशी प्रचार तथा चुनाव अभियान के लिए कितना व्यय कर रहे हैं यह ज्ञात नहीं होता था। इसका सर्वप्रथम अनुमान इस लेखक के द्वारा लगाया गया था जो सन् 1994–97 में कुछ लोकसभा निर्वाचन क्षेत्रों में किए गए नमूना सर्वेक्षणों पर आधारित था। हालांकि, यह अनुमान मतदान दिवस की पूर्वसंध्या पर मतदाताओं के बीच बाँटी गई नकदी की गई राशि को शामिल नहीं करते।

4 भ्रष्टाचार नियंत्रण–एक रणनीतिक दृष्टिकोण

सुशासन

"सुशासन" क्या होता है? "सुशासन" कौन निर्धारित करता है? ऐसी कौन सी बात है जो किसी सार्वजनिक सेवा को ऐसी किसी भी विशिष्टता से अलग करती है? उस प्रक्रिया में कौन–कौन से मूल तत्व सक्रिय होते हैं? सेवा–दर–सेवा तथा संदर्भ–दर–संदर्भ इनमें भिन्नताएं होती हैं। परंतु इस सम्बन्ध तथा इस प्रक्रिया में निम्नलिखित छह विशेषताएं एकसमान चरित्र रखती हैं।

समावेशिता–निर्णयन प्रक्रिया में नागरिकों की संलिप्तता अथवा सहभागिता के अर्थों में तथा/अथवा विशेषतौर पर संवेदनशील वर्गों के द्वारा कतिपय विश्वसनीयता के साथ सार्वजनिक सेवाओं को प्राप्त किए जाने में।

भ्रष्टाचारमुक्त क्रियान्वयन अथवा सार्वजनिक सेवाओं की सुपुर्दगी–ऐसी कि नागरिकों के द्वारा किसी भी सार्वजनिक सेवा तक पहुँचना तथा उसे प्राप्त किया जाना बिना किसी बाध्यता अथवा अनुग्रह की आशा के संभव हो, तथा भ्रष्टाचार को समाप्त किए जाने हेतु तंत्र उपलब्ध कराया गया हो।

नागरिकों अथवा सेवा के उपयोगकर्ताओं की आवश्यकताओं, समस्याओं तथा प्रतिपुष्टि एवं शिकायतों के प्रति प्रतिक्रियाशीलता। निवारण तंत्र एवं सुधारों को सार्वजनिक सेवाओं के प्रति विशिष्ट होना चाहिए।

जवाबदेही–न केवल स्थापित संस्थानों बल्कि सिविल सोसाइटी समूहों के द्वारा भी किए गए अंकेक्षण तथा/अथवा मूल्यांकन के तरीके के साथ–साथ क्रियान्वयन पर प्रश्न किए जाने सम्बन्धी एक प्रावधान तथा प्रथा मौजूद हों।

पारदर्शिता–इस प्रकार से हो कि नागरिक एवं सेवा के संभावित उपयोगकर्ता उससे अवगत हों और यह जानते हों कि इसके सम्बन्ध में क्या किया जाए तथा अंततः किस प्रकार से अपने विरुद्ध बिना किसी भेदभाव तथा शिकायत की आवश्यकता के सेवाओं को प्राप्त किया जाए। जैसा कि सूचना के अधिकार अधिनियम में प्रावधान किया गया है, कतिपय *स्वप्रेरित* घोषणाएं स्पष्ट होनी चाहिए।

विश्वसनीयता–उपरोक्त पाँचों तत्व विद्यमान हैं तथा उपलब्ध कराए गए हैं तथा व्यवस्था के अंदर एवं बाहर समय–समय पर इन्हें विधिमान्य किया गया है।

कौन सा अकेला कारक सुशासन का चरित्र–चित्रण करता है? सुशासन प्रतिमान के लिए भ्रष्टाचार ''भोजन चखने के बाद स्वाद बताए जाने'' के समान ही है। अन्य मात्र समर्थ बनाने वाले हैं।

भ्रष्टाचार में संलिप्त होने के लिए इसे प्रायः ''कम जोखिम अधिक लाभ'' वाले कार्य के रूप में क्यों वर्णित किया जाता है? हमारे देश में न्यायिक व्यवस्था धीमी है, जो यह सुनिश्चित करती है कि सहजतापूर्वक न तो भ्रष्टाचार को रोका जा सकता है और न ही दोषी को दंडित किया जा सकता है; दोषसिद्धि की दर 10 प्रतिशत की भी नहीं रही है। भ्रष्टाचार के सम्बन्ध में धारणाओं को कायम रखने में यह प्रवृत्ति एक योगदानकर्ता कारक रही है।

कोई आश्चर्य नहीं है कि सरकार में 45 वर्षों की सेवा के अपने अनुभव के साथ एन. विट्ठल ने यह निष्कर्ष प्राप्त किया कि ''शासन एक ऐसी व्यवस्था बन चुका है जो लोकसेवकों को भ्रष्टाचार में संलिप्त होने के लिए प्रोत्साहित करती है।'' वे इस प्रवृत्ति को निम्नलिखित पाँच विशेषताओं के साथ सम्बद्ध करते हैं (*फ्रीडम फर्स्ट*, मासिक संख्या 521, नवम्बर 2010):

1. सरकार में बैठे लोगों को रोजगार की ''अभेद्य सुरक्षा'' उपलब्ध करवाता हुआ संविधान का अनुच्छेद 311।
2. सन् 2003 के केन्द्रीय सतर्कता आयोग अधिनियम में कानूनी रूप में निहित एकल निर्देश के द्वारा संयुक्त सचिव तथा उच्चतर पदों के अधिकारियों को विशेष संरक्षण।
3. बेनामी लेनदेन (निषेध) अधिनियम 1989 के अधीन नियमों का निर्धारण न किया जाना।
4. भ्रष्टाचार सम्बन्धी मामलों के विचारण एवं निस्तारण में होने वाला भारी विलंब ; कमजोर पारितोषिक–तथा–दंड प्रणाली।
5. सतर्कता एवं अन्वेषण निकायों की बाहुल्यता।

विट्ठल के अनुसार, कुल मिलाकर शासन की व्यवस्था में ये विशेषताएं ''इस प्रकार से डिजाइन की गई हैं कि जवाबदेही को निर्धारित किए जाने से बचा जा सके।'' उन्होंने पाया कि राजनीतिक भ्रष्टाचार को मात्र तब ही रोका जा सकता है जब नौकरशाही वाले भ्रष्टाचार को रोक दिया जाए। विट्ठल के समान ही गुरुचरण दास, जो एक सुविख्यात लेखक तथा उदारवादी नीतियों के समर्थक हैं, ने एक राष्ट्रीय वार्ता के दौरान प्रेक्षित किया कि संपन्नता एवं प्रगति लोगों की प्रसन्नता को तब तक सुनिश्चित नहीं करेगी जब तक सुशासन मौजूद न हो।[1]

लक्षण–आधारित दृष्टिकोण

धारणाओं पर आधारित एक लाक्षणिक दृष्टिकोण से भ्रष्टाचार के सम्बन्ध में अदूरदर्शितापूर्ण विचार के कारण उत्पन्न चिंताओं में से एक है–धारणाओं की सीमा में सापेक्षिक रूप से कमी लाया जाना, बजाए इसके कि व्यवस्था को बाध्यताओं से मुक्त कराया जाए। धारणाएं अनुभवों से प्राप्त प्रभावों एवं मास मीडिया–आधारित सार्वजनिक संभाषणों का संग्रह होती हैं। ऐसे किसी भी दृष्टिकोण में प्रवृत्ति "बेहतर प्रेस सम्बन्धों" के बनाए जाने की होती है न कि प्रत्येक मामले में प्रक्रियाओं तथा व्यवस्था को युक्तियुक्त किए जाने की। ऐसा कोई भी "आग बुझाने वाला दृष्टिकोण" मात्र अल्पकालिक ही हो सकता है। और बेहतर प्रेस सम्बन्धों का अर्थ आक्रामक जनसंपर्क होता है, जिसका, बदले में अर्थ होता है ऐसे "उपलब्धि" अभियानों को प्रारंभ किया जाना जो जमीनी वास्तविकताओं, लोगों के वास्तविक अनुभवों, तथा व्यवस्थागत कारकों के साथ गैरआनुपातिक अथवा असम्बन्धित हों।

मुझे याद है कि कुछ वर्षों पूर्व गुजरात सरकार ने प्रत्येक जिले में पुलिस थानों में एक जनसंपर्क कर्मचारी को नियुक्त करने का कार्य प्रारंभ किया था। यह उस समय के दौरान सरकार के द्वारा अपराध को नियंत्रित किए जाने का एक तरीका था जब गत वर्ष की तुलना में इस वर्ष "अपराध दर" में तेजी से वृद्धि होना दर्ज किया गया था। इस जनसंपर्क का उद्देश्य मीडिया के साथ तालमेल बैठाने तथा व्यक्तियों अथवा किसी एक घटना को प्रस्तुत किए जाने का अधिक था न कि पुलिस सेवा में अच्छे व्यवहारों को प्रोत्साहित किए जाने की शुरुआत किए जाने का। चिंता यह सुनिश्चित किए जाने की थी कि मीडिया रिपोर्टें अपराध दर में गिरावट का प्रदर्शन करें।

कुछ मामलों में, आपराधिक मामलों की संख्या में गिरावट का प्रदर्शन किए जाने के लिए इसमें प्राथमिकी (एफआईआर) को ही दर्ज न किया जाना संलिप्त हो सकता है। दूसरी ओर, यदि पुलिस थानों एवं पुलिस कर्मियों के मुख्य कार्यों पर एक व्यवस्थित विचार को लिया जाए तो दृष्टिकोण होगा कि पुलिस की कहीं अधिक माँग वाली सेवाओं पर विचार किया जाए, जैसे किसी शिकायत का दर्ज किया जाना अथवा कोई चरित्र–सत्यापन प्रमाणपत्र जारी किया जाना, तथा उन सेवाओं को समयबद्ध तथा घूस दिए जाने की बाध्यता से मुक्त बनाया जाना। इस मूल्यांकन तथा श्रेणीकरण दृष्टिकोण का अर्थ "घाव पर मरहम लगाए जाने" तथा पदाधिकारियों की शालीनता को प्रोत्साहित किया जाना अधिक है बजाए इसके कि उनसे अच्छे व्यवहारों के साथ "व्यवस्था को दुरुस्त" करने का आग्रह किया जाए। प्रायः ही हम व्यवस्थागत मुद्दों के बजाए लक्षणों के प्रति अधिक चिंतित प्रतीत होते हैं।

भ्रष्टाचार को कायम रखने वाले बुनियादी तत्व

सार्वजनिक सेवाओं की माँग किए जाने तथा उन्हें प्राप्त किए जाने की प्रक्रिया में बड़ी संख्या में नागरिकों की संलिप्तता वाला भ्रष्टाचार किसी बड़े रोग का एक लक्षण मात्र हो सकता है जिसका इलाज विभिन्न व्यवस्थाओं, एजेन्सियों तथा विभिन्न स्तरों के बीच व्याप्त संपर्कों को समझे बिना किया जाना संभव नहीं हो सकता। यह संपर्क सामाजिक–आर्थिक तथा राजनीतिक व्यवस्थाओं एवं शासन के व्यवहारों के बीच है। यह वही गतिविज्ञान होता है जो विभिन्न प्रकार के भ्रष्टाचार का पोषण करता है। ये कौन से संसाधन होते हैं जो भ्रष्टाचार को इसके विभिन्न प्रकटीकरणों तथा एक प्रवृत्ति के रूप में प्रेरित करते हैं एवं कायम भी रखते हैं?

सामाजिक कारकों का साधनों–तथा–साध्यों की दुविधा के साथ अधिक सम्बन्ध होता है। ऐसा प्रतीत होता है साधन अब एक अधिक गंभीर चिंता, अर्थात्, ऐसे मूल्य नहीं रह गए हैं जो सार्वजनिक व्यवहार तथा दीर्घकालिक चिंताओं को प्रोत्साहित करते एवं बढ़ावा देते हैं। उदाहरण के लिए, आने वाले कल के लिए बचत करना बनाम खर्च करना, क्योंकि आज का दिन ही सबकुछ है; उपभोग बनाम संरक्षण सम्बन्धी प्राथमिकताएं; तथा व्यक्ति–अथवा स्वकेन्द्रित विचार बनाम समुदाय हेतु चिंता–इन सब बातों का क्या अर्थ है? जिस बात को आर्थिक कारक सूचित करते हैं वह है किसी एक का किसी दूसरे के व्यय पर लाभान्वित होना तथा उस लाभ को अधिकतम किया जाना। राजनीतिक कारक भ्रष्ट व्यवहारों का आंतरिककरण करने का प्रयास करते हैं ताकि अधिकार अथवा निर्णय के अधिकार को हासिल किया जा सके अथवा अपने पास कायम रखा जा सके। इन सबमें प्राथमिक तौर पर चिंता साधनों के बजाए ''परिणाम'' के साथ जुड़ी होती है। वास्तव में, इस प्राथमिक चिंता के रहते हुए कि किसी भी लागत पर परिणाम प्राप्त करना है, चाहे इसमें जो कुछ भी लग जाए, प्रायः इसे साधनों अथवा विधियों के सम्बन्ध में किसी प्रकार की चिंता नहीं रहती।

इन सुविधाप्रदायक अथवा योगदानकर्ता कारकों एवं संपर्कों पर ध्यान दिए बिना दीर्घकाल में भ्रष्टाचार को जड़ से नहीं समाप्त किया जा सकता। यह इस तथ्य को यह तर्क देने के लिए संदर्भित नहीं किया जा रहा है कि भ्रष्टाचार को सामाजिक–आर्थिक एवं राजनीतिक व्यवस्थाओं के साथ जुड़ी व्यापक प्रवृत्ति को सुधारे बिना सम्बोधित नहीं किया जा सकता। अपितु, इसका उल्लेख इसलिए किया गया है ताकि सार्वजनिक सेवाओं में भ्रष्टाचार को रोकने वाले प्रयास ध्यानकेन्द्रित हों तथा इस प्रकार से एक प्राथमिकता के आधार पर किए गए हों जिससे साधारण नागरिक को सार्वजनिक सेवा प्राप्त करने में कोई हानि न होने पाए।

भ्रष्टाचार का आकलन करने में जिस धारणा–आधारित दृष्टिकोण का उपयोग करने की हमारी प्रवृत्ति होती है, उसके भ्रामक होने का यह एक अन्य कारण है। उदाहरण के लिए, भ्रष्टाचार के सम्बन्ध में सार्वजनिक बहस मात्र बयानबाजी तक ही सीमित हैं जो जनता के बड़े वर्गों की स्वास्थ्य, शिक्षा, पेयजल, एवं ऐसी ही अन्य आधारभूत आवश्यकताओं के संदर्भ में कार्यवाही के लिए वास्तविक चिंता की तुलना में कहीं अधिक होती हैं। उदाहरण के लिए, एक तुलनात्मक संदर्भ में भ्रष्टाचार की वार्ता को किसी लोकसभा अथवा विधानसभाओं के चुनावों के समय पर किए जाने तक ही सीमित नहीं होना चाहिए। यदि ऐसी बहस का उद्देश्य सभी को स्वास्थ्य एवं शिक्षा उपलब्ध करवाए जाने, तथा प्रभावी तौर पर नागरिकों को इन्हें उपलब्ध करवाया जाने का है, तो समाधानों को और अधिक टिकाऊ तथा समयबद्ध होना होगा। ऐसे किसी भी दृष्टिकोण के एक परिणाम के रूप में चिंता जमीनी स्तर पर किए जा रहे कार्यों एवं वास्तविक अनुभवों के साथ जुड़ने के बजाए धारणाओं के साथ अधिक जुड़ जाती है।

निवारण प्रावधान

भ्रष्टाचार नैतिकताओं एवं मूल्यों की विफलता का एक ऐसा महत्वपूर्ण प्रकटीकरण है जिसके साथ सिविल सोसाइटी, राजनीतिक दलों, शिक्षा प्रणाली, तथा प्रत्येक अन्य संगठित संस्था को सम्बन्धित होना चाहिए। भ्रष्टाचार से संघर्ष मात्र कानूनों एवं सरकार के द्वारा नहीं किया जा सकता। भ्रष्टाचार पर देश का प्राथमिक कानून है भ्रष्टाचार निवारण अधिनियम, 1988, जो ऐसे विभिन्न उदाहरणों को क्रमबद्ध करता है जो इसकी धारा 7 के अधीन अपराध का गठन करते हैं, जैसे–किसी लोकसेवक के द्वारा किसी सरकारी कार्य के सम्बन्ध में वैध पारश्रमिक के अलावा रिश्वत को स्वीकार किया जाना।

भ्रष्टाचार निवारण अधिनियम, 1988 के अस्तित्व में आने के बाद से स्थिति में किस सीमा तक सुधार आ सका है? भारतीय दंड संहिता (आईपीसी) की धारा 161 से 165 तथा पहले सन् 1947 के भ्रष्टाचार निवारण अधिनियम में दिए गए कानूनी प्रावधानों के विफल रहने का अनुभव किए जाने के बाद ही यह अधिनियम अस्तित्व में आया था।

अधिनियम के पारित हो जाने के बाद भ्रष्ट लोगों को अभियोजित तो किया जा सका था (अधिनियम की धारा 19 के अधीन), परंतु रोकथाम उससे कहीं अधिक महत्वपूर्ण है। संयुक्त राष्ट्रसंघ सम्मेलन (1996) का एक संपूर्ण अध्याय, विशेषतौर पर सार्वजनिक सेवाओं के सम्बन्ध में, रोकथाम के प्रति समर्पित है। संयुक्त राष्ट्रसंघ सम्मेलन विभिन्न देशों से सिविल सोसाइटी के सभी वर्गों की

संलिप्तता को सक्रिय रूप से बढ़ावा दिए जाने तथा भ्रष्टाचार की रोकथाम के उद्देश्य वाले प्रभावकारी व्यवहारों को प्रोत्साहित किए जाने का आह्वाहन करता है। इसके द्वारा सरकारी पदाधिकारियों के लिए कतिपय वांछनीय व्यवहारों को विनिर्दिष्ट किया गया है। हालांकि, देश में संयुक्त राष्ट्रसंघ के द्वारा सुझाए गए ऐसे किसी भी प्रावधान के प्रति जागरूकता का कोई भी साक्ष्य उपलब्ध नहीं है। देश में, नौकरशाही अथवा राजनीतिक पदानुक्रम में कोई भी ऐसा नहीं है जो हाल ही के वर्षों में ऐसे उपायों के साथ सामने आया हो।

बी.पी. माथुर, जो भारत के भूतपूर्व उप–नियंत्रक एवं महालेखापरीक्षक तथा राष्ट्रीय वित्तीय प्रबंधन संस्थान के भूतपूर्व निदेशक रह चुके हैं, ने जनवरी 2010 में एक साझा उद्देश्य सम्मेलन में पाया था कि सरकारी पदाधिकारियों के आचारसंहिता सम्बन्धी नियमों का अनुसरण व्यवहार में लाए जाने के स्थान पर उनका उल्लंघन किए जाने में तथा ईमानदार एवं समर्पित अधिकारियों को परेशान करने के लिए सरकार को एक हथियार प्रदान करने हेतु अधिक किया जाता है, जबकि अनुशासनात्मक कार्यवाही किए जाने में संलिप्त जटिल प्रक्रियाओं के कारण बेईमान एवं भ्रष्ट अधिकारी बच जाते हैं। माथुर एवं विट्ठल दोनों ने ही इस परिदृश्य का सार प्रस्तुत किया है। इस जटिल प्रवृत्ति को ठीक किए जाने में कितना कुछ लगता है? क्या भ्रष्टाचार को नियंत्रित करने की प्रक्रिया आरंभ करने के पहले इसे दुरुस्त किए जाने की प्रतीक्षा करनी चाहिए?

''शासन में नैतिकता'' शीर्षक से अपनी रिपोर्ट में द्वितीय प्रशासनिक सुधार आयोग (2007)[2] ने सार्वजनिक सेवाओं में भ्रष्टाचार के सम्बन्ध में विस्तार से चर्चा की है तथा भ्रष्टाचार निवारण अधिनियम के प्रावधानों को और कठोर बनाए जाने सहित व्यापक सिफारिशें प्रस्तुत की हैं, जैसे अवैध रूप से अर्जित संपत्ति को जब्त किया जाना तथा त्वरित विचारण आदि। ये सिफारिशें अभी भी विशिष्ट रूप से अपनाए जाने की प्रतीक्षा कर रहीं हैं। सेवारत् पदाधिकारियों तथा उन नागरिकों, जिनके द्वारा सेवाएं प्राप्त किए जाने की संभावनाएं हैं, को भी निवारक उपायों का ज्ञान होना चाहिए। सूचना के अधिकार अधिनियम के अधिनियमित हो जाने के बाद से दिसम्बर 2011 तक लगभग 20 ''ध्यानाकर्षकों'' अर्थात् सूचना के अधिकार कार्यकर्ताओं की हत्याएं की जा चुकी हैं। वे भ्रष्टाचार अथवा सार्वजनिक सेवाओं/सरकारी पदाधिकारियों को संलिप्त करने वाले हितों के टकराव को उजागर करने का प्रयत्न कर रहे थे। इन घटनाओं की व्यापक आधार पर निंदा की गई तथा समाचार मीडिया में रिपोर्ट भी किया गया था। ऐसे लोगों, जो सार्वजनिक सेवाओं में तेजी से बढ़ते हुए भ्रष्टाचार को नियंत्रित करने के लिए खतरे के अधीन हैं अथवा जिन्होंने किसी न किसी प्रकार के खतरों का अनुभव किया है, की संख्या निश्चित रूप से कहीं बड़ी होनी चाहिए। संसद के द्वारा ध्यानाकर्षक संरक्षण पर विधेयक को अधिनियमित किया जाना

अपने आप में कोई अंतर लाने वाला नहीं है। इस सम्बन्ध में कार्यरत् सिविल सोसाइटी समूहों को कहीं अधिक सतर्क एवं अग्रसक्रिय रहना चाहिए।

निजीकरण

देश में अनेकों सदेच्छायुक्त नेताओं ने इस बात को स्वीकार किया और वकालत की कि सार्वजनिक सेवाओं का ''निजीकरण'' भ्रष्टाचारमुक्त सार्वजनिक सेवाओं की ओर ले जाएगा। उदारीकरण का आशय भ्रष्टाचार के लिए अवसरों में वृद्धि नहीं होना चाहिए। साथ ही सिविल सोसाइटी की एक अथवा किसी अन्य तरीके से भागीदारी के बिना किया गया निजीकरण किसी भी नागरिक के लिए भ्रष्टाचारमुक्त सेवा को सुनिश्चित नहीं कर सकेगा। पारदर्शिता एवं घोषणाओं सम्बन्धी दायित्व, किसी भी विनियामक के सेवा मानकों, प्रदर्शन, मूल्यांकन, तथा जनसहभागिता आदि के द्वारा निजीकरण के लाभों को सुनिश्चित किए जाने की अधिक संभावनाएं हैं। साथ ही, निजीकरण की प्रभावकारिता को पाँच वर्षों से भी अधिक समय के एक दीर्घकालीन परिप्रेक्ष्य में देखे जाने की आवश्यकता है। प्रारंभिक तौर पर, अल्पकाल में, विस्तार, उपयोगकर्ता प्रत्युत्तर, तथा यहाँ तक कि सेवा की तत्परता के मामलों में उनके पहले से बेहतर होने की संभावना है। टेलीफोन सेवा ऐसी ही एक अन्य सेवा है जिसमें निजीकरण एवं प्रतिस्पर्धा ने कहीं प्रभावकारी परिणामों को प्रस्तुत किया है, जिसमें दरों तथा नई तकनीकों के लाभों का लाया जाना भी शामिल है।

मुम्बई में कई वर्षों से विद्युत वितरण सभी मामलों में काफी बेहतर रहा है, जिसमें पारिवारिक उपयोगकर्ता पर आने वाली लागत भी शामिल है। यहाँ तक कि दिल्ली, जहाँ मात्र कुछ ही वर्षों पूर्व वितरण का निजीकरण किया गया था, में भी अनुभव पहले की अपेक्षा बेहतर रहा है। एक प्रदर्शनयोग्य परिणाम के साथ विद्युत आपूर्ति एवं टेलीफोन रूपांतरण (सरकारी से निजी) से होकर गुजर चुके हैं। हालांकि स्वास्थ एवं शिक्षा सम्बन्धी सेवाओं के मामले में ऐसा नहीं कहा जा सकता।

सार्वजनिक नीतियाँ अथवा लोकरंजक नीतियाँ?

केन्द्र तथा राज्यों दोनों के स्तरों पर सरकारों के द्वारा सामाजिक क्षेत्र के लिए किया जाने वाला आवंटन एवं व्यय वर्ष–प्रतिवर्ष बढ़ता ही रहा है। विगत एक दशक के दौरान इसमें बजट के लगभग 12 प्रतिशत से लगभग 20 प्रतिशत

तक वृद्धि हो चुकी है। यह अच्छी बात है क्योंकि इसके अधिकांश भाग से ऐसे लोगों की सहायता किए जाने की मंशा है जो गरीब हैं तथा उन्हें गरीबी से बाहर निकाला जाना है। हालांकि, इस प्रक्रिया में, समस्त जरूरतमंदों एवं पात्र व्यक्तियों/परिवारों के समावेशन को सुनिश्चित किए जाने की आवश्यकता है। परंतु चुनावी राजनीति के कारण सेवा की सुपुर्दगी में विवेकाधीन युक्तियाँ और अधिक स्पष्ट होती जा रही हैं, बावजूद उस बात के जो योजना आयोग इस सम्बन्ध में अपनी प्रत्येक योजना के बाद कहता रहा है।

सार्वजनिक नीतियाँ अधिकाधिक लोकरंजक बन चुकी हैं। सार्वजनिक नीतियों की घोषणाओं की मंशा मतदाता मोर्चे पर मतदाताओं का समर्थन जीतने की अधिक होती है बजाए इसके कि नागरिकों को भ्रष्टाचार के सामने घुटने टेके बिना सेवाओं की सुपुर्दगी सुनिश्चित की जाए। इन योजनाओं का उपयोग प्रलोभन के रूप में किया जा रहा है। पहले के वर्षों में, सामाजिक क्षेत्र में व्यय न किए गए आवंटनों की सीमा कुछ सेवा सम्बन्धी विभागों की शर्मिन्दगी की सीमा तक महत्वपूर्ण होती थी। अब, आवंटन के बाद उत्कंठा यथासंभव व्यय करने (अथवा उससे वंचित करने) की होती है। इस प्रक्रिया में, भ्रष्टाचार में वृद्धि हो चुकी है, विशेषतौर पर सामाजिक क्षेत्र के कार्यक्रमों के अधीन कुछ सार्वजनिक सेवाओं में।

समाचारपत्रों की रिपोर्टों के रूप में ऐसे अनेकों उदाहरण मौजूद हैं जिनमें राजनीतिक नेताओं ने चुनावों में समर्थन न दिए जाने पर किसी सार्वजनिक सेवा को समाप्त कर दिए जाने की धमकियाँ दी हैं। ऐसा मात्र कल्याणकारी योजनाओं जैसे वृद्धावस्था पेंशन अथवा छात्रों की छात्रवृत्ति के मामलों में ही नहीं था, बल्कि बीपीएल परिवारों को आवासीय भूखंडों/घरों तथा किसानों की ऋणवापसी के मामलों में भी था। स्वाभाविक रूप से ऐसी कोई भी प्रवृत्ति सम्बन्धित सेवाओं में भ्रष्टाचार सम्बन्धी धारणाओं में वृद्धि करने के साथ–साथ घूस की उस राशि में भी वृद्धि करती है जो उन विशिष्ट सार्वजनिक सेवाओं को प्राप्त करने के लिए दी जानी होती है।

भ्रष्टाचार में सहायक कारक

बीपीएल आँकड़ों का अलग–अलग अनुमान

भारत के विभिन्न राज्यों में ''गरीबी रेखा के नीचे'' वाले कुल परिवारों का प्रतिशत क्या है? चूंकि संसाधनों का आवंटन एवं हिसाब–किताब तथा कार्यक्रयों का निर्धारण बीपीएल की संख्या के आधार पर किया जाता है, अतः यह महत्वपूर्ण

सारणी 4.1
एक से दूसरे अनुमान में गरीबों के प्रतिशत में अंतर–राष्ट्रीय आधार पर (2009–10)

योजना आयोग	27.5
सुरेश तेंदुलकर समिति	37.5
एन.सी. सक्सेना समिति	50.0
राज्य सरकारों के अनुमान	45.0
अर्जुन सेनगुप्ता समिति	77.0
न्यायमूर्ति वाधवा समिति	36.0

है कि अनुमानों में स्पष्टता हो। किसी भी नियत समय पर एक से अधिक अनुमानों का उपयोग किया जा रहा है। वास्तव में, सन् 2008 तथा 2010 के बीच तीन से भी अधिक अनुमानों का उपयोग किया जा रहा था तथा कुछ राज्यों, जैसे तमिलनाडु एवं आंध्र प्रदेश अपने स्वयं के अनुमानों का उपयोग कर रहे थे (सारणी 4.1)। आगे, अनुमानन के आधार के सम्बन्ध में परिचर्चा एवं बहस सदैव ही जारी रही है। यह विचार करते हुए कि देश सभी क्षेत्रों में तीव्र गति वाले परिवर्तनों से होकर गुजर रहा है, तथा उपभोग के प्रतिमानों तथा प्राथमिकताओं के सम्बन्ध में लोगों की जीवनशैली तेजी से परिवर्तित हो रही है, बीपीएल के आँकड़ों के अनुमानों का भी परिवर्तित होना अनिवार्य है। अतः, अनुमानन की विधि भी भिन्न हो सकती है। उदाहरणार्थ, सन् 2009–10 में बहस इस बात पर थी कि कैलोरी के आधार पर भोजन के उपभोग के अलावा स्वास्थ्य एवं शिक्षा सेवाओं तक पहुँच एवं उनकी उपलब्धता को भी गरीबी स्तर के निर्धारण में शामिल किया जाना चाहिए। यहाँ तक कि भारत के सर्वोच्च न्यायालय ने (19 तथा 20 अक्टूबर, 2010) भी बीपीएल परिवारों के अनुमान लगाए जाने में अनुसरण किए जाने वाले मानदंडों तथा विधियों पर प्रश्न खड़े कर दिए थे।

सैद्धांतिक रूप से कोई भी यह आशा कर सकता है कि ऐसे लोग जो अपने उत्पादकता कौशल को बेहतर बना लेने के कारण बीपीएल की उच्चतम सीमा से बाहर निकल जाते हैं, वर्तमान फार्मूले के अनुसार सब्सिडीयुक्त सार्वजनिक सेवा प्राप्त करने के अधिकारी नहीं रह जाते। परंतु क्या हमारे पास किसी भी राज्य के संदर्भ में इस प्रकार के आँकड़े उपलब्ध हैं? उदाहरणार्थ, किसी भी विकासशील अर्थव्यवस्था में कोई भी परिवार सदैव ही बीपीएल नहीं बना रहता! यदि हम ऐसी प्रवृत्ति को नहीं दर्शा पाते तो इसका तात्पर्य होता है गरीबी विरोधी कार्यक्रमों की विफलता। जो कुछ भी अनुभव नहीं किया गया है वह यह है कि यह बहस तथा गरीबी स्तरों के अनुमानों

सारणी 4.2
परिवारों की कुल संख्या में बीपीएल परिवारों का प्रतिशत

तमिलनाडु	142
आंध्र प्रदेश	120
कर्नाटक	82
ओडिशा	73
मध्य प्रदेश	64
झारखंड	54
बिहार	54

स्रोतः खाद्यान्न विभाग, *वार्षिक रिपोर्ट*, मार्च, 2009।

में भिन्नताएं भ्रष्टाचार के प्रति एक योगदायी कारक रही हैं, विशेषतौर पर व्यापक एवं सूक्ष्म स्तरों पर केन्द्र समर्थित राष्ट्रीय कार्यक्रमों जैसे सार्वजनिक वितरण प्रणाली, आवासन, नरेगा रोजगार इत्यादि के मामलों में। कुछ राज्य सरकारें इन आधारों पर बीपीएल कार्डों को लगातार बदल पाने में सफल रहीं हैं कि सेवाओं को प्राथमिकता पर सब्सिडीयुक्त कीमतों पर प्राप्त करने के लिए कुछ परिवार नए–नए पात्र अथवा अपात्र हुए हैं अथवा यह कि अनेकों परिवारों के पास एक से अधिक कार्ड मौजूद हैं। कुछ राज्यों, जैसे तमिलनाडु तथा आंध्र प्रदेश में तथाकथित बीपीएल कार्डों का उपयोग करते हुए गरीबों के लिए आरक्षित लाभों (जैसे सब्सिडीयुक्त खाद्यान्न) का दावा करने वाले लोगों की संख्या राज्य में मौजूद कुल परिवारों से भी अधिक हो गई (सारणी 4.2), तथा सम्बन्धित सरकारी एजेन्सियाँ इस तथ्य से भली–भांति अवगत थीं।

केन्द्रीय खाद्य मंत्रालय के पास उपलब्ध आँकड़ों[3] के अनुसार, 10 राज्यों में, प्रत्येक दो में से एक परिवार के पास एक बीपीएल कार्ड उपलब्ध है, जिसमें वे परिवार भी शामिल हैं जो गरीबों में से सर्वाधिक गरीब के लिए जारी विभिन्न कार्यक्रमों, जैसे अन्त्योदय अन्न योजना (तमिलनाडु में) तथा ऐसी ही अन्य योजनाओं में भी शामिल हैं। जैसा कि अन्य लक्षित कार्यक्रमों के मामले में है, सार्वजनिक वितरण प्रणाली के लिए मौजूदा आधार भी कतिपय परिवारों के निष्कासन तथा समावेशन दोनों ही मामलों में त्रुटियों से भरा हुआ है। सीएमएस अध्ययनों (2004–07) के अनुसार, जहाँ ग्रामीण आंध्र प्रदेश में समावेशन के कारण होने वाली त्रुटियाँ 22 प्रतिशत तक थीं वहीं ग्रामीण महाराष्ट्र में ये 11 प्रतिशत थीं, साथ ही निष्कासन के संदर्भ में ग्रामीण आंध्र प्रदेश में ये 20 प्रतिशत तथा ग्रामीण महाराष्ट्र में लगभग 50 प्रतिशत थीं। और फिर, निश्चित रूप से बीपीएल सीमा से ऊपर के परिवारों तथा यहाँ तक कि जिन लोगों का कोई अस्तित्व ही न हो (स्थानीय तौर पर), के नाम पर भी जाली कार्डों को प्राप्त

किए जाने का कार्य व्यापक आधार पर जारी है। जो लोग पात्र हैं तथा जिनका नाम आँकड़ों में मौजूद है परंतु जिन्हें राशन कार्ड नहीं प्राप्त हुआ है, का प्रतिशत भी अनुमानन में त्रुटियों की ओर ही ले जाता है। यह सब इसलिए है क्योंकि ये आँकड़े समय–समय पर केन्द्र से और अधिक अथवा अतिरिक्त खाद्यान्न आवंटन के लिए की जाने वाली माँगों के विभिन्न अनुमानों के अनुकूल होते हैं, अतः अधिकारी इन आँकड़ों को उचित ठहराते हुए बच सकते हैं। इसके बाद इस प्रक्रिया में पात्र लोगों को वंचित करते हुए तथा सार्वजनिक वितरण प्रणाली एवं अन्य सेवाओं में भ्रष्टाचार में वृद्धि करते हुए इन आबंटित सामग्रियों को खुले बाजार में उतार दिया जाता है।

प्रत्येक ऐसे समय पर, जब समावेशन/निष्कासन के मानदंडों में कोई परिवर्तन लागू किया जाता है, गरीबों का अनुमान अलग होता है तथा उसी आधार पर पात्रता कार्ड दिए अथवा वापस लिए (अथवा छाँट कर कम किए) जाते हैं; बीपीएल श्रेणी में समावेशन अथवा निष्कासन की प्रक्रिया में सूक्ष्म तथा व्यापक स्तरों पर भ्रष्टाचार संलिप्त होता है। कुछ सार्वजनिक सेवाओं के माँग–आपूर्ति सम्बन्धी पहलुओं का निर्धारण कतिपय श्रेणियों के परिवारों के अनुमान के द्वारा किया जाता है। पात्रता के लिए गरीबी ऐसा ही एक मानदंड (आर्थिक) है। दूसरा है "अल्पसंख्यक स्थिति" अथवा जाति अथवा समुदाय सम्बन्धी मूल्यों के आधार पर "आरक्षण" अथवा प्राथमिकता, जो ऐसी जनसंख्या के लिए होती है जिनकी संख्या के सम्बन्ध में संदिग्धता होती है तथा कोई स्पष्टता अथवा पारदर्शी हिसाब–किताब नहीं होता क्योंकि आधिकारिक तौर पर उनकी संख्या को न तो राष्ट्रीय प्रतिदर्श सर्वेक्षण संगठन (एनएसएसओ) और न ही जनगणना में शामिल किया गया होता है। कतिपय वर्गों को समावेशित अथवा निष्कासित किए जाने के द्वारा बारबार किया जाने वाला परिवर्तन सरकार की कुछ सार्वजनिक सेवाओं की सुपुर्दगी में भ्रष्टाचार के सीमा–विस्तार में योगदान करने वाला एक कारक होता है। किसी भी सेवा को प्राप्त किए जाने में जनसंख्या के किसी विशिष्ट संवेदनशील वर्ग के द्वारा सार्वजनिक कार्यालय में लगाए जाने वाले चक्करों की संख्या, जैसा कि सार्वजनिक वितरण प्रणाली अथवा आवासन के मामलों में होता है, ऐसी संदिग्धताओं तथा शर्तों, औपचारिकताओं, एवं पात्रता की परिभाषाओं में बारबार किए जाने वाले परिवर्तनों पर निर्भर करती है।

कतिपय सेवाओं अथवा सब्सिडियों हेतु पात्रता के सम्बन्ध में लिए जाने वाले ऐसे निर्णयों में किसी स्थानीय समुदाय अथवा *पंचायत* को संलिप्त किए जाने का विचार एक पूर्ववर्ती शर्त होनी चाहिए, तथा इसी प्रकार से पात्रता सम्बन्धी मानदंडों पर ऐसे नीतिगत निर्णयों में पारदर्शिता भी होनी चाहिए। हालांकि, वर्तमान समय में ऐसा नहीं है।

सरकार को एक निश्चित अवधि के लिए बीपीएल परिवारों के किसी विशिष्ट अनुमान को स्थिर बना देना चाहिए। यह अवधि न्यूनतम पाँच वर्षों की होनी चाहिए तथा योजना अवधि के साथ समाप्त होने वाली होनी चाहिए। प्रत्येक बार जब किसी विधानसभा अथवा लोकसभा के चुनाव का समय हो, पात्रता सम्बन्धी मानदंडों में फेरबदल किया जाना राज्यों में व्याप्त ऐसी प्रवृत्ति है जो कुछ सार्वजनिक सेवाओं में भ्रष्टाचार को बढ़ावा देती है। कतिपय सेवाएं जैसे आवासन तथा सार्वजनिक वितरण प्रणाली, जो समवर्ती सूची पर रहती हैं, के सम्बन्ध में राज्यों को सेवा को परिभाषित एवं सुपुर्द किए जाने में अपने उत्तरदायित्व पूरा करने से रोका नहीं जा सकता। परंतु ऐसा कतिपय पारदर्शी मानदंडों के साथ किया जाना चाहिए, तथा चुनावी लाभ के लिए चुनावों के पूर्व किए गए राजनीतिक वादों पर आधारित नहीं होना चाहिए। यह योजना आयोग के उस परामर्श के बावजूद है जिसमें ऐसी सार्वजनिक नीतियों में प्रलोभन दिए जाने से बचने की बात कहीं गई है।

आधार अथवा यूनिक आइडेन्टिफिकेशन संख्या तथा सन् 2011 की "जाति आधारित जनगणना" के द्वारा कुछ अंतर लाए जाने की संभावना है। परंतु क्या यह भ्रष्टाचार को बढ़ाएगा अथवा कम करेगा यह देखे जाने की आवश्यकता है; संभवतः 2012 में ऐसा हो सकता है।

बीपीएल परिवारों की पहचान किए जाने के तरीकों तथा सार्वजनिक वितरण प्रणाली के माध्यम से खाद्यान्न सब्सिडियों एवं विभिन्न अन्य लक्षित योजनाओं के लिए अधिकारी बनाए जाने हेतु उन्हें कार्ड जारी किए जाने की प्रक्रिया का एक विश्लेषण इंगित करता है कि यह प्रक्रिया अपने आप में ही भ्रष्टाचार का एक स्रोत रही है। इसका उपयोग सत्ता प्राप्त करने के उद्देश्य से राजनीतिक लाभ के लिए मतदाताओं को लुभाने वाले एक उपकरण के रूप में किया जाता है। आंध्र प्रदेश का मामला यह दर्शाने हेतु एक उत्तम उदाहरण है कि किस प्रकार से बीपीएल कार्डों को इस सीमा तक जारी कर दिया गया था कि बीपीएल परिवारों का प्रतिशत राज्य में मौजूद कुल परिवारों के 100 प्रतिशत से भी अधिक हो गया था। हालांकि, चुनावों के तुरंत बाद अपात्र बीपीएल कार्डों को निरस्त कर दिया गया। कुछ राज्यों में बीपीएल कार्डों तथा सार्वजनिक वितरण प्रणाली के लिए पात्रों की संख्या में किए जाने वाले संशोधनों के अवसरों की संख्या प्रत्येक दो वर्षों में एक बार से अधिक की रही है। परंतु हर बार मीडिया के द्वारा यह रिपोर्ट किए जाने पर कि इन सेवाओं की माँग किए जाने का क्या अर्थ है, भ्रष्टाचार के सम्बन्ध में धारणाओं का नवीनीकरण हो जाता है, यहाँ तक कि तब भी (जैसा कि कुछ उदाहरणों में है) जब समस्या को दूर किए जाने में सरकार के द्वारा कार्यवाही की जा रही थी।

सामाजिक अंकेक्षण ऐसा एक अन्य शक्तिशाली उपकरण है जिसे पारदर्शिता तथा जवाबदेही के साथ–साथ सिविल सोसाइटी के बढ़े हुए प्रभाव के लिए प्रस्तुत किया जा रहा है। कुछ राज्यों में नरेगा के मामले में निश्चित रूप से इसने अपनी इस ताकत का प्रदर्शन भी कर दिया है। यह भ्रष्टाचार के प्रति एक निवारक रहा है, कम से कम कुछ स्थानों पर तथा कुछ सीमा तक इसे न्यूनतम किए जाने में। नियंत्रक एवं महालेखापरीक्षक (सीएजी) तथा ऐसी ही अन्य एजेन्सियों के द्वारा अनियमितताओं को स्पष्ट करने वाली रिपोर्टें कोई विशेष अंतर नहीं ला सकी हैं, न ही इनमें से कुछ सेवाओं में भ्रष्टाचार के मामले में समाचार मीडिया द्वारा की गई कवरेज ही कुछ कर सकी है। कुछ राज्य सरकारें सामाजिक अंकेक्षण को लेकर चिंताग्रस्त हैं और स्वतंत्र सामाजिक अंकेक्षण तथा सिविल सोसाइटी की संलिप्तता के विरुद्ध कांटे बो रहीं हैं, जैसा कि राजस्थान में हो रहा है।

एंटी करप्शन ब्यूरो

लोकायुक्त तथा एंटी करप्शन ब्यूरो (एसीबी) से आशा थी कि वे राज्यों में भ्रष्टाचार की गुंजाइशों में अंतर ला सकेंगे। ऐसा वे किस सीमा तक कर सके हैं? न्यायमूर्ति संतोष हेगडे ने कर्नाटक के लोकायुक्त के पद से त्यागपत्र देते हुए समाचारों की सुर्खियां तैयार कर दी थीं क्योंकि सरकार उनकी सिफारिशों को गंभीरता से नहीं ले रही थी और बहुत समझाने–बुझाने एवं वादों के बावजूद इन्हें वापस ले रही थी। *आउटलुक* को दिए गए अपने एक साक्षात्कार में न्यायमूर्ति हेगडे ने कहा था, "हर नई सरकार पिछली सरकार से अधिक भ्रष्ट रही है। एक नई सरकार, जो सत्ता में आती है, यह खोजती है कि पिछली सरकार में लोगों ने किस प्रकार से धन कमाया और व्यवस्था में सुधार किया।"[4] उनका मोह–भंग स्वाभाविक ही है।

कोई भी अंतर लाए जाने के लिए केन्द्रीय अन्वेषण ब्यूरो (सीबीआई), केन्द्रीय सतर्कता आयोग, तथा लोकायुक्त किसी भी स्तर पर भ्रष्टाचार से संघर्ष किए जाने के लिए न तो अधिकारसंपन्न हैं और न ही साधनसंपन्न। फिर, निश्चित रूप से उनकी स्वतंत्रता तथा जाँच के अधिकार का प्रश्न खड़ा हो जाता है। केन्द्र सरकार के द्वारा जनवरी 2011 में प्रस्तावित लोकपाल विधेयक में किसी भी महत्वपूर्ण अंतर लाए जा सकने योग्य उपायों का अभाव पाया गया था, तथा भ्रष्टाचार से निपटे जाने में अन्य देशों के अनुभवों से सीखते हुए अनेकों सिविल सोसाइटी समूहों ने एक वैकल्पिक विधेयक सुझाया था।

अपराधियों को पकड़ने तथा उन्हें न्याय तक लाए जाने के लिए एसीबी राज्य सरकारों का एक तंत्र है। और यही कारण है कि अधिकांश आरोपी बेदाग बच जाते हैं; यहाँ तक कि टेलीविजन पर जीवंत रूप से पकड़े जाने को प्रदर्शित किए जाने के बावजूद भी बहुत कुछ नहीं हो पा रहा है। और कानूनी तौर पर ऐसी संपत्तियों का जब्तीकरण सरल नहीं है। चूंकि एसीबी के द्वारा निपटाए जाने वाले अधिकांश मामले नागरिकों के द्वारा किसी सार्वजनिक सेवा को प्राप्त किए जाने की प्रक्रिया से सम्बन्धित होते हैं, अतः हमें यह जानने की आवश्यकता है कि क्या इनसे कोई अंतर आ सका है अथवा नहीं। एसीबी, आंध्र प्रदेश के प्रकाशित आँकड़ों का एक विश्लेषण समाचार मीडिया के द्वारा भ्रष्टाचार अथवा सूचना के अधिकार अधिनियम के क्रियान्वयन की बढ़ी हुई कवरेज के किसी भी प्रभाव को इंगित नहीं करता (सारणी 4.3)।

जो लोग भी एसीबी के द्वारा पकड़े जाते हैं वे अधिकांशतः "निचले दर्जे के कर्मचारी" होते हैं। उनमें से अधिकांश की न तो निर्णयन और न ही कार्यकारी कार्यों में कोई भूमिका होती है। परिणामस्वरूप, ऐसे उदाहरण किसी भी निवारक को स्थापित नहीं कर पा रहे हैं। राष्ट्रीय अथवा प्रांतीय सेवाओं, जैसे कि भारतीय प्रशासनिक सेवा (आईएएस), भारतीय पुलिस सेवा (आईपीएस) इत्यादि से सम्बन्ध रखने वाले किसी भी वरिष्ठ पदाधिकारी की संलिप्तता वाले मामलों की संख्या व्यापक जनमानस में अंतर ला सकने के लिए बहुत ही अपर्याप्त हैं। यद्यपि आंध्र प्रदेश में सन् 2007–10 के दौरान मुश्किल से दो या तीन ऐसे

सारणी 4.3
"अधिकारियों" पर एसीबी के छापेः ऐसे मामलों की स्थिति–आंध्र प्रदेश

स्थिति	*2007*	*2008*	*2009*
पकड़े गए मामले	166	234	238
गैरअनुपातिक संपत्ति के साथ मामले (आय से अधिक)	78	89	73
सरकारी अधिकारों का दुरुपयोग	4	7	11
पदाधिकारियों के घरों पर छापे	81	75	59
एसीबी द्वारा पूर्ण की गई जाँचें	256	381	418
आरोप पत्र प्रस्तुत	207	132	193
दंडित	156	118	90
दंडितों का प्रतिशत	62.5	69.0	60.8
हटाए गए पदाधिकारी	144	95	52
विभागीय दंड	258	263	249
गैर–राजपत्रित अधिकारी	552	463	283

स्रोतः *ईनाडु*, मुख पृष्ठ, मई 2010।

पदाधिकारियों का पर्दाफाश किया गया था जिन्हें समाचार मीडिया में व्यापक, विस्तृत तथा लंबी अवधि तक कवरेज प्रदान की गई। परंतु इस कार्यवाही ने भी भ्रष्टाचार के विरुद्ध किसी संदेश को भेजे जाने में सहायता नहीं प्रदान की थी, संभवतः इसलिए क्योंकि इन दो या तीन उदाहरणों के मामले में जिसको वास्तव में (यद्यपि अस्थाई तौर पर) दंडित भी किया गया उसकी संख्या एक वर्ष में मात्र एक की थी। इन सबके ऊपर, आंध्र प्रदेश की सरकार ने 83 नगर आयुक्तों को उनके विरुद्ध अनेकों शिकायतों की जाँच के दायरे से बाहर कर दिया। ऐसा किसी भी स्तर पर कहीं पर भी बिना किसी चर्चा अथवा स्पष्टीकरण रातो–रात किया गया (नवम्बर 2010)।

यहाँ तक कि नई दिल्ली के राजधानी शहर में भी ऐसे पुलिस तथा नगरपालिका अधिकारियों, जिनके विरुद्ध भ्रष्टाचार के मामले दर्ज किए गए थे, की संख्या गत तीन वर्षों (2007–10) के दौरान बढ़ चुकी है। कुल मिलाकर मारे गए 87 छापों में से एसीबी ने 57 ऐसे अधिकारियों के विरुद्ध मामले दर्ज किए जो सभी दोनों सेवाओं में वरिष्ठ पदाधिकारी थे। इन बातों का अनुमान कोई भी लगा सकता है कि इन मामलों में कानूनी प्रक्रिया में कितना लंबा समय लगेगा, भ्रष्ट लोगों को कब दंडित किया जाएगा और इसका परिणाम क्या होगा। इसी दौरान, समाचार मीडिया इन मामलों के सम्बन्ध में रिपोर्टों को प्रसारित करना जारी रखता है, जो, इस प्रक्रिया में, सेवाओं में भ्रष्टाचार के सम्बन्ध में धारणाओं को बनाए रखने का कार्य करती हैं। एसीबी के द्वारा जारी एक प्रेस विज्ञप्ति[5] के अनुसार सन् 2009 में पुलिस तथा दिल्ली नगर पालिका (एमसीडी) के अधिकारियों के विरुद्ध 122 मामले पंजीकृत किए गए थे जो गत वर्ष कर्मचारियों के विरुद्ध 80 मामलों की तुलना में अधिक थे।

ऐसा कोई उदाहरण मुश्किल से ही प्राप्त होता है जहाँ अपने पद का दुरुपयोग किए जाने अथवा घूस लिए जाने के द्वारा अर्जित की गई संपत्ति को जब्त किया गया हो। संभवतः ऐसा इसलिए है क्योंकि ऐसी संपत्ति के अधिग्रहण को एक दंडनीय अपराध नहीं बनाया गया है। संपत्ति को जब्त किए जाने का प्रावधान करने वाले 25 वर्षों पुराने बेनामी लेनदेन (निषेध) अधिनियम, 1988 के बावजूद इसकी ताकत का प्रदर्शन किया जाना अभी शेष है। देश के कानून, जिन्हें लोकतांत्रिक तरीके से अपनाया गया है, भ्रष्ट लोगों के साथ कठोरता से निपटने तथा भ्रष्टाचार को नियंत्रित करने के लिए पूरी तरह से उपयोग में नहीं लाए जा रहे हैं। विचार कीजिए कि दूसरी ओर, राजनीतिक व्यवस्था में अंतर के बावजूद, चीन इसी प्रकार के मामलों से किस प्रकार निपटता है। सन् 2010 में चीन ने यह अनुभव किए जाने के बाद अपने भ्रष्टाचार विरोधी कानूनों को और कठोर बना दिया कि उनके द्वारा भ्रष्टाचार को रोकने में कोई विशेष सफलता नहीं प्राप्त की जा रही थी। चीनी शासकों ने देखा कि "भ्रष्टाचार

सरकारी की वैधता के प्रति सबसे बड़ा खतरा है,''[6] और इसीलिए इसे समाप्त किए जाने की आवश्यकता है। यह अनुभव करते हुए कि विगत पाँच वर्षों में आर्थिक सुधारों को लागू किए जाने के बाद से भ्रष्टाचार में विस्तार हुआ है, चीनी सरकार ने जून 2009 से कठोर विधियों को अपना लिया है; मात्र एक वर्ष में इसने 5,800 लोकसेवकों को घूस लेने के लिए दंडित किया है।

नई शताब्दी, नए अवसर

शिक्षाः भारत की स्वतंत्रता के प्रारंभिक वर्षों के दौरान दिए जाने वाले तर्कों में से एक यह था कि शिक्षा अनेकों बुराइयों, जैसे भ्रष्टाचार तथा नागरिकों की निष्क्रियता के लिए रामबाण औषधि है। परंतु आज, 63 वर्षों बाद, शिक्षा का स्तर दोगुना हो जाने, तथा कम से कम एक साक्षर व्यक्ति रहित परिवारों के विलुप्त हो जाने के बावजूद भी इस बात के कोई संकेत उपलब्ध नहीं हैं कि भ्रष्टाचार नीचे गया है अथवा उसमें कमी आ रही है। इसके विपरीत, भ्रष्टाचार का और विस्तार हुआ है तथा कतिपय सार्वजनिक सुविधाओं तथा सेवाओं में यह और अधिक सुदृढ़ हो चुका है और इसे अब सार्वजनिक जीवन एवं जीवनशैली का एक भाग माना जाने लगा है। इस प्रक्रिया में, यह प्रदर्शित करने हेतु साक्ष्य उपलब्ध हैं कि शिक्षित नागरिक भ्रष्टाचार के विरुद्ध हैं, भ्रष्टाचार में लिप्त नहीं होते, औपचारिक रूप से निवारण प्राप्त करने का प्रयास कर रहे हैं, अथवा अग्रसक्रिय रूप से प्रतिक्रिया दे रहे हैं।

कुल मिलाकर, कोई भी इस तथ्य से इन्कार नहीं कर सकता कि देश आज आर्थिक रूप से बेहतर है और नागरिकों के पास करने के लिए काम, आमदनी तथा संपदा अर्जित करने हेतु कहीं अधिक अवसर उपलब्ध हैं। हालांकि, इसी के साथ–साथ, कोई भी इस बात के प्रति सुनिश्चित नहीं हो सकता कि विगत छह दशकों के दौरान हमारे द्वारा कल्याणकारी योजनाओं के साथ अनेकों प्रयोग किए जाने के बावजूद भी असमानताओं में समानुपातिक रूप से कमी आ चुकी है। ये आर्थिक नीतियाँ एवं कल्याणकारी कार्यक्रम किस प्रकार से देश में भ्रष्टाचार को आत्मसात किए जाने में एक योगदायी कारक रहे हैं? बहुत लोगों सहमत होने का रुख रखते हैं। और इसी तथ्य की वकालत गुरुचरण दास भी करते रहे हैं—नागरिकों की प्रसन्नता के लिए मात्र संपन्नता की तुलना में सुशासन कहीं अधिक महत्वपूर्ण होता है।[7]

समाचार मीडियाः समाचार मीडिया, नया तथा पुराना, विशेषतौर पर गत एक दशक के दौरान और अधिक व्यापक हो गया है तथा देश के कोने–कोने में फैल चुका है। मैं उन लोगों में से एक था जो सदैव ही यह विश्वास और

वकालत करते थे कि समाचार मीडिया की ताकत ऐसी है आधारभूत समस्याओं के सन्दर्भ में यह मात्र एक दशक में वो काम कर सकता है जो सरकारें छह दशकों में भी पूरा नहीं कर सकी हैं। परंतु, भ्रष्टाचार के विरुद्ध लोगों को अभिप्रेरित एवं सक्रिय किए जाने में मीडिया की ऐसी ही एक सकारात्मक शक्ति के उपयोग की शुरुआत किए जाने के स्थान पर क्या ये नई जीवनशैली, जो लालच, उपभोक्तावाद, गलाकाट प्रतिस्पर्धा, तथा अनुकरण पर आधारित है, का आपूर्तिकर्ता मात्र बन कर नहीं रह गया है? क्या नागरिकों का विवेकपूर्ण अनुशासन इस मामले में बेहतर हो चुका है कि क्या अच्छा है और क्या बुरा, और एक स्वस्थ प्रतिस्पर्धा के लिए क्या वांछनीय है, अथवा क्या हम लोकलुभावन नीतियों के जाल में फँस चुके हैं? स्पष्टतः, समाचार मीडिया सहित इन सभी प्रयासों तथा प्राथमिकताओं में कुछ तो गैरहाजिर है।

भ्रष्टाचार नियंत्रण हेतु रणनीतिक दृष्टिकोण

सामान्य तथा सार्वजनिक सेवाओं को प्राप्त किए जाने में नागरिकों के प्रति विशिष्ट भ्रष्टाचार की प्रवृत्ति एक जिज्ञासु दुविधा को प्रस्तुत करती है। भ्रष्टाचार के द्वारा हमारे सर्वाधिक आधारभूत संस्थानों के लक्ष्यों को नष्ट किए जाने तथा विकास सम्बन्धी प्रयासों को कमजोर किए जाने के बावजूद इसे क्यों नियंत्रित नहीं किया जा सका है? भ्रष्टाचार के सम्बन्ध में ऐसा क्या है जिसका हमें ज्ञान नहीं है जिसके कारण, एक राष्ट्र के रूप में, हम इससे निपट पाने में समर्थ नहीं हैं? जहाँ हम सदैव ही लालच उन्मुख भ्रष्टाचार के सम्बन्ध में कार्यवाही किए जाने के लिए आवश्यक प्रत्येक तथ्य की जानकारी नहीं रख सकते, वहीं सार्वजनिक सेवाओं एवं नागरिकों की संलिप्तता वाले आवश्यकता–आधारित भ्रष्टाचार के मामले में हम ऐसे प्रत्येक महत्वपूर्ण पहलू को जानते हैं जिन्हें अग्रसक्रिय पहल किए जाने के लिए जानने की आवश्यकता है। और, किसी भी खोए हुए संपर्क अथवा अद्यतनीकरण को जानने के लिए बड़ी संख्या में विश्वसनीय स्रोत उपलब्ध हैं।

फिर भी, सार्वजनिक सेवाओं में इस प्रवृत्ति, विशेषतौर पर भ्रष्टाचार के सम्बन्ध में धारणाओं में निरंतर वृद्धि होती रही है भले ही स्वयं के वास्तविक अनुभवों में इसी प्रकार की वृद्धि न भी हुई हो। हम जानते थे कि सार्वजनिक सेवाओं तक पहुँच प्राप्त करने के लिए अंततः क्यों प्रत्येक नागरिक घूस दे ही देता है जबकि ये सेवाएं उन्हीं के लिए लक्षित हैं। यह भी ज्ञात है कि इस प्रक्रिया में कौन–कौन संलिप्त तथा उत्तरदायी है। हम यह भी जानते हैं कि नागरिकों का कौन सा वर्ग प्रायः कई बार घूस देता है तथा किस सार्वजनिक सेवा के लिए। और फिर

भी इस संकट को बने रहने तथा देश के सामाजिक–आर्थिक विकास को दुष्प्रभावित करते हुए खतरनाक अनुपात तक पहुँचने की अनुमति प्रदान की जाती रही है। निश्चित रूप से किसी बात की तो कमी है। यह कौन सी बात है? कोई भी यह कह सकता है कि एक राष्ट्र के रूप में हमारे लिए अभी भी इस समस्या की गंभीरता का अनुभव करना तथा गंभीरतापूर्वक कार्यवाही करना शेष है। नागरिकों तथा प्रमुख सार्वजनिक सेवाओं/सुविधाओ की संलिप्तता वाले भ्रष्टाचार पर किए गए लगभग एक दशक–लंबे शोध के उपरांत कुल मिलाकर नतीजा यह प्राप्त हुआ कि घूस लिए अथवा दिए जाने की बाध्यताओं को न्यूनतम किए जाने तथा भ्रष्टाचार को नियंत्रित किए जाने के लिए किसी भी प्रकार के *गंभीर, सतत्, सघन, ध्यान–केन्द्रित* एवं *रणनीतिक* प्रयास नहीं किए गए हैं। भ्रष्टाचार पर कोई भी शोध तभी सार्थक होता है जब यह इन पाँच कार्यों के सम्बन्ध में सहायता प्रदान करने वाला हो। इसमें लगता क्या है?

समस्या की गंभीरता

सर्वेक्षणों तथा अध्ययनों के द्वारा विशेषतौर पर सार्वजनिक सेवाओं में भ्रष्टाचार की सीमा को इंगित किए जाने के बावजूद हम हमारी सामाजिक–आर्थिक एवं राजनीतिक व्यवस्थाओं की प्रभावोत्पादकता पर पड़ने वाले भ्रष्टाचार के गंभीर निहितार्थों का पूरी तरह से अनुभव करते हुए नहीं प्रतीत होते। भ्रष्टाचार सम्बन्धी धारणाओं पर विभिन्न देशों का ट्रांसपरेन्सी इंटरनेशनल द्वारा किया जाने वाला श्रेणीकरण भ्रष्टाचार का एक वार्षिक स्मरण करवाने वाला माध्यम बन चुका है, ठीक उसी प्रकार जैसे शेयर बाजार में कीमतों के दैनिक आधार पर ''ऊपर अथवा नीचे'' होने को इंगित किया जाता है।

सतत् प्रयास

हमारी सार्वजनिक सेवाओं/सुविधाओं में भ्रष्टाचार की जड़े इतनी अधिक गहरी तथा जटिल हैं कि इनका समाधान एक बार में अथवा अल्पकाल में अथवा इक्का–दुक्का की जाने वाली पहलों के साथ नहीं किया जा सकता। उदाहरणार्थ, यदि मतदाता चुनावी प्रलोभनों का शिकार हो जाते हैं तो हम किसी भी सार्वजनिक सेवा को प्राप्त करने के लिए घूस दिए जाने की नागरिकों की बाध्यता का समाधान किस प्रकार से कर सकते हैं? एक बार वाले अभियान का कोई भी दृष्टिकोण नहीं चलेगा। सभी मोर्चों पर सतत् रूप से चहुतरफा प्रयास किए जाने की आवश्यकता है।

सघन आंदोलन

भ्रष्टाचार को देश में सही सोच रखने वाले प्रत्येक व्यक्ति की चिंता होनी चाहिए, व्यक्तिगत रूप से, एक साथ मिलकर और क्रमिक रूप में, फिर चाहे वह सरकार में हो अथवा मीडिया, राजनीति, व्यवसाय, सिविल सोसाइटी अथवा शिक्षा में कहीं पर भी हो। सूचना का अधिकार, सूचना एवं संचार प्रौद्योगिकी, सामाजिक अंकेक्षण, लोकपाल, सिटिजन्स चार्टर, तथा ई–शासन जैसी पहलों के माध्यम से अनेकों उपकरण आज उपलब्ध हो चुके हैं। जो कुछ भी आवश्यकता है वह है शुरुआत किए जाने की। मास मीडिया, विशेषतौर पर समाचार मीडिया, को एक अग्रसक्रिय भूमिका निभाते हुए इस आंदोलन में एक सक्रिय पक्ष होने की आवश्यकता है। सूचना के अधिकार के कारण सिटिजन्स चार्टर की, अथवा कुछ अन्य पहलों के लिए सूचना के अधिकार की उपेक्षा नहीं की जानी चाहिए (जैसा कि मध्य प्रदेश में हुआ है)।

ध्यान केन्द्रित पहल

भ्रष्टाचार में संलिप्त अभिप्रेरणा एवं प्रक्रिया इतनी अधिक सहसम्बद्ध है कि यह निर्धारण करना कठिन है कि इसका सिर कहाँ है और पैर कहाँ है अथवा इस जटिल श्रृंखला में संपर्क कितने प्रभावशाली होते हैं। उदाहरणार्थ, ऐसी प्रत्येक सार्वजनिक सेवा, जो भ्रष्टाचार के लिए उत्तरदायी है तथा जिन्हें सुधारों के लिए अपनाया जा सकता है, के मामलों में हम तीन अथवा चार कार्यों पर ध्यान केन्द्रित कर सकते हैं। मात्र तब ही हम भ्रष्टाचार को सीमित किए जाने तथा इस प्रवृत्ति का रुख विपरीत किए जाने के कुछ साक्ष्य प्राप्त करने की आशा कर सकते हैं।

रणनीतिक दृष्टिकोण

गणतंत्र दिवस की पूर्व संध्या पर 25 जनवरी, 2011 को राष्ट्र को सम्बोधित करते हुए पूर्व राष्ट्रपति प्रतिभा पाटिल ने राष्ट्र को भ्रष्टाचार के मुद्दे के सम्बन्ध में स्मरण करवाया था और कहा था कि भ्रष्टाचार ''विकास एवं सुशासन का शत्रु'' है। भ्रष्टाचार से निपटने के लिए उन्होंने राजनीति में ''व्यवस्थित परिवर्तनों'' के लिए आह्वाहन किया।[8] ये कौन से व्यवस्थित परिवर्तन हो सकते थे? कई वर्षों तक किए गए व्यवस्थित तथा सतत् शोध के द्वारा सार्वजनिक सेवाओं के संदर्भ में घूस लिए अथवा दिए जाने से सम्बन्धित क्यों, कहाँ, कब, कौन, तथा किसे

जैसे पहलुओं को इंगित किया जा चुका है। ऐसे आँकड़ों का बिना कांट–छांट या भेदभाव के विश्लेषण इस सम्बन्ध में रणनीतिक रूप से आगे बढ़ने की बाध्यताओं को प्रस्तुत करता है। भ्रष्टाचार को रातों–रात अथवा एक प्रयास के द्वारा समाप्त नहीं किया जा सकता। इसकी परतें खोली जानी होंगी जो कि एक दीर्घकालिक प्रक्रिया है। मात्र एक चरणबद्ध, प्राथमिकतापूर्ण, तथा ध्यानकेन्द्रित दृष्टिकोण ही इस प्रकार से कोई अंतर ला सकता है कि धारणा तथा अनुभव दोनों ही पहलुओं से सम्बन्धित प्रवृत्ति गति प्राप्त कर ले। इस सबका अर्थ है एक प्रमुख सार्वजनिक सेवाओं के विशिष्ट संदर्भ में एक चक्रीय प्रभाव वाला रणनीतिकरण किया जाना। मात्र तब ही हम भ्रष्टाचार का मुकाबला कर सकेंगे।

इस प्रवृत्ति की दिशा का रुख विपरीत होने का प्रदर्शन मात्र तब ही किया जा सकता है जब ऐसे किसी दृष्टिकोण को अपनाया गया हो। प्रस्तुत पुस्तक लगभग एक दर्जन सार्वजनिक सेवाओं के मामले में ऐसे ही एक दृष्टिकोण को सुझाती है।

ध्यान–केन्द्रित दृष्टिकोण

गत एक दशक के दौरान इन अध्ययनों पर आधारित एक आधारभूत अंतर्दृष्टि यह है कि यदि नागरिकों के द्वारा माँग की जाने वाली आधारभूत सार्वजनिक सेवाओं के मुख्य कार्यों की प्रक्रियाओं पर ध्यान केन्द्रित कर दिया जाए तो घूस देने सम्बन्धी बाध्यताओं के एक–तिहाई भाग से बचा जा सकता है और उन्हें सीमित किया जा सकता है। ऐसा कोई भी सुधार सूचना एवं संचार प्रौद्योगिकी (आईसीटी) को अपनाए जाने, प्रक्रियाओं एवं औपचारिकताओं को सरल बनाए जाने, शिकायत–निवारण तंत्र को सक्रिय किए जाने, तथा नागरिकों अथवा उपयोगकर्ताओं की संलिप्तता के द्वारा किया जा सकता है। इसके बाद है सेवा–विशिष्ट एवं राज्य–विशिष्ट पहलें जिनकी कि आवश्यकता है। यदि इन सबको एक समयबद्ध तरीके से एक साथ अपनाया जाता है तो आधारभूत सार्वजनिक सेवाओं में भ्रष्टाचार को नियंत्रित किया जा सकता है। और, इसी के साथ–साथ, आधारभूत सार्वजनिक सेवाओं में भ्रष्टाचार को समाप्त करने के ऐसे ध्यानकेन्द्रित प्रयासों के बिना देश में भ्रष्टाचार से नहीं निपटा जा सकता।

प्रत्येक मामले में तीन अथवा चार विशिष्ट कार्य ऐसे होते हैं जो सेवा में भ्रष्टाचार के लिए सर्वाधिक उत्तरदायी होते हैं। इन कार्यों को चुने जाने तथा उनपर ध्यान केन्द्रित किए जाने की आवश्यकता है ताकि नागरिकों की धारणाओं एवं अनुभवों में गौर किए जाने लायक परिवर्तन लाए जा सकें। नागरिकों को

संलिप्त करने वाले भ्रष्टाचार के लिए सबसे अधिक उत्तरदायी तीन अथवा चार सर्वाधिक महत्वपूर्ण कार्यों की पहचान किए जाने और उन्हें इस प्रकार से छाँटे जाने की आवश्यकता है कि एक समय सीमा के अंदर भ्रष्टाचार को न्यूनतम किए जाने के लिए गुंजाइश बन सके। इस प्रक्रिया को आगे बढ़ाए जाने के लिए कतिपय उपायों की आवश्यकता दीर्घकालीन आधार पर होगी। एक सतर्कता जागरूकता सप्ताह प्रकार की गतिविधि बहुत अधिक अंतर नहीं ला सकेगी। सार्वजनिक सेवाओं के मामले में एक आम चिंता नागरिकों द्वारा बार बार चक्कर लगाने की आवश्यकता और बाध्यता से बचे जाने की है।

नागरिकों के द्वारा एक अथवा एक से अधिक बार उपयोग किए जाने की आवृत्ति वाली लगभग 12 सार्वजनिक सुविधाओं/सेवाओं का उल्लेख यहाँ किया जा रहा है। (इन सेवाओं में से एक–दो को इंडिया करप्शन सर्वेक्षणों के एक भाग के रूप में कभी भी शामिल नहीं किया गया था।) यदि हम इन सार्वजनिक सेवाओं में से कोई एक दर्जन पर ध्यान केन्द्रित कर सकें तथा उन सेवाओं को प्राप्त किए जाने में स्थानीय तौर पर भ्रष्टाचार को नियंत्रित कर सकें, मात्र तब ही हम देश में इस प्रवृत्ति का रुख विपरीत दिशा में पलटे जाने की आशा कर सकते हैं।

एक अन्य योगदायी कारक भी है जिसे अनेकों स्तरों पर सम्बोधित किए जाने की आवश्यकता है। यह वो कारक है जिसे मैं ''नोट फॉर वोट'' की प्रवृत्ति कहता रहा हूँ; जिसका आशय है मतदाताओं को किसी न किसी सार्वजनिक पद के लिए चुनाव लड़ रहे किसी प्रत्याशी के पक्ष (अथवा कभी–कभार विरोध) में मतदान करने के लिए तुरंत दिए जाने वाले प्रलोभन। ऐसी किसी भी स्थिति में, प्रत्याशी, चाहे वह जीत अथवा हार रहा हो, अगले कुछ वर्षों के दौरान अनेकों प्रत्यक्ष एवं परोक्ष तरीकों से उस धन की पूर्ति सार्वजनिक सेवाओं में भ्रष्टाचार को प्रोत्साहित किए जाने के माध्यम से पूरा करने का प्रयास करेगा।

केन्द्र सरकार अथवा इसकी एजेन्सियाँ, जिनमें केन्द्रीय सतर्कता आयोग भी शामिल है, के द्वारा पहल किया जाना ही समग्र स्थिति में इस प्रकार का परिवर्तन लाए जाने के लिए पर्याप्त नहीं है कि भ्रष्टाचार के सम्बन्ध में धारणाओं तथा अनुभवों के स्तर को नीचे लाया जा सके। इसके लिए स्वाभाविक रूप से प्रत्येक सार्वजनिक सेवा हेतु परिणाम के विशिष्ट लक्ष्यों के साथ केन्द्र, राज्यों तथा जिलों में विभिन्न स्तरों पर एक कार्य–बल दृष्टिकोण की आवश्यकता है।

प्रत्येक सार्वजनिक सेवा के संदर्भ में तीन अथवा चार महत्वपूर्ण कार्यों पर जोर दिया जाना चाहिए तथा उन्हें एक समयबद्ध ध्यान–केन्द्रण के साथ अपनाया जाना चाहिए। इसके लिए, कार्यों को युक्तियुक्त बनाए जाने के लिए आवश्यक चार अथवा पाँच उपायों अथवा सुधारों की पहचान सेवा से विशेष तौर पर सम्बन्धित विभाग के द्वारा की जानी चाहिए। आदर्श रूप में, प्रत्येक राज्य

में प्रत्येक सेवा में इस पुस्तक में सुझाई गई रूपरेखा का उपयोग करते हुए छाँटे जाने तथा व्यवस्थित किए जाने के लिए तीन अथवा चार महत्वपूर्ण चिंताओं को एक समय–सीमा के साथ तथा इस प्रकार से अपनाया जाना चाहिए कि भ्रष्टाचार की धारणाओं तथा सेवाएं प्राप्त करने वाले नागरिकों के अनुभवों पर विशेषतौर पर एक (दृश्य) प्रभाव दिखाई पड़ सके।

टिप्पणियां

1 Gurcharan Das, The Difficulty of Being Good: On the Subtle Art of Dharma (New Delhi: Oxford University Press, 2010).

2 http://arc.gov.in.

3 केन्द्रीय खाद्य मंत्रालय की रिपोर्टें।

4 *आउटलुक में न्यामूर्ति संतोष एन. हेगडे का साक्षात्कार* "Every Government Is More Corrupt than the Last" *आउटलुक*, अक्टूबर, 2010, http://www.outlookindia.com/article.aspx?264901 and http://www.outlookindia.com/article.aspx?267508.

5 *Indian Express*, "Delhi Police, MCD Top List of Most Corrupt Depts," *Indian Express*, July 20, 2010, New Delhi.

6 6 Ananth Krishnan, "China Tightens Corruption Laws," July 13, 2010, http://www.hindu.com/2010/07/13/stories/ 2010071362081400.htm (accessed on February 20, 2012).

7 Gurcharan Das, "Prosperity Will Spread But Happiness Will Not, Until We Fix Governance," IGNOU Silver Jubilee Lecture, November 16, 2010, http://www.ignou. ac.in/ignou/bulletinboard/news/latest/detail/109.

8 *हिन्दू*, 26 जनवरी, 2011।

5 सूचना एवं संचार प्रौद्योगिकियाँ, मीडिया, धारणाएं, तथा भ्रष्टाचार

मास मीडिया तथा सूचना एवं संचार प्रौद्योगिकी (आईसीटी) देश में भ्रष्टाचार के परिदृश्य में प्रत्यक्ष तथा परोक्ष दोनों ही रूपों में अनेकों प्रकार से दर्शनीय (यहाँ तक कि मापने योग्य) अंतर ला सकते हैं। जहाँ मीडिया की एक प्रतिक्रियात्मक भूमिका भ्रष्टाचार के सम्बन्ध में धारणाओं को कायम रखती है, वहीं इसकी एक अग्रसक्रिय भूमिका भ्रष्टाचार को उजागर कर सकती है और रोक भी सकती है। सूचना एवं संचार प्रौद्योगिकी तथा समाचार मीडिया दोनों की ही भूमिकाओं को विशेषतौर पर तैयार रहने एवं भ्रष्टाचार को रोकने की सुविधा प्रदान किए जाने की आवश्यकता है, विशेषतौर पर उस भ्रष्टाचार को रोकने के लिए जो सार्वजनिक सेवाएं हासिल करने वाले नागरिकों के साथ किया जा रहा है।

मीडिया, विशेषतौर पर डिजिटल मीडिया तथा सोशल नेटवर्किंग की उपलब्धता नई संभावनाओं के द्वार खोलते हैं। उदासीनता की सामान्य भावना तथा भ्रष्टाचार के महत्व को न समझा जाना अथवा यहाँ तक कि इसे स्वीकार कर लिया जाना ही ऐसे तथ्य हैं जिन्हें परिवर्तित किए जाने में मीडिया तथा सूचना संचार प्रौद्योगिकी के उपकरणों को सहायता प्रदान करनी चाहिए। परंतु, इसी के साथ–साथ समाचार मीडिया के द्वारा इनकी रिपोर्टिंग तथा इसे बार–बार दोहराए जाने के तरीकों से उत्पन्न होने वाली कतिपय सार्वजनिक थकान को भी समझे जाने की आवश्यकता है। सामाजिक नेटवर्क के माध्यम में ऐसी परिस्थितियों को दुरुस्त कर सकने तथा नागरिकों, सिविल सोसाइटी समूहों तथा सम्बन्धित एजेन्सियों को प्रेरित कर सकने अथवा उन्हें सुविधाएं प्रदान कर सकने की क्षमता है ताकि वे कार्यवाही के साथ–साथ अग्रसक्रिय कवरेज एवं पहलों के लिए भी आगे बढ़ सकें। जैसा कि मतदान के मामले में किया गया है, घूस लिए अथवा दिए जाने के परिणामों के प्रति नागरिकों को संवेदनशील बनाया जाना जड़ों में व्याप्त भ्रष्टाचार के विरुद्ध संघर्ष किए जाने में महत्वपूर्ण भूमिका निभाता है। इस प्रक्रिया में मीडिया की भूमिका पहले के किसी भी समय की अपेक्षा आज कहीं अधिक महत्वपूर्ण है।

सूचना एवं संचार प्रौद्योगिकी

नागरिकों की संलिप्तता वाले भ्रष्टाचार पर विगत एक दशक के दौरान किए गए सर्वेक्षण इंगित करते हैं कि ग्राहक के साथ की जाने वाले संपर्कों के अंतिम छोर पर जहाँ कहीं भी सूचना प्रौद्योगिकी का उपयोग किया गया है वहाँ भ्रष्टाचार की प्रकृति एवं दायरे में कमी आ चुकी है। इसमें इस बात से कोई अंतर नहीं पड़ता कि सेवा किसी विनियामक के साथ अथवा उसके बिना संचालित की जा रही है अथवा नहीं और न ही इस बात से कि यह सरकार–संचालित है अथवा किसी निजी प्रबंधन के अधीन। रेलवे के मामले में आने वाली कमी को आरक्षण एवं टिकट जारी किए जाने में देखा जा चुका है, इसी प्रकार टेलीफोन तथा विद्युत–आपूर्ति के बिल जारी किए जाने के मामलों एवं महानगरों में गृह–कर सम्बन्धी सेवाओं में कंप्यूटरीकरण किए जाने पर ऐसा ही अनुभव किया जा चुका है। तथापि, कोई भी यह नहीं कह सकता कि इन सभी सेवाओं को पूरी तरह से भ्रष्टाचार से मुक्त करवा दिया गया है। वास्तव में, कुछ मामलों में कुछ परिवर्तन हो गया है। क्या ऐसी सेवाओं में भ्रष्टाचार उपयोगकर्ता के स्थान से हटकर ऊपरी स्तरों पर चला गया है? कुछ लोग इसे व्यापार–से–व्यापार (बी2बी) वाले भ्रष्टाचार के रूप में अधिक वर्णित करते हैं। सूचना एवं संचार प्रौद्योगिकी एक सुगमकर्ता तथा पारदर्शिता को बेहतर बनाए जाने एवं सार्वजनिक सेवाओं में भ्रष्टाचार को समाप्त किए जाने हेतु एक वांछनीय परिस्थिति है, परंतु यह इतनी भी सक्षम नहीं है कि भ्रष्टाचार को पूरी तरह से समाप्त कर दे।

सन् 2006 की राष्ट्रीय ई–प्रशासन योजना (एनईजीपी) के द्वारा सन् 2014 तक देश के सभी नागरिकों को सार्वजनिक सेवा की सुपुर्दगी को सुगम किए जाने की कल्पना की गई थी। इसके लिए, 27 मिशन–मोड वाली परियोजनाओं को प्रारंभ किया गया था, जिनमें से 14 देश के कुछ भागों में कार्यान्वयन के अधीन हैं। इस परियोजना के अंतर्गत शामिल सेवाओं में पासपोर्ट, पेंशन, भू–अभिलेख, आयकर तथा आम सेवाएं आदि शामिल हैं। हालांकि, इस योजना के अंतर्गत की गई प्रगति इसके लिए दिए जा चुके 200 अरब रुपयों वाले बजट के अनुरूप नहीं रही है। यहाँ तक कि स्टेट वाइड एरिया नेटवर्क (एसडब्ल्यूएएन–स्वान) भी संपर्क स्थापित किए जाने से कोसों दूर है। दिसम्बर 2010 तक ब्रॉड–बैंड संपर्कशीलता भी अपने लक्ष्यों के आस–पास नहीं पहुँच सकी थी। इन परियोजनाओं में से कुछ, जो सार्वजनिक–निजी साझेदारी व्यवस्था का एक भाग हैं, की व्यवहारिकता के पहलू पर पुनः विचार किए जाने एवं उन्हें गति प्रदान किए जाने की आवश्यकता है। मात्र तब ही सूचना एवं संचार प्रौद्योगिकी को लाया जाना ऐसे परिणाम प्रदान कर सकेगा जिससे भ्रष्टाचार को समाप्त करने का एक प्रारंभिक कदम उठाया जा सकेगा तथा एक महत्वपूर्ण परिवर्तन के रूप में बारबार चक्कर लगाए जाने की

बाध्यताओं को कम किया जा सकेगा। सार्वजनिक सेवाओं, जो भ्रष्टाचार के प्रति अधिक संवेदनशील हैं, की पहचान किए जाने तथा उनकी गतिविधियों का कंप्यूटरीकरण किए जाने में प्रयुक्त की जा रही मंद गति पर क्षोभ प्रकट करते हुए केन्द्रीय सतर्कता आयोग ने "ई–प्रशासन के माध्यम से मानवीय संपर्क तथा सार्वजनिक सेवाओं की सुपुर्दगी में विवेकाधीन शक्तियों के उपयोग" के लिए रणनीति सुझाई थी। इसने सूचना प्रौद्योगिकी के उपयोग तथा "भ्रष्टाचार के खतरे से युक्त प्रक्रियाओं" के स्वचालित किए जाने के कार्य को गति प्रदान करने हेतु एक मिशन–मोड वाले दृष्टिकोण का सुझाव दिया था।

दूरसंचार

सामाजिक–आर्थिक एवं क्षेत्रीय अंतरों को दरकिनार करते हुए (जनवरी 2011 तक) उपयोग में लाए जा रहे 70 करोड़ मोबाइल फोनों के साथ सार्वजनिक सेवाओं के द्वारा फीडबैक को सामने रखे जाने, शिकायतों की निगरानी के साथ–साथ उनके निस्तारण किए जाने तथा सेवाओं की सुपुर्दगी किए जाने के लिए नई रणनीतियों को विकसित किया जाना चाहिए। संक्षिप्त संदेश सेवा (एसएमएस–टेक्स्ट एंड वॉयस) का उपयोग एक बड़े तथा और अधिक ध्यान–केन्द्रित तरीके से किया जाना चाहिए, ठीक वैसे ही जैसे निजी कम्पनियाँ एसएमएस का स्थानीय भाषाओं में उपयोग ग्राहकों/परिवारों के बीच अपने उत्पादों को प्रोत्साहित किए जाने हेतु कर रही हैं। यदि सार्वजनिक वितरण प्रणाली, आवासन, अस्पताल जैसी अन्य सेवाएं एसएमएस प्रणाली को अपनाती हैं तथा नागरिकों को इसके उपयोग के लिए प्रोत्साहित करती हैं तो यह अनेकों तरीकों से भ्रष्टाचार को समाप्त करने में महत्वपूर्ण भूमिका निभा सकता है। यदि एसएमएस के द्वारा दिया गया *तलाक* वैध हो सकता है तो फिर सुशासन प्रदान करने के लिए नागरिकों एवं सेवाप्रदाताओं दोनों के ही द्वारा इसका उपयोग आवश्यक रूप से क्यों नहीं किया जाना चाहिए ताकि नागरिकों की संलिप्तता वाले भ्रष्टाचार से सार्वजनिक सेवाओं को मुक्त करवाया जा सके? इसी प्रकार से, सिविल सोसाइटी समूहों को भी मोबाइल फोनों, इंटरनेट तथा सोशल नेटवर्कों का उपयोग करना चाहिए। इन नवीनतम दूरसंचार–आधारित उपकरणों का लाभ उठाए जाने के द्वारा पत्रकार कहीं अधिक प्रभावोत्पादक सिद्ध हो सकते हैं। एक टीवी चैनल पर *कौन बनेगा करोड़पति* नामक धारावाहिक तथा विभिन्न अन्य चैनलों पर ऐसे ही अन्य कार्यक्रमों को फोन कॉल्स के जरिए जिस प्रकार का प्रत्युत्तर प्राप्त होता रहा है, वह भ्रष्टाचार के विरुद्ध नागरिकों को एकजुट किए जाने हेतु अंतर्दृष्टियाँ उपलब्ध करवाता है। मोबाइल फोन उपयोगकर्ताओं की गोपनीयता भी

वार्ता–कार्यक्रमों में नागरिकों के द्वारा फोन किए जाने तथा भ्रष्टाचार के विरुद्ध सहायता की माँग किए जाने में सहायता प्रदान कर रही है।

अनेकों प्रयोग

हैदराबाद नगरपालिका के द्वारा द वन–स्टेप शॉप (ई–सेवा) नामक एक कार्यक्रम लगभग एक दशक पूर्व प्रारंभ किया गया था। प्रमाणपत्रों को प्राप्त किए जाने तथा बिलों के भुगतान किए जाने के कार्य में निश्चित रूप से इसके द्वारा अंतर लाया गया था, भले ही वह बहुत बड़ा न रहा हो। राष्ट्रीय स्वास्थ्य बीमा योजना (नेशनल हेल्थ इंश्योरेंस स्कीम) ऐसा एक नवीनतम उदाहरण है जहाँ बायोमेट्रिक्स–सक्षम ''स्मार्ट–कार्ड'' का उपयोग गरीबों को स्वास्थ्य बीमा सुनिश्चित करने के लिए किया जा रहा है। देश में सुशासन के लिए अथवा सार्वजनिक सेवाओं की सुपुर्दगी के लिए, नागरिकों की सहभागिता को प्रोत्साहित करने के लिए, अथवा बेहतर शिकायत निवारण एवं फीडबैक के लिए देश में कोई दो दर्जन के आसपास ई–शासन सम्बन्धी प्रयोग जारी हैं।[1] इसमें स्वसहायता समूहों, किसानों, तथा मछुआरों का सशक्तीकरण किया जाना, तथा घूस दिए जाने की बाध्यता के बिना ग्रामीण आजीविका में सुधार किया जाना शामिल है। सन् 2010 में प्रारंभ किया गया यूनिक आइडेंटीफिकेशन कार्ड (आधार) ऐसी ही एक अन्य योजना है जो सार्वजनिक सेवाओं की सुपुर्दगी में समावेशन एवं बेहतर कार्यक्षमताओं का दावा करती है।

एक अथवा और अधिक वर्षों तक किए जा चुके प्रयोगों को परीक्षण परियोजनाएं बना दिया जाना चाहिए ताकि यह सुनिश्चित किया जा सके कि उनके अनुप्रयोग वांछित परिणाम उत्पन्न कर सकते हैं और ये नागरिकों के लाभ के लिए हैं, सार्वजनिक सेवाओं को सुपुर्दगी को बेहतर बनाते हैं, तथा प्रत्युत्तर एवं निवारण सम्बन्धी व्यवहारों में सुधार लाते हैं। इसके बाद ही परीक्षण परियोजनाओं का विस्तार किया जाना चाहिए। इन सूचना प्रौद्योगिकी अथवा सूचना संचार प्रौद्योगिकी अनुप्रयोगों के लाभार्थी कौन रहे हैं तथा क्या भ्रष्टाचार के विभिन्न स्वरूपों पर रोक लग सकी है अथवा नहीं, यह जानने के उद्देश्य से इन योजनाओं के बाहरी मूल्यांकन को पारदर्शितापूर्वक सुनिश्चित किए जाने की आवश्यकता है। जबतक इन पहलों के प्रति सही प्रकार के लोगों के बीच जागरूकता उत्पन्न नहीं की जाती है, सूचना एवं संचार प्रौद्योगिकी की क्षमताओं के अनुरूप लाभों को प्राप्त नहीं किया जा सकेगा।

एनईजीपी के अंतर्गत एक ई–जिला योजना है जिसका उद्देश्य अनेकों प्रकार की सार्वजनिक सेवाओं के साथ नागरिकों की संपर्कशीलता को न्यूनतम किया

जाना है। इस योजना के अंतर्गत साझा सेवा केन्द्रों के द्वारा कंप्यूटरों तक सार्वजनिक पहुँच की सुविधा प्रदान की जाती है ताकि नागरिकों को सम्बन्धित सेवाओं के कार्यालयों में जाने की आवश्यकता ही न पड़े। तमिलनाडु सरकार, जिसने इस कार्यक्रम को गंभीरतापूर्वक अपनाया है, टिकट बुक कराने, खातों को रिचार्ज कराने, मृत्यु एवं जन्म प्रमाण–पत्र, समुदाय, निवास और यहाँ तक कि ऋणशोधन क्षमता प्रमाण–पत्रों को भी जारी किए जाने जैसी सेवाएं प्रदान कर रही है। तमिलनाडु ई–शासन एजेन्सी के सीईओ (संतोष कुमार) ने इस उभरते हुए परिदृश्य को इस प्रकार से वर्णित किया है–"आदर्श रूप में नागरिकों को सरकार को देखना नहीं बल्कि महसूस करना चाहिए" (*द हिन्दू*, 10 अक्टूबर, 2010)।

सोशल मीडिया का देश में विस्तार हो रहा है, ऊपर–नीचे, दाएं से बाएं, चारों ओर। वे संपर्कशीलता, शिकायतों के निवारण आदि को बेहतर किए जाने के क्षमतावान माध्यम बनते जा रहे हैं और, इस प्रक्रिया में, वे नागरिकों के लिए घूस दिए जाने की बाध्यता को न्यूनतम करते जा रहे हैं। प्रयासों की गति बढ़ाने में सुविधा प्रदान करने तथा प्रदर्शनों के द्वारा एक अंतर लाए जाने में वे सहायक सिद्ध हो सकते हैं।

ई–सेवा

राष्ट्रीय ई–शासन परियोजना के एक अंग के रूप में सभी सरकारी विभागों से आशा की जा रही है कि वे कम से कम दो–चार सार्वजनिक सेवाओं में ई–सेवा उपलब्ध करवाएं। विभागों से अपनी वेबसाइटें रखने तथा इस कार्य के लिए तैयारी करने हेतु विशेषज्ञताप्राप्त अनुभागों के स्थापित किए जाने की आशा की जा रही है। परंतु अनेकों ऐसे विभाग हैं जिनकी अपनी कोई वेबसाइट नहीं है तथा जहाँ कहीं ऐसा है भी, वहाँ उन्हें न तो अद्यतन और सक्रिय रखा जा रहा है और न ही उनका रखरखाव किया जा रहा है। मंथर गति से चलने वाली इस प्रक्रिया को पूरा करने के लिए कुछ राज्य इस प्रक्रिया को गति प्रदान किए जाने हेतु पहल कर रहे हैं। उदाहरणार्थ, आंध्र प्रदेश सरकार के मुख्य सचिव ने (अक्टूबर 2010) सभी विभागों को वेबसाइटों का रखरखाव करने तथा ई–सेवा के लिए दो नागरिक सेवाओं को चुने जाने का परामर्श दिया है। मुख्य सचिव ने पाया था कि नागरिकों को इन दोनों ही सेवाओं के लिए जिलाधिकारी कार्यालय अथवा *मंडल* कार्यालय जाने की आवश्यकता नहीं है। इससे बचने के लिए उन्होंने सुझाव दिया कि दो सर्वाधिक आमतौर पर उपयोग में लाई जाने वाली सेवाओं को *ग्रामीण ई–सेवा केन्द्रों* के माध्यम से उपलब्ध करवाया जाना चाहिए। यह एक ऐसी ध्यान–केन्द्रित

पहल थी जिसपर निगाह रखे जाने तथा आवधिक आधार पर मूल्यांकन किए जाने की आवश्यकता है। आंध्र प्रदेश ने ई–सेवा सम्बन्धी सेवाओं को हासिल करने के लिए स्वयं–सहायता समूहों को ब्रॉडबैंड संपर्क उपलब्ध कराए जाने के प्रयोग किए जाने सम्बन्धी पहल को भी अपनाया है।

बायोमेट्रिक्स प्रणाली

नई दिल्ली के एक प्रमुख समाचारपत्र के मुखपृष्ठ पर *"नाउ घोस्ट फिंगरप्रिंट ऑन एमसीडी रोल्स"*[2] शीर्षक से एक समाचार प्रकाशित करते हुए यह सूचित किया कि बायोमेट्रिक्स प्रणाली, जिसे दिल्ली पुलिस के द्वारा एक वर्ष पूर्व बड़े जोर–शोर के साथ लागू किया गया था, 22,000 "फर्जी कर्मचारियों" को नहीं पकड़ सकी क्योंकि बायोमेट्रिक्स प्रणाली उँगलियों के निशानों में अंतर नहीं कर सकी और एक ही व्यक्ति के द्वारा दो अथवा अधिक बार छाप दिए जाने को पकड़ पाने में विफल रही। यह कहानी स्वाभाविक रूप से यह निष्कर्ष प्रदान करती है कि भ्रष्टाचार पर रोक लगाए जाने वाली एक पहल के रूप में जिस "बायोमेट्रिक्स प्रणाली" के सम्बन्ध में जितनी अधिक बातें की जाती हैं, स्वयं उससे ही बहुत अधिक आशा नहीं की जा सकती। निश्चित रूप से, भले ही नवीनतम प्रौद्योगिकियों को क्यों न अपना लिया गया हो, ऐसी रिपोर्टें सार्वजनिक सेवाओं में भ्रष्टाचार के सम्बन्ध में धारणाओं को कम किए जाने में सहायता नहीं प्रदान करेगीं।

बायोमेट्रिक्स विधि को कुछ सार्वजनिक सेवाओं में इस मान्यता के साथ पहले से ही लागू किया जा चुका है कि यह उन्हें और अधिक कार्यकुशल बना देगी तथा उन सेवाओं में भ्रष्टाचार को रोकने में सहायता प्रदान करेगी, जैसा कि पासपोर्ट, सार्वजनिक वितरण प्रणाली इत्यादि के मामले में हो चुका है। ऐसी किसी भी पृष्ठभूमि के विरुद्ध, *टाइम्स ऑफ इंडिया* में डीडीए तथा पुलिस विभाग के सम्बन्ध में मुखपृष्ठ पर प्रकाशित समाचार इस प्रकार की पहल के सम्बन्ध में संदेहों को तब तक कायम रखेंगे जब तक इन्हें गलत सिद्ध न कर दिया जाए और मीडिया के द्वारा इसे कवर न किया गया हो।

एप्लीकेशन सॉफ्टवेयर

बड़े पैमाने वाली कल्याणकारी योजनाओं के क्रियान्वयन की प्रक्रिया में ऑनलाइन अथवा नेटवर्क सेवाओं में सॉफ्टवेयर सम्बन्धी दोषों अथवा अपर्याप्तताओं के कारण सार्वजनिक सेवाओं में सुपुर्दगी में सुधार लाए जाने तथा भ्रष्टाचार के अवसरों को

कम किए जाने में सूचना एवं संचार प्रौद्योगिकी (आईसीटी) के महत्व का न तो विरोध किया जाना चाहिए और न ही उसे कम करके आंका जाना चाहिए। अगस्त 2010 में, एक अग्रणी तेलुगु दैनिक (*आंध्र ज्योति*, 26 अगस्त, 2010) ने आंध्र प्रदेश में 210 करोड़ रुपयों के एक घोटाले का रहस्योद्घाटन किया था जिसके अंतर्गत अन्य पिछड़े वर्गों (ओबीसी), अनुसूचित जनजाति (एसटी), तथा अनुसूचित जाति (एससी) के छात्रों को दी जाने वाली छात्रवृत्तियों एवं शिक्षणशुल्क प्रतिपूर्ति निधियों का दुरुपयोग ''ऑनलाइन एप्लीकेशन'' लागू किए जाने के बाद किया गया था। सन् 2006 में लागू की गई यह योजना अपने क्रियान्वयन में भ्रष्टाचार के लिए आलोचना के अधीन आ चुकी थी। भ्रष्टाचार हेतु की जा रही आलोचना के एक समाधान के रूप में सरकार ने सन् 2008 में बड़े जोर–शोर से इस योजना को ''ऑनलाइन एप्लीकेशन'' विधि के अधीन ला दिया था। दो वर्षों बाद, सन् 2010 में, भ्रष्टाचार के दायरे में और अधिक वृद्धि हो चुकी थी तथा छात्रों एवं विद्यालयों के नामों से एक से अधिक बार आवेदनपत्रों को अग्रसरित किए जाने के तरीके को अपनाते हुए भ्रष्टाचार को और अधिक सहज बना दिया गया था। ऐसा इस तथ्य के बावजूद हुआ था कि सभी लेन–देन किसी अनुसूचित बैंक खाते के माध्यम से किए जाने थे। नियमों का उल्लंघन इतना जबरदस्त तथा बड़े पैमाने पर किया गया था कि बैंकों पर भी ये आरोप लग गए कि उनके द्वारा अनेकों छात्रवृत्तियों को किसी एक ही खाते अथवा अलग–अलग खातों में जमा किए जाने की सुविधा प्रदान कर दी गई थी। सरकार के अपने संस्थान सेंटर फॉर गुड गवर्नेंस (हैदराबाद) के द्वारा किए गए अध्ययन ने इस प्रक्रिया में अपनाई गई कार्यविधि तथा भ्रष्टाचार की सीमा को उजागर किया था। परंतु न तो किसी को भी दंडित नहीं किया गया और न ही किसी भी समाचार मीडिया ने यह खोज की कि ऐसा किस प्रकार घटित हुआ तथा सॉफ्टवेयर (घोटाले) के लिए कौन उत्तरदायी था? तथापि, कुछ प्रश्न जैसे बैंक, जो उन प्रारंभिक सार्वजनिक सेवाओं में से हैं जिनका कंप्यूटरीकरण सबसे पहले किया गया था, एक ही व्यक्ति के द्वारा छात्रों की छात्रवृत्तियों को प्राप्त करने हेतु इतने अधिक खाते खोल लेने और उन्हें संचालित करते रहने की इतनी बड़ी घटना को क्यों नहीं पकड़ सके, अनुत्तरित ही रहे हैं। इस ''ऑनलाइन एप्लीकेशन'' पहल से यह चेतावनी प्राप्त होती है कि यदि उनके अंतर्गत पर्याप्त मात्रा में जाँचों एवं सुरक्षा उपायों को निर्मित नहीं किया गया है तो सूचना एवं संचार प्रौद्योगिकी (आईसीटी) लक्षित योजनाओं की सुपुर्दगी में भ्रष्टाचार को बहुगुणित कर सकती है। परंतु इन सबका मतलब था सूचना प्रौद्योगिकी अनुप्रयोगों की क्षमताओं पर संदेह किया जाना। वास्तव में, यह ''ऑनलाइन छात्रवृत्ति'' अनूठी है क्योंकि आवेदकों को एक मोबाइल नम्बर अथवा ई–मेल पता देना होता है तथा विभाग उन्हें एसएमएस अथवा ई–मेल के माध्यम से परिणाम से अवगत करवाता है। इस प्रयोग को इस बात के एक उदाहरण के तौर पर

प्रस्तुत किया जाना चाहिए कि सूचना एवं संचार प्रौद्योगिकियों (आईसीटी) के उपयोग के साथ कैसे–कैसे सुधारों को लागू किया जा सकता है। भ्रष्टाचार को समाप्त किए जाने के लिए सूचना प्रौद्योगिकी अनुप्रयोगों के सम्बन्ध में संशयवाद शक्तिशाली नहीं होना चाहिए।

सबक यह है कि सूचना प्रौद्योगिकी को अपनाया जाना सार्वजनिक सेवाओं में भ्रष्टाचार को समाप्त किए जाने की अपने आप में कोई गारंटी नहीं होती। सार्वजनिक सेवाओं को लागू किए जाने में पदाधिकारियों तथा निर्वाचित प्रतिनिधियों की गंभीरता एक पूर्ववर्ती आवश्यकता होती है। अनुसूचित जाति, जनजाति तथा पिछड़ा वर्ग समुदायों के छात्रों की छात्रवृत्तियों एवं शिक्षाशुल्क के वितरण में भ्रष्टाचार के इस विशिष्ट मामले में यहाँ तक कि शिक्षा जगत के पदाधिकारियों, जैसे कॉलेजों के प्रधानाचार्यों के द्वारा भी सूचना प्रौद्योगिकी का दुरुपयोग किया गया हो सकता है। इस संदर्भ में सूचना प्रौद्योगिकी की सफलता एक हकीकत नहीं हो सकती है। प्रयोग, पर्यवेक्षण, तथा सार्वजनिक समीक्षा को उस प्रक्रिया में अंतनिर्मित किया जाना चाहिए।

कंप्यूटरों के खराब रहने की अवधि तथा बैंकों में जमा एवं निकासी की त्रुटियों की सीमा इतनी अधिक नहीं होनी चाहिए कि परिणामस्वरूप बैंकों में भ्रष्टाचार के सम्बन्ध में लोगों की धारणाओं में वृद्धि होने लगे। यदि बैंक तथा अन्य वित्तीय संस्थान 'भूमि' (कर्नाटक) जैसे आँकड़ों के संग्रह को ऑनलाइन देख सकते हैं तो फिर उन्हें भू–स्वामित्व के लिए किसी प्रमाणपत्र की माँग करने की क्या आवश्यकता है? सूचना प्रौद्योगिकी के उपयोग से न केवल बैंकों के कार्य का बोझ हल्का होना चाहिए बल्कि ग्राहक को भी सहजता, सुविधा एवं सुरक्षा सम्बन्धी पहलुओं का दर्शन तथा अनुभव होना चाहिए।

बावजूद यह अनुभव कर लिए जाने के कि ई–शासन सार्वजनिक सेवाओं में भ्रष्टाचार की सीमा में अंतर ला सकता है और उनकी कार्यकुशलता एवं पहुँच में सुधार कर सकता है, योजनाओं एवं प्रस्तावों का क्रियान्वयन एक मिशन मोड में नहीं किया जा रहा है। वास्तव में, उन राज्यों में इस प्रक्रिया में एक निश्चित गतिहीनता है जो एक दशक से भी पहले इस सम्बन्ध में अग्रणी रहे थे, जैसे आंध्र प्रदेश। यद्यपि चार वर्षों पूर्व ही केन्द्र के द्वारा राज्य के कुछ क्षेत्रों में ई–शासन के अंतर्गत 4,687 नागरिक ई–सेवा केन्द्रों के लिए अनुमति प्रदान कर दी गई थी, तथापि इन्हें प्रारंभ किया जाना अभी भी शेष है। इसी प्रकार से, "ई–जिला" कार्यक्रम के अंतर्गत नागरिक शिकायत निवारण सम्बन्धी व्यवहारों को भी एक प्रोत्साहन प्राप्त करने की आशा है। इस परियोजना के अंतर्गत आशा है कि नागरिक सभी प्रकार के प्रमाणपत्रों को बिना जिला मुख्यालय पर जाए ऑनलाइन ही प्राप्त कर सकेंगे। इस प्रयोजन के लिए पहचान किए जा चुके जिलों के द्वारा लाए गए अंतर को प्रदर्शित किया जाना बाकी है। यद्यपि कि

इन विभिन्न ई–सेवाओं, ई–शासन, तथा ई–जिला योजनाओं के लिए न तो धन सम्बन्धी कोई अवरोध था और न ही राज्यव्यापी क्षेत्र नेटवर्क तथा ब्रॉडबैंड संपर्कशीलता का, तथापि कुछ राज्यों में यह कार्य बहुत मंद गति से तथा समय से पीछे चल रहा है। हालांकि, दूसरी ओर, कुछ राज्य जैसे बिहार, जो अभी तक बहुत सुस्त रहे थे, गति पकड़ रहे हैं। बिहार में ई–नेट के द्वारा नागरिकों की शिकायत का 24 घंटों में निवारण किए जाने का प्रयोग सूचित रूप से अच्छे परिणाम प्रदान कर रहा है (*ईएनाडू*, 22 दिसम्बर, 2010)।

डिजिटलीकरण भी सहायता प्रदान करता है। उत्तर प्रदेश सरकार के खाद्य एवं नागरिक आपूर्ति विभाग ने दावा किया है कि डिजिटलीकरण ने 4 करोड़ जाली बीपीएल कार्डों को पकड़ने में सहायता प्रदान की है और बीपीएल तथा अंत्योदय योजनाओं के अंतर्गत वास्तविक बीपीएल परिवारों को सेवा प्रदान करने में सुविधा प्रदान की है (*इंडियन एक्सप्रेस*, 26 जनवरी, 2011)। उत्तर प्रदेश के द्वारा गरीबी रेखा के ऊपर (एपीएल) वाले कार्डों का डिजिटलीकरण भी प्रारंभ कर दिया गया है। सार्वजनिक सेवाओं में भ्रष्टाचार पर रोक लगाए जाने में भौगोलिक सूचना प्रणाली (जीआईएस) तथा ग्लोबल पोजिशनिंग सिस्टम (जीपीएस) से भी सहायता प्राप्त होने की आशा है। उनके अनुप्रयोग सम्बन्धी तौर–तरीकों के साथ प्रयोग किए जाने की आवश्यकता है।

मास मीडिया

धारणाएं

भ्रष्टाचार के सम्बन्ध में धारणाएं देश में भ्रष्टाचार की सीमा को एक प्रवृत्ति के रूप में कायम रखती हैं। सार्वजनिक संचार चैनलों के द्वारा सामान्य तथा विशिष्ट संदर्भों में जिस प्रकार से भ्रष्टाचार को प्रस्तुत किया जाता है उसी से लोगों की धारणाएं निर्मित होती हैं तथा गहन होती जाती हैं। यहाँ तक कि यदि धारणा के स्रोतों को सम्बोधित न किया गया हो तथा सूचना प्रौद्योगिकी अथवा सूचना के अधिकार जैसे हस्तक्षेपों के कारण यदि सार्वजनिक सेवाओं में भ्रष्टाचार की सीमा में कमी आ भी चुकी हो, तो भी इस अंतर को लाए जाने के बाद नागरिकों द्वारा उसका अनुभव किए जाने में एक लंबा समय लगेगा। इसीलिए मीडिया के द्वारा निभाई जाने वाली भूमिका महत्वपूर्ण होती है। लोकप्रिय मास मीडिया जिस भी प्रकार से अपनी विभिन्न प्रस्तुतियों में भ्रष्टाचार को कवर करता है वही भ्रष्टाचार के सम्बन्ध में नागरिकों की धारणाओं में योगदान करता है तथा उसे गहन बनाता है।

भ्रष्टाचार को कवर किए जाने के तरीकों के मॉडल अथवा दृष्टिकोण क्या हैं? मीडिया में प्रस्तुतीकरण का एक विश्लेषणात्मक तरीका होना चाहिए–एक ऐसा तरीका जिसके द्वारा मात्र कवरेज ही भ्रष्टाचार को रोकने अथवा समाप्त करने में सहायता प्रदान कर सके, विशेषतौर पर जनसंख्या के एक बड़े वर्ग से सम्बन्धित अग्रणी कार्यक्रमों के मामले में, जो अंततः दर्शकों/पाठकों की संख्यावृद्धि में भी सहायक होगी।

सन् 2005 तथा 2010 के दौरान (राष्ट्रमंडल खेलों के पूर्व) समाचार मीडिया की विषय–वस्तुओं का एक विश्लेषण इस तथ्य को सामने लाता है कि देश के समाचार मीडिया में भ्रष्टाचार की कवरेज में सन् 2008 के बाद से महत्वपूर्ण रूप से बढ़ोत्तरी हो चुकी है। ऐसा सभी समाचार मीडिया के मामलों के साथ हुआ है, चाहे वे विभिन्न समाचार चैनल हों, दैनिक समाचारपत्र हों, अथवा आकाशवाणी (ऑल इंडिया रेडियो) समाचार में से कोई भी रहा हो। भ्रष्टाचार की कवरेज के प्रति समर्पित समय स्वास्थ्य, शिक्षा के लिए दिए गए अलग–अलग समय तथा दोनों को एक साथ मिलाकर दिए गए कुल समय की तुलना में अधिक था। मीडिया कवरेज में हुई यह वृद्धि किस बात की तथा किस परिणाम की द्योतक है? यह आगे शोध किए जाने की आह्वाहन करता है। इस वृद्धि का एक कारण था सूचना के अधिकार अधिनियम को लागू किए जाने की पृष्ठभूमि में नया–नया जन्मा उत्साह। धारणाओं एवं अनुभवों में ऐसी बढ़ी हुई कवरेज से क्या अंतर आ सका है? ऐसा कोई भी साक्ष्य उपलब्ध नहीं है कि मीडिया की कवरेज में होने वाली इस वृद्धि से कोई अंतर आ चुका है। परंतु मीडिया कवरेज के द्वारा भ्रष्टाचार को टालने अथवा उजागर करने तथा सम्बन्धित एजेन्सियों को अनुवर्ती कार्यवाही करने के लिए प्रेरित करने सम्बन्धी उदाहरण मौजूद हैं।

समाचार बुलेटिनों में भ्रष्टाचार की कहानियों को समर्पित किए गए समय का एक विश्लेषण किसी सीमा तक भ्रामक है क्योंकि चैनलों के द्वारा एक ही समाचार बुलेटिन में इन समाचारों को बार–बार दोहराए जाने की प्रवृत्ति विद्यमान रहती है। गत दशक में संपन्न किए गए भ्रष्टाचार सर्वेक्षणों के विभिन्न चक्रों की पृष्ठभूमि में इन प्रवृत्तियों की जाँच किए जाने की आवश्यकता है, जो यह प्रदर्शित करते हैं कि सार्वजनिक सेवाओं में भ्रष्टाचार के सम्बन्ध में धारणाओं में कमी नहीं आई है तथा यह उनके वास्तविक अनुभवों की तुलना में बहुत अधिक हैं।

एक अग्रणी राष्ट्रीय दैनिक समाचारपत्र के तीन–कॉलम वाले शीर्षक (22 जुलाई, 2010) में प्रमुखता के साथ प्रस्तुत किया गया एक समाचार था–*"हाउस पैनल प्वाइंट्स टू करप्शन इन नरेगा।"*[3] परंतु आगे अध्ययन किए जाने पर, पाठ्य में कोई भी यह देख सकता था कि अधिकांश संसद सदस्यों ने जिस बात को उठाया था वह निधियों के प्रवाह अथवा आवंटन में व्याप्त कुछ कमियों

तथा नियमों में परिवर्तन की आवश्यकता से सम्बन्धित थीं। मात्र दो अथवा तीन सदस्यों ने ही अपने–अपने निर्वाचन क्षेत्रों में हो रहे भ्रष्टाचार को संदर्भित किया था। समाचार मीडिया में इस प्रकार की प्रस्तुतियों अथवा अत्यधिक बढ़ा–चढ़ा कर किए गए प्रस्तुतीकरणों के ऐसे उदाहरणों को लगभग रोज ही देखा जा सकता है। भ्रष्टाचार समाचारों की सुर्खियों में भी उतना ही अधिक है जितना कि लोगों के ''मस्तिष्क'' में। ऐसा प्रसारण समाचार चैनलों की बुलेटिनों में तो और भी अधिक है। इस प्रकार से मीडिया में किसी मुद्दे को बढ़ा–चढ़ा कर पेश किए जाने के साथ हम इन धारणाओं को समाप्त कर पाने की आशा किस प्रकार से कर सकते हैं कि ''देश में सब जगह भ्रष्टाचार है''?

यह विश्लेषण दर्शाता है कि समाचार मीडिया के द्वारा भ्रष्टाचार का कवरेज इतना पर्याप्त नहीं है कि भ्रष्टाचार के विरुद्ध यह लोगों को संवेदनशील बना सके अथवा प्रेरित कर सके या फिर भ्रष्टाचार को ही सीमित कर सके। ऐसा इसलिए हो सकता है क्योंकि भ्रष्टाचार की कवरेज की परिधि तथा संरचना इस प्रकार की है कि यह लोगों को इसलिए नहीं उकसा पाती क्योंकि ये सभी मामले अधिकांशतः ऊँचे लोगों अथवा ''बड़े भ्रष्टाचार'' से सम्बन्धित होते हैं। समाचार बुलेटिनों के द्वारा कवर किए गए भ्रष्टाचार के लिए स्थान तथा मामलों का तीन–चौथाई भाग अधिकांशतः बड़ी संस्थाओं, अथवा नौकरशाही से सम्बन्ध रखता है, तथा इसमें राजनीतिक अथवा ऊँचे दर्जे की हस्तियाँ तथा सरकारी नीतियाँ अथवा उनके द्वारा किए गए कार्य सम्मिलित होते हैं। ऐसा प्रतीत होता है जैसे ''छोटा'' भ्रष्टाचार तथा संवेदनशील वर्गों को संलिप्त करने वाला भ्रष्टाचार बहुत अधिक मायने नहीं रखता। मुश्किल से ही किसी ऐसे मामले को कवर किया गया था जिसमें कोई साधारण नागरिक संलिप्त रहा हो तथा कवरेज इस प्रकार की थी कि इसके द्वारा मुश्किल से ही उन लोगों में कोई रुचि जाग्रत की जा सकी हो। साथ ही, कवरेज का अधिकांश भाग शायद ही मीडिया के द्वारा की गई अग्रसक्रिय पहलों का परिणाम रहा हो।

पहले के समय में एक धारणा यह थी कि जहाँ प्रेस स्वतंत्र है वहाँ भ्रष्टाचार के लिए गुंजाइश कम है। परंतु आज कोई भी इस बात के प्रति सुनिश्चित नहीं हो सकता। आज कोई भी भ्रष्टाचार की मीडिया द्वारा की गई कवरेज तथा धरातल पर वास्तविक भ्रष्टाचार की सीमा के बीच के एक सकारात्मक सहसम्बन्ध को प्रदर्शित कर सकता है। संयुक्त राष्ट्रसंघ विकास कार्यक्रम (यूएनडीपी) की एक रिपोर्ट (2008), जिसका शीर्षक *'टैकलिंग करप्शन, ट्रांसफार्मिंग लाइव्स : एक्सेलरेटिंग ह्यूमन डेवलपमेंट इन एशिया एंड द पेसिफिक'* था, के द्वारा दावा किया गया है कि मीडिया के द्वारा ''भ्रष्टाचार को उजागर किए जाने की अधिक संभावना होती है यदि उनका स्वामित्व एक प्रतिस्पर्धापूर्ण बाजार में बँटा हुआ हो तथा वे विभिन्नतापूर्ण विचारों के एक समूह का प्रतिनिधित्व करते हों।''[4] किन्तु

रिपोर्ट यह भी प्रेक्षित करती है कि "भारत के पास क्षेत्र की सर्वाधिक दीर्घकालिक परंपरा है–प्रेस की स्वतंत्रता की, फिर भी भ्रष्टाचार व्याप्त है।" क्यों? सामान्य तौर पर निर्धारित की जाने वाली एक मान्यता यह है कि लोकप्रिय दृश्य–श्रृव्य मीडिया के पास भ्रष्टाचार के विरुद्ध लोगों को अभिप्रेरित कर सकने की अपार क्षमता विद्यमान है, परंतु यह देश में भ्रष्टाचार के दायरे में कोई खास अंतर नहीं ला सका है। यह यूएनडीपी की रिपोर्ट में किए गए इस महत्वपूर्ण प्रेक्षण को दिमाग में ताजा कर देता है कि "शक्तिशाली मीडिया भ्रष्टाचार विरोधी प्रयासों को बढ़ावा दे सकता है," परंतु, "गंभीर बाध्यताएं अभी भी भ्रष्टाचार पर रिपोर्ट करने की प्रेस की संपूर्ण शक्ति को बाधित करती हैं।"

समाचार मीडिया के द्वारा भ्रष्टाचार कांडों का पर्दाफाश किए जाने के अनेकों उदाहरण मौजूद हैं, जो अन्यथा रूप से या तो ढँके–छिपे रह गए होते अथवा उनके सामने आने में लंबा समय लग गया होता। साथ ही भ्रष्टाचार को कम किए जाने तथा, इस प्रक्रिया में, भ्रष्टाचार के ऐसे और अधिक उदाहरणों के पर्दाफाश को प्रारंभ किए जाने में सहायता प्रदान किए जाने में भी लंबा समय लग गया हो सकता था। यह तथ्य कि मीडिया के पास एक दोधारी तलवार है, भ्रष्टाचार की कवरेज के मामले में बहुत अधिक स्पष्ट दिखाई देता है क्योंकि कवरेज भ्रष्टाचार के कांडों को उजागर करने में सहायता प्रदान करती है तथा इस धारणा का प्रचार–प्रसार करने में भी योगदान करती है कि भ्रष्टाचार व्यापक है; यहाँ तक कि इस प्रक्रिया में यह ऐसी विधियों का लाभ उठाए जाने अथवा उनकी नकल किए जाने के तौर–तरीकों का ज्ञान भी प्रदान करता है कि तत्काल रूप से परितोषण किस प्रकार से प्राप्त किया जाए। भ्रष्टाचार मामले में (जैसा कि हिंसा, सेक्स, अपराध तथा इसी प्रकार के अन्य मामलों में होता है) यह और अधिक सरलता से सच प्रतीत होता है कि टेलीविजन विशेषतौर पर नकारात्मक बातों को अधिक तेजी से प्रेरित करता है। मीडिया कवरेज की ऐसी क्षमता ही वह आधार है जो जनता के एक बड़े भाग के मस्तिष्क में भ्रष्टाचार के सम्बन्ध में गहरी जड़े जमाते हुए इससे सम्बन्धित धारणाओं को कायम रखती है। ऐसे प्रकार की कवरेज जो भ्रष्टाचार के सम्बन्ध में विभिन्न प्रकार के मास मीडिया के द्वारा की जाती है, पर संभवतः कुछ चिंताओं एवं सुधारों के साथ विचार किए जाने की आवश्यकता है।

यह कौतूहलपूर्ण है कि क्यों टीवी चैनल विभिन्न परिस्थितियों अथवा संदर्भों में भ्रष्टाचार के विरुद्ध संघर्ष के तरीकों एवं साधनों को प्रदर्शित करने वाले कार्यक्रमों को क्यों नहीं प्रसारित करते। मीडिया, विशेषतौर पर दृश्य मीडिया, लोगों को घूस देने अथवा लेने के जोखिमों को इस प्रकार से समझा सकता है कि ऐसा किया जाना न केवल नागरिक कार्यवाही को अभिप्रेरित कर सकता है बल्कि प्रारंभ भी कर सकता है। यदि इसे एक धर्मयुद्ध के रूप में अपना लिया जाए तो यह मीडिया की विश्वसनीयता में वृद्धि कर सकता है। हालांकि,

कभी–कभी कवरेज भ्रष्टाचार की ''तकनीक'' अथवा ''कार्यपद्धति'' तथा इसके ''लाभों'' का ज्ञान बाँटती हुई प्रतीत होती है, तथा, इस प्रक्रिया में यद्यपि कि बिना किसी मंशा के ही सही, इस प्रथा के ''आंतरिककरण'' की ओर ले जाती है। कवरेज का एक विश्लेषण इंगित करता है कि यह न तो दर्शक को संवेदनशील बनाती है और न ही भ्रष्टाचार को निरुत्साहित करती है। कभी–कभी, बिना किसी मंशा के, यह देखने वाली जनता के कतिपय वर्गों के संदर्भ में ठीक विपरीत प्रकार से कार्य करती है।

क्या मीडिया द्वारा किया गया भ्रष्टाचार का कवरेज सम्बन्धित एजेन्सियों अथवा नागरिकों के द्वारा किसी अनुवर्ती कार्यवाही को संपन्न किए जाने में सहायक होता है? दोनों ही संदर्भों में उदाहरण मौजूद हैं। संभवतः नागरिकों एवं सिविल सोसाइटी समूहों की अपेक्षा मीडिया कवरेज से सरकार के द्वारा सूत्र लिए जाने के अधिक उदाहरण मौजूद हैं, जो यह धारणा प्रदान करता है कि मीडिया कवरेज में दर्शकों को भ्रष्टाचार के प्रति प्रभावशून्य बनाए जाने की क्षमता विद्यमान है। इस सम्बन्ध में, हाल ही के समय में कुछ क्षेत्रीय टेलीविजन चैनल जानबूझकर भ्रष्टाचार को ''उजागर'' किए जाने का कार्य कर रहे हैं। वास्तव में, ज्यादा से ज्यादा टेलीविजन चैनल ऐसी पहल कर रहे हैं, परंतु प्रकट रूप से बिना किसी प्रभाव के। कुछ चैनलों के द्वारा सार्वजनिक सेवाओं में भ्रष्टाचार की अलग–अलग शिकायतों को लेते हुए भ्रष्टाचार को उजागर करने के लिए ऐसी पहलों को अग्रसक्रिय तथा प्रतिक्रियात्मक दोनों ही रूपों में अपनाया गया है। अधिकांश चैनल भ्रष्टाचार की समस्या को एक व्यवस्थागत समस्या के रूप में उजागर किए जाने की उतनी प्रवृत्ति नहीं रखते जितनी कि किसी एक पृथक मामले को उजागर किए जाने की। दोनों ही प्रकार की कवरेज अंतर ला सकती हैं। एक व्यापक एवं दीर्घकालिक प्रवृत्ति के साथ घूस लिए अथवा दिए जाने के संपर्कों को प्रदर्शित किए जाने से एक अंतर लाए जाने की संभावना है। उदाहरण के लिए, चुनाव में 100 रुपए प्रति वोट लिया जाना। मतदाताओं को यह ज्ञात होना चाहिए कि इसकी लागत के रूप में उन्हें 500 अथवा 5,000 रुपए प्रतिवर्ष की दर से अगले पाँच वर्षों तक भुगतान करना होगा। अथवा इस वर्ष ली गई 100 रुपयों की किसी भी घूस का अर्थ होगा आने वाले वर्षों में 500 रुपए की घूस दिया जाना ताकि किसी सार्वजनिक स्कूल में प्रवेश प्राप्त किया जा सके अथवा किसी सरकारी अस्पताल में एक बिस्तर प्राप्त हो सके।

टेलीविजन चैनलों के द्वारा इस प्रकार की पहलों के सम्बन्ध में कोई भी अध्ययन उपलब्ध नहीं है। वास्तव में, किसी भी चैनल के सम्बन्ध में शिकायतों के निवारण सहित भ्रष्टाचार के विरुद्ध संघर्ष हेतु किए गए मीडिया सम्बन्धी प्रयासों की कोई भी मात्रात्मक सूचना उपलब्ध नहीं है। किसी भी सेवा में किसी भी स्तर पर भ्रष्टाचार को रोकने में उनके द्वारा किए गए प्रयास कोई

अंतर ला सकते हैं अथवा नहीं, यह एक ऐसा तथ्य है जिसे स्वयं चैनलों को ही जानना चाहिए।

मास मीडिया समाज तथा सरकार में मौजूद उन ताकतों के बीच की मौन–समझ का पर्दाफाश कर सकता है जो भ्रष्टाचार के लिए प्रत्यक्ष अथवा परोक्ष रूप से उत्तरदायी हैं। भ्रष्टाचार का ऐसा कोई भी पर्दाफाश मात्र तब ही संभव है जब मीडिया सामाजिक चिंताओं के प्रति जागरूक रहे तथा संपादकीय स्वतंत्रता का प्रदर्शन करता हो। भ्रष्टाचार को आंशिक अथवा पूरी तरह से कवर कर रहे अलग–अलग मीडिया के उदाहरण पूरे देश के विभिन्न भागों में बड़ी संख्या में उपलब्ध हैं। धरातल पर नागरिकों तथा सिविल सोसाइटी संगठनों के साथ मिलकर मीडिया और भी बहुत कुछ कर सकता है–जैसा कि काफी समय से कुछ टेलीविजन चैनल कर भी रहे हैं। वे सामान्य तौर पर तथा विशिष्ट संदर्भों में भ्रष्टाचार के विरुद्ध जनता का समर्थन जुटा सकते हैं। देश के अधिकांश भागों में ऐसे सिविल सोसाइटी संगठन तथा सक्रिय नागरिक मौजूद हैं जो निजी बलबूते पर भ्रष्टाचार के विरुद्ध संघर्ष कर रहे हैं। इस बात से कोई फर्क नहीं पड़ता कि मीडिया भ्रष्टाचार का कितना विस्तृत तथा अग्रसक्रियतापूर्वक कवरेज करता है। यह अंतर मात्र तभी ला सकेगा जब नागरिक तथा सिविल सोसाइटी धरातल पर इस धर्मयुद्ध को अपना लें और इसे आगे बढ़ाएं। दुर्भाग्यवश, सभी प्रकार की अग्रसक्रिय विषय–वस्तुओं के साथ–साथ मीडिया के विस्तार के बावजूद भी देश की सिविल सोसाइटी में मुश्किल से ही किसी सक्रिय ''मीडिया दर्शक समूह'' को पाया जा सकता है। साथ ही, ऐसा कोई भी उदाहरण मौजूद नहीं है कि समाचार मीडिया तथा सिविल सोसाइटी समूह क्रमबद्ध रूप में कार्य कर रहे हैं।

व्यापक हित

समुदायों की सूचना सम्बन्धी आवश्यकताओं पर अमेरिकी संसद के एक द्विदलीय नाइट आयोग[5] ने हाल ही (2010) में यह घोषणा की थी कि मीडिया परिदृश्य सभी अमेरिकी लोगों की समान रूप से सेवा नहीं कर रहा है, और यह कि यह पूरी तरह से लोकतंत्र की सेवा नहीं कर रहा है, और यह कि इससे जीवन की गुणवत्ता प्रभावित होगी। अमेरिका में इस प्रकार के और अन्य विश्लेषणात्मक अध्ययनों से सार एकत्रित करते हुए संघीय संचार आयोग (फेडरल कम्यूनिकेशन कमीशन–एफसीसी) ने निष्कर्ष निकाला कि वर्तमान प्रवृत्तियों में ''अपने नेताओं तथा संस्थानों को जवाबदेह ठहरा सकने की नागरिकों की योग्यता में बाधा पहुँचाते हुए हमारे लोकतंत्र तथा समुदायों के स्वास्थ्य के लिए खतरनाक परिणाम निहित

हैं।"[6] यदि अमेरिकी लोगों के द्वारा इस प्रकार से चिंता की जा रही है तो भारत में हम सब को सार्वजनिक मीडिया तथा सार्वजनिक सेवाओं के संचालनों के प्रति नागरिकों की निष्क्रियता एवं उपयोगकर्ताओं की असहभागिता के सम्बन्ध में कितनी अधिक चिंता करनी चाहिए! जहाँ तक मीडिया, विशेषतौर पर प्रकाशन एवं इलेक्ट्रॉनिक मीडिया के समाचार बुलेटिनों के प्रतिनिधिक चरित्र तथा जमीनी वास्तविकताओं की चिंतनशील प्रकृति का सम्बन्ध है, उन्हें अपनी विषय–वस्तु सम्बन्धी प्राथमिकताओं पर एक पुनर्विचार करने की आवश्यकता है। भ्रष्टाचार की कवरेज को दर्शकों की संख्या में वृद्धि के लिए उपयोग में लाया जाना एक बात है और एक चिंता के साथ भ्रष्टाचार को कवर किया जाना तथा इसे सीमित किए जाने की मंशा दोनों ही बिल्कुल अलग–अलग बातें हैं। टेलीविजन चैनलों के द्वारा भ्रष्टाचार को कवर किए जाने का दृष्टिकोण, ढाँचा तथा समय अलग–अलग होगा। इसका अर्थ यह है कि "जिस प्रकार" से भ्रष्टाचार को समाचार चैनलों के द्वारा कवर किया जाता है, वह तरीका भ्रष्टाचार के आंतरिककरण तथा इसके विस्तार में योगदान कर रहा है, और यह कि ऐसी कवरेज भ्रष्टाचार में एक दूसरे पर हावी होने की रणनीति का प्रसार करती है। सामान्य धारणा यह है कि समाचार चैनलों के दर्शक सोचते हैं कि चैनलों के द्वारा भ्रष्टाचार की कवरेज इसका पर्दाफाश कर रही है। परंतु क्या हम इसके सम्बन्ध में भी कुछ कर रहे हैं? क्या घूस लिए अथवा दिए जाने में कोई व्यवहारगत परिवर्तन आ सका है? क्या कवरेज भ्रष्टाचार के सम्बन्ध में धारणाओं को बढ़ा अथवा कायम रख रही है? यदि समाचार चैनलों की मंशा भ्रष्टाचार को रोकने तथा समाप्त करने की है तो उन्हें उन तरीकों पर पुनर्विचार करने की आवश्यकता है जिनके द्वारा वे भ्रष्टाचार के प्रकरणों को कवर करते हैं। यही वह तरीका है जिसके अनुसार एन. विट्ठल, जो देश में तीन दशकों से भी अधिक समय से भ्रष्टाचार का विश्लेषण करते रहे हैं, के द्वारा यह प्रश्न प्रस्तुत किया गया है–"क्या भ्रष्टाचार से लड़ने के लिए मीडिया जनमत को एकजुट कर सकता है?"[7]

तहलका प्रयोग

यद्यपि पत्रकारों को प्राप्त "प्रेस की स्वतंत्रता" तथा विशेषाधिकार उनके द्वारा भ्रष्टाचार के विरुद्ध संघर्ष को अपनाए जाने की कोई गारंटी नहीं हैं अथवा इसके लिए पर्याप्त नहीं हैं, तथापि तहलका जैसे कुछ सफल उदाहरण भी मौजूद हैं। जहाँ तक सार्वजनिक सेवाओं में भ्रष्टाचार के कारणों तथा परिणामों का सम्बन्ध है, समाचार मीडिया एवं नवीनतम तकनीकें संपर्कों को स्थापित किए जाने में सुविधा प्रदान करने वाली हैं। ऐसी किसी भी कवरेज के द्वारा स्थिति को बदलने

के लिए कुछ करने हेतु सिविल सोसाइटी को संवेदनशील बनाए जाने एवं प्रेरित किए जाने की संभावना है।

एक दशक से भी अधिक समयपूर्व किए गए तहलका प्रयोग ने देश में अनेकों लोगों को इस प्रकार से पर्दाफाश करने के कार्य करने हेतु प्रोत्साहित किया है। परंतु ऐसा लंबे समय तक नहीं चल सका, न ही यह समाज में अथवा किसी सेवा विशेष में भ्रष्टाचार के विरुद्ध संघर्ष किए जाने के नए मॉडलों के साथ आगे आने जैसा कोई कार्य ही कर सका।

कैश–फॉर–क्वेरी (प्रश्न पूछे जाने हेतु नकदी) घोटाले में एक संसद सदस्य के संलिप्त होने के मामले में दिए गए एक ऐतिहासिक निर्णय में दिल्ली उच्च–न्यायालय ने स्टिंग ऑपरे न का बचाव उसे ''भ्रष्टाचार का पर्दाफाश करने का एक साधन'' बताते हुए किया है।[8] निर्णय में दिया गया औचित्य यह था कि ''प्रत्येक नागरिक को एक भ्रष्टाचारमुक्त समाज के लिए प्रयास करना चाहिए तथा जब कभी भी उसकी जानकारी में आता हो भ्रष्टाचार को अवश्य ही उजागर करना चाहिए तथा सभी स्तरों पर भ्रष्टाचार को दूर करने का प्रयास करना चाहिए। ऐसा देश के प्रबंधन के ऊँचे स्तरों के मामलों में अधिक किया जाना चाहिए।''[9] इस निर्णय ने खोजी पत्रकारिता को प्रोत्साहन दिया है तथा ऐसी कवरेज को प्रत्येक समाचार मीडिया का एक अंग बना दिया है। इस निर्णय के द्वारा सभी प्रकार के मीडिया में भ्रष्टाचार की कवरेज को आगे और अधिक बढ़ावा दिया जाना अनिवार्य है। हालांकि, एकसाथ मिलकर ये सब भ्रष्टाचार अथवा व्यक्तिगत एवं सामाजिक स्तरों पर व्याप्त पतनकारी भ्रष्ट व्यवहारों को उकसावा देंगे अथवा नहीं तथा सभी प्रकार के भ्रष्टचार के विरुद्ध जनता को एकजुट कर सकेंगें अथवा नहीं, यह देखे जाने की आवश्यकता है।

उकसाने वाला कवरेज

हाल ही के समय में समाचार मीडिया के द्वारा व्यवसाय, राजनीति तथा सरकार में भ्रष्टाचार की कवरेज में वृद्धि कर दी गई है। कुल मिलाकर, इनका सम्बन्ध ''बदनाम किए जाने'' तथा ''महत्वहीन किए जाने'' अथवा ''व्यक्तिगत किए जाने'' से अधिक होता है बजाए इसके कि भ्रष्टाचार के सम्बन्ध में एक ऐसे व्यवस्थित दृष्टिकोण को अपनाया गया हो जो देश की जनता के बड़े वर्गों से सम्बन्धित हो। ऐसा करने के लिए, शायद मीडिया को समय का पीछा करने तथा अन्वेषण करने की आवश्यकता होती है, तथा इसके लिए विशेषज्ञों की आवश्यकता हो सकती है। इन सभी बातों में विशिष्ट प्रयासों तथा खर्चों के लिए धन की आवश्यकता होती है। प्रायः किसी आयोग अथवा समिति की किसी न किसी

रिपोर्ट के एक अंग के रूप में अथवा राजनीतिज्ञों एवं व्यवसायिक घरानों के बीच की अंदरूनी शत्रुता के कारण जब भी किसी राजनीतिज्ञ अथवा व्यवसायी की संलिप्तता वाले "बड़े भ्रष्टाचार" की बात न्यूनतम लागत पर समाचार मीडिया के सामने आती है, तो सूचना के अधिकार अधिनियम को अब उनकी सहायता करनी चाहिए तथा एक अंतर लाए जाने के लिए पत्रकारों को अपनी कवरेजों में इससे भी आगे बढ़ने का प्रयास करना चाहिए। हाल ही में कुछ समाचार मीडिया में विषय–वस्तु का 4 से 5 प्रतिशत भाग, जो अधिकांशतः भ्रष्टाचार की घटनाओं का प्रकटीकरण होता है, मीडिया तथा अन्य लोगों के द्वारा सूचना के अधिकार के अधीन पूछे गए प्रश्नों के प्रत्युत्तरों पर आधारित था। आने वाले वर्षों में इसमें वृद्धि होना निश्चित है।

केन्द्रीय सूचना आयोग के सूचना आयुक्त ने राष्ट्रमंडल खेलों में भ्रष्टाचार के सम्बन्ध में लिखते हुए प्रेक्षित किया है कि "भ्रष्टाचार एवं कुशासन हमारे पसंदीदा रियल्टी शो एवं मनोरंजन बन चुके हैं।"[10]

भ्रष्टाचार को कवर किए जाने में मीडिया की रुचि पहले उच्च–पदाधिकारियों तथा संलिप्त बड़े एवं सुविख्यात लोगों तक ही सीमित थी। एक "कहानी," "दृश्य," अथवा "मीडिया सामग्री" के रूप में भ्रष्टाचार में रुचि का सम्बन्ध भ्रष्टाचार की अपेक्षा "बदनामियों" से अधिक है, विशेषतौर पर उसके साथ जो देश के साधारण नागरिकों तथा/अथवा बुनियादी संस्थानों को प्रभावित करने वाला हो। मीडिया भ्रष्टचार का रहस्योद्घाटन किए जाने तथा इसके निहितार्थों का विश्लेषण करने के बजाए उसकी रिपोर्ट किए जाने में अधिक बेहतर रहा है। शायद नजरअंदाज, उपेक्षित, अथवा लीपा–पोती की जा चुकी भ्रष्टाचार की घटनाओं की संख्या की तुलना में मीडिया के द्वारा पर्दाफाश की गई भ्रष्टाचार की घटनाओं की संख्या बहुत कम है। भूरे लाल के द्वारा अपनी पुस्तक *करप्शन* (2002) में विगत 60 वर्षों के दौरान 20 से भी अधिक "राष्ट्रीय घोटालों", जिनमें कथित तौर पर उच्च–पदाधिकारी संलिप्त थे, को सूचीबद्ध किया गया है। इनमे से मात्र कुछ के ही मामलों में मीडिया ने ऐसा घटित हो रहे होने के बारे में संकेत प्रदान किए जाने सम्बन्धी कोई भी भूमिका ऐसे कांडों की किसी–न–किसी समिति अथवा एक राजनीतिक आरोप के रूप में सामने आ जाने के पूर्व निभाई थी। ऐसी प्रवृत्ति आर्थिक अपराधों के मामले में और अधिक सुस्पष्ट थी, जिनकी कि यदि चेतावनी दी गई होती तो इनमें से कुछ कांडों को रोका गया हो सकता था तथा अनेकों नागरिकों को इसकी पीड़ा से बचाया गया हो सकता था। यदि मीडिया भ्रष्टाचार को समाप्त किए जाने को मात्र एक उत्तरदायित्व के रूप में स्वीकार कर ले तो कंप्यूटरीकरण तथा ऑनलाइन आँकड़ों के संग्रह तथा निर्दिष्टीकरण सेवाओं के साथ इसकी निरोधक एवं अग्रसक्रिय भूमिका को संभव होना चाहिए। सूचना आयुक्त (सूचना के अधिकार) के द्वारा दिल्ली नगरपालिका

(एमसीडी) को दिल्ली में जारी रहने वाले अनियमित एवं अवैध निर्माणों के सम्बन्ध में लिखे गए एक पत्र की द *हिन्दू* की कवरेज ऐसा ही एक उदाहरण है।[11] अन्यथा रूप से इस अहानिकर पत्र को प्रमुखता के साथ प्रकाशित किए जाने के द्वारा द *हिन्दू* ने उस निर्माण को रोकने में सहायता प्रदान की जो ऐसा न किए गए होने की स्थिति में इस मामले के सामान्य तौर पर सूचना आयोग के सामने सुनवाई के लिए प्रस्तुत किए जाने के समय तक पूरा कर लिया गया होता। यह एक ऐसा उदाहरण है जहाँ मीडिया कवरेज ने सम्बन्धित अधिकारियों को भ्रष्टाचार के विरुद्ध कार्यवाही करने हेतु बाध्य कर दिया था।

ऐसे अनेकों अन्य उदाहरण भी मौजूद हैं जहाँ मीडिया कवरेज ने भ्रष्टाचार के रैकेट को रोके जाने अथवा कम किए जाने में सहायता प्रदान की है। राष्ट्रमंडल खेलों (2010) तथा मुम्बई में "कारगिल गेट" (2010) में भ्रष्टाचार का पर्दाफाश किया जाना ऐसे ही अन्य उदाहरण हैं जहाँ समाचार चैनलों ने यह दर्शा दिया है कि उनका धर्मयुद्ध भ्रष्टाचार की गुंजाइश को रोक अथवा कम कर सकता है और यहाँ तक कि अपराधियों को पकड़े जाने तथा उन्हें दंडित करवाए जाने में भी सहायता प्रदान कर सकता है। यहाँ तक कि नागरिकों के बड़े वर्ग को संलिप्त करने वाली सार्वजनिक सेवाओं के मामलों में भी चैनलों के बीच की जाने वाली प्रतिस्पर्धा ऐसा कोई भी अंतर ला सकती है।

भ्रष्टाचार तथा लोकप्रिय मीडिया

दूरदर्शन का *रजनी* नामक टेलीविजन धारावाहिक (1985) विगत दो दशकों से लेकर आज की तारीख तक प्रसारित किए गए कार्यक्रमों में से ऐसा एकमात्र कार्यक्रम था जो यह प्रदर्शित करने के प्रति समर्पित था कि सार्वजनिक सेवाओं में व्याप्त भ्रष्टाचार के विरुद्ध एक संगठित तरीके से संघर्ष किए जाने के लिए नागरिक स्वयं को किस प्रकार से एकजुट कर सकते हैं। साथ ही यह उन तरीकों को दिखाए जाने के प्रति भी समर्पित था जिन्हें धारावाहिक में प्रदर्शित घटनाओं के मामले में अपनाया गया था ताकि भ्रष्टाचार से विरुद्ध संघर्ष करने वाले नागरिकों के एक मॉडल का दर्शकों द्वारा अनुकरण किए जाने हेतु उन्हें अभिप्रेरित किया जा सके। परंतु उस समय से लेकर आज तक में पूरे देश में चैनलों की भरमार हो जाने के बावजूद यह एक इकलौता उदाहरण बनकर रह गया। *रजनी* सापेक्षिक तौर पर लोकप्रिय एवं बहुप्रसंशित था, तथा इसकी सभी कड़ियाँ लगातार देखी गई थीं। परंतु ऐसा तब था जब निजी टेलीविजन चैनलों की भीड़ एकत्रित नहीं हुई थी तथा जब टेलीविजन रेटिंग प्वांइट (टीआरपी) की व्यवस्था टेलीविजन चैनलों के लिए बेंचमार्क (न्यूनतम मानदंड) नहीं बनी थी।

फिर चैनलों के द्वारा *रजनी* के समान धारावाहिकों को दिखाए जाने का प्रयास कभी भी क्यों नहीं किया गया जबकि अन्य स्थितियों में वे ऐसे सफल कार्यक्रमों के ''नकलचियों'' के रूप में तेजी के साथ सामने आ जाते हैं?

फिल्म अभिनेता कमल हसन की एक फीचर फिल्म थी *भारतीयूडू* (1998)। यह उसी भ्रष्टाचार से सम्बन्धित थी जिनका सामना नागरिकों को विभिन्न सार्वजनिक सेवाओं के मामलों में करना पड़ता है, जैसे अस्पताल, जिलाधिकारी कार्यालय, परिवहन कार्यालय इत्यादि। इस फिल्म में उन स्थितियों को दर्शाया गया था जिनसे होकर एक नागरिक को तब गुजरना पड़ता है जब वह किसी सार्वजनिक सेवा को हासिल करने का प्रयास करता है तथा अंततः उसे किस प्रकार से घूस देनी ही पड़ती है। इस फिल्म का नायक, जो एक स्वतंत्रता सेनानी भी था, सार्वजनिक सेवा में बैठे हुए भ्रष्ट अधिकारियों को दंडित करने के लिए किसी भी सीमा तक चला जाता है। यह फिल्म हिन्दी, तमिल तथा तेलुगु भाषाओं में जारी की गई थी तथा व्यवसायिक रूप से इसे एक सफल फिल्म माना गया था। इसकी व्यापक प्रसंशा की गई थी तथा गत दशक के दौरान लोकप्रिय टेलीविजन चैनलों के द्वारा इसे कई बार प्रदर्शित किया जा चुका है। इस फिल्म में भ्रष्ट अधिकारियों को पकड़ने तथा उन्हें दंडित करने के लिए नायक कुछ ऐसी तकनीकों का उपयोग करता है जो भ्रष्टाचार को रोकने के बारे में एक संदेश प्रसारित करती हैं। फिल्म भ्रष्ट अधिकारियों को दंडित किए जाने के कार्य को एक मिशन के रूप में प्रदर्शित करती है। साथ ही यह एक ऐसे नागरिक की खोज का प्रयास करती है जो घूस लेने के लिए अपने ही पुत्र की हत्या करने का प्रयास करने की सीमा तक इसलिए जा सकता है क्योंकि उसके कारनामें के कारण अनेकों स्कूली बच्चों की मौत हो गई थी। क्या विगतकाल के इन वर्षों के दौरान यह फिल्म कुछ अंतर ला सकी है? फिर विभिन्न संदर्भों तथा मुद्दों के मामले में ऐसी किसी अपील से युक्त फिल्मों का निर्माण प्रायः ही क्यों नहीं किया जा रहा है?

किन्तु, दूसरी ओर, आमिर खान द्वारा निर्मित एक फिल्म *पीपली लाइव* (सितम्बर 2010) के द्वारा गरीबी, भ्रष्टाचार, पारदर्शिता के अभाव आदि को दर्शाया गया, तथा यह भी प्रदर्शित किया गया कि किस प्रकार से समाचार मीडिया समस्या में वृद्धि करता है और यहाँ तक कि भ्रमित करता है तथा जमीनी स्तर पर इस प्रवृत्ति पर ध्यान नहीं देता। इस फिल्म में यह सब बिना किसी हिंसा अथवा श्रोताओं को दिए गए ऐसे ही किसी अन्य प्रलोभन के दर्शाया गया था। फिल्म व्यवसायिक तौर पर सफल रही थी तथा अपने मूल्यवान संदेश के लिए व्यापक तौर पर प्रसंशित रही थी। ऐसी और अधिक फिल्में अथवा धारावाहिक आएंगे अथवा नहीं, यह देखा जाना अभी भी शेष है।

लीडर, जो एक तेलुगु फीचर फिल्म है (मार्च 2010), राजनीतिक भ्रष्टाचार पर आधारित है तथा यह सजीव रूप से दर्शाती है कि सत्ता में बने रहने के

प्रयासों में नकद नोटों के बंडलों का आदान–प्रदान किस प्रकार से किया जाता है। फिल्म दर्शाती है कि सत्ता प्राप्त करने के लिए राजनीतिक नेतागण किस प्रकार से शोर–शराबे के साथ तथा बिना किसी शर्म–संकोच के भ्रष्टाचार के कार्यो जैसे घूस के लिए–दिए जाने में लिप्त हैं। फिल्म दर्शाती है कि किस प्रकार से एक युवा तथा शिक्षित पुत्र भ्रष्टाचार के साथ एक बड़े पैमाने पर संघर्ष किए जाने के द्वारा उसे मात देने के प्रति कृतसंकल्प था। यह फिल्म राजनीति तथा चुनावों में धन के "लेन–देन" के सम्बन्ध में "तकनीक" को जनता के समक्ष रखती है; फिल्म इस व्यवहार को सत्ता पर कब्जा किए जाने के एक प्रभावी तरीके के रूप में आकर्षण प्रदान करती है। फिल्म में न तो भ्रष्ट राजनीतिज्ञों और न ही राजनीति में भ्रष्टाचार के विरुद्ध किसी प्रकार को कोई भी संदेश दिया गया है। ऐसी अनेकों अन्य फीचर फिल्में भी है जो इस "आडंबरयुक्त श्रेणी" के अंतर्गत आती हैं। परंतु प्रत्येक व्यक्ति के लिए फिल्म भ्रष्टाचार के दुष्परिणामों का प्रदर्शन करती है। भ्रष्टाचार को दर्शाने वाली ऐसी 10 से भी अधिक फिल्में हैं जो भ्रष्टाचार को निरुत्साहित करने के स्थान पर उसकी "नकल" किए जाने की क्षमता से युक्त हैं। और आज मीडिया में विशेषतौर पर नागरिकों के लिए इस समस्या के समाधान के तरीके अथवा बिना घूस दिए किसी सार्वजनिक सेवा को प्राप्त करने के किसी विकल्प को दिखाने का प्रयास मुश्किल से ही किया जा रहा है।

यह कौतूहलपूर्ण है कि टेलीविजन पर *रजनी* अथवा सिनेमा में *भारतीयूडू* की लोकप्रियता के बावजूद इस विशेष प्रकार के धारावाहिकों अथवा फीचर फिल्मों, जो इस विषय पर आधारित थीं कि भ्रष्टाचार के विरुद्ध कोई भी नागरिक कितनी सक्रियता से संघर्ष कर सकता है, के बावजूद न तो सरकारों और न ही किसी भी अन्य एजेन्सी के द्वारा दृश्य मीडिया का उपयोग सार्वजनिक सुविधाओं अथवा सेवाओं में व्याप्त भ्रष्टाचार के विरुद्ध नागरिकों को अभिप्रेरित अथवा सक्रिय करने के लिए किया गया, अथवा न ही घूस दिए और लिए जाने के परिणामों का प्रदर्शन किए जाने के लिए। उपभोक्ता मामलों के मंत्रालय के द्वारा प्रारंभ किया गया 'जागो रे अभियान' (2009) तथा इसके लिए "व्यसायिक विज्ञापन" का उपयोग किए जाने का सम्बन्ध भ्रष्टाचार की तुलना में उपभोक्ता सामग्रियों के मूल्य एवं गुणवत्ता सम्बन्धी पहलुओं से अधिक था।

कई दशकों से ऐसी अनेकों लोकप्रिय फिल्में आती रही हैं जिनके द्वारा यह दिखाया गया कि कैसे और किन परिस्थितियों के अंतर्गत किसी नागरिक को घूस देने के लिए अथवा भ्रष्टाचार को अपनाने के लिए बाध्य होना पड़ता है तथा अंततः उन्हें किस प्रकार के परिणाम का सामना करना पड़ता है। अनेकों ऐसी फीचर फिल्में हैं जो भ्रष्टाचार को विभिन्न संदर्भों में दिखाती हैं। यहाँ तक कि हाल ही के समय की हिन्दी फिल्मों में से कुछ, जैसे *नायक, शिवा* और *अद्ध*

सत्य, तथा टेलीविजन पर धारावाहिक रजनी बहुत अधिक लोकप्रिय रहे थे। पहले के दशकों तथा आज के समय में भ्रष्टाचार को प्रदर्शित किए जाने के तरीकों के बीच एक अंतर यह रहा है कि पुरानी फिल्मों में भ्रष्टाचार की बुराईयों एवं दुष्परिणामों को तथा अंततः किसी के द्वारा सामना किए गए परिणाम को दिखाया गया था ताकि यह संदेश प्रदान किया जा सके कि घूस देना तथा लेना अनैतिक कार्य है। किन्तु आज फिल्मों तथा टेलीविजन धारावाहिकों में भ्रष्टाचार को कुछ उपलब्धि हासिल करने, सफल होने, अथवा प्रतिस्पर्धा का मुकाबला करने के एक त्वरित उपाय के रूप में इस प्रकार से दिखाया जा रहा है जैसे माध्यम महत्वपूर्ण न हो बल्कि परिणाम महत्वपूर्ण हो, भले ही इसके लिए कुछ भी क्यों न करना पड़े! और इस प्रक्रिया में, घूस दिए एवं लिए जाने दोनों का ही आंतरिककरण किया जा रहा है।

ऐसी अनेकों अन्य फिल्में तथा यहाँ तक कि टेलीविजन धारावाहिक थे जिनमें छोटे–मोटे भ्रष्टाचार के उस बुरे पक्ष को प्रदर्शित किया गया था जिसमें कोई भी पीड़ित नागरिक अंततः अस्पतालों, रोजगार कार्यालयों, पुलिस थानों, लाइसेंस विभागों इत्यादि में दिनचर्या के रूप में घूस दे ही देता है। परंतु ये सभी फिल्में लोगों के मस्तिष्क में अनिच्छा उत्पन्न कर पाने तथा भ्रष्टाचार के विरुद्ध कार्यवाही किए जाने अथवा इससे संघर्ष करने का कौशल निर्मित किए जाने में उतनी सफल नहीं हो सकीं जितना की 25 वर्षों पूर्व *रजनी* कार्यक्रम सफल रहा था।

क्या फिल्मों अथवा टेलीविजन धारावाहिकों के द्वारा कोई अंतर लाया गया है और, यदि ऐसा है, तो किस प्रकार से? इसके एक सहसम्बन्ध विश्लेषण के द्वारा यह इंगित किए जाने की अधिक संभावना है कि भ्रष्टाचार पर जितनी अधिक कवरेज होगी (जिस प्रकार से यह आजकल लोकप्रिय दृश्य मीडिया में किया जा रहा है) उतनी ही ऐसी घटनाओं की पुनरावृत्तियाँ होंगी तथा भ्रष्टाचार के सम्बन्ध में धारणाएं और गहन होंगी तथा घूस दिए और लिए जाने का व्यवहार कायम रहेगा। देश में ऐसा कोई भी देशांतरीय अध्ययन मौजूद नहीं है जो इस सम्बन्ध में मीडिया कवरेज के अंतर को स्पष्ट कर सकता हो।

समाचार मीडिया द्वारा संचालनों की पारदर्शिता में वृद्धि किए जाने की दिशा में उठाए गए पहले कदम के रूप में तथा कवरेज सम्बन्धी अपनी प्राथमिकताओं में हितों–के–टकराव को न्यूनतम किए जाने के लिए उसे सूचना के अधिकार अधिनियम के अधीन लाया जाना चाहिए। इस सम्बन्ध में, केन्द्रीय सतर्कता आयोग की रणनीति (सितम्बर 2010) के द्वारा निम्नलिखित सुझाव दिए गए थे। भ्रष्टाचार की अग्रसक्रिय मीडिया कवरेज को प्रोत्साहित किए जाने हेतु सीएमएस की सहायता के साथ ओबेरॉय होटल्स, नई दिल्ली, तथा ट्रांसपरेन्सी इंटरनेशनल इंडिया ने समाचार मीडिया के लिए सन् 2008 में पुरस्कारों को लागू किया। दो

वर्षों के उपरांत इन पुरस्कारों को प्रदान किया जाना रोक दिया गया क्योंकि ओबेरॉय ने इनके प्रति अपना सहयोग वापस ले लिया था! क्यों? स्पष्टतौर पर, यह अनुभव किया गया था कि ऐसे पुरस्कार किसी भी प्रयोजन की पूर्ति नहीं करेंगे। अथवा, ऐसा इसलिए है क्योंकि मीडिया में भ्रष्टाचार को उजागर किए जाने के लिए पुरस्कार दिए जाने का कुछ वर्गों के द्वारा विरोध किया जा रहा था? (देखें बॉक्स 5.1)।

बॉक्स 5.1 केन्द्रीय सतर्कता आयोग द्वारा भ्रष्टाचार के विरुद्ध राष्ट्रीय अभियान के एक अंग के रूप में मीडिया पर दी गई सिफारिशें

मीडिया

(i) मीडिया संगठनों के लिए एक आचार संहिता विकसित की जाए।

(ii) मीडिया संगठनों के क्रियाकलापों में पारदर्शिता लागू किए जाने के उद्देश्य से स्वामियों, एकल स्वामियों तथा संपादकों को अपने वित्तीय, राजनीतिक एवं अन्य ऐसे हितों को घोषित करने के लिए कहा जाए जो संगठन की व्यक्तिपरकता पर प्रभाव डालने वाले हों। दूसरे, समाचार संगठनों को अपने बड़े विज्ञापनदाताओं के सम्बन्ध में भी घोषणा करनी चाहिए। वे ऐसा प्रत्येक तिमाही में अपनी वेबसाइटों ऐसी सूचनाओं को पोस्ट किए जाने के द्वारा भी कर सकते हैं।

(iii) बैंकिंग लोकपाल, जैसा कि भारतीय रिजर्व बैंक के द्वारा सन् 2005 में लाया गया था, की तर्ज पर एक मीडिया लोकपाल अथवा विनियामक की स्थापना की जानी चाहिए। सेवानिवृत्त हो चुके पत्रकारों अथवा मीडिया से सम्बद्ध लोगों को लोकपाल बनाया जा सकता है।

(iv) मीडिया को मात्र नकारात्मक पहलू अर्थात् सनसनीपूर्ण प्रकृति वाले भ्रष्टाचार के मामलों पर ही ध्यान केन्द्रित नहीं करना चाहिए, बल्कि भ्रष्टाचार पर बहसों एवं परिचर्चाओं का आयोजन भी करना चाहिए तथा नागरिकों के बीच जागरूकता उत्पन्न करनी चाहिए।

भ्रष्ट मीडिया

मीडिया में भ्रष्टाचार एक अन्य ऐसा मुद्दा है जो मीडिया की वर्तमान प्राथमिकताओं के प्रति उत्तरदायी है। हितों का टकराव अधिक से अधिक स्पष्ट होता जा रहा है। रामगोपाल वर्मा की एक फिल्म *रण* के द्वारा मीडिया के स्वामियों, उनके व्यवसायिक हितों, तथा शत्रुताओं की प्रवृत्ति को प्रदर्शित किया गया है। परंतु इसके द्वारा इस विषय पर किसी भी सार्वजनिक बहस को प्रारंभ नहीं किया जा सका है कि मीडिया सार्वजनिक सेवा वाले संगठन हैं अथवा लाभार्जान करने वाले

व्यवसाय? और ऐसे कौन से मॉडल हैं जो दोनों ही को अधिकतम करते हैं? और बहुत हाल ही में (2010) ''पेड न्यूज''[12] के द्वारा इस बात को प्रकाश में लाया गया था कि किस प्रकार से समाचार मीडिया की कवरेज को मीडिया के निजी स्वार्थों के द्वारा अभिप्रेरित किया जा सकता है। जहाँ कुछएक ऐसे समाचार मीडिया थे, जैसे दैनिक *हिन्दू*, जिनके द्वारा भ्रष्टाचार को उजागर करने में सहायता प्रदान की गई, वहीं अनेकों अन्य ऐसे भी थे जो मीडिया के द्वारा ऐसी गतिविधि संपन्न किए जाने के विरोधी थे; यहाँ तक कि, स्वयं चौथे स्तंभ सहित प्रेस काउंसिल ऑफ इंडिया भी देश के व्यापक हित में कोई वस्तुनिष्ठ भूमिका नहीं निभा सकी। समाचार मीडिया के द्वारा की जाने वाली ''निजी संधियाँ'' एक अन्य उदाहरण हैं। समाचार मीडिया के द्वारा प्रारंभिक घोषणाएं कर दिए जाने के बावजूद कुछ भी नहीं किया जा सकता। इसके स्थान पर, अनेकों मीडिया वाले ऐसा ही करते जा रहे हैं, जैसे कि ऐसा किया जाना ही आज के समय की आवश्यकता है। क्या स्वयं मीडिया को संलिप्त करने वाले ऐसे उदाहरण ही भ्रष्टाचार की मीडिया कवरेज के द्वारा कोई भी अंतर न लाए जा सकने के लिए उत्तरदायी हैं?

व्यावहारिकता के पहलू का सामना किए जाने के एक भाग के रूप में कुछ समाचार मीडिया क्षेत्र में मौजूद अपने–अपने संवाददाताओं को पर्याप्त वेतन दिए जाने के स्थान पर उन्हें प्रत्यक्ष अथवा परोक्ष रूप से अपने मान्यता कार्डों का उपयोग करते हुए अपनी स्वयं की ''आमदनी पैदा करने'' के लिए प्रोत्साहित करते रहे हैं ताकि वे बिना स्थानीय ''बाजार'' पर निर्भर हुए तथा तटस्थ भाव से अपना कार्य करते रहें। ऐसी परिस्थितियों के अंतर्गत कोई भी मीडिया के द्वारा भ्रष्टाचार, विशेषतौर पर गरीब लोगों को प्रभावित करने वाले भ्रष्टाचार को एक चिंता के रूप में अपनाए जाने की आशा नहीं कर सकता। टेलीविजन चैनलों, जिन्हें ऐसे लोगों के द्वारा प्रारंभ किया गया है जिनका जनता की सेवा करने का कोई भी विशेष रेकार्ड उपलब्ध नहीं है, की बाढ़ आ जाने के साथ ही कुछ टेलीविजन संवाददाताओं के द्वारा की जा रही ''ब्लैकमेलिंग'' की शिकायतों के सम्बन्ध में भी चर्चाएं की जाने लगी हैं। ऐसी घटनाएं चाहे कितनी भी कम क्यों न रहीं हों, वे इस धारणा में वृद्धि करने की प्रवृत्ति रखती हैं कि मीडिया अभिप्रेरित एवं भ्रष्ट है।

यदि समाचार मीडिया ऐसी ताकतों के साथ एक मौन–समझ बना चुका है जो किसी भी लागत पर तथा सभी प्रकार के प्रलोभनों के द्वारा अपने निजी हितों को अधिकतम करने का प्रयास कर रही हैं, तो क्या उनसे ऐसे ''गिरोहों के एकजुट होने'' तथा भ्रष्टाचार को उजागर किए जाने की आशा की जा सकती है? भारत में मीडिया की विलक्षणता का कारण है उसकी चिंताओं में विविधता, प्रबंधन, स्वामित्व, तथा सबसे अधिक महत्वपूर्ण समस्त मीडिया के अंतर्गत व्याप्त प्रतिस्पर्धा। यही वे बातें हैं जो एक चौथे स्तंभ के रूप में इसकी भूमिका को कायम रखती हैं। भ्रष्टाचार को एक और अधिक व्यवस्थित तथा रणनीतिक तरीके से चिंता के रूप

में अपनाए जाने के द्वारा सार्वजनिक सेवाओं को प्राप्त करने का प्रयास करने वाले सामान्य लोगों के बड़े वर्गों की संलिप्तता वाले भ्रष्टाचार की आधारभूत समस्या से निपटने में मीडिया अपनी क्षमताओं को सामने ला सकता है।

टिप्पणियां

1 G. Rajitha, "E-governance for Improving Rural Livelihood," *Yojana* 54 (November, 2010): 43–47.

2 Abhinav Garg, "Now, Ghost Fingerprint on MCD Rolls," *Times of India*, August 26, 2010, http://articles.timesofindia.indiatimes.com/2010-08-26/delhi/28278644_1_ghost-employees-biometric-system-mcd.

3 Devesh Kumar, "House Panel Points to Corruption in NREGA," *Economic Times*, July 22, 2010.

4 UNDP, *Tackling Corruption, Transforming Lives: Accelerating Human Development in Asia and the Pacific* (New Delhi: Macmillan Publishers India Ltd., 2008).

5 A bipartisan Knight Commission. "Federal Communication Commission", public notice, on examination of Future of Media and Information Needs". January 21, 2010.

6 FCC, public notice, dated January 21, 2010 on Examination of the Future of Media and Information Needs, Washington, DC, http://transition.fcc.gov/cgb/dro/cc_ report.html (accessed on February 20, 2012), http://transition.fcc.gov/ ownership/workshop-110209/baker.pdf, http://www.fcc.gov/document.

7 N. Vittal, "Face of Corruption in News Media," foreword to CMS Media Labs Report 2010.

8 *The Hindu*, "Cash-for-query: Court Defends Sting, Quashes Proceedings against Scribes," *The Hindu*, New Delhi, September 24, 2010, http://www.thehindu.com/news/cities/Delhi/article792792.ece.

9 *The Hindu*, "Cash-for-query."

10 Shailesh Gandhi, Information Commissioner, Bulletin of Lok Sevak Sangh, New Delhi, September 2010, vol. 17 no.172.

11 Information Commissioner. Information Commissioners' Letter to MCD. *The Hindu*, March 1, 2010.

12 N. Bhaskara Rao, "Paid News, a Deep-seated Malaise," *The Hindu*, January 20, 2010, http://www.thehindu.com/ opinion/lead/article82768.ece.

6 सार्वजनिक सेवाएं एवं भ्रष्टाचार

प्रस्तुत पुस्तक में विशेषतौर पर यह सुझाव दिया गया है कि कुछ धारणाओं, जैसे – ''भ्रष्टाचार सब जगह है'' तथा ''भ्रष्टाचार एक बाध्यता'' है, आदि का मुकाबला किए जाने एवं उन्हें नियंत्रित किए जाने तथा यहाँ तक कि एक समयबद्ध तरीके से उन्हें विपरीत दिशा की ओर मोड़ दिए जाने की आवश्यकता है। इसके लिए जहाँ धारणाओं को दुरुस्त किए जाने सम्बन्धी पहल किए जाने की आवश्यकता है, वहीं साथ–ही–साथ विशिष्ट सार्वजनिक सेवाओं के लिए प्रयास एवं उन्हें प्राप्त किए जाने में नागरिकों के द्वारा किए जाने वाले अनुभवों को भी दुरुस्त किए जाने की आवश्यकता है। सामान्य संदर्भ में, ''ऐसा तो होता ही रहता है'' वाले दृष्टिकोण के साथ ऐसा किया जाना सहज नहीं होगा। व्यापक परिदृश्य में एक अंतर लाए जाने के लिए विशिष्ट प्रयासों की आवश्यकता होती है। इन्हें सुनिश्चित एवं ध्यानकेन्द्रित होना चाहिए। यह प्रदर्शित किए जाने के लिए कि इस प्रवृत्ति की दिशा उलटी जा सकती है तथा भ्रष्टाचार में कमी आ रही है, एक रणनीति मौजूद होनी चाहिए। नागरिकों को यह अंतर महसूस होना चाहिए, उन्हें उस प्रक्रिया का एक अंग होना चाहिए, तथा देश में इस प्रकार के एक आंदोलन को प्रेरित करने वाला होना चाहिए। इसके लिए, यह सुझाव दिया जाता है कि पहले हम उन सार्वजनिक सेवाओं पर ध्यान केन्द्रित करें जो अधिकतम लोगों के लिए महत्वपूर्ण हों तथा दूसरों की अपेक्षा जिनकी माँग अधिक की जाती हो। एकसाथ मिलकर, इन सेवाओं को भ्रष्टाचार के सम्बन्ध में धारणाओं के परिवर्तित किए जाने के लिए ''आजमाइश सम्बन्धी साक्ष्य'' उपलब्ध करवाने चाहिए तथा भ्रष्टाचार की व्यापक प्रवृत्ति को ही उलट देने वाले प्रभाव की क्षमता से युक्त होना चाहिए।

ऐसे किसी भी दृष्टिकोण के लिए कोई एक दर्जन सार्वजनिक सेवाओं पर ध्यान केन्द्रित किए जाने का सुझाव दिया जाता है। यदि हम इन सेवाओं में मौजूद इस प्रवृत्ति से संघर्ष, उसमें कटौती एवं उसपर नियंत्रण तथा दिशा–परिवर्तन नहीं कर सकते, तो हम देश में विभिन्न स्वरूपों में प्रकट होने वाले भ्रष्टाचार के सम्बन्ध में कुछ किए जा सकने की भी आशा नहीं कर सकते। यदि हम अभी एक विशिष्ट तथा समयबद्ध कार्यक्रम के साथ पूरी तरह से नहीं जुट सकते तो फिर हम ऐसा कब करेंगे? साथ ही, आज इस प्रयास में हमारे पास ''सुरक्षाकवच'' तथा एक ''मशाल'' तथा साथ ही साथ एक ''हथियार'' के रूप में सूचना का

अधिकार अधिनियम भी उपलब्ध है। देश में सूचना के अधिकार आंदोलन ने नागरिकों में एक नई आशा जाग्रत की है तथा, इस प्रक्रिया को आगे बढ़ाए जाने के लिए, नवीन सूचना एवं संचार प्रौद्योगिकियों (आईसीटी) का प्रसार हो रहा है तथा देश में पहले की अपेक्षा कहीं अधिक सक्रिय समाचार मीडिया भी मौजूद है। हमें एक सुनिश्चित दृष्टिकोण एवं रूपरेखा की आवश्यकता है। यही वह सबकुछ है जिसका सुझाव इस पुस्तक में दिया गया है। सर्वेक्षणों से ऐसे संकेत प्राप्त हुए हैं कि सार्वजनिक सेवाओं में नागरिकों की संलिप्तता वाले भ्रष्टाचार में कमी आ रही है। ऐसी किसी भी प्रवृत्ति को सक्रिय रूप से सतत् बनाए रखने तथा सभी बाधाओं के विरुद्ध प्रोत्साहित किए जाने की आवश्यकता है; हम इस सुअवसर को सदैव के लिए खो सकते हैं, और परिवर्तन ऐसा भी हो सकता है जो स्थिति को पूर्णतः खराब कर दे।

जिन सार्वजनिक सेवाओं को ऐसे ध्यान–केन्द्रण के लिए सुझाया गया है उनका सम्बन्ध इनसे हैः–

- *रोटी* (भोजन), *रोजगार* (नौकरी), तथा *मकान* (घर) की आधारभूत आवश्यकताएं
- सुरक्षा एवं संरक्षण सम्बन्धी पहलू–पुलिस एवं न्यायपालिका
- एक कल्याणकारी राज्य की स्थापना–अस्पताल एवं स्कूल
- बुनियादी ढाँचे सम्बन्धी सुविधाएं–जल एवं विद्युत
- विकास एजेन्सियां–नगरपालिकाएं तथा भूमि पंजीकरण
- महत्वपूर्ण वित्तीय सेवाएं–बैंक तथा आयकर दाखिल किया जाना

पुस्तक का यह खंड इनमें से प्रत्येक सार्वजनिक सेवाओं पर चर्चा करता है। जमीनी शोध से इन सेवाओं के सम्बन्ध में क्या कुछ जानकारियाँ प्राप्त की गई हैं तथा भ्रष्टाचार को समाप्त करने के लिए किन विशिष्ट उपायों को अपनाए जाने की आवश्यकता है, इन सभी को यहाँ इंगित किया गया है। इन पहलों को एक समय–सारणी के साथ संचालित किए जाने की आवश्यकता है, तथा एक कमी का प्रदर्शन किए जाने हेतु स्पष्टतौर पर विशिष्ट संशोधनों की आवश्यकता है। यह संचालन सम्बन्धित विभागों तथा सम्बन्धित एजेन्सियों के द्वारा किया जाना चाहिए।

रोटी, मकान, रोजगार एवं भ्रष्टाचार

सुशासन का सर्वाधिक महत्वपूर्ण संकेतक यह होता है कि देश में गरीब लोगों के लिए लक्षित आधारभूत अनिवार्य सार्वजनिक सेवाएं उनतक कितने भली प्रकार से पहुँच रहीं हैं तथा उनके द्वारा बिना कोई घूस दिए अथवा किसी

दलाल से संपर्क करे प्राप्त की जा रही हैं। साथ ही, और अधिक विशेषतौर पर यह कि क्या गरीब लोग सार्वजनिक सेवाओं से इसलिए तो बाहर नहीं छूट गए हैं क्योंकि वे घूस दे पाने की हैसियत नहीं रखते अथवा फिर इतने भाग्यशाली नहीं हैं कि उनके पास कोई ''संपर्क'' उपलब्ध हो। यह आधारभूत सैद्धांतिक मापदंड होना चाहिए। यदि कोई सरकार इन विशिष्ट आधारभूत आवश्यक सार्वजनिक कार्यक्रमों में शून्य भ्रष्टाचार को सुनिश्चित नहीं कर सकती तो फिर यह देश में से भ्रष्टाचार को जड़ से किस प्रकार उखाड़ सकेगी? प्रयासों को सर्वप्रथम ऐसी आधारभूत अनिवार्य सेवाओं की सफाई किए जाने के प्रति समर्पित किया जाना होगा। ऐसे ध्यान–केन्द्रण के लिए इनमें से तीन आधारभूत अनिवार्य कार्यक्रम सबसे महत्वपूर्ण हैं–सार्वजनिक वितरण प्रणाली (पीडीएस), आवासन, तथा नरेगा, अर्थात्, *रोटी, रोजगार* तथा *मकान*। सन् 2009 में नरेगा के साथ ''महात्मा गाँधी'' शब्द को जोड़कर इसे मनरेगा का नाम दे दिया गया था। हालांकि, प्रस्तुत पुस्तक में संक्षिप्ताक्षर के रूप में नरेगा शब्द का ही उपयोग किया गया है क्योंकि इस कार्यक्रम को इसी नाम से अधिक व्यापक तौर पर जाना जाता है। अस्पताल तथा स्कूल सम्बन्धी सेवाएं भी उतनी ही महत्वपूर्ण हैं। साथ ही, देश में गरीबी को तब तक नहीं रोका जा सकता जब तक कि किसी भी सरकार के इन ''अग्रणी'' कार्यक्रमों को भ्रष्टाचारमुक्त नहीं बना दिया जाता। इन तीन सेवाओं में से पहली, सार्वजनिक वितरण प्रणाली (पीडीएस) सबसे लंबे समय से चलने वाला कार्यक्रम रहा है तथा नाम एवं संचालन की विधियों के संदर्भ में पूरे देश में कमोबेश एक समान ही रहा है। इसके तीन चरण हैं–पहला, ऐसे लोगों की पहचान करना जो गरीबी रेखा के नीचे (बीपीएल) की पात्रता रखते हों तथा तद्नुसार उन्हें एक पहचानपत्र जारी किया जाना। दूसरा है कार्डधारकों को किसी विशिष्ट सार्वजनिक वितरण प्रणाली केन्द्र के साथ सम्बद्ध किया जाना, जिसे उसके बाद खाद्य एवं आवश्यक वस्तुओं जैसे केरोसीन आदि का आवंटन किया जाता है ताकि कार्डधारकों को इनकी आपूर्ति की जा सके। तीसरा यह सुनिश्चित किया जाना है कि क्या पात्रता के अनुसार कार्डधारक आवश्यक वस्तुओं को प्राप्त कर पाने में वाकई में सक्षम है, वह भी माह–दर–माह तथा सरकार द्वारा निर्धारित सब्सिडीयुक्त कीमत पर। बीपीएल कार्ड तथा राशन कार्ड को कतिपय मानदंडों के आधार पर राज्य सरकार के अलग–अलग विभागों के द्वारा जारी किया जाता है। जहाँ राशन कार्ड सब्सिडीयुक्त खाद्यान्न तथा अन्य सामग्रियों के अधिकार की सीमाओं का संकेत प्रदान करता है, वहीं बीपीएल कार्ड गरीबी–रेखा के नीचे की स्थिति को इंगित करता है।

देश के गरीबी रेखा के नीचे (बीपीएल) वाले परिवारों के लिए लक्षित इन तीनों ही आधारभूत सेवाओं में भ्रष्टाचार की प्रकृति एवं सीमा एक समान है।

पिछले अनेकों वर्षों के दौरान सार्वजनिक वितरण प्रणाली के मामले में किए गए मूल्यांकन भ्रष्टाचार की सीमा तथा वंचित रह गए परिवारों की संख्या के सम्बन्ध में महत्वपूर्ण रहे हैं। साथ ही चोरी के लिए भी। परंतु समय–समय पर जिन सुधारों को अपनाया गया था वे बहुत अधिक प्रभावी नहीं रहे थे। यहाँ तक कि योजना आयोग के उपाध्यक्ष मोंटेक सिंह अहलूवालिया ने भी इस महत्वपूर्ण पद पर 7 वर्षों से भी अधिक रहने के दौरान (अक्टूबर 2010 में) पाया था कि "सार्वजनिक वितरण प्रणाली (पीडीएस) पर व्यय किए गए धन का मात्र 50 प्रतिशत ही गरीबों तक पहुँचता है।" तीन राष्ट्रीय सर्वेक्षणों के द्वारा यह इंगित किया गया था कि सन् 2005 में गरीबों की 50 प्रतिशत के आसपास तक की बड़ी जनसंख्या के पास बीपीएल कार्ड उपलब्ध नहीं था। 9वीं पंचवर्षीय योजना[1] के मध्यावधि मूल्यांकन के द्वारा पाया गया कि "सार्वजनिक वितरण प्रणाली से लाभान्वित होने वाले परिवारों की संख्या बहुत कम थी, बिहार में यह मात्र 5 प्रतिशत था तथा उत्तर प्रदेश गरीब तक पहुँचने में हुई विफलता को प्रतिबिंबित करता है।" यद्यपि नरेगा का संचालन पिछले मात्र पाँच वर्षों से किया जा रहा है, तथापि सार्वजनिक वितरण प्रणाली के समान ही इस सेवा में भी भ्रष्टाचार की व्यापकता पर अनेकों अध्ययन संपन्न किए जा चुके हैं। यहाँ तक कि सतर्कता एवं अंकेक्षण विभाग तथा साथ–ही–साथ संसदीय समितियों एवं स्वतंत्र रूप से किए गए अध्ययनों ने इन आवश्यक सेवाओं की पहुँच में विद्यमान कमियों को तथा इस बात को एकसमान रूप से स्पष्ट किया है कि गरीबों तथा अत्यधिक गरीबों की संलिप्तता वाले भ्रष्टाचार में ये सेवाएं किस प्रकार से डूबी हुई हैं। सरकार के उच्चतम स्तर पर नरेगा के सम्बन्ध में की जा रही चिंता के कारण विशेष पहलें, जैसे सामाजिक अंकेक्षण, नई तकनीकों का उपयोग, तथा निगरानी उपकरणों आदि को इस सेवा में भ्रष्टाचार को सीमित किए जाने के उद्देश्य से हासिल किया गया था। परंतु किए गए मूल्यांकनों ने इंगित किया है कि इन तीनों आधारभूत सार्वजनिक सेवाओं के संचालन में जारी भ्रष्टाचार के लिए राजनीतिज्ञ लोग किस प्रकार से प्रत्यक्ष अथवा अप्रत्यक्ष रूप से जिम्मेदार थे।

उदाहरण के लिए, संभवतः जिस प्रकार से प्रधानमंत्री तथा सत्ताधारी गठबंधन के उच्चतम स्तर पर नरेगा में सतत् आधार पर रुचि ली गई है तथा सतत् आधार पर उसकी निगरानी की गई है, उसके कारण इसमें भ्रष्टाचार की व्यापकता में उतनी अधिक वृद्धि नहीं हो सकी है जैसे कि आवासन एवं भूमि–पंजीकरण के मामलों में। ऐसा इसलिए भी हो सकता है क्योंकि कुछ हितधारकों (आपूर्तिकर्ता अथवा ठेकेदार) के व्यावसायिक हित भी आवासन, सार्वजनिक वितरण प्रणाली, तथा भूमि–पंजीकरण के साथ जुड़े हुए हैं। नरेगा के मामले में ऐसा कोई भी "निजी हितधारक" नहीं है जो एक बड़ी बाधा सिद्ध हो सकता हो। परंतु इसके बावजूद भी इस मामले में उन भूमिधारक किसानों के द्वारा नरेगा के सम्बन्ध में

ऐसे आलोचनापूर्ण विचार निर्मित किए जाने के उदाहरण भी मौजूद हैं जो इसे कृषि कार्यों को विपरीत तौर से प्रभावित करने वाला (श्रमिकों की अनुपलब्धता के कारण) तथा यहाँ तक की मजदूरी की लागत में वृद्धि करने वाला मानते हैं।

आवासीय योजनाएं राज्य सरकारों के द्वारा प्रारंभ एवं संचालित की जाती हैं। विभिन्न राज्यों के पास विभिन्न प्रकार की योजनाएं उपलब्ध हैं। यहाँ तक कि एक ही राज्य के अंदर गरीबों में से सर्वाधिक गरीब तथा *आम आदमी* के लिए एक से अधिक आवासीय योजनाएं भी उपलब्ध हो सकती हैं। कमोबेश, प्रत्येक राज्य के पास कुछ प्राथमिकताओं सहित ऐसी योजनाएं मौजूद हैं जिनसे परिवारों को एक *पक्का* बना हुआ "घर" अथवा गृह–निर्माण के लिए एक भूखंड प्राप्त करने के योग्य बनाया जा सके। इस उद्देश्य को प्राप्त करने के लिए सरकारों के पास अलग–अलग लक्ष्य तथा योजनाओं के लिए बजट उपलब्ध हैं। समय–समय पर इन योजनाओं में प्राथमिकताओं में ऐसे परिवर्तन किए जाते रहे हैं, जो अधिकांशतः सत्ताधारी दल की राजनीतिक बाध्यताओं द्वारा अभिप्रेरित होते हैं।

दूसरी ओर, नरेगा रोजगार कार्यक्रम अधिकांशतः केन्द्र द्वारा वित्तपोषित है, परंतु इसे जिला प्रशासन के द्वारा प्रशासित किया जाता है। सापेक्षिक रूप से यह हाल में प्रारंभ किया गया एक कार्यक्रम है, जिसे सन् 2005 में कुछ चुने हुए स्थानों पर लागू किया गया था, तथा बाद में इसका विस्तार देश के अधिकांश जिलों तक कर दिया गया। इस कार्यक्रम के अंतर्गत, प्रत्येक गरीब परिवार के एक व्यक्ति को एक निश्चित दैनिक मजदूरी पर 100 दिनों के रोजगार का आश्वासन दिया जाता है–इसमें राज्यवार थोड़ी–बहुत भिन्नताएं हो सकती हैं। इसके लिए, पात्र गरीब को पंजीकरण करवाना तथा एक कार्ड प्राप्त करना होता है तथा काम के लिए पास की *पंचायत* में पुनः पंजीकरण करवाना होता है। नरेगा के अंतर्गत स्थानीय तौर पर संगत परियोजनाओं अथवा किए जाने वाले कार्यों को समय–समय पर अधिसूचित किया जाता है। यदि रोजगार नहीं उपलब्ध करवाया जाता है तो आश्वासन दिए गए न्यूनतम दिनों की मजदूरी का भुगतान किया जाना होता है। पंजीकृत किए जा चुके काम माँगने वालों को विभिन्न प्रकार के कार्य सौंपे जाते हैं–ऐसे कार्य जिन्हें स्थानीय तौर पर अपनाया जा सकता हो, को सरकार के द्वारा समय–समय पर निर्धारित किया जाता है। नरेगा के लिए किए जाने वाले बजट के आवंटन में चार गुना वृद्धि हो चुकी है जो पाँच वर्षों पूर्व के 100 अरब रुपयों से भी कम से बढ़कर सन् 2010 में 400 अरब रुपयों से भी अधिक का हो चुका है। भ्रष्टाचार एवं गबन की प्रारंभिक शिकायतों की प्रचुरता के बाद संसद के एक अधिनियम के समर्थन से इस कार्यक्रम में इस समस्या से निपटने के लिए प्रावधान कर दिए गए हैं। अनिवार्य सामाजिक अंकेक्षण ऐसा ही एक प्रावधान है।

सार्वजनिक वितरण प्रणाली के उपयोगकर्ताओं की निगरानी गत एक दशक के दौरान कई बार संपन्न किए गए राष्ट्रव्यापी सीएमएस सर्वेक्षणों के दौरान की गई; जबकि इसी अवधि के दौरान राष्ट्रीय आधार पर नरेगा तथा आवासीय सेवाओं की निगरानी मात्र एक ही बार की गई।

इन तीनों ही सेवाओं में भ्रष्टाचार की रिपोर्टों को समाचार मीडिया के द्वारा प्रायः ही प्रसारित किया जाता रहा है। फिर सरकार के उच्चतम स्तर पर की जा रही चिंताओं, दिए जा रहे ध्यान तथा समीक्षाओं के बावजूद इन "अग्रणी" कार्यक्रमों को भ्रष्टाचारमुक्त क्यों नहीं बनाया जा सका है? जिन नागरिकों के लिए ये योजनाएं लक्षित हैं उनका एक महत्वपूर्ण प्रतिशत भ्रष्टाचार के अस्तित्व को स्वीकार करता है तथा कुछ ने तो सेवा को प्राप्त किए जाने में घूस का भुगतान किए जाने की बात को स्वीकार भी किया है। कई वर्षों के दौरान इन सेवाओं को प्राप्त करने के लिए घूस देने वाले लोगों के प्रतिशत में कमी आ जानी चाहिए थी, तथा इस कमी को दिखाई पड़ने वाला तथा इन्हीं लोगों के द्वारा स्वीकार किया जाना चाहिए था।

पहुँच तथा पात्रता–सार्वजनिक सेवाओं को प्राप्त करने तथा उनतक पहुँच प्राप्त करने हेतु आवश्यक पात्रताएं क्या हैं? चूंकि अधिकांश गरीबी कार्यक्रम पात्रता एवं पहुँच सम्बन्धी मुद्दों से घिरे होते हैं, अतः हमें इस स्थिति को बेहतर तरीके से समझने की आवश्यकता है। इस प्रक्रिया में तीन पहलू शामिल होते हैं–पहला है पात्रता का मानदंड; दूसरा है पात्र परिवारों की पहचान की प्रक्रिया; तथा तीसरा है एजेन्सी का प्रशासन, क्रियान्वयन, अथवा सेवा की सुपुर्दगी। मानदंडों के सम्बन्ध में अस्पष्टता, इन कार्यक्रमों के पात्रता सम्बन्धी मानदंडों में बारबार किए जाने वाले परिवर्तन, तथा पहचान की प्रक्रिया एवं इसके आधार पर आवश्यक कार्डों का जारी किया जाना आदि इन सेवाओं में भ्रष्टाचार की जड़ में मौजूद कारणों में से हैं।

मानदंडों में अस्पष्टता एक ऐसी बात है जिसे राजनीतिज्ञ तथा नौकरशाह सुनिश्चित किए रहना पसंद करते हैं ताकि किसी भी परिवार को शामिल किए जाने अथवा उसे बाहर किए जाने का निर्णय किए जाने में उनके व्यक्तिगत निर्णय का तत्व विद्यमान रह सके। नीतिनिर्धारक लोग, विशेषतौर पर सत्ता में बैठे राजनीतिक नेता, पात्रता के लिए मानदंडों तथा स्वयं कार्यक्रम की परिधि में ही प्रायः बार–बार परिवर्तन किए जाने की वकालत करते रहते हैं। निश्चित रूप से, प्रक्रिया की समय–समय पर समीक्षा किए जाने की आवश्यकता होती है तथा ऐसे परिवार जो गरीबी के स्तर से ऊपर उठ चुके हैं, को पात्रता से बाहर किए जाने की भी आवश्यकता होती है। परंतु ऐसा कोई भी संशोधन सत्ताधारी दल के राजनीतिक लाभ के लिए तथा राजनीतिक आवश्यकता उत्पन्न होने के समय नहीं किया जा सकता। विभिन्न अवसरों, विशेषतौर पर राज्य की

विधानसभाओं के चुनावों के पूर्व सत्ता में बैठी सरकार के द्वारा इन मानदंडों पर विभिन्न तरीकों से सार्वजनिक रूप से चर्चा की जाती है। उदाहरण के लिए, चुनाव पूर्व, यह परिवारों को पात्र के रूप में ''शामिल'' किया जाना तथा चुनावों के बाद उन्हें ''छाँट कर बाहर'' किया जाना होता है। प्रत्येक बार पात्रता के लिए मानदंड संशोधित कर दिया जाता है, सार्वजनिक वितरण प्रणाली के मामले में भ्रष्टाचार में लिप्त होने के लिए नौकरशाहों एवं खुदरा व्यापारियों के लिए गुंजाइश रखी जाती है। सन् 2004 तथा 2009 के बीच आंध्र प्रदेश में एक उत्कृष्ट मामला सामने आया था–विधानसभा चुनावों के पूर्व राजनीतिक दलों एवं नेताओं ने क्या वादे किए थे तथा अंततः सरकार ने वास्तव में क्या कुछ किया। यहाँ तक कि आंध्र प्रदेश विधानसभा की आकलन समिति ने भी इस प्रवृत्ति[2] को स्पष्ट किया था। उस पाँच वर्ष की अवधि के दौरान कम से कम चार बार से अधिक ही शामिल किए जाने एवं छँटाई किए जाने की कार्यवाही निश्चित तौर पर की गई थी। मानदंडों में किए जाने वाले ऐसे परिवर्तन केवल सार्वजनिक वितरण प्रणाली के मामले में ही नहीं किए गए थे बल्कि अन्य लक्षित कार्यक्रमों जैसे आवासन, नरेगा, छात्रवृत्तियाँ इत्यादि में भी किए गए थे ताकि यह मतदाताओं को लुभाए जाने में सत्ताधारी दल की सहायता कर सकें।

अभिलेखों में गरीबी रेखा से ऊपर वाले परिवारों को सार्वजनिक वितरण प्रणाली के लिए पात्र के रूप में दर्शा दिया गया था ताकि केन्द्र से और अधिक मात्रा में खाद्यान्न प्राप्त किए जा सकें और खुले बाजार में उन्हें ऊँची कीमतों पर जारी किया जा सके। एक ऐसे लोकतंत्र में जहाँ सरकार में प्रत्येक स्तर पर सत्ता परिवर्तन संख्या तथा बहुमत पर आधारित होता है, यह संभव नहीं है कि राजनीतिक दलों द्वारा वादे किए जाने अथवा वह सबकुछ किए जाने जिससे जनता को लुभाया जा सके, की स्वतंत्रता पर पाबंदी लगाई जा सके अथवा उसमें कटौती की जा सके। विशेषतौर पर तब जब ऐसी कोई भी व्यवस्था मौजूद नहीं है जो चुनावों के बाद उनपर किसी प्रकार का बंधन लगाती हो।

राज्य विधानसभाओं के दो चुनावों के बीच कतिपय सेवाओं में पात्रता सम्बन्धी मानदंडों को परिवर्तित नहीं किया जाना चाहिए। अपात्र को छाँट कर बाहर किए जाने तथा पात्र को शामिल किए जाने का कार्य सम्बन्धित पदाधिकारियों के द्वारा ग्राम *पंचायतों* अथवा *नगरपालिका*, जैसा भी हो, के सुझावों पर किया जाना चाहिए।

एक अन्य योगदानकर्ता कारक है अलग–अलग मानदंडों के साथ बीपीएल परिवारों की संख्या के आकलन किए जाने की प्रक्रिया। सार्वजनिक वितरण प्रणाली (पीडीएस) तथा आवास आवंटन के लिए जाली कार्डों की संख्या कुछ राज्यों में बहुत अधिक है। सन् 2008 में एक समय पर आंध्र प्रदेश में, चुनावों के ठीक पूर्व, बीपीएल कार्डों की दावा की गई संख्या ऐसी थी जिसका अर्थ यह

होता था कि राज्य की दो–तिहाई अथवा उससे भी अधिक जनसंख्या बीपीएल थी। बीपीएल परिवारों के आकलन में अस्पष्टता राज्य सरकारों को सार्वजनिक वितरण प्रणाली (पीडीएस) नेटवर्क के माध्यम से गरीबों तक पहुँचाई जाने वाली वास्तविक मात्रा की तुलना में केन्द्र से कहीं अधिक बड़ी मात्रा में खाद्यान्नों के आवंटन की माँग करने में समर्थ बना देती है। यहाँ तक कि सर्वोच्च न्यायालय को यह कहना पड़ा था कि सरकार को ''गरीबी रेखा के ऊपर''[3] वाले परिवारों से सार्वजनिक वितरण प्रणाली (पीडीएस) को वापस ले लेना चाहिए।

लक्ष्य निर्धारण

प्रोफेसर ज्यां द्रेज, जो राष्ट्रीय सलाहकार परिषद् (एनएसी) के एक प्रमुख सदस्य हैं तथा एक प्रमुख एवं अग्रसक्रिय शिक्षाविद्–कार्यकर्ता हैं, मानते हैं कि ''लक्ष्य निर्धारण अविश्वसनीय एवं विभाजनकारी'' हैं क्योंकि ''गरीब परिवारों की पहचान'' एक ''बिना सोचे–समझे किए गए कार्य वाला मामला'' है। जैसा कि नरेगा, सार्वजनिक वितरण प्रणाली (पीडीएस) इत्यादि के मामलों में सुविदित है, उनकी चिंता का सम्बन्ध ऐसी योजनाओं में ''बहिष्करण सम्बन्धी त्रुटियों'' से जुड़ा हुआ था।[4]

लक्षित कार्यक्रमों के लिए जरूरतमंद परिवारों की पहचान प्रायः इसलिए अस्पष्ट हो जाती है क्योंकि पात्रता सम्बन्धी मानदंड परिवर्तित हो जाते हैं। जाली कार्ड राज्य सरकारों तथा राशन की दुकानों को और अधिक आपूर्तियाँ प्राप्त करने तथा खुले बाजार में और अधिक बिक्री किए जाने में सक्षम बना देते हैं। अधिकांशतः लोकलुभावन राजनीति ही सार्वजनिक वितरण प्रणाली (पीडीएस), आवासन, तथा नरेगा में भ्रष्टाचार को प्रोत्साहित करने एवं कायम रखने के लिए उत्तरदायी होती हैं। राजनीतिक लोकप्रियता का लाभ उठाते हुए पदाधिकारी भी भ्रष्टाचार में संलिप्त हो जाते हैं अथवा सार्वजनिक सेवाओं की सुपुर्दगी की श्रृंखला में अन्य स्तरों पर इसकी अनुमति प्रदान कर देते हैं। ऐसा सबकुछ समितियों के बाद समितियाँ तथा अध्ययनों के बाद किए गए अध्ययनों के द्वारा संचालन में प्रकट की गई अनियमितताओं के बावजूद होता है, जो परिणामस्वरूप, नागरिकों को दुष्प्रभावित करते हुए भ्रष्टाचार को कायम रखता है। उदाहरणार्थ, सार्वजनिक वितरण प्रणाली (पीडीएस) पर चार से भी अधिक बड़े राष्ट्रीय अध्ययन किए गए थे। इन सभी के द्वारा एकसमान ख़ामियों को ही इंगित किया गया। पहले, एक परियोजना मूल्यांकन अध्ययन (2005) किया गया, फिर ओआरजी–एमएआरजी (मार्ग) अध्ययन (2006), और फिर बाद में एनसीईएआर अध्ययन (2008)5। जहाँ इंडिया करप्शन स्टडी (2005 तथा 2008) के दो चक्रों

के द्वारा नागरिकों की संलिप्तता वाली सार्वजनिक वितरण प्रणाली (पीडीएस) में भ्रष्टाचार के ऊपर ध्यान केन्द्रित किया गया था, वहीं अन्य अध्ययनों के द्वारा इसके संचालन पर ध्यान केन्द्रित किया गया। नरेगा के मामले में भी अनेकों अध्ययन किए गए। और फिर भी, इन दोनों ही सेवाओं में अनियमितताएं जारी हैं। एक उत्कृष्ट उदाहरण है अरुणाचल प्रदेश। राज्य के एक भूतपूर्व मुख्यमंत्री (अपांग) तथा 40 अन्य लोगों, जिनमें विधायक तथा आईएएस एवं अन्य अधिकारी भी शामिल थे, पर सन् 1995 तथा 2004 के बीच धोखाधड़ी करने का आरोप लगाया गया था। उन्हें सन् 2010 में गिरफ्तार किया गया और जमानत पर रिहा कर दिया गया। किन्तु यह घोटाला पहली बार सन् 2004 में उच्च–न्यायालय के समक्ष दाखिल की गई एक जनहित याचिका (पीआईएल) के द्वारा उजागर किया गया था जिसे बाद में *इंडियन एक्सप्रेस* के द्वारा सन् 2005 में प्रकाशित किया गया था। सन् 2007 के सर्वेक्षण ने यह स्पष्ट किया था कि अरुणाचल प्रदेश में सार्वजनिक वितरण प्रणाली (पीडीएस) में भ्रष्टाचार चौंका देने वाला है।

सार्वजनिक वितरण प्रणाली (पीडीएस)

न्यायमूर्ति डी.वी. वाधवा के साथ भारत के सर्वोच्च न्यायालय द्वारा नियुक्त की गई सतर्कता समिति की एक रिपोर्ट के द्वारा नोट किया गया कि राष्ट्रीय राजधानी सहित सभी जगहों पर सार्वजनिक वितरण प्रणाली (पीडीएस) में जबरदस्त भ्रष्टाचार विद्यमान है (*टाइम्स ऑफ इंडिया,* 31 मार्च, 2010)। यह निष्कर्ष उनके द्वारा विभिन्न राज्यों का दौरा किए जाने तथा सार्वजनिक वितरण प्रणाली (पीडीएस) के संचालन का परीक्षण किए जाने के बाद प्राप्त किया गया था। इस समिति की रिपोर्ट ने भ्रष्टाचार के सम्बन्ध में विस्तार से स्पष्ट किया था तथा आश्चर्य व्यक्त किया था कि ''क्या'' किसी को भी यह विश्वास हो सकता है कि सरकारी विभाग ऐसे भीषण अनाचारों से अवगत नहीं है? इससे भी परे जाते हुए इस रिपोर्ट के द्वारा प्रेक्षित किया गया कि ''परिवहनकर्ताओं, उचित मूल्य की दुकानों तथा विभाग के अधिकारियों, जिसमें जमाखोरी विरोधी प्रकोष्ठ तथा दिल्ली राज्य नागरिक आपूर्ति निगम (डीएससीएससी) के अधिकारी भी शामिल हैं, के बीच एक जबरदस्त गठजोड़ बना हुआ है।'' (*टाइम्स ऑफ इंडिया,* 31 मार्च, 2010)। इस रिपोर्ट के द्वारा यह प्रश्न किया गया कि सरकार सुधारात्मक कदमों को उठाने में क्यों विफल रही है? सीएमएस सहित अन्य द्वारा किए गए भ्रष्टाचार के विश्लेषणों के द्वारा राज्यवार सार्वजनिक वितरण प्रणाली (पीडीएस) में भ्रष्टाचार की प्रवृत्ति की रिपोर्टों को प्रस्तुत किया जा चुका है।

यह तथ्य, कि सर्वोच्च न्यायालय की एक समिति ने वह बात कही है जो निर्वाचित प्रतिनिधियों को ज्ञात होनी चाहिए थी तथा उनके द्वारा सुधार सम्बन्धी कदम उठाए गए होने चाहिए थे, इस सत्य को उजागर करता है कि संसद तथा राज्यों की विधानसभाएं किन्हीं और कामों में व्यस्त रहीं थीं।

सन् 2000 तथा 2008 के बीच किए गए सर्वेक्षणों के द्वारा सार्वजनिक वितरण प्रणाली (पीडीएस) को कवर किया गया था। सन् 2000 तथा 2002 के चक्र के द्वारा सार्वजनिक वितरण प्रणाली (पीडीएस) में भ्रष्टाचार के सम्बन्ध में धारणाओं को कवर किया गया जबकि सन् 2005 तथा 2008 के चक्रों के द्वारा एक 'धारणा–अनुभव–अनुमानन' (पीईई) मॉडल का उपयोग किया गया जिसमें गत एक वर्ष के दौरान घूस दिए जाने के अनुभव को शामिल किया गया था। पहले के दो चक्र महानगरों तक सीमित थे। सन् 2005 के चक्र के द्वारा 19 राज्यों में "आम आदमी" को कवर किया गया तथा सन् 2008 के चक्र द्वारा 27 राज्यों में बीपीएल परिवारों को कवर किया गया था। इन सर्वेक्षणों के द्वारा वह सबकुछ स्पष्ट किया गया जो किसी भी व्यक्ति को भ्रष्टाचार के कारणों एवं बाध्यताओं के सम्बन्ध में ज्ञात होना चाहिए था तथा यह भी कि नागरिकों के द्वारा सार्वजनिक वितरण प्रणाली (पीडीएस) तक पहुँच प्राप्त करने एवं उसे प्राप्त करने की प्रक्रिया में व्याप्त भ्रष्टाचार को न्यूनतम करने के लिए क्या कुछ किए जाने की आवश्यकता है।

यदि हम सार्वजनिक वितरण प्रणाली (पीडीएस) में भ्रष्टाचार को समाप्त नहीं कर सकते तो फिर दूसरी आधारभूत सार्वजनिक सेवाओं में भी ऐसा कर सकने की आशा नहीं कर सकते। सार्वजनिक वितरण प्रणाली (पीडीएस) में भ्रष्टाचार को समाप्त किए जाने के लिए आवश्यक प्रत्येक सूचना देश के प्रत्येक राज्य के लिए प्रस्तुत की जा चुकी है। सार्वजनिक वितरण प्रणाली (पीडीएस) की स्थापना एवं इसे लागू किए जाने सम्बन्धी बुनियादी ढाँचा विगत कुछ वर्षों से प्रत्येक जिले में मौजूद है। सुनिश्चित कार्यों पर ध्यान केन्द्रित किए जाने के द्वारा सार्वजनिक वितरण प्रणाली (पीडीएस) में भ्रष्टाचार को एक–दो वर्षों के अंदर एक मामूली स्तर (5 प्रतिशत के नीचे) तक आ जाना चाहिए। इसके लिए तीन कार्यों पर ध्यान केन्द्रित किए जाने की आवश्यकता है–आपूर्तियों का प्रवाह, राशनकार्ड का पंजीकरण तथा प्रबंधन, एवं फीडबैक/निगरानी तंत्र। राशन की दुकानों तक विभिन्न खाद्य पदार्थ कितनी नियमितता के साथ पहुँचते हैं यह बात महत्वपूर्ण होती है। भारतीय खाद्य निगम के पास चावल तथा गेहूँ प्रचुर मात्रा में उपलब्ध है, कुछ गोदामों में तो खाद्यान्न सड़ रहा है। यह तथ्य भी ज्ञात है। यहाँ तक कि सर्वोच्च न्यायालय ने (सितम्बर 2010) में सरकार को परामर्श दिया था कि वह सार्वजनिक वितरण प्रणाली (पीडीएस) के माध्यम से नियमित आपूर्ति के द्वारा इन भंडारों का समुचित निस्तारण करे। देश के कोने–कोने में गोदाम

से परिवहन किए जाने से लेकर सार्वजनिक वितरण प्रणाली (पीडीएस) की खुदरा दुकानों तक की आपूर्ति श्रृंखला को दुरुस्त किए जाने की आवश्यकता है। यदि शहरों तथा पूरे देश में रोजाना दूध को तत्परता एवं कुशलतापूर्वक वितरित किया जा सकता है तो फिर सार्वजनिक वितरण प्रणाली (पीडीएस) के द्वारा महीने में एक बार ऐसा क्यों नहीं किया जा सकता? तब जबकि बीपीएल परिवारों सहित अधिकांश लोगों के पास मोबाइल फोन उपलब्ध हैं, खुदरा व्यापारियों को एसएमएस व्यवस्था को अपनाना चाहिए। खुदरा व्यापारियों को कार्डधारकों को इस प्रकार से एसएमएस करना चाहिए कि किसी भी नागरिक को खाली हाथों न वापस लौटना पड़े तथा एक से अधिक बार चक्कर न लगाना पड़े। और इसी प्रकार से भारतीय खाद्य निगम अथवा सम्बन्धित विभाग के द्वारा खुदरा व्यापारियों को भी आपूर्ति के विवरणों को सूचित किया जाना चाहिए। इन सभी सूचनाओं से नागरिकों को भी अवगत करवाया जा सकता है, तथा बदले में नागरिकों को खुदरा व्यापारी अथवा सम्बन्धित एजेन्सी के साथ जाँच/सत्यापन करने में सक्षम होना चाहिए।

राज्य सरकार को सार्वजनिक वितरण प्रणाली (पीडीएस) के डीलर के परिचालनों का किसी स्वतंत्र प्राधिकृत स्थानीय व्यक्ति जैसे किसी स्थानीय हाईस्कूल के प्रधानाचार्य अथवा ऐसे ही किसी अन्य स्थानीय पदाधिकारी के द्वारा निरीक्षण किए जाने हेतु प्रावधान करना चाहिए। प्रत्येक विधानसभा क्षेत्र के लिए ऐसी ही एक व्यवस्था की जा सकती है। खुदरा व्यापारी की एक त्रैमासिक रिपोर्ट व्यवस्था के बाहर के किसी अन्य स्वतंत्र व्यक्ति के पास प्रेषित की जा सकती है, जो सुझावों के साथ इन रिपोर्टों पर जिलाधिकारी अथवा उनके द्वारा नामित व्यक्ति के साथ चर्चा तथा समीक्षा करेगा। ऐसी समीक्षाओं के आधार पर जिलाधिकारी को सार्वजनिक वितरण प्रणाली (पीडीएस) व्यवस्था को दुरुस्त किए जाने हेतु आवश्यक सुधारात्मक कदम इस प्रकार से उठाने चाहिए कि इससे किसी भी बीपीएल कार्डधारक की घूस देने की मजबूरी समाप्त हो जाए। किसी भी राशन की दुकान पर एक महीने में दूसरी बार जाने की आवश्यकता ही नहीं होनी चाहिए।

किसी भी पात्र व्यक्ति को अपना कार्ड एक खुदरा व्यापारी से दूसरे के यहाँ स्थानान्तरित करवाने हेतु सार्वजनिक वितरण प्रणाली के कार्यालय जाने की आवश्यकता क्यों होनी चाहिए? वह दोनों ही व्यापारियों को एक पत्र दे सकता है ताकि पुराना व्यापारी उसके कोटे का दुरुपयोग न करे। इसी प्रकार से, पते में परिवर्तन, परिवार में नए सदस्य के आगमन, अथवा कार्ड में से किसी का नाम हटवाए जाने (मृत्यु, बाहर चले जाने इत्यादि की स्थिति में) के लिए किसी भी नागरिक को सार्वजनिक वितरण प्रणाली कार्यालय में जाने की आवश्यकता नहीं होनी चाहिए। खुदरा व्यापारी को सौंपा गया एक साधारण पत्र ही पर्याप्त

होना चाहिए तथा यह दुकानदार का उत्तरदायित्व होना चाहिए कि वह ऐसे परिवर्तनों के प्रति सम्बन्धित अधिकारियों को सूचित करे। एक सामानान्तर तरीके से, प्रत्येक राज्य में सार्वजनिक वितरण प्रणाली के लिए एक नेटवर्क विश्लेषण एवं डिजाइन को तैयार किया जाना चाहिए। इसे छह महीनों में पूरा कर लिया जाना चाहिए तथा प्रबंधन सूचना प्रणाली (एमआईएस) के लिए एक नए सॉफ्टवेयर को वर्ष के अंत तक तैयार कर लिया जाना चाहिए।

क्या राशन की दुकान एक गतिहीन धारणा है?

एक व्यापार के रूप में उचित–मूल्य की दुकान की व्यवहारिकता एक अन्य ऐसा मुद्दा है जिसे एक सतत् आधार पर सार्वजनिक वितरण प्रणाली की भ्रष्टाचारमुक्त सुपुर्दगी को सुनिश्चित करने के लिए उपेक्षित नहीं किया जा सकता। वर्तमान मॉडल अनेकों तरीकों से व्यवहारिकता/लाभदायकता के लिए सार्वजनिक वितरण प्रणाली के दुरुपयोग किए जाने की बात को पहले से ही मान कर चलता है। ऐसे दुरुपयोगों में सब्सिडीकृत मूल्य से अधिक मूल्य का वसूल किया जाना, आपूर्तियों को खुले बाजार में बेच दिया जाना, भविष्य के लिए जमाखोरी किया जाना, खराब गुणवत्तायुक्त आपूर्ति किया जाना इत्यादि शामिल होते हैं। किसी भी कार्डधारक को किसी एक दुकान तक सीमित किए जाने के स्थान पर आसपास के क्षेत्र में किसी अन्य दुकान का विकल्प भी प्रदान किया जा सकता है। एक अन्य विकल्प यह है कि इस उत्तरदायित्व को किसी ''वर्तमान में संचालित जनरल स्टोर'', जो उस क्षेत्र में ही स्थित हो, को सार्वजनिक वितरण प्रणाली योजना के उद्देश्यों को पूरा करने की शर्तों तथा गारंटी के साथ सौंप दिया जाए। दूसरा विकल्प है लाभ के एक अपेक्षाकृत बड़े प्रतिशत की अनुमति दी जाए अथवा/और अधिक बड़ी संख्या में कार्डधारकों को उसके साथ सम्बद्ध कर दिया जाए ताकि व्यवहारिकता के लिए लाभ का मार्जिन पर्याप्त हो सके। उचित–मूल्य की दुकानों, जहाँ कहीं भी किसी एक गाँव (3000 की जनसंख्या वाले) में एक से अधिक संख्या में हैं, का एक साथ विलय किया जा सकता है। नए अनुशासन के साथ इस सुधार में नोटिस बोर्ड पर सभी सूचनाओं को प्रदर्शित किया जाना शामिल किया जाना चाहिए। यदि एक सतत् आधार पर कोई समुचित प्रोत्साहन प्रदान किया जाता है तो इससे राशन की दुकान के स्वामियों को भ्रष्टाचार का रास्ता चुनने के बजाए शर्तों तक सीमित रहने के लिए अभिप्रेरित किया जा सकता है। मात्र तब ही उन चक्करों की संख्या को कम किया जा सकेगा जिन्हें एक नागरिक को राशन की दुकान तक लगाने की आवश्यकता पड़ती है और बजाए इसके कि गेहूँ, केरोसीन इत्यादि के लिए उसे

बारबार चक्कर लगाना पड़े, वह कार्ड के लिए आबंटित संपूर्ण मात्रा को एक ही बार में प्राप्त कर सकेगा। इन पहलुओं को दुरुस्त किए जाने तथा वैकल्पिक तरीकों की आवश्यकता के सम्बन्ध में अनुक्रमिक मंत्रियों के द्वारा बातें की जा चुकी हैं। यहाँ तक कि योजना आयोग के उपाध्यक्ष ने भी अक्टूबर 2010 में ऐसा ही किया था। उन्होंने स्मार्ट कार्ड प्राप्त करने के विचार को संशोधित कर दिया था तथा राशन को चावल/गेहूँ तथा केरोसीन की आधारभूत आवश्यकताओं तक सीमित किए जाने के बजाए अन्य उत्पादों के लिए विकल्पों हेतु लचीलेपन की वकालत की थी।

शिकायत निवारण

किसी भी राशन की दुकान में शिकायत पुस्तिका तथा फीडबैक की ऐसी ही अन्य विधियों का उपयोग मुश्किल से ही किया जाता है। बेहतर कार्यकुशलताओं के लिए ऐसे फीडबैक की क्षमताओं एवं लाभों को प्राप्त नहीं किया जा पाता। इसके विपरीत, शिकायत पुस्तिका को नकारात्मक रूप से देखा जाता है तथा प्रायः ही यह दुकान से गायब हो जाती है। यदि निर्वाचित प्रतिनिधि शिकायत पुस्तिका में रुचि लें, आवधिक आधार पर इसकी जाँच करें, तथा शिकायतों पर कार्यवाही भी करें तो इसके महत्व में सुधार किया जा सकता है। सिटीजन चार्टर, सूचना का अधिकार अधिनियम, शिकायत पुस्तिका इत्यादि सब मिलकर धारणाओं के साथ–साथ सार्वजनिक वितरण प्रणाली में होने वाले वास्तविक अनुभव को परिवर्तित किए जाने का महत्वपूर्ण कार्य करेंगे। यहाँ तक कि ऐसा चाहे जिस भी कारण से हो, शिकायत पुस्तिका के उपलब्ध होने के बावजूद भी सार्वजनिक वितरण प्रणाली के उपयोगकर्ता किसी समस्या को सूचित करने अथवा किसी सुझाव को देने के लिए मुश्किल से ही इसका उपयोग करते हैं। उदाहरण के लिए, यहाँ तक कि दिल्ली में भी कोई शिकायत पुस्तिका उपलब्ध नहीं है अथवा अधिकांश दुकानों में इसका उपयोग नहीं किया जाता है, जबकि सूचना के अधिकार के परिणामस्वरूप अधिकांश राज्यों में सिटीजन चार्टर को तो भुला ही दिया गया है।

भ्रष्टाचार में मामूली कमी पर ध्यान नहीं

सार्वजनिक सेवाओं में नागरिकों की संलिप्तता वाले भ्रष्टाचार में भले ही मामूली कमी आए लेकिन इस पर ध्यान दिया जाना आवश्यक है ताकि इस प्रवृत्ति को

स्वीकार किया जा सके और इसे कायम रखा जा सके। सन् 2005 तथा 2008 के बीच नागरिकों की संलिप्तता वाली सार्वजनिक वितरण प्रणाली में भ्रष्टाचार में कमी आई थी, हालांकि यह बहुत मामूली थी। ऐसा धारणा तथा अनुभव दोनों के ही संदर्भों में हुआ था। वास्तव में, जहाँ तक वास्तविक अनुभव का सम्बन्ध है, यह मामूली से कहीं अधिक थी। इसे व्यवस्था को दुरुस्त अथवा स्वच्छ किए जाने हेतु किए जा रहे सतत् प्रयासों के साथ जोड़ा जा सकता है। इस प्रवृत्ति, चाहे जितनी भी मामूली क्यों न रही हो, को समाचार मीडिया के द्वारा प्रसारित राजनीतिक नेताओं तथा यहाँ तक कि योजना आयोग के उपाध्यक्ष जैसे पदाधिकारियों के द्वारा लगाए जाने वाले आरोपों सम्बन्धी अन्य रिपोर्टों के द्वारा महत्वहीन बना दिया गया है।

बीपीएल परिवारों के बीच परिवारों का एक बड़ा प्रतिशत (88 प्रतिशत) सार्वजनिक वितरण प्रणाली की सेवाओं को प्राप्त करने के लिए एक न एक बार अवश्य ही संपर्क करता है। कुल मिलाकर परिवारों के इस प्रतिशत में कोई कमी नहीं आई है। यहाँ तक कि बीपीएल सहित सभी परिवारों के मामले में सन् 2009 में यह प्रतिशत 74 का था। परंतु जो कुछ भी चिंता का कारण होना चाहिए वह है यह लोकप्रिय धारणा कि सार्वजनिक वितरण प्रणाली भ्रष्टाचार में डूबी हुई है। ऐसे लोग, जो किसी भी समय पर सार्वजनिक वितरण प्रणाली के संपर्क में आ चुके हैं, ऐसा ही सोचते हैं, यद्यपि कि उनमें से मुश्किल से 10 प्रतिशत लोगों ने ही गत एक वर्ष में ऐसा कोई अनुभव किया हुआ था। सन् 2000 में कवर किए गए 6 महानगरों में सार्वजनिक वितरण प्रणाली में भ्रष्टाचार के सम्बन्ध में ऐसी धारणा इसकी दुकानों पर जाने वाले 57 से 82 प्रतिशत लोगों के बीच पाई गई थी (सारणी 6.1)।

सारणी 6.1
सार्वजनिक वितरण प्रणाली में भ्रष्टाचार

	प्रतिशत			
	2000 (महानगर)	*2005 (आम आदमी)*	*2007 (बीपीएल)*	*2010*
संपर्क करने वाले परिवार	40	45	88	74
धारणाएं	57–82	61	54	
अनुभव (घूस देने का)	–	10	6	–
सेवा नहीं प्राप्त कर सके	–	3	2	–
किसी संपर्क का उपयोग किया	–	–	4	–

स्रोत: CMS India Corruption Studies.

सारणी 6.2
घूस किसे दी गई

(बीपीएल परिवारों का प्रतिशत, 2007)
सार्वजनिक वितरण प्रणाली के कर्मचारी–74
एजेंट / दलाल–20
स्थानीय प्रतिनिधि–7

स्रोत: CMS India Corruption Studies, 2007.

यदि गाँवों, मंडलों तथा विधानसभाओं के निर्वाचित प्रतिनिधि सार्वजनिक वितरण प्रणाली के संचालन में रुचि नहीं लेते तो दलालों की भूमिका में इस सीमा तक वृद्धि हो जाती है कि इसका अर्थ होता है वास्तविक अनुभवों तथा घूस दिए जाने की सीमा की तुलना में धारणाओं की कहीं अधिक बड़ी मात्रा का मौजूद होना। जहाँ कहीं भी तथा जिस भी सार्वजनिक सेवा में दलाल अधिक सक्रिय हैं, भ्रष्टाचार के सम्बन्ध में धारणाएं भी उतनी ही अधिक हैं। ऐसा इसलिए है क्योंकि दलाल ऐसा प्रभाव फैलाने की प्रवृत्ति रखते हैं ताकि उनका महत्व अक्षुण्ण बना रहे। बीपीएल परिवारों में से पाँचवें भाग (20 प्रतिशत), जिन्होंने सार्वजनिक वितरण प्रणाली सेवा प्राप्त करने के लिए घूस का भुगतान किया था, ने ऐसा किसी न किसी दलाल के माध्यम से ही किया था (2008)। यहाँ तक कि 7 प्रतिशत लोगों ने किसी न किसी प्रतिनिधि के माध्यम से घूस का भुगतान किया था। ऐसा अधिकांशतः पहले–पहल राशन कार्ड प्राप्त करने के लिए किया गया था, और यहाँ तक कि कभी–कभी राशन प्राप्त करने के लिए भी करना पड़ा था (सारणी 6.2)।

समीक्षाओं एवं शोधों के आधार पर यह निष्कर्ष प्राप्त किया जा सकता है कि नागरिकों की संलिप्तता वाले भ्रष्टाचार की सीमा में अंतर का प्रदर्शन किए जाने के लिए सार्वजनिक वितरण प्रणाली में चार कार्य महत्वपूर्ण हैं। ऐसा इन प्रयोजनों के लिए है कि नागरिक विभाग में जाएं, एक से अधिक बार चक्कर लगाएं, और उनमें से कुछ अंततः घूस का भुगतान कर दें। इन चारों में से तीन कार्यों का सम्बन्ध नागरिक आपूर्ति कार्यालय के साथ है जो नए राशन कार्ड को जारी किए जाने तथा इसकी पात्रता–अधिकार में परिवर्तन किए जाने के लिए उत्तरदायी होता है। परंतु राशन की दुकाने अधिक कुख्यात हैं क्योंकि नागरिकों को वहाँ बार–बार जाना होता है और घूस देने की मजबूरी का सामना करना पड़ता है। तीन–चौथाई मामलों में घूस का भुगतान दुकानदार अथवा नागरिक–आपूर्ति कार्यालय के कर्मचारी को किया जाता है।

सार्वजनिक वितरण प्रणाली के महत्वपूर्ण कार्य

मासिक आधार पर राशन प्राप्त करना
नए राशन कार्ड प्रदान किया जाना
कार्ड में किसी प्रकार का परिवर्तन किया जाना
राशन केन्द्र में परिवर्तन किया जाना

स्रोत: CMS India Corruption Studies, 2007.

नागरिकों को स्थानीय नागरिक–आपूर्ति कार्यालय का एक से अधिक बार चक्कर लगाने के लिए बाध्य किया जाता है क्योंकि या तो सम्बन्धित अधिकारी वहाँ उपलब्ध नहीं होते अथवा किसी अन्य प्रमाणपत्र अथवा सत्यापन कराए जाने की माँग कर दी जाती है। नागरिक–आपूर्ति कार्यालयों में भी उतने ही दृश्य परिवर्तनों को किए जाने की आवश्यकता है जितने कि राशन की दुकानों के मामले में (सारणी 6.3)।

सारणी 6.3
बार–बार चक्कर लगाने की आवश्यकता क्यों होती है

(बीपीएल परिवारों का प्रतिशत, 2007)
स्पष्टीकरण/अपूर्ण आवेदनपत्र–52
अधिकारी उपलब्ध नहीं–29
कर्मचारियों द्वारा सहयोग न किया जाना–18

स्रोत: CMS India Corruption Studies, 2007.

भ्रष्टाचार में डूबे हुए महत्वपूर्ण कार्यों का सारांश

कुछ राज्यों में 60 प्रतिशत अथवा उससे भी अधिक परिवारों के द्वारा एक नया राशन कार्ड प्राप्त करने के लिए घूस का भुगतान किया गया था। रोचक बात यह है कि सामाजिक समूह के आधार पर घूस का भुगतान किए जाने से किसी को भी बाहर नहीं रखा गया था। हालांकि, घूस की राशि अलग–अलग थी (सारणी 6.4)।

सारणी 6.4
घूस दिए जाने का कारण तथा बार–बार चक्कर लगवाए जाने का प्रयोजन

	बीपीएल परिवारों का प्रतिशत, 2007		
	घूस दिए जाने का कारण		*बार–बार चक्कर*
बातचीत करने का उद्देश्य	*शहरी*	*ग्रामीण*	*लगाने का प्रयोजन*
शीघ्रता से मासिक राशन प्राप्त करने हेतु	30	24	–
नया राशन कार्ड प्राप्त करने हेतु	44	45	62
कार्ड में परिवर्तन	8	8	23
दुकान में परिवर्तन/स्थानांतरण हेतु	7	7	6
वितरण का लाइसेंस प्राप्त करने हेतु	3	7	4

स्रोत: CMS India Corruption Studies, 2007.

नागरिक आपूर्ति विभाग को नीति/दिशा–निर्देशों तक सीमित किया जाए

वास्तव में, किसी एक शहर तथा किसी एक ग्रामीण जिले में, कम से कम एक वर्ष तक चलने वाले ऐसे प्रयोग को संपन्न किया जाना चाहिए जिसमें बीपीएल परिवारों को नागरिक–आपूर्ति कार्यालय के साथ संपर्क करने की कोई आवश्यकता न हो। इन मामलों में सभी उत्तरदायित्व को खुदरा व्यापारी अथवा डिपोधारक के ऊपर होना चाहिए। इस प्रयोग में खुदरा व्यापारियों पर विश्वास किया जाना तथा एक कार्ड प्राप्त करने अथवा/और बाद में कार्ड में किसी भी प्रकार के परिवर्तन के लिए आवेदन करने हेतु नागरिक आपूर्ति कार्यालय जाने से जरूरतमंद नागरिकों को मुक्त किया जाना शामिल है। इसके स्थान पर, नागरिकों को आवश्यक तथ्यों के साथ एक शपथपत्र दाखिल करना चाहिए तथा उसके बाद सम्बन्धित दुकानदार को नागरिक–आपूर्ति कार्यालय के पास एक आवधिक विवरण दाखिल करना चाहिए ताकि उसे तद्नुसार ही खाद्य एवं अन्य सामग्रियों की आपूर्ति का आवंटन किया जा सके। यह प्रयोग तब और अधिक सटीक तरीके से कार्य करेगा जब एक बार आधार की अनूठी संख्या प्रणाली पूरी तरह से सक्रिय हो जाएगी। कंप्यूटरीकरण, फोटो पहचानपत्र, तथा पहले से मौजूद प्रबंधन सूचना प्रणाली (एमआईएस) के साथ नागरिक–आपूर्ति कार्यालय को संपर्कहीन किया जाना संभव हो जाना चाहिए। इस प्रयोग के अंतर्गत, किसी भी नागरिक को अपनी नजदीकी दुकान अथवा डिपो पर जाना होता है तथा अपना विवरण दाखिल करते हुए स्वयं को पंजीकृत करवाना होता है, और खुदरा

व्यापारी को यह अधिकार है तथा वह उत्तरदायी भी होता है कि वह बिना किसी प्रतीक्षा के सब्सिडीकृत आवश्यक सामग्रियों (जिस भी सीमा के साथ हों) को ग्राहक के सुपुर्द करे। यहाँ तक कि अन्य तरीके से भी, कार्ड में किसी भी प्रकार के संशोधन के लिए किसी भी नागरिक को नागरिक–आपूर्ति कार्यालय जाने की आवश्यकता को विकेन्द्रीकरण अथवा/और कार्य को पुनर्निर्दिष्ट किए जाने के द्वारा समाप्त किया जाना चाहिए। सूचना प्रौद्योगिकी तथा अनूठी पहचान संख्या प्रणाली के लागू किए जा रहे होने के साथ ही इस प्रक्रिया को सरल बना दिया जाना संभव हो जाना चाहिए। बायोमेट्रिक्स आँकड़ों तथा समाधान के दृष्टिकोण को इसमें आगे और अधिक सहायता प्रदान करनी चाहिए। एक लागत–लाभ विश्लेषण यह स्पष्ट कर देगा कि प्रक्रिया में कुछ (5 प्रतिशत तक) त्रुटियों अथवा बेईमानी को स्वीकार किए जाने के बावजूद यह सुझाव बेहतर है। नए सॉफ्टवेयर तथा संचार उपकरणों के साथ यह संभव हो जाना चाहिए कि बार–बार चक्कर लगाए जाने की आवश्यकता तथा सार्वजनिक वितरण प्रणाली का उपयोग किए जाने की प्रक्रिया में घूस देने की बाध्यता को समाप्त कर दिया जाए।

भारत में एक सार्वजनिक सेवा के रूप में सार्वजनिक वितरण प्रणाली गुंजाइश तथा संरचना के मामले में भी संचरण से होकर गुजर रही है। सन् 2011 में एक बार खाद्य सुरक्षा कानून के लागू हो जाने के बाद नागरिकों को इस सेवा को प्रस्तावित किए जाने की शर्तें तथा बाध्यताएं परिवर्तित हो जाएगीं। इसी प्रकार से नई सूचना प्रौद्योगिकियों, अनूठी पहचान संख्या, तथा बायोमेट्रिक्स प्रणाली को लागू किए जाने के साथ ही सार्वजनिक वितरण प्रणाली का ढाँचा सैद्धांतिक तौर पर भ्रष्टाचार के लिए कम गुंजाइश वाला बन जाना चाहिए। सब्सिडीकृत आपूर्तियों के लिए पात्र परिवारों की संख्या तथा पात्रता सम्बन्धी मानदंडों में व्याप्त वर्तमान अस्पष्टता को स्पष्ट होना चाहिए तथा राजनीतिक दलों के चुनावी लाभ के लिए इन्हें परिवर्तित नहीं किया जाना चाहिए तथा इन्हें उनके विषेशाधिकार के दायरे में नहीं होना चाहिए।

खाद्य सुरक्षा के लिए पहल

संयुक्त प्रगतिशील गठबंधन (यूपीए) की अध्यक्षा सोनिया गाँधी की अध्यक्षता तथा विख्यात विशेषज्ञों एवं प्रमुख कार्यकर्ताओं वाली उच्च–अधिकारप्राप्त राष्ट्रीय सलाहकार परिषद् (एनएसी) ने (अक्टूबर 2010 में) यह सिफारिश की थी कि 75 प्रतिशत लोगों को सब्सिडीयुक्त खाद्यान्न मिलना चाहिए।[6] इस सिफारिश, जिसे अप्रैल 2011 से कार्यान्वित किए जाने हेतु निर्धारित किया गया था (तथा जिसके द्वारा सन् 2014 तक पूरे देश को कवर किया जाना था), के द्वारा लोगों को गरीबी रेखा तथा मध्यवर्ग के बीच क्रमशः इस प्रकार से विभाजित किया जाना था : गरीबी

रेखा के नीचे : ग्रामीण क्षेत्र में 46 प्रतिशत तथा शहरी क्षेत्र में 28 प्रतिशत, मध्यवर्ग: ग्रामीण क्षेत्र में 44 प्रतिशत तथा शहरी क्षेत्र में 22 प्रतिशत। राष्ट्रीय सलाहकार परिषद् ने सार्वजनिक वितरण प्रणाली में पुनः सुधार किए जाने की भी सिफारिश की थी, हालांकि इसके सुझावों में से अधिकांश नए थे। इनमें राशन की दुकानों को सीधी आपूर्ति, स्मार्ट एवं बायोमेट्रिक्स कार्डों का उपयोग, लेखापालन तथा सामाजिक अंकेक्षण में पारदर्शिता, तथा समस्त कार्यप्रणाली का कंप्यूटरीकरण किया जाना शामिल था। यदि राष्ट्रीय सलाहकार परिषद् की मान्यता यह है कि 75 प्रतिशत लोगों के लिए खाद्यान्नों को सब्सिडीयुक्त बना दिया जाए तो सब्सिडीकृत खाद्यान्न के लिए कोई भी (काला) बाजार नहीं रह जाएगा, तो ऐसा देखा जाना अभी भी शेष है। परंतु ये परिवर्तन सार्वजनिक वितरण प्रणाली के संचालन को अस्थिर किए जाने के बराबर हैं। इसी बीच, अगले तीन अथवा चार वर्षों के लिए, यह व्यापारियों के लिए खुली छूट तथा बीपीएल परिवारों के लिए कठिनाई का कारण बनने वाला है, जैसा कि वर्तमान समय में बना हुआ है। स्वाभाविक रूप से, राष्ट्रीय सलाहकार परिषद् की सिफारिशों का निहितार्थ है खुदरा नेटवर्क का इसके वर्तमान स्तर से आगे निकलकर और अधिक विस्तार किया जाना। और, जबतक सार्वजनिक वितरण प्रणाली के अंतर्गत खुदरा व्यापारी की अवधारणा ही परिवर्तित नहीं होती, यह विश्वास किया जाना कठिन है कि सबकुछ नागरिकों के लिए लाभदायक होने जा रहा है। संभवतः यही वह बात है जिसके प्रति ज्यां द्रेज उस समय चिंतित प्रतीत हुए थे जब उन्होंने खाद्य सुरक्षा प्रस्तावों के सम्बन्ध में अपने संदेहों को व्यक्त किया था।[7]

सार्वजनिक वितरण प्रणाली सेवा के लिए सुझाव

गत दशक के दौरान सार्वजनिक वितरण प्रणाली पर किए गए अध्ययनों के आधार पर एक त्रिआयामी रणनीति का सुझाव दिया जा रहा है। इनमें से पहली का सम्बन्ध संचालनों में सूचना के प्रवाह तथा पारदर्शिता के साथ है। दूसरी का सम्बन्ध प्रक्रियाओं, विशेषतौर पर नए कार्डों को जारी किए जाने तथा शिकायत निवारण उपायों का सरलीकरण किए जाने के साथ है। तीसरे का सम्बन्ध, जहाँ कहीं भी संभव हो, प्रणाली के कंप्यूटरीकरण सहित नई प्रौद्योगिकियों को हासिल किए जाने से है।

- **सूचना एवं पारदर्शिता**
  - उचित–मूल्य की दुकानों (एफपीएस) पर मूल्य, स्टॉक, तथा वितरण के समय का प्रदर्शन।
  - वितरण की अगली तिथि के सम्बन्ध में अग्रिम सूचना।

- **प्रक्रियाएं एवं शिकायत निवारण**
  - नए कार्डों का जारी किया जाना, न्यूनतम बिलंब के साथ वर्तमान कार्डों में परिवर्तन किया जाना।
  - शिकायत–पुस्तिका एवं निवारण–बारंबार निरीक्षणात्मक जाँच, जनता से संपर्क, तथा उनकी समस्याओं का शमन।
- **नई प्रौद्योगिकियाँ**
  - एफएम, एसएमएस तथा सामुदायिक रेडियो के उपयोग को प्रोत्साहित किया जाना।
  - बारंबार निगरानी, स्टॉक के सम्बन्ध में सूचना के सत्यापन, तथा खुदरा व्यापारी के स्तर पर वितरण हेतु वेबसाइटों पर सूचना का अद्यतनीकरण किया जाना।

खुदरा दुकानों की निगरानी व्यवस्था एवं नियमित जाँच में सुधार किए जाने के अलावा विभिन्न राज्य चोरी को न्यूनतम किए जाने, आपूर्तियों के इधर–उधर किए जाने, तथा नियमों एवं विनियमों के बेहतर अनुपालन को सुनिश्चित किए जाने सम्बन्धी उपायों पर भी विचार कर सकते हैं।

- **संपूर्ण राज्य में वैध राशन कार्ड का जारी किया जाना**: चूंकि गरीब परिवारों की एक बहुत बड़ी संख्या रोजगार की तलाश में अपने पैतृक स्थान से दूसरी जगहों पर प्रवास करती है, अतः क्षेत्र सम्बन्धी प्रतिबंध में ढील दिए जाने से वे राज्य में किसी भी स्थान पर सार्वजनिक वितरण प्रणाली की सुविधा प्राप्त कर पाने में समर्थ हो सकेंगे। इससे प्रत्येक ऐसी बार, जब कोई परिवार अपने पैतृक स्थान से कहीं बाहर जाता है, उन्हें खाद्य एवं नागरिक आपूर्ति विभाग के कार्यालय में बारबार चक्कर लगाने की असुविधा एवं परेशानी से बचाया जा सकेगा।
- **कंप्यूटरीकरण तथा सूचना प्रौद्योगिकी के उपयोग** से सार्वजनिक वितरण प्रणाली में पारदर्शिता तथा जवाबदेही के स्तर में वृद्धि होगी। कंप्यूटरीकृत राशन कार्डों का वितरण तथा पहले से कूटलिखित (कोड में लिखे) कूपनों अथवा वाउचरों के द्वारा जाली राशन कार्डों पर एक निगाह रखी जा सकेगी।
- ***पंचायत/स्वयं*–सहायता समूह (एसएचजी) के अधीन उचित मूल्य की दुकानें**: *ग्राम पंचायतें* तथा स्वयं सहायता समूहों को अपने–अपने मोहल्लों में उचित मूल्य की दुकानों का प्रबंधन करने हेतु प्रोत्साहित किया जाना चाहिए।

- **उचित मूल्य की दुकानों/सार्वजनिक वितरण प्रणाली के दुकानदारों का सामाजिक अंकेक्षणः** किसी वरिष्ठ जिलास्तरीय सरकारी अधिकारी के निरीक्षण के अधीन सिविल सोसाइटी समूहों के साथ मिलकर *ग्राम पंचायतों* को उचित मूल्य की दुकानों के स्तर पर रखे गए समस्त रजिस्टरों का आवधिक आधार पर सामाजिक अंकेक्षण किया जाना चाहिए।
- **ग्राम/ब्लॉक स्तर पर सतर्कता समितिः** ऐसी समितियों का गठन किया जाना तथा उन्हें सशक्त किया जाना पात्र परिवारों को कुशल एवं समयानुसार खाद्यान्न की सुपुर्दगी को सुनिश्चित करेगा। राज्य यह भी सुनिश्चित कर सकते हैं कि खाद्यान्नों का वितरण *पंचायत* के किसी सदस्य अथवा किसी स्थानीय सिविल–सोसाइटी कार्यकर्ता की उपस्थिति में किया जाए।
- **खाद्यान्नों के वितरण के सम्बन्ध में अग्रिम सूचनाः** एसएमएस अथवा/और सार्वजनिक सम्बोधन प्रणाली पर खाद्यान्नों के वितरण की तिथि तथा समय की घोषणा किए जाने अथवा वितरण के लिए एक निश्चित तिथि को निर्धारित कर दिए जाने को सेवा सुपुर्दगी में सुधार लाए जाने सम्बन्धी एक अन्य उपाय के रूप में देखा जाना चाहिए। इससे बारबार चक्कर लगाए जाने की परेशानी को न्यूनतम किया जा सकेगा।
- **उचित मूल्य की प्रत्येक दुकान पर परिवारों का एकसमान अनुपातः** ऐसा पाया गया है कि अधिकांश राज्य, जहाँ परिवार–उचित मूल्य की दुकान के बीच का अनुपात बहुत ऊँचा है, वहाँ भ्रष्टाचार का प्रतिशत भी अधिक ही है। इसलिए यह आशा की जाती है कि सरकार को यह सुनिश्चित करना चाहिए कि राशन कार्डों तथा उचित मूल्य की दुकानों का अनुपात ऐसा हो ताकि उचित मूल्य की दुकान खाद्यान्नों की बड़ी मात्रा प्राप्त ही न कर सके और, उसके द्वारा, उसे गलत कार्यों में संलिप्त होने का अवसर ही न प्राप्त हो सके। परंतु इसी के साथ–साथ व्यवहारिकता के पहलू की उपेक्षा भी नहीं की जानी चाहिए।
- **''जाली कार्डों'' को समाप्त किया जानाः** जबतक कि ''अपात्र'' परिवारों के द्वारा धारित राशन कार्डों तथा ''जाली कार्डों'' को छाँट कर बाहर नहीं कर दिया जाता, बीपीएल परिवारों के संवेदनशील वर्गों को प्रभावित करने वाले भ्रष्टाचार पर रोक लगाया जाना एक सरल कार्य नहीं होने वाला है।

इन सब के द्वारा माना जाता है कि ''पात्रता सम्बन्धी मानदंड'' तथा ''पहचान'' में कोई भी अस्पष्टता नहीं है तथा इसे बारबार परिवर्तित नहीं किया गया है।

नरेगाः एक प्रमुख कार्यक्रम!

संचालनों की सतत् निगरानी एवं समीक्षा के साथ–साथ ही नरेगा का जमीन–स्तरीय परिदृश्य भी परिवर्तित होता रहा है। राज्य–दर–राज्य इसका प्रदर्शन अलग–अलग रहा है। इसके लिए जमीन–आधारित मूल्यांकन एवं मूल्यांकन अध्ययन किए गए जिन्हें मंत्रालय, राष्ट्रीय सलाहकार परिषद् (एनएसी) तथा बाहरी एजेन्सियों के द्वारा प्रारंभ किया गया था। इसके अलावा, सरकार भी ''समकक्ष व्यक्तियों के समूह'' से फीडबैक तथा तथा प्रख्यात हस्तियों, जैसे अरुणा रॉय, ज्यां द्रेज, एन.सी. सक्सेना आदि लोगों से परामर्श प्राप्त करती रही है जो स्वयं ही नरेगा कार्यक्रम को तैयार किए जाने तथा इसके क्रियान्वयन के लिए कार्य कर चुके हैं।

ग्रामीण विकास विभाग के भूतपूर्व सचिव तथा राष्ट्रीय सलाहकार परिषद् के एक सदस्य रह चुके एन.सी. सक्सेना के नेतृत्व में एक छह सदस्यीय दल ने सितम्बर 2010 में यह निष्कर्ष प्राप्त किया था कि नरेगा ''वर्तमान शोषक सत्ता के ढाँचे को घनीभूत करने वाला एक और उपकरण'' बन गया है, क्योंकि इस योजना को ग्रामसभा की नगण्य संलिप्तता के साथ ग्रामप्रधानों (सभापति / *ग्राम पंचायतों के प्रमुख*) के द्वारा ही मनमानीपूर्ण ढंग से संचालित किया जा रहा है[6]।

पाँच महत्वपूर्ण कार्य

- लाभार्थी के रूप में चयनित / पंजीकृत होने हेतु
- जॉब कार्ड प्राप्त करने हेतु
- काम के लिए बुलावा प्राप्त करने हेतु
- मजदूरी का भुगतान प्राप्त करने हेतु
- बेरोजगारी के दिनों के लिए भत्ता प्राप्त करने हेतु

स्रोतः CMS India Corruption Study, 2007.

पिछले कई वर्षों के दौरान नरेगा कार्यक्रम में अनेकों सुधार किए जाते रहे हैं। इनमें शामिल है मजदूरी का भुगतान किसी स्थानीय बैंक अथवा पोस्ट आफिस के बचत खाते के माध्यम से किया जाना, पारदर्शिता को सुनिश्चित किए जाने हेतु सार्वजनिक सुनवाई किया जाना, वैधता सिद्ध करने हेतु सामाजिक अंकेक्षण किया जाना, *ग्राम सभा* की सक्रिय भूमिका, सूचना प्रौद्योगिकियों का उपयोग तथा कंप्यूटरीकृत प्रबंधन प्रणाली। स्थानीय स्तर पर दलालों की

उपस्थिति एवं किए जा रहे गबनों को महसूस करते हुए जिला–वार लोकपालों की नियुक्ति लंबे समय से की जाती रही है। कुछ राज्यों (आंध्र प्रदेश, हरियाणा) में दो अथवा तीन ''स्वतंत्र निगरानीकर्ताओं'' को भी नियुक्त किया गया था। केन्द्र सरकार जमीनी–स्तर की वास्तविकताओं के प्रति संवेदनशील रही है। ऐसा केन्द्र द्वारा वित्तपोषित किसी भी अन्य राष्ट्रीय योजना के मामले में नहीं किया गया है। परंतु योजना की पाँच वर्षों की अवधि व्यतीत हो जाने के बाद भी, जैसा कि वादा किया गया था, काम के लिए पंजीकृत किए गए कुल लोगों में से मात्र 39 प्रतिशत को ही रोजगार उपलब्ध करवाया जा सका है (*पायनियर*, 28 जुलाई, 2010)। लगभग 200 जिलों (तीसरे वर्ष के दौरान इसका विस्तार 400 जिलों तक कर दिया गया था), जहाँ यह योजना प्रारंभिक तौर पर क्रियान्वित की जा रही थी, में इस योजना के लिए किए गए राष्ट्रव्यापी नमूना सर्वेक्षण से यह प्रकट हुआ कि जिन लोगों ने गत एक वर्ष के दौरान किसी न किसी समय में नरेगा योजना का लाभ उठाया था, अथवा इसके लिए प्रयास किया था, उनमें से 15 प्रतिशत लोगों को भ्रष्टाचार का सामना करना पड़ा था (सारणी 6.5)। यह टिप्पणी कि यह कार्यक्रम समस्त राज्यों में एकसमान रूप से ''सही भावना के साथ'' लागू नहीं किया जा रहा है, क्रियान्वयन के पाँच वर्षों के अंत में सम्बन्धित संसदीय समिति के द्वारा की गई थी।

सारणी 6.5

घूस दिए जाने/किसी संपर्क का उपयोग किए जाने का अनुभव

घूस का भुगतान किया–7 प्रतिशत
किसी संपर्क का उपयोग किया–7 प्रतिशत
सेवा नहीं प्राप्त कर सके क्योंकि घूस माँगी गई–4 प्रतिशत

स्रोत: CMS India Corruption Study, 2007.

समस्या का सामना निम्न कारणोंवश करना पड़ा

- प्रक्रिया सम्बन्धी बिलंब
- भ्रष्ट कर्मचारी
- दलालों का हस्तक्षेप
- विभाग के कर्मचारियों की अनुपस्थिति

स्रोत: CMS India Corruption Study, 2007.

प्रधानमंत्री तथा सत्ताधारी दल के प्रमुख के द्वारा क्रियान्वयन में स्वयं पूरी गंभीरता से रुचि लिए जाने के बावजूद नरेगा दुरुपयोग तथा भ्रष्टाचार से अछूती नहीं रह सकी है। किसी न किसी प्रकार के भ्रष्टाचार के लिए यह समाचार मीडिया में सर्वाधिक चर्चा एवं रिपोर्ट किए जाने का विषय बनी रही है। यदि ऐसे ही दृढ़संकल्प, युक्तियों तथा संचालनतंत्र को अन्य आधारभूत सार्वजनिक सेवाओं के मामले में भी लागू किया गया होता तो कुछ हद तक, शायद मामूली रूप से ही सही, भ्रष्टाचार के स्तर में कमी आ सकती थी। इन सभी पाँच वर्षों के दौरान नरेगा के मामले में समीक्षा, मूल्यांकन तथा सुधारात्मक पहल किए जाने सम्बन्धी चिंताएं मौजूद रही हैं। और इसके बावजूद भी कोई भी निश्चित रूप से यह नहीं कह सकता की नरेगा को भ्रष्टाचार से मुक्त करवा लिया गया है। नरेगा में भ्रष्टाचार की सभी अथवा किसी भी एक घटना का अर्थ है देश के गरीब नागरिकों को वंचित किया जाना। यहाँ तक कि ग्रामीण विकास पर संसदीय समिति (2009–10)[9] के द्वारा निधियों की चोरी, जाली मजदूरी–पंजिका, मजदूरी के भुगतान में बिलंब, तथा यहाँ तक कि मजदूरी भुगतान में "कटौती" के अनेकों मामलों के प्रति अपनी चिंता व्यक्त की गई है। यहाँ तक कि सतत् आधार पर किया जा रहा प्रयास भी नरेगा को भ्रष्टाचारमुक्त बनाए जाने में कोई अंतर नहीं ला सका है। समाचार मीडिया की रिपोर्टों का अनुसरण करते हुए किसी को भी यह अनुभव होता है कि नरेगा भी भ्रष्टाचार से युक्त एक सेवा है। तथापि, ऐसी रिपोर्टें आने वाले समय में आत्मतुष्टि से बचने में सहायक होती हैं। गरीबी के परिदृश्य में किसी भी स्तर पर नरेगा के सकारात्मक योगदान के सम्बन्ध में लिखे जाने अथवा रिपोर्ट किए जाने के लिए समाचार मीडिया को समय, संसाधन, कौशल, तथा चिंता की आवश्यकता होती है। मात्र तब ही वे ऐसी सकारात्मक रिपोर्टों के साथ सामने आ सकते हैं। लेकिन इनमें कुछ बाधाएं भी हैं। प्रायः ही समाचार मीडिया जल्दी में रहता है तथा लगाए गए आरोपों, अभियोगों तथा इक्का–दुक्का अनुभवों पर अधिक से अधिक विश्वास करता है। समाचार मीडिया पूरे देश में राष्ट्रीय ग्रामीण रोजगार गारंटी अधिनियम (नरेगा) को प्रारंभ किए जाने के समय से ही किसी भी अन्य लक्षित योजना की तुलना में अधिक कवर करता रहा है। ऐसा इसलिए है क्योंकि इसे संप्रग सरकार के एक "प्रमुख" कार्यक्रम के रूप में देखा जाता है जो केन्द्र द्वारा प्रायोजित, वित्तपोषित, तथा सरकार एवं सत्ताधारी दल दोनों के ही द्वारा उच्चतम स्तर पर निगरानी किया जाने वाला कार्यक्रम है। इस प्रवृत्ति के साथ सर्वेक्षणों के निष्कर्षों तथा समीक्षा रिपोर्टों का सामान्यीकरण किए जाने की प्रवृत्ति भी जुड़ जाती है। नरेगा का राजनीतिकरण किया जाना नरेगा में भ्रष्टाचार के सम्बन्ध में बनने वाली धारणाओं का ऐसा ही एक अन्य कारण

है। इसके व्यापक महत्व की उपेक्षा करते हुए इसे संप्रग के अथवा कांग्रेस पार्टी के अथवा सोनिया गाँधी के कार्यक्रम के रूप में प्रस्तुत किया जाता है।

काफी पहले सन् 2007 में आंध्र प्रदेश में किए गए सामाजिक अंकेक्षण के द्वारा स्पष्ट किया गया था कि मजदूरी के भुगतान में होने वाला बिलंब बारबार उत्पन्न होने वाली एक समस्या है। और फिर भी, ग्रामीण विकास मंत्रालय की रिपोर्ट के अनुसार सन् 2010 के शुरुआती महीनों में भी यह समस्या उसी प्रकार से बनी हुई है (*मिंट*, 2 अगस्त, 2010) जैसे हम दो अथवा तीन वर्षों की अवधि के दौरान इस समस्या पर या तो पूरी तरह से ध्यान नहीं दे सके अथवा इसका समाधान नहीं कर सके।

यद्यपि भ्रष्टाचार पर रोक लगाए जाने तथा नरेगा को और अधिक पारदर्शी बनाए जाने के लिए अनेकों पहलें की गई थीं, तथापि उन पहलों के लाभों को अभी भी पूरे देश में समझा और अनुभव किया जाना बाकी है। ग्रामीण बीपीएल परिवारों के लगभग 47 प्रतिशत भाग, जिन्होंने गतवर्ष के दौरान नरेगा से जुड़ी किसी न किसी एजेन्सी के साथ बातचीतकी, को इस योजना में भ्रष्टाचार का सामना करना पड़ा। इस बात में कोई आश्चर्य नहीं है कि क्यों सरकार मजदूरी के 50 प्रतिशत अग्रिम भुगतान किए जाने की बात कह रही है ताकि श्रमिकों को मजदूरी के भुगतान में होने वाले बिलंब पर रोक लगाई जा सके। सरकार ने पहले से ही राज्यों को मजदूरी का भुगतान मात्र बैंकों तथा पोस्ट–आफिसों के माध्यम से ही किए जाने हेतु सलाह जारी कर दी है।

घूस दिए जाने के सर्वाधिक महत्वपूर्ण कारण

- चुने/पंजीकृत किए जाने हेतु
- जॉब कार्ड प्राप्त करने हेतु
- मजदूरी का भुगतान प्राप्त करने हेतु

स्रोत: CMS India Corruption Study, 2007.

यहाँ तक कि स्वयं को इस योजना के अंतर्गत पंजीकृत करवा लिए जाने तथा एक जॉब कार्ड प्राप्त कर लेने के बाद भी वास्तव में काम कब और कहाँ उपलब्ध होगा अथवा काम के लिए किसी को किसके साथ स्वयं को सूचीबद्ध करवाना होगा, इन सब बातों से सम्बन्धित सूचनाओं की उपलब्धता एक महत्वपूर्ण कार्य है। सूचनाओं के प्रवाह में यह अंतराल भ्रष्टाचार की गुंजाइश उत्पन्न करता है। फिर, निश्चित रूप से यह भी महत्वपूर्ण है कि मजदूरी का भुगतान कब और कैसे

किया जाएगा। इन विभिन्न पहलुओं के सम्बन्ध में सूचनाओं का प्रवाह एवं जागरूकता नरेगा में भ्रष्टाचार की धारणाओं के लिए गुंजाइश को न्यूनतम करने में सहायता प्रदान करेगा।

नरेगा अधिनियम की सर्वश्रेष्ठ बात यह है कि इसके द्वारा राज्य सरकारों पर समुचित शिकायत निवारण के निर्धारण हेतु नियम बनाए जाने तथा शिकायतों के निस्तारण की प्रक्रिया को निर्धारित किए जाने का दायित्व डाल दिया गया है। परंतु, अधिकांश राज्यों ने इस सम्बन्ध में एक–दूसरे की नकल करने का रास्ता अपनाया है। इसके बावजूद, पाँच वर्षों के बाद भी, मात्र उन स्थानों को छोड़कर जहाँ सामुदायिक सामाजिक अंकेक्षण को गंभीरतापूर्वक अपना लिया गया है, शेष स्थानों में शिकायत निवारण तंत्र का न तो अनुभव ही किया जा रहा है और न ही इसके मौजूद होने को रिपोर्ट किया गया है।

घूस किसे दी गई

- नरेगा कर्मचारियों/परियोजना कर्मचारियों को
- *पंचायत* के प्रतिनिधियों को
- एजेंट/दलाल को

स्रोत: CMS India Corruption Study, 2007.

जॉब कार्ड को उपलब्ध करवाया जाना एक महत्वपूर्ण कार्य है। कई बार, जॉब कार्डों को ऐसे सभी लोगों को नहीं प्रदान किया जाता जिनका पंजीकरण किया जा चुका है। कुछ मामलों में ऐसा पाया गया कि इन्हें या तो *सरपंच* के द्वारा अथवा कार्यक्रम अधिकारी के द्वारा अपने पास रख लिया जाता है। परिणामस्वरूप, इसका अर्थ यह होता है कि *सरपंच* तथा उस स्तर पर पदाधिकारी जॉब कार्ड में जो मर्जी चाहे विवरण भरने के लिए स्वतंत्र होते हैं, क्योंकि जॉब कार्ड सदैव ही उनके नियंत्रण में होता है और उसे तब ही जारी किया जाता है जब उनकी मर्जी हो। हालांकि, एक बार नई सूचना एवं संचार प्रौद्योगिकियों के अपना लिए जाने के उपरांत, यह मानते हुए कि सॉफ्टवेयर में जाँच तथा नियंत्रण के पर्याप्त उपाय किए गए हैं, ऐसे कार्यों और संभावनाओं से बचा जा सकता है।

सीएमएस ने इस कार्यक्रम का सर्वप्रथम विश्लेषण इसके पहले वर्ष की समाप्ति पर अनंतपुर जिले में संपन्न किया था जहाँ इस योजना का उद्घाटन प्रधानमंत्री तथा संप्रग के अध्यक्ष द्वारा किया गया था। कार्यक्रम के राजनीतिक लक्ष्यार्थ के

कारण कार्यक्रम के क्रियान्वयन पर और अधिक संवेदनशीलता एवं गंभीरतापूर्वक ध्यान तो दिया गया था, परंतु एक पक्षपातपूर्ण राजनीतिक दृष्टिकोण के साथ।

अकेले बायोमेट्रिक्स कार्ड एवं सूचना प्रौद्योगिकियों एवं प्रबंधन सूचना सहयोग सेवाओं के उपयोग सम्बन्धी पहलें (जिनका उपयोग पहले से ही प्रायोगिक तौर पर किया जा रहा है) भ्रष्टाचार को समाप्त नहीं कर सकेंगी। निश्चित रूप से भ्रष्टाचार पर रोक लगाए जाने के लिए ऐसे उपायों की आवश्यकता है, परंतु स्थानीय राजनीतिज्ञ तथा स्थानीय स्तर पर निर्वाचित प्रतिनिधियों को अग्रसक्रिय होना होगा तथा इस योजना को भ्रष्टाचारमुक्त बनाए जाने के प्रति चिंतित होना होगा। उन्हें इस कार्यक्रम को संरक्षण के एक साधन तथा एक चुनावी संदर्भ में नहीं देखना चाहिए। इसी प्रकार से, नौकरशाहों को नरेगा को एक "गौरवशाली कार्यक्रम" के रूप में देखे जाने से दूर रहने तथा स्थानीय राजनीतिक खिंचाव एवं दबावों में आए बिना "संचालन सम्बन्धी दिशानिर्देशों" को कठोरतापूर्वक लागू करने की आवश्यकता है। किसी भी जिले में परियोजना स्तर पर पदाधिकारियों को शून्य भ्रष्टाचार की स्थिति लाने के लिए प्रोत्साहन दिए जा सकते हैं। सामाजिक अंकेक्षण, सिटीजन्स चार्टर, लोकपाल प्रणाली, तथ *ग्राम सभा* अथवा सार्वजनिक सुनवाई को सुनिश्चित एवं सशक्त किए जाने की आवश्यकता है। यदि ये सभी उपाय एक साथ अपनाए जाते हैं तो नरेगा को भ्रष्टाचारमुक्त बनाया जाना सुनिश्चित कर सकते हैं। इसी के साथ–साथ, नरेगा को एक चुनावी पहल के रूप में न तो प्रस्तुत किया जाना चाहिए और न ही देखा जाना चाहिए। ऐसे लोगों के विरुद्ध कठोर दंडात्मक कार्यवाही किए जाने की आवश्यकता है जो किसी भी स्तर पर किसी भी प्रकार के भ्रष्टाचार के लिए नियमों का उल्लंघन करते हैं तथा भ्रष्टाचार में संलिप्त होते हैं अथवा उसके लिए उत्तरदायी होते हैं। स्थानीय शिक्षकों को सूक्ष्म स्तर पर नरेगा के अंतर्गत जारी परियोजनाओं के विभिन्न पहुलओं पर निगाह रखने का कार्य सौंपा जाना चाहिए।

नरेगा सेवा के लिए सुझाव

नरेगा ग्रामीण परिवारों को आजीविका की गारंटी प्रदान करता है तथा अपनी डिजाइन के अनुसार यह बीपीएल आबादी के लिए एक महत्वपूर्ण सेवा है। इसीलिए यह आवश्यक है कि इस सेवा में से भ्रष्टाचार को समाप्त कर दिया जाए तथा बीपीएल परिवारों को इसे हासिल करने में सक्षम बनाया जाए तथा साथ ही साथ यह सुनिश्चित किया जाए कि इस योजना का लाभ उठाने से कोई भी वंचित न रहने पाए।

- **स्थानीय *पंचायत***
  - नरेगा के अंतर्गत कार्य का चयन किए जाने में सक्रिय रूप से भाग लेने तथा जरूरतमंद की पहचान के लिए एक संदर्भस्रोत होने एवं यह सुनिश्चित करने कि मात्र पात्र लोग ही रोजगार प्राप्त कर सकें, आदि तथ्यों के प्रति *पंचायत* को संवेदनशील बनाया जाना चाहिए।
- **शिकायत निवारण**
  - बिना किसी संपर्क की आवश्यकता के एक अधिकार के रूप में किसी को भी शिकायत करने में समर्थ होना चाहिए।
  - उन्हें यह ज्ञात होना चाहिए कि किसी भी मामले में किसी भी समस्या की स्थिति में किसे सूचित किया जाना है।
  - परिवारों की शिकायतों का समाधान किए जाने तथा साथ–ही–साथ परियोजना स्थलों पर सूचना प्रदान करने के लिए हेल्प डेस्क/हेल्पलाइन उपलब्ध होनी चाहिए।
- **बीपीएल परिवारों के बीच जागरुकता**
  - लाभार्थियों को योजना के अंतर्गत उन्हें उपलब्ध अधिकारों से अवगत करवाया जाना चाहिए।
  - सरल स्थानीय भाषा में योजना की विशेषताओं को स्पष्ट करते हुए पर्चे तथा विवरणपत्रों को वितरित किया जाना चाहिए।
  - इस योजना के सम्बन्ध में जागरूकता बढ़ाने में सहायता करने के लिए स्थानीय मातृभाषा के समाचारपत्रों, रेडियो, टेलीविजन, फिल्मों, तथा स्थानीय सांस्कृतिक मंचों आदि का उपयोग किया जाना चाहिए।
  - श्रमिकों को अवगत करवाया जाना चाहिए कि योजना तक पहुँच प्राप्त करने तथा कहाँ से मार्गदर्शन प्राप्त करना है अथवा शिकायत करनी है, इस उद्देश्य से किसी भी संपर्क को ढूँढने की कोई आवश्यकता नहीं है।
- **निगरानी एवं प्रबंधन**
  - जॉब कार्डों को समय से जारी किए जाने के साथ–साथ समय से मजदूरी एवं बेरोजगारी भत्तों का भुगतान किया जाना।
  - जॉब कार्डों को श्रमिकों के पास रखा जाना तथा प्रत्येक परियोजना स्थल पर उसमें वर्ष में कम–से–कम एक बार उसमें प्रविष्टियां किया जाना तथा साथ–साथ श्रमिक–पंजिका के साथ इसका मिलान किया जाना।
  - प्रत्येक परियोजना स्थल पर वर्ष में न्यूनतम एक बार सामाजिक अंकेक्षण किया जाना तथा इसमें सिविल सोसाइटी समूहों को शामिल किया जाना चाहिए।
  - श्रमिक–पंजिका का राज्य सरकारों के साथ–साथ बाहरी एजेन्सियों के द्वारा यादृच्छिक (रैण्डम) आधार पर नमूना सत्यापन किया जाना।

- स्थानीय सतर्कता/निगरानी समितियों को मौजूद होना चाहिए।
- पंजीकरण प्रक्रिया (फार्म भरे जाने इत्यादि) में श्रमिकों की सहायता की जानी चाहिए।

आवासन

भोजन तथा रोजगार के बाद स्थाई आश्रय सर्वाधिक महत्वपूर्ण आधारभूत आवश्यकता होती है। आवासन महत्वपूर्ण आर्थिक सुरक्षा प्रदान करता है। सन् 1980 के दशक के बाद के कुछ वर्षों में केन्द्र तथा राज्यों की सरकारें ऐसे गरीब लोगों को आवास की सुविधा प्रदान करने के लिए विभिन्न पहलें करती रही हैं जिनके पास कोई आश्रय नहीं है। विगत एक–दो दशकों के दौरान विभिन्न संकल्पित तथा लक्षित योजनाएं बनाई गई हैं ताकि गरीबी रेखा के नीचे रहने वालों को एक घर के लिए जमीन दी जा सके अथवा एक घर के निर्माण अथवा पूर्वनिर्मित घर के लिए ऋण प्रदान किए जा सकें। चूंकि प्रत्येक परिवार अपना स्वयं का एक घर रखना चाहेगा, अतः इन कार्यक्रमों की सफलता उस प्रक्रिया पर निर्भर करेगी जिससे होकर इन लोगों को गुजरना होता है तथा इस बात पर भी कि किस प्रकार से भ्रष्टाचारमुक्त तरीके से एक घर प्राप्त किया जा सकता है। यदि आवासन जैसी सेवाओं को भ्रष्टाचारमुक्त बना दिया जाता है तो इसका देश पर बहुत महत्वपूर्ण प्रभाव पड़ता है तथा यह "सुशासन" के लिए एक और संकेत होगा।

ऐसे प्रमुख कार्य, जिनके लिए किसी को भी दो–चार चक्कर लगाने पड़ते हैं, तथा घूस दिए जाने की आवश्यकता सम्बन्धी कारणों पर ध्यान दिए जाने की आवश्यकता है (सारणी 6.6) तथा एक समयसीमा के अंदर–अंदर दृश्य अंतर लाए जाने के लिए योजनाओं पर जोर दिया जाना चाहिए।

सार्वजनिक वितरण प्रणाली तथा नरेगा के उपयोग के विपरीत आवासन की सेवा राज्य सरकारों द्वारा की जाने वाली एक पहल अधिक है तथा, अधिकांश

सारणी 6.6
घूस दिए जाने के कारण

भूखंड/घर का आवंटन–69%
ऋण का अनुमोदन/जारी किया जाना–14%
निर्माण सामग्री–13%
स्वामित्व हस्तांतरण–5%

स्रोतः CMS India Corruption Study, 2007.

सारणी 6.7
योजना का लाभ लिए जाने में कठिनाई सम्बन्धी कारक

प्रक्रिया सम्बन्धी–24%
फार्मों इत्यादि का उपलब्ध न होना–3%
कर्मचारियों की अनुपस्थिति–9%
दलालों का हस्तक्षेप–14%
भ्रष्ट कर्मचारीगण–50%

स्रोत: CMS India Corruption Study, 2007.

मामलों में, गरीबों के द्वारा जीवन में एक बार माँग की जाने वाली सेवा है। ऐसा होते हुए, वे बाध्यताएं जो इस प्रक्रिया में भ्रष्टाचार को प्रेरित करती हैं, अलग होंगी। सर्वेक्षणों के द्वारा इंगित किया गया है कि शहरी तथा ग्रामीण, दोनों ही क्षेत्रों में एक वर्ष में बीपीएल परिवारों के लगभग 1/6वें भाग के द्वारा आवासीय सेवाओं का कार्य देखने वाले सम्बन्धित सरकारी कार्यालयों के साथ बातचीत की जाती है। शहरी गरीबों के प्रतिशत में होने वाली तीव्र वृद्धि के साथ ही एक घर के लिए बातचीत करने की उनकी बाध्यताओं का भी अलग होना अनिवार्य है (सारणी 6.7)। आवासीय योजनाओं की नामावली राज्य से राज्य के बीच तथा एक ही राज्य के अंदर शहरी तथा ग्रामीण क्षेत्रों के बीच अलग–अलग होती है। कुछ राज्यों में योजनाओं की बहुतायत भी गरीबों के लिए समस्या को बढ़ा देती है। उदाहरणार्थ, आंध्र प्रदेश तथा कर्नाटक में ग्रामीण तथा शहरी क्षेत्रों में दो से भी अधिक अलग–अलग योजनाएं कार्य कर रहीं हैं। आवासीय योजना को प्राप्त करने का प्रयास करने वाले लोगों के दो–तिहाई से भी बड़े भाग को कई बार सम्बन्धित सरकारी कार्यालयों के चक्कर लगाने पड़ते हैं। किसी भी नागरिक को जितनी अधिक बार सरकारी कार्यालय का चक्कर लगाना पड़ेगा, उतनी ही घूस देने की बाध्यता भी अधिक होगी। योजनाओं को प्राप्त करने के लिए सरकारी कार्यालय के साथ संपर्क करने वाले बीपीएल परिवारों का 30 प्रतिशत भाग अंततः घूस दे देता है अथवा किसी संपर्क का उपयोग करता है।

परंतु सीएमएस सर्वेक्षणों ने इंगित किया है कि एक घर के लिए आवेदन का प्रयास करने वाले बीपीएल परिवारों के 13 प्रतिशत तक का बड़ा भाग उसे प्राप्त करने में विफल रहा क्योंकि उनकी हैसियत घूस दे पाने की नहीं थी अथवा उनके पास कोई भी संपर्क उपलब्ध नहीं था (सारणी 6.8)।

आंध्र प्रदेश सरकार के राज्य आवासन विभाग के एक सहायक इंजीनियर को (सन् 2010 में) उस समय सेवा से हटा दिया गया था जब जाँच में यह पाया गया कि वह उन गरीब लोगों से घूस की बड़ी–बड़ी राशियाँ एकत्रित

सारणी 6.8
अनुभव

घूस का भुगतान किया–13%
संपर्क का उपयोग किया–12%
घूस न दे पाने के कारण प्राप्त नहीं कर सके–13%

स्रोतः CMS India Corruption Study, 2007.

सारणी 6.9
घूस किसे दी गई

कर्मचारियों को–64%
एजेंटो/दलालों को–26%
स्थानीय प्रतिनिधियों को–11%

स्रोतः CMS India Corruption Study, 2007.

करता रहा है जिन्हें कुछ समय के दौरान राज्य सरकार की लक्षित योजनाओं के अंतर्गत घरों का आवंटन किया गया था। यह एक स्थानीय कार्यकर्ता के द्वारा आंध्र प्रदेश लोकायुक्त के समक्ष प्रस्तुत की गई एक शिकायत थी जिसके आधार पर जाँच की गई थी। किसी भी सरकारी एजेन्सी तथा प्रक्रियाओं के द्वारा इस प्रकार की घटनाओं को अलग नहीं किया गया था (सारणी 6.9)। इस उदाहरण ने नागरिकों की भूमिका के महत्व को सामने ला दिया। और एक सहायक के रूप में स्थानीय समाचार मीडिया को अपने साथ लेते हुए एक स्थानीय नागरिक तथा एक सिविल सोसाइटी समूह द्वारा इस अंतर को लाया जाना संभव हो सका।

भ्रष्टाचार की सीमा इतनी अधिक थी कि कुछ राज्यों में तो यह भ्रष्टाचार का सामना अथवा अनुभव करने वाले बीपीएल परिवारों की आधी संख्या के बराबर थी जबकि अन्य राज्यों में यह मात्र 30 प्रतिशत तक थी। राजनीतिक नेताओं तथा स्थानीय कार्यकर्ताओं की भूमिका इस सेवा की कार्यकुशलता तथा भ्रष्टाचार की सीमा से सम्बन्धित एक प्रमुख चर (वैरियेबल) है, जो अन्य सार्वजनिक सेवाओं की तुलना में बहुत अधिक है। जो आवेदनकर्ता किसी स्थानीय स्तर पर "विरोधी दल" से सम्बन्ध रखते हैं, उनके मामले में देरी किया जाना अथवा इस योजना को प्राप्त किए जाने से उन्हें वंचित रखा जाना अधिकांश राज्यों में बहुत ही आम बात है। राजनीतिक पदाधिकारी प्रत्यक्ष रूप से अथवा अधिकारियों के साथ मिलीभगत से ऐसे भ्रष्टाचार तथा साथ–साथ किसी को भी एक घर अथवा गृह–भूखंड योजना का लाभ उठाने से वचिंत रखने के लिए उत्तरदायी हैं।

कुछ सुझाव

- आवासीय परियोजना के क्रियान्वयन के प्रत्येक चरण में *पंचायत* की संलिप्तता होनी चाहिए।
- ग्राम सभा के माध्यम से लाभार्थियों का पारदर्शितापूर्वक चयन किया जाए। एक रजिस्टर रखा जाना चाहिए जिसमें आश्रय के जरूरतमंद लोगों के नाम को वार्षिक आधार पर अद्यतन किया गया हो।
- ग्राम स्तर पर शिविर लगाए जाने चाहिए ताकि लाभार्थियों की पहचान की जा सके तथा उन्हें इन योजनाओं के सम्बन्ध में सूचित किया जा सके।
- योजनाओं तथा पात्रता सम्बन्धी मानदंडों के सम्बन्ध में विविध तरीकों से जागरूकता का प्रसार किया जाना चाहिए।
- घरों के निर्माण के लिए *पंचायत* के द्वारा पहचान किए गए आवासीय स्थल का यथास्थल सत्यापन होना चाहिए।
- यह जाँचने के लिए कि *पंचायत* द्वारा दिए गए नाम जरूरतमंदों के ही हैं, सत्यापन किया जाना चाहिए।
- अल्प लागत पर सीमेंट, ईंटें, दरवाजे तथा खिड़कियों तथा अन्य सामग्रियों की आपूर्ति की जानी चाहिए।
- लाभार्थी के बचत खाते में नकदी लाभ को सीधे जमा कराए जाने के लिए ऑनलाइन भुगतान व्यवस्था की जानी चाहिए।
- सार्वजनिक शिकायतों के समाधान के लिए जन *अदालतें* आयोजित की जानी चाहिए।
- सेवा सुपुर्दगी में सुधार के लिए रजिस्टरों का कंप्यूटरीकरण किया जाना चाहिए।
- पात्र बीपीएल व्यक्तियों/परिवारों की सूचना को सार्वजनिक रूप से प्रदर्शित किया जाना चाहिए।
- सेवाओं की गुणवत्ता के सम्बन्ध में फीडबैक प्रदान करने के लिए लाभार्थियों को आगे आने हेतु प्रोत्साहित किया जाना चाहिए।
- हितधारकों तथा स्थानीय शिक्षाविदों अथवा सक्रिय सिविल सोसाइटी की सहभागिता के साथ स्वतंत्र सामाजिक अंकेक्षण किया जाना चाहिए।
- ग्रामीण विकास मंत्रालय (एमओआरडी) ने अपनी विभिन्न योजनाओं पर अध्ययनों को प्रारंभ किया है। ऐसे अध्ययनों को भ्रष्टाचार की धारणा तथा वास्तविक अनुभवों पर भी ध्यान केन्द्रित करना चाहिए तथा प्रक्रियाओं, क्रियान्वयन प्रक्रिया, निर्माण की गुणवत्ता इत्यादि पर संतुष्टि के स्तर सम्बन्धी जानकारियाँ भी जुटानी चाहिए। इन अध्ययनों को अग्रसक्रिय होना चाहिए तथा सुधारात्मक कार्यवाही किए जाने में सहायक होना चाहिए।

कानून एवं व्यवस्थाः पुलिस एवं न्यायिक सेवाएं

कोई भी राष्ट्र कितना सभ्य है, इसका निर्णय इस बात से किया जाता है कि उसकी पुलिस तथा न्याय प्रणाली कितनी अच्छी तरह से कार्य करती है। न केवल इस मामले में कि उन तक पहुँच कितनी सुगम है, विशेषतौर पर नागरिकों के संवेदनशील वर्गों के द्वारा, बल्कि इस तथ्य से भी कि उनकी कार्यवाहियाँ कितनी सरल एवं निष्पक्ष हैं, और क्या वे भ्रष्टाचार से मुक्त हैं अथवा नहीं। कानून एवं व्यवस्था सेवाओं पर नागरिकों की निर्भरता तथा उनके विश्वास का स्तर विकास, लोकतंत्र, तथा सुशासन का एक महत्वपूर्ण पहलू होता है। पुलिस के राज्य का एक विषय होने के कारण सरकार सम्बन्धी धारणाएं बड़ी सीमा तक पुलिस सेवा के द्वारा निर्धारित होती हैं।

यदि जरुतरमंद नागरिकों को जब और जहाँ आवश्यकता हो के आधार पर कानून एवं व्यवस्था सम्बन्धी सेवाओं तक पहुँच प्रदान कर दी जाती है, और वह भी बिना किसी संपर्क का उपयोग किए अथवा घूस दिए हुए, तो इस स्थिति को किसी भी देश की वास्तविक विकसित अवस्था अथवा किसी सत्ता के सुशासन के एक उच्च–बिंदु के रूप में वर्णित किया जा सकता हैं। शून्य भ्रष्टाचार की अवस्था एक सैद्धांतिक अवधारणा हो सकती है, परंतु इसे एक शाश्वत प्रयास होना चाहिए। और, इस प्रक्रिया में, यदि पुलिस तथा न्यायपालिका के द्वारा उपलब्ध कराई गई कानून एवं व्यवस्था सम्बन्धी सेवाओं को गरीबों तथा औसत नागरिकों के लिए और अधिक निर्भरतायोग्य बनाया जा सके, तो इसके परिणामस्वरूप अन्य सेवाएं भी अपेक्षाकृत कम भ्रष्ट हो जाएगीं। नागरिकों के द्वारा पुलिस एवं न्यायपालिका के साथ प्राप्त किए गए अनुभवों का तरंगीय प्रभाव अन्य सार्वजनिक सेवाओं के संदर्भ में भ्रष्टाचार की धारणाओं तथा अनुभवों पर भी महत्वपूर्ण रूप से प्रभाव डालेगा।

पुलिस सेवाओं तथा पुलिस को कुख्यात के रूप में देखा जाता है तथा कोई भी नागरिक उनके साथ संपर्क करना नहीं पसंद करता है। और फिर भी, बीपीएल परिवारों का 10 प्रतिशत तथा सभी परिवारों का लगभग 15 प्रतिशत भाग ऐसा करता भी है। वह प्रत्येक वर्ष में कम से कम एक बार पुलिस से संपर्क करता है, चाहे अपने आप से अथवा उसे इसमें घसीटा गया होता है। 13 प्रतिशत लोगों को औसतन वर्ष में एक बार किसी न किसी स्तर पर न्यायालय के संपर्क में भी आना पड़ता है। पुलिस के मामले में उनका दो–तिहाई अथवा उससे भी बड़ा भाग तथा न्यायालय से संपर्क करने वाले लोगों के मामले में 45 प्रतिशत के लगभग लोगों के द्वारा गत एक वर्ष के दौरान किसी न किसी प्रयोजन से घूस दिए जाने का दावा किया गया है। पुलिस सेवाओं में भ्रष्टाचार की धारणा कहीं अधिक है। वास्तव में, यह किसी भी अन्य सार्वजनिक सेवा की

तुलना में अधिक है तथा पूरे देश में ऐसे व्याप्त है जैसे पुलिस में भ्रष्टाचार एक सार्वभौमिक प्रवृत्ति हो।

वास्तव में, इसी कारणवश, भ्रष्टाचार की धारणाओं तथा घूस दिए जाने के अनुभवों के बीच का अंतराल किसी भी अन्य सार्वजनिक सेवा की तुलना में पुलिस सेवा के अंतर्गत बहुत ही संकुचित है। विशेषतौर पर गरीब एवं संवेदनशील लोग इसके शिकार हैं तथा वे आवश्यक संरक्षण प्राप्त कर पाने एवं ध्यान दिए जाने से वंचित कर दिए जाते हैं।

पुलिस सेवा

पुलिस शांति बनाए रखने, अपराध का अन्वेषण करने, देश के कानून को लागू करने तथा आंतरिक सुरक्षा कायम रखने के लिए उत्तरदायी होती है। शहरों में ट्रैफिक को व्यवस्थित बनाए रखना एक अतिरिक्त–किन्तु एक प्रमुख–उत्तरदायित्व होता है। समाचार मीडिया में पुलिस सेवा एक दैनिक विषय–वस्तु के रूप में विशिष्ट कवरेज प्राप्त करती है तथा प्रायः ऐसा किसी न किसी नकारात्मक संदर्भ में ही होता है। यहाँ तक कि सिनेमा हाल में दिखाई जाने वाली लोकप्रिय फीचर फिल्मों तथा टेलीविजन धारावाहिकों के द्वारा भी पुलिस सेवा को भ्रष्ट के रूप में प्रदर्शित किया जाता है; पुलिस को घूस लेते हुए तथा नागरिकों को परेशान करते हुए इस प्रकार से दिखाया जाता है जैसे यह उनकी एक दिनचर्या हो तथा यहाँ तक कि विशेषाधिकार भी।

सितम्बर 2006 में सर्वोच्च न्यायालय के द्वारा सुझाए गए सुधारों पर अधिकांश राज्यों के द्वारा अभी तक विचार भी नहीं किया गया है। इसने यह उल्लेख करते हुए कि पुलिस सेवाओं को राजनीतिक शिंकजे से मुक्त कर दिया जाना चाहिए, नियुक्तियों एवं स्थानान्तरणों का कार्य एक स्वतंत्र निकाय के द्वारा किया जाना चाहिए, तथा वरिष्ठ अधिकारियों की नियुक्तियाँ एक निश्चित समयावधि के लिए होनी चाहिए, अन्य आयोगों जैसे धर्मवीर आयोग, पद्मनाभैया आयोग इत्यादि के द्वारा दिए गए सुझावों पर भी जोर दिया। किसी भी राज्य ने न तो इनमें से किसी भी सुझाव को आजमाया है और न ही इन्हें कोई अवसर प्रदान किया है। इसके विपरीत, कुछ राज्यों में तो नियुक्तियाँ स्थानीय राजनीतिज्ञ के निर्देशों (सिफारिशों) पर की जाती हैं।

यदि सन् 2010 में किए गए सर्वेक्षणों तथा मीडिया कवरेज को आधार बनाया जाए तो किसी को भी यह अनुभव होता है कि विगत अनेकों वर्षों में पुलिस सेवाओं के प्रति नागरिकों की सोच अथवा किसी भी कारणवश पुलिस के साथ निपटने सम्बन्धी उनके अनुभवों में जरा भी परिवर्तन नहीं आ सका है। ऐसी स्थिति केन्द्र

सारणी 6.10
भ्रष्टाचार में कमी?

	प्रतिशत			
	धारणा		*घूस दिए जाने का अनुभव*	
	2005	2007	2005	2007
पुलिस	88	76	80	48

स्रोत: CMS India Corruption Study.

तथा राज्य दोनों के ही द्वारा पुलिस सेवा में सुधार एवं उनके दिशा–निर्देशन के लिए किए गए आवधिक प्रयासों के बावजूद कायम है (सारणी 6.10)।

हालांकि, भ्रष्टाचार पर किए गए सर्वेक्षण पुलिस सेवाओं में धारणाओं तथा अनुभवों दोनों के ही सम्बन्ध में कुछ हद तक कमी आने का संकेत प्रदान करते हैं, परंतु इसे एक सतत् प्रवृत्ति के रूप में स्वीकार नहीं किया जा सकता। ये निष्कर्ष जो कुछ भी सामने लाते हैं वह यह है कि हमें आशा नहीं छोड़नी चाहिए और यह कि ऐसा संभव है। मुझे स्वर्गीय एल.सी. जैन का वह लेख याद आता है कि कर्नाटक के एक छोटे से कस्बे में किस प्रकार से एक युवा बालिका ने बेहतरी के लिए (एक पुलिस अधिकारी के जन्मदिवस समारोह के साथ प्रारंभ करते हुए) पुलिस के चेहरे को ही बदल कर रख दिया था।[10]

मानवाधिकार आयोग के समक्ष पुलिस की संलिप्तता सम्बन्धी शिकायतें

- पुलिस के अधिकारों का दुरुपयोग
- अत्याचार
- हिरासत में अत्याचार एवं मौतें
- एनकाउण्टर दिखाया जाना
- पुलिस फायरिंग–मौतें
- किसी भी कानून के विरुद्ध वाद दर्ज किया जाना एवं गिरफ्तारियाँ
- कोई कार्यवाही न करना, शिकायत दर्ज न किया जाना

स्रोत: CMS India Corruption Study, 2007.

देशभर में मानवाधिकार आयोगों के द्वारा प्राप्त की गई शिकायतों में से लगभग आधे का सम्बन्ध पुलिस द्वारा किए गए अत्याचारों के साथ है। (वर्ष

2009–10 में दर्ज किए गए 3.77 लाख मामलों में से अधिकांश का सम्बन्ध पुलिस के साथ था)। और इन सबके पीछे उन्हीं कारणों में से कोई न कोई कारण मौजूद था जिसे सीएमएस के सर्वेक्षण द्वारा खोजा गया है।

पुलिस की संख्या की पर्याप्तता में ही यह तथ्य निहित होता है कि पुलिस किस प्रकार से जनता के साथ निपटती है अथवा उनसे बात–चीत करती है, जो परिणामस्वरूप पुलिस सेवा में भ्रष्टाचार की प्रकृति तथा गुंजाइश का निर्धारण करता है। पुलिस सेवा के मामले में अनूठे कारकों में से एक है पुलिसकर्मियों का व्यवहार एवं उनका दृष्टिकोण सम्बन्धी पहलू। अन्य सार्वजनिक सेवाओं की तुलना में यह इस सेवा में कहीं अधिक है। जनता के साथ पुलिस के व्यवहार के ये पहलू तथा विशिष्ट संदर्भों अथवा परिस्थितियों में उनका दृष्टिकोण ही इस सेवा में भ्रष्टाचार के स्तर का निर्धारण करता है। व्यवहार तथा दृष्टिकोण न केवल उन्हें प्रदान किए गए प्रशिक्षण एवं दिशा–निर्देशन के प्रकार पर निर्भर करता है अपितु उन ड्यूटियों के प्रकारों, सामना किए जाने वाले जोखिमों तथा सौंपे गए उत्तरदायित्वों, एवं इस सम्बन्ध में प्रावधान किए गए प्रदर्शन–सम्बद्ध प्रोत्साहनों पर भी निर्भर करता है।

निम्नलिखित के साथ निपटने में कठिनाइयों का सामना करना पड़ा

- भ्रष्ट कर्मचारी
- प्रक्रिया के सम्बन्ध में
- कर्मचारियों की अनुपस्थिति
- दलालों का हस्तक्षेप

स्रोत: CMS India Corruption Study, 2007.

सभी लोगो में से मात्र 20 प्रतिशत लोग ही सोचते हैं कि पुलिस के लोग भ्रष्टाचार के विरुद्ध संघर्ष करने में रुचि रखते हैं, 78 प्रतिशत लोग सोचते हैं कि वे भ्रष्ट व्यवस्था का एक अंग हैं अथवा अपने आसपास के भ्रष्टाचार के प्रति उदासीन हैं। वास्तव में, मात्र 10 प्रतिशत लोग ही यह मानते हैं कि पुलिस के लोग एक "अच्छा काम" करते हैं। पुलिस के साथ किसी न किसी समय पर किसी न किसी कारण से संपर्क करने वाले लोगों के दो–तिहाई भाग को अपना कार्य करवाने के लिए किसी "वैकल्पिक तरीके" की खोज करनी पड़ती है जिनमें से अधिकांश मामलों में इसका अर्थ घूस दिया जाना होता है। जैसा कि ये अध्ययन इंगित करते हैं कि पुलिसकर्मी चाहे जिस राज्य से भी हों तथा उन्हें सौंपे गए कार्य की परिधि चाहे जो भी हो, उनके व्यवहार में कोई अंतर नहीं होता।

कई वर्षों से केन्द्र तथा राज्यों की सरकारों के द्वारा पुलिस को और अधिक प्रभावकारी बनाए जाने तथा पुलिस सेवा में भ्रष्टाचार को सीमित किए जाने के लिए अनेकों प्रयास तथा पहलें की जा चुकी हैं। आधुनिक उपकरणों एवं तकनीक के लिए पुलिस को दिया गया कोई भी बजटीय सहयोग पुलिसकर्मियों के कामों तथा कार्य की परिधि एवं व्यवहार सम्बन्धी पहलुओं पर विचार किए बिना पर्याप्त नहीं हो सकता।

बार–बार चक्कर क्यों लगाने पड़ते हैं?

- किसी शिकायत को दर्ज करवाने हेतु
- एक आरोपी के रूप में
- गवाह के रूप में नाम हटवाए जाने हेतु
- पासपोर्ट सत्यापन हेतु
- चरित्र प्रमाणपत्र हेतु

स्रोत: CMS India Corruption Study, 2007.

अध्ययनों के द्वारा यह भी स्पष्ट किया गया है कि कानून एवं व्यवस्था सम्बन्धी एजेन्सियाँ बाहरी तत्वों, अधिकांशतः राजनीतिक नेताओं (निर्वाचित अथवा अन्य) के दबाव एवं प्रभाव के अधीन हैं। अन्य सार्वजनिक सेवाओं के विपरीत इस सम्बन्ध में अंतरप्रांतीय भिन्नताएं बहुत अधिक स्पष्ट हैं। साथ ही उन लोगों का प्रतिशत बहुत अधिक है जिन्हें कानून एवं व्यवस्था सम्बन्धी सेवाओं की आवश्यकता है परंतु जो पुलिस से संपर्क करने के बावजूद उन्हें प्राप्त नहीं कर पाते क्योंकि न तो उनके पास कोई "संपर्क" होता है और न ही वे घूस दे पाने की हैसियत रखते हैं। ऐसे लोगों, जिन्होंने इस सेवा की माँग की थी परंतु प्राप्त नहीं कर सके, का प्रतिशत पाँच तक रहा है। ऐसे लोगों, जिन्हें पुलिस से कोई न कोई काम रहा है, के दो–तिहाई भाग को अंततः किसी भी पुलिस थाने के कम से कम तीन से चार चक्कर लगाने पड़े हैं जो उन्हें प्रेरित करता है, बल्कि बाध्य करता है कि वे घूस दें और अपना काम करवा लें। इस बात में कोई आश्चर्य नहीं है कि हम पुलिस थानों के आसपास उसी प्रकार से लोगों को घूमते हुए देखते हैं जैसे कि अस्पतालों अथवा रेलवे स्टेशनों पर। पुलिस से संपर्क करने के लिए जिन प्रभावों का उपयोग किया जाता है उनमें राजनीतिक, व्यवसायिक एवं दलाल प्रकार के व्यक्ति शामिल होते हैं। अन्य सार्वजनिक सेवाओं के विपरीत पुलिस सेवा के लिए व्यवसायिक प्रभाव का भी उतना ही उपयोग किया जाता है जितना की राजनीतिक प्रभाव का।

नागरिक पुलिस के पास क्यों जाते हैं तथा घूस देने के कारण

- किसी शिकायत अथवा प्राथमिकी को दर्ज करवाने हेतु
- एक आरोपी के रूप में
- गवाह के रूप में नाम हटवाए जाने हेतु
- रोजगार के लिए चरित्र प्रमाणपत्र हेतु, तथा ऐसे ही अन्य कार्यों हेतु
- पासपोर्ट अथवा रोजगार के सत्यापन हेतु
- एक गवाह के रूप में
- गिरफ्तारी, नोटिस से बचने के लिए
- जमानत प्राप्त करने के लिए

स्रोतः CMS India Corruption Study, 2007.

पहली प्राथमिकता उन तरीकों तथा उपायों को खोजे जाने की होनी चाहिए जिनके द्वारा नागरिकों के पुलिस *चौकी* जाने के स्थान पर पुलिस स्वयं ही नागरिकों तक पहुँच जाए। किसी भी पुलिस *चौकी* पर मात्र एक शिकायत (एफआईआर) दर्ज करवाने के लिए ही जाने की आवश्यकता होनी चाहिए। पुलिस सेवा से संपर्क करने वाले लोगों में से लगभग आधे ऐसा मात्र किसी शिकायत को दाखिल करने के लिए ही करते हैं। यहाँ तक कि शिकायत दर्ज कराए जाने की इस प्रक्रिया को भी सरल बनाया जा सकता है तथा सदैव ही *चौकी* तक जाने की आवश्यकता नहीं होनी चाहिए। जिस प्रकार से बेतार के फोन का उपयोग व्यापक स्तर पर फैल चुका है उसी प्रकार से ब्रॉडबैंड के भी व्यापक प्रसार हो जाने के बाद स्वयं जाने की किसी आवश्यकता के बिना ही इसके माध्यम से एक एफआईआर (प्राथमिकी) दर्ज किया जाना भी संभव होना चाहिए। यहाँ तक कि एसएमएस के द्वारा की गई शिकायतों, जिनकी पुनः पुष्टि कर ली गई हो, को भी दर्ज किया जाना चाहिए। यदि सूचना के अधिकार अधिनियम के अधीन एक फोन काल को सूचना हेतु एक औपचारिक प्रार्थना के रूप में स्वीकार किया जा सकता है तो फिर फोन अथवा वॉयस मेल के माध्यम से प्रस्तुत किसी एफआईआर (प्राथमिकी) को क्यों नहीं स्वीकार किया जा सकता? पुलिस *चौकी* में लिखित शिकायत प्रस्तुत किए जाने के अतिरिक्त किसी नागरिक के द्वारा किसी संचार उपकरण के माध्यम से बात किए जाने का एक प्रावधान भी किया जा सकता है। नागरिकों के पास ऐसा कोई तरीका उपलब्ध होना चाहिए कि वे शिकायत दर्ज करवाए जाने का साक्ष्य प्राप्त कर सकें। स्वाभाविक रूप से इसके लिए एक विशिष्ट सॉफ्टवेयर की आवश्यकता होगी।

सारणी 6.11
उपयोग में लाए गए वैकल्पिक तरीके

भुगतान के द्वारा–80%
अतिरिक्त प्रयास–28%
प्रभाव का उपयोग–12%
राजनीतिक प्रभाव का उपयोग–5%
नौकरशाही के प्रभाव का उपयोग–5%
दलाल–2%

स्रोत: CMS India Corruption Study, 2007.

पुलिस के द्वारा नागरिकों को अनेकों प्रकार से प्रताड़ित किए जाने सम्बन्धी पहलू (जैसा कि मानवाधिकार आयोग के द्वारा स्पष्ट किया गया है) को किसी विश्वसनीय एवं सक्रिय निवारण व्यवस्था एवं तंत्र के स्वतंत्र अंकेक्षण के द्वारा सम्बोधित किया जा सकता है।

यद्यपि प्रत्येक वर्ष समस्त परिवारों के 15 प्रतिशत भाग की तुलना में गरीब परिवारों का 10 प्रतिशत से भी बड़ा भाग परिवार पुलिस से संपर्क करता है, तथापि गरीब ही सबसे अधिक प्रभावित होते हैं। प्रायः वे ही शिकार होते हैं तथा आवश्यक संरक्षण एवं ध्यान दिए जाने से वे ही वंचित रह जाते हैं। तीन में से दो गरीब परिवार, जो पुलिस से संपर्क करते हैं, अंततः घूस दे देते हैं अथवा किसी ''संपर्क'' का सहारा लेते हैं (सारणी 6.11)। नागरिकों के सभी वर्गों का एक बहुत ही बड़ा प्रतिशत पुलिस को भ्रष्ट मानता है।

एक बार आधार/अनूठी पहचान संख्या योजना के प्रभावी हो जाने के बाद सत्यापन के लिए पुलिस थाने जाने की आवश्यकता अनिवार्य नहीं रह जानी चाहिए तथा ब्रॉडबैंड अथवा एसएमएस का उपयोग किया जाना और अधिक सरल हो जाना चाहिए।

पुलिस सेवा का पुनर्व्यवस्थापन

गत दशक के दौरान पुलिस पर किए गए अध्ययनों के आधार पर सामानान्तर रूप से अपनाए जाने हेतु एक त्रिआयामी रणनीति का सुझाव दिया जा रहा है। इसमें से पहला कदम है नई योजनाओं तथा नई प्रौद्योगिकी को अपनाए जाने का ताकि पुलिस सेवा को और दक्ष बनाया जा सके। दूसरे कदम का सम्बन्ध पुलिस सेवा को और अधिक पारदर्शी बनाए जाने, शिकायत निवारण एवं सूचना प्रसारण प्रणाली में सुधार किए जाने के साथ जुड़ा है। तीसरा

कदम अग्रसक्रिय रूप से समाचार मीडिया का सहयोग लिए जाने के द्वारा लोगों के मस्तिष्क में पुलिस सेवा के प्रति नकारात्मक धारणा को परिवर्तित किए जाने से सम्बन्धित है।

- **नई पहलें एवं प्रौद्योगिकियाँ**
  - अपराध एवं अपराधियों के आँकड़ों को आनलाइन साझा किए जाने को संभव बनाते हुए, संचार एवं निगरानी सम्बन्धी गतिविधियों में सहायता प्रदान करते हुए इंटरनेट–आधारित प्रणाली को तैनात किया जाना।
  - स्थानीय तौर पर परस्पर प्रभाव डालते हुए तथा त्वरित प्रत्युत्तर के लिए जनता को संवदेनशील बनाए जाने हेतु एफएम तथा सामुदायिक रेडियो के उपयोग को प्रोत्साहित किया जाना।
  - एसएमएस नेटवर्क को व्यापक आधार पर अपनाया जाना। एसएमएस को प्रोत्साहित एवं उसका प्रत्युत्तर दिया जाना।
  - स्थानीय लोगों के संवदेनशील वर्गों को हेल्पलाइन एवं वेबसाइट तक सहज पहुँच प्रदान करना। पुलिस थानों में पुलिसकर्मियों की कमी को पूरा किए जाने में सुधार किए जाने की आवश्यकता है।
  - स्थानीय एजेन्सियों के द्वारा पुलिसकर्मियों को बार–बार प्रशिक्षित किए जाने की शुरुआत करना। किसी भी स्थानीय विश्वविद्यालय अथवा संस्थान को इन विषयों पर विशेषतौर से अल्पावधि कार्यक्रम तैयार करना चाहिए कि गरीबों एवं महिलाओं के साथ–साथ वैवाहिक मामलों, शराब, यौन उत्पीड़न, छोटी–मोटी चोरियों इत्यादि मामलों के साथ किस प्रकार से संपर्क किया जाना चाहिए। इससे पुलिस बल को स्थानीय समस्याओं से और अधिक कुशलतापूर्वक निपटने तथा एक अंतर प्रदर्शित कर पाने का सामर्थ्य प्राप्त हो सकेगा।
- **पारदर्शिता एवं शिकायत निवारण**
  - स्थानीय नेटवर्कों एवं समाचार मीडिया के साथ संवादात्मक विधियों से सूचनाओं को साझा किए जाने के द्वारा सेवा सुपुर्दगी में पारदर्शिता लाया जाना।
  - शिकायतों को दर्ज किया जाना चाहिए, उनपर ध्यान दिया जाना चाहिए तथा उनका प्रत्युत्तर दिया जाना चाहिए। इस प्रक्रिया की एक समीक्षा से जनता को अवगत होना चाहिए।
  - पुलिस को अपनी ओर से नियमित समयांतराल पर एसएमएस अथवा किसी भी अन्य प्रकार से दर्ज की गई शिकायत की वर्तमान स्थिति को सम्बन्धित व्यक्ति/परिवार को सूचित करते रहना चाहिए।
  - पुलिस अधिकारियों एवं कर्मचारियों के विरुद्ध जनता द्वारा की गई शिकायतों पर विचार करने के लिए एक स्वतंत्र पुलिस शिकायत परिषद्

की स्थापना की जानी चाहिए, जो कुछ–कुछ एक लोकपाल से मिलता–जुलता हो।

- ○ पुलिस के अन्वेषणात्मक तथा कानून एवं व्यवस्था सम्बन्धी कार्यों को पृथक कर दिया जाना चाहिए तथा तद्नुसार ही उन्हें प्रशिक्षित किया जाना चाहिए।
- ○ पुलिस थानों पर शिकायत–पुस्तिका रखे जाने को प्रोत्साहित किया जाना चाहिए तथा इसका और अधिक सक्रिय रूप से उपयोग किया जाना चाहिए। "पुलिस सप्ताह" को और अधिक गंभीर तथा और अधिक संवादात्मक कार्यवाही होना चाहिए।
- ○ मामलों को दर्ज किए जाने में बिलंब तथा पुलिस थानों में लोगों को प्रताड़ित किए जाने जैसे मामलों पर विचार करने हेतु स्थानीय स्तर पर एक नागरिक समिति का गठन किया जाना चाहिए।

- **पुलिस सेवा के प्रति धारणाएं**
  - ○ पुलिस को एक उदाहरणात्मक तरीके से प्रत्युत्तर देना चाहिए ताकि जनता एक विश्वास के साथ उनसे संपर्क करना प्रारंभ कर सके।
  - ○ पुलिस को समुदाय के सदस्यों के साथ प्रायः संपर्क करते रहना चाहिए ताकि उनमें पुलिस बल के प्रति एक विश्वास जाग्रत हो सके और पुलिस की छवि बेहतर हो सके।
  - ○ पुलिस को समाचार मीडिया के साथ अपने सम्बन्धों की समीक्षा करनी चाहिए तथा मीडिया के साथ अपने सम्बन्धों में सुधार लाने के लिए एक स्पष्ट अल्पकालीन तथा दीर्घकालीन रणनीति तैयार करनी चाहिए।
  - ○ पुलिस के प्रति विश्वास का पुनर्निर्माण किए जाने तथा उनकी भूमिका की बेहतर समझ के लिंए स्थानीय स्कूलों को एक शुरुआती बिन्दु होना चाहिए।
  - ○ सेवा के छह अलग–अलग क्षेत्रों में पुलिस सेवा में और अधिक विशिष्ट पहलों को स्पष्ट दिखाई देना चाहिए। पुलिस के सम्बन्ध में धारणा उसी सीमा तक परिवर्तित हो सकेगी जहाँ तक इन छहों कार्यों के सम्बन्ध में की गई पहलों के बारे में किसी के भी द्वारा अनुभव किया जा रहा हो अथवा देखा जा रहा हो अथवा सुना जा रहा हो।

पहल किए जाने हेतु छह क्षेत्र

- **स्थानीय पुलिस व्यवस्था–स्थानीय निर्वाचित निकायों को उत्तरदायित्व दिया जाना**

  पुलिस के ऐसे अनेकों कार्य होते हैं जिनका सम्बन्ध नागरिकों के दैनिक जीवन के साथ जुड़ा होता है तथा उनकी प्रकृति अत्यधिक स्थानीय होती

है। उदाहरण के लिए, गश्त, ट्रैफिक नियंत्रण, सार्वजनिक उपद्रव अथवा छेड़खानी जैसे अपराधों के लिए अभियोजन किया जाना आदि। इन मामलों में कानून को लागू करने का कार्य एक स्थानीय बल को सौंप दिया जाना चाहिए जो *पंचायत* अथवा नागरिक समितियों के प्रति जवाबदेह हो।

- **स्थानान्तरणों एवं पदोन्नतियों को और अधिक पारदर्शी बनाया जाना**
  पुलिसकर्मियों की नियुक्तियों एवं पदोन्नतियों के लिए घूस दिया जाना एक सुविदित घटना है। इसके परिणामस्वरूप ऐसे पुलिसकर्मी, जिन्होंने घूस देकर अपना काम करवाया है, यथाशीघ्र उस राशि को वापस वसूल लेने का प्रयास करते हैं और इस प्रकार भ्रष्टाचार उनके द्वारा किए गए "निवेश" पर बेहतर लाभ कमाने का एक उपकरण बन जाता है। साथ ही, अधिकारियों के विरुद्ध एक दबाव की युक्ति के रूप में स्थानान्तरण का उपयोग दण्ड दिए जाने के एक उपकरण के रूप में भी किया जाता है। एक ऐसी व्यवस्था डिजाइन की जा सकती है जिसमें नियुक्तियों को कंप्यूटर सॉफ्टवेयर के द्वारा स्वचालित विधि से उत्पन्न किया गया हो। इसी प्रकार से पदोन्नतियों के लिए निष्पक्ष मानदंडों को तैयार एवं प्रचारित किया जा सकता है ताकि पदोन्नतियों में किसी भी एकल निर्णय की भूमिका अत्यन्त सीमित रह जाए।
- **सूचना प्रौद्योगिकी का उपयोग**
  पुलिस विभाग के साथ संपर्क करने वाले नागरिकों की सर्वाधिक आम शिकायत है उनकी शिकायतों का दर्ज न किया जाना। चूंकि किसी भी शिकायत अथवा एफआईआर (प्राथमिकी) को दर्ज किया जाना न्याय प्रदान किए जाने की दिशा में पहला कदम होता है, अतः नागरिक घूस देने के लिए बाध्य हो जाता है। मामलों की सूचना दिए जाने तथा उनपर कार्यवाही किए जाने हेतु तकनीक के उपयोग को प्रोत्साहित किया जाना चाहिए।
  - मामलों को इंटरनेट के द्वारा दर्ज करवाया जाना चाहिए तथा, यदि आवश्यकता हो, तो बाद में विस्तृत सूचना प्रदान की जा सकती है।
  - उपलब्धियों को स्वीकार किए जाने के द्वारा और अधिक पारदर्शिता लाए जाने तथा पुलिस बल को और अधिक जवाबदेह बनाए जाने के लिए मामले की वर्तमान स्थिति को ऑनलाइन उपलब्ध करवाया जा सकता है।
  - एफआईआर को मोबाइल वैनों के द्वारा पंजीकृत किया जा सकता है अथवा एक रसीद जारी की जा सकती है जिन्हें, वास्तव में, एक मोबाइल पुलिस *चौकी* के रूप में प्रयोग में लाया जा सकता है।
- **कार्यप्रदर्शन की निगरानी**
  पुलिस के कार्यप्रदर्शन की निगरानी के लिए एक प्रणाली की स्थापना किया जाना पुलिसबल की जवाबदेही में पर्याप्त रूप से वृद्धि कर सकता है। वस्तुपरक कार्यप्रदर्शन तथा कार्यकुशलता संकेतकों का चयन किया सकता

है तथा पुलिसबल के कार्यप्रदर्शन की निगरानी के लिए उनका अनुसरण किया जा सकता है।

- **न्यूनतम राजनीतिक हस्तक्षेप–कार्य करने की अधिक स्वतंत्रता**
  जैसा कि राष्ट्रीय पुलिस आयोग के द्वारा वकालत की जा चुकी है, किसी भी राज्य के पुलिस प्रमुख को एक निश्चित कार्यकाल प्रदान किया जाना चाहिए ताकि कार्यात्मक स्वतंत्रता को प्रोत्साहित किया जा सके। चूंकि अधिकारियों के स्थानान्तरणों एवं नियुक्तियों का उपयोग प्रायः ही एक पारितोषिक अथवा दंड के रूप में किया जाता है, अतः अधिकांश पुलिस प्रमुख अंततः राजनीतिक दलों के सहयोगी बन कर रह जाते हैं।
- **अधिक जवाबदेही को लागू किया जाना**
  आज के परिदृश्य में, जहाँ तक सेवाओं (उदाहरण के लिए किसी भी पुलिस अधिकारी के द्वारा शिकायत दर्ज करने से इंकार किया जाना) की संतोषजनक सुपुर्दगी का सम्बन्ध है, नागरिकों के प्रति पुलिस की जवाबदेही अत्यन्त ही कम है। यह अत्यधिक आवश्यक है कि विभिन्न स्तरों पर अधिकारियों की जवाबदेही सुनिश्चित हो तथा सार्वजनिक सुनवाई इस प्रयोजन के लिए एक प्रभावकारी तरीका हो सकता है। एक ऐसी व्यवस्था लागू की जा सकती है जहाँ पुलिस के विरुद्ध की गई शिकायतों की सार्वजनिक सुनवाई हर महीने की जाए। सार्वजनिक सुनवाई को सेवानिवृत्त न्यायाधीशों तथा प्रतिष्ठित नागरिकों के एक दल के द्वारा संपन्न किया जा सकता है।

न्यायपालिका

कुछ नागरिक न्याय प्राप्त करने के विचार से ही काँप जाते हैं। ऐसा मात्र प्रक्रिया की जटिलता तथा उस गति के कारण नहीं है जिसपर न्यायिक प्रणाली के अंतर्गत कार्यवाही आगे बढ़ती है, बल्कि अनिश्चितताओं, लागतों, तथा प्रक्रिया के साथ जुड़े हुए किसी न किसी प्रकार के भ्रष्टाचार के कारण भी होता है (सारणी 6.12 एवं 6.13)। इसके बावजूद समाधान एवं न्याय प्राप्त कर सकने के एक अंतिम एवं विश्वसनीय तरीके के रूप में लोग न्यायपालिका का ही सहारा लेते हैं। निश्चित रूप से लोगों की कुंठा एक सापेक्षिक प्रवृत्ति होती है। सार्वजनिक सेवाओं के दूसरे मार्ग, जैसे कि निर्वाचित प्रतिनिधि तथा मीडिया (चौथा स्तंभ), जितने ही कम विश्वसनीय, कम भरोसेमंद तथा कम प्रतिनिधिक होते जाते हैं, उतनी ही न्यायपालिका से उम्मीदें बढ़ती जाती हैं।

यदि एक लंबी अवधि तथा एक से दूसरे स्तर तक (निचले न्यायालयों से उच्चतर न्यायालयों तक) बार–बार चक्कर लगाए जाने (सुनवाई के लिए) की

सारणी 6.12
न्याय–2005

संपर्क करने वालों की संख्या–13%
घूस देने का दावा करने वालों की संख्या–47%
चार बार से अधिक चक्कर लगाने वालों की संख्या–57%
वैकल्पिक तरीके (प्रभाव, घूस) चुनने वालों की संख्या–54%

स्रोत: CMS India Corruption Study, 2005 से विश्लेषण किए गए आँकड़े।

सारणी 6.13
वैकल्पिक तरीके

घूस दिया जाना–79%
अतिरिक्त प्रयास किया जाना–40%
मित्रों/रिश्तेदारों के माध्यम से प्रभाव डालना–18%
दलाल–11%
नौकरशाह–8%
राजनीतिक–8%
कानूनी–5%

स्रोत: CMS India Corruption Study, 2005

संख्या में कमी आ जाए तो संभवतः न्यायपालिका के प्रति लोगों का सम्मान उतना कम नहीं रह जाएगा जितना कि आज है। कुल मिलाकर दाखिल किए गए मामलों का मुश्किल से 1/5वाँ भाग ही एक बार की सुनवाई में निपट पाता है तथा लगभग दो–तिहाई मामले किसी न किसी अड़चन में फँस जाते हैं जिसका अर्थ होता है न्यायालय के असंख्य चक्कर लगाया जाना, वह भी लंबे समय तक। और फिर, निश्चित रूप से, अन्य सार्वजनिक सेवाओं के समान ही इन सब प्रक्रियाओं के साथ ऐसे भारी खर्च जुड़े होते हैं जिसमें घूस शामिल नहीं होती और मामले को आगे बढ़ाने के लिए अथवा प्रक्रिया को पूरा करवाने के लिए किसी को भी इन खर्चों को सहन करना ही पड़ता है।

यह तथ्य कि किसी एक वर्ष के अंदर 15 प्रतिशत लोगों के द्वारा किसी न किसी स्तर पर न्यायपालिका से संपर्क किया जाना न केवल इसकी महत्ता का संकेतक है बल्कि इस बात का भी कि भ्रष्टाचार के सम्बन्ध में सार्वजनिक धारणाओं तथा अनुभवों पर की जाने वाली एक कार्यवाही के रूप में क्यों हमें इस सेवा पर भी विचार करने की आवश्यकता है। ऐसा इसलिए भी है क्योंकि न्यायपालिका को सापेक्षिक तौर पर लोकतंत्र के अन्य स्तंभों की तुलना में कहीं अधिक भरोसेमंद

स्तंभ के रूप में देखा जाता है। न्यायपालिका को भ्रष्ट होने से बचाए जाने की आवश्यकता है, जिसकी संभावनाएं मात्र तब ही बेहतर हो सकती हैं जब उद्देश्यपूर्ण, स्वतंत्र, तथा पेशेवर तरीके से गंभीर अध्ययनों को आवधिक आधार पर अपनाया गया हो।

न्यायपालिका के सम्बन्ध में जो कुछ और भी चौंकन्ना कर देने वाला है वह यह है कि न्यायालय जाने वाले 45 प्रतिशत से भी अधिक लोगों (वास्तव में शहरियों का एक कहीं बड़ा प्रतिशत) अंततः घूस दे देता है (चाहे इस प्रथा के लिए किसी को कोई भी स्पष्टीकरण अथवा नाम क्यों न देना पड़े)।

संपर्क, बारबार चक्कर लगाए जाने सम्बन्धी कार्य

सुनवाई स्थगित की गई
और अधिक औपचारिकताओं को पूरा करने की आवश्यकता
विपक्ष के द्वारा और अधिक समय की माँग
न्यायाधीश की अनुपस्थिति
अधिवक्ता की अनुपस्थिति

स्रोतः CMS India Corruption Study, 2005.

जो कुछ भी एक लोकतंत्र में समान रूप से आघात पहुँचाने वाला तथा सभी को चिंतित कर देने वाला है वह यह है कि "अधिवक्तागण", जो एक पेशावर समूह (जैसे चिकित्सक अथवा शिक्षक) होते हैं तथा "न्यायालय अधिकारी" स्वयं ही घूस के लेनदेन की इन प्रथाओं में संलिप्त हैं। यह घूस उन औपचारिक अथवा सरकारी शुल्कों के अलावा एवं ऊपर होती हैं जिन्हें न्यायालय तथा अधिवक्ताओं के द्वारा वसूल किया जाता है। निश्चित रूप से इसके बाद यह भी सत्य है कि दलाल भी न्यायपालिका में संलिप्त हैं (सारणी 6.14, 6.15 तथा 6.16)। यहाँ तक कि एक न्यायाधीश अथवा एक लोक–अभियोजक भी घूस लेने

सारणी 6.14
अनुभव

अधिवक्ता को दिया–61%
न्यायालय के अधिकारी को दिया–29%
दलाल को दिया–15%

स्रोतः CMS India Corruption Study, 2005 से विश्लेषण किए गए आँकड़े।

सारणी 6.15
धन का भुगतान किसको किया गया

अधिवक्ता को–59%
न्यायाधीश को–59%
न्यायालय अधिकारी को–30%
लोक अभियोजक को–8%
दलाल–14%

स्रोतः CMS India Corruption Study, 2005.

सारणी 6.16
घूस का प्रयोजन

अनुकूल निर्णय हेतु–23%
त्वरित निर्णयन–23%
अन्य शपथपत्र, पंजीकरण–18%
जमानत हेतु–14%
वाद सूचीबद्ध करवाने हेतु–11%

स्रोतः CMS India Corruption Study, 2005.

में संलिप्त रहता है, हालांकि यह अलग बात है कि किसी भी राज्य में ऐसे मामलों की संख्या बहुत ही कम रही हो। इस बात में कतई भी आश्चर्य नहीं है कि क्यों भारत के एक भूतपूर्व प्रधान न्यायाधीश एस.पी. भरूचा ने कोई एक दशक पूर्व यह प्रेक्षित किया था कि ''भारत में कोई 20 प्रतिशत तक न्यायाधीश भ्रष्ट हैं।'' यह प्रेक्षण उनके द्वारा सन् 2005 के पूर्व किया गया था। उस समय तक, न्यायपालिका के विरुद्ध किसी भी स्तर पर बात किया जाना एक वर्जित कार्य था, यहाँ तक कि देश के समाचार मीडिया के लिए भी। सन् 2005 के बाद यह सबकुछ परिवर्तित हो चुका है। ऐसा तब हुआ जब इंडिया करप्शन स्टडी के द्वारा पहली बार न्यायपालिका में विभिन्न स्तरों पर व्याप्त भ्रष्टाचार का प्रमात्रीकरण एक व्यवस्थित तरीके से तथा राष्ट्रव्यापी आधार पर संपन्न किया गया जिसमें अवधारणा तथा अनुभवों के सम्बन्ध में ग्रामीण तथा शहरी दोनों ही क्षेत्र के लोगों को शामिल किया गया था। इस अध्ययन का अनूठापन यह था कि इसके द्वारा विशेषतौर पर ऐसे लोगों को कवर किया गया जिन्हें गत एक वर्ष के दौरान न्यायालयों से निपटना पड़ा था। यह न केवल भारत में अपितु कहीं पर भी न्यायपालिका पर किया गया सर्वाधिक विस्तृत अध्ययन था। ऐसा इस अध्ययन के बाद सन् 2008 से हुआ कि न्यायपालिका में भ्रष्टाचार राष्ट्रीय बहस

का एक विषय बन गया, न केवल समाचार मीडिया में बल्कि कानूनी बिरादरी तथा न्यायिक क्षेत्रों में भी। और इन सब बातों ने एक साथ मिलकर न्याय प्रणाली में किए जा रहे सुधारों एवं दोषनिवारण की प्रक्रिया को गति प्रदान कर दी है।

केन्द्रीय सतर्कता आयोग की राष्ट्रीय भ्रष्टाचार विरोधी रणनीतियों (सितम्बर 2010) में निम्नलिखित विशिष्ट सुझावों को शामिल किया गया है:

- भ्रष्टाचार निवारण अधिनियम के अंतर्गत विशेष न्यायाधीशों के लिए किए गए प्रावधान के बावजूद विभिन्न राज्यों के साथ–साथ केन्द्र में भारी संख्या में वाद लंबित हैं। इनमें हो रहे अधिकांश बिलंब के कारण हैं कुछ राज्यों में विशेष न्यायालयों की स्थापना न किया जाना, विशेष न्यायाधीशों की नियुक्तियों में हो रहा बिलंब, न्यायालयों के संसाधानों की कमी इत्यादि। कुशल तरीके से वादों के निस्तारण किए जाने में वृद्धि किए जाने हेतु न्यायाधीशों की पर्याप्त संख्या के साथ–साथ वांछित कर्मचारीबल का अनुमोदन भी किया जाना चाहिए। भ्रष्टाचार सम्बन्धी मामलों के निस्तारण के लिए एक वर्ष की अधिकतम अनिवार्य सीमा को लागू किया जाना चाहिए। इस सम्बन्ध में ओडिशा तथा बिहार के विशेष कानूनों में निहित सर्वश्रेष्ठ तरीकों में से कुछ, जिनका उल्लेख नीचे किया जा रहा है, अनुकरणीय हैं:

  क. कोई भी विशेष न्यायालय/न्यायाधीश सामान्य तौर पर किसी भी विचारण को स्थगित नहीं करेगा;

  ख. विशेष न्यायालय/न्यायाधीश मामले के विचारण को वाद स्थापित किए जाने अथवा उसके स्थानांतरित किए जाने की तिथि से एक वर्ष की अवधि के अंदर निस्तारित करने का प्रयास करेगा;

  ग. एक न्यायाधीश अपने पूर्ववर्ती के द्वारा दर्ज किए जा चुके अथवा आंशिक रूप से दर्ज किए गए साक्ष्य पर कार्यवाही कर सकता है।

  इसके साथ–साथ, वरिष्ठ न्यायपालिका के साथ परामर्श में प्रशासनिक सुधार आयोग (एआरसी) की निम्नलिखित सिफारिशों पर क्रियान्वयन हेतु विचार किया जा सकता है:

  क. सामान्यतः विशेष न्यायाधीशों को भ्रष्टाचार सम्बन्धी मामलों को ही सौंपा जाएगा;

  ख. सर्वोच्च न्यायालय तथा उच्च–न्यायालय अवांछित स्थगनों एवं परिहार्य देरियों को रोकने के लिए दिशानिर्देश निर्धारित कर सकते हैं।

- एक राष्ट्रीय न्यायिक परिषद्, जिसे भ्रष्टाचार के मामलों के अन्वेषण का कार्य सौंपा गया हो, की स्थापना न्यायपालिका के अंदर ही की जाने की आवश्यकता है। जहाँ ऐसे ही एक सुझाव पर भूतकाल में विचार किया जा चुका है वहीं

यह महत्वपूर्ण है कि परिषद् की भूमिका एवं गठन को सावधानीपूर्वक संरचित किया जाना चाहिए ताकि न्यायिक जवाबदेही में वृद्धि किए जाने तथा न्यायपालिका की स्वतंत्रता की रक्षा किए जाने के जुड़वाँ लक्ष्यों में संतुलन स्थापित किया जा सके।

तब तक सुसुप्त हो चुका सुधार आंदोलन एक बार फिर से जाग उठा है। इस पेशे में कार्यरत् अधिवक्ता प्रशांत भूषण द्वारा की गई पहलों को धन्यवाद दिया जाना चाहिए जिसके कारण एक सक्रिय राष्ट्रीय मंच अर्थात् न्यायिक जवाबदेही एवं सुधार अभियान (सीजेएआर)[11] सतत् अद्यतनीकरण एवं अनुवर्ती कार्यवाही के साथ–साथ अग्रसक्रिय पहलों के साथ ही अस्तित्व में आ चुका था। यह लेखक भी इसके अनेकों विख्यात संस्थापक कार्यकारी सदस्यों में से एक है। यही वह तरीका है जिसके द्वारा न्यायपालिका में सुधार तथा कानूनी प्रणाली को ''स्वच्छ'' किए जाने की आवश्यकता तथा तात्कालिकता एक राष्ट्रीय चिंता बन सकी। सरकार, न्यायपालिका, पेशावर संस्थाएं, मीडिया तथा सिविल सोसाइटी के पास मुद्दे नहीं रह गए हैं। जब लेखक के द्वारा प्रशासनिक सुधार आयोग के सभापति वीरप्पा मोइले, सर्वोच्च न्यायालय तथा कुछ राज्यों के उच्च–न्यायालयों के वरिष्ठ न्यायाधीशों, तथा कुछ विख्यात नौकरशाहों की उपस्थिति में एक पॉवर प्वांइट प्रस्तुतीकरण प्रस्तुत किया गया तो उसपर ''न्यायपालिका को बदनाम करने'' का आरोप उस समय किसी और के द्वारा नहीं बल्कि भोपाल स्थित न्यायिक अकादमी के तत्कालीन निदेशक के द्वारा लगाया गया था। बाद में कॉफी अवकाश के दौरान मोइले ने बधाई दी कि व्यवस्थित अध्ययनों के आधार पर किए गए इस प्रकार के प्रमात्रीकृत स्पष्टीकरणों को एक सेवा तथा विश्वसनीय सूचनाओं के रूप में देखा जाना चाहिए। सर्वोच्च न्यायालय के तत्कालीन प्रधान न्यायाधीश ने भी बाद में इस परिचर्चा में सहभागिता की। इस अनुभव की चर्चा यहाँ इसलिए की गई है ताकि इस बात को स्पष्ट किया जा सके कि भ्रष्टाचार पर किए जाने वाले स्वतंत्र अध्ययनों को किस प्रकार के प्रतिरोधों का सामना करना पड़ता है। यही वह तरीका है जिसके द्वारा न्यायपालिका में व्याप्त भ्रष्टाचार एक राष्ट्रीय चिंता, एक राष्ट्रीय एजेंडा बन चुका है तथा न्यायिक सुधारों के लिए किए जा रहे आंदोलन किस प्रकार से गंभीर अनुपात में गति पकड़ चुके हैं। यह प्रक्रिया कुछ ऐसा मामला है जो विश्लेषण किए जाने के योग्य है। यह तथ्य कि ऐसी किसी भी प्रक्रिया में एक विश्वसनीय एवं स्वतंत्र शोध एक प्रमुख कारक हो सकता है, को इस मामले के अध्ययन द्वारा सामने ला दिया गया है कि किस प्रकार से एक उद्देश्यपरक तथा स्वतंत्र जमीनी सर्वेक्षण किसी सार्वजनिक संस्था की सहायता कर सकता है।

इस अध्ययन ने इंगित कर दिया था कि न्यायालयों में यहाँ तक कि वादों को सूचीबद्ध किए जाने तथा तिथि–निर्धारण में, निर्णयों, शिकायतों की प्रतिलिपियाँ प्राप्त किए जाने आदि में भी भ्रष्टाचार व्याप्त था। देश में भ्रष्टाचार में कमी का सर्वप्रथम संकेत ऐसी ही सेवाओं से आना चाहिए। विभिन्न स्तरों पर न्यायालय के अभिलेखों तथा कार्यवाहियों का कंप्यूटरीकरण किया जाना न्यायपालिका को भ्रष्टाचारमुक्त बनाए जाने में महत्वपूर्ण भूमिका निभा सकता है। यदि कंप्यूटरीकरण के बजटों तथा समयसारणी पर ध्यान दिया जाए तो सैद्धांतिक रूप से ऐसा किया जाना अगले 3–4 वर्षों में संभव प्रतीत होता है। यद्यपि न्यायिक प्रणाली एवं प्रक्रिया में एक अथवा दो वर्षों में ही किसी नाटकीय परिवर्तन की आशा नहीं की जा सकती, तथापि दो से तीन वर्षों की अवधि में ऐसा दिखाई पड़ना प्रारंभ हो जाना चाहिए। ऐसे परिवर्तन किए जाने के लिए विशेषतौर पर डिजाइन किए गए तथा स्वतंत्र निगरानी अध्ययनों की आवश्यकता है। सन् 2005 में ट्रांसपरेन्सी इंटरनेशनल इंडिया के साथ मिलकर किए गए इंडिया करप्शन अध्ययन के बाद से ऐसा कोई भी सर्वेक्षण नहीं किया गया है। जहाँ इस अध्ययन को बार–बार उद्धृत किया जाता रहता है, वहीं उसके बाद से देश की न्यायपालिका में अनेकों अन्य महत्वपूर्ण पहलें लागू की जा चुकी हैं। इनमें सूचना का अधिकार अधिनियम, व्यापक स्तर पर किया जाने वाला कंप्यूटरीकरण, नेतृत्व में परिवर्तन (न्यायपालिका तथा देश की राजनीति दोनों में), तथा सुधारों के लिए सिविल सोसाइटी आंदोलन भी शामिल हैं। न्यायिक अकादमी स्वयं भी इस प्रकार से सर्वेक्षण के एक चक्र का उत्तरदायित्व ग्रहण कर सकती है जो इसे "आजमाइश के बाद प्राप्त साक्ष्यों" को अंतदृष्टि के रूप में उपलब्ध करवाते हों। सन् 2005 का अध्ययन इस कार्यवाही तथा न्यायपालिका में भ्रष्टाचार पर किए जाने वाले आगामी सर्वेक्षणों के लिए एक उदाहरण सम्बन्धी मानक हो सकता है।

सूचना के अधिकार पर सर्वोच्च न्यायालय के प्रधान न्यायाधीश के रूप में न्यायमूर्ति के.जी. बालाकृष्णन के रुख (2008–09) ने न्यायपालिका को सूचना के अधिकार अधिनियम के अधीन लाए जाने की गंभीरता को और भी कम कर दिया था। न्यायाधीशों के द्वारा अपनी संपत्तियों को घोषित किए जाने के विषय पर उनके रुख ने न्यायपालिका की उस स्थिति को और अधिक सशक्त कर दिया। निश्चित रूप से बाद में सार्वजनिक विरोध का अनुभव किए जाने के बाद उन्होंने अपने रुख को ढीला कर लिया। इसके बावजूद, सार्वजनिक धारणा यही है कि न्यायपालिका उस पारदर्शी व्यवस्था के अधीन आने के लिए उत्सुक नहीं हैं जिसे सूचना के अधिकार अधिनियम के द्वारा सामने लाया गया है। इस धारणा को मात्र सर्वोच्च न्यायालय तथा उच्च–न्यायालयों के सेवारत् वरिष्ठ न्यायाधीशों के द्वारा की गई अग्रसक्रिय पहलों के द्वारा ही सुधारा जा सकता है।

सुझाव

न्यायपालिका को भ्रष्टाचारमुक्त बनाया जाना बहुत अधिक महत्वपूर्ण है तथा सार्वजनिक सेवाओं में भ्रष्टाचार पर रोक लगाए जाने के लिए इसे एक प्राथमिकता तथा पूर्वआवश्यकता होना होगा। यह भी कि न्यायपालिका के मामले में यह समाप्ति पर्याप्त नहीं होगी। अर्थात्, न्यायपालिका में यहाँ तक कि एक प्रतिशत का भ्रष्टाचार भी अन्य सेवाओं में व्याप्त भ्रष्टाचार के 10 प्रतिशत के स्तर के बराबर बुरा हो सकता है। न्यायपालिका को एक राष्ट्रीय गौरव के रूप में देखा और कल्पित किया जाना होता है। इसीलिए, भ्रष्टाचार का उन्मूलन किए जाने हेतु किए जाने वाले प्रयासों को समग्र तथा बहुमुखी एवं सतत् होना चाहिए। इनमें से सर्वप्रथम एवं सर्वाधिक महत्वपूर्ण है न्यायालयों में जाने की आवश्यकता तथा सामाजिक बुराईयों एवं सामाजिक समस्याओं के लिए एक समाधान के रूप में कानूनी रास्ते से की जाने वाली अपेक्षाओं को न्यूनतम किया जाना। किन्तु इसे सतत् रूप से जारी रहने वाली एक प्रोत्साहनपूर्ण गतिविधि होना होगा। इस तथ्य को देखा तथा अनुभव किया जाना चाहिए कि न्यायपालिका भ्रष्टाचारमुक्त हो चुकी है। इसके लिए, चार–सूत्रीय प्रयासों को सुझाया गया है। ये हैं:–

- एक बड़े आधार पर प्रौद्योगिकी का उपयोग किया जाना। इस तथ्य का अनुभव करते हुए सरकार के द्वारा पाँच वर्षों के दौरान 40,000 करोड़ रुपयों का प्रावधान बजट में किया जा चुका है, परंतु जब तक कि इस प्रयास में कोई प्राथमिकता नहीं होगी हम इस प्रक्रिया में तात्कालिक परिणामों के लिए बहुत शीघ्र अंतर आते हुए नहीं देख सकेंगे। न्यायालय के अभिलेखों, कार्यवाहियों, मुकद्में की फाइलों, निर्णयों को विश्वसनीय तरीके से कंप्यूटर पर उपलब्ध होना चाहिए। और ऐसा न्यायपालिका के सभी स्तरों पर किया जाना होगा। इस सम्बन्ध में हुई प्रगति के बारे में बहुत ही कम जानकारी उपलब्ध है और फिर, पारदर्शिता तथा कार्यकुशलता के अर्थों में अंतरों को प्रदर्शित भी किया जाना चाहिए। इसके बाद, प्रौद्योगिकी को उपयोगकर्ताओं एवं नागरिकों के अनुकूल भी होना चाहिए ताकि प्रत्येक न्यायालय एवं ऐसी ही अन्य इमारतों में उपलब्ध प्रक्रियाओं तथा कार्यवाहियों के सम्बन्ध में उन्हें संवेदनशील बनाया जा सके। न्यायालय अधिकारियों, ऐसे लोग जो न्यायिक सेवाओं को प्राप्त करने का प्रयास कर रहे हों, तथा कार्यकर्ताओं के पास ऐसे उपकरणों एवं सूचनाओं तक पहुँच उपलब्ध होनी चाहिए।
- दूसरा है न्यायालय के लिपिकों तथा न्यायपालिका के विभिन्न अन्य स्तरों पर बैठे पदाधिकारियों को संवेदनशील बनाए जाने के लिए एक कार्यक्रम का उपलब्ध होना। इसे एक वर्ष के दौरान न्यायालय के दो अथवा तीन दिवसीय

अवकाशों के दौरान समयबद्ध कार्यक्रम के रूप में अपनाया जाना होगा। इस दो अथवा तीन दिवसीय संवेदनीकरण की विषय–वस्तु को राज्य तथा न्यायालय के प्रति सुस्पष्ट होना होगा। तीन कार्यों, जैसे–वादों का तिथि–निर्धारण, अभिलेखों का रखरखाव एवं पुनर्प्राप्ति, न्यायालय प्रतिलिपि अथवा प्रमाणन को जारी किया जाना, तथा सार्वजनिक पहुँच वाली समस्त साइटों को अद्यतन किया जाना आदि को गंभीरतापूर्वक एवं पारदर्शितापूर्वक अपनाया जाना चाहिए। प्रत्येक न्यायालय में किसी भी प्रकार के जरूरतमंद व्यक्ति (गवाह, वादी, आरोपी इत्यादि) का मार्गदर्शन करने के लिए स्थानीय विश्वविद्यालय/कॉलेज से कानून के छात्रों को प्रत्येक न्यायालय में स्वैच्छिक कार्यकर्ता बनाया जा सकता है। सम्बन्धित कार्यकर्ताओं के द्वारा कॉल–सेंटरों एवं फोन–इन सुविधाओं को भी उपलब्ध करवाया जा सकता है।

विभिन्न स्तरों पर कार्यरत् अधिवक्ताओं को न्यायपालिका को भ्रष्टाचारमुक्त बनाए जाने की दिशा में किए जा रहे इन प्रयासों के महत्व को सभी तक पहुँचाने के लिए प्रयास करने की आवश्यकता है। विश्वविद्यालयों के कानून विभागों तथा कानून पढ़ाने वाले कॉलेजों को ऐसे उत्तरदायित्वों को ग्रहण करने के लिए सबसे आगे खड़े होना चाहिए और उन्हें भ्रष्टाचार सम्बन्धी बाध्यताओं को समाप्त करने के लिए विधियाँ एवं समयबद्ध योजनाएं तैयार करनी चाहिए। विभिन्न कार्यक्रम निर्धारक निकायों को समुदायों (जैसे चिकित्सकगण गाँवों में विभिन्न रोगों के बारे में शिविर आयोजित करते हैं) के बीच नागरिकों को परामर्श सम्बन्धी सेवाएं प्रस्तावित करनी चाहिए।

न्यायाधीशों की नियुक्तियों, उनकी पदोन्नतियों एवं स्थानान्तरणों की प्रक्रिया भी न्यायपालिका में भ्रष्टाचार के विरुद्ध किए जा रहे संघर्ष में मायने रखती है। इस व्यवस्था को इस प्रकार से पारदर्शी एवं उद्देश्यपरक बनाए जाने की आवश्यकता है कि न्यायपालिका की स्वतंत्रता को कोई भी क्षति न पहुँचने पाए। परंतु इस व्यवस्था को एक सामानान्तर कार्यवाही होना चाहिए तथा न्यायपालिका को भ्रष्टाचारमुक्त बनाने के प्रयासों में गंभीर होना चाहिए ताकि यह अन्य सार्वजनिक सेवाओं पर भी महत्वपूर्ण प्रभाव डाल सके।

न्यायपालिका को और अधिक पारदर्शी, नागरिक–केन्द्रित, तथा विश्वसनीय बनाए जाने के लिए छह और विशिष्ट पहलों की आवश्यकता है। ये हैं :

- **प्रौद्योगिकी का उपयोग**
  - कंप्यूटरीकृत निगरानी विधि को लागू किया जाना निचले न्यायालयों में विद्यमान छोटे–मोटे भ्रष्टाचार को समाप्त किए जाने में सहायता प्रदान कर सकता है।

- ○ प्रौद्योगिकी का उपयोग प्रत्येक साधारण व्यक्ति के द्वारा कानूनों को समझने तथा नागरिकों के अधिकारों पर ऐसी सूचनाएं प्राप्त करने के लिए किया जा सकता है जिन्हें साधारण भाषा में स्पष्ट किया गया हो। जैसे किसी व्यवसाय को किस प्रकार प्रारंभ किया जाए, भूमि सम्बन्धी अधिकारों की रक्षा किस प्रकार की जाए, अथवा तलाक किस प्रकार प्राप्त किया जाए (उदाहरण के लिए– आपके वकील की सीडी या ब्रीफ ब्रोशर)
- ○ जहाँ कहीं भी *न्यायालय की फाइलों का कंप्यूटरीकरण* पहले से ही पूरा किया जा चुका हो, वहाँ यह अध्ययन किया जाना चाहिए कि क्या इससे किसी अकेले न्यायाधीश के कार्य का बोझ कम हो सका है अथवा नहीं तथा न्याय प्रदान करने की प्रक्रिया की गति तीव्र हुई है अथवा नहीं।
- ○ न्यायालय में की जाने वाली समस्त कार्यवाहियों की वीडियो रिकार्डिंग किए जाने का एक प्रयोग किया जाना चाहिए। प्रौद्योगिकी की उन्नति ने रेकार्डिंग तथा भंडारण की लागत को महत्वपूर्ण रूप से कम कर दिया है।

- **अंतराल को कम किया जाना**
  - ○ न्यायाधीशों को और अधिक प्रत्युत्तरदायी एवं जवाबदेह होना होगा तथा एक न्यायिक समीक्षा एवं एक आचार संहिता के अधीन आना होगा।
  - ○ उनपर कानून द्वारा यह दायित्व डाला गया है कि वे अपने निर्णयों के कारणों का उल्लेख करें, चाहे वह किसी भी विधि द्वारा किया गया हो।
  - ○ उन्हें बिना किसी बिलंब के निर्णय लिख देना चाहिए और इसकी मात्र घोषणा नहीं करनी चाहिए। एक लंबे समयांतराल के बाद निर्णय लिखे जाने की घटनाओं से बचा जाना चाहिए।
- **बार एसोसिएशन भ्रष्टाचार पर रोक लगाएं**
  - ○ कानूनी समितियाँ तथा बार एसोसिएशनों को अपने ऐसे सदस्यों, जो भ्रष्ट गतिविधियों में संलिप्त होते हैं, के प्रति कठोर कार्यवाही करने के लिए अनिवार्य रूप से प्रोत्साहित किया जाना चाहिए।
  - ○ न्यायाधीशों तथा न्याय प्रणाली पर निगाह रखे जाने के लिए एक ऐसी सार्वजनिक निगरानी संस्था की स्थापना की जानी चाहिए जिसमें असंदिग्ध ईमानदारी वाले व्यक्तियों को शामिल किया गया हो।
  - ○ कतिपय प्रकार के मामलों, जो बहुत ही लंबे समय से लंबित रहे हों, की समीक्षा तथा सार्वजनिक सुनवाई की जानी चाहिए।
- **भर्ती**
  - ○ उच्च–न्यायालय के न्यायाधीशों को बार अथवा अधीनस्थ न्यायपालिका से नियुक्त किए जाने के स्थान पर एक भारतीय न्यायिक सेवा (आईजेएस) का गठन किया जाना चाहिए। उसके बाद न्यायाधीशों की नियुक्ति राष्ट्रीय

आधार पर प्रतिस्पर्धात्मक परीक्षा के माध्यम से की जानी चाहिए। जिला न्यायाधीशों के स्तर पर ये अधिकारी अधीनस्थ न्यायपालिका की रीढ़ की हड्डी बन सकते हैं। उच्च न्यायालय के अधिकांश न्यायाधीशों को इन सक्षम जिला न्यायाधीशों के संवर्ग से चुना जा सकता है।

- ○ अभ्यासरत् अधिवक्ताओं एवं वरिष्ठ न्यायिक अधिकारियों के द्वारा न्यायिक अधिकारियों के लिए आवधिक आधार पर दिशा–निर्देशन कार्यक्रमों को आयोजित किया जाना चाहिए।
- ○ प्रस्तावित राष्ट्रीय न्यायिक आयोग (एनजेसी) के पास न केवल नियुक्तियों के लिए सिफारिश करने वरन् उच्चतर न्यायालयों से न्यायाधीशों को हटा सकने के अधिकार भी उपलब्ध होने चाहिए।

- **कार्य करने का वातावरण**
  - ○ विशिष्ट न्यायिक अधिकारियों को सभी प्रकार के मामलों को *सौंपे* जाने के लिए एक पारदर्शी तथा सार्वजनिक रूप से ज्ञात (और संभवतः यादृच्छिक अर्थात् रैण्डम) प्रक्रियाओं को अपनाए जाने की आवश्यकता है। विभिन्न दस्तावेजों तथा निर्णयों, विवाह–प्रमाणपत्रों, राजस्व अभिलेखों, तथा आम आदमी से सम्बन्धित अन्य मामलों की प्रतिलिपियाँ प्राप्त किए जाने से सम्बन्धित प्रक्रियाओं का निर्धारण किया जाना चाहिए तथा प्रमुख रूप से प्रदर्शित किया जाना चाहिए एवं उन्हें लोकप्रिय बनाया जाना चाहिए।
- **पारदर्शिता**
  - ○ सभी न्यायाधीश एवं जिम्मेदार कर्मचारियों को स्वैच्छिक रूप से अपनी संपत्तियों एवं हितों की घोषणा करनी चाहिए।
  - ○ सूंचना के अधिकार अधिनियम के प्रार्थनापत्र को ऐसा होना चाहिए जो साधारणतया और विशेषतौर पर न्यायपालिका की प्रतिष्ठा में वृद्धि करता हो।
  - ○ इस बात में किसी प्रकार की अस्पष्टता नहीं होनी चाहिए कि सूचना के अधिकार अधिनियम के अंतर्गत क्या आता है और क्या नहीं।

अस्पताल, स्कूल, एवं भ्रष्टाचार

यदि किन्हीं भी दो ऐसी सेवाओं का नाम लिया जाना हो जो किसी भी राष्ट्र को एक विकसित राष्ट्र का दर्जा प्रदान करती हैं तो वह है देश के गरीबों के लिए अस्पतालों एवं स्कूलों की उपलब्धता एवं उन तक पहुँच। सन् 2010 से ही प्राथमिक स्तर पर स्कूली शिक्षा को अनिवार्य बनाया जा चुका है। इस अधिनियम को आठ वर्षों तक चली राष्ट्रीय बहस और उससे भी कहीं लंबे

समय तक चली वार्ताओं एवं राजनीतिक दलों एवं नेताओं द्वारा किए गए वादों के बाद अपनाया गया था। यहाँ तक कि विशेषतौर पर शहरी एवं ग्रामीण क्षेत्रों में गरीब एवं आम आदमी के लिए भरोसेमंद प्राथमिक स्वास्थ सुविधाओं के साथ अस्पताल की सेवाओं का भी विस्तार किया जा रहा है। ये दोनों ही सेवाएं राज्य के अधिकारक्षेत्र के अधीन होती हैं, परंतु साथ–ही–साथ निजी क्षेत्र में भी उपलब्ध होती हैं।

बालिकाओं के मामले में स्कूल छोड़ देने की दर ऊँची होने के कारण इस दिशा में विगत कुछ वर्षों से विशेष प्रयास किए जा रहे हैं। ग्रामीण स्वास्थ्य सेवाएं ऐसा कार्य है जिसे सन् 2007 में भारत सरकार के द्वारा गरीबों तथा दूर–दराज बसे वर्गों तक पहुँचने के लिए एक अभियान के रूप में प्रारंभ किया गया था। बात जब स्वास्थ एवं शिक्षा की आती है तो कथनी एवं करनी में अंतर स्पष्ट हो जाता है, बावजूद इसके कि इन दोनों ही सेवाओं को सरकार की प्राथमिकता वाली चिंताओं के रूप में प्रस्तुत किया जाता रहा है। इन सेवाओं पर बजट में किए जाने वाले आवंटन एवं व्यय के कारण 11वीं पंचवर्षीय योजना (2006–10) विफल हो गई थी। संभवतः इसलिए क्योंकि स्वास्थ्य एवं शिक्षा पर किया जाने वाला व्यय व्यवस्था की ''व्यय करने की क्षमता'' के द्वारा सीमित कर दिया गया था।

जिस तथ्य पर गंभीरतापूर्वक विचार किया जाना चाहिए वह यह धारणा है कि सार्वजनिक स्वास्थ्य एवं सार्वजनिक स्कूल सेवाएं भ्रष्ट हैं। जिन लोगों ने (पिछले एक वर्ष के दौरान) इन सेवाओं को प्राप्त करने का प्रयास किया अथवा इनका उपयोग किया उनके एक–चौथाई से भी बड़े भाग की धारणा ऐसी ही रही है। इससे भी बड़ी चिंता की बात यह है कि जिन लोगों ने स्वास्थ्य एवं शिक्षा सेवाओं को प्राप्त करने का प्रयास किया, उनमें से दो अथवा तीन प्रतिशत लोग इसलिए इन्हें हासिल नहीं कर सके क्योंकि उनके पास न तो घूस देने के लिए पैसे थे और न ही सहायता के लिए कोई संपर्क उपलब्ध था। स्वाभाविक तौर पर ये गरीबों में से सर्वाधिक गरीब लोग ही थे। सन् 2011 अथवा 2012 में किए जाने वाले सर्वेक्षण के अगले चक्र को यह इंगित करना चाहिए कि क्या शिक्षा को अनिवार्य बनाया जाना (सन् 2010 में) कोई अंतर ला सका है अथवा नहीं। इसी प्रकार से, प्राथमिक स्वास्थ्य को संसद के एक अधिनियम के अधीन एक अधिकार बनाए जाने (सूचना के अधिकार के समान) के द्वारा एक अंतर लाया जा चुका है। माँग–आपूर्ति की स्थिति को देखते हुए यह अंतर सन् 2012 अथवा उसके बाद ज्ञात हो सकेगा।

गत पाँच वर्षों के दौरान किए गए सर्वेक्षणों ने स्पष्ट रूप से इंगित कर दिया है कि सार्वजनिक स्वास्थ्य एवं सार्वजनिक स्कूलों में भ्रष्टाचार में कमी आई है। यद्यपि कि इन सर्वेक्षणों के द्वारा इन सेवाओं में व्याप्त भ्रष्टाचार की सीमाओं को भी उजागर किया गया है, तथापि यह कमी ध्यान दिए जाने योग्य है ताकि इस

सारणी 6.17
गिरावट की प्रवृत्ति

	सेवा की माँग करने वालों का प्रतिशत			
	अवधारणा		*अनुभव*	
सेवाएं	*2005*	*2007*	*2005*	*2007*
सार्वजनिक अस्पताल	27–57	9–46	27	9
सार्वजनिक स्कूल	18–45	3–28	18	3

स्रोतः CMS India Corruption Studies.

प्रवृत्ति को आगे और अधिक सशक्त किया जा सके। वास्तव में, यह प्रवृत्ति यह आशा जगाती है कि किसी भी कल्याणकारी राज्य की इन दोनों ही महत्वपूर्ण सार्वजनिक सेवाओं को नागरिकों की संलिप्तता वाले पुनरावृत्तिक भ्रष्टाचार से मुक्त करने हेतु इनका पुनर्निर्धारण किया जा सकता है। इस प्रवृत्ति, जैसा कि सारणी 6.17 से देखा जा सकता है, को सार्वजनिक मीडिया में स्वीकार किए जाने की आवश्यकता है ताकि इस इस बात का सार्वजनिक संकल्प लिया जा सके कि भ्रष्टाचार को रोका जा सकता है तथा नए प्रयासों के साथ परिणाम प्राप्त किया जाना संभव है।

सार्वजनिक अस्पताल

गत एक दशक में पाँच विभिन्न समय अर्थात् सन् 2002, 2003, 2005, 2007 तथा 2010 के दौरान सार्वजनिक अस्पतालों में भ्रष्टाचार पर सर्वेक्षण संपन्न किए गए थे। इनकी कवरेज की परिधि राष्ट्रीय से लेकर कुछ शहरों तक सीमित रही थी। साथ ही, प्रत्येक सर्वेक्षण में अलग बात पर जोर दिया गया था। सन् 2007 के सर्वेक्षण द्वारा गरीबी रेखा के नीचे (बीपीएल) परिवारों पर ध्यान केन्द्रित किया गया था, जबकि सन् 2005 एवं 2010 के सर्वेक्षण ''सामान्य जनता'' के बीच किए गए थे जिसमें *आम आदमी* पर जोर दिया गया था। साथ ही, घूस दिए जाने अथवा किसी संपर्क का उपयोग किए जाने सम्बन्धी ''अनुभव'' को शामिल करने हेतु सर्वेक्षण कार्यविधि को भी परिवर्तित कर दिया गया था (चित्र 6.1)।

बीपीएल परिवारों को सरकारी अस्पतालों में भर्ती मरीजों (31 प्रतिशत) के लिए बिस्तर प्राप्त करने के लिए घूस देनी पड़ी और, वास्तव में, बाह्य उपचार के लिए आधे से भी अधिक को घूस का भुगतान करना पड़ा। सरकारी अस्पतालों में व्याप्त व्यवस्थागत समस्याओं में शामिल हैं नैदानिक सेवाओं का

चित्र 6.1
अस्पतालः धारणाएं एवं अनुभव

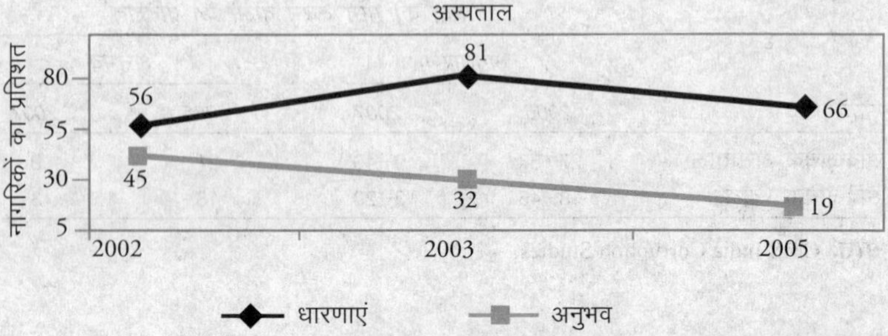

प्रायः ही धारणाओं का अनुभव के साथ कोई सम्बन्ध **नहीं** होता, वे जनसांख्यकीय आधार पर और व्यापक तौर पर आमतौर से **साझा** की गई होती हैं। धारणाओं तथा अनुभवों के बीच का अंतर इस बात पर निर्भर करता है कि भ्रष्टाचार को किस प्रकार से समाचार मीडिया में कवर/बढ़ाचढ़ा कर प्रस्तुत किया गया है।

स्रोतः CMS India Corruption Studies.

अभाव, औषधियों की कमी एवं भर्ती मरीज की देखभाल के लिए उपयुक्त बिस्तरों का अभाव, तथा रक्त की अनुपलब्धता (सारणी 6.18)।

जिस अभियान को एक प्राथमिकता के तौर पर चलाए जाने की आवश्यकता है उसमें सरकारी अस्पतालों में औषधियों की आपूर्ति किया जाना शामिल है। इसके लिए, ग्रामीण तथा शहरी अस्पताल दोनों में ही सर्वाधिक माँग/निर्धारित की जाने वाली औषधियों का एक कंप्यूटरीकृत विश्लेषण कमियों से बचने में सहायक हो सकता है। दूसरे, कतिपय विश्वसनीयता को सुनिश्चित किए जाने

सारणी 6.18
महत्वपूर्ण कार्य

बाह्य मरीजों के परामर्श हेतु–58%
भर्ती मरीजों हेतु बिस्तर प्राप्त करने के लिए–31%
शल्य–चिकित्सा हेतु/ऑपरेशन कक्ष उपलब्ध नहीं–1%
दवाईयों हेतु–3%
नैदानिक सेवाओं हेतु–9%
रक्त हेतु–3%
गर्भावस्था सम्बन्धी सेवाओं/प्रसव हेतु–2%
भर्ती मरीजों के लिए भोजन प्राप्त करने हेतु–2%

स्रोतः CMS India Corruption Studies.

के लिए चिकित्सकों की उपस्थिति के मसले को हल किया जाना चाहिए। सम्बन्धित जिला चिकित्सा अधिकारी को मोबाइल चिकित्सकों के द्वारा निरीक्षण किए जाने की एक समयसारणी तैयार करना चाहिए (कुछ वैसे ही जैसे आंध्र प्रदेश में 104 आपातकालीन सेवा तथा मोबाइल पुलिस, 100)। तीसरे, नैदानिक सेवाओं का बाह्यस्रोतन किया जाना चाहिए। चौथे, जिला अस्पतालों में बिस्तरों की संख्या में एक अथवा दो वर्षों की समयसीमा में वृद्धि की जाती रहनी चाहिए। पाँचवे, प्राथमिक स्वास्थ्य केन्द्रों (पीएचसी) तथा उपकेन्द्र स्तर पर किए जा रहे परिचालनों की समीक्षा एवं निरीक्षण को अग्रसक्रिय पहल किए जाने तथा त्वरित सुधार के साथ सामने आने में सहायक होना चाहिए। इसके लिए, सूचना एवं संचार प्रौद्योगिकी (आईसीटी) का और अधिक व्यापक उपयोग किया जाना चाहिए। प्रयोग एवं परीक्षण परियोजनाएं पहले से ही चलाई जा रही हैं। उनमें से कुछ के पैमाने में वृद्धि की जानी चाहिए क्योंकि उनके द्वारा पहले ही स्थानीय संशोधनों के साथ अपनी व्यवहारिकता का प्रदर्शन किया जा चुका है।

सरकार को जिला अस्पतालों एवं प्राथमिक स्वास्थ्य केन्द्रों में बिस्तरों की संख्या में वृद्धि किए जाने हेतु जन–सहभागिता सम्बन्धी योजनाओं की भी घोषणा करनी चाहिए। ऐसी भी सूचना उपलब्ध है कि वर्तमान बिस्तरों को ऐसे किसी न किसी कारणवश उपयोग में नहीं लाया जा रहा है जिसका सम्बन्ध औषधियों तथा/अथवा चिकित्साकर्मियों की कमी के साथ जुड़ा है। यदि एक बार जनता की सहभागिता को समुचित तरीके से अभिस्वीकृति प्रदान की जाती है और योजनाओं को सिविल सोसाइटी को आकर्षित किए जाने हेतु तैयार किया जाता है तो अनेकों जिलों में जनता ग्रामीण अस्पतालों में "बिस्तरों" को प्रायोजित करने के लिए आगे आ जाएगी।

पूरे देश में आम नागरिकों का लगभग 60 प्रतिशत एवं बीपीएल परिवारों का लगभग 80 प्रतिशत भाग किसी न किसी स्वास्थ्य सम्बन्धी प्रयोजन से वर्ष में एक बार सार्वजनिक स्वास्थ्य अस्पतालों से संपर्क अवश्य ही करता है। सार्वजनिक स्वास्थ्य सेवाओं पर आश्रित रहने वाले लोगों का यह प्रतिशत ग्रामीण क्षेत्र में तो कहीं अधिक ही ऊँचा होगा। माँग की गई महत्वपूर्ण ऐसी सेवाएं, जिनके लिए बारबार चक्कर लगाने पड़ते हों, तथा घूस दिए जाने के कारणों का ज्ञान पहले से ही है। आवश्यकता इन्हें सार्वजनिक किए जाने एवं इनका समाधान किए जाने की है।

किसी भी सार्वजनिक अस्पताल में जाने वाले लोगों का लगभग एक–चौथाई भाग बिना किसी परामर्श/उपचार के लौट जाता है, परंतु कुल मिलाकर, सरकारी अस्पताल में जाने वाले लोगों के आधे से भी अधिक भाग को किसी न किसी कठिनाई के कारण एक ही प्रयोजन के लिए बारबार चक्कर लगाने की आवश्यकता पड़ती है। घूस दिए जाने की बाध्यता को एक ही प्रयोजन के लिए

बारबार चक्कर लगाए जाने से बचे जाने के बिना समाप्त नहीं किया जा सकता। सार्वजनिक अस्पतालों तक जाने वाले लोगों के द्वारा सामान्यतः कौन–कौन सी कठिनाईयों का सामना किया जाता है? प्रक्रियागत कठिनाईयों तथा कर्मचारियों/चिकित्सकों की अनुपस्थिति के लिए पृथक उपचार की आवश्यकता है (सारणी 6.19)। सार्वजनिक अस्पतालों में जाने वाले लोगों में कितने प्रतिशत के द्वारा घूस दी जाती है तथा कितने प्रतिशत वंचित होकर निराश लौट जाते हैं क्योंकि वे घूस नहीं दे पाते? भ्रष्टाचार के कारण लगभग 3 प्रतिशत स्वास्थ्य सेवाओं को प्राप्त करने से वंचित रह जाते हैं। कुछ राज्यों में यह आँकड़ा 5 प्रतिशत से भी अधिक हो सकता है (सारणी 6.20)।

सार्वजनिक अस्पतालों में भ्रष्टाचार इतना अधिक सुस्पष्ट है कि घूस देने हेतु मजबूर लोगों में से अधिकांश लोग यह कार्य अस्पताल के ही कर्मचारियों में से किसी न किसी के साथ करते हैं। 10 प्रतिशत लोग ऐसा किसी न किसी दलाल के माध्यम से करते हैं (सारणी 6.21)।

सारणी 6.19
कठिनाईयाँ

प्रक्रियागत–39%
कर्मचारियों/चिकित्सकों की अनुपस्थिति–28%
भ्रष्ट कर्मचारी–27%
फार्मों, नैदानिक सेवाओं की अनुपलब्धता–4%

स्रोत: CMS India Corruption Study, 2007.

सारणी 6.20
भ्रष्टाचार का अनुभव

घूस दी–9%
प्रभाव का उपयोग किया–5%
घूस न दे सकने के कारण सेवा नहीं प्राप्त कर सके–2%

स्रोत: CMS India Corruption Study, 2007.

सारणी 6.21
किसको घूस दी

चिकित्सकों को–12%
अन्य कर्मचारियों को–75%
दलाल को–10%

स्रोत: CMS India Corruption Study, 2007.

सारणी 6.22
घूस क्यों दी जाती है

भर्ती मरीजों हेतु बिस्तर प्राप्त करने के लिए–34%
दवाईयाँ प्राप्त करने हेतु–11%
नैदानिक सेवाएं प्राप्त करने हेतु–12%
बाह्य मरीज के रूप में चिकित्सा प्राप्त करने हेतु–15%
चिकित्सा प्रमाणपत्र प्राप्त करने हेतु–8%

स्रोत: Data analyzed from CMS India Corruption Study, 2007.

घूस दिए जाने की बाध्यता के अलावा सार्वजनिक अस्पतालों में रोगियों से ''अनैतिक'' कार्य करवाए जाते हैं जिसमें अतिरिक्त एवं अनावश्यक व्यय किया जाना शामिल होता है। चिकित्सकों को घूस दिए जाने की बाध्यताएं भी मौजूद हैं (सारणी 6.22)।

भ्रष्टाचार का कारण बनने वाले अनैतिक कार्य

औषधियाँ उपलब्ध नहीं हैं/नहीं दी गईं
चिकित्सक ने किसी निजी चिकित्सालय जाने का सुझाव दिया
चिकित्सक ने किसी निजी नैदानिक केन्द्र जाने का सुझाव दिया
औषधियों का आवश्यकता से अधिक लिखा जाना
बिना आवश्यकता नैदानिक परीक्षणों को सुझाया गया

स्रोत: Data analyzed from CMS India Corruption Study, 2007.

सार्वजनिक अस्पताल जाने वाले लोगों के लगभग आधे भाग को औषधियों की कमी का अनुभव करना पड़ा, जिसे कि ग्रामीण क्षेत्रों में कहीं अधिक अनुभव किया गया। ऐसा इस तथ्य के बावजूद है कि गरीबों को निःशुल्क औषधियाँ दिया जाना अपेक्षित है।

ऐसे लोगों का प्रतिशत क्या है जो किसी सेवा विशेष की माँग करते हैं तथा जिसकी उन्हें आवश्यकता होती है एवं वे अंततः घूस दे देते हैं?

सरकारी अस्पतालों में उपचार के लिए जाने वाले लोगों के लगभग एक–तिहाई भाग को ''वैकल्पिक रास्ता'' चुनने, जैसे घूस दिया जाने, किसी प्रभाव का उपयोग किया जाने, अथवा बारबार चक्कर लगाए जाने के लिए बाध्य कर दिया जाता है।

सरकारी अस्पतालों में माँग–आपूर्ति सिंड्रोम विद्यमान है। इस दुविधा को समझने के लिए सेवाप्रदाता का नजरिया महत्वपूर्ण है। उनकी चिंताओं पर विचार किए बिना भ्रष्टाचार को सम्बोधित नहीं किया जा सकता। सीमित बुनियादी ढाँचा, सुविधाएं जैसे इमारत, बिस्तर, नैदानिक सुविधाएं, तथा चिकित्सकों एवं उप–चिकित्सकीय कर्मचारियों की उपस्थिति नीतिगत स्तर पर एक समस्या बनी हुई है जिसकी मात्रा बढ़ती हुई संख्या वाले उन लोगों की माँग पर निर्भर करती है जो अस्पताल की सेवाओं की माँग करते हैं तथा वे लोग जो सरकारी अस्पतालों में संलिप्त हैं। सरकार को वैकल्पिक योजनाओं, जैसे मोबाइल चिकित्सालयों आदि के साथ इस प्रकार से आगे आने की आवश्यकता है कि गरीबों की आधारभूत आवश्यकताओं को बिना किसी "अतिरिक्त" भुगतान अथवा बिना किसी "संपर्क" का उपयोग किए ही पूरा कर दिया जाए। नैदानिक सेवाओं का बाह्यस्रोतन तथा स्थानीय समुदाय का सहयोग प्राप्त किया जाना चाहिए, यहाँ तक कि औषधियों के लिए भी सहयोग का प्रावधान किया जाना चाहिए। एक "औषधि बैंक" स्थापित किया जा सकता है जहाँ नागरिक औषधियों के लिए अथवा सरकारी अस्पतालों में ऐसी ही किसी अन्य कमियों के लिए विशेषतौर पर दान दे सकें।

औषधियों को क्रय किए जाने, बुनियादी ढाँचे के रखरखाव तथा बाह्य मरीजों एवं भर्ती हुए गरीब लोगों के लिए स्पष्ट न्यूनतम सेवाओं हेतु बजटीय सहयोग का अभाव भी सुस्पष्ट है। प्राथमिक स्वास्थ्य सेवाओं के लिए किए जाने वाले बजटीय आवंटनों को और अधिक आवश्यकता आधारित होना होगा। वर्तमान समय में काम का बोझ बहुत अधिक है, कोई अभिप्रेरणा नहीं है, और चिकित्सकों/उप–चिकित्साकर्मियों के लिए कोई भी प्रोत्साहन उपलब्ध नहीं है। इसे सुधारे जाने की आवश्यकता है। यदि इन सेवाओं की विश्वसनीयता में सुधार लाया जाना है तो कार्यप्रदर्शन के साथ जुड़े हुए प्रोत्साहनों को प्राथमिक स्वास्थ्य केन्द्रों तथा उपकेन्द्रों के कर्मचारियों के लिए संभव बनाया जाना चाहिए।

ऐसे लोगों, जो भुगतान करने में सक्षम हों, पर "उपभोक्ता शुल्क" लगाया जा सकता है तथा नाममात्र राशि का एकबार लगने वाला एक पंजीकरण शुल्क ऐसे प्रत्येक व्यक्ति, जो प्राथमिक स्वास्थ्य केन्द्र अथवा जिला अस्पताल आता हो, से इस प्रकार से वसूला जा सकता है कि यह सार्वजनिक अस्पतालों के कार्यों में और अधिक मात्रा में स्थानीय रुचि तथा सामुदायिक सहभागिता को उत्पन्न करता हो। देश में तमिलनाडु, उत्तर प्रदेश, तथा मध्य प्रदेश में और अधिक विश्वसनीयतापूर्ण तरीके से सार्वजनिक स्वास्थ्य सेवाओं को प्रस्तावित करने का प्रयास करते हुए ऐसे ही विभिन्न प्रयोग किए गए हैं। इनकी समीक्षा किए जाने तथा सुधारों के साथ इन्हें अपनाए जाने की आवश्यकता है।

सन् 2010 के मध्य में चार जिलों में 1 जिला–स्तरीय अस्पताल, 8 सामुदायिक केन्द्रों, 23 प्राथमिक स्वास्थ्य केन्द्रों, तथा 210 उपकेन्द्रों को एक विशेष प्रयोजन वाली कम्पनी को सौंप दिए जाने की उत्तर प्रदेश सरकार द्वारा की गई पहल से सुविधाओं को और अधिक बढ़ाए जाने तथा बेहतर स्वास्थ्य सेवाएं प्रदान किए जाने की आशा है। इस समझौते पर 33 वर्षों के लिए हस्ताक्षर किए गए थे। हालांकि, क्या ये निजी कम्पनियाँ स्वास्थ्य सेवाओं को निःशुल्क प्रदान करती हैं अथवा सस्ते में प्रदान करती हैं यह देखे जाने की आवश्यकता होगी। हमें एक वर्ष अथवा उससे अधिक समय तक प्रतीक्षा करनी होगी ताकि यह देखा जा सके कि यह दृष्टिकोण किस सीमा तक गरीब नागरिकों को बिना घूस दिए स्वास्थ्य सेवाओं तक पहुँच प्रदान कर पाता है।

सरकारी अस्पतालों में औषधियों की कमी अथवा अभाव एवं कर्मचारियों की अनुपस्थिति के अलावा विशेषज्ञों तथा नैदानिक सेवाओं के अभाव, भर्ती मरीजों के लिए बिस्तरों की कमी तथा रक्त की अनुपलब्धता आदि को सार्वजनिक अस्पतालों में भ्रष्टाचार के लिए प्रत्यक्ष अथवा अप्रत्यक्ष रूप से उत्तरदायी कारणों के रूप में प्रायः ही संदर्भित किया जाता रहा है। चार जिलों में सार्वजनिक सेवाओं के निजी संचालकों के हाथों में सौंपे जाने सम्बन्धी उत्तर प्रदेश के मॉडल को सावधानीपूर्वक देखे जाने की आवश्यकता है ताकि यह पता लग सके कि किस सीमा तक यह मॉडल सार्वजनिक स्वास्थ्य सेवा तक गरीबों एवं दूर–दराज रहने वालों की पहुँच को सुनिश्चित करता है और वह भी इस व्यवस्था में किसी भी काम के लिए किसी को भी बिना कोई घूस दिए।

पाँच महत्वपूर्ण सेवाओं, जैसे स्वास्थ्य एवं प्राथमिक शिक्षा आदि को विकेन्द्रीकृत किए जाने तथा स्थानीय *पंचायतों* को सार्वजनिक सेवाओं की सुपुर्दगी हेतु उत्तरदायी बनाए जाने (जिसपर राजीव गाँधी के समय से ही चर्चाएं की जा रही थीं) का राजस्थान सरकार का हाल ही (जून 2010) का निर्णय इस दृष्टिकोण से निगाह रखे जाने योग्य है कि क्या अन्य राज्यों के द्वारा भी शीघ्र ही इसका अनुकरण किया जाता है अथवा नहीं। पंचायती राज अधिनियम के अंतर्गत एक दशक से भी अधिक समय पहले से सभी राज्यों से ऐसा ही किए जाने की आशा की गई थी। परंतु मुश्किल से ही किसी भी राज्य के द्वारा इसे लागू किए जाने का साक्ष्य मिल पाता है।

अस्पताल सेवा में सुधार किया जाना

- प्रत्येक सार्वजनिक अस्पताल के स्तर पर पंचायती राज संस्थानों/नागरिक समूहों की अधिकाधिक सहभागिता के साथ गठित की गई एक रोगी कल्याण

समिति (आरकेएस) कार्यकुशलताओं में वृद्धि करेगी तथा भ्रष्टाचार को समाप्त करने में सहायता प्रदान करेगी।

- शिक्षा के अधिकार के समान ही अधिकार–आधारित एक आंदोलन को स्थानीय समुदाय–आधारित संगठनों (सीबीओ)/गैर–सरकारी संगठनों (एनजीओ) के द्वारा अपनाया जा सकता है ताकि जब कभी भी जनता को आवश्यकता हो वह सार्वजनिक स्वास्थ्य देखभाल की माँग कर सके।
- समस्त उपलब्ध सेवाओं, विशेषतौर पर विशिष्ट समय पर बिस्तरों की उपलब्धता को स्थानीय भाषाओं में प्रदर्शित किए जाने के लिए कंप्यूटरों का अधिकतम उपयोग किया जाना चाहिए।

भ्रष्टाचार कम करने हेतु

- उपभोक्ता समितियाँ

  प्रत्येक अस्पताल में नागरिकों की शिकायतों को सुनने के लिए एक उपभोक्ता समिति का गठन किया जाना चाहिए। चिकित्सकों एवं परिचारिकाओं के वेतन का वितरण उनकी अनुपस्थिति के दिनों के वेतन की कटौती किए जाने के बाद *पंचायतों* के माध्यम से किया जा सकता है।
- नैदानिक सुविधाओं का प्रावधान

  वर्तमान समय में सरकारी अस्पतालों के अंदर ही नैदानिक सेवाएं उपलब्ध कराई जा रही हैं जो मशीनरी एवं इससे सम्बन्धित सामग्रियों की खरीद, तकनीकी कर्मचारियों की भर्ती, तथा रखरखाव में भ्रष्टाचार के अवसरों को उपलब्ध करता है, साथ ही इन मशीनों के कार्यसंपादन पर नियंत्रण भी बहुत ही कम होता है। नैदानिक सेवाओं का बाह्यस्रोतन निजी संस्थाओं को किया जा सकता है जहाँ वे कार्य के आधार पर सरकार से भुगतान प्राप्त कर सकते हैं। दिल्ली में कुछ सीमा तक यह प्रयोग पहले से ही कुछ अस्पतालों में संपन्न किया जा रहा है।
- औषधि आपूर्ति

  प्रायः ही रोगी सरकारी औषधालयों से औषधियाँ प्राप्त करने में निरंतर विफल ही रहते हैं। ऐसा या तो औषधियों की कमी अथवा आपूर्ति को खुले बाजार की ओर ढकेल दिए जाने के कारण हो सकता है। दूसरी संभावना पर रोक लगाए जाने के लिए सरकारी औषधालयों को प्रत्येक महीने में प्राप्त की गई औषधियों तथा दैनिक अथवा साप्ताहिक शेष मात्रा को प्रदर्शित करने हेतु आदेश दिया जाना चाहिए। सिविल सोसाइटी को सर्वाधिक आवश्यकता वाली औषधियों का दान दिए जाने हेतु प्रोत्साहित किया जाना चाहिए।

- कंप्यूटरों का उपयोग

  भारी–भरकम जाँच रिपोर्टों से बचने, चिकित्सकों के साथ तुरंत समय निर्धारित किए जाने तथा किसी भी मरीज के एक से दूसरे अस्पताल को संदर्भित किए जाने की स्थिति में उससे सम्बन्धित आँकड़ों को साझा किए जाने के उद्देश्य से प्रत्येक अस्पताल को परस्पर जोड़ते हुए एकीकृत अस्पताल सूचना प्रणाली (एचआईएस) के समान एक कंप्यूटर प्रणाली को स्थापित किया जाना चाहिए।

  - शिकायतें दर्ज कराए जाने हेतु हेल्पलाइन नम्बर उपलब्ध कराए जाने चाहिए तथा साथ ही साथ रोगी कल्याण समिति को इन शिकायतों पर नियमित रूप से सुनवाई करनी चाहिए।
  - जैसा कि सिटीजन्स चार्टर में उल्लिखित है, समयबद्ध सेवा सुपुर्दगी को अनिवार्य बनाया जाना चाहिए।
  - रोगी कल्याण समिति को आवश्यक औषधियों सहित अन्य उपभोग्य सामग्रियों की कमी को पूरा किए जाने का ध्यान रखना चाहिए ताकि अबाधित सेवा सुपुर्दगी सुनिश्चित की जा सके।
  - जननी सुरक्षा योजना (जेएसवाई) जैसी किसी भी योजना के लाभों को प्राप्त किए जाने हेतु प्रक्रियाओं का ऐसा सरलीकरण किया जाना चाहिए कि जहाँ कहीं भी आवश्यकता न हो, जनता को किसी किस्म का भुगतान न करना पड़े।
  - सीधे संपर्क में कमी लाए जाने के उद्देश्य से यदि संभव हो तो टेलीमेडिसिन के लाभों का विस्तार किए जाने की आवश्यकता है। इससे न केवल भ्रष्टाचार में कमी आएगी वरन् परिवहन लागत के साथ–साथ रोगी के साथी व्यक्ति की अवसर–लागत की भी बचत हो सकेगी।
  - सहायक सेवाओं जैसे नैदानिक, भोजन इत्यादि में से कुछ का निजी–सार्वजनिक साझेदारी (पीपीपी) मॉडल के आधार पर बाह्यस्रोतन भ्रष्टाचार को कम किए जाने में प्रभावकारी हो सकता है।
  - उपभोक्ता शुल्क को लागू किया जा सकता है और संग्रहीत किए गए धन को स्थानीय आधार पर उपभोग्य सामग्रियों तथा/अथवा छोटे सामानों/मशीनों आदि के रखरखाव/मरम्मत आदि पर व्यय किया जा सकता है।
  - तमिलनाडु के उदाहरण का अनुसरण करते हुए औषधियों की रसद (लॉजिस्टिक्स) के कार्य को विशेषज्ञताप्राप्त सार्वजनिक निगमों को सौंप दिया जाना चाहिए।
  - जनता के साथ पारदर्शी सहसम्बन्ध एवं जवाबदेही को लागू किए जाने के लिए सामाजिक अंकेक्षण लागू रहना चाहिए।

सरकारी अस्पतालों के लिए सिटीजन्स चार्टर को सम्बन्धित सेवाप्रदाता, सेवा के माँगकर्ता तथा वास्तविक सिविल सोसाइटी समूहों के साथ व्यापक चर्चा के उपरांत संशोधित किया जाना चाहिए। चार्टर में दुर्घटना तथा आकस्मिक सेवाओं, बाह्य रोगी विभाग (ओपीडी) सेवाओं, नैदानिक सेवाओं, आंतरिक सेवाओं (सामान्य/निजी वार्ड) इत्यादि के साथ अनिवार्य रूप से किए जाने वाले व्यवहार का उल्लेख किया जाना चाहिए।

सार्वजनिक स्कूल

93वें संविधान संशोधन ने यह व्यवस्था की है कि राज्य 6–14 वर्ष तक की आयु के समस्त बच्चों को अनिवार्य एवं निःशुल्क शिक्षा प्रदान करेगा। प्राथमिक तथा उच्च–प्राथमिक स्तर पर शिक्षा का सार्वभौमीकरण किए जाने के लिए केन्द्र सरकार ने मध्याह्न भोजन योजना सहित अनेकों योजनाओं को प्रारंभ किया है। राजस्थान सरकार ने (2010 में) आस्था एवं शिक्षा सहित पाँच विभागों को *पंचायतों* के पास विकेन्द्रीकृत कर दिया था।

शहरी एवं ग्रामीण भारत में सरकारी स्कूल (12वीं कक्षा तक) निजी स्कूलों की तुलना में सापेक्षिक तौर पर गरीबों के बच्चों पर अधिक निर्भर करते हैं। अनिवार्य शिक्षा के प्रावधान के बावजूद भी किसी भी स्थान पर नाम लिखाए जाने की दर शत्–प्रतिशत के आसपास नहीं रही है, और बालिकाओं की स्कूल छोड़ने की दर कुछ राज्यों में निरंतर रूप से ऊँची बनी रही है। 40 प्रतिशत बीपीएल परिवार एक वर्ष में ऐसे स्कूलों के साथ संपर्क में आते हैं जो शिक्षा के सार्वभौमीकरण के विचार से तो ऊँचे नहीं हैं लेकिन दूसरी सार्वजनिक सेवाओं की तुलना में अवश्य ऊँचे हैं।

यहाँ तक कि बीपीएल परिवारों के बीच एक–चौथाई से भी अधिक लोग ऐसा मानते हैं कि स्कूली सेवाओं में भ्रष्टाचार व्याप्त है। हालांकि, स्कूलों में भ्रष्टाचार में वृद्धि हो रही है, ऐसा सोचने वालों की तुलना में सापेक्षिक रूप से अधिक लोग यह सोचते हैं कि स्कूलों में भ्रष्टाचार में कमी आ रही है। गत एक वर्ष के दौरान स्कूलों से संपर्क करने वाले लोगों के 70 प्रतिशत से भी अधिक भाग ने सरकारी स्कूलों से संपर्क किया था। उनमें से अनेकों को एक ही प्रयोजन, जैसे प्रवेश प्राप्त करना, स्थानान्तरण प्रमाणपत्र प्राप्त करना इत्यादि जैसे कार्यों के लिए चार से भी अधिक चक्कर लगाने पड़े थे। उनमें से आधे के आसपास लोगों ने स्कूल छोड़ने का प्रमाणपत्र प्राप्त करने के लिए ऐसा किया। उनका लगभग पाँचवां हिस्सा सोचता है कि या तो मध्याह्न भोजन नियमित रूप से नहीं दिया जा रहा था अथवा जो कुछ भी दिया रहा था बहुत खराब गुणवत्ता वाला था। उनमें से आधे लोग,

जिन्होंने स्कूलों से संपर्क की, उन्हें भ्रष्ट मानते हैं। हालांकि बिहार में 79 प्रतिशत लोगों की तुलना में केरल में मात्र 10 प्रतिशत लोग ही ऐसा सोचते हैं।

अनिवार्य एवं निःशुल्क शिक्षा के एक भाग के रूप में केन्द्र सरकार ने विगत कुछ वर्षों के दौरान अनेकों की संख्या में योजनाएं प्रारंभ की हैं। सरकार की योजनाओं में शामिल हैं सर्व शिक्षा अभियान, जिला प्राथमिक शिक्षा कार्यक्रम, प्रारंभिक स्तर की बालिकाओं की शिक्षा हेतु राष्ट्रीय कार्यक्रम, शिक्षा गारंटी योजना तथा वैकल्पिक एवं नवाचारी शिक्षा, पिछड़े वर्ग, अनुसूचित जाति एवं जनजाति के छात्रों के लिए छात्रवृत्तियाँ एवं शिक्षण शुल्क की प्रतिपूर्ति इत्यादि। ये सभी लक्षित योजनाएं हैं।

स्कूलों के साथ व्यवहार

बीपीएल परिवारों के 40 प्रतिशत भाग को पिछले एक वर्ष के दौरान किसी न किसी कारणवश स्कूलों से संपर्क करना पड़ा था।

ऐसे कार्य जिनके लिए किसी को भी तीन अथवा अधिक चक्कर लगाने पड़े

किसी को भी एक ही प्रयोजन के लिए एक बार से अधिक स्कूल के चक्कर क्यों लगाने पड़ते हैं? यहाँ तक कि एक से दूसरे स्कूल में स्थानान्तरण के लिए तो मात्र एक बार संपर्क किया जाना ही पर्याप्त होना चाहिए। परंतु एक ही प्रयोजन से तीन अथवा चार से भी अधिक बार चक्कर लगाने पड़ते हैं (सारणी 6.23)।

सारणी 6.23
माता–पिता स्कूलों से संपर्क क्यों करते हैं?

नए प्रवेश के लिए–34%
पढ़ाई की समीक्षा के लिए–21%
शुल्क के भुगतान के लिए–16%
शिक्षक–माता–पिता मुलाकात के लिए–13%
छात्रवृत्ति के आवेदन के लिए–9%
किसी न किसी प्रमाणपत्र के लिए–4%

स्रोत: CMS India Corruption Study, 2007.

बारबार चक्कर क्यों लगाने पड़ते हैं?

छात्रवृत्ति के आवेदन हेतु
कक्षोन्नति प्राप्त करने हेतु
प्रमाणपत्र जारी करवाने हेतु
परीक्षा में भाग लेने की अनुमति न प्राप्त होने पर

स्रोत: CMS India Corruption Study, 2007.

ऐसा कोई उदाहरण नहीं प्राप्त हो सका कि सार्वजनिक स्कूलों के संचालन, यहाँ तक कि छात्रवृत्तियाँ प्रदान किए जाने के कार्य के प्रति सामाजिक अंकेक्षण के कार्य को किन्हीं सिविल सोसाइटी समूहों के द्वारा अपनाया गया हो। इससे भी अधिक, ऐसा कोई उदाहरण प्राप्त नहीं हो सका कि सिविल सोसाइटी समूहों के द्वारा इस बात पर कभी भी चर्चा की गई हो कि क्यों निजी स्कूलों की संख्या में स्थानीय तौर पर बहुत तेजी से वृद्धि हो रही है, वह भी तब, जब अधिकांश मामलों में उनकी सुविधाएं स्थानीय सरकारी स्कूलों से किसी भी मामले में बेहतर नहीं थीं। *पंचायती राज* अधिनियमन के अंतर्गत ग्रामीण शिक्षा अथवा स्कूल समितियों से सार्वजनिक स्कूलों के क्रियाकलापों की निगरानी एवं निरीक्षण किए जाने की अपेक्षा की जाती है। हालांकि जहाँ कहीं ऐसी समितियों का अस्तित्व था भी, उनकी सक्रिय भूमिका एवं वहाँ इन समितियों को अग्रसक्रिय बनाए जाने के लिए इस प्रक्रिया की समीक्षा किए जाने का कोई भी उदाहरण प्राप्त नहीं हो सका।

साथ ही, कहीं पर भी सिटीजन्स चार्टर दिखाई नहीं पड़े। हालांकि, अभिभावक–शिक्षक संघ कुछ स्थानों पर अवश्य कार्य कर रहे हैं परंतु अभिभावकों के मुश्किल से पाँचवे भाग के द्वारा ही उन सभाओं में भाग लिया जाता है।

संपर्क के दौरान सामना की गई कठिनाईयाँ

सामना की गई कठिनाई

प्रक्रिया सम्बन्धी; एक बार में उपलब्ध न होना
कर्मचारियों की अनुपस्थिति; असहयोगपूर्ण रवैया
भ्रष्ट कर्मचारी

स्रोत: CMS India Corruption Study, 2007.

चूंकि बीपीएल परिवारों के एक बड़े प्रतिशत के निरक्षर होने की संभावना होती है अतः प्रवेश अथवा अन्य प्रयोजनों के लिए प्रक्रियाओं को अत्यधिक सरल होना चाहिए। विशेषतौर पर इसलिए क्योंकि शिक्षा निःशुल्क, सार्वभौमिक एवं अनिवार्य है, प्रक्रियाओं अथवा औपचारिकताओं को न्यूनतम होना चाहिए। परंतु प्रकट तौर पर अधिकांश राज्यों में अभी तक ऐसा बिल्कुल नहीं है (सारणी 6.24, 6.25 एवं 6.26)।

जिस बात को सबको चिंतित कर देना चाहिए वह यह है कि वर्तमान समय में ऐसे मामलों में से आधे मामलों में घूस का भुगतान किया गया था।

आश्चर्यजनक रूप से, राजनीतिक कार्यकर्ता सार्वभौमिक प्राथमिक शिक्षा योजनाओं में उतनी रुचि लेते हुए, जितनी कि उन्हें लेनी चाहिए, यह सुनिश्चित करते नहीं प्रतीत होते हैं कि कोई भी अपने बच्चे को स्कूल भेजे जाने से वंचित न रह जाए।

सारणी 6.24
गतवर्ष के अनुभव

घूस दी–3%
संपर्क का उपयोग किया–4%
नहीं प्राप्त कर सके–2%

स्रोतः CMS India Corruption Study, 2007.

सारणी 6.25
घूस देने के कारण

नए प्रवेश के लिए–40%
कम उपस्थिति के लिए–28%
छात्रवृत्ति के आवेदन के लिए–3%
प्रमाणपत्र जारी करवाने के लिए–27%
अन्य–2%

स्रोतः CMS India Corruption Study, 2007.

सारणी 6.26
घूस किसे दी गई

कार्यालय / कर्मचारी–86%
एजेंट / दलाल–12%
स्थानीय प्रतिनिधि–2%

स्रोतः CMS India Corruption Study, 2007.

इन उदाहरणों में से तीन–चौथाई से भी अधिक में घूस स्कूल के शिक्षकों अथवा उनकी ओर से ली गई थी, यह प्रतिबिंबित करता है कि इस बुराई की जड़े कितनी गहरी हैं तथा शिक्षण समुदाय की इच्छापूर्ण सहभागिता के बिना इसका समाधान नहीं किया जा सकता जो, परिणामस्वरूप, अधिकांश मामलों में यह भी स्पष्ट करता है कि शिक्षकों के वेतन का स्तर पर्याप्त रूप से बहुत ऊँचा नहीं है।

स्कूली शिक्षा में सुधार हेतु सुझाव

स्कूली शिक्षा में भ्रष्टाचार पर रोक लगाए जाने में निम्नलिखित उपाय सहायक हो सकते हैं:

- नए प्रवेश/प्रमाणपत्रों को जारी किए जाने की प्रक्रिया में ग्राम शिक्षा समितियों को संलिप्त किए जाने के द्वारा इन्हें और अधिक पारदर्शी बनाया जाना चाहिए।
- विशेषतौर पर बीपीएल जनसंख्या वाले मोहल्लों/नजदीकी स्थानों पर उच्च–प्राथमिक तथा माध्यमिक–स्तर के स्कूल तथा शिक्षण एवं अधिगम हेतु अनुकूल वातावरण उपलब्ध कराए जाने जैसे प्रावधानों के साथ बुनियादी ढाँचे में सुधार किया जाना न केवल गरीब परिवारों को शिक्षा के बेहतर अवसर प्रदान करेगा बल्कि यह स्कूली शिक्षा में भ्रष्टाचार पर रोक भी लगाएगा।
- छात्रवृत्ति के लिए छात्रों का चयन *ग्राम पंचायत* के साथ किए गए परामर्श द्वारा किया जाना चाहिए ताकि योग्य छात्रों को लाभ प्राप्त हो सके। लाभार्थी के चयन की विवेकाधीन प्रकृति को न्यूनतम किए जाने की आवश्यकता है।
- ग्राम शिक्षा समिति (वीईसी) को स्कूलों के कार्यसंचालनों की बेहतर निगरानी के प्रति संवेदनशील बनाया जाना चाहिए तथा साथ ही साथ उन्हें समुदाय को उनके शिक्षा के अधिकार एवं स्कूल शिक्षा में भ्रष्टाचार के विरुद्ध अपनी आवाज उठाए जाने के अधिकार से अवगत करवाना चाहिए।
- दो अथवा तीन वर्षों में एक बार स्कूली शिक्षा का सिविल सोसाइटी के द्वारा सामाजिक अंकेक्षण प्रारंभ किया जाना चाहिए।
- अभिभावक–शिक्षक संघों एवं शिक्षा समितियों में गरीब परिवारों के प्रतिनिधित्व को प्रोत्साहित किया जाना चाहिए।
- विभिन्न राज्यों में स्कूली शिक्षा में पाँव जमा रहे निजी स्कूलों को सार्वजनिक–निजी सहभागिता मॉडल के आधार पर स्थापित किया जाना चाहिए ताकि बीपीएल परिवारों के बच्चे भी इसका लाभ प्राप्त कर सकें।

- बेहतर प्रत्युत्तर मानदंडों के साथ प्रक्रियाओं का सरलीकरण किए जाने के द्वारा प्रवेश तथा अन्य दस्तावेजों के लिए स्कूलों के बारबार चक्कर लगवाए जाने में कमी लाई जानी चाहिए।

सम्बन्धित सेवाप्रदाताओं, सेवा प्राप्तकर्ताओं, तथा सम्बन्धित नागरिकों एवं सेवाओं का प्रतिनिधित्व करने वाले वास्तविक सिविल सोसाइटी समूहों के साथ चर्चा किए जाने के उपरांत शैक्षणिक सेवाओं के मानकों को स्पष्ट करने वाले सिटीजन्स चार्टर को तैयार किया जाना चाहिए। साथ ही, भागीदारी योजना (जैसी कि दिल्ली सरकार में है) का विस्तार किए जाने के तरीकों की खोज की जानी चाहिए।

विद्युत एवं पेयजल सेवाएं

नागरिकों की संलिप्तता वाली सार्वजनिक सेवाओं में भ्रष्टाचार को सीमित एवं समाप्त किया जा सकता है तथा यहाँ तक कि इस प्रवृत्ति की दिशा भी विपरीत की जा सकती है, विगत एक–दो वर्षों के दौरान यह तथ्य कुछेक सेवाओं में स्पष्ट होता प्रतीत होने लगा है। टेलीफोन, विद्युत–बिल एवं रेलवे आरक्षण इसके प्रत्यक्ष उदाहरण हैं। कुछ वर्षों पूर्व तक नागरिकों की संलिप्तता वाली ये सभी सेवाएं भ्रष्टाचार के लिए कुख्यात थीं। इस तथ्य, कि ये सेवाएं प्रबंधन प्रणालियों एवं संचालनों की विभिन्न श्रेणियों के अंतर्गत आती हैं, को अन्य सार्वजनिक सेवाओं में भी ऐसी ही सफलताओं की संभावनाओं के प्रति संतुष्ट करने हेतु पर्याप्त होना चाहिए। रेलवे आरक्षण तथा टेलीफोन सेवाएं ऐसे क्षेत्र हैं जो प्रस्तुत पुस्तक में शामिल की गई सेवाओं में शामिल नहीं हैं। तथापि, यहाँ उन्हें इसलिए संदर्भित किया जा रहा है क्योंकि उनसे अंतर्दृष्टियों को प्राप्त किया जाना है। रेलवे आरक्षणों में भ्रष्टाचार को महत्वपूर्ण एवं दर्शनीय रूप से समाप्त कर दिया गया था, यद्यपि कि प्रबंधन ढाँचा अपरिवर्तित ही बना रहा है। कंप्यूटरीकरण, ऑनलाइन बुकिंग, प्रक्रिया में पारदर्शिता, बेहतर संपर्क के लिए संपर्क में आने वाले कार्यालयों को दुरुस्त किया जाना, तथा सूचना के प्रवाह के लिए टेलीफोन सेवाओं के उपयोग किए जाने ने एक साथ मिलकर इस प्रक्रिया में अपना योगदान प्रदान किया है। और निश्चित रूप से इन सभी पहलों ने सुविधाओं एवं सेवाओं की तत्परता में सुधार को प्रारंभ किया है।

विद्युत के मामले में देश में मिलेजुले मॉडल का प्रयोग किया जा रहा है। अधिकांश राज्यों में एक नियामक सामने आ चुका है जिसपर दरों, सेवा मानकों इत्यादि का उत्तरदायित्व हैं, तथा कुछ मामलों में, निजी संचालकों ने वितरण

चित्र 6.2
विद्युतः धारणा एवं अनुभव

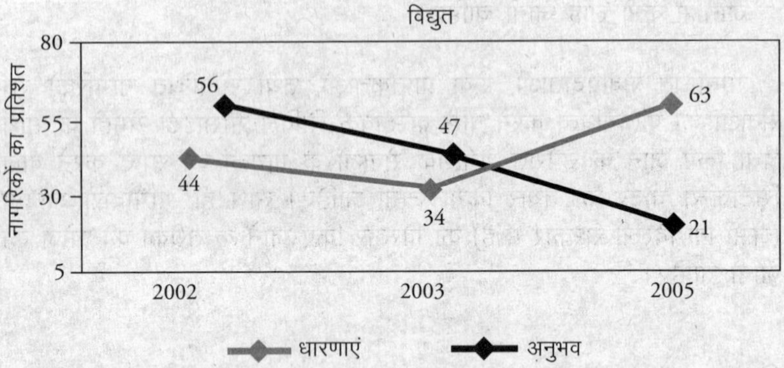

स्रोतः CMS India Corruption Studies.

टिप्पणीः धारणाओं को प्रायः ही अनुभव से कोई सम्बन्ध **नहीं** होता; आमतौर पर वे जनसांख्यकीय आधार पर तथा व्यापक तौर पर **साझा** की गई होती हैं। धारणाओं एवं अनुभवों के बीच का अंतर इस बात पर निर्भर करते हुए भिन्नता रखता है कि भ्रष्टाचार को समाचार मीडिया के द्वारा किस प्रकार से कवर/प्रसारित किया गया है।

तथा सेवा सुपुर्दगी के कार्य का अधिग्रहण कर लिया है। एक साथ मिलकर इन नीतियों ने परिवारों के स्तर पर विद्युत के मामले में भ्रष्टाचार को रोकने में सहायता प्रदान की है (चित्र 6.2)।

टेलीफोन सेवाओं के मामले में नागरिकों की संलिप्तता वाले भ्रष्टाचार की प्रवृत्ति का विपरीत दिशा में हुआ परिवर्तन और भी अधिक सुस्पष्ट है। ऐसा इसलिए हो सका क्योंकि एक विनियामक व्यवस्था ने सेवा सम्बन्धी मानकों, शुल्कों इत्यादि का उत्तरदायित्व ग्रहण कर लिया है। सेवाप्रदाताओं की बाहुल्यता एवं उनके बीच की प्रतिस्पर्धा, जिसने उन्हें जकड़ लिया है, ने स्थिति में नाटकीय रूप से विपरीत दिशा में होने वाले परिवर्तन का प्रदर्शन किए जाने में सहायता प्रदान की है।

चुनावी तौर–तरीके भी हाल ही के समय तक भ्रष्ट व्यवहारों में डूबे होने के लिए भली–भांति जाने जाते रहे हैं। और सामान्य धारणा यह थी कि इस प्रक्रिया को कभी भी सुधारा नहीं जा सकता, विशेषतौर पर कुछ राज्यों जैसे बिहार, उत्तर प्रदेश तथा झारखंड में। परंतु विधानसभाओं तथा लोकसभा के दो अथवा तीन चुनावों के मामले में ही यह सब परिवर्तित होने लगा है, और धारणाएं भी नाटकीय रूप से परिवर्तित हो रहीं हैं। यहाँ तक कि "वोट के बदले नोट" की प्रथा को भी नियंत्रण के अधीन लाया जा रहा है, यद्यपि कि चुनावी प्रक्रिया को वास्तव में स्वतंत्र एवं निष्पक्ष बनाए जाने के लिए इसे नियंत्रण के अधीन लाए जाने हेतु अभी बहुत कुछ किया जाना शेष है।

सारणी 6.27
भ्रष्टाचार की प्रवृत्ति में कमी

	प्रतिशत			
	सेवा में भ्रष्टाचार के सम्बन्ध में धारणा		*गत एक वर्ष के दौरान घूस दिए जाने के अनुभव*	
	2005	*2007*	*2005*	*2007*
विद्युत आपूर्ति	67	44	20	10
जलापूर्ति	56	42	9	9

स्रोत: CMS India Corruption Studies.

इन चारों मॉडलों–विद्युत, टेलीफोन, रेलवे, तथा विधानसभा चुनावों से प्राप्त अंतर्दृष्टियों को हमें इस तथ्य के प्रति आश्वस्त कर देना चाहिए कि धारणाओं के अर्थों सहित स्थितियों को परिवर्तित किया जा सकता है तथा प्रवृत्ति का रुख विपरीत दिशा की ओर मोड़ा जा सकता है। फिर अन्य आधारभूत सार्वजनिक सेवाओं को भी ध्यानकेन्द्रित दृष्टिकोण के साथ समान अनुशासन एवं परिवर्तन के अधीन क्यों नहीं लाया जा सकता? इस प्रक्रिया को सुविधाजनक बनाए जाने हेतु आज हमारे पास नवीनतम सूचना संचार एवं नेटवर्क प्रौद्योगिकियाँ, सूचना का अधिकार अधिनियम, तथा एक कहीं अधिक सक्रिय समाचार मीडिया उपलब्ध है।

सन् 2005, 2007 (बीपीएल परिवारों पर ध्यानकेन्द्रण के साथ), तथा सन् 2010 में सीएमएस इंडिया करप्शन स्टडीज के द्वारा जलापूर्ति सेवा को कवर किया गया था। चूंकि प्रयोग में लाई गई कार्यविधि एक समान थी, अतः निष्कर्षों की तुलना की जा सकता है (सारणी 6.27)।

जैसा कि देखा जा सकता है, विद्युत के मामले में गत एक वर्ष के दौरान घूस दिए जाने के अनुभव में कमी आ चुकी है, परंतु जलापूर्ति सेवाओं के मामले में ऐसा नहीं है, यद्यपि जलापूर्ति के मामले में भी धारणाओं में विद्युत आपूर्ति के समान ही कुछ कमी अवश्य आ चुकी है।

विद्युत आपूर्ति सेवा

विद्युत आपूर्ति सेवा एक ऐसा क्षेत्र है जिसमें अधिकांश राज्यों के अंतर्गत सुधार प्रारंभ किया जा चुके हैं। अनेकों क्षेत्रों में विद्युत वितरण के कार्य में नागरिकों के नजरिए से परिवर्तन लाए जाने का प्रदर्शन किया जा चुका है। अधिकांश राज्यों के द्वारा गरीबों के लिए अधिकांश विशिष्ट लक्षित योजनाओं में या तो कोई भी परिवर्तन नहीं किया गया है अथवा एक न्यूनतम दर, पुराने बकायों को

माफ किया जाना तथा निःशुल्क संस्थापन किए जाने जैसे कार्य किए गए हैं। इन सभी तथ्यों ने धारणाओं तथा साथ–ही–साथ अनुभवों में परिवर्तन लाए जाने में योगदान दिया है। कंप्यूटरीकृत बिल, डिजिटल मीटर, तथा सूचना के प्रवाह में सुधार आदि ने इस प्रक्रिया में योगदान दिया है। जहाँ इसका यह अर्थ नहीं है कि नागरिकों की संलिप्तता वाले भ्रष्टाचार को समाप्त कर दिया गया है, वहीं यह अवश्य ही कहा जा सकता है कि इसे उस सीमा तक नियंत्रित किया जा चुका है कि नागरिकों के द्वारा इसमें आए अंतर को महसूस किया जा सके। सर्वेक्षणों के द्वारा नागरिकों की धारणाओं एवं अनुभवों में गिरावट की प्रवृत्ति को प्रदर्शित किया जा चुका है, और इस प्रक्रिया को कायम रखे जाने और इसका रुख विपरीत किए जाने (जैसा कि टेलीफोन सेवाओं में हुआ है) की आवश्यकता है। टेलीफोन सेवाओं के विपरीत विद्युत आपूर्ति के एक प्रांतीय सेवा होने के कारण उत्पादन, वितरण, रखरखाव एवं प्रबंधन सम्बन्धी परिस्थितियाँ राज्य–दर–राज्य, और यहाँ तक कि एक ही राज्य के अंदर भी भिन्न–भिन्न हो सकती हैं जो कि विनियमाक तंत्र की पकड़ तथा परिवारों के स्तर पर विद्युत की आपूर्ति की स्थिति पर निर्भर करता है।

तीन–चौथाई से भी अधिक परिवारों तथा बीपीएल परिवारों के आधे से भी बड़े भाग को किसी एक वर्ष के दौरान किसी न किसी कारण से विद्युत सेवाओं से संपर्क करना होता है। कुल परिवारों के आधे से भी अधिक भाग तथा बीपीएल परिवारों के लगभग आधे भाग में से सभी ऐसा मानते हैं कि विद्युत सेवाएं भ्रष्टाचार में जकड़ी हुई हैं (सारणियाँ 6.28, 6.29 एवं 6.30)। हालांकि, कोई एक–तिहाई भाग ने स्वीकार किया कि विद्युत सेवाओं में भ्रष्टाचार में गत एक वर्ष के दौरान कमी आई है। सेवाओं में सुधार करने के लिए पहल की जा चुकी है, ऐसा सोचने वालों का प्रतिशत बहुत बड़ा नहीं था तथा अनेकों राज्यों एवं बड़े शहरों में आ चुके परिवर्तन के समानुपातिक नहीं था। शायद, ऐसा विद्युत की उपलब्धता में कमी तथा अविश्वसनीय स्थिति के कारण से है।

संपर्क करने वाले लोगों में से एक–तिहाई लोगों के द्वारा लगाए गए चक्करों की संख्या तीन बार से अधिक की थी। ऐसा नए कनेक्शन, सामान्य से अधिक बिल बनाए जाने, बिल न प्राप्त होने, अथवा एक दोषपूर्ण मीटर को बदले जाने

सारणी 6.28
घूस दिए जाने का मार्ग

अधिकारी / कर्मचारी–81%
एजेंट / दलाल–18%
स्थानीय प्रतिनिधि–1%

स्रोतः CMS India Corruption Study, 2007.

सारणी 6.29
घूस दिए जाने के कारण

नया कनेक्शन–28%
मीटर परिवर्तन हेतु–26%
बिल भुगतान–18%
बढ़े हुए बिल का समायोजन–15%
मीटर लगाया जाना–7%
नियमित आपूर्ति हेतु–4%
कनेक्शन बहाल किए जाने हेतु–3%
अतिरिक्त लोड हेतु–3%

स्रोत: CMS India Corruption Study, 2007.

सारणी 6.30
लोगों के कितने बड़े प्रतिशत द्वारा घूस दी गई

घूस दी–10%
संपर्क का उपयोग किया–5%
घूस दे पाने में असमर्थ होने के कारण सेवा नहीं प्राप्त कर सके–2%

स्रोत: Data analyzed from CMS India Corruption Study, 2007.

के मामलों में हुआ था। इस प्रकार से बारबार चक्कर लगवाए जाने के मुख्य कारणों में से एक था प्रक्रिया सम्बन्धी मुद्दे।

बिल बनाए जाने के कंप्यूटरीकरण ने इसकी सुपुर्दगी एवं शुद्धता में सुधार किया है। हालांकि, कंप्यूटरीकरण का लाभ बड़े शहरों में अधिक प्राप्त हो रहा है। ऑनलाइन बिलिंग, कंप्यूटर स्क्रीन पर बिलों को देख सकना, भुगतानों का अद्यतन किया जाना, तथा शिकायतों की निगरानी आदि व्यवस्थाओं में कुछ राज्यों में सुधार आ चुका है, विशेषतौर पर जहाँ उपभोक्ता शिकायत मंच *अदालतों* के साथ अधिक सक्रिय हैं और बेहतर सार्वजनिक सहसंपर्क उपलब्ध है।

कार्य करवाए जाने के वैकल्पिक तरीके

और अधिक घूस दिए जाने के द्वारा
अतिरिक्त प्रयास किए जाने के द्वारा
प्रभाव/संपर्क का उपयोग किए जाने के द्वारा
सरकारी संपर्क का उपयोग किए जाने के द्वारा
दलाल से संपर्क किए जाने के द्वारा

बेहतर विद्युत सेवाएंः नागरिकों की संलिप्तता वाले भ्रष्टाचार की प्रवृत्ति का रुख विपरीत करने के लिए और इसमें एक निश्चित गिरावट को बनाए रखने के लिए यहाँ त्रिआयामी प्रयासों का सुझाव दिया जा रहा है। इसमें से पहले का सम्बन्ध सूचना प्रौद्योगिकी के साथ है, दूसरे का बेहतर व्यवसायिक परंपराओं के साथ, तथा तीसरा है पारदर्शी विनियामक व्यवहार। सेवा में सुधार किए जाने के लिए निगरानी व्यवस्था को क्षेत्र में कार्य करने वाले अधिकारियों/कर्मचारियों के क्रियाकलापों पर नियमित रूप से निगाह रखे जाने के मामले में विश्वसनीय होना होगा। सेवा सुपुर्दगी में सुधार करने तथा सेवा में भ्रष्टाचार को रोकने के लिए निम्नलिखित पहल किए जाने की आवश्यकता हो सकती है।

- **समस्त स्तरों पर सेवा–सुपुर्दगी का कंप्यूटरीकरणः** सेवा सुपुर्दगी बिन्दुओं का कंप्यूटरीकरण न केवल सेवा–सुपुर्दगी व्यवस्था को गति प्रदान करेगा बल्कि यह ऑनलाइन बिल बनाए जाने, ऑनलाइन शिकायत किए जाने, शिकायतों की स्थिति को जानने आदि जैसी सेवाएं भी प्रदान करेगा।
- **ग्राम स्तर पर ग्रामीण विद्युत प्रबंधन परिषदों की स्थापनाः** राज्य सरकारों को गाँवों में विद्युत प्रबंधन के उत्तरदायित्व को ग्राम *पंचायत* को हस्तांतरित कर देना चाहिए, जैसा कि कुछ स्थानों पर किया भी जा रहा है। रखरखाव एवं निगरानी के लिए आवश्यक कतिपय आधारभूत कौशल को स्थानीय लोगों को विश्वसनीयता के साथ प्रदान किए जाने की आवश्यकता होगी।
- **नए कनेक्शन की प्रक्रिया को सरल बनाया जाना चाहिएः** बीपीएल परिवारों का एक बहुसंख्यक भाग विद्युत विभाग में एक नए कनेक्शन प्राप्त करने के प्रयोजन से तीन अथवा अधिक बार चक्कर लगाता है। साथ ही, उनमें से अधिकांश लोग एक नया कनेक्शन प्राप्त करने के लिए घूस दे देते हैं। इस प्रयोजन से आवधिक अभियानों के साथ–साथ विभाग विशेष योजनाओं के साथ सामने आ सकता है।
- **इलेक्ट्रॉनिक मीटरों की संस्थापनाः** विद्युत विभाग को यह सुनिश्चित करना चाहिए कि मात्र अच्छी गुणवत्तायुक्त मीटरों को ही लगाया जाए। दोषयुक्त मीटर अधिक राशि का बिल बनाए जाने जैसी समस्याएं उत्पन्न करते हैं। बीपीएल परिवारों में से एक–चौथाई के लगभग ने अपने दोषपूर्ण मीटरों को दुरुस्त किए जाने अथवा बदले जाने के लिए बार–बार चक्कर लगाए थे तथा घूस का भुगतान किया था।
- **शिकायत निवारण व्यवस्था के सम्बन्ध में जागरूकताः** शिकायत निवारण व्यवस्था, सेवा मानकों, क्षतिपूर्ति सम्बन्धी प्रावधानों इत्यादि पर उपभोक्ता से सम्बन्धित समस्त सूचनाओं को उपभोक्ताओं की जानकारी के

लिए विद्युत बिलों पर मुद्रित किया जाना चाहिए। एसएमएस के उपयोग को प्रोत्साहित किया जाना चाहिए।

- **अधिक प्रतिस्पर्धा**: विद्युत विभाग में भ्रष्टाचार का सर्वप्रमुख कारण है इसकी एकाधिकारी प्रकृति। ऐसे तमाम राज्यों, जहाँ विद्युत सुधार किए जा रहे हैं, में वास्तव में प्रतिस्पर्धा में बिना कोई वृद्धि किए हुए ही सार्वजनिक एकाधिकार को निजी एकाधिकार के द्वारा प्रतिस्थापित किया जा चुका है। इसलिए, अभी तक कुछ नागरिकों के द्वारा घूस दिए जाने की बाध्यता में कोई भी महत्वपूर्ण कमी नहीं आ सकी है। इस प्रक्रिया को और अधिक दर्शनीय एवं विश्वसनीय बनाए जाने के लिए संपर्कों में कुछ व्यवहार महत्वपूर्ण योगदान करते हैं।
- डिस्कॉम (विद्युत वितरण कंपनियों) के व्यवसायिक व्यवहारों में सुधार
  - मीटर रीडिंगः दोषपूर्ण मीटर रीडिंग को नागरिकों की चिंता का एक कारण होना चाहिए। इन दोषों को दूर करवाए जाने के लिए नागरिकों को अनेकों चक्कर लगाने पड़ते हैं और घूस देनी पड़ती है। दोषपूर्ण मीटर रीडिंग की घटनाओं को कम करने के लिए नागरिकों को या तो टेलीफोन अथवा इंटरनेट के द्वारा मीटर रीडिंग दर्ज करवाए जाने के लिए प्रोत्साहित किया जा सकता है। मीटर रीडिंग चक्र को मासिक आधार के स्थान पर तिमाही आधार पर क्यों परिवर्तित नहीं किया जाना चाहिए? परिवारों को उनकी मासिक रीडिंग के सम्बन्ध में एसएमएस द्वारा सूचित किया जाना चाहिए।
  - उपभोक्ता पासबुकः प्रत्येक परिवार को एक पासबुक जारी की जानी चाहिए। मीटर रीडर को उसमें मीटर रीडिंग की प्रविष्टि करनी चाहिए तथा उसपर हस्ताक्षर करने चाहिए। इससे उपभोक्ता मीटर रीडिंग की दोबारा जाँच करने में समर्थ हो सकेगा, ऐसा तीन महीनों में एक बार किया जा सकता है।
  - प्रीपेड कार्डः प्लास्टिक टोकन कार्डों को अग्रिम आधार पर खरीदा तथा मीटर में लगाया जा सकता है ताकि धनराशि के शेष रहने तक आपूर्ति जारी रह सके। वैकल्पिक तौर पर, भुगतान अग्रिम आधार पर किया जा सकता है तथा मीटर को दूरस्थ स्थान से सक्रिय किया जा सकता है। इससे मीटर रीडिंग में होने वाली मानवीय त्रुटियों तथा बिल जारी किए जाने की आवश्यकता से बचा जा सकेगा।
  - त्वरित शिकायत निवारणः डिस्कॉम कंपनियों को कॉल सेंटरों को ऐसी समस्त सम्बन्धित सूचनाओं से लैस रखना चाहिए जिससे वे उपभोक्ताओं के प्रश्नों का समाधान प्रदान कर सकें, शिकायतें दर्ज कर सकें और एसएमएस (वायस अथवा पाठ्य) सहित अन्य माध्यमों से उन्हें उनकी प्रार्थनाओं/शिकायतों की वर्तमान स्थिति से अवगत करवा सकें।

- **प्रभावी विनियम**
  - सेवा मानकों को लागू किया जानाः अधिकांश राज्यों में राज्य विद्युत विनियामक आयोग (एसईआरसी) के द्वारा समय–समय पर सेवा मानकों को अधिसूचित किया गया है। यदि डिस्कॉम कंपनियों के द्वारा इन सेवा मानकों को पूरा नहीं किया जाता है तो विनियामक को कठोर दंड लागू करना चाहिए।
  - उपभोक्ता संतुष्टि सर्वेक्षण : राज्य विद्युत विनियामक आयोग को डिस्कॉम कंपनियों के द्वारा प्रदान की गई सेवा की गुणवत्ता की निगरानी के लिए उपभोक्ता संतुष्टि सर्वेक्षण करवाने चाहिए। भारतीय दूरसंचार विनियामक प्राधिकरण (टीआरएआई) नियमित आधार पर ऐसे सर्वेक्षण करवा रहा है और दूरसंचार कंपनियों पर अपनी सेवाओं में सुधार करने के लिए दबाव डाल रहा है।
  - मीटर की जाँच : ऐसी अनेकों शिकायतें हैं कि मीटर तेज चल रहा है। मीटर की जाँच का कार्य वर्तमान समय में डिस्कॉम के कर्मचारियों के द्वारा ही किया जा रहा है। डिस्कॉम के कर्मचारी मीटर की जाँच के लिए घूस लेते हैं और परिणामस्वरूप यह सुनिश्चित कर देते हैं कि मीटर धीमी गति से चले। विनियामक को मीटरों की जाँच के लिए एक स्वतंत्र एजेन्सी को नियुक्त करना चाहिए।
  - विनियामक के लिए कॉल सेंटरः राज्यों के पास कॉल सेंटर होने चाहिए ताकि डिस्कॉम कंपनियों के साथ लंबित मामलों/विवादों के सम्बन्ध में नागरिक सीधे तथा तत्परता से शिकायतें दर्ज करवा सकें।
  - सार्वजनिक सुनवाई : राज्य विद्युत विनियामक आयोग (एसईआरसी) को सामान्य तौर पर किसी भी महत्वपूर्ण आदेश जैसे दर सम्बन्धी आदेश को पारित करने के पूर्व सार्वजनिक सुनवाई संपन्न करनी चाहिए। राज्य विद्युत विनियामक आयोग (एसईआरसी) को अधिकाधिक शहरों में यथासंभव अधिक संख्या में सार्वजनिक सुनवाई (*अदालत*) आयोजित करनी चाहिए ताकि नागरिक इन सार्वजनिक सुनवाईयों में भाग ले सकें।
  - प्रक्रिया का सरलीकरण : वर्तमान समय में, एक नया कनेक्शन प्राप्त करने के लिए, किसी लाइसेंसशुदा विद्युत ठेकेदार से एक प्रमाणपत्र प्राप्त किए जाने की आवश्यकता होती है। सामान्यतः इस प्रमाणपत्र को प्राप्त करने के लिए किसी को भी घूस देनी पड़ती है। इस प्रकार की प्रक्रियाओं की समीक्षा किए जाने की आवश्यकता है।
- सिटीजन्स चार्टर
  - इसे विभिन्न हितधारकों जैसे उपभोक्ताओं, सेवा प्रदाताओं, तथा सम्बन्धित सिविल सोसाइटी समूहों आदि के साथ परामर्श के बाद तैयार किया जाना चाहिए।

- विभिन्न सेवाओं के लिए इंगित की जा चुकी समय–सीमा का पालन किया जाना चाहिए तथा समय के अंदर सेवाओं की सुपुर्दगी न किए जाने के लिए एक दंडात्मक प्रावधान को सिटीजन्स चार्टर में विनिर्दिष्ट किया गया होना चाहिए।
- जनता के बीच चार्टर के प्रावधानों के प्रति जागरूकता उत्पन्न किए जाने के उद्देश्य से सेवा मानकों को प्रमुख स्थानों पर एवं सभी फार्मों/मासिक विद्युत बिलों के पीछे की ओर व्यापक तौर पर प्रदर्शित किया जाना चाहिए।
- सिटीजन्स चार्टर में उल्लिखित मानकों के सम्बन्ध में विभाग के कार्यप्रदर्शन का स्वतंत्र अंकेक्षण वार्षिक आधार पर संपन्न किया जाना चाहिए तथा इसे सार्वजनिक किया जाना चाहिए।

जलापूर्ति सेवाएं

सन् 1986 के बाद से ही राष्ट्रीय पेयजल मिशन (सन् 1991 में सुधार किए जाने) लागू किए जाने तथा भारत निर्माण में पेयजल को एक घटक के रूप में शामिल किए जाने एवं सन् 2009 तक पूरे देश को कवर किए जाने के एक विशिष्ट लक्ष्य के बावजूद भी एक–तिहाई गाँवों में रहने वाले कुल लोगों का एक बहुसंख्यक भाग पेयजल की गंभीर समस्या से जूझ रहा है। इस तथ्य को सन् 2008 में सर्वोच्च न्यायालय के समक्ष प्रस्तुत किए गए एक शपथपत्र में केन्द्र सरकार के द्वारा स्वीकार किया गया था (*टाइम्स ऑफ इंडिया,* 19 नवम्बर, 2008)। राज्य का एक विषय होने के कारण पेयजल आपूर्ति के कार्यान्वयन का उत्तरदायित्व राज्यों पर चला जाता है, जिसपर केन्द्र द्वारा विभिन्न योजनाओं के लिए दी गई सहायता का कोई प्रभाव नहीं पड़ता।

घूस दिए जाने के कारण

हैंडपंपों का लगाया जाना/रखरखाव
अनाधिकृत जलसंयोजनों का नियमितीकरण
पानी के पाइप की मरम्मत
पानी के टैंकर की आपूर्ति
पानी का मीटर लगाया जाना/नया कनेक्शन
बिल का भुगतान

स्रोतः CMS India Corruption Study, 2007.

सारणी 6.31
अनुभव

घूस दी–9%
संपर्क का उपयोग किया–6%
नहीं प्राप्त कर सके–4%

स्रोतः CMS India Corruption Study, 2007.

सारणी 6.32
घूस दी

विभाग के कर्मचारी को–81%
एजेंट/दलाल–18%
स्थानीय प्रतिनिधि–1%

स्रोतः CMS India Corruption Study, 2007.

जलापूर्ति सेवा को किसी स्थानीय सरकारी एजेन्सी के द्वारा उपलब्ध करवाया जाना जारी है। संपर्कशीलता, बिल का भुगतान (जल के उपभोग के लिए), तथा नियमित जलापूर्ति आदि ऐसी सेवाएं हैं जिनके लिए कुछ नागरिक अंततः घूस दे देते हैं (सारणी 6.31 तथा 6.32)। जहाँ कहीं भी और जब भी जल उपभोक्ता संघ, निवासी संघ तथा ऐसी ही अंतिम–उपभोक्ता संस्थाएं सक्रिय रहीं हैं, वहाँ नागरिकों की संलिप्तता वाला भ्रष्टाचार कम रहने की संभावना है। परंतु नियमितता, पर्याप्तता, गुणवत्ता तथा यहाँ तक कि संपर्कशीलता का समस्या तथा नागरिकों की संलिप्तता वाले भ्रष्टाचार के कारण बने रहना जारी है।

कुल मिलाकर परिवारों में से 14 प्रतिशत ने गत एक वर्ष के दौरान स्थानीय सरकार की जलापूर्ति सेवाओं के साथ संपर्क स्थापित किया था। इनमें शहरी एवं ग्रामीण विभिन्नताएं सुस्पष्ट हैं। शहरी क्षेत्रों में लगभग दो–गुने परिवारों के द्वारा जल सेवा विभाग से संपर्क किया गया था। बीपीएल परिवारों का एक कहीं बड़ा प्रतिशत एक वर्ष के दौरान जलापूर्ति विभाग के संपर्क में आया था और दूसरों की अपेक्षा अधिक बार भी। संपन्न एवं अमीर परिवारों के पास नियमितता के साथ आपूर्ति को सुनिश्चित किए जाने के लिए अपने स्वयं के संसाधनों तथा/अथवा किसी संपर्क के होने की संभावना होती हैं। विभाग से संपर्क करने वालों के एक–चौथाई भाग ने एक ही प्रयोजन से विभाग के चार से अधिक चक्कर लगाए थे, और प्रायः ही इन सेवाओं के लिए घूस दी थी।

आधे से भी अधिक परिवारों का मानना है कि विभाग की जलापूर्ति सेवाओं में भ्रष्टाचार मौजूद है क्योंकि पड़ोस के ही कुछ परिवारों को इस समस्या का

सामना इसलिए नहीं करना पड़ता क्योंकि उनके द्वारा जलापूर्ति का "प्रबंध" कर लिया गया है। और, उनमें से 40 प्रतिशत यह भी सोचते हैं कि विभाग में भ्रष्टाचार हाल ही में बढ़ चुका है। सापेक्षिक तौर पर, परिवारों का एक कहीं बड़ा प्रतिशत वैकल्पिक स्रोतों, जैसे सेवा प्राप्त करने के लिए किसी व्यवसायरत् व्यक्ति अथवा राजनीतिक कार्यकर्ता से संपर्क किए जाने का उपयोग करता है अथवा उनपर निर्भर करता है।

भ्रष्टाचारमुक्त जलापूर्ति सेवाः जल तक पहुँच, विशेषतौर पर, गरीब के लिए एक आधारभूत आवश्यकता होने के कारण जलापूर्ति सेवाओं में भ्रष्टाचार को कम किए जाने हेतु विश्वसनीय उपायों को अपनाए जाने की आवश्यकता है। एक नियमित आपूर्ति को सुनिश्चित किए जाने सम्बन्धी उपायों का सम्बन्ध परिचालन एवं रखरखाव (ओ एंड एम) के साथ जुड़ा होता है। इस अध्ययन के निष्कर्षों तथा निहितार्थों के आधार पर एक बहुआयामी रणनीति का सुझाव दिया जा रहा है। सबसे पहली एवं एक महत्वपूर्ण रणनीति होनी चाहिए जलापूर्ति सेवाओं का विकेन्द्रीकरण किया जाना। एक अन्य रणनीति होनी चाहिए और अधिक कर्मचारियों की भर्ती किया जाना तथा स्थानीय मैकेनिकों को संलिप्त किया जाना ताकि परिचालन एवं रखरखाव सम्बन्धी समस्याओं को दूर किया जा सके। तीसरी रणनीति होनी चाहिए विशेष अभियान तथा जागरूकता कार्यक्रमों को चलाए जाने की जिनसे बीपीएल आबादी को अपनी समस्याओं को अभिव्यक्त करने में सहायता प्राप्त हो सकेगी।

पंचायतों की संलिप्तताः हैंडपंपों के संचालन एवं रखरखाव के उत्तरदायित्व का विकेन्द्रीकरण करते हुए इसे ग्राम *पंचायतों* तथा सिविल सोसाइटी समूहों अथवा दोनों को ही सौंप दिया जाना चाहिए।

नियमितीकरणः जहाँ ऐसे मामलों को बहुत अधिक सूचित किया जाता हो वहाँ अवैध कनेक्शनों के नियमितीकरण से निपटने के लिए विशेष अभियान संपन्न किए जाने चाहिए। इन अभियानों में कुछ रियायतें तथा बकाया राशि को माफ किया जाना प्रस्तावित किया जा सकता है।

वाटर–टैंकरों की आपूर्तिः जल की कम उपलब्धता वाले क्षेत्रों में अथवा गर्मी के महीनों में वाटर टैंकरों की उपलब्धता का विकेन्द्रीकरण किया जाना चाहिए, तथा सिविल सोसाइटी समूहों को स्थानीय आवश्यकताओं की देखभाल किए जाने में साथ लिया जाना चाहिए।

पर्याप्त संख्या में कर्मचारियों की भर्तीः कर्मचारियों की कमी एवं अनुपस्थिति ऐसे ग्रामीण क्षेत्रों में स्थिति को और भी खराब बना देती है जहाँ हैंडपंपों की मरम्मत का कार्य नहीं हो पाता है। बेहतर एवं त्वरित सेवा प्रदान किए जाने के लिए रिक्त पदों को भरे जाने की आवश्यकता है।

स्थानीय कारीगरों की संलिप्तताः *पंचायत* स्तर पर स्व–नियोजित युवाओं का चयन किया जाना चाहिए तथा उन्हें ग्रामीण क्षेत्रों में नलकूपों के दैनिक रखरखाव का ध्यान रखने तथा किसी बड़ी खराबी से उच्च अधिकारियों को एसएमएस (वॉयस अथवा पाठ्य) सहित अन्य तरीकों से सूचित करने के लिए प्रशिक्षित किया जाना चाहिए।

समस्याओं की अभिव्यक्तिः बीपीएल उपयोगकर्ताओं को अवगत होने की आवश्यकता है ताकि वे त्वरित एवं समुचित तरीके से अपनी समस्याओं को सम्बन्धित लोगों तक पहुँचा सकें, भले ही ऐसा एसएमएस द्वारा ही क्यों न किया गया हो। जब तक यह संस्कृति व्यवहार में नहीं आ जाती है, विशेषतौर पर बीपीएल परिवारों के बीच, तब तक शिकायत निवारण में कोई विशेष सुधार आने वाला नहीं है।

संलिप्तताः जल उपभोक्ता संघ (डब्ल्यूयूए) के गठन किए जाने हेतु बीपीएल परिवारों के लिए विशेष प्रोत्साहनों का उपलब्ध करवाया जाना चाहिए ताकि वे ग्रामीण स्तर पर ही जल सम्बन्धी बुनियादी ढाँचे/सुविधाओं का संचालन, रखरखाव, एवं प्रबंधन कर सकें।

अभियानः कम सामुदायिक पंप घनत्व के आधार पर चुने गए क्षेत्रों में हैंडपंपों के अनुमोदन/संस्थापन के लिए विशेष अभियान आयोजित किए जाने चाहिए। ऐसे अभियानों के दौरान, बीपीएल समुदायों को फार्मों आदि को भरे जाने तथा अन्य प्रक्रियाओं को पूरा किए जाने में विशेष सहायता प्रस्तावित की जानी चाहिए।

सिटीजन्स चार्टरः यह पूरे देश और यहाँ तक कि एक राज्य के लिए भी एक समान नहीं हो सकता। विभिन्न सेवा–सुपुर्दगियों के मानकों एवं उनकी निगरानी करने वाला, वादों को पूरा किए जाने में किसी भी कमी के लिए दंडात्मक प्रावधानों से युक्त एक समुचित सिटीजन्स चार्टर तैयार एवं लागू किया जाना चाहिए। नागरिकों को सिटीजन्स चार्टर तथा उसके प्रावधानों के सम्बन्ध में इस प्रकार से अवगत होना चाहिए कि यह उन्हें सूचना के अधिकार अधिनियम के अंतर्गत प्रश्न पूछने के लिए प्रेरित कर सके।

भ्रष्टाचार को कम किया जानाः चूंकि सर्वाधिक भ्रष्टाचार एक नए कनेक्शन को प्राप्त किए जाने की अवस्था में ही विद्यमान रहता है, अतः तुरंत एवं सहज तरीके से कनेक्शन सुविधा प्रदान किया जाना चाहिए। औपचारिकताओं, विभिन्न विभागों तथा कनेक्शन प्राप्त किए जाने हेतु आवश्यक दिनों की संख्या को कम किया जाना आदि जैसे कनेक्शन उपलब्ध कराए जाने सम्बन्धी सरल एवं तीव्र गति वाले उपाय भ्रष्टाचार को कम किए जाने में सहायता प्रदान करेंगे।

- **बिल सम्बन्धी मुद्दे**
  - ○ यथास्थान बिल बनाया जाना : इन सुविधाओं को यथास्थान बिल बनाए जाने के विकल्प पर विचार करना चाहिए ताकि बिल न प्राप्त होने के कारण भुगतान न होने सम्बन्धी त्रुटियों को न्यूनतम किया जा सके।
  - ○ बिलों का संग्रहण : सुविधाओं को किसी बैंक अथवा पोस्टऑफिस के साथ "इजी बिल" अथवा 'ड्रॉप बॉक्स' लगाए जाने के लिए समझौता किए जाने पर विचार करना चाहिए ताकि बिना कार्यालय जाए ही बिलों का भुगतान किया जा सके।
  - ○ इंटरनेट के माध्यम से बिलों का भुगतानः नागरिकों को अपने बिलों का भुगतान इंटरनेट, *ई–सेवाकेन्द्रों* तथा ऐसी ही अन्य सुविधाओं के माध्यम से किए जाने का विकल्प उपलब्ध कराया जाना चाहिए। यहाँ तक कि इस कार्यवाही का बाह्यस्रोतन भी किया जा सकता है।

बर्बादी को न्यूनतम किया जानाः कुछ नागरिकों के द्वारा जल का दुरुपयोग एवं आवश्यकता से अधिक व्यय किया जाता है जिसका परिणाम अन्य लोगो के लिए जल की कमी होना होता है। जल की कमी के कारण नागरिक आपूर्ति प्राप्त करने के लिए घूस देने जैसे उपायों का सहारा लेते हैं। इसका समाधान उपभोक्ताओं से एक सपाट दर के बजाए वास्तविक उपभोग के आधार पर मूल्य वसूले जाने के द्वारा किया जा सकता है।

सिटीजन्स चार्टर में उल्लिखित मानकों के विरुद्ध किसी भी विभाग के प्रदर्शन का एक स्वतंत्र अंकेक्षण वार्षिक आधार पर संपन्न किया जाना चाहिए तथा इसे सार्वजनिक भी किया जाना चाहिए।

जलापूर्ति / किसी क्षेत्र विशेष को अधिक मात्रा में जलापूर्ति के लिए अधिकारियों पर दबाव डाला जाना तथा किसी विभाग के कार्यों में राजनीतिक हस्तक्षेप आदि को कम किया अथवा बंद किया जाना चाहिए क्योंकि यह कर्मचारियों का मनोबल कम करता है और उन्हें भ्रष्टाचार के लिए प्रेरित करता है।

नागरिकों को उनकी समस्याओं के समाधान से सूचित किए जाने हेतु हेल्प डेस्क का प्रबंध किया जाना चाहिए। एसएमएस पर ध्यान दिया जाना चाहिए और उनका प्रत्युत्तर दिया जाना चाहिए।

प्रौद्योगिकीः विभाग की वेबसाइट बनाई जानी चाहिए तथा उपभोक्ताओं की शिकायतों को दर्ज किए जाने तथा कार्य में होने वाली प्रगति अथवा शिकायतों के सम्बन्ध में मूलभूत सूचनाएं प्रदान करने में उनका उपयोग किया जाना चाहिए ताकि उपभोक्ताओं के बारबार चक्कर लगाए जाने एवं उन्हें परेशान किए जाने की समस्या को कम किया जा सके। एसएमएस (वॉयस तथा पाठ्य) को संपर्क का एक स्वीकार्य तरीका होना चाहिए।

नगरपालिकाएं/शहरी विकास प्राधिकरण तथा भूमि पंजीकरण

नगरपालिका/शहरी विकास एजेन्सियों के द्वारा किए जाने वाले कार्यों एवं सेवाओं में विशिष्ट भूमि–पंजीकरण के कार्य के साथ कुछ समानताएं होती हैं जो प्रायः ही किसी पृथक (राजस्व) एजेन्सी के अधीन आती हैं। चूंकि इन एजेन्सियों के साथ निपटने के नागरिकों के अनुभव भ्रष्टाचार की धारणाओं को बल प्रदान करते हैं, अतः इन सेवाओं पर भी प्राथमिकता के आधार पर ध्यान दिए जाने की आवश्यकता है।

भारत में लगभग 4,000 नगरपालिका शहर हैं। नगरपालिकाएं एवं शहरी विकास प्राधिकरणों का उपयोग किसी एक वर्ष में नागरिकों के द्वारा उस प्रकार से नहीं किया जाता जितना कि सार्वजनिक वितरण प्रणाली (पीडीएस) का अथवा किसी अस्पताल अथवा स्कूल का। परंतु कई वर्षों में, अधिकांश परिवारों को कम से कम एक बार तो इन शहरी सेवा एजेन्सियों के साथ संपर्क करने की आवश्यकता पड़ ही जाती है। उनमें से अधिकांश शहर के गरीबों में से सर्वाधिक गरीब नहीं हो सकते हैं। और उस संपर्क की प्रक्रिया में किसी नागरिक को जिस अनुभव से होकर गुजरना होता है वह दृष्टिकोण एक कहीं लंबे समय तक नगरपालिका/शहरी विकास सेवा सम्बन्धी धारणाओं के समान ही उसके मस्तिष्क में कायम रह जाता है। अन्यथा, भ्रष्टाचार की सीमा में होने वाले किसी भी परिवर्तन के प्रति नागरिकों को संतुष्ट किए जाने हेतु आवश्यक प्रयास कहीं अधिक बड़ी मात्रा में किए जाने होंगे। मात्र तब ही ऐसी दीर्घकालिक अवधारणाओं को परिवर्तित किया जा सकता है। नगरपालिकाओं तथा शहरी विकास प्राधिकरणों के संचालनों की समझ के लिए समान रूप से एक अनूठी कार्यविधि की आवश्यकता होती है। इसके लिए, उपयोगकर्ताओं के नगरपालिका एवं शहरी विकास कार्यालयों की इमारत से बाहर आते ही यथास्थान और यथासमय लिए गए साक्षात्कार वाले एक "एग्जिट पोल" सम्बन्धी दृष्टिकोण की पहल की गई थी। विस्तृत विवरणों के लिए उनमें से कुछ को उनके निवासस्थान तक भी संपर्क किया गया था।

संपत्ति कर तथा इमारत के नक्शे की स्वीकृति दो ऐसे सर्वाधिक आम कारण हैं जिनके लिए इन सेवाओं से संपर्क करना पड़ता है और घूस भी देनी पड़ती है। नगरपालिकाओं में भ्रष्टाचार के सम्बन्ध में धारणाएं उन बातों के आधार पर निर्मित होती हैं जो किसी के भी द्वारा मीडिया में सुनी और पढ़ी जाती हैं तथा इन सेवाओं में किए गए अनुभवों से प्राप्त होती हैं।

नगरपालिकाएं

नगरपालिकाओं से सम्बन्धित नागरिकों में से 70 प्रतिशत से भी अधिक सोचते हैं कि नगरपालिका सेवाएं भ्रष्टाचार में जकड़ी हुई हैं और उनका एक बहुसंख्यक भाग यह भी सोचता है कि इस भ्रष्टाचार में वृद्धि हो रही है, बावजूद इसके कि हाल ही के समय में सेवाओं का कंप्यूटरीकरण तथा उन्हें बेहतर बनाए जाने का प्रयास किया गया है। इस प्रवृत्ति का रुख विपरीत दिशा में मोड़ने सम्बन्धी प्रयासों को नगरपालिकाओं में भ्रष्टाचार पर रोक लगाए जाने तथा इन सेवाओं के सम्बन्ध में धारणाओं को परिवर्तित किए जाने दोनों पर ही केन्द्रित किया जाना होगा।

शहरी परिदृश्य में समाचार मीडिया की भूमिका तो इन धारणाओं को और भी अधिक मजबूती प्रदान करने वाली है कि नगरपालिका एवं शहरी विकास सेवाएं "भ्रष्टाचार में डूबी" हुई हैं। मीडिया भ्रष्टाचार की संलिप्तता वाली घटनाओं को, चाहे वे कितनी भी नगण्य क्यों न हों, बढ़ी–चढ़ी कवरेज प्रदान करता है। सकारात्मक पहलों को मुश्किल से ही इतनी कवरेज प्रदान की जाती है जितने कि वे पात्र होती हैं। निश्चित रूप से, दिल्ली तथा अन्य शहरों में भी ऐसे उदाहरण मौजूद हैं जहाँ समाचार मीडिया ने सार्वजनिक वितरण प्रणाली (पीडीएस), स्कूलों, अस्पतालों इत्यादि में भ्रष्टाचार को उजागर करने के लिए अभियान जैसे दृष्टिकोण को अपनाया है। परंतु ये कवरेज कभी भी कायम नहीं रह सकीं अथवा इतने लंबे समय तक नहीं चल सकीं कि सघन रूप से धारित धारणाओं को परिवर्तित किया जा सके। उनके द्वारा जोर किसी न किसी घोटाले को उजागर किए जाने पर अधिक दिया गया है न कि सिविल सोसाइटी समूहों अथवा/और सम्बन्धित सेवाप्रदाता एजेन्सियों के साथ मिलकर नागरिकों के द्वारा निरोधक पहलों को प्रोत्साहित किए जाने पर।

यदि सैद्धांतिक रूप से कहा जाए तो नगरपालिका सेवाओं में नागरिकों की संलिप्तता वाले भ्रष्टाचार को कम होना चाहिए क्योंकि यहाँ लोग अधिक शिक्षित होते हैं, संस्थाएं अधिक होती हैं, बुनियादी ढाँचा बेहतर होता है और संपर्क कर सकने के लिए संचार के विश्वसनीय साधन भी उपलब्ध होते हैं। परंतु शहरी क्षेत्रों में आधारभूत सार्वजनिक सेवाओं के सम्बन्ध में ऐसा नहीं हो रहा है। सार्वजनिक वितरण प्रणाली (पीडीएस) में भ्रष्टाचार के विरुद्ध अभियान चलाते हुए स्थानीय गरीब लोगों से संपर्क किए जाने की मीडिया की अनेकों प्रकार की विधियों का उपयोग करते हुए दिल्ली के कुछ इलाकों में 'परिवर्तन' प्रारंभिक तौर पर सफल रहा था। ऐसा ही मामला मुम्बई में 'अग्नि' के साथ भी जुड़ा था। एक

बार उनके द्वारा अपने प्रयास में सफलता, चाहे वह कितनी भी अल्पकालिक सफलता ही क्यों न रही हो, का प्रदर्शन कर दिए जाने के बाद मीडिया आगे आया था।

धारणाओं को परिवर्तित करने सम्बन्धी प्रयासों को रणनीतिक, दर्शनीय, तथा साक्ष्य–आधारित होना होगा। मात्र तब ही दूसरी सेवाओं तथा अन्य स्तरों पर वे एक प्रदर्शनकारी प्रभाव से युक्त हो सकेंगे। जब तक किसी भी नागरिक के द्वारा नगरपालिका/शहरी विकास कार्यालय में लगाए जाने वाले चक्करों (एक–तिहाई लोग एक ही प्रयोजन से चार से अधिक बार चक्कर लगाते हैं) की संख्या को एक न्यूनतम स्तर तक नहीं ला दिया जाता, धारणाओं को परिवर्तित नहीं किया जा सकता। वास्तव में, नवीनतम संचार प्रौद्योगिकियों एवं नेटवर्कों के विस्तार के साथ ही नागरिकों के कार्यालय जाने की आवश्यकता में कटौती की जानी चाहिए और इसे निरुत्साहित किया जाना चाहिए तथा हो सके तो इसकी बिल्कुल भी आवश्यकता नहीं होनी चाहिए। मोबाइल फोन, एसएमएस, इंटरनेट, वेब–सेवाएं, कंप्यूटरीकृत सूचनाएं, तथा पंजीकरण सेवाओं को इस प्रवृति का रुख विपरीत करने में सहायक होना चाहिए।

ऐसे कार्य जिनके लिए नागरिकों को एक ही प्रयोजन से चार बार से अधिक चक्कर लगाने पड़ते हैं?

भवन निर्माण का मानचित्र स्वीकृत करवाना
जन्म/मृत्यु प्रमाणपत्र
संपत्तिकर का भुगतान
भवन में परिवर्तन करवाना
अर्थदंड को कम करवाना
सेवाओं के विरुद्ध शिकायत करने के लिए
संपत्ति कर के निर्धारण के लिए
भवन निर्माण के मानचित्र में संशोधन के लिए
विकास शुल्क के भुगतान के लिए

स्रोतः CMS India Corruption Study, 2005.

नगरपालिकाओं से संपर्क करने वाले नागरिकों का मात्र लगभग छठवाँ भाग, जो एक वर्ष के दौरान किसी भी अन्य सार्वजनिक सेवा के साथ संपर्क में आता है, ही नगरपालिका की सेवाओं, जैसे सेवा की गुणवत्ता, अथवा भ्रष्टाचार सहित विभिन्न सेवाओं को प्राप्त न कर पाने सम्बन्धी अन्य समस्याओं के लिए पहुँच प्राप्त न कर पाने की शिकायत करता है। यह एक स्वस्थ संकेत है। परंतु,

नागरिकों के कम से कम एक–तिहाई भाग को समस्याओं के सम्बन्ध में शिकायत करनी चाहिए अथवा किसी सार्वजनिक सेवा को प्राप्त किए जाने अथवा जमीन पर इसके संचालनों के सम्बन्ध में फीडबैक के साथ प्रत्युत्तर देना चाहिए। इससे सम्बन्धित एजेन्सी को सुधारात्मक पहल करने के लिए बाध्य किया जा सकता है। कई वर्षों के दौरान किए गए सर्वेक्षणों ने स्पष्ट रूप से दर्शा दिया है कि जहाँ कहीं भी नागरिक एवं सिविल सोसाइटी अधिक मुखर एवं संगठित रहे हैं, जैसा कि पुणे अथवा अहमदाबाद में है, नगरपालिका सेवाओं में भ्रष्टाचार की सीमा सापेक्षिक तौर पर कम रही हो सकती है। परंतु शिकायत किया जाना सदैव ही सरल नहीं होता। यहाँ तक कि इसके लिए भी लोगों को अनेकों चक्कर लगाने पड़ते हैं। जिन लोगों ने इस प्रकार के अनेकों चक्कर लगाए थे उनके लगभग 15 प्रतिशत भाग को ऐसा किसी न किसी सेवा के सम्बन्ध में शिकायत करने के लिए करना पड़ा था।

ऐसी कौन सी सेवाएं हैं जिनके लिए नागरिकों को संपर्क करना होता है और जिसके लिए उन्हें बारबार चक्कर लगाने पड़ते हैं और अंततः घूस देनी होती है? संपत्ति कर तथा भवन निर्माण का मानचित्र स्वीकृत करवाया जाना ये दोनों ही ऐसी सेवाएं हैं जो भ्रष्टाचार के लिए कुख्यात हैं। परंतु अनेकों नगरपालिकाओं/निगमों में बेहतरी के लिए इन सेवाओं के कार्यक्षेत्र में तेजी से परिवर्तन आते रहे हैं।

आम अनियमितताएं

सड़क–सफाई नहीं की गई
भवन निर्माण मानचित्र के अनुमोदन में बिलंब
दलाल एवं अधिकारी के बीच साँठगाँठ
घूस के लिए सरकारी तौर पर परेशान किया जाना

स्रोत: CMS India Corruption Study, 2005.

अलग–अलग पदाधिकारियों एवं दलालों के बीच साँठगाँठ नगरपालिकाओं में कहीं अधिक सुस्पष्ट है। राजस्व–घूस के धन को अधिकतम करने के लिए वे मिलजुल कर कार्य करते हैं और नागरिकों को कार्यालय के चक्कर लगाते रहने के लिए बाध्य करते हैं। नगरपालिका सेवाओं को प्रदान किए जाने का एकल खिड़की मॉडल इलेक्ट्रॉनिक नेटवर्किंग तथा ऑनलाइन सेवाओं के माध्यम से सफल रहा है, इसने ई–सेवाओं तक पहुँच में वृद्धि कर दी है, तथा मामूली रूप से ही सही, सेवा सुपुर्दगी में कार्यकुशलता को भी सुधार दिया है।

घूस देने के कारण

भवन निर्माण मानचित्र को स्वीकृत करवाने हेतु
प्रमाणपत्रों को प्राप्त करने, लाइसेंसों का नवीनीकरण कराने हेतु
संपत्ति कर में कमी करवाने हेतु
मानचित्रों में संशोधन करवाने हेतु
नीलामी में भूखंड/भवन प्राप्त करने हेतु
अनाधिकृत निर्माण हेतु

स्रोतः CMS India Corruption Study, 2005 **से विश्लेषण किए गए आँकड़े।**

नगरपालिका सेवाओं को प्राप्त करने का प्रयास करने वाले नागरिकों का 20 से 25 प्रतिशत भाग अंततः घूस का भुगतान कर ही देता है। कुछ आधारभूत सेवाओं के मामले में यह प्रतिशत इससे भी अधिक हो सकता है। साथ ही, ऐसे लोगों, जिन्हें सीधे किसी अधिकारी अथवा सम्बन्धित पदाधिकारी को घूस देनी पड़ी हो, की संख्या आधे से भी अधिक, और लगभग दो–तिहाई तक भी थी। लगभग एक–चौथाई लोगों ने किसी एजेंट अथवा दलाल के माध्यम से घूस का भुगतान किया था।

संपर्क करने वाले लोगों के 80 प्रतिशत भाग ने ऐसा एक बार से अधिक किया था ताकि वे नगरपालिका में अपना कार्य करवा सकें। जितना बड़ा शहर होता है, नागरिकों को किसी भी सार्वजनिक सेवा को प्राप्त करने के लिए उतने ही अधिक चक्कर भी लगाने पड़ते हैं।

बार–बार चक्कर लगाए जाने के कारण

कर्मचारियों की अनुपस्थिति
असहयोग
स्पष्टीकरण सम्बन्धी आवश्यकताएं
अपूर्ण आवेदनपत्र
श्रमशक्ति से सम्बन्धित
अपर्याप्त सूचनाएं
जटिल प्रक्रियाएं

स्रोतः CMS India Corruption Study, 2005.

एक–तिहाई से भी अधिक चक्कर कर्मचारियों के उपलब्ध न होने, असहयोगपूर्ण होने, औपचारिकताओं के कारण अथवा स्पष्टीकरणों के पूर्ण न होने, अथवा जटिल प्रक्रियाओं एवं प्रक्रियाओं के हाल ही परिवर्तित कर दिए जाने किन्तु सूचित न किए गए होने जैसे कारणोंवश लगाने पड़ते हैं।

नगरपालिका कार्यालयों में दलालों का आतंक बहुत ही अधिक दर्शनीय है। दलाल लोग यह भ्रम भी फैला देते हैं कि उस कार्यालय अथवा सेवा विशेष के लिए भ्रष्टाचार एक बाध्यता है।

नगरपालिकाओं के मामले में एक खतरनाक पहलू यह है कि घूस देने वाले लोगों के एक–चौथाई भाग को जब भी नगरपालिका विभाग से कोई सेवा प्राप्त करनी होती है, वह हर बार घूस इस प्रकार से दे देता है जैसे यह कोई ''निर्धारित सेवा शुल्क'' हो।

ऐसे कार्य जिनके लिए किसी भी नागरिक को नगरपालिका कार्यालयों में बारबार चक्कर लगाने होते हैं

- संपत्ति कर का भुगतान
- भवन निर्माण मानचित्र में संशोधन
- विकास शुल्क
- संपत्ति कर का निर्धारण
- जन्म/मृत्यु प्रमाणपत्र
- अवैध निर्माण की उपेक्षा किया जाना अथवा नियमितीकरण किया जाना
- किसी न किसी गतिविधि के लिए लाइसेंस का नवीनीकरण (किसी सार्वजनिक पार्क में किसी समारोह को आयोजित किए जाने सहित)
- किसी न किसी योजना के अधीन भूखंड अथवा आवास के आवंटन के लिए
- अर्थदंड कम किए जाने हेतु

स्रोतः CMS India Corruption Study, 2005.

पहलें जिन्हें समेकित किया जाना चाहिए

नगरपालिका सम्बन्धी सेवाओं तथा शहरी विकास एजेन्सियों की कार्यप्रणाली के सम्बन्ध में नगरपालिका सम्बन्धी आवश्यकताओं के प्रति विशिष्ट कतिपय पहलों पर ध्यान केन्द्रित किए जाने की आवश्यकता है। ये हैंः

- प्रत्यक्ष संपर्क परिचालनों तथा आँकड़ों का कंप्यूटरीकरण तथा नवीनतम संचार प्रौद्योगिकियों का उपयोग। ये सभी परस्पर–सम्बन्धित हैं तथा इन्हें

एक पैकेज के रूप में देखा जाता है—कुछ इस प्रकार से जैसे नागरिक संपर्क और अधिक प्रतिक्रियाशील एवं कुशल बन चुकी है।

- प्रक्रियाओं को सरल बनाया जाना तथा बेहतर पारदर्शिता को सुनिश्चित किया जाना प्रमुख कार्य हैं जैसे संपत्तिकर; स्वैच्छिक संपत्ति कर निर्धारण के लिए दिल्ली की यूनिट एरिया विधि को जिस प्रकार से नागरिक समितियों एवं हितधारकों के साथ परामर्श के द्वारा निर्धारित किए जाने के बाद सूचित किया गया था, वह एक उत्कृष्ट उदाहरण है।
- कुछ कार्यों का विकेन्द्रीकरण किया जाना। उदाहरण के लिए, भवन—मानचित्र स्वीकरण का कार्य पंजीकृत वास्तुविदों के द्वारा किया जा सकता है, लाइसेंस दिया जाना अथवा उसका नवीनीकरण स्थानीय एजेन्सियों के द्वारा किया जा सकता है, निवासी कल्याण संघों (आरडब्लयूए) जैसी संस्थाएं कुछ उत्तरदायित्वों के साथ संपत्तिकर संग्रहीत कर सकती हैं अथवा इस प्रक्रिया में सहायता प्रदान कर सकती हैं। कतिपय सार्वजनिक सेवाओं के रखरखाव एवं संचालन को *सुलभ* मॉडल के अनुसार दूसरों को सौंपा जा सकता है।
- सेवा मानकों एवं समय सीमाओं के साथ सिटीजन्स चार्टर को नगरपालिका विशिष्ट बनाए जाने के द्वारा शिकायत निवारण तंत्र को सक्रिय किया जाए तथा उपभोक्ताओं से स्वैच्छिक फीडबैक को प्रोत्साहित किया जाए। सूचना के अधिकार अधिनियम की धारा 4 को गंभीरतापूर्वक लिया जाना चाहिए तथा प्रमुख सार्वजनिक सेवाओं को *स्वयंमेव* ही आवधिक अद्यतनीकरण को घोषित कर देना चाहिए। आवधिक आधार पर एक खुला सत्र अथवा *अदालतों* का आयोजन किया जाना चाहिए।
- कर्मचारियों / पदाधिकारियों, विशेषरूप से जनता के संपर्क में आने वालों, को आवधिक दिशा—निर्देशन दिए जाने की आवश्यकता है जो शिकायत—निवारण तंत्र से प्राप्त की गई अंतर्दृष्टियों एवं फीडबैक पर आधारित हो।
- समय—समय पर नागरिकों के प्रति सूचना का प्रवाह बेहतर होना चाहिए। इसे मात्र समाचार मीडिया तथा प्रेस विज्ञप्ति तक ही सीमित नहीं होना चाहिए। परामर्श एवं अंतरसक्रिय प्रारूप जैसे कि खुला—सत्र कार्यक्रम, निवासी कल्याण संघ (आरडब्ल्यूए) के साथ नेटवर्किंग तथा ऐसे ही अन्य प्रारूपों को प्रोत्साहित किया जाना चाहिए। सिविल सोसाइटी समूहों को शामिल किए जाने के लिए 'भागीदारी' के साथ किया गया दिल्ली का उदाहरण अच्छी संभावनाओं से युक्त है।
- ई—शासनः नागरिक अपने संपत्ति—कर की स्थिति को एक विशिष्ट प्रयास से देख सकते हैं तथा उनका ऑनलाइन भुगतान भी कर सकते हैं। भुगतानों

को खोकों पर भी किया जा सकता है, जैसा कि हैदराबाद आदि स्थानों पर ई–सेवा के मामले में किया जा रहा है।

- उपभोक्ता संतुष्टि के मापन के लिए आवधिक आधार पर नागरिक रिपोर्ट कार्ड पर और अधिक गंभीरतापूर्वक विचार किया जाना चाहिए। अनुशासनात्मक प्रवर्तनों को लागू किया जाना चाहिए तथा जनता को इसके सम्बन्ध में जानकारी होनी चाहिए।
- प्रत्येक नगरपालिका कार्यालय में एक शिकायत निवारण प्रकोष्ठ होना चाहिए जिसकी अध्यक्षता सार्वजनिक लोकपाल के द्वारा की जानी चाहिए तथा जनता को व्यापक तौर पर इसका ज्ञान होना चाहिए तथा सिविल सोसाइटी संगठनों को भी ऐसे तंत्र का ज्ञान होना चाहिए। यदि कोई ऐसी कमी है अथवा सेवा की माँग करने वालों के प्रति कोई व्यवहार समस्या उत्पन्न कर रहा है तो ऐसे प्रकोष्ठों के पास यदाकदा जाँच एवं परीक्षण करने का अधिकार उपलब्ध होना चाहिए। दर्ज किए गए मामलों पर शीघ्रता के साथ कार्य किया जाना चाहिए तथा जनता के बीच विश्वास में वृद्धि करने के लिए इसमें होने वाली प्रगति की निगरानी की जानी चाहिए।

भू–अभिलेख / पंजीकरण

ग्रामीण तथा शहरी दोनों ही क्षेत्रों में भू–अभिलेखों के रखरखाव तथा पंजीकरण सेवाओं का वर्ष में लगभग एक अथवा उससे अधिक बार 15 प्रतिशत परिवारों के द्वारा प्राप्त किया जाना जारी है, जोकि बीपीएल परिवारों के मामले में भी लागू होता है। इस प्रक्रिया में जिस अनुभव से होकर नागरिकों को गुजरना पड़ता है तथा इन सेवाओं के सम्बन्ध में जो धारणाएं उनके मस्तिष्क में बनती हैं, वे समय के किसी भी बिन्दु पर सरकार के सुशासन के प्रति उनकी धारणाओं में योगदान करती हैं। यह ऐसे ही अनुभवों से होता है कि इन सेवाओं में भ्रष्टाचार कायम रहता है। उत्पन्न किया जा चुका एक प्रभाव यह है कि विभाग में (समय एवं लागत के हिसाब से) घूस दे देना और काम करवा लेना बेहतर है क्योंकि औपचारिक तरीका समय लगाने वाला तथा अनिश्चित है और इस बात की गारंटी भी नहीं करता कि अनेकों चक्कर लगाने के बाद भी घूस दिए बिना काम कर ही दिया जाएगा। सेवा की माँग करने वाले लोगों में से आधे अथवा उससे भी अधिक लोगों को किसी न किसी आधार पर एक ही प्रयोजन के लिए तीन अथवा उससे भी अधिक चक्कर लगाए जाने के लिए मजबूर किया गया (सारणी 6.33)। जिस बात पर पहले विचार किए जाने की आवश्यकता है वह यह है कि एक ही कार्य के लिए बार–बार चक्कर लगाए जाने की नागरिकों की बाध्यताओं को किस प्रकार

सारणी 6.33
बार–बार चक्कर लगाने के कारण

अधिकारी उपस्थित नहीं–20%
और अधिक प्रमाणपत्रों की आवश्यकता–52%
अपूर्व आवेदनपत्र–10%
कर्मचारियों का असहयोग–18%

स्रोतः CMS India Corruption Study, 2005.

से समाप्त किया जाए। नवीनतम सूचना प्रौद्योगिकियों की उपलब्धता के साथ नागरिकों को ऑनलाइन आवेदन करने तथा अभिलेखों के रखरखाव एवं पंजीकरण, हस्तांतरण अथवा स्वामित्व में परिवर्तन, अथवा किसी प्रमाणपत्र (बंधक रखने के लिए स्वामित्व अथवा आय) को प्राप्त किया जाना जैसे कार्यों को और अधिक सरल, त्वरित एवं और अधिक पारदर्शी बनाया जाना चाहिए।

मुख्य तथ्य

कंप्यूटरों के उपयोग, नागरिकों को प्राप्त पहुँच के साथ ऑनलाइन नेटवर्क आदि के द्वारा प्रक्रियाओं को दुरुस्त करते हुए इन सेवाओं को प्राप्त किए जाने की बारंबारता को कम किया जा सकता है। भारत सरकार के द्वारा (1988–89) भू–अभिलेखों के कंप्यूटरीकरण की एक योजना को राज्यों को शत्–प्रतिशत वित्तीय सहायता दिए जाने के साथ लागू किया गया था ताकि एक भू–सूचना प्रणाली निर्मित की जा सके। परंतु, सन् 2010 के मध्य तक कर्नाटक में *भूमि*, गुजरात में *ई–धरा*, तथा हिमाचल प्रदेश में *हिम भूमि* जैसी पहलें ही इक्का–दुक्का उदाहरण बन सकी हैं।[12] यहाँ तक कि इन राज्यों में भी सभी मामलों एवं सभी प्रयोजनों के लिए भू–अभिलेखों तक पहुँच उपलब्ध नहीं है।

वास्तव में, कुछ राज्यों ने तो मानवीय भू–अभिलेखों तथा अधिकारों के अभिलेखों (आरओआर) की प्रतिलिपियों को जारी किया जाना प्रतिबंधित तक कर दिया है। संपूर्ण राज्य, शहरी एवं ग्रामीण दोनों, को *भूमि* योजना के अंतर्गत लाए जाने के द्वारा कर्नाटक इस सम्बन्ध में सबसे अग्रणी रहा है। हालांकि, विलेख पंजीकरण अभी तक कंप्यूटर नेटवर्क पर उपलब्ध नहीं हो सका है जिसके लिए विभाग में किसी से ''संपर्क'' करना पड़ता है। एक बार आँकड़ों के ऐसे संग्रह के सतत् अद्यतनीकरण के साथ ऑनलाइन उपलब्ध हो जाने के बाद नागरिकों से जुड़े ऐसे अनेकों कार्यों एवं आवश्यकताओं को समाप्त हो जाना चाहिए।

घूस दिए जाने सम्बन्धी बाध्यताएं

समय बचाने के लिए, जल्दी होने के कारण
सामान्य तरीके से कार्य न करवा पाने के कारण
नियमों तथा प्रक्रियाओं की अज्ञानतावश
अतिरिक्त धनराशि दिए जाने के द्वारा
प्रभाव का उपयोग किया जाना
दलाल से संपर्क किया जाना

स्रोतः CMS India Corruption Study, 2005.

सरकार के द्वारा कंप्यूटरीकरण के दावे किए जाने के बावजूद अभी भी यह योजना अनेकों राज्यों में परीक्षण की अवस्था में ही है। सैद्धांतिक रूप से, अबतक, कंप्यूटरीकरण की इस पहल के द्वारा नागरिकों की घूस देने की बाध्यता को कम कर दिया गया होना चाहिए था। परंतु वास्तव में ऐसा नहीं हो सका है क्योंकि इन सेवाओं में निम्नस्तरीय पदाधिकारियों सहित दलाल अभी भी नागरिकों को बाधामुक्त सेवा उपलब्ध कराए जाने के लिए पूरी तरह से तैयार नहीं हैं (सारणी 6.34)।

प्रत्येक वर्ष किसी न किसी प्रयोजन से कुल परिवारों का लगभग 15 प्रतिशत भाग भूमि पंजीकरण विभाग के साथ संपर्क में आता है। बीपीएल परिवारों के बीच यह प्रतिशत कहीं अधिक ऊँचा होगा। वास्तव में उनका लगभग पाँचवा भाग एक वर्ष में किसी न किसी कारण अथवा सेवा के लिए इन विभागों से संपर्क करता ही है। यह प्रतिशत उन योजनाओं पर निर्भर करता है जो समय–समय पर राज्य सरकारों के द्वारा चलाई जाती हैं। उनमें से लगभग आधे लोग घूस दे देते हैं; यहाँ तक कि बीपीएल परिवारों में से लगभग

सारणी 6.34
पंजीकृत/हस्तांतरित करवाए जाने में सामना की गई समस्याएं

पंजीकरण के बाद दस्तावेजों के लिए लंबी प्रतीक्षा–70%
विभिन्न स्तरों पर अधिकारियों के बीच गठजोड़–61%
दलाल की उपस्थिति–53%
अधिकारी के द्वारा घूस की माँग–46%
स्टैंप पेपर उपलब्ध नहीं है–24%

स्रोतः CMS India Corruption Study, 2005.

सारणी 6.35
वैकल्पिक तरीके

घूस दी–32%
किसी संपर्क का उपयोग किया–10%
पंजीकरण नहीं करा सके–4%

स्रोत: CMS India Corruption Study, 2007.

एक–तिहाई लोग एक वर्ष में घूस का भुगतान करते हैं (सारणी 6.35)। इन कार्यालयों से संपर्क करने वाले लोगों का लगभग आधा भाग अंततः तीन अथवा उससे अधिक बार चक्कर लगाता है जो कि बीपीएल परिवारों के मामले में भी होता है। उन्हें ऐसा क्यों करना पड़ता है?

कार्य जिनके लिए घूस दी जाती है

संपत्ति का पंजीकरण
नाम परिवर्तन (दाखिल–खारिज)
भू–कर बकायों को समाप्त किया जाना
पट्टे पर जमीन प्राप्त करना
भूमि/संपत्ति का मूल्यांकन कम किया जाना
भू–सर्वेक्षण
स्टैम्प पेपर खरीदा जाना
भूमि/संपत्ति सम्बन्धी दस्तावेज प्राप्त किया जाना
आय/संपत्ति प्रमाणपत्र प्राप्त किया जाना

स्रोत: CMS India Corruption Study, 2005.

घूस किसे दी जाती है

सीधे विभाग के अधिकारियों को
रजिस्ट्रार, विलेख लेखक
एजेंट, दलाल

स्रोत: CMS India Corruption Study, 2005.

भू–अभिलेखों एवं पंजीकरण सेवाओं में सुधार हेतु सुझाव

भूमि के बीपीएल परिवारों की आजीविका का एक महत्वपूर्ण संसाधन होने के कारण भूमि–सम्बन्धी सेवाओं में भ्रष्टाचार को कम किए जाने हेतु ठोस उपायों का अपनाया जाना चाहिए। इसी के साथ–साथ, सेवा–सुपुर्दगी प्रक्रियाओं को दुरुस्त किया जाना चाहिए ताकि भ्रष्टाचार की गुंजाइश को कम किया जा सके। इसके लिए एक बहुआयामी रणनीति की आवश्यकता है। सर्वप्रथम तथा एक महत्वपूर्ण रणनीति होनी चाहिए प्रक्रियाओं का सरलीकरण तथा शिकायत निवारण को सशक्त किया जाना। एक अन्य रणनीति होनी चाहिए नवीनतम प्रौद्योगिकियों तथा सूचना संचार प्रौद्योगिकी को लागू किए जाना एवं उनकी संभावनाओं का दोहन किया जाना जबकि तीसरी रणनीति का सम्बन्ध नागरिकों के विभिन्न वर्गों के बीच उनसे सम्बन्धित उपायों के सम्बन्ध में जागरूकता उत्पन्न किए जाने के साथ है।

प्रक्रियाओं का सरलीकरण

- **अनेकानेक एजेन्सियों को समाप्त किया जाना:** अनेकानेक एजेन्सियों, जैसे भू–अभिलेखों के रखरखाव एवं अद्यतनीकरण के लिए राजस्व विभाग तथा भू–अभिलेखों के अद्यतनीकरण की दक्षता पर भूमि समझौतों से सम्बन्धित लेनदेन का पंजीकरण करने हेतु पंजीकरण विभाग आदि का बने रहना। ऐसी एक अकेली एकीकृत एजेन्सी होनी चाहिए जो भू–अभिलेखों को तैयार करे एवं अद्यतन करे। इससे नागरिकों के द्वारा भू–अभिलेखों को प्राप्त करने के लिए प्रतीक्षा के समय को कम किया जा सकेगा और उनके कार्य को परेशानी–मुक्त किया जा सकेगा।
- **ऑनलाइन शिकायत निवारण:** शिकायतों के त्वरित समाधान के लिए एसएमएस द्वारा शिकायत दर्ज कराने की ऑनलाइन व्यवस्था की जानी चाहिए तथा इसे सेवा में नियुक्त उच्च–अधिकारियों तक सीधे पहुँचना चाहिए।
- **वरिष्ठ अधिकारियों के द्वारा शिकायतों की निगरानी:** वरिष्ठ अधिकारी जैसे जिलाधीश तथा मंडल आयुक्तों को *तालुक/तहसील* (खंड) स्तर पर रखे गए शिकायत रजिस्टरों की आवधिक आधार पर जाँच करनी चाहिए तथा सार्वजनिक शिकायतों के समाधान के लिए प्रक्रिया को गति प्रदान करने वाले समुचित उपाय करने चाहिए।

नवीनतम प्रौद्योगिकियों को लागू किया जाना

- **प्रौद्योगिकी का उपयोग**

भू–अभिलेखों के कंप्यूटरीकरण को गति प्रदान किए जाने की आवश्यकता है। प्रत्येक राज्य के लिए एक समयबद्ध कार्यवाही योजना तैयार किए जाने की आवश्यकता है ताकि देश में भूमि सम्बन्धी समस्त दस्तावेजों का कंप्यूटरीकरण किया जा सके। कुछ राज्यों के द्वारा इस दिशा में पहले ही अच्छी प्रगति की जा चुकी है। बैंकों तथा अन्य संस्थानों को भू–अभिलेखों के साथ सम्बद्ध किया जा सकता है ताकि अभिलेखों तक उनकी पहुँच सहज हो सके। आँकड़ों के संग्रह को इस बात पर भी प्रकाश डालना चाहिए कि क्या किसी भूमि को पहले ही किसी एजेन्सी के पास गिरवीं रखा जा चुका है अथवा नहीं।

- भू–कर सम्बन्धी सर्वेक्षणों को संपन्न करने हेतु हवाई सर्वेक्षण प्रणाली : भू–कर सम्बन्धी सर्वेक्षणों को संपन्न करने के लिए हवाई सर्वेक्षण प्रणाली का उपयोग किया जाना चाहिए तथा इसे विश्वसनीय भू–अभिलेखों का स्वरूप प्रदान किया जाना चाहिए। इन सभी तथ्यों को वेब–आधारित एक सेवा सुपुर्दगी प्रणाली में भंडारित किया जाना चाहिए तथा इनमें सुधारों के लिए जनता को ऑनलाइन आवेदन किए जाने की अनुमति प्रदान की जानी चाहिए।
- वेब सक्षम उपकरण (वेब एनेबल्ड डिवाइस) में साझा भाषा कार्यावधि (कॉमन लैंग्वेज रनटाइम–सीएलआर) का समेकन : अधिकारों के अभिलेख (आरओआर) की कंप्यूटरीकृत प्रतिलिपि प्राप्त करने के लिए किसानों को अभी भी *तालुक* तक आना पड़ता है और ग्रामीण *तालुकों* में प्रायः ही बिजली नहीं आती। इस प्रकार की समस्याओं का समाधान वेब में भू–अभिलेखों पर एकीकृत आँकड़ों के उपलब्ध कराए जाने के द्वारा किया जा सकता है जिस तक किसान के द्वारा किसी भी स्थान से भी पहुँचा जा सकता है। ऋणदायी संस्थान भी आँकड़ों का सीधा सत्यापन कर सकते हैं ताकि ऋण इत्यादि के कार्य को पूरा करने को गति प्रदान की जा सके।
- आय एवं जाति प्रमाणपत्र के लिए ऑनलाइन आवेदनः एक ऐसी वेब सक्षम प्रणाली लागू की जानी चाहिए जिसके द्वारा आम नागरिक इन प्रमाणपत्रों के लिए आवेदन कर सके तथा अपने आवेदन की स्थिति को जान सके। ''जाति प्रमाणपत्रों'' के मामले में एक बार प्रमाणन के द्वारा इन प्रमाणपत्रों को प्राप्त करने के लिए कार्यालय जाने की आवश्यकताओं को समाप्त किया जाना चाहिए।

- ○ भूमि के पंजीकरण के लिए ई–स्टैम्पिंग को लागू किया जाना : ई–स्टैम्पिंग को लागू किया जाना पारदर्शिता को सुनिश्चित करने में एक महत्वपूर्ण भूमिका अदा करेगा और दस्तावेजीकरण की एक विश्वसनीय प्रणाली उपलब्ध करा सकेगा। यह प्रणाली स्टैम्प पेपरों की कमी की समस्या के साथ–साथ स्टैम्प पेपर खरीदे जाने से जुड़े अन्य कदाचारों को भी को समाप्त कर सकेगी।

- **स्टैम्प पेपर व्यवस्था में सुधार**
  - ○ स्टैम्प पेपर की कमी ने भी भ्रष्टाचार को बढ़ावा दिया है और नकली स्टैम्प पेपर का बाजार उत्पन्न कर दिया है। शेयर डिमैट के समान ही भू–स्वामित्व को धारित किए जाने के डिमैट प्रारूप को प्रोत्साहित किया जाना चाहिए।
  - ○ इस बीच, स्टैम्प पेपरों की उपलब्धता एवं उनतक पहुँच में वृद्धि की जानी चाहिए। सरकारी बैंकों एवं पोस्ट आफिसों को स्टैम्प पेपर बेचने की अनुमति प्रदान की जानी चाहिए।
  - ○ कुछ स्थानों पर ई–पेपर पहले से ही प्रयोग में लाया जा रहा है।
- **सतत् आधार पर जागरूकता उत्पन्न किया जाना**
  - ○ **साझा भाषा कार्याविधि (सीएलआर) योजनाओं पर सघन जागरूकता अभियानः** नवीनतम प्रौद्योगिकियों के लाभों को प्रकाश में लाते हुए व्यापक जागरूकता अभियानों का आयोजन विशेषतौर से ग्रामीण क्षेत्रों के साथ सभी क्षेत्रों में किया जाना चाहिए। अशिक्षित लोगों की समझ के लिए प्रौद्योगिकी के लाभों का प्रत्यक्ष प्रदर्शन किया जाना चाहिए।
- सार्वजनिक व्यवहारों में सुधार
  - ○ विभाग की विभिन्न सेवाओं के लिए प्रक्रियाओं एवं आवश्यकताओं के सम्बन्ध में जनता को अवगत करवाया जाना चाहिए।
  - ○ अधिकाधिक स्थानों पर एकल–खिड़की व्यवस्था को लागू एवं क्रियान्वित किया जाना चाहिए।
  - ○ जनता को प्रक्रियाओं के सम्बन्ध में स्पष्टीकरण प्रदान करने के लिए एक "हेल्प डेस्क" का प्रावधान किया जाना चाहिए।
  - ○ नामांतरण (दाखिल–खारिज), पंजीकरण इत्यादि कार्यों में से प्रत्येक के लिए समय–सीमा निर्धारित की जानी चाहिए।
  - ○ विभाग से प्राप्त होने वाली सेवाओं के प्रति संतुष्टि को जानने के लिए आवधिक आधार पर सर्वेक्षण करवाए जाने चाहिए। इस रिपोर्ट को राज्य की विधानसभा के समक्ष चर्चा के लिए प्रस्तुत किया जाना चाहिए।
  - ○ इसके अलावा, राजस्व एवं पंजीकरण जैसे विभाग, जिन्हें जनता के साथ अधिक व्यवहार करना पड़ता है, का तीन वर्षों में एक बार किसी

ऐसे स्वतंत्र अंकेक्षण दल के द्वारा आकलन किया जाना चाहिए जिसमें पेशावर लोग जैसे कोई पत्रकार, कोई सेवानिवृत्त न्यायाधीश, कोई कार्यकर्ता अथवा यहाँ तक कि कोई सेवानिवृत्त सरकारी कर्मचारी भी शामिल हों। अंकेक्षण दल को नीतियों एवं कार्य प्रदर्शन पर विचार करना चाहिए तथा उनमें सुधार के लिए उठाए जाने वाले कदमों के सुझाव देने चाहिए।

- **''विलेख लेखक'' की भूमिका को कम किया जाना**
  - विलेख लेखक भ्रष्टाचार के एक प्रमुख माध्यम के रूप में उभरे हैं। भूमि पंजीकरण, मुख्तारनामा, विक्रय समझौता इत्यादि विभिन्न प्रयोजनों के लिए मानक प्रारूपों को तैयार किए जाने के द्वारा विलेख लेखकों की भूमिका को संभव सीमा तक न्यूनतम किया जाना चाहिए। इन्हें नागरिकों को तैयारशुदा रूप में उपलब्ध होना चाहिए। इन प्रारूपों में बार–बार किए जाने वाले परिवर्तनों को व्यापक आधार पर सूचित किया जाना चाहिए।
  - भ्रष्टाचार में संलिप्त होने वाले विलेख लेखकों, यदि वे पैनल में शामिल हों, के विरुद्ध कठोर कार्यवाही पर विचार किया जा सकता है।
- सिटीजन्स चार्टर
  - इसे विभिन्न हितधारकों जैसे सेवा की माँग करने वालों एवं सेवाप्रदाताओं तथा सिविल सोसाइटी संस्थाओं के साथ किए गए परामर्श के अनुसार तैयार किया जाना चाहिए।
  - विभिन्न सेवाओं के लिए इंगित किए गए विशिष्ट मानकों का पालन किया जाना चाहिए तथा एक समय–सीमा के अंदर सेवा सुपुर्दगी न किए जाने के लिए किए गए दंडात्मक प्रावधानों (विशेषतौर पर हाल ही में लागू सूचना के अधिकार को ध्यान में रखते हुए) का उल्लेख सिटीजन्स चार्टर में विनिर्दिष्ट किया गया होना चाहिए।
  - चार्टर की विषय–वस्तु को प्रदर्शित किया जाना चाहिए। चार्टर तक जनता की पहुँच सहज होनी चाहिए।
  - सिटीजन्स चार्टर में उल्लिखित सेवाओं के मानकों के विरुद्ध विभाग द्वारा संपन्न किए गए कार्यों के स्वतंत्र अंकेक्षण को सार्वजनिक किया जाना चाहिए।
- स्वतंत्र शिकायत निवारण प्रकोष्ठ
  - प्रत्येक रजिस्ट्रार के कार्यालय में एक शिकायत निवारण प्रकोष्ठ होना चाहिए जिसकी अध्यक्षता किसी स्वतंत्र प्राधिकारी के द्वारा की जानी चाहिए तथा नागरिकों को ज्ञान होना चाहिए कि ऐसा प्रकोष्ठ मौजूद है।

- यदि किसी भी प्रकार की हेराफेरी की जा रही हो तथा भ्रष्ट व्यवहार किए जा रहे हों तो ऐसे प्रकोष्ठ के पास यादृच्छिक (रैण्डम) आधार पर जाँच एवं परीक्षण करने का अधिकार उपलब्ध होना चाहिए।
- जनता के बीच विश्वास में वृद्धि करने के लिए प्राप्त एवं समाधान किए गए मामलों को प्रमुखता से प्रदर्शित किया जाना चाहिए।

बैंकिंग सेवाएं

यद्यपि कि जैसा हाल के वर्षों में पहले कभी भी नहीं हुआ, बैंकिंग सेवाओं का वैसा विस्तार आज जारी रहने के बावजूद भी आज तक 40 प्रतिशत परिवारों को सभी बैंकिंग सेवाओं तक पहुँच नहीं प्राप्त हो सकी है। नरेगा सहित छात्रों की छात्रवृत्तियाँ, स्वयं सहायता समूहों, तथा अन्य कल्याणकारी योजनाओं के लाभार्थियों के साथ किए जाने वाले अनेकों लेनदेनों के लिए बैंक खाते का होना तथा चेक के माध्यम से भुगतान किए जाने को अनिवार्य बना दिए जाने के बावजूद भी सन् 2010 में बैंकों के साथ लेनदेन करने वाले ग्रामीण परिवारों का प्रतिशत मुश्किल से ही 50 प्रतिशत से अधिक हो पाया है। चूंकि बैंकों के अधिकांश ग्राहक बीपीएल परिवारों, दूर–दराज क्षेत्रों तथा असंगठित क्षेत्रों से होते हैं, अतः बैंकों के लिए अपने व्यवहारों एवं प्रक्रियाओं पर पुनः विचार करने तथा उन्हें सरल बनाए जाने की आवश्यकता है। बैंकों की आधारभूत सेवाओं में से प्रत्येक के सम्बन्ध में प्रक्रियाओं को सरल बनाया जाना होगा तथा ऋण प्राप्त करने सहित अन्य कार्यों के लिए लगने वाले समय तथा बैंक के चक्कर लगाए जाने की संख्या को कम करना होगा। आधार की अनूठी पहचान संख्या योजना के द्वारा बैंक में खाता खोला जाना और भी अधिक सरल हो जाना चाहिए। परंतु ऐसा सन् 2012 अथवा उसके बाद हो सकता है। इसके अलावा, बैंकों, विशेषतौर पर ग्रामीण क्षेत्रों में स्थित बैंकों को अपने कार्यकाल को उन लोगों के अनुकूल बनाए जाने पर विचार करना चाहिए जो दैनिक मजदूरी में संलिप्त हों। ऐसा ही किश्तों के भुगतान की विधियों के मामले भी होना चाहिए। इसी के साथ–साथ, ग्रामीण शाखाओं का कंप्यूटरीकरण एक प्राथमिकता होनी चाहिए।

किसी भी अन्य सेवा की तुलना में बैंक कहीं अधिक सुसंगठित, बेहतर संरचनायुक्त एवं विनियमित (भारतीय रिजर्व बैंक–आरबीआई द्वारा) तथा बेहतर निगरानीकृत हैं और इसके कर्मचारी भी सापेक्षिक तौर पर बेहतर वेतन प्राप्त कर रहे हैं तथा उनके कार्य करने की स्थितियाँ भी बेहतर हैं। साथ ही, बैंकिंग परिचालनों में कंप्यूटरीकरण बहुत पहले ही प्रारंभ हो चुके थे, लगभग दो दशकों पूर्व, और कार्य करने सम्बन्धी उनके सेवा मानक अथवा मानदंड दूसरी

सार्वजनिक सेवाओं की अपेक्षा अधिक सुसंरचित हैं। बैंक निजी क्षेत्र में मौजूद हैं, साथ ही विदेशी बैंक, कारपोरेट बैंक तथा निजी बैंक (पंजीकृत) भी हैं जो कतिपय प्रतिस्पर्धा के तत्व से युक्त हैं। बैंक देश में सर्वाधिक विज्ञापित सेवाओं में से एक है। बैंकों के लिए एक विनियामक है, आरबीआई, जिसके साथ ही उपभोक्ता संरक्षण को एक प्रमुख चिंता के रूप में शामिल किया गया है। ऐसा होने के कारण, इसमें नागरिकों, विशेषतौर पर गरीबों, महिलाओं तथा शहरी एवं ग्रामीण क्षेत्र में अल्प–शिक्षित लोगों की संलिप्तता वाला किसी भी प्रकार का भ्रष्टाचार नहीं मौजूद होना चाहिए। ऐसा कोई भी अनुभव सही प्रकार के संकेत प्रसारित करेगा, धारणाओं को कहीं अधिक तीव्रता से परिवर्तित करेगा तथा बैंकों में भ्रष्टाचार के प्रति नागरिकों की सोच को परिवर्तित करेगा।

बीपीएल परिवारों के बीच सन् 2007 में सीएमएस इंडिया के द्वारा संपन्न किए गए सर्वेक्षण ने यह स्पष्ट कर दिया है कि बैंकिंग सेवाओं के लाभ सभी वर्गों तक नहीं पहुँच सके हैं। साथ ही, शायद बीपीएल परिवारों द्वारा सामना की गई प्रारंभिक समस्याओं के कारण ही बैंकों के पदाधिकारियों के प्रति उनकी धारणाएं सुधारात्मक पहल अपनाए जाने का आह्वाहन करती हैं। शहरी क्षेत्रों में बैंकों को अब मोबाइल बैंकिंग पर विचार करना चाहिए ताकि सेवाएं ग्राहकों के दरवाजों पर उपलब्ध कराई जा सकें। यदि डाक विभाग ऐसा कर सकता है तो फिर अनुसूचित बैंक क्यों नहीं? कुछ बैंकों ने पहले ऐसे प्रयास किए भी हैं। पाँच से छह वर्षों में इलेक्ट्रॉनिक बैंकिंग एक व्यवहारिक प्रस्ताव हो जाना चाहिए।

बैंक जाने के प्रयोजन

- नया खाता खोलने के लिए
- ऋण की माँग एवं इसे प्राप्त करने के लिए (एक समान नहीं हैं)
- जमा एवं निकासी के लिए
- पेंशन तथा ऐसे ही अन्य भुगतान बैंक के माध्यम से प्राप्त करने के लिए

स्रोत: CMS India Corruption Study, 2007.

बैंकों के द्वारा सेवाओं में सुधार तथा अपनी सेवाओं तक बेहतर पहुँच के लिए अनेकों पहलें की जाती रही हैं। यहाँ तक कि बेहतर शिकायत निवारण को सुनिश्चित करने के लिए बैंकों ने अपने स्वयं के प्रयासों के साथ–साथ केन्द्रीय सतर्कता आयोग के द्वारा नियुक्त एक स्वतंत्र लोकपाल की व्यवस्था किए जाने के तरीके के द्वारा भी विशिष्ट प्रयास किए हैं।

अनुभव की गई कठिनाईयाँ

- बैंकिंग सेवाओं की माँग करने वालों का एक–तिहाई भाग किसी न किसी कठिनाई का सामना किए जाने को स्वीकार करता है।
- कंप्यूटरीकरण का लाभ उपभोक्ताओं के द्वारा समानुपातिक रूप से नहीं प्राप्त किया जा सका है।
- उनमें से अधिकांश सोचते हैं कि ये बैंकों के कर्मचारी हैं जो इन कठिनाईयों के लिए उत्तरदायी होते हैं, जिसमें उनकी अनुपलब्धता भी शामिल है।

स्रोत: CMS India Corruption Study, 2007 से विश्लेषण किए गए आँकड़े।

घूस देने के कारण

- ऋण प्राप्त करने हेतु
- नया खाता खोलने हेतु
- पेंशन
- अपने ही खाते से धन–निकासी
- ऋण के भुगतान को टालने हेतु

स्रोत: CMS India Corruption Study, 2007.

सेवाओं की गुणवत्ता तथा शिकायत–प्रतिक्रिया पैटर्न पर निगाह रखने के लिए ग्राहक संतुष्टि सर्वेक्षणों को भी संपन्न किया जा रहा है। इसके बावजूद बैंकों के एक–चौथाई ग्राहक, जो गरीब हैं, पिछले एक वर्ष के दौरान घूस देने अथवा किसी संपर्क अथवा दलाल का उपयोग किए जाने का दावा करते हैं। इंडिया करप्शन सर्वेक्षण का एक और चिंताजनक निष्कर्ष यह था कि सेवा की माँग करने वाले लोगों का तीन प्रतिशत, जो बीपीएल हैं, सेवा को इसलिए नहीं प्राप्त कर सका क्योंकि वे किसी ऋण को प्राप्त किए जाने, ऋण की किश्त को टाले जाने जैसी सेवाओं के लिए घूस नहीं दे सके अथवा किसी संपर्क को नहीं खोज सके।

बैंकों को अपनी सेवाओं के संदर्भ में लंबा रास्ता तय करना है क्योंकि बड़ी संख्या में क्षमतावान नागरिक खाते खोलने के लिए प्रतीक्षा कर रहे हैं। उदाहरण के लिए, अक्टूबर 2010 में कुल बैंक खातों की संख्या देश में उपयोग में लाए जा रहे मोबाइल फोनों की संख्या की आधी थी। ऐसा कैसे है?

घूस दिए जाने के माध्यम

- बैंक के कर्मचारी
- दलाल
- स्थानीय प्रतिनिधि

स्रोत: CMS India Corruption Study, 2007.

सन् 2007 के सीएमएस इंडिया करप्शन अध्ययन के द्वारा यह स्पष्ट किया गया है कि कुछ ग्राहकों को एक ही प्रयोजन के लिए एक से अधिक बार बैंक के चक्कर लगाने पड़ते हैं। किसी भी वर्ष में आधे से भी अधिक परिवारों को एक अथवा अधिक प्रयोजनों के लिए बैंकों से संपर्क करने के लिए कई चक्कर लगाने पड़ते हैं। विशेषतौर पर ग्रामीण शाखाओं में गरीबों को जिस प्रकार की बैंकिंग सम्बन्धी आवश्यकताएं होती हैं तथा बैंकिंग सेवाओं का लाभ उठाए जाने के लिए वे जितने असंगठित तथा कौशलहीन होते हैं, उसपर विशेष रूप से विचार किए जाने की आवश्यकता है। बीपीएल परिवारों के लगभग 10 प्रतिशत भाग के द्वारा भ्रष्टाचार का अनुभव किया गया जो अधिकांशतः किसी बैंक पदाधिकारी को घूस दिए जाने के द्वारा प्राप्त किया गया था अथवा किसी ऋण अथवा किसी अन्य सेवा को प्राप्त करने में विफल रहने के द्वारा क्योंकि वे घूस नहीं दे सके। साथ ही यह भी स्पष्ट किया गया था कि कुछ ऐसे दलाल भी मौजूद हैं जो लेनदेन तय करवा देते हैं। बिहार, उत्तरप्रदेश, तथा असम में स्थिति और भी अधिक खराब थी। सतत् सतर्कता, निगरानी तथा निरीक्षण के साथ यह संभव होना चाहिए कि बैंकों में भ्रष्टाचार शून्य हो जाए। समस्त कार्यों का कंप्यूटरीकरण किए जाने के साथ ही अन्य सार्वजनिक सेवाओं की तुलना में इसे कहीं अधिक तेजी से हासिल किया जाना संभव होना चाहिए।

पहलें जिन्हें समेकित किया जाना चाहिए

बैंकिंग सेवाओं के पास बेहतर रूप से निर्धारित प्रक्रियाएं तथा ध्यानकेन्द्रित क्रियान्वयन, निरीक्षण तथा मूल्यांकन तंत्र उपलब्ध हैं।

- **प्रक्रिया सम्बन्धी**
    - बचत खाता खोलने के लिए पहचान की प्रक्रिया को सरल बनाया जाना चाहिए।
    - यदि परिवार के पास कोई बीपीएल, मतदाता अथवा नरेगा जॉब कार्ड उपलब्ध हो तो संदर्भ की आवश्यकता से बचा जाना चाहिए।

- ○ ग्रामीण क्षेत्रों में बैंकों तथा पोस्ट–आफिस के कार्यकाल को शहरी कार्यकाल के समरूप ही विस्तारित किया जाना चाहिए ताकि इसे सुविधाजनक बनाया जा सके, विशेषतौर पर बीपीएल परिवारों के लिए।
- ○ ऋण प्रसंस्करण को और अधिक सरल बनाया जाना चाहिए तथा इसमें और अधिक पारदर्शिता लाई जानी चाहिए। ऋण आवेदनकर्ताओं में से सुपात्रों को छाँटे जाने के लिए सुनिर्धारित मानदंडों को तैयार किया जाना चाहिए ताकि बैंक कर्मियों के द्वारा किसी भी पक्षपात किए जाने के प्रभाव से बचा जा सके।
- ○ ऋण के पुनर्भुगतान की योजना को बीपीएल किसानों एवं शिल्पकार परिवारों के लिए और अधिक लचीला बनाया जाना चाहिए।

- **सूचना सम्बन्धी**
  - ○ नया खाता खोले जाने, धन को जमा अथवा निकासी किए जाने, तथा ऋण प्राप्त करने के लिए दस्तावेज तैयार किए जाने में गरीब परिवारों की सहायता किए जाने हेतु बैंक कर्मचारी उपलब्ध होने चाहिए।
  - ○ सूचना एवं आवेदन फार्मों को स्थानीय एवं सरल भाषा में उपलब्ध होना चाहिए।

सेवा प्रदाताओं का दिशा–निर्देशन

- बीपीएल जनसंख्या अथवा समाज के संवेदनशील वर्गों के साथ किस प्रकार से संपर्क किया जाना है इस बात के प्रति संवेदनशील बनाए जाने के लिए बैंकिंग सेवाओं में रत् सभी स्तर के कर्मचारियों के लिए प्रशिक्षण कार्यक्रम आयोजित किए जाने चाहिए।
- कर्मचारियों को फीडबैक प्रदान करने के लिए प्रोत्साहित किया जाना चाहिए तथा ऐसे फीडबैक पर क्रियान्वयन के दृष्टिकोण से विचार किया जाना चाहिए।
- बैंक–विहीन क्षेत्रों, विशेषतौर पर उत्तर–पूर्व में बैंकिंग सेवाओं को पहुँचाए जाने के लिए नेटवर्क का विस्तार किया जाना चाहिए ताकि बीपीएल परिवारों को बैंकिंग सेवाओं तक सहज पहुँच प्राप्त हो सके।

आयकर

आयकर सेवा एक ऐसी सार्वजनिक सेवा है जिसे भ्रष्ट माना जाता है तथा इसके क्रियाकलापों में भ्रष्टाचार व्याप्त होने के सम्बन्ध में बातें की जाती हैं। इस विभाग को भी लोगों के द्वारा पुलिस के समान एक ''भय उत्पन्न'' करने

वाला विभाग माना जाता है। ऐसी किसी भी विपरीत मान्यता में किसी भी प्रकार के परिवर्तन को लाए जाने के लिए गंभीरता एवं दृढ़संकल्प की आवश्यकता है। आयकर सेवा, जो देशव्यापी संचालन से युक्त एक केन्द्रीय सेवा आधारित विभाग है, सुसंरचित है तथा समान रूप से सुशिक्षित, बेहतर वेतनप्राप्त करने वाले, एवं प्रशिक्षित कर्मचारियों द्वारा सेवित है। विभाग के पास किसी भी प्रकार के संसाधनों का अभाव नहीं है जबकि अधिकांश सार्वजनिक सेवाओं के मामले में ऐसा नही है। इसके पास विस्तृत आधार पर सुस्थापित संचार नेटवर्क भी उपलब्ध है। इसके अंतर्गत पदाधिकारियों को अभिप्रेरित किए जाने के लिए प्रतिस्पर्धात्मक योजनाएं जैसे ''सर्वोत्तम आयकर सेवा'' केन्द्र आदि उपलब्ध हैं जहाँ प्रत्येक लेनदेन मात्र कंप्यूटर के द्वारा ही किया जा सकता है तथा विवेकाधीन कार्यवाहियों के लिए कोई गुंजाइश उपलब्ध नहीं है। यदि संकल्प दृढ़ है तो करदाताओं के साथ–साथ भविष्य में आयकर के अधीन आने वाले लोगों के अनुभवों को परिवर्तित किए जाने के द्वारा ''विभाग की छवि'' को परिवर्तित किया जाना सापेक्षिक रूप से संभव होना चाहिए।

नागरिकों को बार–बार चक्कर क्यों लगाने पड़ते हैं

- अधिकारी उपलब्ध नहीं हैं/असहयोग
- और अधिक औपचारिकताओं को पूरा करने की आवश्यकता
- और अधिक वर्गीकरणों की आवश्यकता

स्रोतः CMS India Corruption Study, 2005.

क्यों लगभग आधे लोगों को अपना कार्य करवाने के लिए चार से भी अधिक बार चक्कर लगाने पड़ते हैं? और क्यों उनमें से आधे से भी अधिक लोगों को सीधे अथवा किसी दलाल के माध्यम से घूस देनी पड़ती है अथवा किसी ''संपर्क'' को खोजना पड़ता है? यदि उन प्रक्रियाओं में कुछ बाहरी बाधाएं हैं भी तो वे नागरिकों की लालच तथा उदासीनता तथा सत्ताधारी नेताओं एवं कुछ पदाधिकारियों की लालच हो सकती हैं। यह तथ्य कि आयकर सेवाओं में भ्रष्टाचार के सम्बन्ध में धारणाएं नागरिकों के अनुभवों की तुलना में कहीं ऊँची हैं, एक चौंका देने वाला निष्कर्ष है।

यदि घूस न लिए जाने के प्रति एक संकल्प किया गया हो तो करदाता नागरिकों के बारबार चक्कर लगाए जाने की बाध्यता भी नहीं होगी। आयकर विभाग की अपने परिचालनों एवं प्रबंधन में नए विचारों के प्रयोग एवं परीक्षण

अनुभव की गई कठिनाईयाँ

- प्रक्रिया सम्बन्धी
- उदासीन कर्मचारी
- फार्मों का उपलब्ध न होना
- दलालों का हस्तक्षेप
- कोई समस्या नहीं

स्रोतः CMS India Corruption Study, 2005.

किए जाने की परंपरा रही है। "गुणवत्तायुक्त सेवा" ऐसा ही एक विचार है जिसका विस्तार किए जाने की आवश्यकता है। यदि यह अपने द्वारा कागज पर किए गए सभी दावों का अनुपालन कर लेता है और उन्हें व्यवहार में लागू कर देता है तो बैंकों के साथ–साथ यह विभाग भी "शून्य भ्रष्ट" बनने वाला पहला विभाग हो सकता है। अपेक्षाकृत रूप से, एक अभियान के रूप में राजनीतिक नेताओं एवं नौकरशाही के हस्तक्षेपों के लिए गुंजाइश को न्यूनतम करते हुए आयकर विभाग में एक समय–सीमा के अंदर भ्रष्टाचार को समाप्त किया जाना कहीं अधिक सरल होना चाहिए।

घूस क्यों दी

- वार्षिक विवरणी दाखिल करने हेतु
- रिफंड प्राप्त करने हेतु
- करनिर्धारण कम करवाने/अर्थदंड कम करवाने हेतु
- पैन कार्ड प्राप्त करने हेतु
- छूट प्राप्त करने हेतु
- जाँच बंद करवाने हेतु

स्रोतः CMS India Corruption Study, 2005.

किसी एक वर्ष के दौरान कोई 6 प्रतिशत परिवार किसी न किसी कारणवश आयकर विभाग से संपर्क करते हैं। परंतु शहरी क्षेत्रों में, यह प्रतिशत कुल परिवारों के लगभग पाँचवे भाग के बराबर होगा। उनमें से लगभग 45 प्रतिशत परिवारों को एक ही प्रयोजन के लिए कम से कम चार चक्कर लगाने पड़ते

हैं। कंप्यूटरीकरण तथा नवीन संचार उपकरणों, एसएमएस सहित, के साथ नागरिकों के लिए कार्यालय जाने का कोई भी कारण मौजूद नहीं होना चाहिए। विभाग से संपर्क करने वाले कुल लोगों में से घूस देने वालों का प्रतिशत 20 के आसपास था। परंतु कोई दो–तिहाई के आसपास तक का ऊँचा प्रतिशत यह मानता है कि सेवा में भ्रष्टाचार व्याप्त है।

हाल ही में (8 अक्टूबर, 2010) सर्वोच्च न्यायालय के दो न्यायाधीशों ने आयकर विभाग के एक अधिकारी पर निर्णय सुनाते हुए टिप्पणी की थी कि आयकर, उत्पाद–शुल्क तथा बिक्री–कर विभाग (सर्वाधिक) भ्रष्ट हैं। उत्पाद–शुल्क तथा बिक्री–कर विभागों के विपरीत आयकर सेवा का सम्बन्ध लोगों के एक कहीं बड़े वर्ग तथा सभी पृष्ठभूमि वाले लोगों के साथ होता है। जहाँ यह महत्वपूर्ण है कि ये सभी सेवाएं सर्वोच्च न्यायालय के प्रेक्षण के सम्बन्ध में चिंता करें और गंभीर सुधारों के साथ आगे आएं, वहीं आयकर विभाग को पूरे देश में कहीं अधिक तीव्रता और पहुँच के साथ कार्य करना होगा।

विभाग के द्वारा हाल ही में अनेकों पहलें की गई हैं। जिस बात की आवश्यकता है वह है दर्शनीयता के साथ–साथ विचारों पर ध्यान केन्द्रित किया जाना तथा उनमें वृद्धि किया जाना। आयकर विभाग के पुणे मंडल में पारदर्शी एवं प्रत्युत्तरदायी पहलों को अपनाया गया था तथा उन्हें लागू भी किया जा रहा है। फिर उनका विस्तार अन्य मंडलों तक क्यों नहीं किया जा सकता? इस सार्वजनिक सेवा को ऐसी पहलों के माध्यम से नागरिकों की नकारात्मक सोच से पीछा छुड़ाए जाने के लिए प्रयुक्त किया जा सकता है। सत्यापन, संचार तथा संपर्क के नवीनतम उपकरणों के साथ यह संभव हो जाना चाहिए कि लोगों की धारणाओं को तीव्रता से परिवर्तित किया जा सके और लोगों को कार्यसंपादन में परिवर्तनों का अनुभव होने लगे। इनमें से कुछ परिवर्तनों को निम्न तरीकों से प्राप्त किया जा सकता है:

- सभी स्तरों पर तथा सभी सेवाओं के लिए सूचना एवं संचार प्रौद्योगिकी के अनुकूलन एवं उपयोग को तेजी से बढ़ाया जाना चाहिए, ऑनलाइन विवरणी दाखिल किए जाने की प्रथा को सरल बनाया जाना चाहिए, तथा साथ ही, अपनी स्थिति की जानकारी लिए जाने को भी उतना ही सरल बनाया जाना चाहिए। प्रत्येक सम्बन्धित व्यक्ति तक एक उचित समय पर पहुँचने की रणनीति को संपर्कशील/बेतार फोनों एवं एसएमएस आदि के द्वारा परिवर्तित कर दिया जाना चाहिए।
- करदाताओं को जाँच, रिफंड, स्थिति इत्यादि की विधियों एवं प्रक्रियाओं से सूचित किया जाना चाहिए। यहाँ तक कि यह कार्य व्यक्तिगत स्तर पर

एसएमएस (पाठ्य अथवा वॉयस), इंटरनेट अथवा वेबसाइट के माध्यम से किया जाना चाहिए।

- स्व–निर्धारण एवं विवरणी को दाखिल किया जाना सरल बनाया जाना चाहिए और विकेन्द्रीकृत किया जाना चाहिए। अब किसी दलाल के पास जाने अथवा किसी संपर्क को खोजने की कोई आवश्यकता नहीं है।
- निर्धारित किए गए वार्षिक कर के संग्रहण एवं रिफंड की सुपुर्दगी के लिए बाह्यस्रोतन का उपयोग किया जाना चाहिए।
- शिकायतों के निवारण के लिए हेल्पलाइन को फीडबैक का एक स्रोत होना चाहिए।

आयकर सेवाओं को नागरिकों में ईमानदारी को प्रोत्साहित किए जाने तथा उसकी मान्यता प्रदान किए जाने का एक स्रोत होना चाहिए। नागरिकों को उनके अनुभवों एवं धारणाओं के सदंर्भ में सेवा में आ रहे सुधारों का अनुभव करने में तीन वर्षों से अधिक का समय नहीं लगना चाहिए।

पहलें जिनमें वृद्धि किए जाने की आवश्यकता है

- **कार्यालय जाने और पुनः जाने की आवश्यकता को कम किया जाना**
  - वार्षिक विवरणियों को संग्रहित करने के लिए वैकल्पिक माध्यमों, जैसे बैंक तथा पोस्ट आफिसों को विवरणी जमा करने के लिए सक्षम बनाया जाना। सूचना प्रौद्योगिकी विभाग ने पहले ही नागरिकों को अपनी विवरणी इंटरनेट के माध्यम से दाखिल करने हेतु सक्षम बना दिया है।
  - विधियों, नागरिकों के विभिन्न प्रश्नों की स्थितियों, कर रिफंड की स्थिति इत्यादि पर सूचना कॉल सेंटरों के द्वारा उपलब्ध कराया जाना।
  - एक ऐसी वेबसाइट जिसमें विधियों, आयकर रिफंड आदि की स्थिति देखी जा सकती हो, तथा बारबार पूछे जाने वाले प्रश्नोत्तरों की सूची आदि को उपलब्ध कराया गया हो, की व्यवस्था किया जाना।
- **विवरणियों का प्रसंस्करण**
  - विवरणियों का प्रसंस्करण एक कठोर समयानुक्रम वाली 'पहले आओ–पहले पाओ' व्यवस्था के अधीन किया जाना चाहिए जिसका निर्धारण उनकी रसीद संख्या के आधार पर किया जाना चाहिए।
- **जाँच के लिए करदाताओं का चयन**
  - जाँच के लिए मामलों के चुने जाने सम्बन्धी मानदंडों को घोषित किया जाना चाहिए।

- ○ यह चयन किसी कंप्यूटर सॉफ्टवेयर का उपयोग करते हुए यादृच्छिक (रैंडम) आधार पर किया जाना चाहिए।

- **कार्यविधियों एवं उत्तरदायित्वों के सम्बन्ध में करदाताओं को शिक्षित किया जाना**
  - ○ नागरिकों को आयकर की कार्यविधियों एवं उनके उत्तरदायित्वों से अवगत कराए जाने हेतु आयकर विभाग को संगोष्ठियाँ/खुला सत्र आयोजित करना चाहिए।
  - ○ कारपोरेट क्षेत्र के लिए यह अनिवार्य बना दिया जाना चाहिए कि वे अपने नए भर्ती किए गए कर्मचारियों को उनके नियुक्ति कार्यक्रम के एक भाग के रूप में आयकर की कार्यविधियों एवं नागरिकों के उत्तरदायित्वों से अवगत करवाएं।
- **सिटीजन्स चार्टरों को और अधिक प्रभावोत्पादक होना चाहिए**
  - ○ सिटीजन्स चार्टरों को करदाताओं के साथ परामर्श के बाद तैयार किया जाना चाहिए तथा प्रत्येक तीन वर्षों में संशोधित किया जाना चाहिए तथा उसकी एक प्रति सीधे करदाताओं को प्रेषित की जानी चाहिए तथा अन्य माध्यमों से सार्वजनिक भी की जानी चाहिए।
  - ○ सिटीजन्स चार्टर में विनिर्दिष्ट समय–सीमा के अंदर सेवाओं की सुपुर्दगी न किए जाने के लिए दंडात्मक प्रावधान किए जाने चाहिए।
  - ○ सिटीजन्स चार्टर में उल्लिखित मानकों के विरुद्ध विभाग के कार्यप्रदर्शन का एक स्वतंत्र अंकेक्षण वार्षिक आधार पर किया जाना चाहिए तथा उसे सार्वजनिक किया जाना चाहिए।
  - ○ सूचना के अधिकार सम्बन्धी आवेदनों को शीघ्रता से प्रत्युत्तर दिया जाना चाहिए (30 दिन पूरे होने की प्रतीक्षा किए बिना) तथा वार्षिक आधार *स्वतः* की जाने वाली घोषणाओं को अपनाया जाना चाहिए।
- **करदाताओं के अधिवक्ता**
  - ○ प्रत्येक कर कार्यालय में सरकार द्वारा नियुक्त अधिवक्ता उपलब्ध होने चाहिए जो करदाताओं के हितों का प्रतिनिधित्व करें तथा यथास्थान ही जटिल स्थितियों का समाधान किए जाने में सहायता प्रदान करें।
- आयकर कर्मचारियों की कार्य करने सम्बन्धी स्थितियाँ
  - ○ आयकर कर्मचारियों को वेतन के निश्चित एवं परिवर्तनीय घटक उपलब्ध होने चाहिए। परिवर्तनीय घटकों को उनके द्वारा संग्रहीत की गई कुल कर धनराशि तथा/अथवा प्रभावी रूप से कर के दायरे में लाए गए लोगों की संख्या पर आधारित होना चाहिए।
  - ○ पदोन्नतियों को प्रतिभा पर आधारित होना चाहिए जिसे कि आम आदमी को परेशान किए बिना किए गए वास्तविक एवं समयानुसार कर–संग्रहण के द्वारा प्रदर्शित किया गया हो।

- ○ विभाग के द्वारा तय किए गए एक उद्देश्यपरक मानदंड पर आधारित एक कंप्यूटर प्रोग्राम का उपयोग करते हुए कर्मचारियों का चक्रानुक्रमण (अनुभाग परिवर्तन) किया जाना चाहिए।
- ○ कर्मचारियों को और अधिक सेवोन्मुख, प्रत्युत्तरदायी तथा सार्वजनिक समझ के प्रति जागरूक बनाए जाने के लिए के लिए कार्यशालाओं अथवा दिशा–निर्देशनों का आयोजन किया जाना चाहिए।
- ○ अपने कर्तव्यों से विचलित हुए पाए गए कर्मचारियों के विरुद्ध कठोर कार्यवाही की जानी चाहिए।

- **कर–बकाएदारों के विरुद्ध कार्यवाही**
  - ○ ऐसे कर–बकाएदारों के विरुद्ध कठोर कार्यवाही किए जाने की आवश्यकता है जिनकी सूची प्रायः ही संसद में पूछे गए प्रश्नों अथवा/तथा समाचार मीडिया में उपलब्ध कराई जाती रहती है।
- **समाचार मीडिया**
  - ○ समाचार मीडिया से बचा नहीं जाना चाहिए। उन्हें अपने एक सहयोगी के रूप में देखा जाना चाहिए। जटिल समस्या वाले क्षेत्रों/मामलों में वरिष्ठ संपादकों को विश्वास में लिया जाना चाहिए। और, वरिष्ठ/प्रख्यात समाचार मीडिया व्यक्तित्वों के साथ अग्रसक्रिय सम्बन्ध एक बेहतर दृष्टिकोण होता है।

टिप्पणी

1. Planning Commission, 9th Plan, mid-term appraisal, October, 2000, p. 455.
2. Estimate Committee report of AP Assembly, October 2010.
3. *Times of India*, "Why Not Abolish PDS for APL Families?" *Times of India*, July 28, 2010, http://articles.timesofindia.indiatimes.com/2010-07-28/india/28284907_1_apl-category-pds-system-apl-families.
4. Kunal Majumder, "MGNREGA: Cheating in Gandhi's Name. Centre Deceives Labourers Out of Wages," *Tehelka*, November 6, 2010.
5. Evaluation Study of Planning Commission, 2005, Yojana Bhawan, New Delhi; ORG-MARG study 2006 for Planning Commission.
6. NDTV correspondent, "Food Bill Re-draft: Subsidies for 75 Per Cent," October, 2010, http://www.ndtv.com/article/india/food-bill-re-draft-subsidies-for-75-percent-61880&cp.
7. Special Correspondent, "Jean Drèze's dissent note," *Hindu*, http://www.thehindu.com/news/national/article845406.ece?css=print.
8. NAC Report on NREGS, *Indian Express*, September 9, 2010.
9. Parliamentary Committee on Rural Development, 2009–10. Lok Sabha Secretariat Publication.

10. L. C. Jain, *Of the People, By the People—Development Initiatives* (New Delhi: Friedrich Ebert Stiftung, 2005).
11. यह प्रशांत भूषण के द्वारा प्रारंभ किया गया एक आंदोलन था जिसमें इसकी परिधि एवं चिंता को पूरे देश में व्यापक बनाए जाने के कार्य में इस लेखक ने भी प्रारंभिक वर्षों (2007–10) के दौरान सक्रिय भूमिका निभाई थी। यह अभियान न्यायपालिका में भ्रष्टाचार विषय पर सीएमएस के द्वारा किए गए सर्वेक्षणों के आधार पर इस लेखक के द्वारा किए गए एक प्रस्तुतीकरण के साथ प्रारंभ हुआ था। न्यायपालिका सहित उस इंडिया करप्शन सर्वेक्षण (2005) के लिए कार्यविधि पर प्रशांत भूषण तथा न्यायमूर्ति राजिन्दर सच्चर के साथ परामर्श भी किया गया था।
12. http://india.gov.in/landrecords/index.php, http://bhoomi.karnataka.gov.in, www.aponline.gov.in http://www.doitpunjab. gov.in/pdfs/projects/ lrms.pdf, and http://gujaratinformatics.com/edhara.html.

7 सुशासन हेतु एक रणनीति तथा एक अभियान

इस अध्याय के अंतर्गत पुस्तक में सुझाई गई रूपरेखाओं के क्रियान्वयन के लिए सक्षमकारी प्रावधानों एवं उपायों का सार प्रस्तुत करने का प्रयास किया गया है। ये सुझाव किसी सेवा के प्रति विशिष्ट होने के बजाए सांकेतिक अधिक हैं। सुझाई गई कार्यवाही सम्बन्धी रूपरेखा में पाँच तत्व विद्यमान हैं। ये इस प्रकार हैं:

- **सुशासन सम्बन्धी उपाय**
  कई वर्षों तक किए गए सीएमएस अध्ययनों के आधार पर पाँच वर्षों की समय सीमा वाली एक योजना में क्रियान्वित किए जाने हेतु 16 उपायों को सुझाया गया है जिनका समय–निर्धारण सेवा तथा राज्य विशेष के अनुसार किया जा सकता है।
- **सेवाप्रदाताओं का दृष्टिकोण**
  किसी भी अंतर को लाए जाने के लिए तथा यहाँ तक कि न्यूनतम मापनयोग्य परिणामों को हासिल किए जाने में सक्षम होने के लिए सेवाप्रदाताओं के दृष्टिकोण की एक समझ एक आवश्यक तत्व है।
- **एक रणनीति**
  पुस्तक में प्रत्येक सेवा के मामले में पहले सुझाई जा चुकी विशिष्ट रणनीति को एक सार के रूप में तथा परिप्रेक्ष्य में रखा गया है।
- **बीपीएल परिवारों के लिए विशेष अभियान**
  बीपीएल परिवारों के संदर्भ में जारी चिंता तथा क्रियान्वयन के लिए एक चार–सूत्रीय रूपरेखा तैयार की गई है।
- **प्रतिस्पर्धात्मक राजनीति एवं लक्षित कार्यक्रम**
  लोकलुभावन नीतियों के साथ प्रतिस्पर्धात्मक राजनीति उद्देश्यों का क्षय करने की प्रवृत्ति रखती हैं तथा सार्वजनिक सेवाओं तक गरीबों की पहुँच को ही बाधित करते हुए भ्रष्टाचार के लिए एक प्रमुख स्त्रोत वाला कारक होती हैं।
- **एक अभियान**
  यहाँ एक चार–सूत्रीय अभियान का सुझाव दिया जा रहा है। यह राजनीतिक नेताओं, मीडिया संगठनों, शिक्षाविद्‌ तथा सरकार के द्वारा संपन्न किया जाएगा।

सुशासन के उपाय

अनेकों वर्षों तक किए गए इन अध्ययनों के आधार पर सार्वजनिक सेवाओं के प्रति 16 उपायों को सामान्यीकृत किया जा सकता है। एक साथ मिलकर, ये पहलें आधारभूत सार्वजनिक सेवाओं में भ्रष्टाचार को रोकने और उसे कम करने में सहायक होंगी। यदि इन कदमों को एक गंभीर, व्यवस्थित, एवं संगठित तरीके से उठाया जाता है तो पाँच वर्षों के समय में व्यापक परिदृश्य में तरंगित प्रभावों के साथ सार्वजनिक सेवाएं भ्रष्टाचार में गिरावट का प्रदर्शन कर सकती हैं।

चूंकि ये सुझाव सहज एवं सुपरिचित दिखाई देते हैं अतः ऐसा प्रतीत होता है कि बिना किसी विशेष सफलता के इन सुझावों को पहले से ही लागू किया जा रहा है। हालांकि इन्हें उस प्रकार से नहीं अपनाया गया था जिस प्रकार से अपनाया जाना चाहिए था और न ही उन्हें सफल होने के लिए एक समुचित अवसर प्रदान किया गया था। इनमें से कुछ उपायों को यहाँ पुनः दोहराया जा रहा है। सार्वजनिक सेवाओं में जिस सीमा तक भ्रष्टाचार को सीमित किया जा सकता है और रोका जा सकता है वह इस तथ्य पर निर्भर करती है कि इन 16 उपायों को सतत् आधार पर कितने बेहतर तरीके से लागू किया जाता है। ये मात्र न्यूनतम उपाय हैं और ये कोई 'मंत्र' नहीं हैं; विशिष्ट परिस्थितियों के अंतर्गत किसी भी सार्वजनिक सेवा के लिए विशिष्ट अतिरिक्त प्रयासों की आवश्यकता हो सकती है।

- सार्वजनिक सेवा कार्यालयों में बारबार चक्कर लगाने की आवश्यकता को कम किया जाए। यह कार्य उतना सरल नहीं है जितना कि प्रतीत होता है। बल्कि, इसके लिए सार्वजनिक सेवाओं में पदाधिकारियों की अभिवृत्ति एवं अनुशासन सहित अनेकों प्रयासों की आवश्यकता होगी। वास्तव में, कुछ मामलों में तो सेवा प्राप्त करने के लिए कार्यालय जाने की आवश्यकता ही नहीं होनी चाहिए। इस लक्ष्य को एक अंतिम दर्शन तथा सरकार का एक लक्ष्य होना होगा।
- सूचना प्रौद्योगिकियों का उपयोग, विशेषतौर पर सेवा सुपुर्दगी के सबसे अग्रणी मोर्चे पर तथा/अथवा सार्वजनिक संपर्क बिन्दु पर, एक ऐसा तरीका उपलब्ध करवाता है जिसके द्वारा आगमन को दर्ज किया जाता है तथा सूचना प्रदान की जाती है। किसी भी वांछित फार्म को डाउनलोड किया जाना एवं सूचना को प्राप्त किया जाना संभव होना चाहिए। आवेदनों, शिकायतों आदि पर निगाह रखने एवं उनकी वर्तमान स्थिति की जानकारी प्राप्त करने के लिए एक "ऑनलाइन एप्लीकेशन ट्रैकिंग सॉफ्टवेयर" को

उपयोग में लाया जाना संभव होना चाहिए। यही वह बिन्दु है जहाँ आवेदक को कार्यालय जाने की आवश्यकता ही नहीं रह जाती।

- सार्वजनिक कार्यालयों के अंदर तथा बाहर दोनों ही जगहों पर "दलालों" के क्रियाकलापों की पहचान की जानी चाहिए तथा उससे इस प्रकार से बचा जाना चाहिए कि दलालों के द्वारा किए जाने वाले सभी कार्यों का आंतरिककरण कर दिया जाए बल्कि उनका औपचारिककरण ही कर दिया जाए। इस प्रयोजन से कार्यालयों के सूचना केन्द्रों के अग्रणी भाग को संपर्कशीलता के साथ विशेषरूप से संगठित एवं कर्मचारियों से युक्त किए जाने की आवश्यकता है।
- अधिकांश राज्यों में अधिकांश सार्वजनिक सेवाओं/सुविधाओं के लिए सिटीजन्स चार्टर को तैयार कर लिया गया है और कार्यालयों के प्रवेशद्वारों पर लगे सूचना–पटल पर उन्हें प्रदर्शित कर दिए जाने की अपेक्षा की जाती है। सिटीजन्स चार्टर से संभावित उपयोगकर्ताओं को यह सूचित किए जाने की आशा की गई थी किसी भी काम को पूरा किए जाने में वे कितना समय लगने की आशा कर सकते हैं। अनेकों मामलों में सिटीजन्स चार्टरों को संशोधित किए जाने अथवा अद्यतन किए जाने की तथा उसके अनुपालन में गंभीरता को सुनिश्चित किए जाने की आवश्यकता होती है। अधिकांश राज्यों में कुछ सेवाओं में तो सूचना के अधिकार अधिनियम के बाद से सिटीजन्स चार्टर को न केवल दरकिनार कर दिया गया है बल्कि भुला ही दिया गया है। सूचना का अधिकार अधिनियम एवं सिटीजन्स चार्टर ये दोनों ही भिन्न–भिन्न तरीकों से सक्षमकारी हैं और एकसाथ मिलकर ये एक अंतर ला सकते हैं। सिटीजन्स चार्टर को नई पहलों के साथ पुनः तैनात किए जाने की आवश्यकता है जैसा कि मध्य प्रदेश सरकार ने अपने सन् 2010 के नए अधिनियम के साथ किया है। और इसे नागरिक सक्रियता को प्रेरित करना चाहिए।
- शिकायत निवारण तंत्र–प्रत्येक सार्वजनिक सेवा से आशा की जाती है कि वह किसी न किसी प्रकार के शिकायत–प्राप्ति तंत्र से युक्त होगी तथा उसके पास ऐसी शिकायतों पर कार्यवाही किए जाने की एक व्यवस्था भी उपलब्ध होगी। यह प्रक्रिया व्यक्तिगत रूप से, लिखित रूप से, एसएमएस के द्वारा अथवा वॉयस मेल के द्वारा संपन्न की गई हो सकती है। शिकायत का निवारण यथास्थान किया गया हो सकता है अथवा इसे अलग–अलग स्थानों पर भी किया जा सकता है। इस तंत्र को सुगठित, उपलब्ध, तथा प्रभावी होना चाहिए। यहाँ तक कि ऐसे लोग जिन्होंने सूचना के अधिकार अधिनियम के अधीन सूचना प्राप्त की हो को भी शिकायत निवारण तंत्र का सहारा लेना

पड़ सकता है। बिना निवारण के सूचना के अधिकार अधिनियम के अधीन प्राप्त की गई सूचना नागरिकों के द्वारा किसी सार्वजनिक सेवा को प्राप्त किए जाने एवं उससे लाभान्वित होने की प्रक्रिया में बिना कोई अंतर लाए "मात्र सूचना" बन कर ही रह जाती है। किसी भी सार्वजनिक सेवा में भ्रष्टाचार का स्तर स्वाभाविक रूप से इस बात पर निर्भर करता है कि उस सेवा में शिकायत निवारण तंत्र कितनी बेहतर तरीके से कार्य कर रहा है।

- सूचना के अधिकार अधिनियम के अधीन नागरिकों से आवेदन स्वीकार किए जाने, वांछित सूचनाओं के लिए अनुवर्ती कार्यवाही किए जाने तथा अधिनियम के प्रावधानों के अनुसार एक निश्चित समयसीमा के अंदर आवेदक को सूचित किए जाने हेतु प्रत्येक सार्वजनिक कार्यालय के पास एक जनसूचना अधिकारी (पीआईओ) होना चाहिए। माँगी गई सूचना का सम्बन्ध सेवा के किसी भी सामान्य पहलू से अथवा विशिष्ट रूप से नागरिक के अनुभव से हो सकता है। यह कोई अस्थाई व्यवस्था अथवा एक अल्पकालिक अभियान नहीं होता वरन् एक सतत् उत्तरदायित्व तथा एक कानूनी दायित्व होता है। इसीलिए, प्रत्येक सार्वजनिक सेवा से तैयार रहने एवं आवेदक की प्रार्थना को पूरा किए जाने की आशा की जाती है। वास्तव में, इस अधिनियम की धारा 4 के अंतर्गत सार्वजनिक सेवा से आशा की जाती है कि वह सेवा के संचालनों से सम्बन्धित महत्वपूर्ण सूचनाओं का प्रदर्शन एक कानूनी दायित्व के रूप में अपने आप ही कर दे, भले ही नागरिकों के द्वारा उसकी माँग की गई हो अथवा नहीं। सेवा के प्रत्येक लेन–देन तथा संचालन का कंप्यूटरीकरण सम्बन्धित पदाधिकारी (पीआईओ) को सहायता प्रदान करेगा। बदले में, इसका अर्थ होता है बेहतर रेकार्ड प्रबंधन एवं रखरखाव तथा, उस सीमा तक, सेवा में भ्रष्टाचार से बचा जाना।
- यदि नागरिकों के फीडबैक को शीघ्रता तथा अग्रसक्रिय रूप से प्राप्त किया जा सके और उनका विश्लेषण किया जा सके तो यह सार्वजनिक सेवाओं को भ्रष्टाचारमुक्त एवं कुशल बनाए जाने में महत्वपूर्ण योगदान कर सकता है। समस्या यह है कि नागरिकों के फीडबैक को उस प्रकार से न तो महत्व दिया जाता है और न उसपर विचार किया जाता है जिस प्रकार से किया जाना चाहिए और न ही उसपर कोई कार्यवाही की जाती है। इसकी संभावित क्षमता को प्रायः ही मान्यता नहीं दी जाती और न ही उसका लाभ उठाया जाता है। आज व्यवसायिक अथवा कारपोरेट क्षेत्र में फीडबैक को प्रोत्साहित किए जाने, उसे प्राप्त किए जाने और उसका स्वागत किए जाने के लिए बहुत अधिक देखे जा सकने योग्य प्रयास किए जा रहे हैं। ये फीडबैक मीडिया, शिक्षाविद्ों तथा रुचि रखने वाले नागरिकों अथवा उपयोगकर्ता समूहों से अथवा पदाधिकारियों के अंदर से ही प्राप्त किए जा सकते हैं। सक्रिय नागरिकता एक सतत् आधार

पर एक भ्रष्टाचारमुक्त सार्वजनिक सेवा को सुनिश्चित किए जाने के लिए सर्वश्रेष्ठ दाँव एवं गारंटी दोनों ही होती है।

- नागरिकों के द्वारा प्रायः सामना की जाने वाली समस्याओं में से एक यह है कि सम्बन्धित पदाधिकारी अपनी सीट पर उपलब्ध नहीं होते, और जब उपलब्ध होते भी हैं तो वे समस्याओं पर ध्यान देने के लिए विधिवत् काम नहीं करते, और यह कि प्रक्रिया ऐसी है जो भ्रष्टाचार को बढ़ावा देती है। ऐसे पदाधिकारी, जो नागरिकों के साथ संपर्क में आते हैं अथवा उनसे निपटते हैं, को कार्यप्रदर्शन के मानदंड प्रदान किए जाने चाहिए तथा आवधिक आधार पर उनके प्रदर्शन का मूल्यांकन एवं पर्यवेक्षण किया जाना चाहिए। आजकल (सन् 2010 से) उपस्थिति को सुनिश्चित किए जाने हेतु बायोमेट्रिक्स विधि को अपनाया जाने लगा है। यह सहायता तो कर सकती है, परंतु यह सुनिश्चित किया जाना चाहिए कि पदाधिकारी ''अपनी सीट पर उपलब्ध'' रहे, और उसका कार्यालय में आना मात्र ही पर्याप्त नहीं है, न ही यह उसके अपनी सीट पर उपस्थित होने के समान हो सकता है।
- सार्वजनिक सेवाओं के भ्रष्टाचारमुक्त न बन पाने के लिए पहचान किए गए कारणों में से एक है राजनीतिक प्रतिनिधियों के द्वारा प्रायः ही किया जाने वाला ''हस्तक्षेप''। किसी भी लोकतंत्र में एक निर्वाचित प्रतिनिधि के कतिपय उत्तरदायित्व होते हैं ताकि वे नागरिकों के लिए सुविधाप्रदाता की भूमिका निभा सकें। आवश्यकता है ''हस्तक्षेप करने वाले एवं शोषणकर्ता प्रतिनिधियों'' के बजाए ''अग्रसक्रिय स्थानीय प्रतिनिधियों'' की। इनमें से एक चुने हुए मामलों से सम्बन्ध रखता है जबकि दूसरा एक व्यवस्थागत विचार अपनाता है। निर्वाचित प्रतिनिधियों द्वारा किए जाने वाले हस्तक्षेप के द्वारा भ्रष्टाचार की गुंजाइश उत्पन्न किया जाना आवश्यक नहीं है। इस प्रक्रिया को पारदर्शी होना चाहिए। कोई भी ''दुरुपयोग'' एक स्वैच्छिक मामला हो सकता है परंतु यह एक दृष्टांत नहीं बन सकता। और ऐसी किसी भी संलिप्तता को नागरिकों के द्वारा घूस दिए जाने की बाध्यता अथवा स्वयं सेवा से ही वंचित रह जाने की बाध्यता को रोके जाने में सहायक होना चाहिए।
- ''विवेकाधीन'' कार्यवाही को जवाबदेह एवं पारदर्शी बनाया जाना चाहिए। अपवाद के रूप में विवेक के लिए प्रत्येक सार्वजनिक सेवा की अपनी विलक्षणताएं होती हैं। ऐसे अपवादों से जुड़ी शर्तों को ज्ञात होना चाहिए तथा आवधिक आधार पर इनकी जाँच की जानी चाहिए। अन्यथा, ऐसे उदाहरण इस धारणा को और अधिक बल प्रदान करेंगे कि अमुक सेवा भ्रष्ट है।
- जिस प्रकार के ''प्रचार'' के साथ विशेषतौर पर टेलीविजन चैनल अपने समाचार बुलेटिनों में भ्रष्टाचार को कवर करते हैं, उनकी उपेक्षा नहीं की जानी चाहिए। सार्वजनिक सेवाओं को स्थानीय समाचार मीडिया का लाभ

एक स्वतः अपनाई गई रणनीति के रूप में उठाना चाहिए बजाए इसके कि मीडिया से दूर रहा जाए और अप्रत्यक्ष रूप से समाचार मीडिया को एक विरोधी भूमिका निभाने के लिए बाध्य किया जाए। सार्वजनिक सेवाओं को समाचार मीडिया की क्षमताओं के साथ तालमेल स्थापित किए जाने के लिए इस प्रकार की एक अग्रसक्रिय रणनीति से युक्त होना चाहिए कि वे भ्रष्टाचार के सम्बन्ध में धारणाओं को सुधारे जाने में तथा नागरिकों को सक्रिय एवं किसी भी सार्वजनिक सेवा के जिम्मेदार उपयोगकर्ता बनाए जाने में सहायक हो सकें। समाचार मीडिया से दूरी बरता जाना अल्पकाल में सहायक हो सकता है, परंतु उनके साथ रणनीतिक सम्बन्ध बेहतर सहायक होते हैं। इससे समाचार मीडिया भी सार्वजनिक सेवाओं में भ्रष्टाचार के विरुद्ध संघर्ष में भाग लेने का इच्छुक हो सकेगा।

- सार्वजनिक सूचना। प्रत्येक सार्वजनिक सेवा केन्द्र को आवश्यकतानुसार इसकी सेवाओं को प्राप्त किए जाने में नागरिकों को सुविधा प्रदान किए जाने एवं सूचित किए जाने के अपने स्वयं के तरीकों को विकसित करने की आवश्यकता होती है। इसके लिए, प्रत्येक सेवा को अपनी स्वयं की रणनीति एवं प्राथमिकताओं का निर्धारण करना चाहिए। शोध सम्बन्धी अध्ययनों ने यह स्पष्ट कर दिया है कि किस प्रकार से नागरिक सदैव ही सेवा–प्राप्ति की शर्तों से अवगत नहीं होते और यह कि किए गए प्रयास पर्याप्त नहीं होते, विशेषतौर पर तब जब नियमों, शर्तों, प्रक्रियाओं अथवा समय–निर्धारण में परिवर्तन कर दिए गए हों। प्रत्येक सार्वजनिक सेवा को नागरिकों को प्रायः ही सूचित किए जाने एवं उनसे संपर्क करने की एक नीति से युक्त होना चाहिए, तथा प्रक्रियाओं एवं औपचारिकताओं को उतने ही व्यापक आधार पर स्थानीय भाषाओं में पूरी तरह से सूचित किया जाना चाहिए। इस प्रक्रिया में, किसी भी अन्य मीडिया की अपेक्षा टेलीविजन चैनलों पर अधिक निर्भर रहा जाना चाहिए। प्रत्येक स्थान पर लगे नोटिस बोर्डों पर अद्यतन स्थिति को प्रदर्शित किया जाना चाहिए। इसी प्रकार से प्रारूपों, आवेदनपत्रों, सूचना सामग्रियों आदि की तुरंत उपलब्धता को सुनिश्चित किया जाना चाहिए। इन सभी वस्तुओं की अनुपलब्धता को बारबार चक्कर लगाए जाने का एक कारण नहीं होना चाहिए। इसके लिए, नवीनतम संचार उपकरणों अथवा मीडिया का प्रयोग किया जाना चाहिए और उन्हें अपनाया जाना चाहिए।
- भ्रष्टाचार के विरुद्ध एक प्रभावकारी निवारक को सुस्पष्ट होना चाहिए। किसी भी प्रकार की सार्वजनिक सेवा में भ्रष्टाचार में संलिप्त होने अथवा उसके लिए जिम्मेदार होने के लिए ''दंडित किए जाने की निश्चितता'' से समस्त हितधारकों को अवगत होना चाहिए। यह सोच कि ''भ्रष्टाचार एक कम जोखिम और अधिक लाभ वाली गतिविधि'' है, को जानबूझकर सुधारा जाना चाहिए।

- "वोट के बदले नोट"। मैं यह तर्क देता रहा हूँ कि पूरे देश में "वोट के बदले नोट" किस प्रकार से "समस्त भ्रष्टाचार की जननी" है, और बिना इस समस्या का समाधान किए सार्वजनिक सेवाओं को प्राप्त किए जाने में नागरिकों की संलिप्तता वाले भ्रष्टाचार को न तो समाप्त किया जा सकता है और न ही नियंत्रित किया जा सकता है। नागरिकों को इनके परस्पर सम्बन्धों को समझना होगा। आवधिक आधार पर "वोट के बदले नोट" का उपयोग किए जाने के द्वारा नागरिक लोग राजनीतिक कपट के शिकार बन रहे हैं। राजनीतिज्ञ निरंतर ही अभियानों पर व्यय किए जाने के लिए धन एकत्रित किए जाने का मार्ग ढूँढते रहते हैं तथा निर्वाचित नेता अपने चुनाव को जीतने के लिए व्यय किए गए धन का कई गुना वापस वसूलने का प्रयास करते रहते हैं।
- सेवा विशिष्ट शोध मूल्यांकन एवं आकलन को अपनाया जाना चाहिए, कुछ को तो प्रायः ही अंदर से तथा बाहर से भी स्वतंत्र रूप से कम से कम दो वर्षों में एक बार। ऐसे मूल्यांकनों के निष्कर्षों के आधार पर नवीनतम प्रौद्योगिकियों के साथ किए जाने वाले प्रयोगों को भी अपनाया जाना चाहिए ताकि सेवा सुपुर्दगी की पहुँच, शिकायत निवारण एवं अग्रसक्रिय पहलों को सुनिश्चित किया जा सके।
- मीडिया से बचे जाने के स्थान पर इसके साथ किए गए निरंतर संपर्क से मीडिया को विश्वास में लिया जाना चाहिए, और, वास्तव में, इसे अपने एक सहयोगी के रूप में देखा और अपनाया जाना चाहिए।
- सुशासन "सेवा प्रदाताओं" के स्तर पर की जाने वाली चिंताओं की प्रसंशा किए बिना संभव नहीं होता। उन्हें समझे जाने तथा उनपर किसी भी अन्य चिंता से अधिक ध्यान दिए जाने की आवश्यकता होती है।

सेवाप्रदाताओं का दृष्टिकोण

भ्रष्टाचार पर सीएमएस सर्वेक्षणों की कार्यविधि की प्रमुख विशेषताओं में से एक यह रही है कि सुपुर्दगी के छोर पर तथा निरीक्षण के स्तर पर सार्वजनिक सेवाओं के लिए उत्तरदायी पदाधिकारियों के तर्कों की खोज की जाए। इससे सेवाओं की सुपुर्दगी में सेवाप्रदाताओं के द्वारा सामना की जाने वाली समस्याओं को समझने में सहायता प्राप्त होती है। हमें उन पदाधिकारियों के प्रति प्रसंशापूर्ण होने तथा उनकी बाध्यताओं को समझने की आवश्यकता है जो सार्वजनिक सेवाओं में नागरिकों के साथ संपर्क में आने तथा उनकी आवश्यकताओं को पूरा करने के लिए उत्तरदायी होते हैं। यह विशेषतौर पर महत्वपूर्ण है क्योंकि अनेकों की संख्या में शोध सम्बन्धी अध्ययनों के द्वारा इंगित किया जा चुका है कि

पदाधिकारी एवं नौकरशाह कितने महत्वपूर्ण होते हैं। उनकी बाध्यताओं की उपेक्षा नहीं की जा सकती। उनके तर्कों को समझने तथा जहाँ कहीं भी आवश्यक हो उनपर ध्यान दिए जाने की आवश्यकता है।

मोटे तौर पर, सेवाप्रदाताओं की प्रतिक्रियाओं को चार प्रकार–विज्ञानों में रखा जा सकता है: (1) *प्रतिरक्षक,* उन कार्यवाहियों का जो वे किसी न किसी कार्य के सम्बन्ध में कर रहे हैं, (2) *निष्क्रिय* ऐसे पदाधिकारी जो यह सोचते हैं कि मामला अपने आप ही सुलझ जाएगा, (3) *प्रतिक्रियापूर्ण* पदाधिकारी जो सकारात्मक रूप से प्रतिक्रिया करते हैं, परंतु मात्र तब जब उनसे व्यक्तिगत रूप से अपील की गई हो, तथा (4) *अग्रसक्रिय* पदाधिकारी जो एक सकारात्मक विचार के साथ पहल किए जाने की प्रवृत्ति रखते हैं। समस्त राज्यों तथा सेवाओं में सेवाप्रदाताओं की प्रतिक्रियाएं बहुत कुछ खुलासा करने वाली होती हैं। इन्हें निम्नवत् विभिन्न प्रकारों में अभिव्यक्त किया जा सकता है:

- ''हाँ, हम सहायता करने के लिए तत्पर हैं, परंतु हमें कोई शिकायत मिलती ही नहीं'' ये सेवाप्रदाता सेवा से सम्बन्धित पहुँच तथा विश्वसनीयता की समस्या से अवगत होते हैं परंतु किसी अवसर की प्रतीक्षा करते रहते हैं।
- ''हाँ, हम तत्परता से ध्यान देते हैं'' उन समस्याओं पर जो हमारे संज्ञान में लाई गई होती हैं परंतु समस्याएं/कमियाँ भी बहुत अधिक हैं।
- और अधिक कार्य करने के लिए ''हमारे पास कर्मचारियों की कमी है''; हमारे काम का बोझ बहुत बढ़ चुका है।
- **कार्य का भारी बोझ:** सार्वजनिक सेवाओं को प्राप्त करने वाले नागरिकों की संख्या में और अधिक बढ़ोत्तरी होते रहने के साथ ही साथ उसके अनुपात में कर्मचारियों की संख्या में वृद्धि नहीं हो सकी है, कार्य के बोझ में बहुत अधिक वृद्धि हो चुकी है।
- ''हम सेवा करने को तैयार हैं परंतु जनता सहयोग नहीं करती।''
- ''हमारे हाथ में नहीं है, प्रक्रियाएं ऊपर से निर्धारित की जाती हैं, प्रक्रियाएं ऐसी हैं कि....''
- **निर्णयन का केन्द्रीयकरण:** सेवा सुपुर्दगी इसलिए प्रभावित होती है क्योंकि अधिकांश निर्णय केन्द्रीकृत होते हैं, जिसके लिए फाइलों को कई स्तरों से होकर गुजरने की आवश्यकता होती है।
- **माध्यस्थ लोग** अपनी भूमिका नहीं निभा रहे हैं: आयकर जैसी सेवाओं में चार्टर्ड एकाउण्टेंट लोग अपने ग्राहकों के बीच सम्बन्धित नियमों एवं प्रक्रियाओं के सम्बन्ध में जागरूकता नहीं उत्पन्न करते हैं।
- ''कार्य करने एवं न करने वाले के बीच में कोई अंतर नहीं''–स्थानीय तौर पर कुछ अधिक/बेहतर कार्य करने तथा पहल किए जाने के लिए कोई भी अभिप्रेरणा उपलब्ध नहीं है।

- **कोई प्रोत्साहन नहीं:** कार्य प्रदर्शन किए जाने हेतु कर्मचारियों के लिए कोई भी प्रोत्साहन उपलब्ध नहीं है। उदाहरण के लिए, कतिपय दूरसंचार कंपनियों में प्रोत्साहन को ग्राहक की संतुष्टि के साथ जोड़ दिया गया है। सार्वजनिक सेवाओं में सेवाप्रदाताओं के लिए ऐसा कोई दृष्टिकोण मौजूद नहीं है।
- ''हम पुरानी पड़ चुकी सुविधाओं को संचालित कर रहे हैं, सहयोग अपर्याप्त हैं तथा नियम पुराने पड़ चुके हैं''–हम बेहतर प्रदर्शन किस प्रकार कर सकते हैं?
- **पुराना बुनियादी ढाँचा:** पिछले कई वर्षों के दौरान सेवा का क्षेत्र बहुत अधिक व्यापक हो चुका है, परंतु बुनियादी ढाँचा वही पुराना है। उदाहरण के लिए, जलापूर्ति के अधिकांश मामलों में संयोजनों में सुधार किए बिना सुधार नहीं किया जा सकता।
- ''कार्य का बोझ प्रायः ही राजनीतिक दबावों से प्रेरित होता है।''
- **राजनीतिक हस्तक्षेप:** राजनीतिक नेतृत्व के द्वारा बार–बार किए जाने वाले हस्तक्षेपों का परिणाम सेवा सुपुर्दगी में रत् कर्मचारियों के नैतिक पतन के रूप में प्रकट हुआ है।
- **प्रभावशाली लोगों का दबाव:** किसी भी मामले को गति प्रदान किए जाने अथवा विवादों का समाधान किए जाने के लिए अथवा असहाय महसूस करते हुए और दबाव के सामने घुटने टेकते हुए खैरात के रूप में पक्षपात किए जाने (पदाधिकारियों पर) का भारी दबाव होता है।
- ''बढ़ती हुई माँग एवं अपेक्षाओं तथा परिवर्तित हो रहीं जटिलताओं के साथ निपटने के लिए कर्मचारियों को मुश्किल से ही कोई प्रशिक्षण प्राप्त होता है?''
- **कर्मचारियों को कोई प्रशिक्षण नहीं:** विभिन्न क्षेत्रों में तीव्र गति से हो रहे परिवर्तनों के कारण उपयोगकर्ताओं की अपेक्षाओं में भारी वृद्धि हो चुकी है। वे अब बहुत अधिक माँगें करने लगे हैं उपभोक्ताओं की बढ़ी हुई अपेक्षाओं को पूरा करने के लिए प्रशिक्षण की तात्कालिक आवश्यकता है।
- ''सुधारों के लिए हमें ऊपर/बाहर से मुश्किल से ही कोई मार्गदर्शन प्राप्त होता है।''
- ''बीपीएल परिवारों को सेवा प्रदान किया जाना कहीं अधिक जटिल एवं कठिन होता है तथा इसके लिए विशेष प्रयासों की आवश्यकता होती है।''
- **कानून/कानून के अनुपालन हेतु कोई सम्मान नहीं:** ऐसे अनेकों उदाहरण मौजूद हैं जहाँ नागरिक संपत्ति के कम मूल्य को घोषित किए जाने, आय को छिपाए जाने, मीटरों को बाईपास किए जाने आदि जैसी गैरकानूनी गतिविधियों में संलिप्त रहे हैं। वे कर्मचारियों को घूस देने के उत्सुक रहते हैं।
- **निष्क्रिय नागरिक:** नागरिक विभाग में व्याप्त भ्रष्टाचार के सम्बन्ध में शिकायत नहीं करते। जब तक नागरिक शिकायत नहीं करेंगे तब तक सुधारों को प्रारंभ किया जाना तथा कार्यवाही किया जाना कठिन होगा।

- **अत्युक्ति (नाटक) करने वाले नागरिकः** उन्हें तुरंत सेवा की आवश्यकता होती है, चाहे इसके लिए कुछ भी क्यों न करना पड़े। यहाँ तक कि वे धमकी भी देते हैं, दूसरों का नाम लेते हैं, और उनके पास प्रक्रियाओं को पूरा होने की प्रतीक्षा करने का समय नहीं होता।

सेवा–सुपुर्दगी बिन्दुओं पर तथा कतिपय पदाधिकारियों, जैसे वे जो सार्वजनिक सेवा कार्यालयों/केन्द्रों के प्रवेशद्वार तथा सूचना केन्द्रों पर मौजूद रहते हैं, के विशिष्ट संदर्भ में कार्यों की स्थिति की आवधिक समीक्षा तथा मूल्यांकन किया जाना चाहिए। सुशासन प्रदान किए जाने के लिए किए जाने वाले उपायों के संदर्भ में उनकी भूमिका पर विचार किया जाना चाहिए तथा व्यवस्थाओं, तकनीकों, प्रशिक्षण, तथा सर्वाधिक महत्वपूर्ण रूप से अभिप्रेरणाओं के माध्यम से उन्हें हर प्रकार का समर्थन एवं सहयोग उपलब्ध करवाया जाना चाहिए।

एक रणनीति

सीएमएस के द्वारा वर्षों तक किए गए सर्वेक्षणों के आधार पर यहाँ कुछ सामान्य सुझाव दिए जा रहे हैं। सार्वजनिक सेवाओं में भ्रष्टाचार को कम किए जाने में ये सहायता प्रदान करेंगे। सार्वजनिक सेवाओं पर विशिष्ट अध्यायों के अंतर्गत प्रत्येक सेवा के लिए और अधिक विस्तृत सुझाव उपलब्ध कराए गए हैं।

नीति

- **अधिक प्रतिस्पर्धाः** सार्वजनिक एकाधिकार को निजी एकाधिकार के द्वारा प्रतिस्थापित किए जाने के द्वारा भ्रष्टाचार के स्तर में अपने आप ही महत्वपूर्ण कमी लाए जा सकने की संभावना नहीं है। विद्युत आपूर्ति सेवाओं का गहराईपूर्वक किया गया एक विश्लेषण यह प्रदर्शित करता है कि निजी रूप से संचालित सुविधाएं सरकार द्वारा संचालित सेवाओं से कुछ मामूली रूप से ही बेहतर रहीं है। अतः, जहाँ कहीं भी संभव हो सके, सेवाओं को उपलब्ध कराए जाने में और अधिक प्रतिस्पर्धा की सुविधा प्रदान किए जाने की आवश्यकता है।
- **परिणाम के आधार पर निधियों का आवंटन किया जाएः** विभिन्न विभागों को आबंटित की जाने वाली निधियों को उनके परिणामों के साथ सम्बद्ध किया जाना चाहिए। उदाहरणार्थ, स्कूलों में विभिन्न संकेतकों, जैसे नामांकन दर, बच्चों

की अनुपस्थिति, स्कूल छोड़ने की दर, बोर्ड परीक्षाओं के परिणाम आदि का उपयोग किया जा सकता है। सेवा सम्बन्धी अन्य विभागों के लिए भी संकेतकों को सहजतापूर्वक निर्धारित किया जा सकता है। विभागों को सम्बन्धित एजेन्सियों के प्रति जवाबदेह बनाए जाने के द्वारा ऐसे परिणाम सम्बन्धी संकेतकों पर अपने प्रदर्शन में सुधार करने के लिए कार्य करना चाहिए।

प्रक्रियाएं, औपचारिकताएं

- **प्रक्रियाओं को सरल बनाया जाए:** यह स्पष्ट किया जा चुका है कि नागरिकों की शैक्षिक पृष्ठभूमि चाहे कुछ भी क्यों न रही हो, अनेकों नागरिक स्वयं ही फार्मों को भरने एवं प्रक्रियाओं को पूरा कर पाने में सक्षम नहीं होते हैं। यह स्थिति प्रक्रियाओं, प्रलेखन आदि के सरलीकरण तथा उपयोगकर्ताओं को और शिक्षित किए जाने का आह्वाहन करती है। इससे उपयोगकर्ताओं की बिचौलियों तथा दलालों पर निर्भरता के साथ–साथ दोहरी सतर्कता की आवश्यकता में भी कमी आ सकेगी।
- **कर्मचारियों को प्रदर्शन–आधारित प्रोत्साहन:** सेवा सुपुर्दगी में सुधार लाए जाने के लिए कर्मचारियों के वेतनों में निश्चित एवं परिवर्तनशील घटक शामिल किए जाने चाहिए। परिवर्तनशील घटक को उद्देश्यपरक एवं मापनयोग्य परिणामों के साथ सम्बद्ध किया जाना चाहिए। उदाहरणार्थ, विद्युत आपूर्ति एवं अनेकों अन्य सेवाओं में प्रोत्साहनों को ग्राहक–संतुष्टि सम्बन्धी चरों के साथ सम्बद्ध किया जा सकता है।
- **उपभोक्ता समितियाँ:** उपभोक्ता समितियों का मात्र गठन कर दिया जाना ही पर्याप्त नहीं है। भूतकाल में सीएमएस द्वारा किए गए अध्ययनों ने दर्शा दिया है कि उन्हें कतिपय अधिकारों को प्रदान किए जाने की आवश्यकता है (जैसे शिक्षकों के रिपोर्ट कार्ड, सेवा में अकुशलता के लिए अर्थदंड की सिफारिश, इत्यादि) ताकि विभागों को जवाबदेह बनाया जा सके। उपभोक्ता समितियों सम्बन्धी अनेकों सफल प्रयोग किए जा चुके हैं जैसे स्कूलों के मामले में अभिभावक समितियाँ, अस्पतालों के मामले में रोगी समितियाँ, निवासी संघ (विद्युत विभाग के बिलों का संग्रहण) तथा अन्य।
- **कतिपय सेवाओं का बाह्यस्त्रोतन (जहाँ कहीं संभव हो) किया जाए:** जहाँ कहीं भी संभव हो सके, सार्वजनिक सेवा विभागों को आगतों (इनपुट) के बजाए परिणामों (आउटपुट) को क्रय करना चाहिए। उदाहरणार्थ, अस्पतालों में एक्स–रे मशीन क्रय किए जाने के स्थान पर उन्हें एक्स–रे रिपोर्टें क्रय करनी चाहिए। इससे भ्रष्टाचार सम्बन्धी अनेकों अवसरों जैसे

एक्स–रे मशीन, उसके अतिरिक्त पुर्जों तथा एक्स–रे फिल्मों सहित अन्य सम्बन्धित सामग्रियों को क्रय किए जाने तथा रेडियाग्राफरों को नियुक्त किए जाने आदि को समाप्त किया जा सकेगा। इसके स्थान पर, एक अस्पताल किसी भी उद्यमी से अस्पताल की इमारत में ही एक्स–रे इत्यादि सेवाओं को संचालित एवं उपलब्ध कराए जाने के लिए कह सकता है। यह सुनिश्चित किए जाने के लिए कि वांछित गुणवत्तायुक्त सेवा प्रदान की जा रही है, एक विस्तृत सेवा स्तरीय अनुबंध (एसएलए) तैयार किया जाना चाहिए। दिल्ली के अस्पतालों में इस प्रयोग की शुरुआत पहले ही की जा चुकी है। ऐसी किसी भी व्यवस्था से बेहतर अनुभवों, सेवा की गुणवत्ता तथा ग्राहकों की संतुष्टि प्राप्त किए जाने अधिक संभावनाएं हैं।

- **अधिक पारदर्शिताः** नागरिक तथा उपयोगकर्ता प्रायः ही यह नहीं जानते कि कितनी मात्रा में धन अथवा आपूर्तियों को प्राप्त किया गया है, उनका उपयोग किस प्रयोजन के लिए किया गया है, अथवा उन्हें किस प्रकार से सुपुर्द किया गया है। शोध के द्वारा प्रदर्शित किया जा चुका है कि यदि आवंटन तथा उपयोग को उपयोगकर्ताओं की पहुँच के अंदर लाए जाने के तरीके को अपनाते हुए इन तथ्यों को सार्वजनिक कर दिया जाता है तो भ्रष्टाचार में कमी आ जाती है। सूचना का अधिकार अधिनियम एक ऐसा उपकरण है जो सार्वजनिक व्यय में और अधिक पारदर्शिता ला सकता है और भ्रष्टाचार को कम करने में सहायता प्रदान कर सकता है। विगत चार वर्षों के दौरान सूचना के अधिकार अधिनियम ने अपनी इस क्षमता का प्रदर्शन पहले ही कर दिया है।
- **प्रौद्योगिकी का उपयोगः** सार्वजनिक सेवाएं नागरिकों की अपने कार्यालयों में आने सम्बन्धी आवश्यकताओं को कम करने के लिए प्रौद्योगिकी का उपयोग कर सकती हैं। विभिन्न प्रकार की प्रौद्योगिकी–समर्थ विशेषताएं जैसे निःशुल्क फोन लाइनें, वेबसाइटें, अथवा एसएमएस–आधारित अनुप्रयोगों को बेहतर सेवा सुपुर्दगी के लिए विकसित किया जा सकता है। उदाहरणार्थ, हैदराबाद में ई–सेवा केन्द्रों ने सार्वजनिक सेवाओं को प्राप्त किए जाने में आम आदमी को सहायता उपलब्ध कराई है।

नागरिक अंतःक्रियात्मक (इंटरफेस) स्तर

- **सक्रिय सिटीजन्स चार्टरः** सिटीजन्स चार्टर का मसौदा विभिन्न हितधारकों जैसे सेवाप्रदाताओं, उपयोगकर्ताओं इत्यादि के साथ किए गए परामर्श के

आधार पर तैयार किया जाना चाहिए। चार्टरों को विश्वसनीय एवं मापनयोग्य कार्यवाही सम्बन्धी मानदंडों से युक्त होना चाहिए न कि अभिप्राय का कथन मात्र। यदि विभाग चार्टरों में उल्लिखित समयसीमा के अंदर सेवा प्रदान करने में विफल रहता है तो चार्टरों में इसके लिए दंड सम्बन्धी प्रावधान किए जाने चाहिए। चार्टरों को प्रमुखता के साथ प्रदर्शित किया गया होना चाहिए तथा उपयोगकर्ताओं को सहजतापूर्वक उपलब्ध होना चाहिए। एक स्वतंत्र एजेन्सी को आवधिक आधार पर सर्वेक्षण करना चाहिए तथा विभाग का रिपोर्ट कार्ड तैयार करना चाहिए। सिटीजन्स चार्टरों को अंतर ला सकने का एक अवसर दिए बिना ही रद्दी की टोकरी में डाल दिया गया है अथवा उन्हें भुला दिया गया है। सूचना के अधिकार अधिनियम को सिटीजन्स चार्टर के अध्याय की समाप्ति की घोषणा नहीं होनी चाहिए। इसके स्थान पर, सूचना के अधिकार तथा सिटीजन्स चार्टर को परस्पर तालमेल में काम करना चाहिए।

- **त्वरित शिकायत–निवारण तंत्रः** सर्वेक्षण दर्शाते हैं कि शिकायत–निवारण तंत्र के प्रति लोगों में विश्वास कितना कम है। शिकायत–निवारण तंत्र को सक्रिय, त्वरित, तथा प्रत्युत्तरदायी होना होगा। इस तंत्र के प्रति लोगों के विश्वास में वृद्धि किए जाने के उद्देश्य से सार्वजनिक सेवाओं को प्राप्त की गई, समाधान की जा चुकी तथा लंबित शिकायतों से सम्बन्धित सूचनाओं को स्पष्ट तौर पर प्रदर्शित करना चाहिए। ऐसी सूचना भी प्रदान की जानी चाहिए कि यदि सामान्य तौर पर किसी शिकायत का निवारण नहीं किया गया है तो किससे संपर्क किया जाना चाहिए। शिकायत निवारण व्यवस्था की आवधिक समीक्षा तथा इसके प्रमुख बिन्दुओं को प्रदर्शित किया जाना चाहिए। प्रत्येक सार्वजनिक सेवा को शिकायत निवारण के लिए एक वेबसाइट से युक्त होना चाहिए।
- **सार्वजनिक सुनवाई एवं *अदालतें*:** आवधिक आधार पर सार्वजनिक सुनवाई अथवा खुले सत्र का आयोजन किया जाना चाहिए ताकि सेवाप्रदाताओं को उपयोगकर्ताओं के प्रति जवाबदेह बनाया जा सके। सरकार एक ऐसी व्यवस्था का संस्थाकरण कर सकती है जिसके अंतर्गत निर्विवाद रूप से ईमानदार एवं प्रतिष्ठित नागरिकों के द्वारा आवधिक सार्वजनिक सुनवाई को संपन्न किया जा सके। सार्वजनिक सुनवाई को भली–भांति प्रचारित किया जाना चाहिए और सभी को इससे जोड़ा जाना चाहिए ताकि विभिन्न हितधारकों के द्वारा इसमें व्यापक एवं सक्रिय रूप से सहभागिता की जा सके। अगली सार्वजनिक सुनवाई में विभाग के द्वारा की जा चुकी कार्यवाहियों की एक रिपोर्ट प्रस्तुत की जानी चाहिए।

- **संतुष्टि सम्बन्धी सर्वेक्षणः** सेवा की गुणवत्ता का न्यूनतम मानक तैयार किए जाने, उनका मापन एवं निगरानी किए जाने के लिए आवधिक समयांतरालों पर स्वतंत्र सर्वेक्षण करवाए जाने चाहिए। सर्वेक्षणों के निष्कर्षों को सार्वजनिक किया जाना चाहिए। कुछ विनियामकों जैसे टीआरएआई (ट्राई), राज्य विद्युत विनियामक आयोग (एसईआरसी) के द्वारा आवधिक संतुष्टि सर्वेक्षण करवाए जा रहे हैं। इन्हें अनिवार्य बनाया जाना चाहिए, परंतु मात्र एक औपचारिकता के तौर पर नहीं, बल्कि रिपोर्ट किए जाने के लिए, जैसा कि पेट्रोलियम क्षेत्र में किया भी जा रहा है।
- **जन–जागरूकताः** सेवाओं, प्रक्रियाओं, तथा पहलों के सम्बन्ध में समय–समय पर और अधिक जागरूकता उत्पन्न किए जाने की आवश्यकता है, विशेषतौर पर तब जब प्रारूपों, औपचारिकताओं तथा मानदंडों में बार–बार परिवर्तन किए जा रहे हों।

स्वतंत्र एवं विकेन्द्रीकृत सतर्कता

वर्तमान समय में, सतर्कता विभाग को किसी भी गंभीर कार्यवाही को प्रारंभ करने के लिए अनेकों प्रकार के अनुमोदन लेने की आवश्यकता होती है। इससे दोषी पाए गए लोगों के मामलों में जाँच किए जाने तथा कार्यवाही किए जाने में बाधाएं आती हैं। सतर्कता विभाग को और अधिक अधिकार प्रदान किए जाने चाहिए ताकि यह और अधिक प्रभावकारी बन सके। इसी के साथ–साथ, यह सुनिश्चित किए जाने के लिए कि निर्दोष लोगों को शिकार न बनाया जाए, पर्याप्त ध्यान अवश्य ही रखा जाना चाहिए।

- "दलालों" की भूमिका को कम किया जाए : दलालों की भूमिका को प्रक्रियाओं के सरलीकरण तथा मानक प्रारूपों को विकसित किए जाने के द्वारा कम किया जा सकता है। उदाहरण के लिए, संपत्ति का क्रय अथवा विक्रय किए जाने के लिए अनुबंधों का मानक प्रारूप, तथा वांछित प्रकार के मुख्तारनामों का प्रारूप आदि को नागरिकों को उपलब्ध करवाया जा सकता है। जहाँ कहीं भी इनसे पूरी तरह से न बचा जा सकता हो, वहाँ इनका लाइसेंस दिया जाना चाहिए (जैसे दस्तावेज लेखक) तथा यदि वे भ्रष्ट व्यवहारों में लिप्त होते हैं तो उनके विरुद्ध कठोर कार्यवाही की जानी चाहिए।
- विनियमन एवं सेवा सम्बन्धी कार्यों को पृथक किया जाए : इन विभागों में से अधिकांश में विनियामक एवं सेवा सम्बन्धी कार्यों में स्पष्ट पृथक्करण मौजूद नहीं है। उदाहरणार्थ, नगरपालिकाएं (शहर नियोजन) ही भवन–निर्माण

सम्बन्धी नियमों का निर्धारण किए जाने तथा मानचित्रों को स्वीकृति प्रदान किए जाने दोनों के लिए ही उत्तरदायी हैं। इसका परिणाम नियमों को तैयार किए जाने में कतिपय खामियों के रूप में सामने आता है।

- कर्मचारियों का प्रशिक्षण : विभिन्न पहलुओं जैसे नागरिकों के साथ किस प्रकार व्यवहार किया जाए, तनाव को कैसे संभाला जाए, प्रौद्योगिकी में होने वाली प्रगतियों के साथ किस प्रकार कदम मिलाकर चला जाए आदि पर कर्मचारियों को नियमित रूप से प्रशिक्षित किए जाने की आवश्यकता है ताकि कर्मचारी और अधिक सेवोन्मुख बन सकें।
- निवासी कल्याण संघ (आरडब्ल्यूए) की भूमिका : निवासी कल्याण संघों को विभिन्न सेवाओं की सुपुर्दगी में साझेदारों के रूप में संलिप्त किया जा सकता है। उदाहरणार्थ, मुम्बई में वार्ड समितियाँ तथा पंजाब में पुलिस व्यवस्था में समुदायों की संलिप्तता उपयोगी सिद्ध हो चुकी है। सेवा–विशिष्ट अध्यायों में इन पर विस्तारपूर्वक चर्चा की गई है।

विशेष अभियान

सीएमएस सर्वेक्षण के निष्कर्ष नागरिकों द्वारा प्राप्त की जाने वाली आधारभूत सार्वजनिक सेवाओं में "शून्य भ्रष्टाचार" के स्तर को हासिल किए जाने की दिशा में प्रयासों एवं हस्तक्षेपों की एक विस्तृत श्रृंखला अपनाए जाने का आह्वाहन करते हैं। इनमें शामिल हैं, सर्वप्रथम, प्राथमिकता पर एक चार–सूत्रीय अभियान तथा एक सतत् चिंता किया जाने के रूप में गरीबों के प्रति विशेष चिंता किया जाना। गरीबों के लिए चिंताओं में किए गए परिवर्तन के साथ वर्तमान प्रवृत्ति की दिशा विपरीत किए जाने की संभावना है।

सरलीकरण

जिस बातों की तुरंत आवश्यकता है वह है प्रक्रियाओं को सरल बनाया जाना तथा यहाँ तक कि कतिपय औपचारिकताओं को ही समाप्त कर दिया जाना जैसा कि बीपीएल परिवारों के मामले में किया जा चुका है। इसके साथ ही, और अधिक दृश्य एवं अंतरसक्रिय शिकायत–निवारण व्यवहारों, सेवा–सुपुर्दगी बिन्दुओं पर नियुक्त व्यक्तियों को प्राप्त विवेकाधीन विकल्पों को समाप्त किए जाने; तथा पदाधिकारियों को पहचान प्रदान किए जाने के द्वारा विभिन्न अधिनियमों, जैसे सूचना का अधिकार अधिनियम, शिक्षा का अधिकार, भोजन का

अधिकार इत्यादि के अधीन उनके उत्तरदायित्व निर्धारित करते हुए उनकी जवाबदेही को सुनिश्चित किया जाना भी आवश्यक है।

सूचना के प्रवाह को कारगर बनाया जाना

अधिक पारदर्शी एवं विश्वास–आधारित लेनदेनों तथा सूचना प्रौद्योगिकी उपकरणों की सहायता से अनुकूलित सेवा हेतु दिशा–निर्देशन, ई–शासन सम्बन्धी पहलों, तथा सेवा–सुपुर्दगी के बेहतर रूप से संगठित अग्रणी बिन्दुओं की व्यवस्था किए जाने हेतु उन्नत सूचना प्रवाह की आवश्यकता है। साथ ही, ई–शासन परियोजनाओं की प्राथमिकताओं एवं चिंताओं को संवेदनशील बस्तियों तथा परिवारों के विभिन्न वर्गों की विशिष्ट आवश्यकताओं को ध्यान में रखना चाहिए।

अग्रणी–सिरे वाले कर्मचारियों को विशिष्ट चिंता की आवश्यकता होती है

बीपीएल परिवारों तथा संवेदनशील परिवारों को विशेष ध्यान तथा एक प्राथमिकता के आधार पर सेवा प्रदान करने के लिए कर्मचारियों का पुनः दिशा–निर्देशन किए जाने की आवश्यकता है। आवधिक कार्यशालाओं, प्रशिक्षण कार्यक्रमों तथा व्यवस्था के परिचालन में विशिष्ट व्यवस्थाओं के साथ विशिष्ट आवश्यकताओं, जो सेवा–विशिष्ट हों, के प्रति उनकी संवेदनशीलता में सुधार किए जाने की आवश्यकता है।

सिविल–सोसाइटी सक्रियतावाद एक बेहतर प्रयास है

अंततः, सिविल–सोसाइटी सक्रियतावाद और अधिक महत्वपूर्ण बन चुका है। सूचना के अधिकार अधिनियम, सिटीजन्स चार्टरों, सामाजिक अंकेक्षण, तथा ऑनलाइन सूचना प्रौद्योगिकी सेवाओं के साथ इसे संभव भी होना चाहिए। सीएमएस के द्वारा किए गए अध्ययनों ने यह प्रदर्शित कर दिया है कि सामाजिक सक्रियतावाद उन गरीबों के पक्ष में एक अंतर ला सकता है जो अन्यथा रूप से सार्वजनिक सेवाओं तक पहुँच प्राप्त करने से वंचित रहे हैं। इस प्रक्रिया में एक

सहयोगपूर्ण कार्यप्रणाली के लिए प्रचुर मात्रा में गुंजाइश उपलब्ध है। मास–मीडिया तथा शैक्षणिक समुदाय, जो नागरिक समाज का एक अंग होते हैं, को एक सक्रिय भूमिका निभाए जाने के लिए साथ लिए जाने की आवश्यकता है।

बीपीएल परिवारों के बीच एक विशेष अभियान

लक्षित सार्वजनिक सेवाओं, जिन्हें सुस्पष्ट रूप से बीपीएल परिवारों तथा उनके समकक्षों के लिए लक्षित किया गया है, पर विशेष ध्यान दिए जाने एवं उनमें पहल किए जाने की आवश्यकता है ताकि भ्रष्टाचार के सम्बन्ध में धारणाओं तथा घूस देने की बाध्यताओं को न्यूनतम किया जा सके। इनमें से कुछ इस प्रकार हैं :

बीपीएल समुदायों तक पहुँचने हेतु विशेष अभियान/शिविर

जहाँ पहुँच का विस्तार किए जाने की दिशा में प्रयास किए जा रहे हैं, वहीं यह देखे जाने के तरीके भी अवश्य ही मौजूद होने चाहिए कि कोई भी बीपीएल परिवार आधारभूत सेवाओं से किसी भी कारणवश वंचित न रहने पाए। बीपीएल परिवारों तक पहुँच प्राप्त करने के लिए विशिष्ट आंदोलनों, शिविरों अथवा अभियानों के तरीकों से विशिष्ट प्रयास किए जाने चाहिए।

यदि पहुँच सुनिश्चित नहीं की गई तो उपलब्धि के दावे कम महत्वपूर्ण होंगे

काफी समय से सरकारों के द्वारा बीपीएल परिवारों के लिए क्या और कितना किया जा चुका है इस तथ्य को विज्ञापित किए जाने एवं उसका ढोल पीटे जाने के लिए बड़ी–बड़ी धनराशियों का व्यय किया गया है। विज्ञापनों के माध्यम से "कार्य प्रदर्शन सम्बन्धी उपलब्धियाँ" अथवा "लक्ष्यों की पूर्ति" सम्बन्धी सरकार के दावों, जो अलग–अलग सेवाओं के सम्बन्ध में भी किए गए हैं, का बीपीएल परिवारों के लिए तब तक कोई अर्थ नहीं होगा जब तक सेवा–सुपुर्दगी बिन्दुओं पर उनपर विशेष बल न दिया गया हो। ऐसे दावों को वैध ठहराए जाने के लिए आवधिक आधार पर कुछ प्रयास किए जाने की आवश्यकता है।

बार–बार चक्कर लगवाए जाने में कमी के लिए विशेष योजनाएं

और अधिक विशिष्ट रूप से, बार–बार चक्कर लगवाए जाने की आवश्यकता को समाप्त किया जाना चाहिए। ऐसा प्रक्रिया सम्बन्धी जटिलताओं पर पुनर्विचार किए जाने तथा शिकायत–निवारण तंत्र में सुधार किए जाने तथा, साथ ही, प्रत्येक पदाधिकारी की विवेकाधीन शक्तियों में कटौती किए जाने के द्वारा कुछ सीमा तक किया जाना संभव हैं। बीपीएल परिवारों को विशिष्ट सेवा–सुपुर्दगी सुविधा की आवश्यकता है। कार्यालयों में बार–बार चक्कर लगाए जाने की आवश्यकता से बचा जाना चाहिए क्योंकि उनका स्वाभाविक अर्थ यह होता है कि बीपीएल परिवारों को वह प्राथमिकता नहीं प्राप्त हो रही है जिसका उनसे वादा किया गया है। यह तथ्य कि अधिकांश मामलों में पदाधिकारी स्वयं ही गरीबों से घूस के प्राप्तकर्ता हैं, पर आज किए जा रहे विचार की अपेक्षा कहीं अधिक गंभीरतापूर्वक विचार किए जाने की आवश्यकता है। कतिपय सेवाओं के लिए ''दरवाजे पर सुपुर्दगी'' हेतु किए गए कुछ प्रयोग, जैसे कि अनिवार्य भोजन के मामले में किया गया है, तथा कतिपय सहकारी समितियों के द्वारा भोजन–आपूर्ति की प्रणाली को अपनाए जाने के उद्देश्य से अध्ययन नहीं किया गया है। निजी क्षेत्र में कपड़ा/वस्त्र–विक्रेताओं के द्वारा विभिन्न समुदायों के निकट बार–बार शिविर लगाए जाने जैसे प्रयोगों तथा जैसा कि निवासी संघों के साथ सहयोग में नगरपालिका अधिकारियों के द्वारा गृह–कर अथवा कर निर्धारण के मामलों में समुदायों के बीच जाकर कार्य किया जा रहा है, का भी अध्ययन किया जा सकता है। इन विभिन्न दृष्टिकोणों का अध्ययन किए जाने की आवश्यकता है ताकि सरकारी कार्यालयों अथवा सेवा–सुपुर्दगी केन्द्रों में नागरिकों के द्वारा चक्कर लगाए जाने की आवश्यकता को न्यूनतम किया जा सके। अपने प्रत्युत्तरदाताओं से विद्युत बिलों अथवा गृहकर का संग्रह करने वाले निवासी संघों के द्वारा स्वयं अपने लिए एक लघु लाभ को अपने पास रखा जाना ऐसी ही एक पहल है।

बीपीएल उपयोगकर्ताओं की अनूठी आवश्यकताओं को शामिल किया जाए

सूचना प्रौद्योगिकी तथा ई–शासन के दर्शनीय प्रभाव तब तक स्पष्ट नहीं हो सकेंगे जब तक बीपीएल समुदायों पर लक्षित विशिष्ट प्रयास न किए गए हों। तथाकथित डिजिटल–विभाजन, यहाँ तक कि शहरी क्षेत्रों में भी, इसलिए हो

सकता है क्योंकि बीपीएल तथा ऐसे ही अन्य समुदाय लाभों को प्राप्त कर पाने में दो या तीन वर्षों तक पिछड़े हुए हैं। ई–शासन के एक प्राथमिकताप्राप्त कार्यक्रम के रूप में भू–अभिलेखों के कंप्यूटरीकरण ने बीपीएल परिवारों की उतनी सहायता नहीं की है जितनी की आशा की गई थी; संभवतः इसलिए क्योंकि उनकी अनूठी आवश्यकताओं पर विचार ही नहीं किया गया था। अकेले कंप्यूटरीकरण किया जाना तब तक प्रभावकारी नहीं हो सकता जबतक कि इसे सार्वजनिक क्षेत्र में और मंशा एवं प्राथमिकता के साथ अपनाया न गया हो। इसमें किसी भी सेवा कार्यालय में आने–जाने की आवश्यकता को न्यूनतम किया जाना तथा बार–बार चक्कर लगाए जाने की आवश्यकता को पूरी तरह से समाप्त किया जाना शामिल किया जाना चाहिए।

बीपीएल समुदायों के बीच सूचना के अधिकार का अभियान

सन् 2005 तथा 2006 में मैंने *ट्रांसपरेन्सी रिव्यू* में लिखा था कि एक बार सूचना के अधिकार अधिनियम की क्षमताओं को समझ लेने के उपरांत बीपीएल परिवार पीछे नहीं रह जाएगें; वास्तव में, उनके द्वारा सेवाओं का और अधिक उपयोग किए जाने की संभावनाएं हैं। वही ऐसा समय होगा जब कोई भी यह कह सकेगा कि सूचना के अधिकार अधिनियम ने भ्रष्टाचार को कम करने के साथ ही वह कार्य कर दिखाया है जिसकी कि उससे आशा की गई थी। सूचना के अधिकार अधिनियम के प्रावधानों का उपयोग करते हुए सिविल सोसाइटी समूह, समाचार मीडिया तथा स्थानीय शिक्षाविद् एकजुट हो सकते हैं तथा सामान्य तौर पर बीपीएल समुदायों तथा आधारभूत सार्वजनिक सेवाओं के विशिष्ट संदर्भ में अभियानों का आयोजन कर सकते हैं। ऐसा ही एक उत्तम उदाहरण रहा है दिल्ली में सार्वजनिक वितरण प्रणाली (पीडीएस) के संदर्भ में चलाया गया 'परिवर्तन' अभियान।

"बीपीएल कार्ड" को सार्वभौमिक किया जाए

आधारभूत तथा आवश्यकता–आधारित सार्वजनिक सेवाओं दोनों के ही मामलों में बीपीएल परिवारों का आकार सुनिर्धारित नहीं है। सर्वाधिक गरीब लोगों का प्रवासी चरित्र एक ऐसे "सार्वभौमिक बीपीएल कार्ड" (बैंकों के एटीएम कार्ड के समान) को जारी किए जाने का आह्वाहन करता है जो किसी भी स्थान पर, कम से कम सम्बन्धित राज्य में, सेवा तक पहुँच तथा पात्रता प्रदान करता हो।

हालांकि मैंने यह सुझाव कोई दो वर्षों पूर्व दिया था, परंतु आज ''यूनिक नंबरिंग प्रणाली'' के रूप में उससे भी कहीं बेहतर विकल्प उपलब्ध होने जा रहा है।

ई–शासन योजनाएं विशेषतौर पर बीपीएल परिवारों की आवश्यकता की पूर्ति करें

यद्यपि कि यह स्वाभाविक ही है कि सूचना एवं प्रौद्योगिकी तथा ई–शासन का सर्वप्रथम लाभ उन लोगों के द्वारा प्राप्त किया जाएगा जो बेहतर रूप से शिक्षित हैं, बेहतर संपर्कशाली हैं तथा आर्थिक रूप से भी बेहतर हैं, तथापि समय–सीमा को कम किए जाने तथा प्रक्रिया में तेजी लाए जाने के लिए कुछ विशिष्ट प्रयासों को किए जाने की आवश्यकता है ताकि वंचित लोग इसी के साथ–साथ लाभों को भी प्राप्त कर सकें। ब्रॉडबैंड के कम लागत पर ग्रामीण एवं दूर–दराज वाले इलाकों में पहुँच जाने के साथ ही यह संभव हो जाना चाहिए कि ई–शासन के लाभों को गरीबों एवं दूर–दराज बसे लोगों दोनों को ही एक साथ उपलब्ध कराया जा सके।

''बीपीएल'' परिवारों की गुंजाइश पर ही पुनर्विचार की आवश्यकता है

''समेकित विकास'', ''सुशासन'', ''सामाजिक न्याय'' इत्यादि के दावों के साक्ष्य इस बात पर निर्भर करते हैं कि किस प्रकार से बीपीएल परिवारों तक पहुँचा जा रहा है और उन्हें सेवाएं उपलब्ध कराई जा रही हैं, विशेषतौर पर लक्षित एवं अन्य आधारभूत सार्वजनिक सेवाओं के द्वारा। प्रोफेसर सुरेश तेन्दुलकर की हाल ही की रिपोर्ट तथा ''असंगठित श्रमिकों के लिए सामाजिक सुरक्षा'' नामक एक अन्य रिपोर्ट के प्रकाश में स्वयं ''बीपीएल परिवारों'' की अवधारणा पर ही पुनर्विचार किए जाने की आवश्यकता है। ''सब्सिडीकृत सेवाओं'' के लिए बीपीएल सम्बन्धी पात्रता हेतु निर्धारित सीमारेखा के स्तरों को परिवर्तित किए जाने की राज्य सरकारों की दौड़ एक अन्य पहलू है। बीपीएल के मानदंडों में जितनी अधिक व्यापकता होगी उतना ही ''गरीबों में से सर्वाधिक गरीब'' अथवा ''स्थाई बीपीएल परिवारों'' के वंचित किए जाने की संभावनाएं भी अधिक होंगी। इस सम्बन्ध में राज्य–विशिष्ट एवं सेवा–विशिष्ट परिवर्तनों एवं सुझावों के साथ एक कार्यबल गठित किया जा सकता है ताकि यह सुनिश्चित किया जा सके कि गरीबों में से सर्वाधिक गरीब को आगे वंचित न किया जा सके।

सार्वजनिक सेवाओं के अग्रणी कार्यालयों को नया स्वरूप दिया जाए

यह बेहतर होगा कि सामाजिक–आर्थिक पृष्ठभूमि में किसी भी प्रकार का भेदभाव किए बिना बड़ी संख्या में नागरिकों को सेवा प्रदान करने में संलिप्त अधिकांश सरकारी सेवाओं/विभागों को पेशावर तरीके से इस प्रकार का नया स्वरूप प्रदान किया जाए जिसमें सम्बन्धित सेवाओं को प्रदर्शित किए जाने, हेल्पडेस्क स्थापित किए जाने, तथा उन्हें आधुनिक संचार सुविधाओं के साथ लैस किए जाने के लिए प्रावधान किए गए हों। इस कार्य को प्रत्येक सार्वजनिक सेवा के द्वारा गंभीरतापूर्वक अपनाया जाना चाहिए। इसे अपनाए जाते समय विशिष्ट स्थानीय परिस्थितियों, जैसी कि ग्रामीण क्षेत्रों में विद्यमान होती हैं, का भी ध्यान रखा जाना चाहिए।

"धारणाओं" पर भी साथ–साथ ध्यान दिए जाने की आवश्यकता है

आधारभूत सार्वजनिक सेवाओं में घूस दिए जाने अथवा उन सेवाओं को प्राप्त किए जाने में किसी संपर्क का उपयोग किए जाने के सम्बन्ध में "धारणाओं" तथा "अनुभवों" के बीच के अंतर को और अधिक गंभीरतापूर्वक लिए एवं समझे जाने की आवश्यकता है। आधारभूत सेवाओं के संदर्भ में वास्तविक भ्रष्टाचार धारणाओं की सीमा की तुलना में कहीं कम है। तथापि, आवश्यकताओं के प्रति और अधिक प्रतिक्रियाशील बनाए जाने के द्वारा व्यवस्था के प्रति सार्वजनिक विश्वास में वृद्धि करते हुए एवं सुधार का प्रदर्शन करते हुए इसे एक नई स्थिति प्रदान किया जाना एक प्राथमिकतापूर्ण चिंता होनी चाहिए। हालांकि, धारणा–सम्बन्धित प्रवृत्ति को सम्बोधित किए बिना भ्रष्टाचार के वास्तविक स्तर को कम नहीं किया जा सकता। इस "अंतराल" को मास मीडिया के सहयोग के बिना सम्बोधित नहीं किया जा सकता। हाल ही में कुछ सार्वजनिक सेवाओं को हासिल किए जाने के दौरान नागरिकों के भ्रष्टाचार सम्बन्धी वास्तविक अनुभवों में कुछ कमी आने के बावजूद न तो केवल धारणा के स्तरों में कोई कमी आ सकी है बल्कि इनमें कुछ वृद्धि ही हुई है जो कि सामान्य तौर पर तथा और अधिक विशिष्ट रूप से इलेक्ट्रॉनिक मीडिया में भ्रष्टाचार को प्रस्तुत किए जाने के अनुपात में है। यह समझा जाना महत्वपूर्ण है कि जहाँ मीडिया स्वयं ही नागरिकों की शिकायत निवारण का एक नया संसाधन बन चुका है, वहीं यह भ्रष्टाचार को सार्वजनिक जानकारी के अंतर्गत

भी बनाए हुए है, हालांकि शायद इस सीमा तक कि जनता असंवेदनशील बन जाए अथवा भ्रष्टाचार को और अधिक समय तक एक गंभीर मुद्दा न माने। इस प्रवृत्ति का अधिक सम्बन्ध समाचार चैनलों के द्वारा कवरेज को बार–बार दोहराए जाने एवं प्रसारण किए जाने, उन्हें महत्वहीन बनाए जाने, अथवा उनका राजनीतिकरण किए जाने के साथ जुड़ा रहता है। परंतु मीडिया को उनके स्वैच्छिक सहयोग के साथ सूचीबद्ध किए जाने के लिए इस प्रवृत्ति का गंभीरतापूर्वक अध्ययन किए जाने की आवश्यकता है। और उसके आधार पर, मीडिया में बैठे लोंगो को अग्रसक्रिय पहल किए जाने एवं प्रभावोत्पादक कवरेज के लिए संवदेनशील बनाए जाने की आवश्यकता है।

स्थानीय मीडिया का अग्रसक्रिय उपयोग

बीपीएल परिवारों के संदर्भ में शहरी क्षेत्रों में एफएम रेडियो तथा ग्रामीण क्षेत्रों में स्थानीय टेलीविजन चैनल एक विशिष्ट भूमिका निभा सकते हैं। विशेषतौर पर समाचार मीडिया में विषय–वस्तुओं के लिए उत्तरदायी लोगों को भ्रष्टाचार के चरित्र एवं संरचना तथा जनता के विभिन्न वर्गों के लिए इसके निहितार्थों के सम्बन्ध में संवेदनशील बनाया जाना चाहिए। और भ्रष्टाचार, विशेषतौर पर नागरिकों की संलिप्तता वाले क्षेत्रों तथा उनके द्वारा सार्वजनिक सुविधाओं का उपयोग किए जाने में व्याप्त भ्रष्टाचार, के विरुद्ध संघर्ष में जिस सर्वश्रेष्ठ तरीके एवं रणनीति के साथ मीडिया जिस भूमिका को निभा सकता है, उसे ऐसी होना चाहिए कि उनकी स्वयं की पाठक–संख्या अथवा दर्शकों की संख्या में वृद्धि हो सके और उनकी विश्वसनीयता और बेहतर हो सके।

सामाजिक अंकेक्षण की सुधारात्मक क्षमता

न केवल लक्षित कार्यक्रमों बल्कि अन्य सेवाओं जैसे बैंकिंग, अस्पताल, तथा स्कूली शिक्षा सेवाओं के सामाजिक अंकेक्षण को वर्ष में कम से एक बार संपन्न की जाने वाली सतत् कार्यवाही बना दिया जाना चाहिए। सिविल सोसाइटी समूहों के साथ मिलकर एक सहयोगपूर्ण भावना के साथ किया गया सामाजिक अंकेक्षण इस बात को सुनिश्चित किए जाने में सहायक होगा कि बीपीएल परिवार वंचित न होने पाएं। आवधिक आधार पर आधारभूत सेवाओं के मामले में "सामुदायिक अंकेक्षण तथा आवश्यकता–आधारित सेवाओं के मामलों में सामाजिक अंकेक्षण किए जाने के द्वारा धारणा एवं अनुभवों के बीच के अंतरों को और कम किए जाने में सहायता प्राप्त होने की संभावना है।

उपयोगकर्ताओं के फीडबैक को प्रोत्साहित किया जाए

बीपीएल परिवारों/समुदायों को विशिष्ट लाभकारी योजनाओं के साथ प्रोत्साहित किया जाना चाहिए ताकि अपना फीडबैक दिए जाने में वे और अधिक संगठित, सक्रिय तथा अभिव्यक्तिपूर्ण बन सकें। मुश्किल से मात्र कुछ लोग ही अपना फीडबैक लिखने के लिए समय निकालते हैं यह एक ऐसा तथ्य है जिसपर ध्यान दिए जाने की आवश्यकता है ताकि उन्हें प्रायः ही ऐसा करने के लिए प्रोत्साहित किया जा सके। *पंचायतों* को इस उत्तरदायित्व को सौंपे जाने की आवश्यकता है ताकि बीपीएल परिवारों के लिए लक्षित कार्यक्रमों तक पहुँच, प्राप्ति एवं उनकी विश्वसनीयता बेहतर बन सके तथा शिकायत निवारण की उपेक्षा न की जाए अथवा उसमें बिलंब न किया जाए।

शिकायत निवारण व्यवस्था को "लिखित शिकायतों" के दृष्टिकोण तक सीमित नहीं होना चाहिए

विशेषतौर पर लक्षित सेवाओं के संदर्भ में शिकायत निवारण के तंत्र एवं व्यवहार के लिए अत्यधिक उच्चस्तरीय ध्यान, संवेदनशीलता, तथा अनुवर्ती कार्यवाही किए जाने की आवश्यकता होती है। विशेषतौर पर बीपीएल परिवारों के संदर्भ में "लिखित शिकायतें" प्राप्त किए जाने सम्बन्धी मानदंड एवं उनकी संख्याओं को पर्याप्त होने के रूप में नहीं देखा जाना चाहिए। सूचना प्रौद्योगिकी आधारित एवं समाचार–मीडिया–प्रायोजित शिकायतों को प्रोत्साहित किया जाना चाहिए और उनपर कार्यवाही की जानी चाहिए तथा, वास्तव में, ऐसे कई सतत् ऑनलाइन मंच मौजूद होना चाहिए। मीडिया रिपोर्टों अथवा अन्य स्वतंत्र स्त्रोतों से प्राप्त संकेतों के आधार पर *स्वतः* शिकायत निवारण किया जाना पूरी तरह से एक अग्रसक्रिय पहल से सम्बन्धित होता है।

आधारभूत तथा आवश्यकता–आधारित सेवाओं दोनों के ही मामलों में सुपुर्दगी के बिन्दु पर विवेकाधीन निर्णयन की गुंजाइश को न्यूनतम किए जाने एवं इन्हें और अधिक उत्तरदायी तथा जवाबदेह बनाए जाने की आवश्यकता है।

सतत् निरीक्षण एवं सक्रिय अनुवर्ती कार्यवाही

कर्मचारियों की अभिवृत्तियों एवं सोच से सम्बन्धित मुद्दों में सतत् फीडबैक, मार्गदर्शन अथवा निरीक्षण एवं प्रशिक्षण के बिना सुधार नहीं लाया जा सकता। जनता के विभिन्न वर्गों को उनके प्रति विशिष्ट तौर पर प्रक्रियाओं तथा

औपचारिकताओं में प्रायः ही किए जाने वाले परिवर्तनों, जैसा कि बीपीएल परिवारों के मामले में होता है, से परिचित कराए जाने की आवश्यकता है। इस सम्बन्ध में, स्थानीय प्रबंधन स्कूलों तथा ऐसे ही अन्य स्वतंत्र शैक्षणिक निकायों के द्वारा कार्यशालाएं आयोजित किए जाने, तथा जमीनी स्तर पर आधारभूत सेवाओं के कर्मचारियों के लिए संवेदनशीलता तथा प्रशिक्षण कार्यक्रमों को आयोजित किए जाने के द्वारा एक महत्वपूर्ण भूमिका निभाई जा सकती है।

घूस देने की एक–तिहाई बाध्यताओं से बचा जा सकता है

इस अध्ययन के द्वारा सार्वजनिक सेवाओं में से प्रत्येक के मामले में ऐसे समस्त प्रमुख कार्यों की पहचान की गई है जिनमें सर्वाधिक भ्रष्टाचार की रिपोर्टें प्राप्त होती हैं। यदि इन विशिष्ट कार्यवाहियों में संलिप्त प्रक्रियाओं का कंप्यूटरीकरण किए जाने तथा उन्हें सार्वजनिक जानकारी में रखे जाने के तरीके के साथ एक सुधार पर ध्यान दिया जाता है, तो घूस दिए जाने की बाध्यताओं से बचा जा सकता है अथवा उन्हें न्यूनतम किया जा सकता है। वास्तव में, सेवाओं तथा संदर्भित राज्यों पर निर्भर करते हुए इन सेवाओं को हासिल किए जाने सम्बन्धी प्रक्रियाओं एवं औपचारिकताओं की छँटाई किए जाने के द्वारा ही घूस दिए जाने सम्बन्धी मामलों में से एक–तिहाई से लेकर आधे से भी अधिक में नागरिकों के द्वारा घूस दिए जाने की गुंजाइश को ही समाप्त किया जा सकता है। पहचान/पात्रता सम्बन्धी प्रक्रियाओं को स्थापित किया जाना चाहिए, औपचारिकताओं को न्यूनतम किए जाने की आवश्यकता है, और उत्तरदायित्वों का हस्तांतरण किया जा सकता है। उदाहरण के लिए, ऋणों का अनुमोदन किए जाने के मामले में बैंक बीपीएल परिवारों को चक्कर कटवाने के बजाए सीधे ही ऑनलाइन संदर्भ अथवा वांछित विवरणों जैसे भू–अभिलेखों आदि को प्राप्त कर सकते हैं। ऐसी ई–सुविधाएं अब कुछ राज्यों में उपलब्ध हो चुकी हैं।

प्रतिस्पर्धात्मक राजनीति को लक्षित योजनाओं से दूर रहना चाहिए

दीर्घकाल से ही ''वोट बैंक की राजनीति'' प्रत्यक्ष तथा परोक्ष दोनों ही रूपों में गरीबों के लिए लक्षित अधिकांश कार्यक्रमों के महान उद्देश्यों को प्रभावित करती रही है। वे सेवा तक पहुँच की समस्या तथा भ्रष्टाचार की सीमा में वृद्धि करती

रहीं हैं। यह स्वयं सेवाप्रदाताओं तथा साथ–साथ बीपीएल परिवारों की चिंताओं में से एक चिंता है। ऐसे उदाहरण अनेकों की संख्या में मौजूद हैं जो इन सर्वेक्षणों के दौरान शोधकर्ताओं की जानकारी में आ चुके हैं। असम से आवासन सेवा पर सूचित किया गया मामला ऐसा कोई इकलौता उदाहरण नहीं है। वास्तव में, कई राज्यों में यह पाया गया था कि राजनीतिक दलों के नेता खुलेआम बीपीएल, अनुसूचित जाति एवं जनजाति परिवारों को एक अथवा दूसरे लक्षित कार्यक्रम का लाभ उठाए जाने से मात्र इस आधार पर दूर रहने के लिए धमकी देते रहते हैं क्योंकि उनके द्वारा उनके स्थानीय दलों के पक्ष में मतदान नहीं किया गया होता। (इसमें नरेगा, बीपीएल कार्ड, आवासन, 2 रुपए प्रति किलो की दर से चावल, पेंशन, भूमि के लिए *पट्टा,* आवासीय ऋण तथा बैंक ऋण आदि शामिल हैं।) जब तक सेवा–सुपुर्दगी बिन्दुओं पर व्यक्तियों के "विवेकाधीन अधिकार" तथा उत्तरदायित्वों एवं जवाबदेहियों से सम्बन्धित कतिपय भ्रमों का समाधान नहीं कर दिया जाएगा तब तक राजनीतिक हस्तक्षेप दूसरों की अपेक्षा गरीबों को प्रभावित करने वाला एक प्रमुख स्रोत बना रहेगा। सन् 2009 के लोकसभा तथा विभिन्न विधानसभाओं के चुनावों दोनों ने ही चुनावी लाभ के लिए इन कार्यक्रमों के दुरुपयोग किए जाने के सर्वाधिक बुरे स्वरूप को सामने ला दिया था। इन दुरुपयोगों में चुनावों के पहले मतदाताओं को प्रलोभन दिए जाने के लिए पात्रता सम्बन्धी मानदंडों में हेरफेर किए जाने तथा फिर बाद में प्रक्रिया के दौरान "जाली" नामों को छाँटकर बाहर किए जाने जैसे कार्य शामिल थे जो भ्रष्टाचार को नई ऊँचाईयों तक ले गए थे। "वोट के बदले नोट" प्रवृत्ति पर रोक लगाए बिना एक आम नागरिक के द्वारा सार्वजनिक सुविधाओं को हासिल किए जाने के दौरान सामना किए जाने वाले भ्रष्टाचार का उन्मूलन नहीं किया जा सकता।

मिशन मोड का प्रयोग किया जाए

भ्रष्टाचार को कम किए जाने के लिए मिशन–मोड का परीक्षण नहीं किया गया है। परंतु अभियान के दृष्टिकोण को अपनाया जा रहा है और वह भी सामान्य रूप से मात्र कुछ ही सार्वजनिक सेवाओं (जैसे बैंकों में) के संदर्भ में। विशिष्ट सार्वजनिक सेवाओं के मामले में दो अथवा तीन विशिष्ट कार्यवाहियों को प्रारंभ किए जाने के लिए एक समयबद्ध मिशन को तैयार किया जा सकता है ताकि एक ध्यानकेन्द्रित एवं सतत् दृष्टिकोण को आगे बढ़ाया जा सके। समय के साथ–साथ भ्रष्टाचार में कमी आने के साक्ष्यों को प्रकट होना चाहिए। ऐसे

परिवर्तनों, जिनका अनुभव उपयोगकर्ताओं के द्वारा किया जा सके, तथा धारणाओं को संशोधित किए जाने के लिए भी तीन से पाँच वर्षों तक की एक समय–सारणी तैयार की जा सकती है। सतर्कता प्रकोष्ठों, भ्रष्टाचार–विरोधी ब्यूरो तथा ऐसी ही अन्य एजेन्सियों को मिशन के भाग होना चाहिए। इस दिशा में, प्रारंभिक छह महीनों से लेकर एक वर्ष तक के समय को एक अथवा दो जिलों में यथासंभव अधिकाधिक आधारभूत सेवाओं में प्रयोग किए जाने के प्रति समर्पित किया जाना चाहिए। तदोपरांत, सुधारों के साथ इस योजना एवं रणनीति का विस्तार अन्य जिलों तक किया जा सकता है। एक स्थानीय शैक्षणिक संस्थान से आग्रह किया जा सकता है कि वह स्वैच्छिक आधार पर संदर्भित सेवा की निगरानी करे तथा स्वतंत्र रूप से यह देखने के लिए निगाह रखे कि क्या ऐसे हस्तक्षेपों के द्वारा कुछ परिणाम प्राप्त हो रहें हैं अथवा नहीं। साथ ही, किसी न किसी स्थानीय सिविल सोसाइटी समूह, जो सार्वजनिक सेवा से सम्बन्धित हों, को जमीनी–स्तर पर सहयोग के लिए साथ लिया जाना चाहिए। राज्य स्तर पर प्रत्येक ऐसे मिशन में दो नौकरशाह, मीडिया से दो लोग (एक टेलीविजन तथा एक प्रिंट मीडिया से), दो नागरिक कार्यकर्ता, तथा दो विशेषज्ञ (विशिष्ट क्षेत्र पर प्रबंधन अथवा शोध से) शामिल किए जाने चाहिए। अच्छा हो कि इनकी आधी संख्या महिलाओं की हो।

एक चार–सूत्रीय–प्रयास–आधारित अभियान

नागरिकों के द्वारा सार्वजनिक सेवाओ को हासिल किए जाने के संदर्भ में उनकी संलिप्तता वाले भ्रष्टाचार पर किए गए जमीनी शोध के आधार पर यहाँ इस पुस्तक में एक चार–सूत्रीय प्रयास का सुझाव दिया जा रहा है। इन प्रयासों को राजनीतिक नेताओं, मीडिया हाउसों, शैक्षणिक संस्थानों, तथा सिविल सोसाइटी समूहों के द्वारा तीन से चार वर्षों की अवधि के दौरान संपन्न किया जाना होगा। एकसाथ मिलकर भ्रष्टाचार के प्रति धारणाओं तथा अनुभवों से सम्बन्धित प्रवृत्ति की दिशा को विपरीत किए जाने के द्वारा ये एक अंतर ला सकते हैं। इस प्रक्रिया में अपनी स्वयं की सार्वजनिक उपस्थिति में वृद्धि किए जाने के द्वारा इनमें से प्रत्येक हितधारक व्यक्तिगत तौर पर भी लाभान्वित होगा जो उनके द्वारा सार्वजनिक समर्थन हासिल किए जाने के रूप में तथा मीडिया के मामले में विश्वसनीयता भी अर्जित किए जाने के रूप में प्राप्त होंगे। किसी और के द्वारा कुछ और किए जाने की प्रतीक्षा किए बिना हितधारकों के इन चारों समूहों के द्वारा तीन विशिष्ट पहलों का सुझाव दिया गया है।

राजनीतिक नेता (दो वर्ष)

राष्ट्रीय एवं प्रांतीय स्तरों पर राजनीतिक दलों के प्रमुखों को तीन पहलें करनी चाहिए:

(i) दल के मीडिया प्रचार माध्यमों में भ्रष्टाचार के आतंक, इस प्रवृत्ति का रुख विपरीत दिशा में उलटे जाने की बाध्यताओं, तथा आम नागरिक की संलिप्ततावाले भ्रष्टाचार के विरुद्ध एक अभियान को अपनाए जाने के द्वारा दल को किस प्रकार से लाभ हो सकता है आदि के सम्बन्ध में लेख लिखे जाने चाहिए। इस उद्देश्य से की गई एक अपील को वर्ष में कम–से–कम एक बार सार्वजनिक उद्बोधन का एक भाग भी बनाया जा सकता है।

(ii) यहाँ उल्लिखित 12 से 15 सार्वजनिक सेवाओं में से स्थानीय रूप से प्रासंगिक किसी सेवा को एक व्यवस्थित रूप से समयबद्ध आधार पर अपनाए जाने के लिए कार्यकर्ताओं से अपील की जानी चाहिए ताकि स्थानीय लोगों, विशेषतौर पर गरीबों तथा आम नागरिकों को इन सार्वजनिक सेवाओं, जैसे नरेगा, सार्वजनिक वितरण प्रणाली (पीडीएस), आवासन अथवा ऐसी ही अन्य सेवाओं को बिना घूस दिए हासिल किए जाने में सहायता प्रदान की जा सके।

(iii) राष्ट्रीय एवं प्रांतीय स्तरों पर दलों के प्रमुखों को आधारभूत सार्वजनिक सेवाओं को भ्रष्टाचारमुक्त बनाए जाने के लिए अपील करने के उद्देश्य से किसी एक मंच पर एकजुट होना चाहिए। ऐसी अपीलों को जनवरी के प्रथम सप्ताह में दल के द्वारा किया गया एक नववर्ष संकल्प होना चाहिए।

मीडिया संस्थान (तीन वर्ष)

समाचार मीडिया, विशेषतौर पर समाचार चैनलों को भ्रष्टाचार की कवरेज को एक धर्मयुद्ध के रूप में अपनाना चाहिए। इसका उद्देश्य एक घोटाले का प्रचार किए जाने सम्बन्धी हलचल पैदा किए जाने के बजाए भ्रष्टाचार को समाप्त किए जाने का अधिक होना चाहिए, और इस कार्य पर किसी महत्वपूर्ण व्यक्ति के स्थान पर नागरिकों के दृष्टिकोण से अधिक ध्यान दिया गया होना चाहिए, तथा इसे कोई आयोजन नहीं होना चाहिए बल्कि भ्रष्टाचार के विरुद्ध चल रहे एक सतत् अभियान का अंग होना चाहिए। मीडिया संस्थानों को इसे एक त्रिवर्षीय प्रयोग के रूप में अपनाना चाहिए जिसके बाद इसके परिणामों का स्वतंत्र मूल्यांकन किया जा सकता है।

(i) चैनल के प्रमुख (चैनल का चेहरा) अथवा समाचार मीडिया को मीडिया में अपनी बिरादरी तथा ग्राहकों/दर्शकों से दिन में कम से कम एक बार, पसंदीदा रूप से किसी प्राइमटाइम समाचार बुलेटिन के पूर्व (30 सेकेण्ड के लिए) अपील करना चाहिए। इस अपील के दो अथवा तीन संस्करण हो सकते हैं।

(ii) प्रत्येक मीडिया संस्थान अपनी पहुँच वाले स्थान/लोगों से जुड़ी हुई कोई दर्जन भर अथवा इस पुस्तक में चर्चित अनेकों अन्य सार्वजनिक सेवाओं में से किसी का भी चयन कर सकता है और विशिष्ट शिकायतों को स्वयं तक प्रेषित किए जाने का आह्वाहन कर सकता है। इसके लिए फोन–इन कार्यक्रम आयोजित किया जा सकता है जिसका विषय घूस दिए अथवा लिए जाने की बाध्यताएं, एक ही प्रयोजन के लिए अनेकों बार चक्कर लगाया जाना हो सकता है अथवा जमीनी स्तर पर जनता के साथ प्रश्नोत्तर कार्यक्रम वाले सत्र को आयोजित किया जा सकता है। मीडिया संस्थान अपनी स्वयं की रणनीति निर्धारित कर सकते हैं।

(iii) मीडिया कतिपय पहलुओं की पहचान कर सकता है, जैसे जब और जहाँ भी कोई व्यक्ति किसी सार्वजनिक सेवा से अप्रसन्न हो, वह निष्क्रिय हो जाने के स्थान पर उन्हें लिख सकता है अथवा शिकायत कर सकता है। मीडिया को भ्रष्टाचार को इस प्रकार से कवर किए जाने से बचना चाहिए जिससे यह भ्रष्टाचार को समाप्त किए जाने के बजाए उसे प्रोत्साहित करता हो अथवा सुविधाजनक बनाता हो। सार्वजनिक सेवाओं को हासिल किए जाने में जनता के अनुभवों को प्रस्तुत किए जाने के कार्य को वरीयता प्रदान की जानी चाहिए।

शिक्षाविद्

शिक्षाविद्, जिनमें अधिकांशतः कॉलेजों एवं विश्वविद्यालयों के छात्र एवं शिक्षक (विशेषतौर पर सामाजिक विज्ञान विषय के) शामिल हैं, यदि अपने–अपने स्थानीय क्षेत्रों में एक ध्यानकेन्द्रित तथा रणनीतिक तरीके से भ्रष्टाचार विरोधी अभियान को अपना लेते हैं तो वे एक अंतर ला सकते हैं। छात्र तथा शिक्षक दोनों एकसाथ मिलकर कुछ ऐसी न्यूनतम गतिविधियों को एक स्वैच्छिक प्रयास के रूप में संपन्न कर सकते हैं। जिन विशिष्ट कार्यों को उनके द्वारा तीन से चार वर्षों के लिए अपनाया जाना चाहिए, इस प्रकार हैं:

(i) उन्हें स्थानीय महत्व वाली किसी एक सार्वजनिक सेवा को अपनाना चाहिए ताकि इसे भ्रष्टाचार से मुक्त करवाया जा सके। ऐसा करने के लिए वे

अपनी स्वयं की रणनीति निर्धारित कर सकते हैं और उस सेवा की माँग करने वाले लोगों के लिए एक अंतर ला सकते हैं। वे एक के बाद दूसरी सेवा को एक वर्ष के आधार पर अपना सकते हैं।

(ii) उन्हें स्थानीय रूप से प्रासंगिक शिकायतों के निवारण के साथ आगे आना चाहिए जो स्थानीय तौर पर विशिष्ट रूप चुनी हुई सार्वजनिक सेवाओं से सम्बन्धित हों, तथा/अथवा बारबार चक्कर लगाए जाने से किस प्रकार से बचा जा सकता है अथवा दलाल के आतंक से किस प्रकार बचा जा सकता है, तथा उपयोगकर्ताओं को फीडबैक देने अथवा शिकायत करने सम्बन्धी प्रक्रियाओं से परिचित करवाए जाने में उन्हें सुस्पष्ट होना चाहिए।

(iii) छात्र तथा शिक्षक ऐसे उपयुक्त लोग हैं जो सेवा–सुपुर्दगी सम्बन्धी पहलुओं पर स्वतंत्र रूप से आवधिक अध्ययनों एवं सर्वेक्षणों को अपना सकते हैं और इस प्रकार के निष्कर्षों को प्रस्तुत कर सकते हैं जैसे लोगों का कौन सा प्रतिशत किसी सार्वजनिक सेवा को हासिल कर पाने में समर्थ नहीं रहा है क्योंकि वह घूस नहीं दे सका, ये कौन लोग हैं, सार्वजनिक सेवा में उन्हें किस प्रकार से सेवाएं प्रदान की जा सकती हैं, तथा सार्वजनिक सेवाओं/परियोजनाओं से कौन लाभान्वित हो रहा है। कुछ छात्र/शिक्षक इन मुद्दों का अध्ययन करने के लिए स्थानीय मीडिया के साथ मिलकर कार्य कर सकते हैं। यदि छात्रों तथा शिक्षकों को कार्यविधियों पर किसी प्रकार की सहायता की आवश्यकता हो तो वे सीएमएस जैसे संस्थानों से संपर्क कर सकते हैं। वे अपनी रुचियों तथा स्थानीय प्रासंगिकताओं के अनुसार सार्वजनिक सेवाओं को छात्रों एवं शिक्षकों के बीच विभाजित कर सकते हैं। वर्ष की समाप्ति तक उन्हें कम से कम दो सार्वजनिक सेवाओं के कार्यों में लाए गए अंतरों को प्रदर्शित करना चाहिए।

सिविल सोसाइटी समूह

गत तीन–चार वर्षों के दौरान सूचना के अधिकार कार्यकर्ताओं ने स्थानीय पहलों के साथ स्व–प्रेरित स्वैच्छिकवाद को पुनर्जीवित कर दिया है। आज देश के लगभग प्रत्येक जिले में ऐसे एक–दो कार्यकर्ता मौजूद हैं। अभी तक वे सार्वजनिक सेवाओं में भ्रष्टाचार के सम्बन्ध में की जा रही चिंताओं के एक भाग के रूप में सूचना प्राप्त करने के लिए सूचना के अधिकार अधिनियम के अंतर्गत नागरिकों द्वारा आवेदन करवाए जाने जैसे कार्यों में व्यस्त रहे हैं। अब उन्हें इससे और आगे निकलने तथा सूचना के अधिकार के तहत प्राप्त की गई सूचना का उपयोग न केवल ऊपरी स्तरों पर व्याप्त भ्रष्टाचार बल्कि गरीबों को प्रभावित

करने वाले भ्रष्टाचार को भी समाप्त करने हेतु रणनीति बनाए जाने में भी करने की आवश्यकता है। सूचना के अधिकार के इन कार्यकर्ताओं को अपने प्रयासों तथा नेटवर्कों को सार्वजनिक सेवाओं को भ्रष्टाचार, दुरुपयोग तथा शोषण से मुक्त कराए जाने की ओर निर्देशित करना चाहिए। अलग–अलग कार्यकर्ता तथा साथ ही साथ सिविल सोसाइटी समूहों को इन पहलों को कुछ विशिष्ट भ्रष्टाचार विरोधी अभियानों से अलग रहते हुए अगले तीन वर्षों के दौरान गंभीरतापूर्वक अपनाना चाहिए। उन्हें तीन विशिष्ट कार्य करने चाहिएः

(i) प्रत्येक छह महीनों में एक बार एक अथवा दो सार्वजनिक सेवाओं को एक ध्यानकेन्द्रित अभियान के साथ अपनाना चाहिए। चयनित सार्वजनिक सेवाओं के कार्यालयों पर ध्यान केन्द्रित किए जाने के लिए कार्यकर्ताओं को तैयार किया जाना चाहिए और उन लोगों तक पहुँच बनानी चाहिए जो इन सेवाओं को प्राप्त करने के लिए कार्यालयों में जाते हैं, तथा उनकी सहायता करनी चाहिए ताकि उन्हें वहाँ दोबारा न आना पड़े अथवा किसी दलाल से संपर्क न करना पड़े, किसी संपर्क को न खोजना पड़े अथवा घूस न देना पड़े।

(ii) स्थानीय तौर पर सूचना के अधिकार अधिनियम के आवेदन के प्रत्युत्तर में प्राप्त की गई सूचना के आधार पर अनुवर्ती कार्यवाही के लिए रणनीति तैयार करनी चाहिए ताकि भ्रष्टाचार को वास्तव में रोका जा सके अथवा विसंगति का अनुभव करते हुए उसे दुरुस्त किया जा सके।

(iii) लोगों को सूचना के अधिकार के अंतर्गत सूचना के लिए आवेदन किए जाने की प्रक्रिया से अवगत करवाया जाना चाहिए तथा इस बात से भी अवगत करवाया जाना चाहिए कि चुनी हुई सार्वजनिक सेवाओं में बिना कोई घूस दिए अथवा सेवाप्रदाताओं के यहाँ चक्कर लगाते रहने के बिना ही सिटीजन्स चार्टर के अधीन बेहतर सेवाओं की माँग किस प्रकार से की जा सकती है। तीसरे वर्ष के अंत तक इन कार्यकर्ताओं को पहले चक्र के अंतर्गत कम से कम छह से नौ स्थानीय रूप से महत्वपूर्ण (गरीब लोगों के लिए) सार्वजनिक सेवाओं को कवर करना चाहिए।

सरकार

सर्वप्रथम, योजना आयोग को सार्वजनिक सेवाओं में भ्रष्टाचार के विरुद्ध एक राष्ट्रीय आंदोलन खड़ा किए जाने का उत्तरदायित्व स्वीकार करना चाहिए। इसके एक अंग के रूप में, इसे कतिपय ऐसे संकेतकों को विकसित करना

चाहिए जो सिटीजन्स चार्टरों को सक्रिय करने में भी सहायता प्रदान करते हों तथा, जिनके आधार पर, इसे नागरिकों द्वारा सार्वजनिक सेवाओं को हासिल किए जाने के संदर्भ में भ्रष्टाचार पर स्वतंत्र जमीनी–निगरानीयुक्त सर्वेक्षणों का समर्थन करना चाहिए। दूसरे, राज्य स्तर पर सरकार को जनादेश के साथ एक भ्रष्टाचार–विरोधी आयोग का गठन करना चाहिए। तीसरे, केन्द्र तथा राज्य की सरकारों को सूचना के अधिकार अधिनियम की धारा 4 (*स्वःप्रेरणा* सम्बन्धी प्रावधान) के लागू किए जाने का उत्तरदायित्व ग्रहण करना चाहिए तथा इसमें सहयोग तथा इसे गति प्रदान करना चाहिए। इसके लिए, कंप्यूटरीकरण, नेटवर्क, तथा द्विमार्गीय संचार माध्यमों की स्थापना की जानी चाहिए। इस बहुआयामी अभियान के एक भाग के रूप में यह एक न्यूनतम कार्यक्रम है।

शून्य भ्रष्टाचार के लिए एक राष्ट्रीय मिशन

जितना शीघ्र संभव हो सके, शून्य भ्रष्टाचार के लिए स्थानीय विशिष्ट संदर्भों के साथ हमें एक ऐसे राष्ट्रीय मिशन को प्रारंभ करना चाहिए जिसके माध्यम से सिविल सोसाइटी, मीडिया, शिक्षाविद्, और, निश्चित रूप से सरकार के द्वारा भी पहलों एवं नवाचारों के एक कार्यक्रम को तैयार किया जा सके। यह कार्यक्रम मात्र एक वर्ष के लिए नहीं बल्कि उससे भी आगे के लिए होना चाहिए तथा विशिष्ट उद्देश्यों एवं ध्यानकेन्द्रित लक्ष्यों से युक्त होना चाहिए। एक साथ मिलकर, वे सब, और उनमें से प्रत्येक के द्वारा निजी तौर पर भी। उसके एक भाग के रूप में विशेषतौर पर सरकार को विशिष्ट लक्ष्यों के साथ चुनी हुई सार्वजनिक सेवाओं के चुने हुए कार्यों में शून्य भ्रष्टाचार को हासिल करने के राष्ट्रव्यापी कार्य को प्रारंभ करना चाहिए। लाए गए अंतर को प्रदर्शित किया जाना चाहिए तथा परिणाम इस पुस्तक में उल्लिखित रेखाओं के अनुरूप साक्ष्य–आधारित हो सकते हैं।

परिशिष्ट

परिशिष्ट – 1

शहरी सेवाओं में भ्रष्टाचार – एक सिंहावलोकन (2000)

देश में सरकार के सर्वाधिक संपर्क किए जाने वाले सार्वजनिक विभागों से सेवाएं हासिल करने वाले लोगों के पास किसी न किसी समय पर घूस देने का निजी अनुभव मौजूद होता है। वास्तव में, लगभग दो–तिहाई लोग ऐसा सोचते हैं कि इन कार्यालयों में व्याप्त भ्रष्टाचार वास्तविक है। हालांकि, एक–तिहाई लोग यह सोचते हैं कि भ्रष्टाचार को प्रायः ही बढ़ा–चढ़ा कर पेश किया जाता है। इसके बावजूद भी, 80 प्रतिशत लोग निष्क्रिय हैं, जबकि मुश्किल से 20 प्रतिशत लोगों के द्वारा ही ऐसे किसी भी भ्रष्टाचार के लिए शायद ही किसी से शिकायत की गई थी।

पाँच शहरों अर्थात् दिल्ली, लखनऊ, चेन्नई, हैदराबाद तथा पुणे में स्थानीय उपयोगकर्ताओं के द्वारा ड्राइविंग लाइसेंस कार्यालय तथा नागरिक आपूर्ति कार्यालयों में अधिकारियों के साथ अनुभव किए गए और उन्हें सर्वाधिक भ्रष्ट पाया गया। अन्य शहरों की तुलना में हैदराबाद के नागरिकों के द्वारा इसकी शहरी सरकार को सर्वाधिक भ्रष्ट के रूप में देखा गया था।

सापेक्षिक तौर पर सभी शहरों में व्यापारियों तथा स्व–नियोजित लोगों में से अधिकाधिक लोगों के द्वारा घूस दिए जाने को स्वीकार किया गया। रोचक बात तो यह है कि यहाँ तक कि कवर किए गए सभी शहरों में ''सरकारी कर्मचारियों'' के बीच में से 40 प्रतिशत से भी अधिक लोगों ने किसी न किसी समय पर घूस दिए जाने की बात को स्वीकार किया।

लगभग 63 प्रतिशत लोग सोचते हैं कि कार्यालयों में भ्रष्टाचार के ''वास्तविक'' तथा ''बड़े पैमाने'' पर मौजूद होने के बावजूद भी इससे गंभीरता के साथ नहीं निपटा जा रहा है और यह कि न्यायपालिका निष्प्रभावी रही है। अधिकांश लोग देश में भ्रष्टाचार के लिए राजनीतिज्ञों तथा अधिकारियों को उत्तरदायी मानते हैं। इसी तथ्य को दिल्ली नगर निगम के आयुक्त एस.पी. अग्रवाल ने दिल्ली के

एक न्यायालय के समक्ष स्वीकार किया था जब उन्होंने कहा कि ''एमसीडी (दिल्ली नगर निगम) में व्यापक पैमाने पर भ्रष्टाचार व्याप्त हैं और यह कि किसी भी ऐसे संगठन में भ्रष्टाचार मौजूद है जिसे जनता के साथ निपटना पड़ता है।'' एग्जिट पोलों, जिनका सर्वप्रथम उपयोग सीएमएस के द्वारा उपभोक्ता संतुष्टि सम्बन्धी अध्ययनों के लिए किया गया था, के द्वारा यह स्पष्ट कर दिया गया कि ऐसा न केवल दिल्ली में वरन् अन्य शहरों में भी हो रहा था।

सम्बन्धित अधिकारी का उपलब्ध न होना तथा आगुन्तकों को संगत स्पष्टीकरणों का ज्ञान न होना आदि कुछ ऐसे कारण हैं जिनका उल्लेख इन सार्वजनिक कार्यालयों में भ्रष्टाचार को कायम रखने के लिए प्रायः ही किया जाता रहता है।

भ्रष्टाचार के सम्बन्ध में अनुभव

मत–सर्वेक्षण में कवर किए गए पाँच शहरों में छह प्रमुख सार्वजनिक सेवा विभागों में के एक अथवा दूसरे कार्यालयों में लगभग एक–तिहाई आगंतुकों के मामले में देखा गया कि उन्हें एक ही प्रयोजन के लिए दोबारा कार्यालय आने की आवश्यकता इसलिए नहीं पड़ी क्योंकि उनका कार्य पूरा कर दिया गया था। हालांकि, 54 प्रतिशत लोगों के मामले में उन्हें कार्यालय दोबारा आना पड़ा क्योंकि उनका कार्य उसी दिन पूरा नहीं किया जा सका था। वास्तव में उनमें से आधे से कुछ अधिक पहले भी वहाँ उसी प्रयोजन से आ चुके थे, जबकि उनमें से अधिकांश ने कार्यालय में दो से अधिक बार चक्कर लगाए थे।

उनमें से पाँचवे भाग (20 प्रतिशत) के मामले में दोबारा चक्कर इसलिए लगाने पड़े थे क्योंकि सम्बन्धित अधिकारी उपलब्ध नहीं थे। एक–चौथाई से कुछ अधिक लोगों के मामले में उन्हें ''किसी न किसी स्पष्टीकरण'' के साथ वापस आना पड़ा था।

नमूने में शामिल सभी आगंतुकों से यह पूछा गया कि क्या कथित विभाग, जहाँ उनके साक्षात्कार किए गए थे, में कार्य करवाने के लिए उन्होंने किसी ''प्रभाव अथवा पक्ष'' का कभी भी उपयोग किया है अथवा नहीं। उनमें से लगभग 60 प्रतिशत ने कहा कि उन्हें अपना कार्य करवाने के लिए कभी भी कुछ नहीं करना पड़ा है। हालांकि, एक–तिहाई लोगों का अनुभव अलग था।

एक अन्य प्रश्न कि क्या विभाग में कार्य करवाए जाने के लिए ''नजदीकी मित्रों एवं रिश्तेदारों'' में से किसी के द्वारा ''घूस दिए जाने अथवा संपर्क का उपयोग किए जाने का अनुभव किया गया'', तो 41 प्रतिशत लोगों का उत्तर सकारात्मक था। हालांकि, लगभग आधे लोगों के मामले में बताया गया कि वे ऐसा अनुभव

कर चुके किसी भी व्यक्ति को नहीं जानते थे। जिन सब लोगों के द्वारा ऐसा कोई अनुभव किया भी गया था उन्होंने कहा कि उन्हें ऐसा या तो कार्य को पूरा करवाने अथवा उसे गति प्रदान किए जाने के लिए करना पड़ा था।

दलालों का आतंक

एग्जिट पोल में शामिल किए गए सभी आंगतुकों के 42 प्रतिशत भाग ने यह बताया कि कार्यालय/विभाग के लिए ''दलाल'' मौजूद थे। वास्तव में, उनके एक–तिहाई से कुछ अधिक भाग ने इस बात की पुष्टि कर दी कि उनके पास ऐसे ''दलाल'' के साथ काम करने का अनुभव है अथवा उनके किसी नजदीकी व्यक्ति के द्वारा दलाल का उपयोग किया गया था। हालांकि, उनके लगभग आधे भाग के पास ऐसा कोई भी अनुभव उपलब्ध नहीं था।

एक और सीधे प्रश्न के जवाब में 48 प्रतिशत लोगों ने यह बताया कि वे स्वयं अथवा उनका कोई नजदीकी परिचित किसी न किसी समय पर वास्तव में ''घूस'' दे चुका है, ''चाहे वह कितनी भी कम अथवा ज्यादा क्यों न रही हो''।

मत–सर्वेक्षण में शामिल किए गए लोगों के मुश्किल से पाँचवे भाग (20 प्रतिशत) के द्वारा ही इस बात की पुष्टि की गई कि मत–सर्वेक्षण में शामिल की गई सार्वजनिक सेवाओं को हासिल किए जाने में सामना की गई समस्याओं के सम्बन्ध में उन्होंने ''कभी भी शिकायत'' की थी। हालांकि, सर्वाधिक ''निष्क्रिय नागरिकों'' के रूप में 81 प्रतिशत लोगों ने कभी भी ऐसा नहीं किया था।

मत–सर्वेक्षण में शामिल किए गए समस्त आगंतुकों के मात्र एक–तिहाई भाग ने केन्द्रीय सतर्कता आयोग के द्वारा सतर्कता जागरुकता सप्ताह आयोजित किए जाने के विषय में सुन रखा था। हालांकि, 69 प्रतिशत लोगों ने इस सप्ताह के बारे में नहीं सुना था, यद्यपि मत–सर्वेक्षण में शामिल किए गए कार्यालयों/विभागों से इसका प्रचार किए जाने की अपेक्षा की गई थी।

भ्रष्टाचार के सम्बन्ध में धारणाएं

मात्र एक–चौथाई लोग, जो ऐसा सोचते हैं कि भ्रष्टाचार एक ''कही–सुनी'' बात अधिक है, की तुलना में कोई दो–तिहाई के लगभग की बड़ी संख्या में लोग सोचते हैं कि भ्रष्टाचार ''वास्तविक'' है। 40 प्रतिशत के आसपास लोगों का सोचना है कि भ्रष्टाचार को प्रायः बढ़ाचढ़ा कर पेश किया जाता है जबकि 40 प्रतिशत लोग इसके सम्बन्ध में अन्य विचार रखते हैं।

वास्तव में, 60 प्रतिशत से कुछ अधिक ही लोग यह सोचते हैं कि भ्रष्टाचार "व्यापक" है जबकि कोई एक तिहाई लोग ऐसे हैं जो सोचते हैं कि यह मात्र "छोटा–मोटा भ्रष्टाचार" है।

हाल ही में, विभिन्न अदालतों के द्वारा केन्द्र तथा राज्यों में वर्तमान समय में कई मंत्रियों एवं राजनीतिक नेताओं का नाम भ्रष्ट कार्यों में संलिप्त रहने के कारण उल्लिखित किया गया था। परंतु इससे जनता की मानसिकता पर कोई प्रभाव पड़ा हो ऐसा प्रतीत नहीं होता है।

मात्र एक–तिहाई लोग ही यह सोचते हैं देश में भ्रष्टाचार से गंभीरतापूर्वक निपटा जा रहा है जबकि लगभग आधे लोग ऐसे हैं जो यह सोचते हैं कि ऐसे प्रयास "सांकेतिक अधिक" हैं।

न्यायपालिका निष्प्रभावी

वास्तव में, 40 प्रतिशत से भी अधिक लोग ऐसा सोचते हैं कि देश में न्यायपालिका भ्रष्टाचार सम्बन्धी मामलों से निपट पाने में सक्षम नहीं है। हालांकि, 26 प्रतिशत लोगों का सोचना है कि ऐसा "अन्य कारणों" से है कि हम देश में भ्रष्टाचार से प्रभावी तरीके से निपट पाने में सक्षम नहीं हैं।

राजनीतिज्ञ उत्तरदायी हैं

रोचक तौर पर, 48 प्रतिशत तक की बड़ी संख्या में लोग सोचते हैं कि देश में भ्रष्टाचार के लिए राजनीतिज्ञ लोग उत्तरदायी हैं। हालांकि, एक–तिहाई के आसपास लोग ऐसा सोचते हैं कि भ्रष्टाचार के लिए नौकरशाह/अधिकारी उत्तरदायी हैं। कोई 10 प्रतिशत के आसपास लोगों का सोचना है कि "व्यवसायी" उत्तरदायी हैं, जबकि कोई 5 प्रतिशत लोग "मीडिया" को उत्तरदायी मानते हैं।

यह मत–सर्वेक्षण उन व्यापक धारणाओं की पुष्टि करता है जिसे मुख्य सतर्कता आयुक्त एन. विट्ठल व्यक्त करते रहे हैं, कि *"नेता, बाबू, लाला, दादा, एवं झोला (सामाजिक कार्यकर्ता)"* देश में भ्रष्टाचार की जड़ का गठन करते हैं।

भ्रष्टाचार पर सर्वेक्षण–प्रमुख निष्कर्ष (2002)

भारत में भ्रष्टाचार बहुमुखी है तथा अलग–अलग लोगों के लिए अलग–अलग पहुलओं एवं अर्थों वाला है। प्रायः ही, छोटे–मोटे भ्रष्टाचार को *बख्शीश* अथवा चाय–पानी का नाम देकर उस पर ध्यान नहीं दिया जाता और ऐसे लेनदेन को कभी भी भ्रष्टाचार की संज्ञा नहीं दी जाती। एक निश्चित सीमा तक भ्रष्टाचार जीवन का एक तरीका बन चुका है। अधिकांश क्षेत्रों में भ्रष्टाचार को सहन किए जाने का स्तर इतना ऊपर जा चुका है कि घूस का लेनदेन तथा प्रभाव का उपयोग किया जाना सामान्य व्यवहार माना जाने लगा है।

यह हमें विचारण के एक महत्वपूर्ण बिन्दु तक ले आता है–एक आम आदमी के लिए भ्रष्टाचार क्या होता है तथा उसने सहनशीलता के किस स्तर को स्वीकार कर लिया है? सीएमएस के शोधकर्ता दल ने नागरिकों का परीक्षण किया और भ्रष्टाचार कैसे उत्पन्न होता है तथा क्या सार्वजनिक सेवाओं में अपने कार्य को करवाए जाने के लिए घूस का लेनदेन उचित है अथवा अनुचित, इस सम्बन्ध में उनकी धारणाओं पर उनकी प्रतिक्रियाएं माँगी।

सर्वेक्षण का एक रोचक निष्कर्ष यह था कि आधे से भी अधिक प्रत्युत्तरदाता यह अनुभव करते हैं कि किसी भी प्रकार की पेशकश, चाहे वह नकद में हो अथवा वस्तु के रूप में, भ्रष्ट व्यवहारों की ओर ले जाती है। आगे, एक–तिहाई प्रत्युत्तरदाताओं ने स्वीकार किया कि सर्वेक्षण किए गए विभागों में यह एक सामान्य व्यवहार था।

बिना किसी प्रभाव का उपयोग किए अथवा धन (घूस) का भुगतान किए सरकारी विभागों से न्यूनतम सेवाएं प्राप्त कर पाने से जुड़ी हुई कठिनाईयों के साथ एक औसत नागरिक का परीक्षण इस बात के लिए किया गया कि क्या सेवा हासिल करने के लिए घूस दिया जाना उचित होता है? 90 प्रतिशत से भी अधिक लोगों ने माना कि किसी भी परिस्थिति में घूस अनुचित है, किन्तु वे इस बात से सहमत भी थे कि नियत परिस्थितियों के अंतर्गत नागरिकों को घूस की पेशकश करने के लिए बाध्य किया जाता है।

बार–बार चक्कर लगाए जाने को एक सच्चाई बनने के साथ अपने निजी जीवन के लिए अपेक्षाकृत कम समय उपलब्ध होने के कारण लगभग 40 प्रतिशत प्रत्युत्तरदाताओं ने अपना कार्य करवाने के लिए वैकल्पिक तरीकों, अर्थात्, घूस देने अथवा प्रभाव का उपयोग किए जाने का उपयोग किया था। वास्तव में, सर्वेक्षण किए गए विभागों में कोई भी एजेण्टों (दलालों) को औपचारिक अथवा अनौपचारिक रूप से अपना कार्य करते हुए देख सकता है; आगे, ये दलाल

विभाग के विभिन्न नियमों एवं विनियमों से भली–भांति परिचित होते हैं जिन्हें एक आम आदमी नहीं जानता। प्रत्युत्तरदाताओं के लगभग आधे भाग ने विभागों के साथ अपने द्वारा की गई अंतःक्रियाओं के दौरान स्वयं किसी दलाल की सेवा का उपयोग किए जाने को स्वीकार किया है अथवा यह स्वीकार किया कि वे किसी ऐसे व्यक्ति को जानते हैं जिसने इन दलालों की सेवाओं का उपयोग किया हुआ है। कुछ प्रत्युत्तरदाता ऐसे किसी प्रश्न का उत्तर देने में वास्तव में हिचकिचाहट का अनुभव कर रहे थे और, इसीलिए, ऐसे लोगों, जिन्होंने ऐसे किसी वैकल्पिक माध्यम का उपयोग किया हो, का प्रतिशत कहीं ऊँचा भी हो सकता है।

भ्रष्टाचार में वृद्धि अनेकों वर्षों में

पाँच शहरों में सर्वेक्षण किए गए और दो–तिहाई से भी अधिक प्रत्युत्तरदाताओं ने उल्लेख किया कि गत दो वर्षों के दौरान भ्रष्टाचार में वृद्धि हुई है। हालांकि, तीन में से एक व्यक्ति ने यह उल्लेख किया कि भ्रष्टाचार कमोबेश एक–समान ही रहा है। मात्र 5 प्रतिशत लोगों ने उल्लेख किया कि विगत कई वर्षों के दौरान भ्रष्टाचार में कमी आई है।

यदि सार्वजनिक धारणा पर विचार किया जाए तो ऐसा प्रतीत होता है कि विभिन्न एजेन्सियों के द्वारा चलाए गए भ्रष्टाचार विरोधी अभियान भ्रष्ट अधिकारियों के लिए निवारक का कार्य नहीं कर सके हैं। प्रत्युत्तरदाताओं के दो–तिहाई से भी बड़े भाग ने ऐसा अनुभव किया था कि राजनीतिज्ञ तथा सरकारी अधिकारी ही सरकार में व्याप्त भ्रष्टाचार के लिए उत्तरदायी हैं। वास्तव में, 90 प्रतिशत के आसपास प्रत्युत्तरदाता सहमत थे कि भ्रष्टाचार में वृद्धि को राजनीतिज्ञों एवं अधिकारियों के द्वारा अत्यंत गंभीरतापूर्वक लिया जाना चाहिए तथा इसकी लीपा–पोती के स्थान पर वास्तविक प्रयास किए जाने की आवश्यकता है।

न्यायपालिका निष्प्रभावी

सीएमएस ने नागरिकों से प्रश्न किया कि क्या भ्रष्टाचार में वृद्धि के साथ न्यायपालिका भ्रष्ट व्यवहारों को रोक पाने में प्रभावी रही है अथवा नहीं? इसके प्रति दो–तिहाई से भी अधिक लोगों ने स्वीकार किया कि सरकारी विभागों में व्याप्त भ्रष्ट व्यवहारों से निपट पाने में न्यायपालिका निष्प्रभावी रही है जिसका कारण कानूनों एवं विनियमों का पुराने पड़ जाना है।

नागरिकों द्वारा पहल का अभाव

सतर्कता आयोग के सम्बन्ध में जागरुकता विगत कई वर्षों के दौरान बढ़ चुकी है; प्रत्युत्तदाताओं का दो–तिहाई से भी बड़ा भाग सतर्कता आयोग से अवगत था। हालांकि, यह निराशाजनक है कि नागरिकों की बड़ी संख्या अभी भी निष्क्रिय बनी हुई है और भ्रष्ट व्यवहारों पर रोक लगाए जाने के लिए पहल किए जाने का कोई भी प्रयास नहीं करती। वास्तव में, तीन–चौथाई से भी अधिक प्रत्युत्तरदाताओं ने स्वीकार किया कि उन्होंने भ्रष्ट व्यवहारों के सम्बन्ध में कभी भी कोई शिकायत नहीं की थी, यद्यपि कि वे इन विभागों में व्याप्त भ्रष्टाचार से अवगत थे। आगे, सरकारी विभाग/सार्वजनिक सेवाएं भी नागरिकों को विभाग में उपलब्ध विभिन्न शिकायत निवारण तंत्रों के सम्बन्ध में सूचित एवं शिक्षित किए जाने की दिशा में कोई भी प्रयास नहीं कर रही हैं। स्वाभाविक रूप से, इन कार्यालयों में भ्रष्टाचार को नागरिकों के द्वारा प्रायः सूचित ही नहीं किया जा रहा है।

एक सिंहावलोकन

भ्रष्टाचार कोई कही–सुनी बात नहीं है; यह बढ़ा–चढ़ा कर कही गई बात भी नहीं है; यह एक सच्चाई है। यहाँ तक कि ऐसी आधारभूत सुविधाओं, जिन्हें नागरिकों के द्वारा एक अथवा कई बार प्राप्त किया जाता है, के सम्बन्ध में भी यही सच है। इन विभागों में सेवा प्राप्त करने वाले प्रत्येक तीसरे नागरिक के द्वारा किसी न किसी समय पर ("अतिरिक्त") घूस का भुगतान किया गया था, तथा प्रत्येक चार में से एक व्यक्ति निजी तौर से परिचित किसी न किसी ऐसे व्यक्ति को जानता था जिसने इन शहरी सार्वजनिक सेवाओं से सेवा प्राप्त करने के लिए कभी न कभी घूस अवश्य दी थी। हालांकि, आधे के लगभग नागरिकों के द्वारा घूस दिए जाने का ऐसा कोई भी अनुभव नहीं किया गया था, न ही वे किसी ऐसे व्यक्ति को जानते थे जिसने ऐसा किया हो। तथापि, नागरिक सोचते हैं कि भ्रष्टाचार को गंभीरतापूर्वक सम्बोधित नहीं किया जा रहा है। इसे भारत के पाँच महानगरों में किए गए इस अध्ययन के सार के रूप में प्रकाश में लाया गया है (सारणियाँ AI.1 तथा AI.2)। सन् 2003 के लिए किया गया यह अध्ययन यह भी स्पष्ट करता है कि कुल मिलाकर पिछले कुछ वर्षों के दौरान इस प्रकार से घूस दिए जाने की सीमा में कुछ गिरावट आई है (सारणी AI.3)।

और अधिक स्पष्ट रूप से, सार्वजनिक सुविधाओं के ऐसे उपयोगकर्ताओं, जिन्होंने सेवा प्राप्त किए जाने के लिए कभी भी घूस का भुगतान किया था, का प्रतिशत भी महानगरों में पिछले कुछ वर्षों के दौरान कम हो चुका है। यह गिरावट हैदराबाद, चेन्नई तथा कोलकाता के मामलों में अधिक चिन्हित की गई

है। हालांकि, दिल्ली के मामले में किसी भी सार्वजनिक सेवा के अंतर्गत ऐसी किसी भी गिरावट को नहीं देखा गया। दिल्ली, हैदराबाद तथा मुम्बई की तुलना में चेन्नई तथा कोलकाता में भ्रष्टाचार का स्तर कहीं नीचे था। रोचक तौर पर, चेन्नई तथा कोलकाता में इन सार्वजनिक सुविधाओं के लिए संपर्क करने वालों में महिलाओं की संख्या ही अधिक बड़ी होती है।

यह सच्चाई, कि किसी सार्वजनिक सेवा को हासिल किए जाने की प्रक्रिया में ''दलाल'' के उपयोग की सीमा में कमी आ चुकी है, इस बात का संकेत देती है कि इन आधारभूत सेवाओं के कार्यों में कुछ पारदर्शिता आ चुकी है। हालांकि, नागरिक सेवाओं को हासिल किए जाने में सामना की जा रही समस्याओं के सम्बन्ध में शिकायत किए जाने के द्वारा नागरिकों की ओर से सक्रियतावाद की सीमा में कोई समानुपातिक वृद्धि नहीं हुई है। इसके बावजूद, भ्रष्टाचार में गिरावट की प्रवृत्ति को बनाए रखने के लिए नागरिकों का सहयोग उतना ही महत्वपूर्ण है जितना कि सरकार के द्वारा की गई पहलें। अपनी ओर से सरकार को नागरिकों की शिकायतों को गंभीरतापूर्वक लिए जाने तथा उनपर तत्परता से कार्यवाही किए जाने के द्वारा उनके विश्वास को बहाल करने सम्बन्धी समस्त प्रयास करने चाहिए।

सन् 2003 के इन निष्कर्षों को आधार बनाया जाए तो यह देखा जा सकता है कि हैदराबाद में आम आदमी की संलिप्तता वाली इन सार्वजनिक सुविधाओं में घूस दिए जाने का कार्य अन्य महानगरों के समान दलाल के माध्यम से किए जाने के बजाए सीधे तौर पर किया जाता है। इसीलिए, हैदराबाद में दलालों का प्रचलन बहुत ही कम है। अन्य शहरों की तुलना में हैदराबाद में बहुसंख्यक नागरिक निष्क्रिय भी हैं; वे इन सेवाओं को हासिल किए जाने में सामना की गई समस्याओं के सम्बन्ध में शिकायत किए जाने की चिंता मुश्किल से ही करते हैं। हैदराबाद में नगरपालिका सेवाओं को ऑनलाइन उपलब्ध कराए जाने हेतु की गई ''ई–सेवा'' नामक पहल के द्वारा लाए गए अंतरों को अभी सामने आना शेष है (सारणियाँ AI.1 तथा AI.2)।

सारणी AI.1

भ्रष्टाचार के साथ अनुभवों का सारांशः सकल आँकड़े (2003)

(सार्वजनिक सेवाओं का उपयोग करने वाले नागरिकों का प्रतिशत)

अनुभव	*दिल्ली*	*मुम्बई*	*कोलकाता*	*चेन्नई*	*हैदराबाद*
कभी भी घूस दी	49	32	32	23	37
दलाल के माध्यम से कार्य करवाया	32	39	32	25	13
कभी भी शिकायत की	15	17	32	21	3

स्रोतः CMS studies.

सारणी AI.2
भ्रष्टाचार के साथ अनुभवों का सारांशः सकल आँकड़े (2002–03)

(सार्वजनिक सेवाओं का उपयोग करने वाले नागरिकों का प्रतिशत)

	2000	*2002*	*2003*
कभी भी घूस दी	51	34	30
दलाल के माध्यम से कार्य करवाया	48	44	28
कभी भी शिकायत की	19	12	18

स्रोतः CMS studies.

सन् 2003 में, सर्वेक्षण में शामिल पाँच महानगरों में सरकारी अस्पतालों में गत वर्ष (2002) के बाद से भ्रष्टाचार में कमी आ चुकी है। मात्र चेन्नई को छोड़कर अन्य महानगरों में ऐसा नगरपालिका सेवाओं तथा विद्युत सेवाओं के सम्बन्ध में भी सच है। यहाँ तक कि नागरिक आपूर्ति (राशन कार्डों) के मामले में भी मात्र हैदराबाद को छोड़कर सभी जगह सुधार देखा गया है।

वास्तव में, चेन्नई के मामले में, जहाँ अन्यथा रूप से भ्रष्टाचार का स्तर अधिकांश अन्य महानगरों की तुलना में काफी नीचे हैं, घूस–भुगतान की सीमा सन् 2003 में नीचे नहीं आ सकी है। यह एक ऐसा तथ्य है जिसपर गहन ध्यान दिए जाने की आवश्यकता है। तथापि, यह एक संकेत प्रदान करता है कि चेन्नई में भ्रष्टाचार को कम किए जाने के लिए किसी भी प्रकार के सतत् प्रयास नहीं किए गए हैं (सारणी AI.3)।

सभी महानगरों में वे सेवाएं, जिनका सम्बन्ध (परिवहन) ड्राइविंग लाइसेंसों के साथ है, अधिकारियों के द्वारा विशेष ध्यान दिए जाने की माँग करती हैं। कारण यह है कि इन विभागों में सन् 2002 के बाद से भ्रष्टाचार की सीमा में मामूली

सारणी AI.3
भ्रष्टाचार के साथ अनुभवों का सारांशः सकल आँकड़े (2002–03)

(सार्वजनिक सेवाओं का उपयोग करने वाले नागरिकों का प्रतिशत)

शहर	*2000*	*2002*	*2003*
दिल्ली	40	42	49
मुम्बई	*	31	32
कोलकाता	*	51	19
चेन्नई	38	16	18
हैदराबाद	63	37	27

स्रोतः CMS studies.

टिप्पणीः * इन शहरों में अध्ययन नहीं संपन्न किया गया।

सारणी AI.4
पाँच शहरों में घूस–दिए जाने की सीमा

(सार्वजनिक सेवाओं का उपयोग करने वाले नागरिकों का प्रतिशत)

सार्वजनिक सुविधाएं / सेवाएं	*2002*	*2003*
अस्पताल	46	32
स्थानीय सरकार	85	62
रेलवे	42	37
विद्युत आपूर्ति	62	47
नागरिक आपूर्ति	69	41
ड्राइविंग लाइसेंस	81	66

स्रोत: CMS studies.

के बजाए भारी वृद्धि हो चुकी है। यही बात रेलवे के मामले में भी सत्य है, विशेषतौर पर राष्ट्रीय राजधानी दिल्ली में।

विद्युत वितरण क्षेत्र में हाल ही में अपनाई गई सुधारों की प्रक्रिया के द्वारा आम नागरिकों की संलिप्तता वाले भ्रष्टाचार को कम किए जाने में सहायता प्राप्त होती हुई प्रतीत होती है। दिल्ली तथा हैदराबाद दोनों ही स्थानों, जहाँ इन सुधारों को प्रकट रूप से और अधिक जोरदार तरीके से अपनाया जा रहा है, पर आई कमी महत्वपूर्ण है।

दिल्ली में मात्र रेलवे तथा ड्राइविंग लाइसेंसों के मामले को छोड़कर इन सार्वजनिक सेवाओं में भ्रष्टाचार के स्तर में सन् 2000 से महत्वपूर्ण रूप से कमी आ चुकी है। दूसरी ओर, चेन्नई में अध्ययन की गई आम नागरिकों की संलिप्तता वाली सभी सातों सार्वजनिक सेवाओं / सुविधाओं में से सभी में भ्रष्टाचार के स्तर में मामूली वृद्धि का होना पाया गया।

कुल मिलाकर, मात्र नागरिक आपूर्ति के मामले को छोड़कर अन्य मामलों में कोलकाता तथा हैदराबाद के द्वारा गत वर्ष की तुलना में भ्रष्टाचार में महत्वपूर्ण कमी आने का प्रदर्शन किया गया है। सार्वजनिक सुविधाओं में घूस–दिए जाने की सीमा के एक संयुक्त पैमाने पर हैदराबाद, कोलकाता तथा चेन्नई की तुलना में मुम्बई और दिल्ली आगे रहे हैं (सारणी AI.4)।

एक सिंहावलोकन

सन् 2000 से ही सीएमएस सार्वजनिक सेवाओं में छोटे–मोटे भ्रष्टाचार पर आवधिक अध्ययन संपन्न करता रहा है। भ्रष्टाचार से जुड़े इन अध्ययनों का एक विश्लेषण इस धारणा कि भ्रष्टाचार में वृद्धि हो रही है तथा वास्तविक अनुभव

के बीच एक बेमेलपन का प्रदर्शन करता है। धारणा का विश्लेषण दर्शाता है कि यदि सन् 2002 के समान अध्ययन के साथ तुलना की जाए तो सन् 2005 में प्रत्युत्तरदाताओं के अपेक्षाकृत एक बड़े प्रतिशत ने सार्वजनिक सेवा को हासिल किए जाने के लिए घूस देने की आवश्यकता का अनुभव किया था। बढ़ी हुई एवं सतत् आधार पर की जाने वाली मीडिया कवरेज इसके अनेकों कारणों में से एक हो सकती है। हालांकि, धारणा का वास्तविक होना अनिवार्य नहीं होता। वास्तव में, सन् 2002 से तुलना की जाए तो सन् 2005 में प्रत्युत्तरदाताओं के अपेक्षाकृत छोटे प्रतिशत के द्वारा सार्वजनिक सेवाओं को हासिल किए जाते हुए भ्रष्टाचार का अनुभव किया गया था।

सन् 2005 में भ्रष्टाचार का रिपोर्ट किए जाने में एक कमी आने के बावजूद भी सन् 2005 में सभी वर्गों के परिवारों को सार्वजनिक सेवा हासिल करने के लिए घूस का भुगतान करना पड़ा था। भ्रष्टाचार सम्बन्धी अध्ययन में कवर की गई पाँच सार्वजनिक सेवाओं (पुलिस, भू–प्रशासन, न्यायपालिका, विद्युत आपूर्ति तथा सरकारी अस्पताल) के मामलों में 1 करोड़ से भी अधिक परिवारों ने इस वर्ष के दौरान सेवाएं हासिल किए जाने के लिए घूस का भुगतान किया था।

यह अध्ययन दर्शाता है कि सभी विभागों/राज्यों में भ्रष्टाचार तथा सार्वजनिक सेवाओं के उपयोग के बीच एक नकारात्मक सहसम्बन्ध है। उदाहरण के लिए, सरकारी अस्पतालों में भ्रष्टाचार सूचकांक में होने वाली एक इकाई की कमी सेवा हासिल करने वाली जनता के प्रतिशत में 0.5 प्रतिशत की वृद्धि की ओर ले जाती है। इसी प्रकार से, सापेक्षिक तौर पर अधिक भ्रष्टाचार वाले राज्यों में सार्वजनिक सेवाओं का उपयोग कम किया जाता है।

हमारा विश्लेषण इस बात की पुष्टि करता है कि गरीब परिवार सार्वजनिक सेवाओं पर कहीं अधिक निर्भर करते हैं। इसीलिए, सेवा की खराब गुणवत्ता तथा सार्वजनिक सेवाओं में भ्रष्टाचार से वे कहीं अधिक दुष्प्रभावित भी होते हैं। शायद ऐसा कोई कारक मौजूद है जिससे अधिक से अधिक लोग निजी सेवाओं की ओर जा रहे हैं, जैसा कि स्वास्थ्य के मामले में हो रहा है। ऐसी सेवाओं के लिए वे अपनी आय का एक बढ़ता हुआ प्रतिशत व्यय भी कर रहे हैं।

सेवा की खराब गुणवत्ता के एक कारण के रूप में प्रायः ही सेवाप्रदाता श्रमशक्ति की कमी होने की बात को उद्धृत करते हैं। हालांकि, यह अध्ययन संकेत देता है कि सभी विभागों में श्रमशक्ति एवं सेवा की गुणवत्ता के बीच कोई भी महत्वपूर्ण सहसम्बन्ध मौजूद नहीं है। पर्याप्त श्रमशक्ति एक अनिवार्य शर्त अवश्य है परंतु उत्तम सेवा प्रदान किए जाने के लिए पर्याप्त नहीं है।

कुल मिलाकर, पूरे देश में विभिन्न विभागों में शिकायत निवारण तंत्र के सम्बन्ध में जागरुकता बहुत ही कम है। विभिन्न विभागों के साथ अंतःक्रियाएं करने वाले कुल परिवारों में से मुश्किल से 10–35 प्रतिशत ही सम्बन्धित विभागों में किसी

शिकायत–निवारण तंत्र के अस्तित्व से अवगत हैं। यह अध्ययन दर्शाता है कि शिकायत–निवारण तंत्र के सम्बन्ध में जागरुकता में होने वाली एक–प्रतिशत की प्रत्येक वृद्धि से भ्रष्टाचार के सूचकांक में 0.17 इकाईयों की कमी आ सकती है।

भ्रष्टाचार को कम किए जाने एवं सेवाओं में सुधार किए जाने के एक समाधान के रूप में कतिपय सेवाओं का निजीकरण किया जाना प्रस्तावित किया जाता रहा है। विद्युत क्षेत्र का किया गया एक अध्ययन सुझाता है कि निजी वितरण कम्पनियों (डिस्कॉम) द्वारा सेवित शहरों एवं सार्वजनिक विद्युत वितरण सुविधाओं के द्वारा सेवित शहरों के बीच कोई प्रसंशनीय अंतर मौजूद नहीं है।

सन् 2005 का अध्ययन दर्शाता है कि नागरिकों का एक बहुत ही बड़ा भाग सम्बन्धित विभागों में भुगतान करने के लिए अथवा मात्र एक शिकायत दर्ज करवाने के लिए जाता है। आसान पहलों को अपनाए जाने के द्वारा इस प्रकार से आने–जाने के कार्य से बचा जा सकता है। इससे भ्रष्टाचार के अवसर भी कम होंगे तथा साथ–ही–साथ बुनियादी ढाँचे पर दबाव को भी कम किया जा सकेगा।

विभिन्न सार्वजनिक–सेवा विभागों में पारदर्शिता में सुधार किए जाने तथा अगली पंक्ति वाले कर्मचारियों के साथ सीधी अंतःक्रिया में कमी लाए जाने के लिए सूचना प्रौद्योगिकी का उपयोग किया जा सकता है। इससे भ्रष्टाचार को कम किए जाने तथा सेवाओं की गुणवत्ता में सुधार किए जाने में सहायता प्राप्त हो सकेगी जैसा कि देश में रेलवे आरक्षण प्रणाली के मामले में देखा जा चुका है। इस अध्ययन के द्वारा सूचना प्रौद्योगिकी सम्बन्धी उन पहलों की एक सूची तैयार की गई है जो पूरे देश में अनुकरण किए जाने की योग्यता रखती हैं।

सन् 2006 के अध्ययन के द्वारा यह संकेत प्रदान किया गया था कि सूचना के अधिकार अधिनियम के द्वारा भ्रष्टाचार को कम किए जाने के लिए कितनी बड़ी सीमा तक अपेक्षाएं की जा रही हैं।

भ्रष्टाचार : धारणा एवं अनुभव

सन् 2000 में, जब सीएमएस ने नागरिकों की संलिप्तता वाले भ्रष्टाचार पर इन वार्षिक अध्ययनों को पहली बार प्रारंभ किया था, कुछ लोगों ने इस बात पर आश्चर्य व्यक्त किया था कि क्यों हम अपने संसाधनों को व्यर्थ ही नष्ट कर रहे हैं, क्योंकि भारत में भ्रष्टाचार तो ''जीवन का सत्य'' बन चुका है और इसे समाप्त नहीं किया जा सकता। यहाँ तक कि सन् 2003 एवं 2005 में जब सीएमएस के अध्ययनों के द्वारा यह दर्शाया गया कि कतिपय सार्वजनिक सेवाओं में नागरिकों की संलिप्तता वाले भ्रष्टाचार में कमी आ चुकी है, चाहे वह कितना भी मामूली

क्यों न रही हो, तब ऐसे लोग, जो धारणाओं पर विश्वास करते थे, संशयग्रस्त थे। अपने 10वीं योजना रिपोर्ट में योजना आयोग ने नोट किया था कि, ''भारतीय समाज में भ्रष्टाचार सर्वाधिक स्थानिक तथा कमजोर प्रशासन की आरोपित अभिव्यक्ति है, इतनी अधिक कि यह लगभग एक स्वीकृत सच्चाई एवं जीवनशैली बन चुका है।'' 11वीं पंचवर्षीय योजना में भी पुनः इसके द्वारा जोर देकर कहा गया कि भ्रष्टाचार की विभिन्न अभिव्यक्तियों, विशेषतौर पर आधारभूत सेवाओं के संदर्भ में, को सम्बोधित किए गए बिना ''सुशासन'' संभव नहीं है। ''विभाजन के अंतर को समाप्त किए जाने'' के लिए ''समेकित विकास'' तथा समानता के लक्ष्यों के अंतिम साक्ष्य उन लोगों के द्वारा आवश्यक सेवाओं तक पहुँच की सीमा है जो ''गरीबी रेखा के नीचे'' रह रहे हैं। क्योंकि अपर्याप्त पहुँच का अर्थ है राष्ट्रीय प्रगति के लाभों में उनके द्वारा भागीदारी किए जाने के अवसरों से उन्हें वंचित किया जाना। इसके साथ ही, अधिकतर गरीब ही भ्रष्टाचार से दुष्प्रभावित होते हैं क्योंकि वे सार्वजनिक सेवाओं पर अधिक निर्भर रहते हैं।

निश्चित रूप से इंडिया करप्शन अध्ययनों का सम्बन्ध किसी भी नागरिक के द्वारा प्रायः हासिल की जाने वाली आधारभूत एवं आवश्यकता–आधारित सेवाओं के संदर्भ में इस पहलू के साथ जुड़ा रहा है। सीएमएस की कार्यविधि की एक अनूठी विशेषता यह रही है कि भ्रष्टाचार के दो पक्ष होते हैं, इनमें से प्रत्येक दूसरे को कायम रखता है और स्वयं को फिर से सामने लाता रहता है। एक है धारणा, एक ऐसा पहलू जिसके सम्बन्ध में बात किया जाना अपेक्षाकृत रूप से सरल है। दूसरा है भ्रष्टाचार का वास्तविक अनुभव। धारणा तथा अनुभव प्रायः दो पृथक मुद्दे होते हैं जिनके लिए अलग–अलग किन्तु सामानान्तर प्रयासों की आवश्यकता होती है। ''सीएमएस पीईई मॉडल'' का सम्बन्ध इसी तथ्य से जुड़ा हुआ है। इस मॉडल के द्वारा ''धारणा'' तथा ''अनुभव'' के बीच के ''अंतर'' को स्पष्ट कर दिया गया है। एक अन्य पहलू है भ्रष्टाचार में संलिप्त कुल धनराशि के ''अनुमानन'' का। विवादास्पद रूप से, अभी तक, यह इसकी गंभीरता के सम्बन्ध में देश को संवेदनशील बनाए जाने का एक अन्य उपकरण रहा है ताकि भ्रष्टाचार को ''कम जोखिम अधिक लाभ वाली गतिविधि'' के रूप में न देखा जाए।

धारणाएं संग्रहीत प्रभाव होती हैं जो किसी व्यक्ति के अपने तथा साथ ही पड़ोसियों/मित्रों आदि के तात्कालिक एवं भूतकालीन अनुभवों पर आधारित होती हैं। सर्वाधिक महत्वपूर्ण बात यह है कि आजकल धारणाएं बड़ी सीमा तक उन तरीकों के अनुसार निर्मित होती हैं जिनके द्वारा इन्हें प्रदर्शित तथा प्रचारित किया गया होता है, विशेषतौर पर दृश्य मीडिया में। दूसरी ओर, अनुभव वहाँ होता है जहाँ कोई नागरिक अथवा परिवार संलिप्त रहा हो।

सीएमएस मॉडल

सीएमएस पीईई मॉडल का अनूठापन यह है कि यह सामान्य अर्थों में "धारणा" का प्रमात्रीकरण किए जाने तक ही सीमित नहीं रही है बल्कि इससे बहुत परे दूर तक जाती है और धारणाओं तथा अनुभवों को विशिष्ट संदर्भों एवं एक विशिष्ट समय के संदर्भ में प्रमात्रीकृत करती है। और फिर, दोनों के ही आधार पर, यह मॉडल नागरिकों द्वारा सार्वजनिक सेवाओं को हासिल किए जाने की प्रक्रिया में भ्रष्टाचार की सीमा का अनुमान मौद्रिक अर्थों में लगाता है।

अधिकांश अन्य सूचकांक, जिनमें ट्राँसपरेन्सी इंटरनेशनल का अंतर्राष्ट्रीय सूचकांक भी शामिल है, मात्र धारणाओं पर ही आधारित हैं। साथ ही, सीएमएस पीईई मॉडल की एक दूसरी विशेषता यह है कि यह संदर्भ में सार्वजनिक सेवाओं के विशिष्ट उपयोगकर्ताओं के एक बड़े आकार वाले नमूने का उपयोग करता है।

चित्र A.1

भ्रष्टाचार के सम्बन्ध में वास्तविक अनुभव की तुलना में धारणाएं कहीं अधिक हैं

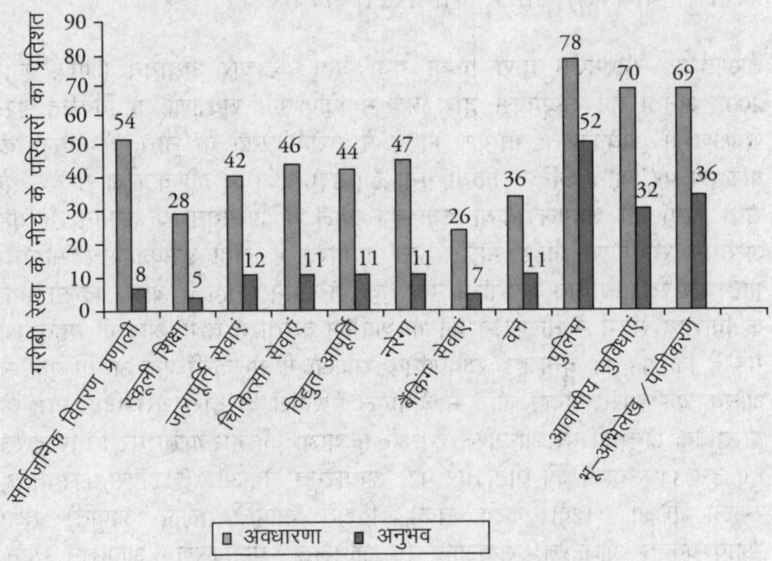

स्रोत: TII–CMS India Corruption Study, 2007.

आधारभूत सेवाएं
पीडीएस
अस्पताल
स्कूली शिक्षा (12वीं कक्षा तक)
विद्युत आपूर्ति
जल आपूर्ति

आवश्यकता–आधारित सेवाएं
नरेगा
भू–अभिलेख / पंजीकरण
वन
आवासन
बैंकिंग
पुलिस

स्रोतः TII-CMS ICS, 2007.

विषाणु (वायरस) पीड़ित बीपीएल परिवार

टीआईआई–सीएमएस द्वारा किया गया यह भ्रष्टाचार अध्ययन (आईसीएस) 2007 अनूठा है। सीएमएस द्वारा पूर्व में किए गए सर्वेक्षणों के विपरीत इस सर्वेक्षण में अधिकांशतः ग्रामीण भारत में गरीबी रेखा के नीचे (बीपीएल) के परिवारों पर ध्यान केन्द्रित किया गया है। इस अध्ययन की कवरेज में देश के सभी भागों को शामिल किया गया है। पहले के अध्ययनों के समान ही यह अध्ययन सीएमएस पीईई मॉडल पर आधारित है जहाँ इसका क्षेत्र सामान्य भ्रष्टाचार से सम्बन्धित धारणाओं मात्र तक ही सीमित नहीं है, बल्कि किसी सेवा के विशिष्ट संदर्भ में धारणाओं को भी शामिल करता है तथा, और भी महत्वपूर्ण यह है कि यह 11 चुनी हुई सार्वजनिक सेवाओं में से किसी एक अथवा एक से अधिक को हासिल किए जाने में बीपीएल परिवारों के द्वारा घूस दिए जाने के वास्तविक अनुभवों पर आधारित है। अंतःक्रियाओं की बारंबारता पर निर्भर करते हुए इन 11 सेवाओं को मोटे तौर पर ''आधारभूत सेवाओं'' (पीडीएस, अस्पताल, स्कूली शिक्षा (12वीं कक्षा तक), विद्युत आपूर्ति, जल आपूर्ति) तथा ''आवश्यकता–आधारित सेवाओं'' (भू–अभिलेख / पंजीकरण, आवासन, वन, राष्ट्रीय ग्रामीण रोजगार गारंटी योजना–नरेगा, बैंकिंग, तथा पुलिस –यातायात एवं अपराध) के बीच विभाजित किया गया है। यह अध्ययन व्यवस्था में व्याप्त परिचालन सम्बन्धी उन अनियमितताओं को शामिल नहीं करता जो सीधे

नागरिकों को संलिप्त न करती हों। आईसीएस 2007 के इस चक्र को टीआईआई के सहयोग के साथ सीएमएस के द्वारा तैयार एवं संपन्न किया गया है।

पृष्ठभूमि

सन् 2009 में सीएमएस के आईसीएस का 6ठें चक्र ने पुनः इस बात की पुष्टि कर दी है कि देश में भ्रष्टाचार का पैमाना कितना बड़ा है तथा यह कितना सर्वव्यापी है। कोई भी राज्य, यहाँ तक कि गाँव भी भ्रष्टाचार से मुक्त होने का दावा नहीं कर सकता। और इन सबमें सर्वाधिक पीड़ित है *आम आदमी*। बीपीएल परिवारों के बीच संपन्न किए गए आईसीएस 2008 के द्वारा यह स्पष्ट कर दिया गया था कि देश में सरकारी विभागों की सेवाओं को हासिल किए जाने के लिए प्रत्येक तीसरे परिवार ने या तो घूस दी थी अथवा किसी संपर्क का उपयोग किया था। आईसीएस के पहले के चक्रों के द्वारा भी यह प्रदर्शित किया जा चुका था कि परिवारों के एक बहुत बड़े प्रतिशत के द्वारा ऐसा अनुभव किया गया है कि भ्रष्टाचार का स्तर बढ़ चुका है (इसमें पिछले वर्ष को संदर्भ के तौर पर लिया गया था)। यद्यपि ऐसे लोगों, जो यह अनुभव करते हैं कि ''भ्रष्टाचार का स्तर गिर रहा है'', के प्रतिशत के द्वारा वृद्धि के संकेत प्रदान किए गए हैं, तथापि ये पर्याप्त नहीं थे क्योंकि पाँच में से मात्र एक परिवार के द्वारा ऐसा अनुभव किया गया था।

सीएमएस ने आईसीएस का पहला चक्र सन् 2000 में संपन्न किया था तथा यह छह शहरों एवं छह सार्वजनिक सेवाओं तक सीमित था। प्रत्येक चक्र के साथ इसने न केवल अपनी कवरेज का विस्तार किया बल्कि शोध की कार्यविधि को भी और परिष्कृत किया (सारणी AI.5)।

सीएमएस का यह प्रबल विश्वास है कि ऐसे परिवारों के विचारों तथा राय को प्राप्त किया जाना महत्वपूर्ण है जिन्होंने भ्रष्टाचार का ''अनुभव'' किया है। संपूर्ण विश्व में, भ्रष्टाचार की व्यापकता के मापन के लिए किए गए अध्ययनों में से अधिकांश विशेषज्ञों की धारणाओं (राय) पर अथवा अपने स्थानीय संवाददाताओं के नेटवर्क पर आधारित रहे हैं। हालांकि, भारत में सीएमएस ने ऐसी कार्यविधि को विकसित किया है जो परिवारों की धारणा तथा अनुभव दोनों को ही संग्रहीत करती है। सन् 2005 से ही सीएमएस पी+ई+ई मॉडल के नाम से ज्ञात एक मॉडल का उपयोग करती रही है जिसके द्वारा यह धारणा एवं अनुभव के आधार पर निष्कर्षों को प्रस्तुत करती है। इसी के आधार पर, यह दी जा रही घूस के मौद्रिक मूल्य का अनुमान लगाए जाने के साथ–साथ देश में किसी एक वर्ष के अंदर घूस देने वाले परिवारों की संख्या का अनुमान भी लगाती है।

सारणी AI.5
इंडिया करप्शन अध्ययन श्रृंखला का संक्षिप्त सिंहावलोकन (2002–09)

	इंडिया करप्शन अध्ययन के चक्र				
कवरेज	*2002*	*2003*	*2005*	*2007*	*2009*
स्थान	5 शहर	5 शहर	20 राज्य	31 राज्य/संघ शासित प्रदेश	19 राज्य
प्रत्युत्तरदाता समूह (इसमें वर्तमान एवं संभावित उपयोगकर्ता शामिल हैं)	शहरी	शहरी	शहरी+ग्रामीण	बीपीएल (गरीबी रेखा से नीचे) परिवार (शहरी+ग्रामीण)	शहरी+ग्रामीण
नमूना परिवार	2600	4500	14405	22728	27276
कवर की गई सरकारी सेवाओं की संख्या	7	8	11	11	3

स्रोतः CMS India Corruption Studies, 2002–09.

प्रत्येक चक्र में कवरेज तथा लक्षित जनसंख्या अलग–अलग रही है; जहाँ सन् 2002 एवं 2003 के चक्रों के द्वारा मात्र शहरी परिवारों को कवर किया गया था, वहीं सन् 2005 के चक्र में इसमें शहरी तथा ग्रामीण दोनों ही परिवारों का मिश्रण किया गया था, परंतु इसमें शहरी स्थानों से परिवारों का अनुपात अधिक था। सन् 2007 में, इस अध्ययन के द्वारा बीपीएल परिवारों पर ध्यान केन्द्रित किया गया और इसमें शामिल तीन–चौथाई से भी अधिक परिवार ग्रामीण क्षेत्रों से थे। जहाँ तक सेवाओं की संख्या का प्रश्न है, प्रत्येक चक्र में इसमें भी वृद्धि हुई है। जहाँ सन् 2002 में यह सात थी, वहीं सन् 2007 में कवर की गई सेवाओं की संख्या बढ़कर 11 हो गई। प्रत्येक चक्र में कवर की जाने वाली सेवाओं की संख्या का निर्धारण विशेषज्ञों के एक दल तथा विभिन्न क्षेत्रों, विशेषतौर पर कवर की गई सेवा वाले क्षेत्रों, में विख्यात व्यक्तियों के साथ बड़ी मात्रा में किए गए परामर्श एवं विचार–विमर्शों के बाद किया गया था (सारणी AI.5)।

सन् 2009 के चक्र में हालांकि अध्ययन का ध्यान राजनीतिक चुनावों पर केन्द्रित किया गया था तथापि इसके द्वारा दो सार्वजनिक सेवाओं जैसे सार्वजनिक वितरण प्रणाली तथा अस्पताल सम्बन्धी सेवाओं के सम्बन्ध में परिवारों की धारणा एवं अनुभव को संग्रहीत किया गया। दोनों ही सेवाओं का चयन पहले के चक्रों के आधार पर किया गया था, जहाँ यह पाया गया था कि इन दोनों ही सेवाओं के साथ अंतःक्रिया करने वाले परिवारों का प्रतिशत अन्य सार्वजनिक सेवाओं सम्बन्धी प्रतिशत की तुलना में कहीं अधिक था।

परिशिष्ट – 2

सार्वजनिक सेवाओं में भ्रष्टाचार की उत्पत्ति

मेरे गाँव–मुड्डुनूरू का मामला

गत 50 वर्षों से वर्ष में कम से कम एक बार मैं अपने पैतृक गाँव मुड्डुनूरू जाता रहा हूँ, मात्र बीच के उन पाँच वर्षों को छोड़कर जब मैं देश से बाहर था। जब भी मैं गाँव जाता हूँ और गाँव में कुछ घंटों का समय व्यतीत करता हूँ, बड़ी संख्या में जीवन के अनेकों पहुलओं और समुदायों से जुड़े हुए ग्रामीण लोग मेरे पास आ जाते हैं और मुझसे बातें करते हैं। उनमें से कुछ आर्थिक सहायता की माँग करते हैं; कुछ अन्य लोग गाँव के द्वारा सामना की जा रही किसी न किसी समस्या को विस्तार से बताते हैं; उनमें से कुछ अपने बच्चों के लिए मार्गदर्शन देने को कहते हैं; और कुछ अन्य लोग यह भी उल्लेख करते हैं कि उन्हें किस प्रकार से किसी न किसी सरकारी विभाग के द्वारा परेशान किया गया अथवा कुछ अयोग्यताओं के साथ गरीबों के लिए चलाई गई सेवाओं से वंचित कर दिया गया, आदि–आदि। इन दशकों के दौरान मैंने ग्रामीणजनों की चिंताओं में एक परिवर्तन होते हुए देखा है। प्रारंभ में, अधिकाधिक लोग सरकार की किसी न किसी योजना से गाँव के लाभान्वित होने के सम्बन्ध में चिन्तित रहा करते थे अथवा इस बात से कि गाँव की समस्या का समाधान किस प्रकार से किया जा सकता है। बाद में, हाल ही के कुछ वर्षों के दौरान ये चिंताएं किसी न किसी सार्वजनिक सेवा को हासिल किए जाने में भेदभाव किए जाने अथवा सम्बन्धित समस्या से जुड़ गई हैं।

प्रारंभ में, सन् 1960 एवं 1975 के बीच, अधिकाधिक लोग गाँव की साझा समस्याओं जैसे एक सड़क बनवाया जाना, बिजली और टेलीफोन कनेक्शन प्राप्त करना, गाँव तक बस सेवा प्राप्त करना, नहर पर पुल बनवाया जाना, कोई पानी की टंकी, एक प्राथमिक स्वास्थ्य केन्द्र, दूध–डिपो, तथा गाँव के लिए ऐसी ही अन्य सुविधाएं प्राप्त करने के सम्बन्ध में बातें करते थे। इसका एक कारण यह था कि ग्रामीण लोग ''एकसाथ मिलकर'' सोचा करते थे और राजनीतिक दल ''साझा उद्देश्यों'' को अपनाए जाने के द्वारा अपने लिए सदस्यों को ''आकर्षित'' किया करते थे। ग्रामीणों के अपेक्षाकृत व्यापक मुद्दों को सम्बोधित करते हुए राजनीतिक दलों के माध्यस्थों जैसा रूप ग्रहण कर लिए जाने से

उनमें आ चुकी गिरावट तथा सरकार के ज्यादा से ज्यादा खैरात बाँटे जाने पर आधारित ''लाभार्थी योजनाओं'' के साथ सामने आने के साथ ही ग्रामीणों ने स्वयं के बारे में या तो व्यक्तिगत रूप से अथवा अपनी जाति के आधार पर सोचना प्रारंभ कर दिया है।

इन 60 वर्षों के दौरान मुडुनूरू की जनसंख्या कोई 3,000 से 4,000 के बीच रही है। उनमें से अधिकांश लोग निम्न–मध्यवर्गीय परिवारों से सम्बन्ध रखते हैं तथा प्राथमिक तौर पर कृषि पर निर्भर करते हैं। यद्यपि यहाँ कामना जाति का प्रभुत्व है, तथापि अनेकों अन्य जातियाँ भी मौजूद हैं। यहाँ सन् 1953 से ही एक हाईस्कूल है (और 10 वर्षों पहले से एक प्राथमिक स्कूल भी है)। इसी गाँव से एक शिक्षक के रूप में मेरे पिताजी ने यहाँ इन स्कूलों को स्थापित किए जाने तथा सरकार से उनके लिए अनुमोदन प्राप्त किए जाने में एक महत्वपूर्ण भूमिका निभाई थी। उन्होंने कुछ अन्य संस्थानों जैसे एक सहकारी समिति, एक सार्वजनिक पुस्तकालय इत्यादि को स्थापित किए जाने में भी सक्रिय भूमिका निभाई थी। प्रारंभ के वर्षों में राजनीतिक दलों ने भी ऐसी पहलों का समर्थन किया था। मेरे पिताजी ने स्थानीय नेताओं के साथ मिलजुलकर कार्य किया जो उन्हें ग्रामीणों पर अपनी पकड़ प्रदान किए जाने के माध्यम के रूप में देखते थे क्योंकि वे आवेदन लिखे जाने, अपीलों तथा समीक्षा रिपोर्टों को तैयार किए जाने तथा प्रारंभिक तौर पर मद्रास जाने के द्वारा, फिर मसूलीपट्टनम के जिला मुख्यालय, और फिर बाद के वर्षों में हैदराबाद जाकर विभिन्न सरकारी एजेन्सियों के साथ संपर्क बनाए रखने, उच्चतर शिक्षा के लिए गाँव के छात्रों को दूर–दराज जैसे वाराणसी अथवा सालेम आदि स्थानों पर प्रवेश दिलवाए जाने जैसे कार्यों के द्वारा सहयोगात्मक सेवाएं प्रदान करते रहते थे।

सन् 1940 में कुछ घंटों के लिए महात्मा गाँधी का आगमन हुआ था और उन्होंने स्थानीय शिवाला मंदिर में सांकेतिक तौर पर हरिजन का प्रवेश करवाया था। एक रामालया मंदिर के साथ–साथ यह मंदिर यहाँ पर संभवतः 100 अथवा और अधिक वर्षों से मौजूद है। रोज ही इन मंदिरों के अंदर तथा बाहर बच्चे खूब खेला करते थे। सन् 1980 तक इस गाँव में कांग्रेस तथा कम्यूनिस्ट दल दोनों के ही कट्टर कार्यकर्ता मौजूद थे, और उसके बाद तेलुगु देशम (टीडीपी) के भी। राज्य के इस भाग में अनीश्वरवादी (नास्तिक) आंदोलन की उत्पत्ति इसी गाँव से हुई थी। सुविख्यात अनीश्वरवादी, सर्वोदय नेता, गौरा ने जनता का शोषण करने वाले अंधविश्वासों एवं रीति–रिवाजों पर प्रश्न खड़े किए, और, इसी प्रक्रिया में, गरीबों, अशिक्षितों तथा अन्य प्रकार से निःसहाय ग्रामीणों के लिए एक आवाज एवं प्रतिनिधित्व प्रदान किया। हालांकि, यह आंदोलन बहुत अल्पकालिक (1940–55) ही रहा। मेरे पिताजी भी इस आंदोलन का एक हिस्सा थे।

किसी भी सरकारी विभाग अथवा एजेन्सियों से कोई भी सेवा प्राप्त करने के लिए किसी भी ग्रामीण को या तो स्थानीय तौर पर एक राजनीतिक कार्यकर्ता होना होता था अथवा किसी राजनीतिक नेता के द्वारा सिफारिश किया गया होना होता था। सन् 1967 तक अधिकांशतः सबकुछ ऐसे ही चलता रहा। राजनीतिक दलों के विभाजन और फिर स्वयं राजनीतिक दलों के द्वारा दल के अंदर ही किसी न किसी एक नेता के प्रति निष्ठाओं के लिए स्वयं की पहचान स्थापित किए जाने के साथ ही स्थितियों में परिवर्तन आने लगा। ऐसा इसी बिन्दु पर था कि किसी सार्वजनिक वितरण प्रणाली (पीडीएस) की दुकान को प्रारंभ करने के लिए वांछित प्रमाणपत्र प्राप्त किए जाने अथवा एक सिलाई मशीन अथवा सब्सिडीयुक्त दर पर एक भैंस प्राप्त किए जाने अथवा, बाद में, घर के लिए भूखंड आबंटित किए जाने के लिए कुछ ''अतिरिक्त'' भुगतान किए जाने को प्रक्रियाओं के अंदर शामिल कर लिया गया था। एक सामानान्तर तरीके से शिक्षकों के द्वारा कुछ शुल्क के बदले में अपने घरों पर ''प्राइवेट टयूशन'' किया जाना आम हो चुका था, यद्यपि शुरू में यह अपवाद तथा स्थानीय अमीरों एवं प्रभावशाली लोगों के बच्चों के प्रति शिष्टाचार के रूप में प्रारंभ हुआ था।

किसी भी सार्वजनिक सेवा के लिए अथवा किसी ऐसी योजना को हासिल करने के लिए जिसके लिए वे सामान्य तौर पर अधिकारी हैं, ग्रामीणजनों को अतिरिक्त भुगतान करने की आवश्यकता क्यों होती है? इन सेवाओं को प्राप्त करने के लिए कुछ ग्रामीणों को या तो एक संपर्क अथवा सिफारिश की आवश्यकता होती है अथवा उन्हें सम्बन्धित सरकारी कार्यालय में अनेकों चक्कर लगाने पड़ते हैं। एक ग्रामीण, जो अन्यथा रूप से एक दैनिक–मजदूरी वाले कार्य में लगा हुआ है, जो कुछ भी कमाता है उसके एक छोटे से भाग को दे देना अधिक पसंद करता है बजाए इसके कि वह अपने गाँव से कुछ किलोमीटर की दूरी पर स्थित कार्यालयों का चक्कर लगाता रहे, वह भी इस बात से सुनिश्चित हुए बिना कि वहाँ जाने से उसे परिणाम प्राप्त ही हो जाएगा। सरकार द्वारा किया गया विकेन्द्रीकरण इस सम्बन्ध में कोई विशेष अंतर नहीं ला सका है। वास्तव में, कुछ ग्रामीण अनुभव करते हैं कि सरकार के द्वारा ''लोकलुभावन उपायों'' के एक भाग के रूप में लक्षित तथा अन्य अनेकों योजनाओं को प्रारंभ किए जाने के साथ ही भ्रष्टाचार का विकेन्द्रीकरण हो चुका है।

इसी प्रकार से राजनीतिक दलों का पतन तथा व्यक्तियों का अभ्युदय 1970 के दशक के मध्य में प्रारंभ हुआ था। यह किसी भी सेवा को हासिल किए जाने की एक दौड़ थी, यहाँ तक कि घूस दिए जाने के द्वारा भी। वे मंदिर, जिनकी देखभाल गाँव के लोगों के द्वारा की जाती थी, किसी सरकारी विभाग के भाग बन चुके थे, जिसके साथ मंदिरों के प्रबंधन एवं उनके संसाधनों के लिए ''न्यासियों को नामित किया जाना'' जुड़ गया था। नामित किए जाने के लिए

एक संघर्ष की शुरुआत सन् 1970 के दशक में किसी समय पर प्रारंभ हो चुकी थी। मंदिर राजस्व अर्जित किए जाने के माध्यम बन चुके थे।

सन् 1985 के बाद, गाँव अपनी–अपनी समस्याओं के साथ सामने आने लगे थे जिनका सम्बन्ध किसी सरकारी सेवा अथवा लाभ को "किस प्रकार से हासिल" किया जाए अथवा उसके लिए "किस प्रकार से चयनित" हुआ जाए जैसी समस्याओं के साथ जुड़ा हुआ था। ऐसा इसलिए था क्योंकि विभिन्न सरकारी योजनाओं के सम्बन्ध में उपलब्ध सूचनाएं या तो अपर्याप्त थीं अथवा हिस्सों एवं टुकड़ों में धीरे–धीरे प्राप्त हुआ करती थीं तथा गाँव में मुश्किल से कुछ ही लोग इनकी जानकारी रखते थे।

सन् 1962–67 तक गाँव में सत्ता के तीन केन्द्र होते थे। उनमें से एक था *मुंसिफ* (गाँव का मुखिया) जो कानून–एवं–व्यवस्था सम्बन्धी मुद्दों की देखभाल करता था और वह बिना पुलिस की संलिप्तता वाला एक स्थानीय संघर्ष–समाधान संस्थान था, जो कोई सात से आठ किलोमीटर की दूरी पर स्थित किसी कस्बे पर स्थित होता था। दूसरा गाँव की *पंचायत* का निर्वाचित सभापति होता था जो गाँव के विकास के लिए उत्तरदायी होता था। तीसरा था *करनम* जो गाँव के अभिलेखों, विशेषतौर पर भूमि के अभिलेखों का रखरखाव करने वाला तथा राजस्व का संग्रह करके उच्च अधिकारियों के पास जमा करवाने वाला एक लिपिक होता था। राजनीतिक धड़ों के उद्भव के साथ ही तीनों पदाधिकारियों की भूमिकाओं में कुछ गिरावट सी आ गई, और सन् 1967 में हुए चौथे आम चुनावों के बाद तो ग्राम स्तर कार्यकर्ता (वीएलडब्ल्यू) (बाद में नाम परिवर्तित कर इसे ग्राम विकास अधिकारी या वीडीओ कर दिया गया और "कार्यकर्ता" एक अधिकारी बन गया) के आगमन के बाद इसमें आगे और गिरावट आ गई। राजनीतिक नेता संपर्क बिन्दु बन चुके थे क्योंकि वे गाँव के बाहर तथा जिला स्तर पर सत्ता के केन्द्रों अधिक संपर्क में थे, तथा सरकारी योजनाओं एवं नीतियों का ज्ञान भी रखते थे।

सन् 1920–25 के दौरान मुडुनूरू जिले के उन कुछ गाँवों में से एक था जिसके पास विशेष रूप से निर्मित किए गए एक पुस्तकालय–भवन में एक पुस्तकालय था तथा जिसे रोज एक समाचारपत्र प्राप्त होता था। देश के सर्वप्रथम आम चुनावों (1952–53) तक मात्र एक अथवा दो परिवारों के पास रेडियो सेट उपलब्ध थे। बैटरी से चलने वाला एक सामुदायिक रेडियो पुस्तकालय परिसर में लगा दिया गया था जिसे शाम को 6 बजे के बाद दो घंटों के लिए चलाया जाता था। बुजुर्ग तथा युवा वहाँ परस्पर मिला करते थे, बातचीत करते थे, और समाचारपत्र पढ़ने तथा रेडियो पर समाचार सुनने के उपरांत उस दिन की चिंता वाले विषय पर विचार–विमर्श किया करते थे। यह क्रिया "अच्छे" को "बुरे" से अलग किए जाने में सहायता प्रदान करती थी तथा युवाओं एवं बुजुर्गों

के लिए परस्पर संपर्क करने का एक अवसर प्रदान करती थी। लगभग 20 वर्षों के बाद गाँव में टेलीविजन का आगमन हुआ। तब तक मात्र दो–चार परिवार ही डाक के द्वारा दैनिक समाचारपत्र प्राप्त किया करते थे। मैं एक अमीर वृद्ध सज्जन के लिए जोर–जोर से बोलकर एक समाचारपत्र को ऊपर से नीचे तक पढ़ा करता था (1954–55)।" आज 40 से भी अधिक परिवार नियमित आधार पर सुबह–सुबह समाचारपत्र लेते हैं, और गाँव में दोगुने से भी अधिक रेडियो एवं टेलीविजन सेट मौजूद हैं। अधिक से अधिक लोगों को सरकार की योजनाओं तथा नीतियों की जानकारी प्राप्त हो जाने के साथ ही बड़ी संख्या में ऐसे ग्रामीणजन हैं, जिनका पात्रता सम्बन्धी मानदंड चाहे कुछ भी क्यों न हो, सरकारी योजनाओं से लाभ उठाए जाने के इच्छुक हैं। जो कुछ भी एक आभार के रूप में अथवा सद्भावना के एक संकेत के रूप में प्रारंभ किया गया था वह पहले एक वांछनीय मामला बन चुका था और फिर उसके बाद उस कार्य, जिसे अन्यथा रूप से पूरा किया जाना अनिवार्य था, को गति प्रदान किए जाने के लिए माँग कर लिए जाने का अभ्यास बन चुका था। और फिर जो कुछ भी माँग कर वसूल की जाने वाली कीमत थी वह एक अनिवार्य शर्त बन चुकी थी। सेवाओं को हासिल करने का प्रयास करने वाले ग्रामीणों की संख्या में होने वाली वृद्धि के साथ ही ऐसे भुगतान एक विशेषाधिकार बन चुके हैं, परंतु मात्र ऐसे लोगों के लिए जो गाँव में इसकी हैसियत रखते हैं। ऐसे अतिरिक्त धन का भुगतान किए जाने की व्यक्ति की हैसियत एक पूर्ववर्ती शर्त बन चुकी है, यहाँ तक कि तब जब योजनाओं को गरीबों के लाभ के लिए तैयार किया गया है।

उस समय पर गाँव में कोई भी सक्रिय एवं संगठित सिविल सोसाइटी समूह उपलब्ध नहीं था। मैं हरिजन सेवक संघ तथा कस्तूरबा गाँधी साक्षरता केन्द्र के बारे में जानता था जो हमारे ही घर से अपना कार्य संचालन स्वयं के बलबूते पर किया करते थे। सन् 1958 तक स्वैच्छिक व्यस्क शिक्षा केन्द्रों के लिए मेरी माताजी प्रत्येक शाम को लालटेनों को साफ करती थीं और उनमें केरोसिन भरा करती थीं। सन् 1955–57 के आसपास एक सहकारी ऋण समिति की स्थापना की गई थी और बाद में इसने अपने लिए एक इमारत प्राप्त कर ली। प्रारंभिक तौर पर इस समिति की सेवाएं गाँव में कुछ विशेषाधिकार प्राप्त लोगों को ही उपलब्ध थीं। परंतु एक दशक के बाद इसकी कार्यवाहियों में राजनीतिक दलों के प्रवेश कर जाने के साथ ही कहीं बड़ी संख्या में लोगों ने इन सेवाओं को प्राप्त करने लगे थे। सहकारी समितियों में निर्वाचित पदों का सम्बन्ध सेवा केन्द्रों के बजाए "अधिकार" तथा "नियंत्रण" से अधिक जुड़ गया था।

राजनीतिक दल सक्रिय हुआ करते थे; यहाँ तक कि दल के अंदर भी ग्राम, *तालुक*, तथा जिला स्तरों पर वे अपने पदाधिकारियों का चुनाव मतदान के द्वारा किया करते थे। सन् 1970 तक ग्राम *पंचायत* का चुनाव दलगत आधार पर नहीं

लड़ा जाता था। परंतु सन् 1970 के तुरंत बाद ही किसी भी दल में जिले के किसी भी स्तर पर कभी भी कोई चुनाव नहीं करवाया गया।

मुझे एक गरीब हरिजन का स्मरण होता है जिसे गाँव में ही एक सार्वजनिक वितरण प्रणाली (पीडीएस) की दुकान प्राप्त हो गई थी क्योंकि उसकी सहायता कांग्रेस के एक नेता ने की थी। शीघ्र ही एक अन्य ग्रामीण गया और उसने सम्बन्धित अधिकारियों को ''अतिरिक्त भुगतान'' करके टोले के लिए एक दुकान प्राप्त कर ली। यह ''सत्ता–संपर्क'' का एक ''प्रदर्शन'' अधिक था। (जितनी भी राशि का भुगतान किया गया था, बाद में ऊँची कीमत पर बेचे जाने के लिए स्थानीय तौर पर राशन की कमी उत्पन्न किए जाने के द्वारा उसका कई गुना अधिक वसूल कर लिया गया)।

जहाँ तक पात्रता का सम्बन्ध है, राशन के लिए एक पहचान पत्र (जो बाद में बीपीएल कार्ड बन गया) पर्याप्त था, जिसके लिए ग्रामीणों को सीधे अथवा किसी स्थानीय राजनीतिक कार्यकर्ता के माध्यम से अतिरिक्त धन का भुगतान करना पड़ता था। इसके बाद क्रम आया भूखंडों, बैंक ऋणों, टेलीफोन कनेक्शनों, उर्वरक सब्सिडियों, छात्रवृत्तियों इत्यादि का, जिनके लिए भी कार्ड हासिल किए जाने हेतु यदि कोई राजनीतिक संपर्क उपलब्ध न रहा हो तो कुछ अतिरिक्त धन का भुगतान करना पड़ता था, चाहे कोई उन्हें अपने अधिकार के रूप में प्राप्त किए जाने हेतु कितना भी पात्र क्यों न हो।

पंचवर्षीय योजनाओं के एक भाग के रूप में एक बीडीओ तथा चार अथवा पाँच कार्यालयों के साथ सर्वप्रथम सामुदायिक–विकास खंडों को स्थापित किया गया था। इनसे गाँवों को कल्याणकारी सेवाओं की सुपुर्दगी करने एवं किसानों को विस्तार सेवाएं प्रदान करने वाला एक केन्द्र बनने की आशा की गई थी। उस प्रक्रिया में, नौकरशाही में बैठे हुए लोग या तो स्वयं ही अथवा किसी राजनेता अथवा गाँव से किसी दलाल के साथ गठजोड़ किए जाने के द्वारा संरक्षक बन गए। वीएलडब्ल्यू (जिसका नाम बाद में परिवर्तित कर वीडीओ कर दिया गया) के नाम से सम्बोधित किए जाने वाले एक पदाधिकारी का पद ग्रामीणों के बीच ''कार्य'' करने तथा यह सुनिश्चित किए जाने में सहायता करने के लिए सृजित किया गया था कि पात्र लोग अथवा जरूरतमंद लोग सेवाओं को प्राप्त कर सकें।

प्रारंभ में, इन कल्याणकारी एवं नई विकास योजनाओं में से प्रत्येक के मामले में, ऐसे तीन अथवा चार ग्रामीण, जिन्हें सामान्य तरीके से अथवा किसी राजनीतिक पदाधिकारी की सिफारिश के द्वारा सेवाएं प्राप्त हो गई थीं, गाँव में एक अथवा कई लोग ऐसे भी थे जिन्हें वही सेवाएं कहीं पर किसी व्यक्ति को कुछ ''अतिरिक्त'' भुगतान दिए जाने के द्वारा प्राप्त हुई थीं। परंतु एक दशक के बाद (सन् 1970) उनकी संख्या में वृद्धि ही हुई है, न कि कमी आई है।

इन 60 वर्षों की अवधि के दौरान गाँव में नागरिकों, जिन्होंने पहले सामाग्रियों (दूध अथवा सब्जियों इत्यादि) अथवा ''सेवा'' के रूप में ''शिष्टाचार'' तथा फिर बाद में ''आभार'' को प्राप्त होते देखा था, उन्होंने ही इस प्रवृत्ति को बाद में मौद्रिक अर्थों में परिवर्तित होते हुए भी देखा। एक शिक्षक, जो रोज ही दूध अथवा ताजी सब्जियाँ प्राप्त किया करता था, उसने मासिक ''शुल्क'' प्राप्त करना प्रारंभ कर दिया। शिक्षकों के बार–बार होने वाले स्थानान्तरणों के साथ ही गाँव के छात्रों के माता–पिताओं के साथ उनके निजी सम्बन्धों में भी कमी आ गई। ऐसा ही ग्रामीणों के अन्य सरकारी पदाधिकारियों (जो किसी न किसी सेवा को उपलब्ध कराए जाने में संलग्न थे) के साथ सम्बन्धों के मामले में भी हुआ। शिक्षक अथवा किसी भी अन्य पदाधिकारी का स्थानान्तरण किसी एक ''संपर्क'', चाहे वह राजनीतिक हो अथवा कोई अन्य, अथवा सम्बन्धित सरकारी अधिकारी अथवा राजनीतिक पदाधिकारी को कुछ धन का भुगतान किए जाने के द्वारा करवाया जाना संभव था। स्थानान्तरण उन प्रारंभिक कार्यों में से एक था जिसके द्वारा ''घूस'' को आकर्षित अथवा संलिप्त तथा प्रोत्साहित किया गया। पहले ऐसे कार्य राजनीतिक दलों के पदाधिकारियों अथवा गाँव के निर्वाचित प्रतिनिधियों के द्वारा रुचि लिए जाने के आधार पर किए जाते थे।

दलालों का अभ्युदय

सन् 1970 के दशक के प्रारंभ तक गाँव में कोई न कोई ऐसा व्यक्ति, जैसे कोई शिक्षक, कोई स्वतंत्रता सेनानी, कोई शिक्षित बेरोजगार अथवा कोई उम्रदार व्यक्ति अथवा एक राजनीतिक कार्यकर्ता हुआ करता था जो ऐसे लोगों की सहायता करता था जो जरूरतमंद होते थे अथवा किसी सरकारी योजना को हासिल किए जाने की इच्छा रखते थे। यह सहायता ग्रामीणों को कहाँ जाना चाहिए, साथ में कौन–कौन से दस्तावेज ले जाने चाहिए, दस्तावेजों को किस प्रकार से प्राप्त किया जाए, तथा वास्तव में आवेदनपत्र अथवा अपील को किस प्रकार से लिखा जाए आदि कार्यों में दिए जाने वाले मार्गदर्शन के रूप में प्रदान की जाती थी। मेरे पिताजी ने तीन दशकों तक यही सबकुछ किया था। परंतु सन् 1970 के बाद से गाँव में ऐसी कोई भी सहायता उपलब्ध न रह जाने के कारण जरूरतमंद ग्रामीणों को या तो ऐसे किसी व्यक्ति को ढूँढना पड़ता था अथवा ऐसी सेवाएं प्राप्त करने के लिए गाँव में या फिर सम्बन्धित सरकारी कार्यालय में कार्य करने वाले किसी दलाल से संपर्क करना होता था। ऐसा सामान्य सेवा शुल्क के रूप में अतिरिक्त धनराशि का भुगतान किए जाने के द्वारा किया जाता था। यही वह समय था जब सभी जरूरतमंद तथा सेवा प्राप्त

कर पाने के पात्र लोगों को छोड़कर मात्र ऐसे लोग ही सेवा प्राप्त कर पाते थे जो सेवा प्राप्त करने की हैसियत रखते थे। राजनीतिक दलों के पतन और दलों के व्यक्ति–केन्द्रित हो जाने के साथ ही सेवा–सुपुर्दगी एजेन्सियों एवं पदाधिकारियों, जिनका संख्या में भारी वृद्धि एवं प्रसार हो चुका है, आलसी बन चुके हैं और किसी राजनीतिक संपर्क के द्वारा उकसाए जाने अथवा कुछ अतिरिक्त धन का भुगतान किए जाने मात्र के बाद ही कार्य करते हैं। और गाँव में कोई भी सक्रिय सिविल सोसाइटी एजेन्सी भी नहीं थी जो इस शून्य को भर सके अथवा ऐसी किसी भी प्रवृत्ति पर रोक लगा सके।

शिक्षकों, वीएलडब्ल्यू, अथवा गाँव में ऐसे ही अन्य सरकारी कर्मचारियों का बार–बार किया जाने वाला स्थानान्तरण ही गाँवों में तथा आसपास के सरकारी कार्यालयों में दलालों की उत्पत्ति का कारण बना। एक दलाल वह होता है जो मार्गदर्शन के लिए कुछ धनराशि वसूल करता है अथवा किसी भी जरूरतमंद ग्रामीण की ओर से सरकारी कार्यालय में जाने के द्वारा सहायता प्रदान करता है। यह कार्य एक अनौपचारिक स्तर पर तथा इक्का–दुक्का मामलों में प्रारंभ किया गया था, किन्तु आज यह एक संगठित प्रक्रिया बन चुकी है, यहाँ तक कि तब भी जब सेवा की माँग करने वाला उसका पात्र है अथवा सेवा को प्राप्त करने का अधिकारी है। इस प्रक्रिया में, अपात्र होने के बावजूद भी ऐसे लोगों ने, जो भुगतान करने की हैसियत रखते हैं, भी सेवा की माँग करना प्रारंभ कर दिया है।

चुनाव, समस्त भ्रष्टाचार की जननी

सन् 1952 में स्वतंत्र भारत के सर्वप्रथम आम चुनावों में बैलों एवं बैलगाड़ियों पर जुलूस निकाला जाना ही चुनाव प्रचार का तरीका हुआ करता था। सन् 1957 में हुए दूसरे आम चुनाव ने साइकिल रैलियों के दौर को देखा जो कि सन् 1962 में कराए गए तीसरे आम चुनावों तक प्रचार के लिए लाउडस्पीकर बँधे हुए आटो–रिक्शा अथवा कारों सहित मोटर–साइकिल वाली रैलियों में परिवर्तित हो चुके थे। सन् 1972 तक प्रत्याशी अधिकांशतः स्थानीय हुआ करते थे जो अधिकांश ग्रामीणों के लिए परिचित होते थे, और अपना प्रचार स्वयं की किया करते थे। पहले चुनावों में प्रत्याशी के द्वारा गाँव वालों के किसी समूह के लिए अधिकांशतः एक सार्वजनिक सभा को संपन्न करते हुए देखा जाता था। उसके बाद दल के राजनीतिक वक्ताओं अथवा बाहर से आने वाले मनोरंजनकर्ताओं तथा लोक–मीडिया की बारी आ गई ताकि मतदाताओं को आकर्षित किया जा सके। प्रमुख प्रत्याशी किसी एक अथवा दो महत्त्वपूर्ण नेताओं के द्वारा अपने लिए

वोट माँगे जाने पर निर्भर करते हुए उनसे संपर्क किए जाने में व्यस्त रहता था। धीरे–धीरे इसका अर्थ हो गया उन स्थानीय नेताओं तथा/अथवा अन्य निजी रूप से ज्ञात सामुदायिक नेताओं को समर्थन की माँग किए जाने के लिए कुछ धन का भुगतान किया जाना तथा कार्यकर्ताओं की आवश्यकतापूर्ति किया जाना (जिसका अर्थ देशी शराब उपलब्ध कराया जाना होता था)। प्रत्याशी स्वयं ही ऐसे धन का भुगतान किया करता था। मैं विश्वास नहीं कर पाया था कि सन् 1972 के विधानसभा चुनावों में एक जमींदार ने महलनुमा मकान के पीछे स्थित अपनी पशुशाला में एक शिविर लगवा रखा था जहाँ मतदाता, जो अधिकांशतः कृषि मजदूर हुआ करते थे, को भोजन एवं शराब के साथ रहने की व्यवस्था कर रखी थी। देर रात का दृश्य यह होता था कि उस सारी जमीन पर शराब के नशे में धुत मानव शरीर लोटते रहते थे।

सन् 1957 तथा 1967 के बीच संपन्न हुए चुनावों के द्वारा मतदाताओं को उनके द्वारा किए गए आधारभूत व्ययों की प्रतिपूर्ति किए जाते हुए देखा गया ताकि वे आएं और मतदान करें। अन्य व्ययों में शामिल थे भोजन, शराब तथा महिलाओं के लिए छोटे–मोटे उपहार। किसी समुदाय विशेष के लोगों को नकद राशि भी दी जाती थी जो 2 रुपये प्रति वोट से प्रारंभ होती थी (जिसे मैंने सन् 1962 तथा 1967 के विधानसभा चुनावों में एक कांग्रेस प्रत्याशी को देते हुए देखा था)। बाद में, सन् 1967 तक यह राशि बढ़कर 10 रुपए प्रति वोट हो गई। सन् 2009 में एक से अधिक दलों के प्रत्याशियों तथा वर्तमान निर्वाचित प्रतिनिधि के द्वारा 500 रुपए प्रतिवोट की दर से भुगतान किए गए थे। स्वतंत्रता आंदोलन के दिनों से अभी तक राजनीतिक दलों के प्रभुत्व में आ चुकी गिरावट तथा नेताओं के एक नए समूह, जिनके लिए धन का आदान–प्रदान किया जाना तथा साथ–ही–साथ चाटुकारिता ही सफलता का एक शार्टकट बन चुका था, की ओर आकर्षित हुआ जाना सुस्पष्ट हो चुका था। इस प्रकार से सामाजिक मूल्यों, दीर्घकालीन सम्बन्धों अथवा विकास सम्बन्धी किसी परिप्रेक्ष्य के स्थान पर धन का आदान–प्रदान तथा चाटुकारिता ही सफलता की शर्तें बन चुकी थीं। इस प्रक्रिया में, बलिदान एवं निःस्वार्थ सेवा स्वार्थी गतिविधियों के बीच कहीं खो गई थीं।

नागरिकों की संलिप्तता वाले भ्रष्टाचार में वृद्धि का होना राजनीतिक दलों के पतन तथा नेताओं के व्यक्तिगत उदय के साथ ही प्रारंभ हुआ। सरकार की कल्याणकारी योजनाओं की संख्या में होने वाली वृद्धि ने इस प्रवृत्ति को और अधिक बल प्रदान कर दिया। मुडुनूरू में, प्रारंभिक तौर पर, कांग्रेस तथा साम्यवादी दलों के बीच चलने वाली राजनीति विचारधारा के आधार पर अधिक की जाती थी। किन्तु दलों के पतन तथा साथ–ही–साथ दलों की संख्या में होने वाली वृद्धि के कारण संरक्षण दिया जाना मतदाताओं को लुभाने तथा गाँव,

जो पहले लोगों को परस्पर जोड़ने वाली एक इकाई हुआ करता था, में सभी प्रकार के भेदभावों का पोषण किए जाने का तरीका बन गया था। सन् 1967 से 1972 तक चुनाव के बाद चुनाव होते रहे, चाहे ये ग्राम *पंचायत* के लिए रहे हों अथवा विधानसभा अथवा लोकसभा के लिए। गाँवों से अथवा ग्रामीणों के विशिष्ट वर्गों से अथवा समुदाय के नेताओं से कुछ वादे किया जाना अपने आप में एक प्रलोभन बन चुका था। इनमें से कुछ मामलों में किए गए वादे नकद राशि अथवा वस्तुओं के लिए थे।

जैसे–जैसे अधिकाधिक सरकारी सेवाएं तथा कार्य प्रमाणपत्र–आधारित होते गए अथवा उनके साथ किसी सरकारी पदाधिकारी के द्वारा प्रसंस्करण किया जाना अनिवार्य कर दिया गया, पक्षपात अथवा आभार के रूप में नकदी का लेनदेन आम होता गया। पहले ऐसा राशनकार्ड प्राप्त करने के लिए था, और फिर उसके लिए एक आय प्रमाणपत्र प्राप्त किए जाने में, और फिर बाद में सहकारी समितियों तथा ऋण प्रदान करने वाले बैंकों के मामलों में भूमि के स्वामित्व प्रमाणपत्र की आवश्यकता पड़ती थी। इनमें से अधिकांश के लिए जिम्मेदार था राजस्व विभाग तथा इसके प्रतिनिधि। भ्रष्टाचार को प्रेरित किए जाने का एक दूसरा कारण था सेवाएं हासिल किए जाने सम्बन्धी प्रक्रिया तथा पात्रता सम्बन्धी मानदंडों की सही एवं पूर्ण सूचना का अभाव, यहाँ तक कि उनके बीच भी जिनके लिए गाँव में योजनाओं को लक्षित किया गया था। मुडुनूरू में, वीएलडब्ल्यू (अब वीडीओ) ही सूचनाएं प्राप्त किए जाने तथा खंड विकास कार्यालय (अब *मंडल* कार्यालय) से सेवा हासिल किए जाने का एकमात्र स्रोत हुआ करता था। किसी भी सेवा को हासिल किए जाने के लिए कार्यों से सम्बन्धित ऐसी सूचनाएं मात्र कुछ ऐसे व्यक्तियों तक ही सीमित होती थीं जो ग्रामीणों के द्वारा सेवाएं प्राप्त करने के लिए दलाल बन चुके थे।

फिर, निश्चित रूप से, जिनके लिए ये योजनाएं बनाई गई थीं उनमें से अधिकांश लोग, जो योजनाओं अथवा सेवाओं को हासिल कर भी सके थे, स्वयं ही सम्बन्धित विभाग के पास आवेदन किए जाने अथवा संपर्क करने के लिए नहीं जा सकते थे, क्योंकि वे नहीं जानते थे किस प्रकार से लिखा–पढ़ा अथवा बात किया जाए। साथ ही उनके पास या तो समय नहीं होता था अथवा वे समय लगाना सहन नहीं कर सकते थे। उन्हें सहायता तथा/अथवा एक ही प्रयोजन के लिए एक से अधिक स्थानों पर चक्कर लगाए जाने के लिए किसी न किसी से संपर्क करना पड़ता था। गाँव में राजनीतिक नेता अन्य गतिविधियों में बहुत अधिक व्यस्त रहा करते थे।

ग्रामीणों की शिकायतों के निवारण के लिए कोई भी प्रावधान उपलब्ध नहीं था कि वे गाँव में ही उसका उपयोग कर सकें। न ही उन्हें यह ज्ञात था कि यदि एक टेलीफोन कनेक्शन के लिए लाइनमैन पैसे माँगता है अथवा यदि

पीडीएस (सार्वजनिक वितरण प्रणाली) आपूर्तियों में निर्धारित से अधिक धनराशि वसूली जा रही है तो किससे संपर्क किया जाना चाहिए। ग्रामीणों के लिए अपील किए जाने हेतु कोई भी गुंजाइश अथवा व्यवस्था नहीं थी। राजनीतिक कार्यकर्ता अथवा स्थानीय कार्यकर्ता कभी–कभी थोड़ा बहुत इन कार्यों को कर भी देते थे, परंतु उनमें से अधिकांश अपने इस सक्रियतावाद को अपने समर्थकों तक ही सीमित रखते थे। सन् 1970 के आसपास से स्थानीय राजनीतिक पदाधिकारियों ने स्वयं ही ऐसा किया जाना प्रारंभ कर दिया था। यहाँ तक कि ऐसे परिवारों, जिन्हें कार्य करवाए जाने के लिए प्रारंभ में "खर्चें" तथा बाद में "लागत" के रूप में यदि पैसे खर्च भी करने पड़ते थे, के पास भी किसी ऐसे व्यक्ति, जो कोई संपर्क रखता हो, के पास जाने के अलावा अन्य कोई विकल्प उपलब्ध नहीं था। नागरिकों की संलिप्तता वाले भ्रष्टाचार की उत्पत्ति क्रमिक रही है और, रोचकतौर पर, और बड़ी संख्या में मॉस मीडिया की उपलब्धता तथा सरकारी कार्यालयों के प्रसार एवं बाहुल्यता (विकेन्द्रीकरण के नाम पर) के साथ ही, जैसा कि सैद्धांतिक रूप से आशा की गई थी, कम होने के स्थान पर बढ़ी एवं संस्थागत ही हुई है। प्रारंभिक तौर पर भ्रष्टाचार में वृद्धि का एक और कारण था सरकारी योजनाओं की बहुलता का होना जिसके प्रति किसी भी प्रकार की जागरूकता अथवा स्थानीय संलिप्तता का अभाव था। इन योजनाओं को इस प्रकार से संचालित किया जा रहा था जैसे इनका उद्देश्य नागरिकों को सरकार का आश्रित बना दिया जाना हो। किसी भी तत्पर तथा सामानान्तर सिविल सोसाइटी के मौजूद न होने तथा राजनीतिक दलों के अपने प्रतिनिधिक अथवा सेवा सम्बन्धी चरित्र का पतन कर देने के साथ ही ग्रामीणजन घूस दिए जाने के द्वारा सरकारी योजनाओं को हड़प लिए जाने अथवा हासिल किए जाने में व्यक्तिपरक तथा प्रतिस्पर्धी बन गए। साथ ही गाँव में कोई भी ऐसा व्यक्ति नहीं रह गया जो इन सार्वजनिक सेवाओं में भ्रष्टाचार के विरुद्ध बात अथवा कार्यवाही करने वाला रहा हो।

इस प्रक्रिया में ऐसे पात्र व्यक्ति अथवा परिवार भी थे जो सेवा को प्राप्त किए जाने के अधिकारी तो थे किन्तु उससे इसलिए वंचित रह गए क्योंकि उनके पास कोई भी राजनीतिक संपर्क अथवा रसूख नहीं था और इन सेवाओं को किस प्रकार प्राप्त किया जाए यह बताने के लिए स्थानीय तौर पर उनका मार्गदर्शन अथवा सहायता करने वाला कोई व्यक्ति भी उपलब्ध नहीं था। और उनमें से कुछ के पास घूस देने के लिए न तो धन और न ही सम्बन्धित कार्यालयों में बारबार चक्कर लगाने के लिए समय उपलब्ध था। हालांकि, पिछले अनेकों वर्षों के दौरान गाँव में ऐसे परिवारों, जो घूस देने की हैसियत नहीं रखते हैं, की संख्या में कमी आ चुकी है। परंतु मुझे गाँव में एक या दो ऐसे परिवारों से अधिक की याद नहीं आती जिन्होंने घूस दिए जाने के स्थान पर स्वयं को वंचित रखा जाना पसंद किया था।

सन् 1962 में जब गाँव में बिजली आई, तब जहाँ पारिवारिक कनेक्शनों के लिए ''आवेदन'' करने वाले लोगों को कुछ भुगतान नहीं करना पड़ा था वहीं जिन लोगों ने बाद में आवेदन किया उन्हें किसी न किसी कारणवश कुछ अतिरिक्त राशि का भुगतान करना पड़ा था। ऐसा इसलिए था क्योंकि विभाग को स्वयं भी कनेक्शनों की कुछ न्यूनतम संख्या की आवश्यकता थी। गाँव में विद्युत आपूर्ति प्राप्त किए जाने के लिए निश्चित रूप से राजनीतिक नेता तथा मेरे पिताजी जैसे स्थानीय कार्यकर्ताओं को गाँव को किसी न किसी योजना के अंतर्गत शामिल किए जाने के लिए मंत्रालय स्तर तक कुछ प्रयास करने पड़े थे और एक वर्ष से भी अधिक समय तक जिला स्तर पर विभिन्न सरकारी कार्यालयों के अनेकों चक्कर भी लगाने पड़े थे। उसके बाद फिर सामने बिलिंग, विच्छेदन और पुनः कनेक्शन सम्बन्धी समस्याएं सामने आने लगी थीं।

सन् 1985 में जब गाँव में टेलीफोन की सुविधा आई तो बेहतर संपन्न ग्रामीणों, जो एक फोन कनेक्शन रखने के इच्छुक थे, को गाँव से कुछ किलोमीटर की दूरी पर सम्बन्धित विभाग के कई चक्कर काटने पड़े थे और फिर कनेक्शन दिए जाने को किसी न किसी आधार पर लाइनमैन तब तक टालता रहता था जब तक ग्रामीण लोग अंततः कुछ अतिरिक्त धन का भुगतान नहीं कर दिया करते थे। गाँव में लगे कोई 20 कनेक्शनों में से एक–तिहाई से भी अधिक के द्वारा अतिरिक्त धन का भुगतान किया गया था, चाहे वह धनराशि कितनी भी कम क्यों न रही हो। गाँव में विद्युत कनेक्शन के मामले के विपरीत टेलीफोन संपर्कशीलता कुछ अधिक सरलतापूर्वक प्राप्त हो गई क्योंकि नेटवर्क के विस्तार के लिए विभाग के अपने लक्ष्य निर्धारित थे। सन् 2005 तक विद्युत बिलों की अपेक्षा टेलीफोन के मामले में बिलिंग से सम्बन्धित समस्याएं (जिनके लिए निजी तौर पर चक्कर लगाने की आवश्यकता होती है) बहुत अधिक थीं। ऐसी ही कुछ घटनाओं को उस समय (1965–75) भी देखा गया था जब गाँव में बीपीएल परिवारों को भूखंड दिए जाने थे और फिर बाद में (2005) जब बीपीएल परिवारों को घर दिए जाने थे, और इसके बाद बारी थी वृद्धावस्था पेंशन योजना की। अंतर मात्र इतना ही था कि इनमें से कुछ गाँव के स्तर पर थीं, जबकि अनेकों अन्य *मंडल* के स्तर पर, और कुछ जिला एवं राज्य के स्तर पर थीं। एक महत्वपूर्ण अंतर यह है कि जहाँ आय अथवा समुदाय प्रमाणपत्र *मंडल* के स्तर पर जारी किए जाते थे, वहीं अब यह *पंचायत* के द्वारा गाँव के स्तर पर ही जारी कर दिए जाते हैं, निश्चित रूप से अतिरिक्त भुगतान किया जाना अभी भी वैसा ही है जैसा कि पहले था। *सरपंच* के द्वारा दिया जाने वाला औचित्य यह है कि उसे भी अपने चुनाव अभियान में पैसे खर्च करने पड़े थे।

क्या सूक्ष्म स्तर पर विकास ने भ्रष्टाचार में वृद्धि की है? सन् 1950 से लेकर 2010 तक के बीच की अवधि की मेरे गाँव की मेरी निजी समझ को ध्यान में

रखते हुए मैं यह कह सकता हूँ कि आज गाँव के पास ऐसा हर एक संस्थान उपलब्ध है जिसे विकास के प्रतीक के रूप में देखा जाता है और, निश्चित रूप से, सभी समुदाय पहले की अपेक्षा बहुत बेहतर हो चुके हैं (शिक्षा, स्वास्थ्य सुविधाओं, नकद आय, गतिशीलता, रोजगार के अवसरों, स्थानीय तौर पर उपलब्ध सरकारी योजनाओं इत्यादि के अर्थों में)। एक साधारण परिवार को ''विकास सम्बन्धी सेवाओं'' अथवा योजनाओं को प्राप्त करने के लिए अतिरिक्त भुगतान के रूप में क्या देना पड़ रहा है, इस परिप्रेक्ष्य में सैद्धांतिक तौर पर इस सबका अर्थ है भ्रष्टाचार में कमी का आना। परंतु मामला यह नहीं था। इसके विपरीत, ऐसे भ्रष्टाचार में वृद्धि हो चुकी है और यह एक स्वीकृत अथवा सामान्य प्रक्रिया बन चुका है। यह एक सत्य है कि इस सम्बन्ध में राजनीतिक दल तथा उनके निर्वाचित प्रतिनिधि न केवल विफल हो चुके हैं बल्कि उन्होंने सुस्पष्ट अर्थों में भ्रष्टाचार को गति भी प्रदान की है और उसका आंतरिकरण भी कर लिया है। पहले मात्र राजस्व–विभाग के अधिकारियों तथा पुलिस को छोड़कर भ्रष्टाचार का प्रसार हो चुका है और इसने सभी जगह अपना जाल फैला लिया है। योजनाएं किसी भी पात्रता सम्बन्धी मानदंड के आधार पर हासिल किए जाने का अधिकार नहीं बन पाई हैं। इसके बजाए वे किसी के विषेशाधिकार अथवा कुछ अतिरिक्त प्रयासों द्वारा ही उपलब्ध हैं। और अधिक हाल ही में (सन् 2000 के बाद) भ्रष्टाचार की प्रवृत्ति में एक परिवर्तन परिलक्षित हो रहा हैं पहले यह आधारभूत आवश्यकता–आधारित सेवाओं के लिए हुआ करता था और इसमें संलिप्त धनराशि मामूली हुआ करती थी; अब यह ''बड़े सौदों'' की ओर परिवर्तित हो रहा है जिसमें प्रत्यक्ष अथवा परोक्ष रूप से विशाल धनराशियाँ संलिप्त हैं।

लेखक परिचय

एन. भास्कर राव सेंटर फॉर मीडिया स्टडीज़ (सीएमएस) के संस्थापक–अध्यक्ष तथा साथ ही मार्केटिंग एंड डेवलपमेंट रिसर्च एसोसिएट्स (एमडीआरए), जो एक प्रतिष्ठित बाजार अनुसंधान एवं पूर्वानुमान संस्थान है, के भी संस्थापक–अध्यक्ष हैं। वे भारत में सामाजिक शोध में अग्रणी हैं तथा 40 से भी अधिक वर्षों की प्रतिष्ठित पृष्ठभूमि से संपन्न एक सुविख्यात जनसंचार विशेषज्ञ भी हैं। पूर्व में, उन्होंने ऑपरेशन रिसर्च ग्रुप (ओआरजी) का गठन इसके सीईओ के रूप में किया था। डॉ. राव सरकार की राष्ट्रीय जनसंख्या नीति का मसौदा तैयार करने वाली उच्चस्तरीय समिति में डॉ. एम.एस. स्वामीनाथन के साथ एक विशेषज्ञ सदस्य भी रहे हैं तथा वे स्वर्गीय जी. पार्थसारथी की अध्यक्षता वाली एक समिति, जिसका कार्य सूचना एवं प्रसारण मंत्रालय की मीडिया इकाईयों का पुनर्संगठन किया जाना था, के एक विशेषज्ञ सदस्य भी रहे हैं। पूर्व में, वे सूचना एवं प्रसारण मंत्रालय की एक उच्चस्तरीय स्थाई परामर्श समिति के एक सदस्य के रूप में भी कार्य कर चुके हैं।

उनके द्वारा संपन्न कुछ लेखनों में शामिल हैं *कंट्रोल्ड मास कम्यूनिकेशन इन इंटरस्टेट कनफ्लिक्ट्स* (1970), *इंडिया 2021* (1985), *मार्केटिंग कम्यूनिकेशन: पर्सपेक्टिव इंटू 2020* (1995), तथा *सोशल इम्पैक्ट ऑफ मास मीडिया* (1996)।